ASSET SECURITIZATION

资产证券化必备操作指引

ASSET SECURITIZATION

资产证券化必备操作指引

# 中国资产证券化项目剖析与实操指南


顾　问　梁余音　洪　浩

主　编　邹　健　王少剑　申　挚　盖书文

副主编　彭　戴　周风曲　金　戈　彭新月

统　稿　向清华　尹子聪　郝嘉吉　周冠南

作者（按照姓氏拼音排序）

柏禹含　陈　晓　车潇潇　陈　卓　程　琳　符天豪

盖书文　甘　淳　顾艺文　郝嘉吉　洪　浩　蒋二波

金　戈　金翊中　景显恩　李　曙　梁余音　李　利

娄　满　吕浩辰　卢佳馨　刘汉青　梁璐璐　彭　戴

彭新月　瞿佳云　沈　陈　苏　瑞　申　挚　陶诗培

台　闯　吴　迪　魏利军　王　弋　王　蕊　王少剑

王霄添　许　栋　夏　明　向清华　许志新　尹子聪

杨　枝　筵永飞　闫景园　郑　冬　周风曲　周冠南

邹　健　赵　旭　赵晓艳　张越艳　张淑敏　朱琳君


法律出版社　LAW PRESS · CHINA

## 顾问简历

**梁余音**

北京大学金融学学士，香港大学金融学及北京大学经济学双硕士。现就职于某著名资产管理有限公司，任总经理助理，负责资产证券化及不动产相关业务。曾任深圳证券交易所资产证券化业务负责人，主导多个产品审核论证，曾参与证监会资产证券化业务规则的起草工作。

**洪　浩**

北京大学理学博士，特许金融分析师（CFA），金融风险管理师（FRM）。现任职于某证券公司，担任资产证券化业务线负责人。作为联合作者或译者，出版的书籍包括《中国资产证券化操作手册》、《PPP 与资产证券化》、《区块链—科技驱动金融》、《中国 REITs 操作手册》等。

## 主编简历

### 邹　健

法学博士。现为北京某大型综合性律师事务所合伙人，中国银行间交易商协会第二届自律处分会议专家，主要研究方向为资产证券化与债券。曾出版著作《中小企业创业板上市实务》、《中国资产证券化规则之法律解读》。联系方式：13366975097，微信号：zoujianlvshi，邮箱：zhoupilan@163.com。

### 王少剑

浙江大学博士，中国社科院金融所博士后。现就职于某股份制银行省级分行，担任投资银行部负责人，长期从事结构化融资和综合金融服务工作，主导过信贷资产、住房抵押贷款、不良资产、汽车租赁等多种类型的资产证券化项目。

### 申　挚

现任职某证券公司，金融市场部债务融资业务负责人，率领团队完成了多个具有开创意义的资产证券化项目，如宝信租赁ABS、海南航空BSP票款ABS、海航浦发大厦类REITs、银泰中心CMBS等。

### 盖书文

现任职某金融科技控股有限公司，曾任深圳证券交易所资产证券化外部专家委员。牵头完成了许多ABS、IPO、并购重组及债务融资项目，积累了丰富的投行及资管项目操作经验。

## 副主编简历

**彭　戴**

现就职某证券公司投行部，负责资产证券化及结构融资业务，首创了 CMBS 产品交易结构，主导了天虹商场 REITs、凯恒大厦 REITs、汇富富华金宝大厦 CMBS 项目、福晟集团 REITs 项目、步步高 REITs、招商蛇口长租公寓 CMBS 等资产证券化项目，擅长 REITs 产品及地产基金产品交易结构设计。

**周风曲**

伦敦帝国理工学院毕业，拥有数学学士及金融学硕士学位。现就职某证券公司，担任金融市场部副总经理，主要负责证券资产证券化业务，对商业地产、应收账款、租赁资产等项目具有丰富的理论研究和实操经验。

**金　戈**

河海大学市政工程学士，帝国理工大学金融学硕士，弗莱堡大学经济学硕士。现就职于某证券公司固定收益部，长期负责银行间、交易所市场全品种标准债券的一级发行工作和各类二级交易。

**彭新月**

清华大学五道口金融学院金融学硕士。现就职于某国有大型商业银行资产管理部，负责产品投资管理工作，曾搭建 ABS 产品投研体系，熟悉各类 ABS 产品的风险及投资价值分析。

## 统稿简历

**向清华**

博士，高级经济师。现任职于某券商投行部，主要负责融资创新业务，在企业资产证券化、地产金融、产业基金等实务方面具有丰富的实操经验。

**尹子聪**

现就职于某证券公司投资银行总部债券部，主要负责债券业务和资产证券化业务，主导或深度参与了招商银行招元 2008 年第一期信贷资产证券化项目、金科物业企业资产证券化和资产支持票据项目、天虹商场 REITs 项目、福晟集团 REITs 项目、招商蛇口长租公寓 CMBS 项目等。

**郝嘉吉**

现任职于某证券公司固定收益部，曾供职于交银施罗德基金管理有限公司、中诚信国际信用评级有限责任公司，曾主持或深度参与融信集团 CMBS、环球租赁 ABS、隆基泰和物业费 ABS、宏达学费 ABS 等多单资产证券化项目。

**周冠南**

高级分析师。现就职于某证券公司研究所，固定收益组组长，主要研究宏观利率策略、资产管理及金融监管、资产证券化等领域，曾在主流报刊发表多篇研究文章，针对资产证券化发表多篇专题报告。

## 作者简历

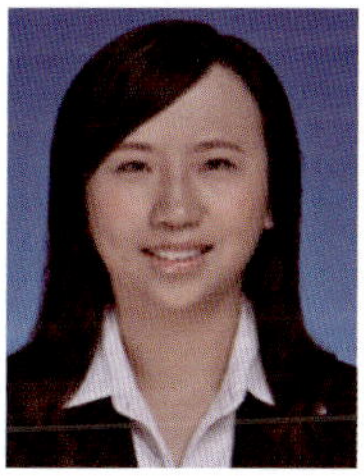

**柏禹含**

美国加州大学圣地亚哥分校金融硕士，现就职于某证券公司债券研究院，研究宏观经济、ABS 等领域。

**陈　晓**

北京大学理学学士和管理学硕士。现就职于某上市证券公司，担任资产证券化团队负责人、业务审核委员，主导过信贷资产、收益权、房地产、消费金融、信托受益权等多种类型的资产证券化项目。

**车潇潇**

经济学硕士。现就职于某证券公司，担任资产证券化团队负责人，主导过购房尾款、融资租赁、信托受益权等多单资产证券化项目。

**陈　卓**

北京大学法学学士、硕士。《中国资产证券化规则之法律解读》副主编。现就职于某合资证券公司，担任结构融资团队主管，负责设计资产证券化等结构化金融产品，成功完成、执行的资产类型覆盖商业与工业地产、应收账款、银行信贷、消费金融、租赁资产等。

**程　琳**

香港城市大学信息系统博士（联合培养），中国科学技术大学管理科学与工程博士。现为某券商资产证券化业务负责人，深度参与了远东租赁 ABS、衡枣高速公路 ABS、南京公交收费收益权 ABS、普盈 2015 年第一期消费信贷资产支持证券等项目。

**符天豪**

对外经济贸易大学硕士。现任职某券商投行部，深度参与供应链金融ABS、市政收费权、类REITs及CMBS等资产证券化项目。

**甘　淳**

中国政法大学金融法硕士。现任职于某证券公司固定收益部，曾主导、参与了摩山保理四期 ABS、西南大学希望学院学费 ABS、2017 年度及 2018 年度碧桂园供应链应付账款 ABN、皖新光大阅嘉 REITs 等多个资产证券化项目。

**顾艺文**

南开大学经济学硕士。现任某证券公司金融市场部总经理助理，主持或参与了供应链金融、融资租赁、小额贷款、收费权等多单资产证券化项目。

**蒋二波**

清华大学五道口金融学院金融学硕士。现任职某大型券商债券承销部，具有多年债券行业从业经历，推动各种类债券项目200只以上，累积发行金额超过1000亿元，负责、参与多单资产证券化项目。

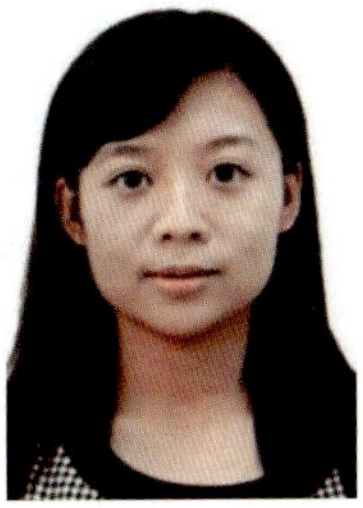

**金翊中**

南京大学数学与应用数学系及国际金融系双学士学位。现任某城商行金融市场部下属投资银行部副总经理，承做或投资多个ABN、ABS和Pre-ABS项目，包括上海世茂国际广场责任有限公司2017年度第一期ABN，平安-四川广电供应链金融1号资产支持证券、平安-建发购房尾款ABS等。

**景显恩**

中央财经大学金融硕士。现任职于某证券公司投资银行事业部，曾参与万科供应链金融ABS、万科购房尾款ABS、卓越四季酒店CMBS、合景泰富供应链ABS等多单资产证券化项目的实操。

**李　曙**

现任职于某证券公司，主要负责资产证券化和Pre-ABS工作，长期从事结构化融资业务，在产品创新、企业资产证券化等领域有一定的经验。

**李　利**

中国社科院与中信银行联合博士后。现任职某银行公司银行部，主要研究领域为资产证券化、银行产品创新，曾在《银行家》等发表多篇文章。

**娄　满**

厦门大学软件工程学士学位，北京大学金融工程硕士学位。现任职于某证券公司投资银行业务部，负责企业债券和 ABS 项目的承做工作，实操经验丰富。

**吕浩辰**

北京邮电大学毕业。现任职某证券公司，主要从事企业资产证券化业务，负责或参与了航空客票 ABS、融资租赁 ABS、商业保理 ABS、学费收费权 ABS、类 REITs 等多单资产证券化项目。

**卢佳馨**

中国人民大学管理学学士及经济学硕士。现就职某证券公司，深度参与的 ABS 项目类型覆盖商业地产、应收账款、租赁资产、基础设施收费权等。

**刘汗青**

对外经济贸易大学法律硕士。现就职于某证券公司，主要负责资产证券化以及 Pre-ABS 业务，参与的资产类型涵盖收益权、不良资产债权、消费金融等，公开发表过多篇研究论文。

**梁璐璐**

中国社科院博士后。现就职于某证券公司，曾担任某大型股份制银行资产证券化区域负责人，主导消费金融、商业地产、供应链等多单资产证券化项目。

**瞿佳云**

上海交通大学工学学士，长江商学院金融 MBA，中国注册会计师（CICPA），国际注册内审师（CIA）。现就职于某国际知名（中国）企业咨询有限公司金融服务组，拥有逾 13 年的专业服务经验，专注金融行业。

**沈　陈**

南京大学会计学学士和管理学硕士学位。现就职于某大型国有银行一级分行投资银行部，全面负责包括资产证券化在内的资本市场业务，对各类标准化资产和非标资产投资有着丰富的管理和投资经验。

**苏　瑞**

武汉大学、香港科技大学毕业。现就职于某资产管理公司，长期从事资产证券化工作，主导或参与了类 REITs、CMBS、供应链金融、购房尾款、信托受益权、收费收益权等多种类型的资产证券化项目。

**陶诗培**

南开大学生物科学学士及金融工程硕士。现担任某上市券商债务融资业务副总监，主导并完成的资产证券化项目类型涵盖债权、收益权、不动产等。

**台　闯**

西安交通大学经济学、管理学学士，财政部财政科学研究所管理学硕士，中国注册会计师。现就职于某系统股份有限公司，曾主导、参与《报价系统互联互通业务管理规则》、《报价系统管理办法》、《柜台试点办法》等规则的制定。

**吴　迪**

北京航空航天大学经济学、应用数学双学士学位，美国芝加哥大学博士，中国科学院管理学博士。现任某金融股份有限公司投资银行部副总经理，主要从事固定收益类产品融资及企业管理咨询，深度参与了多单资产证券化和债券项目。曾主持并完成了多项国家级、省部级科研课题，出版中英文专著 3 部，发表境内外 SCI 及 CSSCI 核心学术期刊 20 余篇，获省部级科研成果奖 1 项。

**魏利军**

统计学学士，金融学硕士。现任某证券公司债券融资总部融资六部负责人，负责企业债、公司债、金融债、资产证券化等项目的承揽承做工作，具有丰富的项目操作经验。

**王　弋**

东京大学博士后。现就职于国内某大型证券公司资产管理部，全面负责资产证券化业务，擅长企业资产证券化和产业基金等融资类业务。

**王　蕊**

西南交通大学经济学学士，新加坡南洋理工大学经济学硕士。现供职于某银行资产管理部，曾供职于某资信评估有限公司结构融资部 & 公用事业部，参与了充银 2014 年第一期 CLO、嘉实建信信托受益权 ABS、华夏幸福物业收费权 ABS、中银招商－北京凯恒大厦 ABS 等多单资产证券化项目，发表论文多篇。

**王宵添**

南京大学法学学士、法律硕士。现任职于某股份制银行总行投行部，从事资产证券化业务，对企业资产证券化、信贷资产证券化等具有深入的理论研究。

## 许　栋

金融学硕士，具有证券评级业务高级管理人员资质及证券执业资格。现任某资信评估有限公司评级副总监，有丰富的资产证券化产品评级工作经历，在《债券》、《中国保险资产管理》等杂志发表了多篇学术论文。

## 夏　明

伦敦大学学院硕士。先后供职于某信托公司、某证券公司等金融机构，深度参与了多单资产证券化项目的实际操作。

## 许志新

东南大学毕业。现就职于某大型国有银行省分行投资银行与资产管理部，从事商业银行的投资银行业务推广和产品研发工作，拥有丰富的资管、金融市场业务经验。

## 杨　枝

英国谢菲尔德大学商业地产硕士，英国皇家特许测量师(MRICS)。现为戴德梁行估价及顾问服务部董事，主要提供专业房地产评估及顾问服务，自参与国内首单类 REITs 中信启航项目开始，已陆续参与 20 余单类 REITs 及 CMBS 项目。

**筵永飞**

美国伊利诺伊大学芝加哥分校硕士。现供职于某证券公司，深度参与了多单资产证券化项目的实际操作。

**闫景园**

南京大学理学学士、数量经济学硕士。现任职于某保险资产管理有限公司风险合规部总经理，负责全面风险管理和合规管理，专注资产管理行业风险合规管理十余年，管理范围涵盖非标债权、资产证券化、股权投资等。

**郑　冬**

中国人民大学统计学系硕士，北美精算师。现供职于某资产管理数据科技公司，曾在国内领先的信用保险公司、评级 AAA 的融资担保公司工作多年，在项目审核、风险管理、战略规划、数据分析等方面具备一定经验。

**赵　旭**

《中国资产证券化规则之法律解读》副主编。现为某大型综合性律师事务所专职律师，全面负责团队资产证券化、信托、发债等业务，主办了兴银－华福－神州优车车福 1 期 ABS、南山租赁三期 ABS、中信银行润信 6 号信贷资产财产权信托项目、华福证券信福一期 ABS 等多单资产证券化项目，具有丰富的实操经验。

**赵晓艳**

中央财经大学经济学学士学位，中国人民大学硕士。现为某融资性担保公司新金融事业部业务一部负责人，负责项目承揽、承做、承销全流程工作，对资产证券化融资担保增信具有丰富的操作经验。

**张越艳**

北京大学经济学学士，中国科学院管理科学与工程博士。现任某金融股份有限公司资产管理部执行总经理，主要研究资产证券化、资产配置及风险管理、私募基金等。在国内外学术会议及期刊上发表学术论文 20 余篇。

**张淑敏**

华东政法大学国际经济法硕士。现为某大型律师事务所（上海）合伙人，从事金融、银行、资产证券化业务，主导臻金 2017 年第一期不良资产证券化信托项目、国金－悦达租赁一期 ABS、榆靖高速公路车辆通行费收益权 ABS 等项目。

**朱琳君**

中央财经大学经济学学士、税务硕士。现就职于某上市证券公司，主要负责资产证券化业务，参与了信托受益权、融资租赁、CMBS、消费金融等多单资产证券化项目的实际操作。

目录

## 序一
## 写在《中国资产证券化项目剖析与实操指南》前面的话

**高　坚**

金融业的发展有其内在的逻辑。金融的功能是资产的跨期安排,这是通过完整的制度体系实现的。自从中世纪欧洲出现银行以后,金融逐渐形成一个独立的体系,并不断演化。催生演化的内在动力是降低交易成本和风险控制的要求。降低交易成本的最早努力是实现不同各类金融产权的标准化,即所谓证券化。证券化的目的是为了实现成本的降低。早期证券化主要是实现债权和股权的证券化,从而降低交易成本。债券是债权的证券化,股票是股权的证券化。标准化的证券方便交易,有利于更多人参与和分散风险。以后出现了衍生产品,期货是远期合同的证券化,期权则是不确定性的证券化。和任何市场一样,金融市场也存在自我控制的功能。市场的发展减少了套利机会,回报和风险成为对称的两个市场的基本概念。这就是说,市场本身通过高风险高回报来实现自我控制。市场参与人的心理、理性和群体行为则是这个市场无法自我控制的。为了降低风险,保护市场参与人的合法利益,金融市场通过规则、自律和监管逐渐发展。催生金融体系演化的外在动力是技术的进步。这一期间的技术进步主要是计算机和存储功能的出现使无纸化和集中交易成为可能,这样大大降低了金融产品的交易成本。

降低交易成本的第二阶段的努力是金融产品多样化、

金融创新和金融放松管制。主要是20世纪60年代起从英国到美国的金融革命，其影响一直延续到最近一次金融危机。美国废除格拉斯－斯蒂格尔法案，以及衍生产品的叠加，使金融产品的风险和回报不再对称，引发了金融危机。监管的反思，对于银行风险准备和资本金的要求，以及证券的分业监管，是应对金融业的集中和垄断的新的对策。互联网金融的出现，使金融危机后的金融体系和金融市场不可能回到危机以前的格局。

在改革开放后的四十年过程中，金融经历了金融压抑时期、金融市场建立时期、国债市场化改革时期、利率双轨制时期、金融监管体系建立和发展时期、利率市场化时期和金融混业时期，直到目前的金融强监管时期。金融体系从以银行业为主，发展到银行业资本市场同时发展的时期，进而发展到债券市场扩张时期，以及未来的大资管时期。技术进步导致互联网金融的发展和市场平台的发展，使传统业务不断萎缩。与此同时，个人投资者向机构投资者转化。金融的内在动力和技术进步正在重塑中国的金融市场。中国的金融市场面临着体制重塑和对外开放的双重挑战，需要充分利用现代科技进步，如互联网金融、平台市场降低交易成本，而区块链的分布式和去中心功能可以使中国金融业实现跨越式的进步。

中国近几年迅速发展的资产证券化，是证券化不断向新的领域发展的表现。集体编著的《中国资产证券化项目剖析与实操指南》，提供了很多证券化的创新尝试，希望给予读者一些新的思考。三十年前国债市场化改革时，金融业还属于起步阶段，当时的年轻人现在已经成为金融业的骨干。中国新一代的年轻人肩负金融体制重塑和与世界金融体系一体化的重任，他们一定能够不负使命。

马昆

2018年6月12日

序二

# 邹迎光

从业近二十载，一直都工作在固定收益业务条线上，亲身经历了我国债券市场，尤其是信用债市场发展的整个过程，甚感庆幸，也略有感慨。我国信用债市场取得的发展和成绩是令人欣喜的。发行规模从起初每年的数百亿达到了如今的万亿级别；品种日益丰富多样；二级市场活跃程度不断增加，成交额不断放量；产品结构也愈加复杂，从现券到衍生产品，从单纯依靠主体信用的普通债券到以底层资产现金流为基础的证券化产品。这一切仅用了十几年的时间。债券市场的高速发展也得益于投资主体的多样化和资产管理业务的迅速崛起。正是在这样一个背景下，资产证券化业务完成了从零到万亿存量的跨越。

无论从发行规模上还是从结构创新上来讲，资产证券化都已经成为信用债市场上的热点，且有理由相信这一固定收益品种将在未来迎来更大的发展，并可能进一步成为信用衍生产品最热衷的标的之一。

从微观层面上来讲，资产证券化底层资产的多样性、产品设计的独特性、交易结构的灵活性，使原始权益人（或发起人）和投资者的需求得到了最大程度上的匹配。这种匹配是多层次的、令人兴奋的：首先，资产证券化技术很大程度上突出了底层资产的质量，淡化了原始权益人（或发起人）的主体信用，就像是在资产和资金之间直接驾起了一座桥梁;其次,资产证券化技术在满足原始权益人(或发起人)需求的同时,实际上也扩宽了投资者的投资范围和领域,使市场资金有机会与更多的优质资产相遇;最后,资产证券化产品特有的结构化分层设计也为投资者在风险、期限和收益这三者之间提供了更充分、多样的选择。

从宏观层面上来讲,资产证券化技术很好地配合了我国金融市场的发展战略,这一点至少体现在如下几个方面:第一,资产证券化技术是"用好存量,盘活存量,助力经济转型"的有效手段。它为原始权益人(或发起人)提供了一种高效合理的融资方法,将报表中流动性较差的资产转化为现金资产,助力后续发展,为低成本转型提供了一种可能性;第二,资产证券化技术也是实体经济"去杠杆"的利器,它可以使实体企业在不增加负债率的情况下得到有效的融资;第三,证券化技术很大程度上降低了中小企业的融资成本,有效地缩短了其融资链条,支持了中小企业的健康发展;第四,资产证券化技术还可以有效地降低金融行业的系统性风险。通过引入理性的市场资金,可以改善金融机构,特别是银行机构的财务报表,使其可以更加健康地发展,更好地服务于实体经济。

当然,相比国外的资产证券化市场而言,我国的资产证券化仍然处于起步阶段,在诸多方面,都还存在一定的提升空间。首先,资产证券化可能还需要更完善的信息披露机制。从投资者的角度而言,面对一个本就相对复杂的交易结构,如果没有充分准确的信息就更难判断产品本身的价值,这会将很多潜在投资者挡在市场之外。可以看到,监管机构已经做出了努力,正在不断地完善相关的机制。长期来看,这将会对资产证券化市场今后的发展起到非常积极和关键的作用。其次,资产证券化产品的定价和估值机制也有提高空间。随着证券化产品存量的增加,流动性的问题也显得愈加突出,而解决这一问题的关键就是更加完善的定价机制和更加准确透明的估值方法。最后,更加健全的法律环境以及更加完善的税收政策无疑也将对资产证券化未来的发展起到积极和巨大的作用,这方面还有很多工作要做,还有不少地方需要继续完善。

本书是由从事资产证券化业务的一线工作人员联合编写的,作者具有比较丰富的从业经验,他们撰写的内容均来自于工作实践,因此,内容还是比较殷实和丰富的。书稿没有涉及过于高深的理论和概念,比较通俗易懂,其内容偏重于实操层面,贴近现实。书中的内容,一方面,对于刚开始从事资产证券化业务的相关工作人员是较有帮助的;另一方面,对于有融资需求的企业管理人员也有一定的借鉴和指导意义。希望作者们可以再接再厉,勇于创新,敢于超越,继续为我国的资产证券化事业添砖加瓦，奋斗不息。

还是要向前看的，压力和挑战是需要面对的。资产证券化已经迎来了前所未有的发展机遇。

是为序。

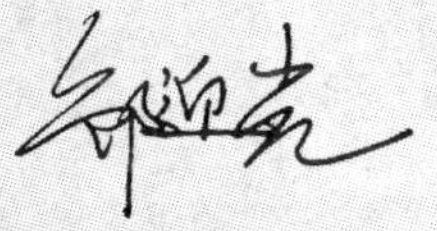

2018 年 6 月 8 日

序三

## 林仁德

众所周知，资产证券化是从国外移植的一种金融工具，经过本土化改造之后，具有中国特色的资产证券化市场发展异常迅速，2017 年，中国资产证券化发行规模突破 1.4 万亿，已经成为世界排名靠前的重要市场之一。

近年来，人民银行、银保监会、证监会密集下发了一系列的监管新规，这些新规新政主要以“去通道”“去嵌套”“降杠杆”“破刚兑”“防风险”为核心，强化对整个金融行业的监管力度，目的是压缩金融泡沫，打击空转套利，引导脱虚向实，回归业务本源。对商业银行来说，MPA 监管框架下，过往的非标业务和表外业务受到较大影响，非标转标和资产回表为大势所趋，银行急需在合规前提下寻找新的业务增长点。

资产证券化产品在银行间和交易所市场均属于标准化资产，在流动性风险管理和资管新规等监管框架下，作为发起方，商业银行能通过资产证券化盘活存量资金、缓解资本约束、实现以销定产，作为中介方能够创新金融服务、提升综合金融服务能力，作为投资方能分散经营风险、优化资源配置。资产证券化对商业银行构建多层次的综合经营和服务体系意义重大。因此，国内商业银行积极逐鹿资产证券化市场。

在监管层的支持鼓励下，在以商业银行和证券公司为主的金融机构探索下，已经走出野蛮生长阶段的资产证券化业务急需科学的理论支撑和引导。资产证券化是时下的研究热点,仍有若干理论课题需要系统地分析、论证并寻求最佳的解决方案,比如如何完善资产证券化规则体系、如何完善监管机制、如何提高二级市场流动性、如何确定合适的定价模型等等,而对于刚刚进入或想进入资产证券化市场的人员来说,有一本值得参考的、能够指导其实务操作的著作非常有意义。《中国资产证券化项目剖析与实操指南》就是一本偏向实务操作的研究成果。该书研究队伍庞大,集合了几十位战斗在资产证券化第一线的项目操作人员,其中不乏较早介入资产证券化领域的资深人士,人员搭配完整,有券商、会计师、律师、评级、评估和担保等,分别阐述了小贷、消费金融、保理、供应链、CMBS 等大类基础资产的特点及典型案例,介绍证券化操作经验和要点,并从销售及投资角度论述了资产证券化项目的关注点。我通览了该书的书稿,认为部分章节也偏向理论分析,比如供应链金融、Pre—ABS、信托受益权等,有些观点还需要进一步论证,实操章节中有些环节还需要进一步地细化并多方位地求证,个别论断还需要更进一步地斟酌。此外,鉴于现在基础资产的类型越来越丰富,《中国资产证券化项目剖析与实操指南》所覆盖的基础资产尚不全面,尤其是信贷资产证券化和 ABN 的章节偏少。

资产证券化是一个系统工程,需要各界专业人士共同参与、共同研究、共同努力,实践提炼理论,理论指导实践,一起推动资产证券化市场的成熟与完善。我坚信,通过市场各方持之以恒的求索,砥砺前行,不断探索和完善业务模式,中国特色的资产证券化的前景会越来越好。

2018 年 6 月 6 日

# 序四
## 叶徒相似，其实味不同
### ——资产证券化业务需坚持基本原理

**郭杰群**

资产证券化（ABS）是一个具有多种形态、非常复杂的金融工具。虽然ABS的基本原理相对较为明了，但在经过了40多年发展之后的今天，ABS在市场发达国家中也还在不断地转变。在2008年金融危机之后，欧美监管部门对ABS业务可能带来的潜在风险更为警惕，对产品的要求和监管规则也更为严格。毋庸置疑，对于中国经济发展而言，链接实体经济与资本市场的资产证券化，如果运用得当，可以在诸如盘活存量、降低杠杆、为中小企业提供低成本资金、助力实体经济转型升级等方面发挥巨大且积极的作用。我们应该看到，在中国监管部门的推动下，短短十余年，我国ABS发行总量已从零跃居为亚洲第一，世界第二。海外的行业组织也日益关注中国ABS的发展，主动的交流日渐增加。

ABS作为一个创新、试错、成长于他乡的产品，引进后必然要经历一个适应当地法规制度环境的本土化过程。但是，本土化的改进、改良、创新都应该建立在坚守资产证券化基本原理的基础上，否则就可能是“叶徒相似，其实味不同”。资产证券化的基础在于破产隔离、风险重组和信用增强,[①]其基础原理是大数法则,其体现的功能在于实现资产价值的时间转换。从我国近几年的实践来看,与欧美国家成熟市场相比,我国的资产证券化依然处于起步阶段,重要的一个差距在于对 ABS 基本原理的理解。

任何金融工具都有风险。根据美国金融危机调查委员会的报告,即便是美国优质住房按揭的逾期率在危机之中也比危机前高 150%。[②] 因此,在危机后,美国监管部门与市场开始注重产品设计。相比危机前,产品的杠杆率低了,结构更为简单了。自 2016 年我国第一单 ABS 产品——大城西黄河大桥通行费收入收益权专项资产管理计划违约以来,不少专业人士对此产品违约根本原因的认识仍然局限在是市场环境造成的通行费收入的降低,而没有意识到是产品设计的不合理性。特别是,随着该项目的底层资产开始因为煤炭市场价格的回升而得以产生收益,大家对该产品违约影响严重性的紧张程度开始消散——该产品的违约被当成是一个特例,而缺乏对比资产证券化的基本原理进行的反思。类似产品的设计仍然层出不穷,基于发起人主体担保的现象在现实中仍然无法割断。随着从业人员的不断流动,错误的思维方式只能是得以传播和扩散,不正确的认知却被认为是常态。到目前,资产支持证券的违约已有多起。随着市场利率走势的趋高以及下半年 ABS 产品到期摊还高峰的来临,之前我国 ABS 设计模式的弊端将逐渐体现。由于我国 ABS 行业还没有经历过风险的考验,且资产证券化业务涉及众多机构,今后一段时间非常令人担心。当然,我国资产证券化总体规模还小,个别产品的违约还有各种方式进行"解决",对金融系统稳定的冲击尚无可能。但是,我们金融从业人员必须有防患意识,防范金融风险应该贯穿在资产证券化发展的整个过程中,需要时刻重视资产证券化的风险管理。

金融市场的发展是一个认知和实践循环推动的过程。但是,对前人的错误不仔细反思和总结,仅仅是基于短期业务规模的业绩便对实践做法加以认可是错误和极具风险的。2008 年金融危机之前,美国次贷 ABS 给投行带来了丰厚收益。正如电影《大空头》所展示,他们对一些风险的提醒者嗤之以鼻。但随着音乐的嘎然而止,这些机构面临的结果是一地鸡毛:顶级投行雷曼兄弟(Leman Brothers)倒闭,贝尔斯登(Bear Sterns)、美林(Merrill Lynch)被收购,庞大的两房(Fannie Mae, Freddie Mac)和美国国际集团(AIG)不得不接受政府的巨额资金注入以避免倒闭。华尔街投行随后开始实施将员工当年业绩奖金的发放递延到未来的若干年。这实际上就是表明短期业绩的辉煌不一定等价于最终业绩的成功。

---

① 郭杰群:《资产支持证券化之前瞻性思考》,载《金融市场研究》2016 年第 9 期。

② The Financial Crisis Inquiry Report, The Financial Crisis Inquiry Commission, January 2011.

当然，由于我国体制的独特性，资产证券化的法律生态环境尚未成熟，所以在现实中依然有许多值得完善、探讨或研究的地方。对资产证券化进行深入的、系统性的前瞻性研究是从业者，特别是领导者的责任。在研究中，不但要深究国外的历史发展变迁、经验教训，也需要对比国内环境，同时基于前瞻性的思考要对现状有改革意识。只有研究视野开阔，切实把握住资产证券化的基本原理，扎根于我国特有的制度环境和市场环境，理性认识中国资产证券化的发展阶段，在坚持资产证券化基本原理的基础上进行创新、改良、预判，我们才能守住不发生系统性风险的底线。

《中国资产证券化项目剖析与实操指南》是几十位市场从业人员历经一年的研究成果。全书以大类基础资产为轴，辅之以出表、评级、评估、担保等课题。从内容来看，该书侧重于实务，对于大类基础资产的章节，分别介绍了相关行业的背景、相关基础资产证券化的发行情况、实操要点和案例介绍。另外，对于现在市场的研究热点，比如区块链、大数据、供应链金融、Pre－ABS 等也有涉及。理论指导实践，实践丰富理论，两者交融才能带来行业的良性和长期发展。

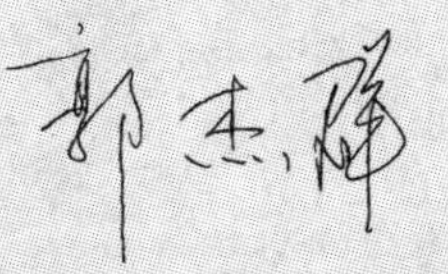

2018 年 6 月 5 日

## 前言

**邹 健**

《中国资产证券化项目剖析与实操指南》是集体的劳动成果！经逐一征集、征求其他编审老师的意见，我权且作为代表作此前言，主要是诚恳表达、汇报以下几个方面的内容。

**一、选题的由来和作者队伍**

2016 年 9 月，我在法律出版社出版了《中国资产证券化规则之法律解读》（主编邹健，审定李耀光，副主编辛亚杰、李征、冯琳珺、陈卓和赵旭）。2017 年初，经与法律出版社刘伟俊老师多次沟通，一致认为，撰写一本极少阐述资产证券化原理的、集中探讨大类基础资产证券化实操的指南类书籍应具有一定的积极意义。

鉴于大类基础资产类型比较多，个人知识积累的广度深度确难覆盖，我在构思目录的过程中逐步产生了集体编写的初步想法。在一次拜访资产证券化客户的过程中，我首先尝试性地征求了王少剑博士的意见，后又特地去北京金融街单独拜访了周冠南老师，冒昧地汇报了自己的粗浅想法，两位老师都觉得此事可行，这给了我无穷的精神鼓励和支持！

2017 年 5 月 26 日，我第一次组建了编写老师的微信群，陆续地把确有兴趣、确能挤出时间参与的老师们邀请入群。经与老师们协商，原则上，由有某类基础资产资产证券化项目实操经验的老师来编写该基础资产的章节。在编写过程中，我又发现，即使大类基础资产证券化的实操有很多共性的方面，但是各个项目之间还是略有差别，甚至差异较大，为了尽可能地提升书籍的质量，尽可能地减少错误，提高参考价值，在编写老师们交叉审核之外，我又邀请了有丰富实操经验的老师加入审稿，就其有心得的章节进行详细的审核、修改和完善。初稿出来之后，为了减少章节和章节之间的冲突、重合，优化结构，尽量保证语言风格的一致性，我又邀请几位老师进行多轮统稿，甚至对某些段落进行改写。两位顾问老师也自始至终深度参与了全过程。由此，《中国资产证券化项目剖析与实操指南》的作者众多，有侧重于执笔编写的，有侧重于审核的，有侧重统稿的，也有老师参与了编写、审核和统稿三个环节。

**二、书稿的质量**

所有老师都高度重视书稿的质量，殚精竭虑，诚惶诚恐。

参与人员几乎都是来自资产证券化实操一线的专业人士。书稿创作采用编、审、统有机结合的方式。时间跨度达一年，每个章节多次“过手”，数易其稿。但是，实务操作经验具有个案局限性，一线老师承揽承做承销工作任务重，连贯性的写作时间少，书中定有许多应该、值得进一步推敲、研究、完善、规范、改正的地方，文字不灵动，缺乏阅读趣味性，恳请理解！如您有任何意见，恳请告诉我们：手机13366975097；微信号：zoujianlvshi；邮箱：zhoupilan@163.com。

写作是一个智力劳动和体力劳动相结合的工作，尤其是对于一线的资产证券化从业人员来说，更是一项非常具有挑战性的工作，由金戈、彭新月执笔的《中国资产证券化产品销售与投资》，金戈老师连续数月深夜加班，还有个别章节是由老师收集、消化二千多页的资料后撰写出来的，恳请理解老师们的付出和努力！如果能认可老师们在工作之余潜心写作的努力，我们将感到万分欣慰了！实践是丰富多彩的，规则是不断变化的，此书仅供参考！

**三、学习的初衷**

《中国资产证券化项目剖析与实操指南》合计五十万字左右，形式上看，老师们确实是在“著书立说”，但是，“著书立说”不是老师们的初衷。我们就是以学习的态度，尝试着以类似于做笔记的方式、项目总结的方式将承揽承做承销过程中的想法用文字表达出来，供大家参考、借鉴、批评。资产证券化是一个规则比较密集、多变的行业，也是一个研究课题比较丰富的行业，学习无止境，研究无止境，我们且操作且学习，且操作且研究！

**四、感谢的心**

我是资产证券化的小学生，对本书的贡献非常小！在《中国资产证券化项目剖析与实操指南》的编审统过程中，我确实向各位老师学习了很多做人的道理、做事的态度、做学问的方法，受益良多。由衷地感谢所有编审统老师们的辛苦付出，谢谢你们为本书贡献的经验、智慧和精力！

感谢高坚老师、邹迎光老师、林仁德老师、郭杰群老师对《中国资产证券化项目剖析与实操指南》提出的宝贵意见，并能够在有限认可的前提下作序。感谢推荐者们对本书的热情推荐。也再次感谢法律出版社的张波老师、刘伟俊老师、郑导老师和李峰沄老师等，他们为本书的顺利出版倾注了大量心血！

另外，在本书编审统过程中，老师们参考了很多研究资料，包括很多网络文章，有些资料有明确来源，有些资料无明确来源，也有些资料来源比较多样，考证其明确来源异常困难。本书在引文方面不够规范，某些段落直接摘自他人的研究成果，未能列示到参考文献的或者参考文献不够规范的，一并向这些作者、相关媒体表示歉意、谢意！

最后，感谢我所有的团队成员。在长达一年的时间里，是你们辛苦的工作维系着团队的有序运转，造就了“多余的我”，谢谢你们！

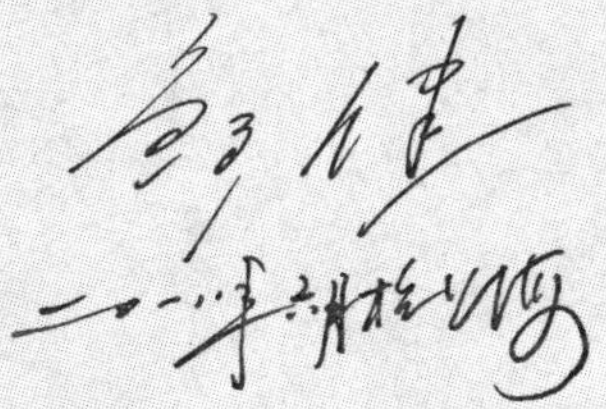

# 第一章
# 汽车贷款信贷资产证券化

我国汽车金融的未来发展空间巨大。个人汽车消费贷款是汽车金融公司的主要产品。车贷资产证券化(Asset Backed Securitization,ABS)的发起人主要有汽车金融公司、企业集团财务公司和商业银行。汽车贷款ABS的基础资产主要是信用卡资产和汽车抵押贷款。车贷ABS产品一般采用传统的信托特殊目的公司(Special Purpose Vehicle,SPV)模式,可以引进“红池”和“黑池”的转换模式,可以采用循环购买结构。

## 第一节
## 我国汽车金融发展概况

近年来,经济的快速增长、城市化程度的加深和居民生活水平的提高拉动了我国汽车行业的增长。2000年至今,我国汽车销量不断增加,2009年以来,中国已连续8年雄踞世界汽车销量榜榜首。截至2016年6月底,我国汽车保有量达到1.84亿量,位居世界第二,汽车行业发展态势良好。整体来看,众多的人口和较低的人均汽车保有量使我国汽车行业具有很大的发展空间,也是我国发展汽车金融的有利条件。

### 一、汽车金融的概念

汽车金融服务是汽车产业链中的重要环节。广义上,汽车金融是指覆盖在汽车产业链上的各个环节、以金融为核心的所有金融行为,旨在为汽车生产企业、汽车经销商和消费者提供全方位金融服务,包括保险、信贷、租赁、经销商库存融资等,也涉及汽车保养、装修美容和维修环节。狭义上,汽车金融主要是购车环节的融资金融服务,即汽车贷款,包括新车和二手车、对个人购车的信贷和对汽车经销商的信贷。本章主要探讨的是狭义上的汽车金融。

汽车贷款是指贷款人向借款人发放的用于购买汽车(含二手车)的贷款,其中贷款人是指在中华人民共和国境内依法设立的、经中国银行保险监督管理委员会及其派出机构批准经营人民币贷款业务的商业银行、城乡信用社及获准经营汽车贷款业务的非银行金融机构。

汽车金融的资金方主要有厂商系的汽车金融公司、厂商财务公司和商业银行。近几年来,租赁公司、互联网平台、小贷公司也逐步向汽车金融领域渗透,尤其是二手车领域,且发展速度较快。简单分述如下。

### (一)汽车金融公司或者厂商财务公司

汽车金融公司和厂商财务公司是市场上最活跃、最典型的提供汽车金融的机构,尤其是汽车金融公司。汽车金融公司是指经中国银行保险监督管理委员会批准设立的,为中国境内的汽车购买者及销售者提供金融服务的非银行金融机构。财务公司是为企业技术改造、新产品开发及产品销售提供金融服务,以中长期金融业务为主的非银行机构。

汽车金融公司又可分为两类:外商独资汽车金融公司,如大众汽车金融(中国)有限公司和丰田汽车金融(中国)有限公司;中资或中外合资汽车金融公司。

汽车金融公司主要经营经销商贷款、零售贷款(新车贷款)和融资租赁三大业务,其中经销商贷款业务占比逐年下滑,零售贷款占比则逐年上升,融资租赁业务占比非常小,尚未深入开发该领域。个人汽车消费贷款是汽车金融公司的主要产品。

汽车金融公司和厂商财务公司的主要优势在于它们的厂商背景,比如厂商对大部分的经销商有一定的限制性要求,只能由该品牌主机厂的汽车金融公司提供金融服务。另外汽车金融公司对车贷的风险控制管理、汽车销售和维修保养、后续的催收处置和回收方面都有着丰富的经验,对汽车的估值、风险识别和控制、变现处置等方面具有很强的专业性,贷款审批流程较为快捷、方便。

一般来说,汽车金融公司采用五级分类来对贷款进行管理。汽车贷款的审核标准主要基于外部信息来源,比如人民银行的征信报告、全国公民身份信息查询系统和银保监会“黑名单”系统等,及评分卡来对借款人进行信用评级判断。评分卡系统会基于客户提交的申请信息和审贷查询的外部信息,给出反映客户资质的综合评分。在贷款审批过程中,汽车金融公司通常会采用模型和信贷专家判断相结合的方式,且不断更新风控模型。

中国银行业协会统计,截至2016年末,汽车金融公司零售贷款余额4265.41亿元,同比增长39.78%;全年累计实现净利润103.57亿元,同比增长39.94%;行业平均不良贷款率为0.37%。

### （二）商业银行

商业银行通过直营贷款、信用卡分期等路径，以信用卡分期为主，占据了主要的市场份额，是汽车金融市场无法撼动的主要资金提供方。银行最大的优势是资金成本比较低廉，同时，银行有庞大的用户群，在全国各地都拥有网点。

商业银行提供汽车贷款，可以直接向个人发放汽车抵押贷款。比如晋城银行，它并不以信用卡资产和信用卡分期这类作为载体，而是直接向个人发放汽车抵押贷款。传统抵押贷款手续相对复杂，比如办理车贷可能需要申请人提供户口本、房产证等资料，需以房屋作为抵押。申请人需聘请银行认可的评估公司进行房产评估，缴纳评估费及手续费。房屋评估需要一定周期。

消费者用信用卡分期付款比传统车贷简便不少，一般只需要持卡人在发卡行信用卡中心指定的汽车经销商购买指定品牌、型号的汽车，就可申请分期付款，3 ~ 7 个工作日即可办理完成，相对容易申请，且主要适用于经济车型，但对信用要求高，各家银行门槛不一。一般来说，需提供身份证、工作证明、财力证明或代发工资流水，客户如果提供存款和房产信息，将有助于申请更高额度的分期金额。收入不稳定的客户信用额度不高。另外，信用卡分期购车需支付手续费，大部分银行的手续费一次性收取，需与汽车首付款一起付清。比如贷款期限为 12 期（月）、24 期（月）的手续费分别在 5%、10% 左右，36 期（月）则在 15% 左右。实操中，信用卡分期买车时，消费者要将行车证暂时抵押给银行，待贷款还清之后，汽车才能真正归消费者所有。目前，为促进销售，很多 4S 店打出“免息”口号，部分汽车厂家也出台了补贴政策。

### （三）租赁公司、互联网平台等

在欧美等发达国家，由于二手车供给和需求具有规模化、市场成熟、金融渗透率高的特点，融资租赁公司高度参与二手车市场供应链，消费者通过融资租赁方式购车的数量占到新车销量的 1/3 左右，而这些新车在使用半年到一年后，也将被作为二手车进入市场。因此，融资租赁成为搭建在新车和二手车之间的重要桥梁。我国融资租赁公司基本上是同厂商进行合作，或者直接和经销商（经销商保持着对车辆的使用以及其相关数据的跟踪）进行合作展开汽车金融租赁服务。

融资租赁这种新型的汽车金融业务以直租业务为依托。租赁公司先从汽车厂商以集采价批量购车，再把这些手续完备、有牌照有保险的品牌车租赁。以租代购是一项汽车金融业务。客户可在租期结束后选择付清余款或是把车还给租赁公司，灵活、定制的融资租赁产品可有效提升客户成交率。有些租赁公司把展业场景从单纯的汽车销售向网约车与分时租赁开拓，提供汽车给网约车司机或分时租赁公司。融资租赁赚取了价差，批量的品牌二手车残值高，处置相对容易，有助于形成循环滚动的二手车评估、交易市场。比如蚂蚁金服投资“弹个车”APP，推出“一成首付，先用后买”的模式；用户确认购车意向后，根据用户在蚂蚁金服的信用支付10% ~20%的首付款，第一年为租赁期，由弹个车购买保险、缴纳购置税，用户每月支付租金，租赁期间内由用户自行承担车辆维修保养、违章责任承担等。第一年期满后，用户可选择续租、购买或退还车辆。若用户选择购买车辆，可一次付清全部尾款并办理过户，也可分期三年付清尾款。若用户选择租赁车辆，可以继续租赁，租期届满后仍可以选择分期付清尾款。

互联网电商平台切入汽车金融主要是专注于二手车交易，比如人人车、优信、瓜子等平台，在车辆认定、征信等方面具备相应优势。通过接入外部数据联合建模，部分业务能够实现自动化审批，实现“秒拒”和一定程度上的“秒批”。另，在消费者违约后，电商在二手车的处置方面相比小型经销商或传统金融机构也具备更大的灵活性和高效性。

总体上，融资租赁公司及互联网电商平台等其他新兴汽车金融机构业务主要覆盖非4S店新车、低端品牌4S店以及二手车市场，尤其是二手车。我国二手车市场最早起步于20世纪80年代，但是，直到2000年之后才进入快速发展阶段。据中汽协数据，2015年，我国二手车交易量840.03万辆，同比增速55.58%。2016年3月25日，国务院办公厅发布《关于促进二手车便利交易的若干意见》，明确要求各地政府取消对“符合国家在用机动车排放和安全标准”的二手车的限制迁入政策，提升二手车的全国性流通效率，完善二手车交易登记，优化税收等。汽车金融公司、厂商财务公司以及银行对二手车汽车金融的介入程度比较低，主要原因是缺乏对二手车价值评估、风险控制的体系。

总体上，汽车金融市场中，传统商业银行与大型汽车金融公司所盘踞的中高端品牌4S店，渠道正规、市场规范、客群优质，并且占据了相当大的市场份额，而二手车等低端市场被租赁公司、电商平台所占据。

## 二、汽车市场发展政策

我国汽车市场发展政策，如表1-1所示。

**表1-1　我国汽车市场发展主要政策**

| 时间 | 发布机构 | 政策名称 | 政策主要内容概括 |
| --- | --- | --- | --- |
| 2000年10月 | 国务院 | 《中共中央关于制定国民经济和社会发展第十个五年计划的建议》 | 鼓励轿车进入家庭,大力发展公共交通业 |
| 2004年6月 | 发改委 | 《汽车产业发展政策》 | 将汽车工业产业政策与汽车消费政策合二为一,调整汽车产业结构,培育以私人消费为主体的汽车市场,改善汽车使用环境,维护汽车消费者权益 |
| 2008年1月 | 银监会 | 《汽车金融公司管理办法》 | 规范汽车金融公司的设立与发展,意味着汽车金融公司的设立进入实际操作阶段 |
| 2009年1月 | 国务院 | 《汽车产业调整与振兴规划》 | 培育汽车消费市场;实施新能源汽车战略;发展现代汽车服务业 |
| 2010年9月 | 国务院 | 《关于促进企业兼并重组的意见》 | 以汽车等六大行业为重点,推动优势企业强强联合和兼并重组 |
| 2014年7月 | 财政部、国家税务总局等 | 《关于免征新能源汽车车辆购置税的公告》 | 对经批准的在中国境内销售三类新能源汽车,免征车辆购置税 |
| 2015年4月 | 财政部 | 《关于2016~2020年新能源汽车推广应用财政支持政策的通知》 | 明确了对消费者的补助标准、补助对象,一定程度上促进了新能源汽车的发展 |
| 2016年3月 | 国务院 | 《关于促进二手车便利交易的若干意见》 | 除特殊区域外,取消限迁政策,同时提出加大二手车金融服务支持力度 |
| 2016年12月 | 财政部等 | 《关于减征1.6升及以下排量乘用车车辆购置税的通知》 | 自2017年1月1日起至12月31日,对购置1.6升及以下排量的乘用车减按7.5%的税率征收车辆购置税;2018年1月1日起恢复按照10%的法定税率征收车辆购置税 |

续表

| 时间 | 发布机构 | 政策名称 | 政策主要内容概括 |
|---|---|---|---|
| 2017年4月 | 工业和信息化部、国家发展改革委、科技部 | 《汽车产业中长期发展规划》 | 确定汽车产业的发展任务和重点工程,突破关键技术,全面发展中国品牌汽车,到2020年培育形成若干家进入世界前十的新能源汽车企业,到2025年培育若干家进入全球前十的汽车零部件企业集团 |

### 三、汽车金融市场的发展空间

巨大的汽车消费需求推动着汽车金融市场的快速发展。衡量一个国家汽车金融市场潜力的标准之一就是汽车金融渗透率。在发达国家,汽车行业金融渗透率普遍较高,一般在50%以上,美国则高达80%。我国居民使用杠杆进行消费的消费理念正在发生变化,2015年,中国汽车金融的渗透率提升至35%(中国银监会统计数据),可见,我国汽车金融的未来发展空间巨大,特别是在二手车市场,金融服务才刚刚进入。根据相关统计,2001年到2014年,国内汽车信贷市场规模由436亿元增长13倍至6595亿元,2020年我国车贷规模预计可达到万亿级。

## 第二节 汽车贷款信贷资产证券化的发行情况

目前,我国已经出现交易所市场汽车金融相关ABS产品,比如先锋太盟和易鑫租赁汽车租赁ABS。也有场外ABS案例,比如第1车贷联合京东金融发行6.25亿场外ABS,瓜子二手车与百度金融合作,发行了首单场外资产证券化(ABS)产品等。本章所探讨的主要是汽车贷款信贷资产证券化。

汽车贷款信贷资产证券化(Auto-Loan ABS),简称"车贷ABS",是指发起机构以合法拥有的汽车贷款及其抵押权和附属担保权益作为基础资产,以其产生的现金流作为偿付基础,通过交易结构设置及信用增级措施将其转变为可在金融市场出售和流通的证券,是银行间市场信贷ABS的重要组成部分。

中国人民银行、发改委、工业和信息化部等八部曾经联合印发了《关于金融支持工业稳增长调结构增效益的若干意见》,其中明确提出要加快推进住房和汽车贷款资产证券化。

## 一、汽车贷款资产证券化的意义

对于投资机构而言,车贷 ABS 产品丰富了市场产品结构,增加了投资选择,更加有利于投资配置组合。目前,就“资产荒”的大环境来说,汽车贷款 ABS 还是非常不错的投资类型。

随着汽车金融市场高速发展及其业务规模不断扩大,汽车金融公司等主体融资问题将越来越突出,急需要开拓新的融资渠道。比较特殊的是银行,银行受到资产充足率的约束,需要将非标资产转成标准资产或直接实现非标资产出表,发行车贷 ABS 就成为一个较好的选择,不仅可以提高资产周转率,还存在一定的套利空间。总体来说,对于发起机构而言,更多的是解决资金问题。笔者以汽车金融公司为例。

根据我国现行的《汽车金融公司管理办法》的规定,汽车金融公司的资金主要通过以下几种方式筹集:

(1)吸收境内股东单位 3 个月以上期限的存款;由于汽车金融公司等股东的现金流往往并不充足,因此,来自股东的低成本、长期资金支持相对有限。大部分汽车金融公司是由国外大型汽车金融公司在境内设立的子公司,由于在我国外汇受到管制,货币无法自由兑换,导致一些外资汽车金融公司无法通过境外市场获得较低成本的资金。

(2)转让和出售汽车贷款业务。

(3)向银行贷款和同业拆借。银行贷款是目前国内汽车金融公司主要的融资方式,但贷款利息往往较高,也存在期限错配问题。而发债等融资方式门槛较高,有很多限制性条件。实践中,汽车金融公司以借款为主,包括同业拆借和向金融机构借款,在负债中的占比能达到 80% ~90% 。

从汽车金融公司拥有资产来看,其通过对购车者提供汽车消费信贷服务,拥有大量的购车贷款债权资产,这部分资产在未来能够产生稳定的现金流,而且贷款客户的分散度高,整体风险较低。汽车贷款资产是非常适合资产证券化的资产类型。

国家政策也鼓励车贷 ABS。中国人民银行和银监会曾经发布了《关于加大对新消费领域金融支持的指导意见》,在这个指导意见中多处提到了支持汽车金融。对所有开展消费金融的机构,积极鼓励其拓宽消费金融机构多元化融资渠道,主要是指可以通过发行金融债,或者发行对应资产的资产证券化产品来实现多元化的融资。

## 二、汽车贷款资产证券化的发行情况

### （一）汽车贷款资产证券化的发展阶段

我国车贷资产证券化的发展可以概括为如下几个阶段：

第一阶段：2008 年～2012 年，这是我国车贷资产证券化发展早期，发行并不活跃。2008 年，第一单车贷 ABS 产品——“通元 2008 年第一期个人汽车抵押贷款资产支持证券”问世，发行规模为 19.93 亿元。整个期间，银行间市场共发行了 3 单车贷 ABS 产品，发行规模为 49.93 亿元。其中，受次贷危机影响，2009～2011 年期间，未发行汽车贷款证券化产品。

第二阶段：2012 年～2013 年期间，由于监管严格和二级市场不活跃，发行也较少。2012 年，发行 2 单车贷 ABS 产品：上汽通用金融又发起了通元 2012 年第一期个人汽车抵押贷款资产支持证券，发行规模近 20 亿元；上元 2012 年第一期个人汽车抵押贷款支持证券。

第三阶段：2014 年后，车贷 ABS 进入常态化发展阶段。政策是市场发展的推动力。2014 年，中国银监会确定了信贷资产证券化业务实行备案制，进一步加快审批流程。在“备案制＋注册制”下，中国人民银行发布《关于信贷资产支持证券发行管理有关事宜的公告》，宣布已经取得监管部门相关业务资格、发行过信贷资产支持证券并能够按照规定披露信息的受托机构和发起机构可以向央行申请注册制，并在注册有效期内自主发行信贷 ABS。为配套注册制发行，2015 年 5 月 15 日，中国银行向市场交易商协会发布了《个人汽车抵押贷款证券化信息披露指引（试行）》。汽车贷款成为首批适用于注册发行制度的资产类型之一。

根据统计数据，2014 年，全年汽车贷款 ABS 的发行总额为 77.96 亿元，2015 年，汽车贷款 ABS 的发行总额则进一步增长至 337.45 亿元，增长了近 2.9 倍。2016 年，前 10 个月汽车贷款 ABS 的发行总额为 435.37 亿元，比去年同期增长了 107.83%。2014 年到 2017 年上半年，银行间市场共发行了 51 单车贷 ABS 产品，发行规模达 1386.48 亿元。

2015 年，平安银行成功发行“平银 2015 年第一期汽车抵押贷款资产支持证券”，成为首家发行车贷 ABS 的商业银行。此后，招商银行、民生银行、晋城银行也发行了以汽车贷款为基础资产的 ABS 产品。

2017 年 8 月 17 日，福元 2017 年第二期个人汽车抵押贷款资产支持证券簿记建档，此单债券是“债券通（北向通）”上线运行后首单通过“债券通（北向通）”引入境外投资者的银行间债券市场的资产支持证券。

## (二)汽车贷款资产证券化具体发行情况

截至2017年6月底,发行情况见表1-2。

车贷ABS发起机构情况梳理(截至2017年6月)。

表1-2 汽车贷款资产证券化发行情况

| 机构类型 | 机构名称 | 发行总额 | 发行数量 |
| --- | --- | --- | --- |
| 汽车金融公司 | 宝马汽车金融(中国)有限公司 | 188.69 | 6 |
| | 北京现代汽车金融有限公司 | 79.99 | 3 |
| | 大众汽车金融(中国)有限公司 | 171.15 | 6 |
| | 东风标致雪铁龙汽车金融有限公司 | 10 | 1 |
| | 东风日产汽车金融有限公司 | 133 | 5 |
| | 丰田汽车金融(中国)有限公司 | 68 | 3 |
| | 福特汽车金融(中国)有限公司 | 155.71 | 6 |
| | 广汽汇理汽车金融有限公司 | 8 | 1 |
| | 梅赛德斯—奔驰汽车金融有限公司 | 122.21 | 3 |
| | 瑞福德汽车金融有限公司 | 9.99 | 1 |
| | 上汽通用汽车金融有限责任公司 | 289.93 | 9 |
| 商业银行 | 招商银行股份有限公司 | 52.74 | 1 |
| | 中国民生银行股份有限公司 | 10.3 | 1 |
| | 平安银行股份有限公司 | 31.47 | 1 |
| | 晋城银行股份有限公司 | 49.44 | 3 |
| 企业集团财务公司 | 上海汽车集团财务有限责任公司 | 78.98 | 3 |

车贷ABS产品发行规模分布情况和发行数量分布情况(按发行主体分类,截至2017年6月),如图1-1、图1-2所示。

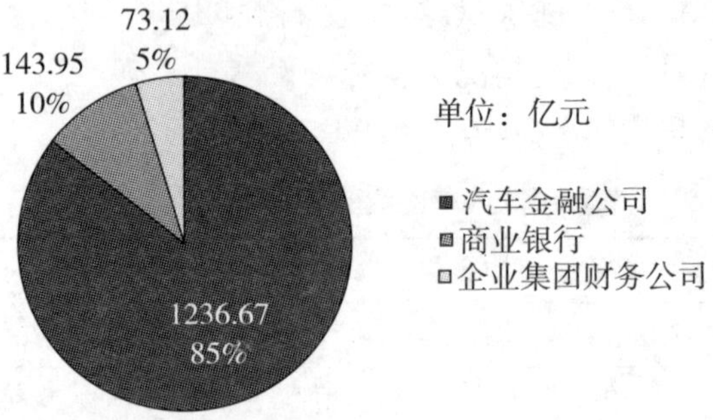


**图 1－1　车贷 ABS 产品发行规模分布情况(按发行主体分类,截至 2017 年上半年)**

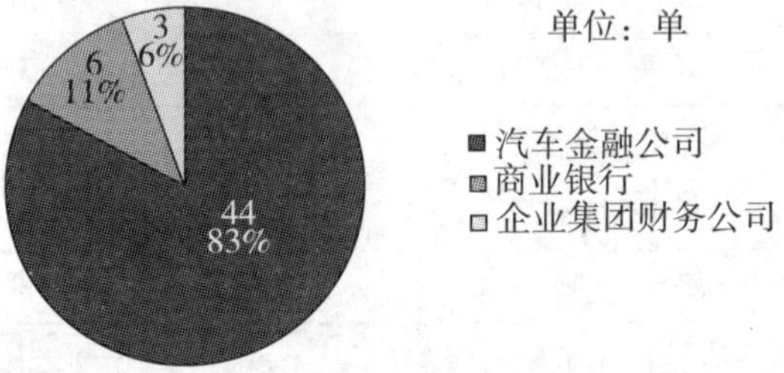


**图 1－2　车贷 ABS 产品发行数量分布情况(按发行主体分类,截止到 2017 年上半年)**

车贷 ABS 历史发行情况和存续期车贷 ABS 产品占信贷 ABS 比例(截至 2017 年上半年),如图 1－3、图 1－4 所示。

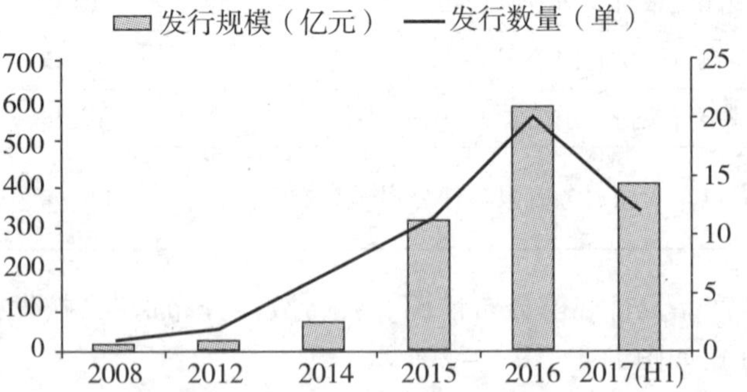


**图 1－3　车贷 ABS 历史发行情况**

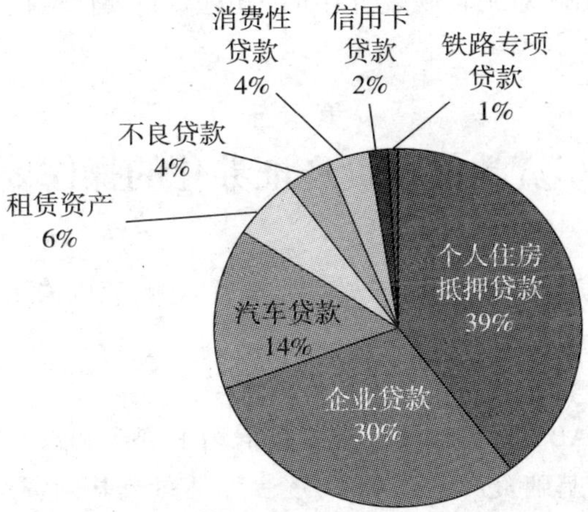


**图1－4　存续期车贷ABS产品占信贷ABS比例(截至2017H1)**

汽车贷款ABS产品占银行间信贷资产证券化产品的比重在不断上升。2014年和2015年,汽车贷款ABS发行总额占银行间信贷资产证券化产品发行总额的比例不到10%,而2016年前10个月,汽车贷款ABS产品发行总额占银行间信贷资产证券化产品新发行产品总额的比例达到了18.37%,汽车贷款ABS已经成为银行间信贷资产证券化的重要组成部分。2016年,汽车贷款ABS在信贷ABS中的发行金额占比已升至约15%,为继担保贷款凭证(Collateralized Loan Obligation,CLO)和住宅房贷担保证券(Residence Mortage-backed Securities,RMBS)后的第三大品种。截至2017年7月底,存量位居信贷资产证券化第二,仅次于CLO。车贷ABS是中国资产证券化市场上将为成熟的品种。

车贷ABS的发起人主要有三类,分为汽车金融公司、企业集团财务公司和商业银行。截至2017年上半年,我国共发行车贷ABS产品54单,其中汽车金融公司发行44单,总额1236.67亿元,是车贷ABS的发行主力。商业银行发行6单,总额143.95亿元。企业集团财务公司发行3单,总额73.12亿元,三者发行规模占比分别为85%、10%、5%。汽车金融公司发行证券化产品居多,部分原因是汽车金融公司多为中外合资或外商独资企业。在国外,资产证券化是汽车金融公司的主要融资渠道。商业银行是汽车贷款ABS的第二大发行机构,主要是一些银行发行的以信用卡为载体的分期车贷产品。晋城银行是例外,它是直接向个人发放汽车抵押贷款。企业集团财务公司是汽车贷款ABS的第三大发行机构。目前,背景与汽车行业相关的企业集团财务公司发行汽车贷款ABS,比如上汽集团财务公司,具有一定的特殊性,车贷 ABS 对于企业集团财务公司融资重要性也在不断提高。

## 第三节
## 汽车贷款信贷资产证券化的操作要点

在汽车贷款信贷资产证券化的操作中,笔者认为,应该关注如下几个方面。

### 一、基础资产

我国汽车贷款 ABS 的基础资产主要是信用卡资产和汽车抵押贷款。由于汽车贷款 ABS 涉及的基础资产笔数众多,逐一评估每笔基础资产的质量难度较大,因此一般通过分析静态资产样本池历史信息、波动状况,同时重点关注一些影响资产池信用状况的指标,如早偿率、违约率、尾款额等对资产池整体资质进行分析。分析静态资产样本池的历史信用表现时需要关注的几个要点分别是静态样本池的个数、静态样本池包含的贷款数目等,静态样本池个数越多,意味着其覆盖的时间点会越长,得出的均值和方差也越能接近实际情况,能够跨越一定的经济周期,从而使数据具有较强的代表性。当每个静态样本池包含的贷款数足够多时,静态池的历史违约和损失数据较为稳定,反之容易出现极端情况。比如中债资信对神融2016 年第一期个人汽车抵押贷款资产支持证券静态样本池的选取时间范围为2011年9 月 ~2013 年 10 月,构建静态样本池个数为 26 个,而对福元 2016 年第一期个人汽车抵押贷款资产证券化中静态样本池的选取时间为 2010 年 1 月 ~2014 年 12月,构建静态样本池个数为 60 个。笔者根据已经发行的汽车贷款 ABS 案例,概括了车贷基础资产的一些特征,分述如下。

#### (一)合同期限、账龄以及剩余期限较短

根据统计,汽车车贷合同期限有限,新车车贷不得超过 5 年,二手车贷款不超过 3 年,因此整体汽车贷款期限较短。一般情况下,资产池的加权平均账龄较长,在一定程度上体现了借款人的还款意愿。资产池的绝对剩余期限越短,风险暴露期也越短。汽车贷款的违约高峰在其发放后的 18 个月内,之后违约率基本稳定。

从目前数据来看,加权平均贷款账龄在 10 个月,平均剩余期限在 24 个月,风险暴露期较短,如福特汽车金融公司的 2016 年福元 2 期,加权的贷款期限存续期是 5 个多月,剩余的期限是 27 个月;“招元 2015 年第二期信贷资产证券化项目”,资产池加权平均贷款剩余期限为 24. 31 个月。

### （二）贷款利率差异大，利率高，浮动利率为主

贷款利率较高，一般在5%～15%左右，比如福特汽车金融公司的2016年福元2期，加权平均贷款年利率是6.2%。产品间贷款利率差异较大，部分产品包含一定规模的低利率贷款、贴息贷款，甚至一些免息贷款的产品，主要由于该类贷款属于汽车促销的配套服务。

美国多为固息贷款。中国汽车贷款利率类型以浮动为主，基本都为新车消费贷款。

### （三）抵押居多，抵押率较高

汽车金融公司发放的贷款一般强制要求汽车抵押。银行发行的汽车贷款不强制汽车抵押，但是也建立在借款人资信较好或存在其他担保措施的情况下。而信用卡分期汽车贷款是通过信用卡发放的，部分信用贷款，发放过程中没有办理车辆抵押登记手续。

抵押在一定程度上保障了基础资产的安全性。如果汽车贷款出现逾期不还的情况，银行、汽车金融公司等放贷机构可以采取措施，强制取得车辆的所有权。即使有抵押，但是，汽车是贬值风险较大的消费品，抵押价值会逐渐下降，比如若汽车厂商经营不善，市场认可度下滑，资产池中大量的相关品牌汽车市价可能下跌，进而导致贷款价值比上升（甚至超过100%），抵押汽车的担保作用减弱；汽车贷款以汽车消费为基础，受汽车行业和销售价格的影响较大，尤其是汽车产品更新换代很快，汽车的折旧率较高；人为原因造成汽车车体直接损坏、丢失等。

实操中，需要掌握初始的抵押率和抵押物的价值。目前来看，统计数据显示，车贷资产抵押率在10%～80%之间，50%～70%居多，也就是首付比30%～40%，最低是20%。在初始贷款发放时，初始抵押率越低则说明首付比例越大，其后续的违约成本也就越高，因此，借款人后续违约意愿越小，借款人违约后的贷款的损失严重程度也越小。抵押车辆基本为新车，仅个别产品中包含少量二手车。

### （四）贷款早偿率稳定

早偿率是对现金流稳定性影响最大的因素。贷款早偿会改变基础资产回流现金的规模和时间，对ABS产品的还本付息具有重大影响。

借款人收入增加，一般情况下不愿意继续保有贷款。从实际运行情况来看，早偿情况较为普遍。影响早偿率的因素有：（1）利率水平。如果利率较高，高于平均水平的资产早偿率通常更高。（2）利率类型。当处于利率下行周期时，固定利率借款人倾向于提前偿还贷款，置换为更低利率贷款，反之则浮动利率借款人早偿率更高。（3）早偿政策。早偿处罚措施对借款人早偿具有一定的抑制作用，如“招元

2015年第二期信贷资产证券化项目”，如非招商银行原因导致借款人提前一次性偿还债务的，借款人应向招商银行支付分期总金额的全部剩余款项（含分期总金额中尚未支付部分、手续费总额中尚未支付部分及其他一切相关利息、费用），此规定降低了借款人提前还款意愿，降低了早偿率。此外，也会出现借款人欲以新车换旧车、借款人或贷款人违约导致的清算早偿、抵押物受损，借款人无法按要求追加抵押品而被迫早偿等情形。

发行说明书或信用评级报告中对早偿情况都有相关的说明，对早偿率的情况做详尽的披露。需要说明的是，各个产品可能出现对早偿的定义不同的情况。比如12通元1，早偿率的定义是“早偿率 = 期间提前还款本金金额/期末所有存量合同剩余本金金额。”而08通元1发行说明书中对于早偿率的定义为当前提前偿还的贷款笔数除以全部贷款当期月初贷款总笔数所得。

从目前情况来看，汽车抵押贷款证券化提前偿还率不超过2.5%，属于优良资产水平。

（五）违约率

违约率是指违约贷款累计额在发放贷款中的比例。违约率的高低直接影响了基础资产的现金流回收情况。违约率的高低主要取决于资产池中客户的资信情况，主要受宏观经济、居民收入、特定职业、年龄相关风险等因素的影响。如果汽车贷款消费者出现辞职、失业、残疾、退休、死亡等情况会使得家庭收入下降，从而影响其偿还能力，导致还贷率下降。同样如果汽车经销商管理人员出现类似情况，会引发汽车经销商经营收入降低甚至倒闭，这种情况下，汽车信贷的主要风险都会转移并集中到银行等贷款人身上。从中国银行业协会下属的汽车金融专业委员会发布的《2015汽车金融公司行业发展报告》所公布的数据来看，截至2015年末，汽车金融公司不良贷款余额为21.22亿元，不良贷款率仅为0.54%。

以逾期90天以上作为一个统一的不良标准来看，已发行产品的违约率在0.1%～0.5%左右，考虑到次级档层厚均值在5%～15%之间，12个月内违约率不超过1%，24个月内违约率不超过1.5%，同时资产池还存在一定的超额利差，基础资产的安全性仍较强。

此外，汽车贷款类资产证券化产品基础资产池贷款额度小。一般而言，汽车贷款ABS产品基础资产的贷款金额在1万～5万左右，单笔贷款占比较低，因而单笔贷款违约对资产池整体产生的影响较小；汽车贷款合同的标准化程度都较高，同质性较强等。

基础资产特征(基于已发行的49单数据统计),如表1－3所示。

**表1－3 基础资产特征**

| 类别 | 数值 |
|---|---|
| 加权平均贷款合同期限(月) | 34.10 |
| 加权平均贷款剩余期限(月) | 24.11 |
| 加权平均贷款账龄(月) | 9.98 |
| 贷款加权年利率(%) | 7.54 |
| 加权平均贷款初始抵押率(%) | 62.67 |
| 加权平均借款人年龄 | 35.68 |
| 借款人平均收入债务比 | 3.5 |
| 平均分布地域数 | 31 |
| 平均涉及行业数 | 21 |

累计违约率是指通过构建静态样本池计算累计的贷款违约额在贷款总额中的比例,该指标可以解释机构资产的历史违约情况,对未来的基础资产信用有一定的预测作用。据统计,大多数发起机构的平均累计违约率在1.5%～4.5%的范围内。企富2015年第五期平均累计违约率最高,达到6.63%。由于是信用卡分期车贷为基础资产,有一定特殊性,平均违约率较高,但是其加权平均贷款剩余期限仅为19.84月,风险暴露期相对较短;加权平均贷款账龄较长,远高于均值,体现借款人的还款意愿及能力;加权平均贷款初始抵押率较低,仅为38.9%,贷款违约意愿较小。金诚2016年第一期、2017年第一、二期个人汽车贷款资产支持证券,三期汽车贷款资产支持证券平均违约率集中在5.14%～5.96%,虽然平均违约率较高,但三单产品都具备较厚的次级分层做信用支持。总体而言,除个别产品表现异常外,产品累计违约率处于较低水平,反映出汽车贷款类基础资产质量相对较好。

平均累计违约分布区间占比(基于已发行的49单数据统计),如图1－5所示。

资产池作为车贷ABS还本付息的重要来源,其整体状况对最终的评级和分档具有决定性作用。实操中,还要关注:

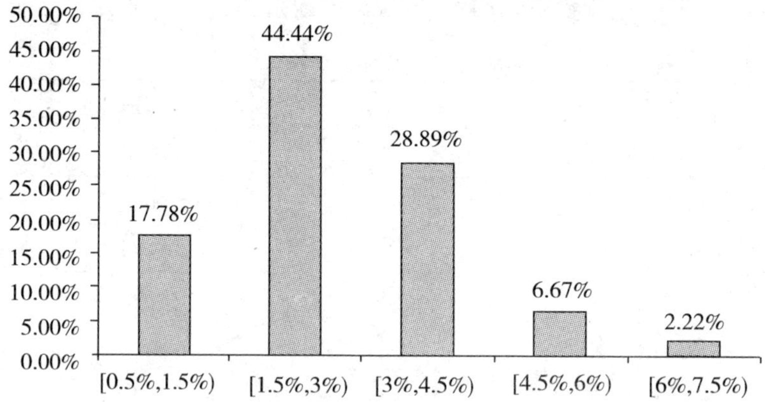


**图 1－5　平均累计违约分布区间占比**

1. 分散性

分散性又可以从人数、区域、行业、品牌等维度进行考察。一般来说，借款人数量众多，所处区域广泛，较高的分散度使得单笔贷款占比很低，单一资产违约后对资产池整体表现的影响很小。

从已发行的来看，借款人平均地域分布可以达到 31 省市，可以有效避免局部经济波动对资产池的冲击；平均涉及行业数 21 个，缓冲了行业风险对资产池的影响；基础资产笔数方面，汽车金融公司车贷 ABS 通常为 1 万 ~ 2 万笔，银行车贷 ABS 则会高达十几万笔，由此车贷 ABS 平均入池笔数为 4 万左右，因此单笔贷款的违约对整个基础资产池的冲击较小，如“招元 2015 年第二期信贷资产证券化项目”涉及贷款数量共计 131, 603 笔，福特汽车金融公司的 2016 年福元 2 期，涉及贷款数量为 4 万笔。但是，个别案例中，也出现了地域集中度高、行业集中度高和品牌集中度高的情况。

2. 初始贷款价值比（LTV）

初始贷款价值比（Loan to Value，LTV）是指贷款合同金额与汽车价值的比值。一般情况下，LTV 越低表示首付比例越大，借款人后续的违约成本也就越高，贷款违约意愿越小，借款人违约后的贷款的损失严重程度也越小。截至 2017 年上半年，接近 80% 的资产池的加权平均初始贷款价值比在 60% ~ 70% 的范围内，其中，金诚 2017 第一期、第二期个人汽车贷款资产支持证券加权平均贷款价值比稍高，最高达到 72. 49%，但其次级较厚，提供了更多信用支持，如图 1 – 6 所示。

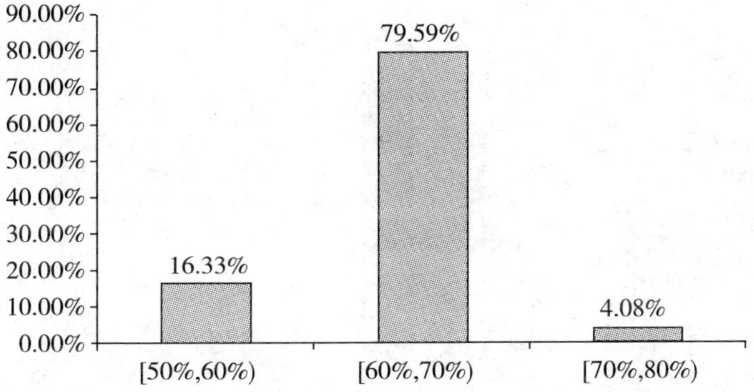


**图 1-6　资产池加权平均贷款价值比分布**

3. 借款人收入债务比

根据统计,车贷 ABS 借款人年龄以 30~40 岁为主,还款能力相对较强。

收入债务比或者收入覆盖倍数主要是指个人的年收入对于他未偿本息覆盖倍数,是体现未来还款能力的重要指标。通常情况下,收入债务比越大,表示借款人的偿债能力越强,违约风险就越低。

截至 2017 年上半年,车贷 ABS 产品的资产池的加权平均收入债务比大约在 2~4 的范围内。有些产品加权平均收入债务比稍低,但在其他方面得以加强,比如德宝天元 2015 年、2016 年第一期,和信 2015 年第二期产品平均收入债务比稍高,但是不良率低至 0.12%~0.28%。由于贷款主要来自于高端汽车,借款人信用质量以及整体还款能力较强,而金诚 2016 年第二期、2017 年第一、第二期虽然收入债务比低,但是设计了较厚的次级分层,次级档能达到 16%~17%,提供较多信用支持。资产池平均加权收入债务比(基于已发行的 49 单数据统计),如图 1-7 所示。

总体上,对于资产池的分析重点在于贷款人准入条件、首付比率、历史逾期率、违约率、早偿率、回收率、加权平均剩余期限、加权平均贷款利率、影子评级或信用评分中枢等方面。

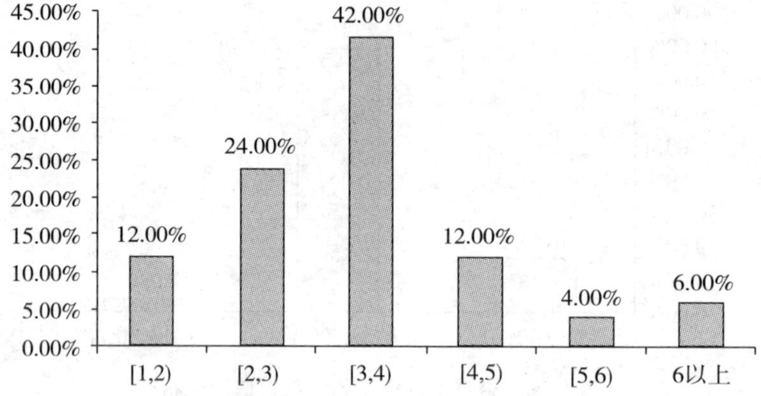


**图1-7　资产池平均加权收入债务比分布**

## 二、发起机构

关注发起机构经营层的管理能力、目标、战略和公司整体财务状况，此外还包括发起机构同汽车经销商的关系、贷款承销标准、审计程序、贷款清收和处置方法，以及损失冲销政策。与汽车经销商关系比较重要，考量包括：汽车经销商的集中度、新车特许经销商和二手车经销商构成、经销商的准入政策、经销商表现的跟踪管理程序、经销商的业务发起及报酬机制，以及防范经销商欺诈的控制制度。

笔者认为，应该重点关注：

### （一）违约回收率

回收率是违约贷款的回收金额与违约贷款的未偿本金的比值，不仅能够反映出借款人的还款意愿和还款能力，也能直接反映一个发起机构的催收管理能力。通过计算发起机构违约贷款的回收率，我们可以预估拟证券化资产池的预期违约回收水平。

根据目前的统计，按照发起机构的历史数据，逾期30天以上贷款的历史回收率水平在30%~50%的区间范围内。

### （二）历史数据

资产历史数据注重长周期及稳定性。对于任何信贷资产来说，如果发起机构的经营时间过短，其信贷政策与风控能力可能尚未稳定，潜在的违约风险可能还没有暴露。发起机构提供的历史数据的时间跨度应能够覆盖拟证券化资产池的存续期，并且在横向上能够覆盖一个完整的经济周期，才更加具有代表性。

此外，还需要关注放款机构的放款流程和征信体系。中国汽车金融公司发放贷款主要依赖从人民银行拉取的申请人信用报告和内部模型生成信用评分。美国汽车贷款由汽车厂商的金融公司和一些专门金融机构发放，普遍采用 FICO 等第三方信用评级机构的评分，再结合内部模型设定优质和次级贷款的标准，总体来看，数据积累历史长、范围广，贷款细分程度更高。

## 三、交易结构

车贷 ABS 产品的交易结构较为简单，符合一般信贷资产支持证券产品设计规则，一般采用传统的信托 SPV 模式。

作者以通元 2014 年第一期个人汽车抵押贷款支持证券为例。该资产支持证券的交易结构图如图 1－8 所示。

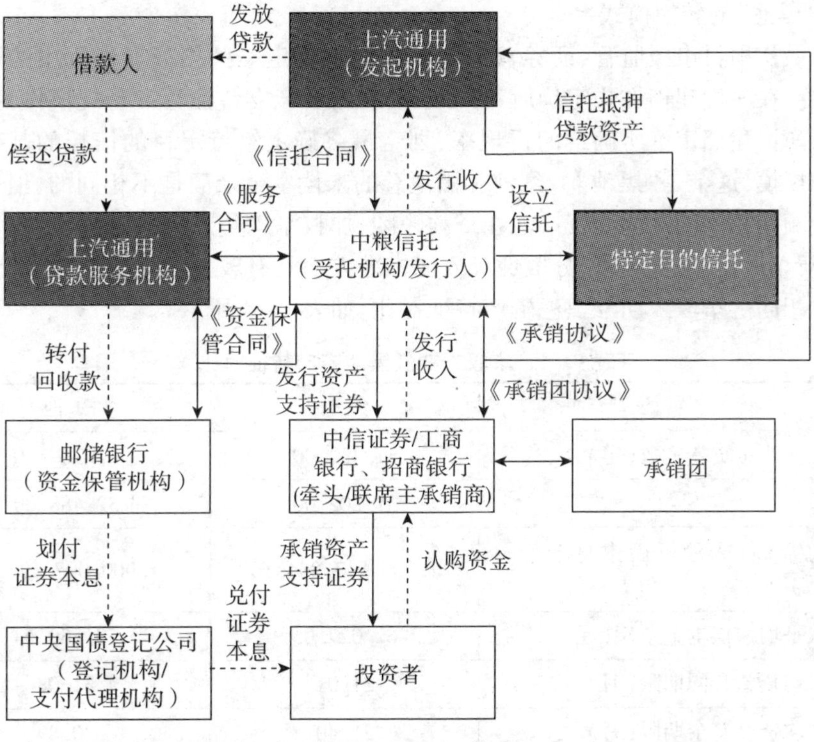


**图 1－8　通元 2014 年第一期个人汽车抵押贷款支持证券交易结构**

此为本期“证券”发行的基本交易结构，其中实线表示各方之间的法律关系，虚线表示现金流的划转。

上汽通用作为发起机构将相关抵押贷款信托给作为受托机构的中粮信托，中粮信托设立特定目的信托向投资者发行资产支持证券，中信证券作为该项目的牵头承销商，工商银行、招商银行作为联席主承销商，参与项目设计和资产支持证券的推销工作，邮储银行作为资金保管机构对信托财产产生的现金资产提供保管服务，而中央国债登记公司则作为登记机构对资产支持证券提供登记托管和付款代理服务。

## 四、红黑池

大众汽车金融(中国)有限公司于2014年和2015年发起的华驭2014年第一期汽车抵押贷款资产支持证券和华驭第二期汽车抵押贷款资产支持证券引进了“红池”和“黑池”的转换模式。

在最初项目申报监管、证券营销阶段需要先确定一些相关参数所用的资产池为红池。在簿记建档方式定价后，将已经批准的资产支持证券发行规模作为基础，按照以簿记建档定价所确定的折现率，划定最终确定给特定目的信托的基础资产范围和规模，这个是“黑池”。红池和黑池总的未偿本金余额是不相同的，但是折后本息余额是相同的。两个资产池在贷款账龄、加权平均贷款合同期限、加权平均抵押率、新车占比、加权利率、分散性等入池标准方面具有较大的一致性，资产池的属性基本相同。华驭二期红黑池资产特征对比，如表1－4所示。

**表1－4　华驭二期红黑池资产特征对比**

| 主要特征 | 红池 | 黑池 |
| --- | --- | --- |
| 资产的入池总贷款笔数(笔) | 31,432.00 | 32,787.00 |
| 总户数 | 31,202.00 | 32,488.00 |
| 入池总金额(未偿折后本息余额总额)(元) | 1,900,017,834.16 | 1,900,007,197.97 |
| 借款人平均未偿本金余额(元) | 62,027.05 | 58,550.43 |
| 加权平均贷款合同期限(月) | 31.01 | 31.08 |
| 加权平均贷款剩余期限(月) | 21.40 | 20.89 |
| 加权平均贷款账龄(月) | 9.61 | 10.19 |
| 贷款最短剩余余期限(月) | 6.00 | 6.00 |
| 贷款最长最余期限(月) | 58.00 | 58.00 |

续表

| 主要特征 | 红池 | 黑池 |
|---|---|---|
| 加权平均贷款利率(%) | 4.55 | 4.32 |
| 最商贷款利率 | 15.85 | 15.85 |
| 最低贷款利率(%) | 0.00 | 0.00 |
| 资产的入池抵押车辆初始评估价值合计(元) | 5,622,150,757.80 | 5,834,698,904.36 |
| 加权平均初始货款价值比(%) | 0.57 | 0.57 |
| 资产池抵押新车占比(%) | 1.00 | 1.00 |
| 资产借款人的加权平均年龄(岁) | 35.97 | 36.03 |
| 30~40岁借款人贷款的金额占比 | 0.39 | 0.39 |
| 借款人加权平均年收入(元) | 414,565.49 | 307,709.67 |
| 借款人加权平均收入债务比 | 5.17 | 3.88 |
| 平均未偿折后本息余额(元) | 60,448.52 | 57,950.02 |
| 未偿折后本息余额范围(元) | 6497.65~3,018,250.71 | 4546.46~1,331,354.12 |
| 未偿本金余额总额(未折算)(元) | 1,935,368,144.79 | 1,919,692,880.12 |
| 未偿本金余额范围(元) | 6666.72~2,947,292.30 | 4531.83~1,256,579.26 |
| 初始贷款本金余额总额(元) | 3,014,661,513.73 | 3,087,433,270.00 |
| 平均初始贷款本金余额(元) | 95,910.59 | 94,166.39 |
| 初始贷款本金余额范围(元) | 20,000~5,486,383 | 20,000~1,924,300 |
| 贷款利率范围(%) | 0~15.85 | 0~15.85 |
| 贷款合同期限范围(月) | 12~60 | 12~60 |
| 贷款账龄范围(月) | 2~54 | 2~54 |
| 加权平均首付金额比例(%) | 42.74 | 43.22 |
| 首付金额比例范围(%) | 25~90 | 20~91 |
| 借款人年龄范围(岁) | 18~76 | 18~77 |

红黑池运作流程，如图1－9所示。

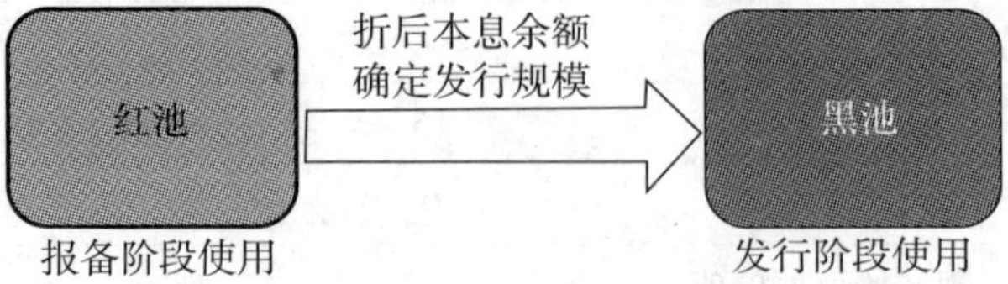


**图1－9　红黑池运作示意**

采用“红池”和“黑池”模式的原因主要有：(1)汽车贷款的本金通常偿还速度较快，在资产证券化设计到发行的过程中，确定资产池到正式发行产品会有一定的时间差，在该时段内，资产池会因早偿等原因偏离初始基础资产池的质量，导致发行产品与最初申报的产品存在差异；(2)在用折现率确定资产池发行规模的机制下，需要先知道证券的发行利率；(3)不在资金池里面沉淀过多的资金。由于在确定黑池资产规模时，采用了实际的发行利率下的折现率，因此可以确保在证券成立时实际资产池各期的现金流入可以覆盖证券的发行金额，有效地规避了市场利率波动给证券带来的风险。

目前，国内车贷ABS产品确定证券发行金额的方法有三种：(1)以未偿本金余额确定证券发行金额；(2)用未偿本金余额减去超额抵押确定发行金额；(3)使用折后本息余额确定发行金额。实际操作中，在红黑池交易机构中，更多采用折后本息余额机制，可以规避利率波动风险，减少初始超额抵押。发行的时候，根据当时的市场环境换黑池，正好全部盖过费用。折后本息余额机制如图1－10所示。

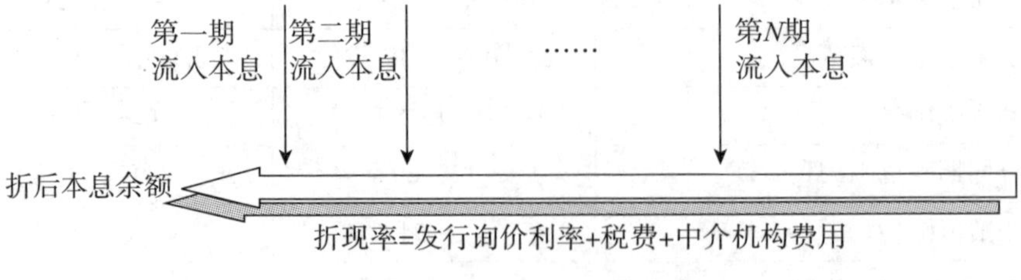


**图1－10　折后本息余额机制**

大众旗下华驭系列汽车贷款ABS根据其全球ABS产品标准设置，采用了折后本息确定发行金额。笔者以华驭二期为例，将入池资产每笔贷款在各个剩余摊还期间计划偿还的本息金额用特定的折现率折现到初始起算日并减去初始超额抵押后的金额，所用的折现率包含预计的发行利率、贷款服务机构费用、利率收入税等。

如果相关费用较高,其折现率较高,最后折后本息余额较少,相反则折后本息余额较多。通过折后本息余额计算发行金额,待项目正式发行时,根据证券真实发行利率确定“黑池”。

## 五、循环购买

车贷一般期限较短、早偿普遍,而发起机构长期融资需求高,采用循环购买结构可以有效解决短期资产与长期证券的期限错配问题,规避提前偿还风险。对投资者来说,更倾向于投资一些更长期的利率较高的产品。招商银行发行的和信2015年第二期汽车分期贷款资产支持证券和上汽通用金融公司发行的融腾2016年第一期个人汽车抵押贷款资产支持证券采用了循环购买的交易结构。

采用循环购买结构的证券分为持续购买期和摊还期。一般情况下,持续购买期内,回收的本金(部分项目也存在本息)用于购买新的贷款,不进行证券的本金摊还;当摊还期开始后,结束购买新的资产,并且开始摊还证券本金。当然也有例外情形,比如融腾2016－1期项目在持续购买期,每个收款期间的本金回收款用于持续购买,但A1级证券预期到期日在持续购买期内,在A1级证券预期到期日紧邻的前一个持续购买日,本金回收款用于先补足税费等优先级费用、优先级证券利息,支付优先A1级证券本金后,再进行持续购买,这样的交易结构设置,是为满足投资者对AAA级别且期限较短证券的需求。

循环结构也会带来风险,整个交易的周期变长了,交易更容易受到经济周期的影响。新的资产池也可能会带来新的违约。如果没有稳定的资产能够持续购买,也会造成资金沉淀。循环购买的主要关注点是资产持续可获得性和资产质量的一致性。为了完善循环购买结构,入池标准是最重要的环节。一般来说,对合格标准的界定越严格,未来信用历史表现的波动性越小。入池资产的合格标准不仅影响违约或逾期对现金流入的削弱,同时也影响后续资产池的生息能力,以及基础资产的利息收入对证券的支持作用。但如果合格标准过于严格,可能导致后续无法进行足额的持续购买,因而资金使用效率下降或引发提前摊还事件。入池标准有两个方面:每一个贷款本身的入池标准和整体资产池本身入池的标准。

## 六、信用增级

信用增级是通过设置一些增级措施降低受评证券的违约风险,以达到提升优先级证券信用水平的目的。目前国内车贷产品常见的主要增级方式包括内部增信和外部增信,比如优先/次级结构、超额抵押、储备金账户、差额补足、担保等。

### (一)分层结构

优先/次级结构是车贷资产证券化产品最为常见的信用增级措施。在分配现金流上的优先劣后次序使优先级债券的信用保障提升,优先级、次级债券的相对厚度决定了优先级受到次级保障的程度。次级档比例越高,信用增加的比例也会越高。也有产品将优先级又切分为不同档次,主要为了匹配投资者的需求,比如福特金融的福元2017年第二期,切分为优先A级、优先B级和次级三档。

晋城银行发起的"金诚2016年第一期个人汽车贷款资产支持证券",次级比例为15.73%;由北京现代汽车金融发起的"睿程2016年第一期个人汽车抵押贷款资产支持证券",次级档比例为12.67%。从目前已发的汽车贷款ABS产品数据来看,次级档分层比例最大值为16.35%,最小值为5%,在5%~7%和7%~9%的区间范围内的产品最多。整体看,我国车贷ABS次级档层厚均值在6%~15%之间,占比较低,表明优先档的比重较高,这主要是由于车贷ABS的资产池高度分散、违约率较低的特征决定的,同时车贷资产池存在一定的超额利差。车贷ABS产品次级档分布区间(基于已发行的53单产品数据统计),如图1-11所示。

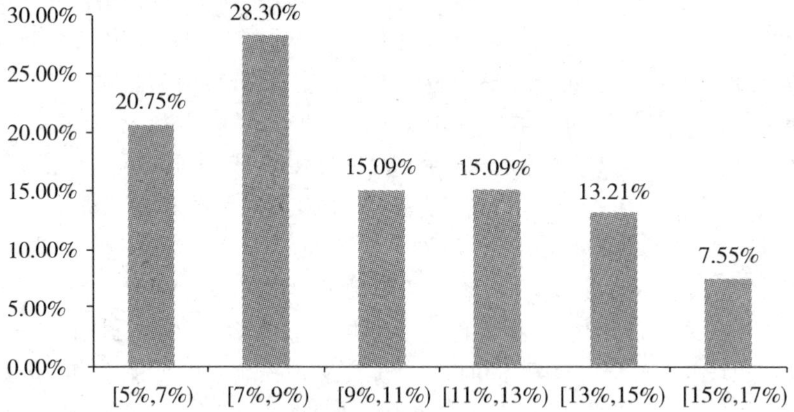


**图1-11 车贷ABS产品次级档分布区间**

### (二)超额利差

超额利差是车贷ABS产品的增级方式之一。一般来说,汽车贷款的利率较高,扣除发行成本和费率后,能够形成较高的超额利差,具有较好的增信效果。

超额利差将被用于对优先级资产支持证券进行本金支付,或存入流动性储备账户,但是,在优先级资产支持证券本金未完全偿付前,不对次级资产支持证券进行支付。

### （三）超额抵押

通常情况下，超额抵押是由资产端与证券端之间的超额利差形成的，也可以是发行资产支持证券时，基础资产池的规模本金大于发行证券的本金，多出来的这部分就可作为超额抵押用于弥补贷款违约损失及因低利率贷款造成的利息回收款的不足，以此达到信用增级的效果。

此外，封包日到起息日之间产生的利息也会为资产池带来一定的超额抵押。有的产品中还会设定无递减超额抵押结构，即维持超额抵押水平在资产池原始金额的固定百分比水平，整个存续期都不下降。

实践中，有些车贷基础资产利率很低，比如经销商会通过厂商贴息的手段使购车人获得很低的购车利率，甚至零息贷款，整个入池资产加权平均收益就非常低，如果直接按照合同利率入池会出现合同的加权平均资产利率比发行的收益加成本还要低，即利率倒挂，此时就需要超额抵押来实现增信，用于支持优先级证券的利息偿付和信托费用等，也可为弥补信贷可能的违约损失提供更多的资金来源。比如"福元 2014 年第一期个人汽车抵押贷款证券化"，超额抵押的初始金额为 3519.44 万元，占初始资产池余额的 4.21%，主要原因就是 14 福元 1 基础资产的很大一部分贷款属于贴息贷款（低利率或优惠利率贷款）。

对于发起机构来说，超额抵押一定程度上降低了资产池的使用效率。国外还有收益补充超额抵押的概念，即在产品设计时，计算每一个支付日的超额抵押比例，设定优先级的目标余额，每次分到目标余额时，超额部分分配给到原始权益人，超过的金额就释放掉，这个机制安排使得在存续期间超额的支持比例始终在评级要求的水平上，提高了发起机构资产的使用效率。

国内有证券目标余额的设计。以 14 华驭 1 为例，华驭 1 在发行中引入了"证券目标余额"。本金采用过手方式偿还，首先偿付 A 级证券本金，当 A 级证券本金余额达到其相应目标余额后，分配账户资金将用来偿付 B 级证券本金，当 B 级证券本金余额达到其相应的目标余额后，次级证券利息及本金将获得偿付，直至完毕。具体而言，A 级证券目标余额是指（1）如果上一月度截止时的折现后本息余额总额少于初始起算日折现后本息余额总额的 10%，或发生了贷款服务机构替换事件，则为零。否则为（2）上一月度截止时的折现后本息余额总额超出 A 级证券"超额担保目标金额"的金额。B 级证券目标余额是指（1）如果上一月度截止时的折现后本息余额总额少于初始起算日折现后本息余额总额的 10%，或发生了贷款服务机构替换事件，则为零。否则为（2）上一月度期间截止时的折后本息余额总额超出 A 级证券未偿本金金额（扣除该日所有付款和分配之后金额）与 B 级证券"超额担保目标金额"的金额。

### (四)储备账户

汽车贷款ABS产品一般设置流动性储备账户和混同储备账户。

1. 流动性储备账户

流动性储备账户是在信托账户下设立并维持的一个子账户,在证券发行日或信托生效日,发起机构根据受托机构的指示,向流动性储备账户中存入相当于初始资产池余额一定比例的流动性储备金,用于支付限额内税负、费用、各优先级利息的款项金额,在特殊设置下,也能对证券本金的兑付提供一定的支持。这样的设置不仅能在一定程度上缓释流动性风险,同时也能为证券提供一定的信用支持。实际操作中,发起机构通过信托设立流动性储备账户,现金可以在期初一次性存齐,也可以按交易设定在数月内通过交易生成的超额利差现金流来积累转入。另,对于无递减流动性储备账户,其设定的储备水平要保持在原始资产池金额的一定百分比,不随着债券余额下降而下降,出现缺口时需及时补足。

福元2015-2期、德宝天元2016-1期、德宝天元2016-2期、福元2016-1期、福元2016-2期和睿程2016-2期都设立了流动性储备账户。在证券发行日或信托设立日,发起机构将相当于初始起算日资产池本金余额的一定比例(除福元2015-2为1.2%外,其余均为1%)的金额转入流动性储备账户,该金额为必备流动性储备金额,用以支付当期回收款与优先级费用和优先级证券利息的差额部分。福元2015-2期除提供该流动性支持外,还对优先级证券本金的偿付提供一定支持,即流动性储备金账户还用于支付优先级证券优先偿付本金(证券未偿本金余额减去资产池余额)。

2. 混同储备账户

混同储备账户的设置是汽车贷款ABS产品的一大特点。混同储备账户中的金额主要用于弥补因贷款服务机构长期信用等级下降而形成的混同风险。如果贷款服务机构的长期信用等级被评级机构降级,则贷款服务机构应在一定时间内将必备混同储备金额存入混同储备账户。

很多发起机构和贷款服务机构往往信用等级较高,资金混同风险小,因此大部分没有设置混同储备账户。

### (五)触发机制

车贷ABS产品的交易结构中都设置了信用触发机制,主要包括设置强制执行事件、加速清偿事件、违约事件、提前摊还事件、止赎事件等,提高对优先档证券的保护力度,其中违约事件及加速清偿事件的设置更为普遍。一旦出现贷款服务机构被任一评级机构下降至一定程度或加速清偿事件、违约事件等,触发机制就会启动。加速清偿事件通常在资产池累计违约率/严重拖欠率到达一定水平或相关中介机构发生重大事项时触发,将加速优先级本息的偿还。违约事件通常在未能偿付优先级利息或法定到期日未能偿付优先级本金时触发,合并收益账和本金帐,进一步加速优先级本息的偿还。

以"融腾2016年第一期个人汽车抵押贷款资产支持证券"为例。一旦发生贷款服务机构被中债资信或联合资信长期信用评级降至A以下,则原来的回收款转付日(回收款从贷款服务机构转付至资金保管机构的时间)必须从8个工作日提早至4个工作日,减少因贷款服务机构长期评级下降可能带来的影响;一旦发生加速清偿事件,原先的现金流支付顺序将发生变更,本来作为收益支付给次级档的金额将全部转入"本金分账户"用于资产支持证券本金的账户;一旦发生违约事件,则不再区分"本金分账户"和"收入分账户",同时变更现金流支付顺序;在优先级资产支持证券的收益和本金尚未支付完毕前,不支付"次级资产支持证券"的收益和本金。

可见,通过触发机制的安排,能够在出现不利于支持资产支持证券偿付的情况时,停止支付次级期间收益以及后端服务费,减少投资者可能的损失。触发加速清偿事件的条件越严格,对优先级证券的保护程度越高。

触发机制和本金支付顺序有关。ABS产品本金支付机制分为完全顺序支付和非完全顺序支付两种。顺序支付(sequential)按照优先级依次向A1、A2、A3支付,最后支付次级档。如在违约事件发生后,只向未到期的最高优先级债券支付本息,暂停向分级劣后债券支付现金流,直到最高优先级全部清偿为止,以此类推。或以超额利差加速偿还优先档,从而恢复到超额抵押要求的最低水平。这种结构安排下短期优先档A1的展期风险最低。比如福特、通用。

非顺序支付是指在条件触发下,AAA级债券转为等比例支付。触发条件可以是发生违约事件,或者预设的信用指标。A1、A2、A3不再按照顺序支付而是等比例支付,最后支付次级档。在非完全顺序支付机制中,正常情况下,先由优先A档、优先B档的超额担保比例确定当期优先A档、优先B档的偿付金额,然后支付优先A档证券直至目标金额,再支付优先B档证券至目标金额,剩余资金用于偿付次级证券。若发生止赎事件,则会优先偿还A级证券直至完毕,然后再偿还B级证券。现金流转为在优先级之间分享的安排有利于保障较长期优先档投资者利益,短期优先档有一定的展期风险。常见发行人如宝马、本田、丰田、日产、大众等。

正常情况下的本金偿还顺序和止赎事件发生后的现金支付(以华驭五期为例),如图1-12、图1-13所示。

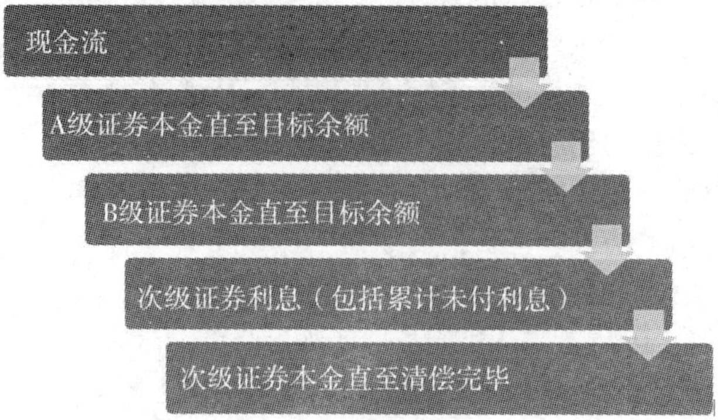


图1－12　正常情况下的本金偿还顺序

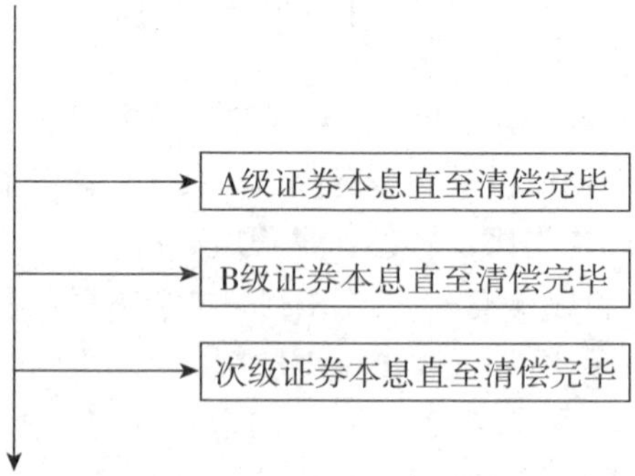


图1－13　止赎事件发生后的现金支付

## 七、其他

收入账支持本金账的机制能缓释基础资产信用质量恶化可能带来的证券违约风险。收入账户对本金账户的支持主要体现在两个方面:对本金账户的违约额进行补足;补足及分配次级期间收益后若仍有盈余,则流入本金账户。本金账回补收益账能在较大程度上缓释流动性风险。入池贷款的利率水平较低,出现了负利差的现象,在当期回收利息不够支付当期优先级费用和优先级证券利息的情况下,本金账户需回补收入账户,在有初始超额抵押的情况下,初始超额抵押金额会优先进行补足。比如和信2015－02信用卡车贷分期项目,由于封包期利息并未入池,且在信托成立后前几期的证券应付利息较高,同时还需支付各项发行或者中介机构初始费用等,出现了负利差的现象,该项目没有初始超额抵押,此时就由本金账户对收入账户进行了回补，避免了优先级利息无法兑付而触发违约事件。

车贷 ABS 普遍设置发行人清仓回购权，即在债券余额在 5% ~10% 时进行回购，一方面能够节约余额下降后的资产池服务费等费用，另一方面也能释放出闲置的超额抵押资产。

此外，还需要关注抵押权登记问题。由于汽车贷款 ABS 产品中贷款笔数众多，如果逐笔进行变更登记，其手续会较为繁杂。因此，大部分的汽车贷款 ABS 产品都未办理抵押权转让变更登记，而由证券发起机构在政府登记部门登记为名义上的抵押权人，因此，存在无法对抗善意第三人的风险。当发生借款人、抵押人违约、破产等情形时，一般的风险缓释方式是让发起机构回购这笔资产，或者在规定的期间内进行抵质押物的转移登记。

## 第四节
# 华驭第五期汽车抵押贷款支持证券案例分析

2016 年 11 月，由大众汽车金融(中国)有限公司发起的华驭第五期汽车抵押贷款支持证券发布发行公告。该产品创新了交易结构模式，主要创新点包括折后本息余额机制、红黑池转换模式、持续购买机制、非完全顺序支付。其中，在持续购买安排上，引入了折现、折价和超额担保目标比例的概念。

### 一、基本要素

华驭五期的入池资产为汽车抵押消费贷款，发行规模为 39.8 亿元，分为优先 A 级、优先 B 级、次级三个层次，优先 A 级规模 35 亿元，评级为 AA +/AAA，层厚 87.94%，发行利率为 3.5%；优先 B 级规模为 1.5 亿元，评级为 AA/AA，层厚 3.77%，发行利率为 4%；次级规模为 3.3 亿元，无评级，层厚 8.29%。

华驭五期资产池的入池贷款全部为固定利率，按月还本付息。黑池的加权平均利率 2.79%，其中最低贷款利率为 0%，最高贷款利率为 15.85%，5% 以下档的贷款折后本息余额占比为 78.87%。相较于其他产品，华驭五期资产池的加权平均利率远低于车贷 ABS 产品的加权平均利率。但是，本产品采用折后本息余额机制，缓解了利率倒挂风险。华驭五期采用循环交易结构，解决了期限错配问题。华驭五期基本要素概览，如表 1 –5 所示。

表 1－5 华驭五期基本要素概览

| 项目 | 基本信息 | | |
|---|---|---|---|
| 委托人/发起机构、贷款服务机构 | 大众汽车金融(中国)有限公司 | | |
| 主承销商 | 中信证券、汇丰银行、工商银行 | | |
| 受托机构 | 中信信托 | | |
| 资金保管机构 | 建设银行 | | |
| 发行总额(亿元) | 39.8 | | |
| 证券分层 | 优先 A 级 | 优先 B 级 | 次级 |
| 金额(亿元) | 35 | 1.5 | 3.3 |
| 分层占比(%) | 87.94 | 3.77 | 8.29 |
| 发行利率(%) | 3.5 | 4 | — |
| 信用评级(中债资信/中诚信) | AA+/AAA | AA/AA | |
| 交易场所 | 全国银行间债券市场 | 全国银行间债券市场 | 全国银行间债券市场 |

## 二、华驭五期基础资产分析

华驭五期红黑池的总体特征基本一致，对两个资产池评级也基本一致。红黑池评级，如表 1－6 所示。

表 1－6 红黑池评级

| 证券名称 | 红池 | 黑池 |
|---|---|---|
| A 级 | AA+ | AA+ |
| B 级 | AA | AA |

基础资产的分散度高，有效对冲了风险。本期证券入池贷款及贷款人数量众多，贷款数量 71，248 笔，贷款人 70，107 人，单笔贷款未偿折后本金余额占比最大为 0.05%，单个贷款人未尝折后本息余额占比最大为 0.05%，贷款金额分散度高，单笔贷款或单个借款人违约对资产池的冲击较小；借款人地域分布较广，涉及 31 个省份，山东地区未偿本金余额占比最高，为 8.07%，未超过 15%，区域集中度较低。

入池车贷质量高。入池资产的借款人的加权平均年龄为 35.78 岁，该年龄段借款人一般收入稳定，并且入池资产借款人平均收入债务比为 3.1，因此，借款人偿债能力较强。在银监会五级分类中,资产池中正常类贷款的占比为100%。华驭五期基础资产借款人区域分布如图1-4所示。

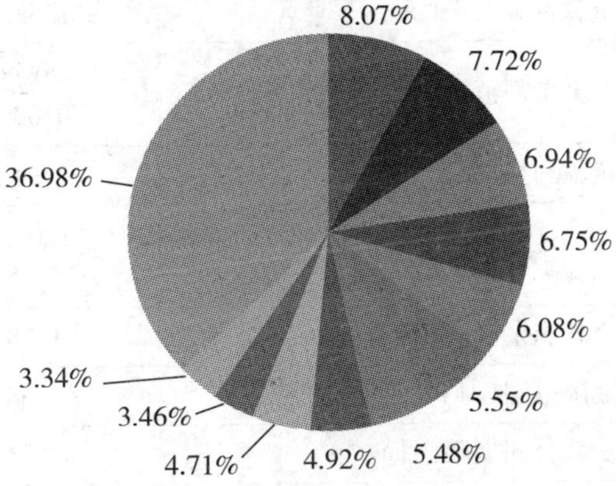


**图1-14　华驭五期基础资产借款人区域分布**

首付比例高,抵押物多为新车,降低了贷款的预期损失程度。入池资产的加权平均首付金额比例为42.71%,抵押物中,新车占比为98.94%,回收率一定的情况下,降低了贷款的预期损失程度。华驭五期基础资产特征如表1-7所示。

**表1-7　华驭五期基础资产特征**

| 主要特征 | 项目 | 红池 | 黑池 |
|---|---|---|---|
| 车贷数量及金额 | 贷款笔数(笔) | 31,432 | 32,787 |
| | 贷款人数量(个) | 31,202 | 32,488 |
| | 单个借款人最高未偿本金余额(元) | 2,135,729.65 | 1,831,611.71 |
| | 单个借款人最高未偿本金余额占比(%) | 0.07 | 0.04 |
| | 未偿折后本息余额(亿元) | 19 | 19 |
| | 平均未偿折后本息余额(元) | 57,628.73 | 56,142.22 |
| | 未偿折后本息余额范围(元) | 394,082 ~ 1,863,574.02 | 4593.90 ~ 1,846,808.40 |
| | 未偿本金余额总额(即未折算)(元) | 4,061,962,183 | 4,095,697,554 |
| | 平均未偿本金余额(元) | 58,521.28 | 57,485.09 |
| | 未偿本金余额范围(元) | 3999.90 ~ 1,713,916.50 | 4666.60 ~ 1,831,611.71 |
| | 初始贷款本金余额总额(元) | 6,492,160,531 | 6,473,621,259 |

续表

| 主要特征 | 项目 | 红池 | 黑池 |
|---|---|---|---|
| 车贷数量及金额 | 平均初始贷款本金余额(元) | 93,533.5 | 90,860.39 |
| | 初始贷款本金余额范围(元) | 18,870.00～2,970,000.00 | 18,870.00～2,970,000.00 |
| | 加权平均贷款利率(%) | 3.34 | 2.79 |
| | 贷款利率范围(%) | 0.00～15.85 | 0.00～15.85 |
| 期限特征 | 加权平均贷款剩余期限(月) | 21.28 | 21.30 |
| | 贷款剩余期限范围(月) | 6～58 | 6～58 |
| | 加权平均贷款合同期限(月) | 30.81 | 30.69 |
| | 贷款合同期限范围(月) | 12～60 | 12～60 |
| | 加权平均贷款账龄(月) | 9.53 | 9.39 |
| | 贷款账龄范围(月) | 2～54 | 2～54 |
| 首付及抵押物特征 | 加权平均首付金额比例(%) | 42.50 | 42.71 |
| | 首付金额比例范围(%) | 20～87 | 20～90 |
| | 新车占比(%) | 98.91 | 98.94 |
| | 抵押车辆总价值(元) | 12,051,594,032.72 | 11,986,126,417 |
| 借款人质量 | 加权平均借款人年龄(岁) | 35.87 | 35.78 |
| | 贷款人年龄范围(岁) | 18～76 | 18～82 |
| | 加权初始抵押率(%) | 57.50 | 57.29 |
| | 加权平均收入债务比(%) | 3.13 | 3.1 |
| | 加权平均借款人年收入(元) | 288,378.43 | 276,162.33 |
| | 30～40岁借款人贷款的金额占比(%) | 38.44 | 38.73 |

资料来源:笔者依据相关数据整理。

## 三、交易结构图

华驭五期交易结构,如图1－15所示。

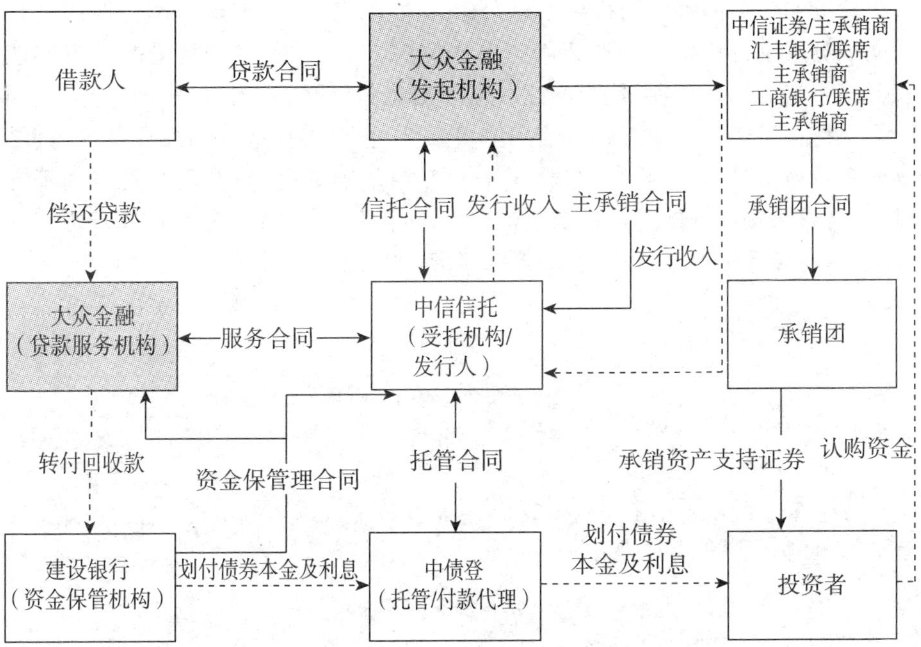


**图1－15　华驭五期交易结构**

## 四、交易结构创新点分析

### (一)折后本息余额机制

本期产品使用折后本息余额确定发行金额。最终的发行金额是将入池贷款在各个剩余摊还期间计划偿还的本息余额用特定的折现率折现到初始起算日并减去初始超额抵押后的金额。所用的折现率等于发行利率、贷款服务机构费用、利息收入税等费用的加总。

### (二)红黑池转换机制

华驭五期采用了红黑池转换机制。两个资产池的属性基本相同,在分散性、剩余期限、入池标准等总体特征方面高度相似。

### (三)循环购买

本期证券采用持续购买方式,分为持续购买期和摊还期。在持续购买期内,多余的现金用于购买新的标的资产,标的资产的合格标准与初始入池合格标准一致,且持续购买的标的资产采用折后本息余额的对价机制,能在一定程度上降低持续购买资产利率水平的波动对证券偿付带来的不利影响。持续购买标的资产的转让

对价 = 持续购买标的资产的折后本息余额 ×（1 - 持续购买资产超额担保比例），华驭五期证券规定持续购买资产超额担保比例为 1.7%。这样的折价购买机制能够累积形成一定的超额抵押，使资产池在不断变化的同时，优先级证券获得的信用支持始终保持在一定水平。若触发信用增级条件、止赎事件或提前摊还事件，则结束持续购买。该交易结构的设置缓释了华驭五期基础资产违约、现金流波动等方面的风险。但是，华驭五期的再投资资产的合格标准较为宽松，且没有设置资产池合格标准，容易导致资产池状态波动较大。循环购买流程，如图 1 - 16 所示。

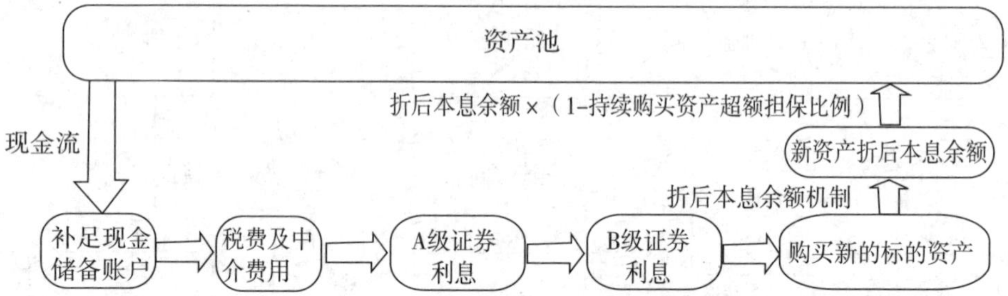


**图 1 - 16　循环购买流程**

## 五、增信措施

### （一）优先/次级结构

本期资产支持证券分为 A 级证券、B 级证券和次级证券，其中 A 级证券获得 12.06% 的信用支持。

### （二）超额抵押

本期证券提供额外的 0.5% 的超额抵押以及在持续购买期提供 1.7% 的持续购买资产超额担保，缓释违约风险。

### （三）预付准备金

本期资产支持证券预付准备金的金额到了总发行金额的 1.2%，预计足够提供 3 个月的优先级费用和利息，为缓释服务机构相关风险提供有力保障。

此外，服务机构预付款减少混同风险。在贷款服务机构达到贷款服务机构必备评级或以上时，由贷款服务机构于每个支付日前第 6 个工作日将月度回收款一次性存入分配账户，若未达到贷款服务机构必备评级时，除增加回收款的转付频率外，贷款服务机构还将确定相关期间的预计回收款并作为月度储备转入月度储备账户，作为月度储备账户的担保，直至相应回收款已被支付后相应归还，比资产证券化交易结构中常见的只增加回收款转付频率的机制更能有效地缓解混同风险；如果大众金融作为服务机构的评级为贷款服务机构必备评级或以上，回收款每月划转给受托机构；如果大众金融作为服务机构的评级未能达到贷款服务机构必备评级，大众金融作为服务机构将每月向受托机构预付款两次（基于估计的回收情况）。

# 第二章
# 小额贷款资产证券化

目前，小额贷款或小贷资产证券化在整个资产证券化市场中占比较高，已成为小贷公司的主要融资渠道之一。在实际操作中，除关注资产证券化常规的注意事项之外，更需要关注最新的监管政策。

## 第一节
## 小额贷款公司的概念及其融资方式

我国小额贷款公司的历史非常短暂。相对银行，小额贷款公司发放贷款更为便捷，更为灵活，相对于民间借贷，小额贷款公司发放贷款更为规范。小额贷款公司已成为中小企业融资和居民消费金融不可或缺的一部分，也是我国经济可持续发展的重要金融支持。目前，小额贷款的资金短缺是其业务扩展的瓶颈。

### 一、小额贷款公司的界定

我国小额贷款公司分为传统小额贷款公司和网络小额贷款公司（或者"互联网小额贷款公司"）。

经中国人民银行、中国银行业监督管理委员会和相关部门的多次专题调研和政策研讨，2005 年 10 月率先在山西省、四川省和贵州省等五省（区）选择一个县（区）进行小额贷款公司试点。2005 年 12 月，山西省平遥县成立由私人资本投资的两家小额贷款公司——晋源泰小额贷款公司和日升隆小额贷款公司。2006 年 4 月，四川省广元市市中区全力小额贷款公司成立。

2007 年，随着《贷款公司管理暂行规定》（银监发〔2007〕6 号）（已失效）和《贷款公司组建审批工作指引》（银监发〔2007〕9 号）的颁布，小贷公司的设立和管理有了纲领性指导文件，小贷公司的设立如雨后春笋般涌现，小贷规模呈现爆发式增长。

2008 年 5 月，在总结第一批小额贷款公司试点经验的基础上，中国人民银行和中国银监会联合下发《关于小额贷款公司试点的指导意见》（银监发〔2008〕23 号），将试点扩大到全国范围。该指导意见规定,小额贷款公司是由自然人、企业法人与其他社会组织投资设立,不吸收公众存款,经营小额贷款业务的有限责任公司或股份有限公司。

2008 年 9 月末,全国第一家商业性小额贷款公司——浙江省海宁宏达小额贷款股份有限公司开业,标志着我国商业性小额贷款公司的正式成立。

传统小贷公司兴起于 2010 年。2010～2014 年,中国传统小贷公司数量增长了近 5 倍,贷款余额增长了近 3 倍。但 2014 年之后,小贷行业受互联网小贷公司、P2P 贷款影响,增长缓慢。截至 2016 年末,全国传统小贷公司 8673 家,较 2015 年减少 237 家,贷款余额 9273 亿元,较 2015 年下降 1.48%。

2015 年 1 月 10 日,科技部发布了《关于进一步推动科技型中小企业创新发展的若干意见》(国科发高〔2015〕3 号),作为首次提及"网络小额贷款"的全国性政府文件,指出要鼓励互联网金融发展和模式创新,支持网络小额贷款、第三方支付、网络金融超市、大数据金融等新兴业态发展。

2015 年 7 月 18 日,央行联合十部委发布了《关于促进互联网金融健康发展的指导意见》。该指导意见认为,网络小额贷款是指互联网企业通过其控制的小额贷款公司,利用互联网向客户提供的小额贷款,网络借贷业务由中国银监会负责监管。网络小贷主要通过网络平台获取借款客户,综合运用网络平台积累的客户经营、网络消费、网络交易等行为数据、即时场景信息等,分析评定借款客户信用风险,确定授信方式和额度,并在线上完成贷款申请、风险审核、贷款审批、贷款发放和贷款回收等全流程。

目前,根据背景,我国互联网小贷主要有两种形态:具有电商、互联网金融背景的公司,如北京京汇小额贷款有限公司(京东系)、重庆阿里巴巴小额贷款公司(阿里系);具有实业背景的公司,比如重庆海尔小额贷款有限公司(海尔系)、重庆苏宁小额贷款有限公司(苏宁系)。当然也有其他形态,比如趣店旗下有两家网络小额贷款公司"抚州高新区趣分期小额贷款有限公司"和"赣州快乐生活网络小额贷款有限公司"。

小额贷款公司是在工商部门登记注册的企业法人,由于其身份不是金融机构,无须向中国银监会申领《金融许可证》,未纳入银监会或人民银行系统监管,但其经营的却是和银行类似的金融业务,尤其是传统小贷公司,可称其为"准金融机构"。

在 2008 年中国银行业监督管理委员会、中国人民银行《关于小额贷款公司试点的指导意见》之后,各省市金融办出台规范性法律文件对小额贷款公司的设立、经营、融资方式、监管机关等进行明确。按照现有政策规定,小额贷款公司在管理上是按照各地金融办的要求开展业务,由各地金融办对本地的小贷公司进行管理。小额贷款公司的监管规则区域性特征明显。

## 二、小贷公司融资的必要性和融资方式

根据《关于小额贷款公司试点的指导意见》的规定,小贷公司不得吸收存款,且

仅能通过不超过两个银行业金融机构进行债务融资,且该融入资金的余额不得超过资本净额的50%。

由于小贷公司由地方金融办或相关机构进行监管,而各地出台的小贷公司管理规范有所不同,因此各地区小贷公司的融资限制有所不同。海南省人民政府办公厅《关于深入推进小额贷款公司改革发展的若干意见》规定,对于年度考评结果为优秀或良好的小额贷款公司,其融资比例最高可放宽至资本净额的200%。但是,小贷公司的资质普遍一般,小额贷款公司很难获得商业银行贷款,即使通过银行内核,获得的贷款额度也非常有限。

理论上,小额贷款公司的"融资渠道"除银行贷款外,还可以有股东注资、捐赠资金等,但是也远远覆盖不了业务扩展的需求。根据央行的数据披露,截至2015年3季度,全国小贷公司平均杠杆率为1.12。根据WIND资讯数据,截至2017年9月底,国内小额贷款余额9704.16亿元,同期小额贷款公司实收资本合计8259.23亿元,权益乘数(贷款余额/实收资本)仅为1.18倍,杠杆经营程度较低。总体而言,只贷不存的小额贷款公司的融资渠道和杠杆率仍有较多限制,可是行业发展迅速,业务模式导致资产流动性差,融资需求巨大。例外的情况是京东白条。京东白条便是基于北京京东世纪贸易有限公司以"赊销"形式销售商品形成的,京东并未单独成立小贷公司从事该项业务,而是在销售商品的主营业务过程中,赊销给消费者,计入"应收账款"科目。

根据有关报道,小额贷款公司也在实践中创新了融资思路。

### (一)通过地方交易所、互联网平台融资

实践中,有些小额贷款公司通过地方交易所进行融资,包括地方股权交易所、地方金融资产交易中心等。也有小额贷款公司直接通过互联网平台转让信贷债权/收益权获取融资。2011年,重庆金交所在全国范围内最先推出小额贷款资产收益权转让交易。此后天津金交所、上海陆金所、贵州金交所、深圳前海金交所等纷纷效仿。有代表性的收益权产品如重庆瀚华小贷发行的小额贷款收益权凭证产品(重庆金交所)、黔中泉小贷资产1号收益权凭证(贵州股权金融资产交易中心)、夏津县城镇小贷资产收益权产品(山东金融资产交易中心)等等。有些金交所或者股交中心对投资门槛做相应调整,如起投门槛降至5万元。鉴于对小贷公司资质要求高、成本不菲、合规风险等因素,该种模式也很难推广。

### (二)契约型基金

2014年8月21日,中国证监会颁布《私募投资基金监督管理暂行办法》(证监会令105号),私募契约型基金登上舞台。根据相关主体网站查询,现有德晟资本·紫

金科贷小贷资产证券化产品案例:产品名称为德晟资本稳盛1号特定客户资产管理计划,产品类型为契约型私募投资基金,基金编号为S27239,基金规模为5000万元,管理人为深圳前海德晟资本投资管理有限公司。该基金的资金用途主要为受让南京市紫金科技小额贷款有限公司持有的小额贷款资产包。但是,鉴于流动性、风险收益等方面的考虑,该种模式仅为个案。

(三)私募债融资

个别地方允许小额贷款公司发行私募债融资。比如上海市就规定小额贷款公司可以通过发行私募债的方式进行融资,债务融资总额不超过资本净额的100%。所谓私募债是指中小微企业在中国境内以非公开方式发行,并约定在一定期限内还本付息的公司债券。上海、浙江、天津、重庆、山东等省、直辖市股权交易中心、金融资产交易所都曾经开办发行私募融资债券业务。2014年8月6日,上海小额贷款行业首只私募债——浦东浩大小贷公司私募债在上海股权托管交易中心挂牌成功,上海银行全额承销,上海再担保有限公司提供全额担保,发行总额3000万元,期限1年,票面利率8%,该私募债发行综合成本在10%~12%之间,融资成本仍然较高。除合规风险、成本高昂之外,小额贷款公司私募债的销售情况不理想。

(四)股权融资

小额贷款公司的股权融资主要包括增资扩股,而具体操作是在三板市场、四板市场等挂牌。2013年11月5日,聊城市东昌府区天元小额贷款股份有限公司挂牌齐鲁股权交易中心,2014年12月31日,成功转板至"新三板"。此后又有众多小额贷款公司谋求登陆新三板,比如苏州市沧浪区昌信农村小额贷款股份有限公司、诸暨市海博小额贷款股份有限公司、镇江市丹徒区文广世民农村小额贷款股份有限公司、苏州高新区鑫庄农村小额贷款股份有限公司、常州市武进区通利农村小额贷款股份有限公司等。但是,目前来看,融资效果不好,再加上监管政策的缘故,现在小额贷款公司挂牌新三板难度加大。

(五)信托融资

阿里小贷曾经通过信托计划尝试融资。2012年6月,重庆阿里小贷通过山东信托发行了"阿里金融小额信贷资产收益权投资项目集合信托计划",向社会募集资金2亿元。9月,重庆阿里小贷又发行"阿里星2号集合信托计划",向社会募集资金1亿元。但是,考虑到私募性质、资质要求、规模和成本等因素,该种方式也不具有推广意义。

(六)通道类业务融资

按照规则,小贷公司是合法的放贷机构,也有一定的获客渠道。实践中,有些券商发起集合理财计划，然后投资给信托公司，信托公司设立一个向自然人发放小额信用贷款的信托计划，而小贷公司为该信托计划就贷款对象选择、贷后管理等工作提供相关服务。也就是说，小贷公司成为助贷机构。该种业务也有合规风险，对资质要求更高，而收益风险不匹配，难以推广。

此外，有些地方金融办出台政策，允许小额贷款公司通过向股东定向借款、同业拆借及再贷款业务、银行间债券市场等方式进行融资创新，但是效果都不是很理想。监管是不断变化的，有些所谓的融资创新在现有环境之下已经无法实施。资产证券化是小贷公司融资的方向！

## 第二节 小额贷款资产证券化的发行情况

小贷资产证券化是小贷公司通过选择符合条件的、一定规模的资产组成资产包，并将该资产包及其附属权属全部转移给特殊目的载体（SPV），SPV 再以该资产包产生的现金流支持发行资产支持证券。

需要强调的是，基于小额贷款公司的法律性质，小额贷款资产不宜认定为信贷资产，小额贷款公司也不属于中国银监会监管下的银行业金融机构，其以小额贷款资产作为基础资产实施证券化无须适用银行业金融机构信贷资产证券化业务规则，而是在交易所市场依照相关业务规则发行。此外，国内目前小贷类 ABS 产品主要是由小额贷款公司作为原始权益人的，此外，某些投资公司、基金会成立的项目管理公司、互联网金融公司等也会有少量参与。

小贷公司资产证券化意义重大，有助于小贷公司盘活存量资产，提高资产利用率；拓宽融资渠道，降低融资成本；有助于解决期限错配难题等。自 2014 年末，企业资产证券化实行备案制以来，小贷资产小额、分散的特征适宜作为证券化基础资产进行融资，逐渐成为资产证券化市场占比较高的基础资产类型。

截至 2018 年 4 月 8 日，根据报道，小贷公司发行的保险资产证券化两单，即民生通惠和蚂蚁微贷合作推出的“民生通惠—阿里金融 1 号支持计划”；合肥市国正小贷与中英益利合作的“中英益利—国正小贷项目资产支持计划”。根据中国资产证券化分析网的数据，资产支持票据只有一单，即平安普惠 ABN2017－1。下面，作者重点介绍一下小贷企业资产证券化的发行情况。

截至 2017 年 11 月 16 日，小额贷款 ABS 共发行 195 单，发行总额达 3316.69 亿元。笔者从以下几个维度进行分析。

## 一、发行场所统计

截至 2017 年 11 月 16 日，各场所发行情况如下：

1. 共计 138 单小贷 ABS 于上交所发行，发行金额为 2767. 54 亿元，平均每单金额达 20. 05 亿元；

2. 共计 37 单小贷 ABS 于深交所发行，发行金额达 219. 15 亿元，平均每单金额达 5. 92 亿元；

3. 共计 4 单在机构间报价系统发行，发行金额达 23. 90 亿元，平均每单金额达 5. 98 亿元；

4. 共计 16 单在其他场所发行，发行金额达 306. 10 亿元，平均每单金额达 19. 13 亿元。

小额贷款 ABS 发行场所及发行金额统计(截至 1017 年 11 月 16 日)，如图 2 - 1、图 2 - 2 所示。

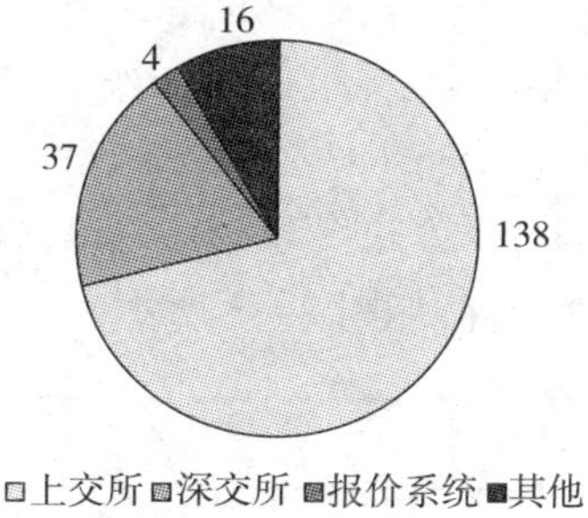


**图 2 - 1　小额贷款 ABS 发行场所发行单数统计**

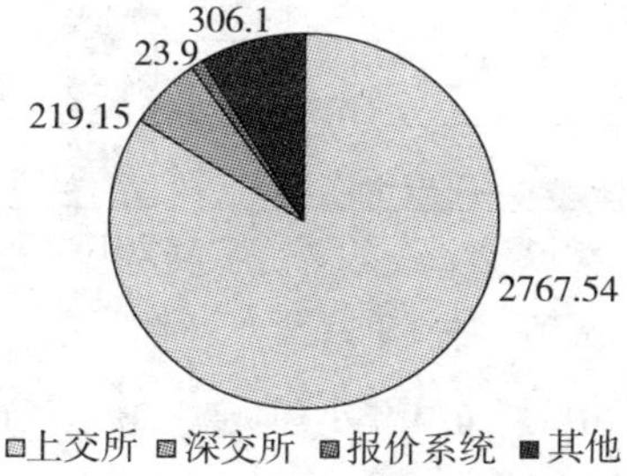


**图 2 - 2　小额贷款 ABS 发行金额统计**

综上可见，目前小额贷款 ABS 的发行场所以交易所为主、以机构间报价系统和其他发行场所为辅。其中,上交所为最主要的发行场所,其发行单数占总单数的比例为70.77%,发行金额占总金额的比例为83.44%;其次为深交所,其发行单数占总单数的比例为18.97%,发行金额占总金额的比例为6.61%。

## 二、发行时点统计

我国小额贷款ABS始于2013年。2013年9月18日,重庆市蚂蚁商诚小额贷款有限公司于深交所发行了我国首单小额贷款ABS——"东证资管—阿里巴巴1号专项资产管理计划"。随后,重庆市蚂蚁商诚小额贷款有限公司于2013年9月至2014年9月一年时间里先后发行了9单小额贷款ABS,分别为东证资管—阿里巴巴2~10号专项资产管理计划,每期发行规模均为5.00亿元,发行总规模达50.00亿元。在重庆市蚂蚁商诚小额贷款有限公司完成小额贷款ABS试水之后,其他小贷公司纷纷开展ABS融资业务。

2015年发行25单小额贷款ABS,发行总金额达143.44亿元,平均每单发行金额达5.74亿元;2016年发行46单小额贷款ABS,总发行金额达681.57亿元,平均每单发行金额达14.82亿元;2017年以来发行113单小额贷款ABS,超过了2013年至2016年的发行单数之和,发行总额达2436.68亿元,平均每单发行金额达21.56亿元。由此可见,2017年小额贷款ABS呈现"井喷"现象,每单发行规模也有所提高。

小额贷款ABS发行时点统计,如图2-3所示。

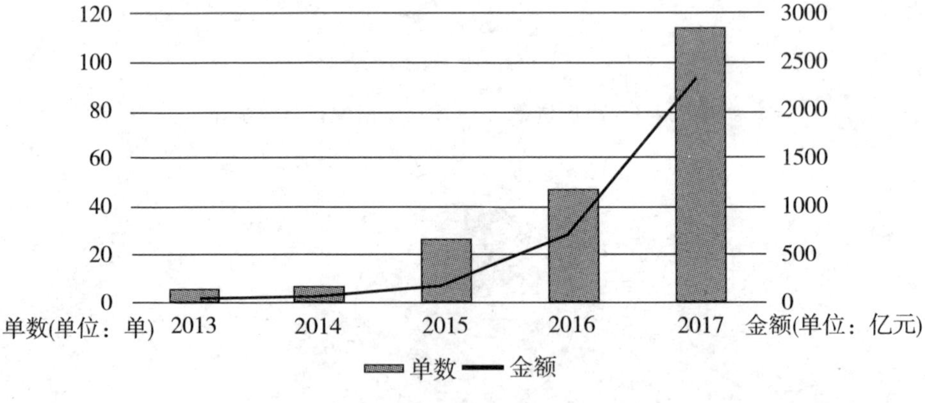


**图2-3 2013~2014年小额贷款ABS发行时点统计**

## 三、原始权益人统计

小额贷款ABS原始权益人发行规模前10名统计,如表2-1所示。

**表 2-1 小额贷款原始权益人发行规模前 10 名统计**

| 单数排名 | 原始权益人名称 | 发行单数（单） | 金额排名 | 原始权益人名称 | 金额（亿元） |
|---|---|---|---|---|---|
| 1 | 重庆市蚂蚁商诚小额贷款有限公司 | 66 | 1 | 重庆市蚂蚁小微小额贷款有限公司 | 1521.00 |
| 2 | 重庆市蚂蚁小微小额贷款有限公司 | 60 | 2 | 重庆市蚂蚁商诚小额贷款有限公司 | 1372.10 |
| 3 | 重庆金安小额贷款有限公司 | 13 | 3 | 重庆金安小额贷款有限公司 | 100.81 |
| 4 | 重庆市小米小额贷款有限公司 | 7 | 4 | 兴银投资有限公司 | 79.32 |
| 5 | 中和农信项目管理有限公司 | 5 | 5 | 重庆市小米小额贷款有限公司 | 37.00 |
| 6 | 重庆市瀚华小额贷款有限责任公司 | 4 | 6 | 中和农信项目管理有限公司 | 25.00 |
| 7 | 安徽省皖投小额贷款股份有限公司 | 3 | 7 | 重庆市瀚华小额贷款有限责任公司 | 20.50 |
| 8 | 深圳市宇商小额贷款有限公司 | 3 | 8 | 华中融资租赁有限公司 | 16.88 |
| 9 | 成都市高新区金坤小额贷款有限公司 | 3 | 9 | 南宁市金通小额贷款有限公司 | 15.23 |
| 10 | 南宁市金通小额贷款有限公司 | 2 | 10 | 安徽省皖投小额贷款股份有限公司 | 15.00 |
| 合计 | | 166 | 合计 | | 3202.84 |

截至 2017 年 11 月 16 日，共有 35 家小贷公司发行过小额贷款 ABS。从发行单数来看，前 10 名小贷公司共发行 166 单 ABS，占总发行单数的 85.13%。其中，发行单数最多的前两家小贷公司为重庆市蚂蚁商诚小额贷款有限公司和重庆市蚂蚁小微小额贷款有限公司，分别发行 66 单和 60 单小贷 ABS，两家公司目前主要以储架方式发行 ABS，其发行单数之和超过剩余全部公司的发行单数总和。

从发行金额来看，前 10 名小贷公司共发行 ABS 规模 3202.84 亿元，占总发行金额的 96.57%。其中，发行金额最高的两家小贷公司为重庆市蚂蚁小微小额贷款有限公司和庆市蚂蚁商诚小额贷款有限公司，分别发行 1521.00 亿元和 1372.10 亿元小贷 ABS,两家公司发行金额超过剩余全部公司的发行金额总和。

由此可见,虽然越来越多的小贷公司开始尝试发行 ABS,但对于小贷公司发行 ABS 的门槛仍然较高。目前成功发行的案例仍集中在几家较大的小贷公司或股东背景比较雄厚的小贷公司。

从消费金融 ABS 发行情况来看,以持有互联网小贷牌照的小额贷款公司作为发行主体则更加看重其身后背景。除北京京汇小额贷款有限公司、重庆阿里巴巴小额贷款公司依托京东、阿里的强有力支撑,分获交易所百亿规模储架外,重庆市小米小额贷款有限公司通过运用小米生态体系的技术开发和数据优势,开展消费信贷业务,面向小米用户发放纯信用、无抵押贷款产品。截至 2016 年 3 月末,小米小贷已发行 3 单产品,合计规模 13 亿元。重庆金安小额贷款有限公司(以下简称"金安小贷")在上交所共计发行了 6 单,发行规模共计 52.77 亿元,其中包括 4 单平安普惠宅 E 贷 ABS 产品,平安普惠宅 E 贷的放贷模式是借款人将个人普通住宅抵押给平安普惠融资担保有限公司(以下简称"平安普惠"),以获得金安小贷贷款,平安普惠对贷款提供连带责任保证担保。此外,重庆神州数码慧聪小额贷款有限公司发行 2 单,合计规模为 5.90 亿元。广州拉卡拉网络小额贷款有限责任公司发行 1 单,规模为 4.75 亿元。"百度有钱花—华鑫 2016 年第一期贷款资产支持专项计划"已于 2017 年 3 月 14 日拿到上交所无异议函。

## 第三节
## 小额贷款资产证券化的操作要点

交易所是小额贷款资产证券化的主要场所。有关互联网消费金融资产证券化的分析请见本书其他章节,在此不再展开。下面重点就传统小贷资产证券化实操注意事项进行阐述。

### 一、基础资产

小额贷款类资产支持证券的基础资产为原始权益人与各借款人签订的《借款合同》项下原始权益人依据上述借款合同对借款人所形成的债权以及与前述债权相对应的全部附属担保权益。就任一笔基础资产而言,原始权益人依据借款合同对借款人所形成的债权包括:自初始基准日(含该日)或循环购买日(含该日)起,存在于小额贷款项下的未偿本金余额、利息、罚息(如有)、复利(如有)、违约金(如有)、损害赔偿金(如有)以及其他小额贷款项下应由借款人向原始权益人偿还的款项。如交易结构中设置循环购买结构,则基础资产包括初始基础资产及新增基础资产。

基础资产的质量是关键。管理人对于基础资产的筛选以及尽职调查时,除遵守负面清单之外,应该关注:

### (一)基础资产分散度

在每笔资产质量相对一致的情况下,分散度越高,单笔资产违约对于整个资产池的影响便越小;而每笔资产间相关系数越低,资产池整体受到某一地区、行业带来的不利影响则相对较小。因此,在分析小额贷款资产池分散度时,通常会考虑借款人集中度、地区集中度、行业集中度、关联企业借款、入池笔数、最大借款人占比等要素。

### (二)现金流超额覆盖

对于现金流超额覆盖一般从本金的超额覆盖和利息的超额覆盖两方面考虑。本金的超额覆盖是指在封包日时,入池资产的未偿本金余额对于融资规模的超额覆盖;利息的超额覆盖则是指小贷公司与借款人之间协议约定的借款利率对于优先级资产支持证券加权票面利率的超额覆盖。

通常管理人会要求初始资产池未偿本金余额大于融资规模以及要求资产池加权平均贷款年利率大于资产支持证券发行时的加权预期收益率,若加权平均贷款年利率与资产支持证券的加权预期收益率倒挂,则要求更高的本金超额覆盖。

### (三)最高额抵押相关资产

对于附有最高额抵押的相关拟入池资产,要注意该最高额抵押下的担保债权是否已经确定。

《物权法》第206条第1项规定,约定的债权确定期间届满或新的债权不可能发生时,抵押权人的债权确定。因此,需要具体了解该最高额抵押的主债权确定期间是否已经届满;若未届满,需要确保不再在该最高额抵押项下向相应入池贷款的借款人发放新的贷款或提供任何其他债务性融资,以确保该附属担保权益对入池基础资产进行增信的有效性。最高额保证、最高额质押亦类似。

### (四)同一借款人的多笔债权情况

小额贷款公司对同一借款人常持有多笔债权,有的为信用债权,有的为抵质押债权。实践中,为转移风险,小贷公司倾向于将其中的信用债权入池。一旦该借款人出现违约,由于其资产已进行抵、质押,投资人持有的债权回收率大大降低。需要关注基础资产偿还顺序靠后的特殊情况。

### (五)大额债权拆分的情况

部分小贷公司为了规避规则,通过拆分方式为某单一客户提供大额借款。小贷公司将借款拆分为若干笔,由借款公司、实际控制人及其关联方等分别充当借款人。一旦借款人出现违约,则可能会形成资产池内多笔贷款同时违约,投资者的风险加大。

### (六)基础资产合法性

比如利率合法性。根据最高人民法院《关于审理民间借贷案件适用法律若干问题的规定》第26条的规定,借贷双方约定的利率未超过年利率24%,出借人请求借款人按照约定的利率支付利息的,人民法院应予支持。借贷双方约定的利率超过年利率36%,超过部分的利息约定无效。借款人请求出借人返还已支付的超过年利率36%部分的利息的,人民法院应予支持。

### (七)基础资产的逾期率、违约率计算口径

资产的逾期情况及违约情况是考察小贷公司风控水平的一个重要指标,需要注意逾期率及违约率的计算口径。

1. 分子中的逾期金额采用当期应还未还金额或是剩余应还未还金额

前者认为借款人某一期的还款逾期不会影响到后续还款能力或意愿,而后者则认为借款人某一期的逾期将会影响其后续还款能力或意愿。显然,采用剩余应还未还金额来计算逾期率或违约率更为保守,逾期率亦会高于使用当期未还金额作为分子时的计算方法。

例:1月时,某小贷公司向小明出借贷款1000元,按照合同每月小明应还本息100元。小明在2、3月正常还款,但在4月时因为资金周转问题未能及时还款产生逾期。在四月末时,对于该小贷公司来说,借款人小明的逾期金额采用剩余未还金额为采用当期未还金额的8倍。具体如表2-2所示。

**表2-2　逾期率计算示意**

| 月 | 未偿余额 | 应还金额 | 实还金额 | 当期未还 | 逾期 |
|---|---|---|---|---|---|
| 1 | 1000 | — | — | — | — |
| 2 | 900 | 100 | 100 | 0 | 0 |
| 3 | 800 | 100 | 100 | 0 | 0 |
| 4 | 800 | 100 | 0 | 100 | 100 |

2. 分母中采用合同金额或是未偿余额

根据上述例子,若分母中采用合同金额,则为1000;若分母中采用未偿余额,则为800。可见,根据分子分母选择口径不同,结果差异较大。在尽职调查时,应审慎判断逾期率数据及计算公式。

### (八)权利完善机制

小额贷款资产证支持计划系建立在付款请求权转让的基础之上。根据《合同

法》第 80 条规定,债权人转让权利的,应当通知债务人。未经通知,该转让对债务人不发生效力。债权人转让权利的通知不得撤销,但经受让人同意的除外。《合同法》第 81 条规定,债权人转让权利的,受让人取得与债权有关的从权利。最高人民法院《关于适用〈中华人民共和国担保法〉若干问题的解释》第 28 条规定,保证期间,债权人依法将主债权转让给第三人的,保证债权同时转让,保证人在原保证担保的范围内对受让人承担保证责任。但是,保证人与债权人事先约定仅对特定的债权人承担保证责任或者禁止债权转让的,保证人不再承担保证责任。实践中,鉴于债务人众多,一一通知的操作性不强,几乎都采取权利完善通知的处理方式。对于有抵押担保的基础资产,管理人和原始权益人可在资产买卖协议中约定,在发生权利完善事件后,原始权益人应当协助管理人办理抵押权变更登记。

## 二、交易结构设置

小贷债权作为一种成熟、传统的基础资产类型,其交易结构为经典的单 SPV 结构,涉及相关方包括原始权益人、资产服务机构、计划管理人、托管人、监管银行、担保人/差额支付承诺人(如有)、资产支持证券持有人以及律师、评级、审计等中介机构。其具体交易结构如图 2－4 所示。

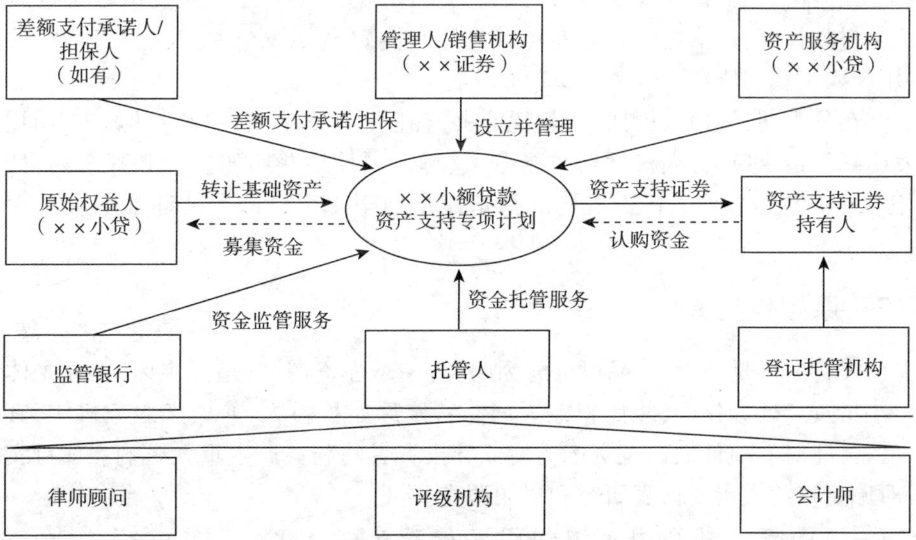


**图 2－4　小额贷款资产支持证券交易结构**

小额贷款资产证券化的一般交易流程如下：

1. 认购人通过与管理人签订《认购协议》，将认购资金以专项资产管理方式委托管理人管理，管理人设立并管理专项计划，认购人取得资产支持证券，成为资产支持证券持有人；

2. 管理人根据与原始权益人签订的《基础资产买卖协议》的约定，将专项计划资金用于向原始权益人购买基础资产；

3. 资产服务机构根据《服务协议》的约定，负责基础资产对应的应收本息的回收和催收，以及违约资产处置等基础资产管理工作，并根据《服务协议》编制并向管理人递交资产服务机构报告；

4. 监管银行根据《监管协议》的约定，在回收款转付日依照资产服务机构的指令将基础资产产生的现金划入专项计划账户，由托管人根据《托管协议》对专项计划资产进行托管；

5. 当发生任一差额支付启动事件时，差额支付承诺人根据《差额支付承诺函》将差额资金划入专项计划账户；

6. 当发生任一担保责任启动事件时，担保人根据《担保函》将担保履约指令中载明的资金汇付至专项计划账户；

7. 在循环期内，管理人根据《资产买卖协议》的约定向托管人发出基础资产购买价款付款指令，指示托管人将专项计划账户内资金划拨至原始权益人指定的账户，用于购买基础资产；

8. 在分配期，管理人根据《计划说明书》《托管协议》及相关文件的约定，向托管人发出划款指令，托管人根据划款指令，进行专项计划费用的提取和资金划付，并将相应资金划拨至登记托管机构的指定账户用于支付资产支持证券本金和预期收益。

## 三、原始权益人

已发行的小贷ABS产品可以分为两类：一是强资产，二是强主体，以强主体为主。小贷资产证券化中，原始权益人属于特定原始权益人，兼资产服务机构，其业务经营可能对专项计划以及资产支持证券投资者的利益产生重大影响。项目实操中，对原始权益人也要认真研究和尽职调查。

### （一）小额贷款公司可以组团发行资产证券化

比如江苏7家小额贷款公司与万家共赢资产管理有限公司合作的“万家共赢－江苏小贷ABS专项资产管理计划”。再比如鹰潭市贵溪市广信小额贷款公司、鹰潭市信江广达小额贷款公司与分宜县湘商小额贷款公司、赣州市章贡区汇禾小额贷款公司联合推出的小额贷款公司资产证券化产品——“江西省小额贷款公司2015 年小额贷款资产支持专项计划”。

(二)原始权益人的经营状况

原始权益人的经营规范程度和风控水平关系到基础资产质量的优劣。应该了解原始权益人风控管理及大数据分析系统是否完善,是否注重借款人信用管理;是否建立催收制度及贷款管理系统;风控措施是否包含了贷前的尽职调查、贷中审核及贷后跟踪三个阶段;是否存在暴力催收情况或如外包给第三方催收公司情形;是否开发或购买贷款管理系统等。

贷款系统对于项目操作十分重要。原始权益人有完善的贷款系统,则可以按照管理人提出的贷款合格标准对资产进行筛选,通过基本要素的填写,直接形成资产清单;系统中可以对每笔资产进行标记,避免重复质押的情况发生。管理人在尽职调查过程中,应请原始权益人(资产服务机构)对于其贷款系统进行充分演示,并在可能的情况下与其系统端口对接,便于资产支持证券存续期的后续管理。

(三)合法性方面

小贷公司实行属地管理,应该关注地方相关部门对小贷公司的特殊规定,判断原始权益人开展业务和小贷资产证券化业务是否违反监管部门的规定。如经营范围、地域范围、同一借款人的贷款余额不得超过小额贷款公司资本净额比例等。

(四)小贷公司所在地的金融环境

如果小贷公司所在的金融环境恶化,比如民间借贷盛行、互保纠纷多,增加识别基础资产质量的难度。

## 四、循环购买

循环购买是指基础资产池中产生的现金流可以持续购买新的满足合格标准的基础资产,从而使基础资产形成一个动态的资产池。“一次发行,多次入池”的设计可以有效降低发行成本。循环购买结构一般都会设计一个循环期和摊还期(或称“分配期”)。在循环期内,产生的现金流只向投资者支付利息而不支付本金,多余的现金用来根据合格标准购买新的基础资产。在摊还期内,停止购买新的资产,按照约定向资产支持证券持有者偿付本金和利息。

小贷资产由于具有单笔金额小、回款期限相对较短等特点,为了适当增强原始权益人的募集资金使用效率、延长专项计划期限,常见的做法是设置循环购买结构。循环购买条款的安排可以有效地拉长专项计划期限并一定限度地避免基础资产回收款在归集后未能及时分配而导致的资金沉淀,应该关注。

(一)合格资产不足的风险

专项计划成立之后,在某个循环购买日有可能出现合格资产不足购买的情况,从而导致资金闲置,资产池整体收益率下降,影响优先级利息兑付的风险。同时关注信用触发机制的设计。设置加速清偿条款,以缓释循环期风险,保护投资人利益。如约定当资产池的基础资产未偿本金余额及循环购买账户内资金之和低于优先级未偿本金余额的一定比例(主要是能覆盖住优先级本息和相关税费)时,将会启动加速清偿事件,结束循环购买,直接进入到摊还期并进行分配,以避免优先级投资者的权益受到损失。

(二)合格标准的一致性

产品循环购买按照与首次购买相同的合格标准进行。同时,还应注意新增资产的期限不超过专项计划剩余期限,以保证专项计划摊还期间有足额的本息回款。

(三)IT 系统的完善性

循环结构主要以 IT 系统为实现工具。对于初次发行循环购买结构产品的原始权益人而言,IT 系统的建设可能是实现循环购买结构的最大障碍之一。通常情况下,循环购买是计划管理人向资产服务机构发出后续购买指令,列明允许购买的小额贷款资产清单,并授权资产服务机构在该清单范围内执行后续购买,以保证循环购买的有效性。

(四)基础资产质量下降的风险

循环购买应该关注基础资产质量下降的风险并设定风险缓释措施。在出现不合格资产入池的情形时,应当建立自动置换或现金赎回等机制。

在已发行的项目中,为防止基础资产质量下降而导致的信用风险,专项计划常会设计相应防范机制以缓释基础资产质量下降而产生的风险,以京东白条为例进行分析。

1. 针对入池资产设计了相应的合格标准,循环购买基础资产需按照与首次购买相同的入池标准进行。就循环期每一次后续购买基础资产而言,原始权益人需通过其 IT 系统自动筛选符合合格标准的京东应收账款债权,并向计划管理人发送该次拟购买资产清单。计划管理人向资产服务机构发出后续购买指令,授权其在购买清单范围内购买资产。对于后续购买的京东白条应收账款债权资产,由资产服务机构按照约定继续进行保管和催收等管理工作。

2. 对资产池不良率进行了设计,若循环购买过程中相关指标超过规定,将采取相应的风险监控和防范措施,或启动加速清偿机制。

(五)循环购买频率和循环期限

主要是通过考察原始权益人的展业情况、基础资产的历史增长速度、原始权益人的业务规模及所处行业的发展状况等因素来决定循环购买的频次和循环期的期限。

## 五、储架发行

目前,银行间和交易所市场都可以采取储架/注册发行。储架发行制度是一次批准、多次发行的融资制度。储架发行的资产证券化产品在初次申报提交的文件中就已约定产品的底层基础资产类型、入池规范、交易结构、增信办法等,同系列下每期产品的关键要素保持一致。首单储架发行的消费金融 ABS 是“东证资管—阿里巴巴 1 号 – 10 号专项资产管理计划”,该产品一次性申报获得了 3 年内不定期发行 10 期产品,每期发行额度为 2 亿 ~ 5 亿元。

储架发行制度的意义体现在。

1. 在储架额度内,可以结合原始权益人的业务发展和融资需求,灵活安排各期产品的发行计划,发行节奏可以调节。

2. 如果原始权益人有充足的基础资产,发行需求量较大,频率较高,储架发行极大缩短了发行审批时间,提高了发行效率。

3. 缓解销售压力。储架发行模式可以避免一次性大额发行而造成的销售压力。

储架发行计划的实施依赖于原始权益人形成充足、优质、同质的贷款资产用于新发产品。所以,储架发行对原始权益人的经营模式、持续经营能力、大数据风控能力等多方面有着很高的准入门槛。目前,消费金融产品中获批储架发行额度的基本都和实力雄厚的主体关联,比如 2015 年以来,蚂蚁金服旗下蚂蚁花呗及蚂蚁借呗均获得了交易所 300 亿储架发行额度。小米金融旗下小米贷款的 30 亿储架式 ABS 专项计划也获得上海证券交易所批准。

## 六、增信措施

小额贷款资产证券化通常采用多种内外部增信措施,比如优先/次级分层,超额利差、超额覆盖、准备金等方式实现内部增信,采取差额支付承诺、第三方担保、流动性支持等方式外部增信。

优先/次级的结构是小贷类 ABS 常用的信用增级方式。根据原始权益人的不同,小贷 ABS 产品的次级档占比差距也较大。从目前公开披露相关信息的小贷 ABS 产品来看,次级档占比小于 10% 的证券一般有资质良好的公司为其担保,或者有不良资产受让协议,或者基础资产有抵质押、担保和代偿。当然,也有特例,例如,“华福—京东租房白条 1 号资产支持专项计划”和“嘉实资本京东金条 2016 年第一期小额贷款资产支持专项计划”无次级档。

现金流超额覆盖是小贷类 ABS 的内部增信方式。通过提高基础入池资产的覆盖倍数,使基础入池资产规模大于发行规模,来确保资产支持证券本息回流的可靠性。

超额利差是小贷 ABS 产品主要的增级方式之一。小额贷款的风险和贷款利率都较高,为小贷类 ABS 产品采用了超额利差的方式进行信用增级提供了便利条件。

基础资产受让是比较特殊的增信方式。笔者以“华福—京东租房白条 1 号资产支持专项计划”为例,该计划规定由北京京东尚博广益投资管理有限公司对逾期超过 30 天的基础资产进行受让。

实践中,鉴于小贷公司风控水平不足、抵质押物价值评估不当等,尤为重视外部增信情况,甚至可以说外部增信方的信用就是小贷 ABS 的信用。例如,国正小贷的担保方为联想控股股份有限公司,主体评级 AAA;金通小贷的差额支付承诺人为广西金融投资公司,为国有独资的金融企业。差额补足承诺人和担保人的资质则是 ABS 产品信用的重要支撑。比如蚂蚁 ABS 产品中,就设计了差额支付承诺:专项计划由商诚融资担保有限公司提供差额支付承诺,上限为优先级及次优级证券本金和预期收益总额的 30%。当专项计划无法按期支付优先级及次优级本息时,差额支付机制启动。

## 七、现金流

### (一)回款路径

基础资产的现金流回款路径应当清晰明确,管理人应当在专项计划文件中明确专项计划账户设置、现金流自产生至当期分配给投资者期间在各账户间划转时间节点安排等。

基础资产现金流应当由债务人直接回款至专项计划账户,难以直接回款至专项计划账户的,应当直接回款至专项监管账户。专项监管账户资金应当与原始权益人的自有资金进行有效隔离,禁止资金混同或挪用。特殊情形下,基础资产现金流难以直接回款至专项计划账户或专项监管账户的,管理人应当充分披露基础资产现金流未能直接回款至专项计划账户或专项监管账户的原因和必要性,揭示资金混同或挪用等风险以及相应的风险缓释措施。

基础资产现金流未直接回款至专项计划账户的,应当由资产服务机构或管理人指定的机构负责基础资产现金流归集,且自专项计划设立之日起,基础资产回款归集至专项计划账户的周期应当不超过 1 个月。资产服务机构或管理人指定的机构可根据专项计划的约定，提高资金归集频率。原始权益人资信状况良好，且专项计划设置担保、差额支付等有效增信措施的，现金流归集周期可以适当延长，但最长不得超过3个月。

（二）基础资产现金流预测应当遵循合理、谨慎的原则

管理人和现金流预测机构（如有）应当在计划说明书和现金流预测报告（如有）中披露预测假设因素、预测方法和预测结论，并结合基础资产相关历史数据说明预测方法和相关指标设置的合理性。

（三）现金流压力测试

管理人和评级机构应当在计划说明书和评级报告披露现金流压力测试的假设条件、压力因素、各压力情形现金流覆盖情况，其中，压力因素可以包括基础资产违约率、违约回收率、循环购买安排及预期收益率等指标。

（四）合格投资

若专项计划涉及合格投资安排，合格投资应当仅限在专项计划账户内进行。合格投资不得投资权益类产品，投资固定收益类产品的，应当防范投资标的的信用、市场和流动性等相关风险。

（五）回收款的识别

如果原始权益人与管理人分别对同一买受人享有债权，如果债务人对入池、非入池的多笔债务同时还款时，涉及入池和非入池基础资产回收款的识别和归集问题。最高人民法院《关于适用〈中华人民共和国合同法〉若干问题的解释（二）》规定，债务人的给付不足以清偿其对同一债权人所负的数笔相同种类的全部债务，应当优先抵充已到期的债务；几项债务均到期的，优先抵充对债权人缺乏担保或者担保数额最少的债务；担保数额相同的，优先抵充债务负担较重的债务；负担相同的，按照债务到期的先后顺序抵充；到期时间相同的，按比例抵充。但是，债权人与债务人对清偿的债务或者清偿抵充顺序有约定的除外。实践操作中，《资产买卖协议》应该设计专门条款，就前述回款优先偿还对于专项计划的应收账款债权作出明确约定。

## 八、监管政策

小额贷款是监管政策密集区域。实操中应该密切关注监管政策，比如2017年11月21日，互联网金融风险专项整治工作领导小组办公室下发特急文件《关于立即暂停批设网络小额贷款公司的通知》，要求各级小贷公司监管部门即日起一律不得新批设网络（互联网）小额贷款公司，禁止新增批小贷公司跨区域经营。随后《关

于规范整顿“现金贷”业务的通知》出台，明确否认了信贷资产转让、资产证券化的出表功能，ABS 的融资规模也将计入融资规模计算杠杆率，网络小贷杠杆率表内、表外合并计算，这意味着，过往网络小贷公司通过资产证券化、债权转让再兜底回购等途径出表以无限制提高杠杆率的方式无以为继；同时禁止通过互联网平台或地方各类交易场所销售、转让及变相转让本公司的信贷资产。

## 第四节 小额贷款资产证券化的案例简介

笔者分别以传统小贷和互联网小贷资产证券化为例：

### 一、传统小贷公司资产证券化案例

××小贷一期资产支持专项计划于 2017 年 10 月成立，原始权益人为深圳市××小额贷款有限公司，成立时间为 2014 年，注册资本 3 亿元。

#### （一）产品概况

××小贷一期资产支持专项计划设置优先级资产支持证券和次级资产支持证券两类资产支持证券。其中优先级资产支持证券共分为两个类别：优先 A 档资产支持证券及优先 B 档资产支持证券。专项计划的预期期限为 2.5 年期，其中前 2 年为循环购买期，后 0.5 年为分配期；循环购买期每季度付息，分配期按月过手还本付息。产品评级、期限等如表 2－3 所示。

**表 2－3　产品评级、期限等概况**

| 份额类别 | 预期期限 | 目标募集规模 | 预期收益率 |
|---|---|---|---|
| 优先 A | 2.5 年 | 3.82 亿 | 5.80% |
| 优先 B | 2.5 年 | 0.23 亿 | 6.70% |
| 次级 | 2.5 年 | 0.45 亿 | — |
| 合计 | — | 4.50 亿 | — |

#### （二）基础资产

本次专项计划的基础资产主要为××小贷向其集团内部员工发放小额贷款而形成的贷款债权，基础资产包括初始基础资产及后续循环购买的基础资产。

基础资产的主要合格标准如下：

1. 基本要求

(1)基础资产的到期本息均已按时足额支付(含7个自然日的宽限期),并且不存在其他实质性的重大违约情况;

(2)按原始权益人分类标准,原始权益人将基础资产归类为正常类;

(3)基础资产按照《借款合同》约定均具有明确的还款计划,还款方式为等额本金。

2. 合法合规

(1)原始权益人已经履行并遵守了基础资产对应的任一份《借款合同》;

(2)基础资产为原始权益人自行发放的贷款,并非从其他方以受让方式取得的贷款;

(3)原始权益人真实、合法、有效拥有基础资产,且基础资产上未设定抵押权、质权或任何第三方的其他有效的权利主张;

(4)基础资产上无限制转让规定。

3. 基础资产期限及分散度

(1)基础资产的最终到期日不晚于2020年3月31日;

(2)于贷款发放日,每一笔基础资产的本金总额不超过100万元人民币,且每一笔初始基础资产于初始基准日、每一笔后续基础资产于循环购买日的未偿本金余额不超过75万元人民币;

(3)基础资产的年化贷款利率不低于9%;

(4)于贷款发放日,基础资产的贷款期限不超过36个月;

(5)就后续基础资产而言,其在循环购买日对应的账龄不超过12个月;

(6)于初始基准日和循环购买日,资产池中同一借款人在原始权益人处的全部贷款的未偿本金余额不超过200万元人民币;

(7)就资产池而言,是指资产池加权平均贷款期限不超过22个月。

本次专项计划的初始资产池基本情况,如表2-4所示。

**表2-4 专项计划的初始资产池基本情况**

| 资产池基本情况 | |
|---|---|
| 资产池未偿本金余额(万元) | 45,005.17 |
| 借款合同笔数(笔) | 46,754 |
| 单笔借款合同平均本金余额(万元) | 0.96 |
| 单笔借款合同最高本金余额(万元) | 72.22 |

续表

| 资产池基本情况 | |
|---|---|
| 借款合同加权平均年利率 | 9.00% |
| 加权平均借款合同期限(月) | 21.42 |
| 加权平均借款剩余期限(天) | 489.06 |
| 正常类贷款占比 | 100.00% |

初始基础资产涉及借款合同共计46,754笔,基础资产池对应的未偿本金余额为45,005.17万元,平均单笔借款合同对应的未偿借款本金余额为0.96万元,其中最大单笔借款余额为72.22万元,整体资产池小而分散。

### (三)增信措施

1.优先/次级分层

本次专项计划对资产支持证券进行了优先/次级分层,其中,优先A级和优先B级资产支持证券份额分别占专项计划总规模的84.89%和5.11%,次级资产支持证券占总规模的10.00%。

次级产品由原始权益人关联方持有,循环期内,次级资产支持证券持有人不享有任何期间收益;分配期内,在优先级资产支持证券持有人获得足额分配前,不向次级资产支持证券持有人分配任何收益和/或本金,因此次级资产支持证券可以为优先级资产支持证券的本息偿付提供信用支持。

2.超额利差

本次专项计划设置了基础资产的年化贷款利率不低于9.00%的合格标准,初始入池资产年化利率均为9.00%,在循环期内循环购买的基础资产的年化贷款利率也将不低于9.00%,基础资产年化收益率与优先A级资产支持证券、优先B级资产支持证券预期收益率之间存在一定的超额利差,可为优先级产品提供较好的信用增级。

3.超额覆盖

本期专项计划将设置循环购买结构安排,计划管理人将按月以当期基础资产本金回收款,以及收入回收款中扣除当期税费、优先级资产支持证券预期收益后的金额(如有),向原始权益人循环购买后续基础资产,随着循环购买的不断进行,基础资产池未偿本金余额将逐渐增大,将对资产支持证券本金余额形成一定的超额覆盖,对优先级资产支持证券形成一定的信用支持。

4. 差额补足承诺

根据差额补足承诺人出具的《差额补足承诺函》,差额补足承诺人将对专项计划承担差额补足义务,可为优先级产品提供良好的信用支持,主要的补足情景如下。

(1)若截至任何一个兑付日(该兑付日并非预期到期日)的前一个托管银行核算日,专项计划账户收入科目中的资金不足以支付该兑付日应付的优先级资产支持证券的预期收益;

(2)截至预期到期日的前一个托管银行核算日,专项计划账户内可供分配的资金不足以支付完毕预期到期日届至的优先级资产支持证券应付的本金和预期收益;

(3)在专项计划终止日之后,指计划管理人根据清算方案确认专项计划资产仍不足以支付所有优先级资产支持证券届时尚未获得支付的所有预期收益和本金。

5. 信用触发机制

(1)加速清偿/违约事件:如果加速清偿事件/违约事件被触发,管理人不再使用专项计划资产循环购买任何新增基础资产,全部回收款转至专项计划账户对优先A级、优先B级投资人进行本息分配;

(2)提前终止:如果提前终止事件被触发,专项计划将提前终止,由清算小组负责专项计划资产的保管、清理、估价、变现和分配,专项计划账户内资金将用于优先偿付优先级资产支持证券利息和本金。

### (四)交易结构

交易结构请见图2-5:

1. 认购人通过与计划管理人签订《认购协议》并缴付认购资金,将认购资金以专项资产管理方式委托计划管理人管理,计划管理人设立并管理专项计划,认购人取得资产支持证券,成为资产支持证券持有人。

2. 计划管理人根据与原始权益人签订的《资产买卖协议》的约定,将专项计划资金用于向原始权益人购买符合合格标准的初始基础资产及使用专项计划可支配资金循环购买后续基础资产。

3. 计划管理人委托原始权益人作为专项计划的资产服务机构,由其按照《资产服务协议》的规定为专项计划提供与持有、处置和获取基础资产收益有关的管理服务及其他服务。循环期内与分配期内,资产服务机构应将基础资产回收款扣除执行费用及当期应交税款(如适用)后直接支付至专项计划账户。

4. 托管银行依据《托管协议》的约定,管理专项计划账户,执行计划管理人的划款指令,负责处理专项计划相关的资金往来。

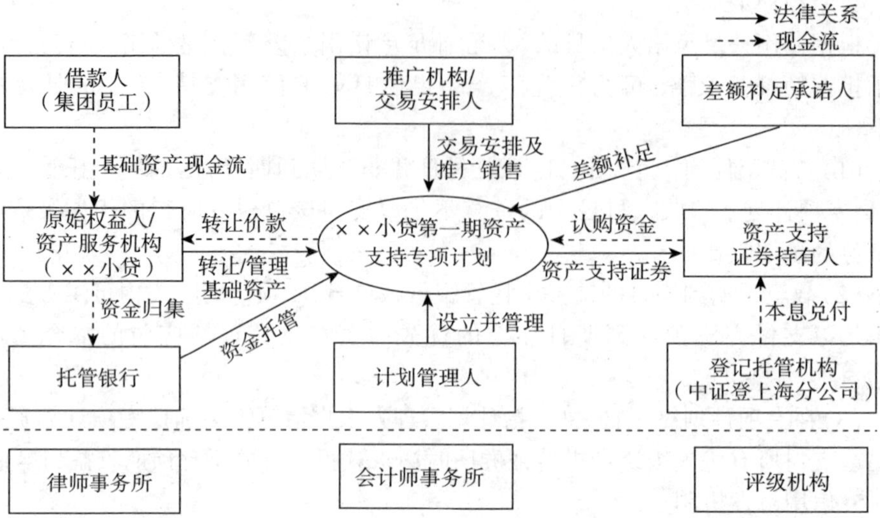


**图 2－5　交易结构**

5. 差额补足承诺人在发生差额补足启动事件时，按照《差额补足承诺函》及相关协议的条款和条件对专项计划资金不足以支付优先级资产支持证券的各期预期收益和/或本金的差额部分承担补足义务。

6. 计划管理人根据《计划说明书》及相关文件的约定，向托管银行发出划款指令，托管银行根据指令，进行专项计划费用的支付和资金划付，并将相应资金划拨至登记托管机构指定账户用于支付资产支持证券本金和预期收益。

### （五）项目分析

在上述专项计划中，虽然××小贷所属集团公司并未直接提供增信，但其集团信用较受认可，且基础资产质量优质而分散，全部来自对于其集团内部员工所发放的员工贷款，实现了84.89%的AAA分层。

此外，在上述专项计划中，设计了多重增信措施，优先/次级分层、超额利差、循环购买形成的本金超额覆盖以及集团金融板块旗下的关联公司提供的差额补足承诺等，都对优先级资产支持证券提供了积极的增信作用。

## 二、互联网小贷公司资产证券化案例[①]

A 小贷一期资产支持专项计划于 2017 年 6 月成立,联合原始权益人为某股份有限公司旗下的两家互联网小贷公司,成立时间分别为 2008 年和 2014 年,注册资本分别为 5 亿元和 3 亿元。

### (一)产品概况

A 小贷一期资产支持专项计划设置优先级资产支持证券和次级资产支持证券两类资产支持证券。其中优先级资产支持证券共分为两个类别:优先 A 档资产支持证券及优先 B 档资产支持证券。专项计划的预期期限为 2 年期,其中前 1.5 年为循环购买期,后 0.5 年为分配期;循环购买期每季度付息,分配期按季过手还本付息。

### (二)基础资产

本次专项计划的基础资产主要为两部分:传统的向小微企业发放的小额贷款以及通过其互联网小贷牌照向个人发放的小额贷款。基础资产包括初始基础资产及后续循环购买的基础资产。其中,向个人发放的小额贷款部分通过与互联网消费金融公司的深度合作,运用其大数据风控手段对借款人信用进行分析,由此筛选借款人。在 A 小贷存量债权资产中,管理人与评级机构、法律顾问一同商定基础资产的合格标准,以求在资产合法合规的基础上实现优先级比例的最大化。

本次专项计划基础资产的主要合格标准如下:

1. 全部小额贷款系联合原始权益人自行发放的贷款,并非从其他方收购的贷款;

2. 基础资产所包含的全部小额贷款之前的到期本息已按时足额偿还,历史逾期天数未超过 7 个自然日,且无其他违约情形;

3. 同一借款合同项下于初始基准日前已发放的小额贷款的未偿款项(包括但不限于本金和利息)全部入池;

4. 基础资产为联合原始权益人正常、关注、次级、可疑、损失 5 级分类体系中的正常类的资产;

5. 基础资产对应的借款合同项下的贷款不涉及首付贷;

6. 基础资产若为平台类小额贷款,该平台需为管理人认可的平台;

7. 单一借款人小额贷款未偿本金余额不超过 300 万元;

---

① 案例所述专项计划为《关于立即暂停批设网络小额贷款公司的通知》与《关于规范整顿“现金贷”业务的通知》等监管政策出台前设立。

8. 资产池加权平均贷款年利率不低于 10%；

9. 小额贷款剩余期限不超过专项计划到期日；

10. 在循环期资产池均需满足平均单笔小额贷款未偿本金余额小于 1 万元；

11. 在循环期内资产池需满足不少于 100,000 笔基础资产组成；

12. 资产池中的经营贷需满足单一行业入池规模不超过资产池总规模的 8%；除个人借款外，资产池中的经营贷需满足单一行业入池规模不超过资产池总规模的 15%。

本次专项计划的初始资产池基本情况，如表 2－5 所示。

**表 2－5　初始资产池基本情况**

| 资产池基本情况 | |
|---|---|
| 初始资产未偿本金余额(元) | 660,002,685.73 |
| 借款人数量(人) | 142,070 |
| 借款合同笔数(笔) | 229,886 |
| 单笔借款最高本金余额(元) | 2,000,000.00 |
| 单笔借款平均本金余额(元) | 2871.00 |
| 合同本金总额(元) | 760,322,970.90 |
| 单笔借款合同最高本金总额(元) | 2,000,000.00 |
| 单笔借款合同平均本金总额(元) | 3307.39 |

初始基础资产涉及借款合同共计 229,886 笔，基础资产池对应的未偿本金余额为 660,002,685.73 元，平均单笔借款合同对应的未偿借款本金余额为 3307.39 元，其中最大单笔借款余额为 200 万元，整体资产池小而分散。

### （三）增信措施

1. 优先/次级分层

本次专项计划对资产支持证券进行了优先/次级分层，其中，优先 A 级和优先 B 级资产支持证券份额分别占专项计划总规模的 60.50% 和 34.50%，次级资产支持证券占总规模的 5.00%。

次级产品由联合原始权益人有，循环期内，次级资产支持证券持有人不享有任何期间收益；分配期内，在优先级资产支持证券持有人获得足额分配前，不向次级资产支持证券持有人分配任何收益和/或本金，因此次级资产支持证券可以为优先级资产支持证券的本息偿付提供信用支持。

2. 超额抵押及超额利差

本次专项计划的初始基础资产的未偿本金余额为6.60亿元,资产支持证券的发行规模为6.00亿元,存在0.60亿元的初始超额抵押;初始基础资产本金覆盖专项计划发行本金的1.1倍、覆盖优先级专项计划本金的1.16倍,对资产支持证券提供了信用支持。

初始基础资产池的加权平均收益率与优先级资产支持证券预计平均票面利率之间存在一定的超额利差,为优先级资产支持证券提供了一定的信用支持。

3. 原始权益人差额支付

若差额支付启动事件触发,差额支付承诺人须按照差额支付指令中载明的资金汇付至专项计划账户,用以弥补基础资产回款不足导致的信用风险。

差额支付启动事件系指以下任一事件:

(1)在专项计划终止日之前,差额支付启动事件系指以下任一事件:截至任何一个兑付日、加速兑付日的前一个托管人报告日专项计划账户内可供分配的资金不足以支付该兑付日、加速兑付日应付的优先级资产支持证券的预期收益;或截至任何一个预期到期日的前一个托管人报告日专项计划账户内可供分配的资金不足以偿付完毕该预期到期日应付的优先级资产支持证券的预期收益和本金。

(2)在专项计划终止日之后,系指以下事件:管理人根据清算方案确认专项计划资产仍不足以按照清算顺序支付所有优先级资产支持证券届时尚未获得支付的所有预期收益和本金。

4. 连带责任保证

若触发担保责任启动事件,担保人须将担保履约指令中载明的资金汇付至专项计划账户,用以弥补基础资产回款和联合原始权益人差额支付不足导致的信用风险。

担保责任启动事件系指以下任一事件:

(1)专项计划终止日之前,截至任何一个兑付日、加速兑付日的前一个托管人报告日专项计划账户内可供分配的资金不足以支付该兑付日、加速兑付日应付的优先级资产支持证券的预期收益,或截至任何一个预期到期日的前一个托管人报告日专项计划账户内可供分配的资金不足以偿付完毕该预期到期日应付的优先级资产支持证券的预期收益和本金,且任一或所有差额支付承诺人未按《标准条款》的要求履行差额支付义务;

(2)在专项计划终止日之后,管理人根据清算方案确认专项计划资产仍不足以按照清算顺序支付所有优先级资产支持证券届时尚未获得支付的所有预期收益和本金,且任一或所有差额支付承诺人未按《标准条款》的要求履行差额支付义务。

5. 信用触发机制

本次专项计划设置了与参与机构履约能力、资产池违约率相关的权利完善事件、加速清偿事件和提前终止事件以及与资产支持证券兑付相关的违约事件，上述信用触发机制可以在联合原始权益人、担保人在专项计划存续期出现经营情况恶化或基础资产在专项计划存续期表现未达预期时，实现减少资金混同风险和实现风险隔离的目的，更好地保护优先级资产支持证券投资者的利益。

（四）交易结构

1. 认购人通过与管理人签订《认购协议》，将认购资金以专项资产管理方式委托管理人管理，管理人设立并管理专项计划，认购人取得资产支持证券，成为资产支持证券持有人。

2. 管理人根据与联合原始权益人签订的《基础资产买卖协议》的约定，将专项计划资金用于向联合原始权益人购买基础资产，即指初始基础资产清单及新增基础资产清单所列的由联合原始权益人于专项计划设立日或循环购买日转让给管理人的，联合原始权益人依据借款合同对借款人所形成的全部债权以及与前述债权相对应的全部附属担保权益。

3. 资产服务机构根据《服务协议》的约定，负责基础资产对应的应收本息的回收和催收，以及违约资产处置等基础资产管理工作，并根据《服务协议》编制并向管理人递交资产服务机构报告。

4. 监管银行根据《监管协议》的约定，在回收款转付日依照资产服务机构的指令将基础资产产生的现金划入专项计划账户，由托管人根据《托管协议》对专项计划资产进行托管。

5. 当发生任一差额支付启动事件时，差额支付承诺人根据《差额支付承诺函》将差额资金划入专项计划账户。

6. 当发生任一担保责任启动事件时，担保人根据《担保函》将担保履约指令中载明的资金汇付至专项计划账户。

7. 在循环期内，管理人根据《资产买卖协议》的约定向托管人发出基础资产购买价款付款指令，指示托管人将专项计划账户内资金划拨至联合原始权益人指定的账户，用于购买基础资产。

8. 在分配期，管理人根据《计划说明书》《托管协议》及相关文件的约定，向托管人发出划款指令，托管人根据划款指令，进行专项计划费用的提取和资金划付，并将相应资金划拨至登记托管机构的指定账户用于支付资产支持证券本金和预期收益。

## (五)项目分析

在上述专项计划中,分散度极佳应该是最大的亮点。初始基础资产中的小额贷款债权超过20万笔,单笔债权的未偿本金余额仅为不到3000元,借款人则分布在31个省市区域。良好的金额、地区分散度能够有效地降低借款人集中违约风险。此外,优先/次级分层、超额利差/抵押,以及集团担保等增信措施,都对优先级资产支持证券提供了积极作用。

# 第三章
# 消费金融资产证券化

消费金融在我国的出现比较晚，但近年来，与供给侧结构性改革密切相关的消费金融呈现井喷式发展趋势，释放了消费潜力，拉动了GDP稳健增长，并以消费升级促进产业升级。消费金融的发展为资产证券化提供了适合的基础资产，从而极大地推动了我国资产证券化的发展。

## 第一节
## 消费金融概述

消费金融(consumer finance)自在西方国家诞生后，逐渐形成了较为成熟的商业模式，成为金融市场的重要组成部分。我国消费金融市场起步较晚。1996年，中国建设银行以一汽大众刚刚投放市场的捷达汽车为试点，推出了汽车按揭业务。PPF(捷信)集团2004年在中国设立办事处，2007年与广东地区的担保公司进行合作，正式开始在广东地区试点消费金融，为消费者提供手机、电脑的分期付款业务。

从全球消费金融市场来看，2015年底，全美消费金融市场规模已达到12.22万亿美元。在过去几十年期间，美国消费金融受益于居民收入与消费的增长，以及消费金融领域不断地创新，有了高速的发展。欧盟作为全球消费金融第二大市场，消费金融份额接近全球总额的25%，与美国合计占近80%的全球市场份额。目前，我国消费金融市场在市场规模、参与主体、产品创新、个人征信体系等方面，与成熟市场还是有一定的差距。根据国家金融与发展实验室最新发布的《中国消费金融创新报告》，截至2016年末，我国消费金融市场规模估计在6万亿左右，按照20%的增速预测，我国消费信贷的规模到2020年可超过12万亿元，将成为全球最大的消费者金融市场。因此，消费信贷市场发展潜力巨大。

### 一、消费金融的含义

作为一种具有“消费+金融”的双重属性的消费金融，已成为人们日常生活中的重要组成部分。目前,主流的观点认为,消费金融是指向各阶层消费者提供消费贷款的金融服务方式,但是一般不把房贷和车贷纳入消费金融的范畴。可见,消费金融的主要形式是消费贷款。消费贷款是指放贷机构提供的、以消费为用途的贷款,包括消费分期、个人消费贷款以及信用卡(循环授信)等。

笔者认为,理解消费金融要把握以下几个方面:

### (一)个人生活消费目的

消费者获得消费贷款的目的不是为了生产经营性消费,而是个人消费。目前,有低额高频的消费场景,如日常餐饮、购物和人情支出等,也有中额中频的消费金融,如出国培训、奢侈品消费、医美、旅游、租房等,而大额低频的消费金融主要是个人购房购车、房屋装修贷款等。

2013 年 11 月,中国银监会办公厅下发《关于个人消费贷款领域风险提示的通知》,提出应鼓励发放小额、短期、以满足居民日常生活需求为目的的综合消费贷款,谨慎发放大额、长期的综合消费贷款。综合消费贷款不得用于投资。

### (二)广义消费金融和狭义消费金融

消费金融有广义、狭义之分。理论上,只要是与个人物质生活消费相关的贷款都可以归为消费贷款,都可以归为消费金融,包括购房贷款、购车贷款等,这是广义消费金融的概念。狭义上的消费金融不包含车贷和房贷。

中国银监会发布的《消费金融公司试点管理办法》规定的消费金融也是狭义上的消费金融,即消费贷款是指消费金融公司向借款人发放的以消费(不包括购买房屋和汽车)为目的的贷款。另外,有一些研究报告或应用场景,认为消费金融包括车贷。例如,中国人民银行发布的有关消费贷款的统计数据仅仅不含个人购房贷款,未将车贷剔除,甚至在一些应用场合,消费金融仅仅指消费金融公司,所以,如果探讨、研究消费金融时,应该首先确定其外延。

### (三)消费贷款多为信用贷款

通常而言,消费贷款主要为无抵押、纯信用的消费贷款,具有单笔授信额度小、审批速度快、贷款期限短等特点。

### (四)消费金融的普惠性

2015 年 12 月,国务院发布《关于印发推进普惠金融发展规划(2016 ~ 2020)的通知》提出,要促进消费金融公司发展,激发消费潜力,促进消费升级。2016 年 9 月发布的《G20 数字普惠金融高级原则》提出降低金融服务门槛,倡导利用数字技术推动普惠金融发展。

消费金融是商业银行传统个人金融服务的补充,具有普惠性。笔者认为,“普”就是让更多的人享受到金融服务,覆盖更多的群体,而"惠"主要指实惠。互联网技术更加丰富了消费场景,使消费金融业务从线下转到线上,并且使得用户群体从原来银行集中服务的高净值客户,扩展到了更广大的借款群体,促进了普惠金融的发展。

比如花呗和借呗客户群体广、市场渗透率高,蚂蚁金服旗下支付宝用户超过4.5亿,其中约60%的人因各种原因无信用卡,其中不乏刚工作的毕业生群体、农村人口。

(五)消费金融的场景化

鉴于政策导向和风险,消费金融的场景化是一个重要特征。主要是在一定消费场景前提下,由各种消费金融公司包括银行、分期平台、电商平台等提供资金给消费场所,消费者进行分期付款和还款。而其中的核心之一——消费场景,关乎债权发生原因的真实性。像现金贷这种无明确消费场景的消费贷款风险难以辨认,这使得有线下消费场景的消费金融具有更大的发展空间。

## 二、消费金融的分类

根据不同的标准,消费金融可以有不同的分类。

(一)按消费目的:根据是否有消费场景

根据是否有消费场景,消费贷款可分为有消费场景的消费贷款和无消费场景的消费贷款。

有场景的消费贷款是消费分期,是基于场景进行的,如京东白条、蚂蚁金服"花呗",以及趣分期、分期乐等。基于场景的消费分期,资金是直接打给产品提供方,消费者是接触不到现金的,会排除大部分欺诈风险。消费分期公司一般为线上线下结合,需要销售人员寻找线下的消费场景。

无消费场景的消费贷款大多为"现金贷"。"现金贷"即为具有无场景依托、无指定用途、无客户群体限定、无抵押等特征的贷款。现金贷属于传统的消费金融模式,发放主体比较多,例如银行、消费金融公司、互联网金融公司和非持牌消费金融公司等。

消费金融与现金贷的区别主要体现在两个方面:首先是场景方面的区别。无论线下还是线上,消费分期都会有一定的场景。除电商平台运营消费分期外,任何消费分期都有线下商铺的牵线搭桥过程,而且线下店铺是消费分期的重要一环;但是,现金贷就没有场景的需要,所有都在线上迅速判断和完成放贷。其次是资金流向的区别。现金贷是资金直接支付给实际借款人,借款人拿到资金后具体的资金用途无从获知;而消费金融所承担的资金基本上支付给店铺或者其他消费场所,直接用于支付消费者在消费商品过程中所需费用。

2017 年 4 月,P2P 网络借贷风险专项整治工作领导小组办公室发布的《关于开展"现金贷"业务活动清理整顿工作的通知》《关于开展"现金贷"业务活动清理整顿工作的补充说明》等政策限制了现金贷的发展,要求对网络借贷信息中介机构开展"现金贷"业务进行清理整顿。另外,从资产证券化的政策导向来说,现金贷的消费金融资产谨慎入池。本章主要探讨有消费场景的消费贷款。

### (二)按担保类型:根据是否有抵押

根据是否有抵押,消费贷款可以分为抵押贷款和信用类贷款。抵押贷款一般是以房产、车等为抵押物的贷款。信用类贷款无须资产的抵押和质押,也不需要提供担保,银行和其他金融机构以借款人信用程度作为还款保证,向借款人提供贷款用于购买商品和服务的一种资金信贷方式。

### (三)按资金流向:按照有无直接对应的消费行为、资金是否经过借款人账户

按照有无直接对应的消费行为、资金是否经过借款人账户,消费金融可以分为消费分期型和消费借款型消费金融。

消费分期业务的典型代表为信用卡,其典型特征为每一笔信贷都对应真实的消费行为,资金直接由放款方付给商户,不经过借款人账户。消费分期业务又可以分为交易分期和账单分期。交易分期是指消费者在购买单价相对较高的产品时直接选择分期付款产生的消费贷款。账单分期是指消费者就单个账单期内的一笔或多笔消费形成的账单进行分期付款产生的消费贷款。账单分期资产在产生前以无息资产的形式存在,信用卡类资产通常具有 1 个月左右免息期,免息期结束后借款人选择分期付款才形成了有息资产。

消费借款型业务的典型代表为银行大额消费贷款,其典型特征为借款人申请借贷后,放款方通常将资金打到借款人账户进行自行使用。主要是借款人用于房屋装修、购买耐用品、买车等方面,具有消费用途广泛、贷款额度较高、期限较长等特点。通常消费借款的放贷机构要求借款人在借款时填写相应用途,监管也要求银行等放贷机构对消费用途进行跟踪监督(如上传对应购物发票),但放贷机构对用途的监管能力较消费分期型产品更弱。

分期业务进入门槛高,需要消费场景,利率相对较低,可以促进销售业务,风险相对消费借款型而言比较低,典型的产品为信用卡、蚂蚁花呗、京东白条等。消费借款型业务进入门槛低,利率范围较宽,风险相对分期业务而言较高,典型的产品如银行大额消费贷款、蚂蚁借呗、京东金条等。

### (四)按落地模式:根据线上线下的分类

根据线上线下,消费金融可以分为线上消费金融和线下消费金融。传统的线下消费金融是指依托线下消费场景,以消费分期为主的消费金融。互联网兴起后,线上消费金融逐步发展起来。线上消费金融有助于培育精品客户,从而提供个性化定制金融服务。需要强调的是,线上线下的分类不排除很多消费金融主体既有线上业务也有线下业务。

### (五)按风控方式:根据不同的审批和风控方式

根据审批、风控方式的不同,消费金融可以分为传统模式的消费金融和大数据模式的消费金融。

传统模式的消费金融大多是线下的消费金融模式,风控以资产和现金流为核心,拥有住房、车辆、大额理财产品或月工资收入较高的借款人能获得更高额度的消费贷款。金融机构通常采用以央行征信数据为主的金融数据建模来判断借款人的信用状况。传统模式下的贷中管理强调合规高效,通常是标准作业,交叉审查。贷后管理采用连坐机制,强调问责。

大数据消费金融模式下,贷款准入和风控模式是线上的,通过多维度的指标判断借款人资信。通常而言,信息暴露程度越高、行为越稳定的借款人可能获得更高的贷款额度。互联网消费金融公司较多采用此类风控方式。大数据消费金融模式下,具有更全面的数据来源,使用较多的变量如用户阅读、消费、社交等非金融数据建模,对用户进行分析。通过大数据平台的搭建,贷中管理方面,可以及时监测借款人信用的变化,具有较强的快速应对及调整能力。

## 三、消费金融参与主体

2016 年 3 月 24 日,中国人民银行和中国银监会发布《关于加大对新消费领域金融支持的指导意见》,要求培育发展消费金融组织体系、加快推进消费信贷管理模式和产品创新、加大对新消费重点领域金融支持、改善优化消费金融发展环境。

我国消费金融市场参与者众多,主要包括三大类:银行、消费金融公司和平台类主体,其中,根据产品、风控、获客、资金等特点,平台类主体又可进一步分为电商平台、分期购物平台和 P2P 平台。如果从消费金融生态圈的意义上讲,消费金融参与主体还应该包括第三方支付机构(如拉卡拉)、征信机构、下游的催收方、数据服务机构等。目前,我国消费金融市场已呈现出千帆竞渡、百花争鸣的景象。

### (一)商业银行

近几年来,商业银行除成立消费金融公司之外,积极布局消费金融业务,加大对消费金融的投入,更加注重产品创新和场景延伸。目前,银行消费金融主要产品为信用卡分期付款和个人消费贷款,如建行的“快贷”、工行推出过的“融 e 借”、招行的“闪电贷”等。

1. 银行信用卡

商业银行信用卡主要是信用卡分期付款,即消费者在进行信用卡消费时,其购买价款由发卡行直接支付给商家,由消费者进行分期付款。信用卡应用场景较为广泛,资金用途明确。

根据中国人民银行《2017 年支付体系运营总体情况报告》显示,截至 2017 年末,信用卡和借贷合一卡在用发卡数量共计 5. 88 亿张,同比增长 26. 35% ,其中,人均持有信用卡 0. 39 张,同比增长 25. 82% 。信用卡应偿信贷余额为 5. 26 万亿元。可见,信用卡在消费金融领域占有重要的一席之地。

2. 个人消费贷款

银行个人消费贷款是指消费者在银行申请贷款,并由银行发放至消费者账户中自行消费,无特定消费场景,资金用途监控难,如平安银行的平安普惠、渣打银行的现贷派、花旗银行的幸福时代等。

根据中国人民银行统计数据显示,2016 年末,我国银行业消费贷款规模(不含个人购房贷款)为 5. 92 万亿元,同比增速 23. 8% ,2013 ~ 2016 年的复合增长率为 26. 7% 。显然,我国银行业消费贷款处于快速增长阶段。但是,消费贷款在银行的贷款总额中占比仍较低,随着居民消费信贷意识进一步增强,同时,监管机构对这部分贷款加强监管,未来消费信贷的规模及占比均有很大的提升空间。

笔者认为,银行开展消费金融既有优势也有劣势。优势包括资金实力雄厚、资金来源稳定、资金成本低,庞大的零售客户基础、数量庞大的银行卡,遍布全国的营业网点,相对完善的风险管理体系等等。银行针对存量客户,借用原有的征信及审批模式,结合消费金融的特点,推出了很多消费金融产品,如北京银行的轻松 e 贷、中国邮政储蓄银行的邮你花、香港永隆银行的好期望贷、中信银行的公积金网络信用贷款等。

银行开展消费金融的劣势包括审批严格;申请周期长,效率较低;无先天消费场景;风控模型迭代速度;产品同质化较为严重;重复授信问题较为突出等。例如,个人向商业银行申请办理贷款,尤其是小额消费贷款需要经过一系列复杂程序、多个流程环节,这降低了贷款效率,给急需资金消费的客户带来了不便,商业银行传统服务大型企业形成的条线管理和放款程序并不适用于小额、高频、短期的消费类贷款。

为了应对互联网金融的挑战,银行也在积极布局消费金融,通过搭建网上商城或者与其他商户合作，丰富消费场景，增加客户流入。商业银行传统消费金融正逐步互联网化，例如招商银行与滴滴合作联名卡；建设银行与土巴兔合作推出装修贷；工行、农行、中行等在信用卡的基础上将消费金融载入旅游行业，推出网购分期、POS 分期、专项分期等个人旅游消费信贷业务；2017 年 2 月，中国工商银行与百度公司合作在“百度钱包”手机 APP 推出工银信用卡在线办卡服务。

此外，目前已经成立的互联网银行主要包括浙江网商银行（蚂蚁金融持股 30%）、深圳前海微众银行（腾讯持股 30%）等。互联网银行也可以从事消费金融业务。腾讯旗下的微众银行依靠它发行的“微粒贷”来发放贷款，主要面对的人群有买房、买车等消费人群，通过存贷差获取利润。互联网银行与传统银行的主要区别在于互联网银行吸收存款的能力较弱，主要通过发行一些理财产品来吸引贷款，有时也通过银行间市场和其他金融机构中间进行拆借来获取资金，所以，他们获取资金较困难，规模一般较小。

### （二）消费金融公司

消费金融公司是指依照《公司法》和《消费金融公司试点管理办法》，经中国银监会批准，在中华人民共和国境内设立的，不吸收公众存款，以小额、分散为原则，为中国境内居民个人提供以消费（不包括购买房屋和汽车）为目的的贷款的非银行金融机构。根据修订后的《消费金融公司试点管理办法》第 21 条，消费金融公司向个人发放消费贷款额度不应超过客户风险承受能力且借款人贷款余额最高不得超过人民币 20 万元。

1. 消费金融公司的简短历史

2009 年，随着《消费金融公司试点管理办法》出台，我国正式启动消费金融公司试点。中国银监会在北京、天津、上海和成都四地各批准一家机构进行试点，即北银消费金融有限公司、四川锦程消费金融有限责任公司、中银消费金融有限公司、捷信消费金融有限公司，发起人分别为北京银行、成都银行、中国银行和外资第一私有化基金 PPF 集团。

2013 年 11 月 14 日，中国银监会发布《消费金融公司试点管理办法》，放宽消费金融公司申请设立条件，取消营业地域的注册地限制，增加吸收股东存款业务范围，并扩大消费金融公司试点城市范围，新增 10 个城市（沈阳、南京、杭州、合肥、泉州、武汉、广州、重庆、西安、青岛）参与试点，同时，合格的香港、澳门金融机构也可在广州（含深圳）试点设立消费金融公司。试点企业由原来的 4 家扩大到 16 家。

2015 年 6 月，李克强总理在国务院常务会议决定放开消费金融市场准入，将消费金融公司试点扩大至全国，审批权下放到省级部门，鼓励符合条件的民间资本、国内外银行业机构和互联网企业发起设立消费金融公司，尤其鼓励符合条件的互联网企业发起设立消费金融公司。

2. 消费金融公司的分类

根据股东背景的不同，消费金融公司可以分为银行控股消费金融公司和其他非银行控股的消费金融公司，或者分为银行系消费金融公司和非银行系消费金融公司，其中，也有学者基于非银行系消费金融的股东大多具有产业背景，认为非银行系消费金融公司可以称为产业系消费金融公司。

在消费金融公司试点期间，出于风险控制的考虑，监管机构对消费金融公司的股东资格设定了非常严格的要求，截至2017年9月，获得中国银监会批复的消费金融公司共25家，有22家已开业，其中有19家为银行系持牌公司，之所以银行系成为消费金融公司的主导，主要原因在于商业银行参与或主导成立消费金融公司在设立资质、经营管理、业务整合等方面都较其他机构更具优势。

其中，银行系消费金融公司大多借鉴银行风控体系，部分借助银行的网络资源和存量客户资源来拓展业务，并且拥有成熟的风险管理、征信及审批模式，开展消费金融的业务模式比较成熟，但是审批要求较严格，申请周期相对较长，效率较低，从长期发展来看，在客户体验方面缺乏竞争力。以中银消费金融（中国银行背景）、北银消费金融（北京银行背景）、锦城消费金融（锦州银行背景）、招联消费金融（招商银行背景）等为代表。

随着消费金融公司申请设立条件的放宽以及试点范围的扩大，以重庆百货、海尔、苏宁等为代表的产业机构开始涉足消费金融领域，以促进产品销售。非银系消费金融公司利用产业的天然优势，线下场景丰富，主要客群为低收入阶层，以耐用消费品贷款为主。非银行系消费金融公司以海尔消费金融和苏宁消费金融等为代表。

3. 消费金融公司的业务类型

目前，消费金融公司产品体系总体上可分为现金贷、分期贷和循环贷这三大类，以信用贷款为主，贷款利率较高。

现金贷是指向客户直接发放的消费贷款，没有特定消费场景，借款人可自主使用现金贷款。分期贷是指客户在合作商户（包括线上和线下）购买商品或服务时，通过申请个人贷款来办理消费分期，由消费金融公司将费用支付给商户，客户“先消费、后付款”。此外，为信用卡还款具有一定压力的客户提供分期资金周转，资金直接入账信用卡，这也应该归属于分期贷的范畴。循环贷是指根据客户的信用情况，向客户提供可以多次循环使用、提取现金的贷款产品。该产品可一次审批，循环使用，支持随借随还，取用自由。循环贷利率一般是按日计息。

笔者以北银消费金融公司轻松 e 贷、Mini 循环消费贷和苏宁消费金融公司的任性付为例。轻松 e 贷属于现金贷,它是一个直接支付类贷款产品,客户申请通过后北银公司直接将一定额度的贷款发放到客户指定账户。轻松 e 贷以低收入人群为目标客户,适用于支付个人及家庭旅游、婚庆、教育、装修等各类消费事项,借款人无需担保,且可自己选择贷款期数。Mini 循环消费贷属于循环贷,是以卡片为载体、提领现金、循环额度的消费贷款,具有随借随还、利率合理、自主选择账单日及仅归还最低还款额等循环信用贷款特点,适用于年轻族群和外来务工人群。当临时需要资金周转时,客户可以在北京银行营业网点和自助机具取款和还款。任性付属于分期贷,是受托支付类产品,是消费者在苏宁易购网上商城购物时可选的一种分期付款支付方式,可以满足收入水平暂时较低却有强烈消费需求的客户群体提高生活质量的需要。任性付在 30 天内还款免收手续费和利息。任性付基本覆盖国内一二线城市的苏宁门店。

(三)平台类消费金融主体

基于巨大的市场潜力和需求,移动互联网和第三方支付技术的普及极大拓展了互联网消费金融的入口,给互联网消费金融市场的持续高速发展提供保障。2015 年 7 月,央行等十部委联合发布《关于促进互联网金融健康发展的指导意见》,加速了互联网消费金融产品的发展。

1. 电商系消费金融平台

在电子商务快速发展的背景下,以京东、阿里巴巴为主的电子商务公司成为消费金融行业新的参与主体。2014 年初京东白条的上线和 2014 年 7 月天猫分期的推出,标志着大型电商平台介入消费金融领域。电商巨头具有自有消费流量、丰富的数据和电商场景,具有从事消费金融的先天优势。

比如蚂蚁金服旗下的花呗和借呗是依托电商场景和支付宝 APP 的消费信贷类产品,满足了广大老百姓合理的消费需求。按照蚂蚁金服的官方介绍,花呗是蚂蚁微贷提供的信用支付方式,可以用于天猫、淘宝和部分阿里体系外的商户消费购物,本月使用花呗付款后,在确认收货后的下个月 10 日还款即可,期间是不会产生利息的,是不可提现的。蚂蚁借呗则是蚂蚁金服旗下重庆市蚂蚁商城小额贷款有限公司推出的用于个人消费的借贷服务,无须提供抵押担保,用户可申请 1000 元 ~ 50, 000 元不等的贷款额度,还款最长期限为 12 个月,随借随还。用户申请到的额度可以转到支付宝余额,也可以提现的。两者的区别如下:借呗是提供现金贷款,花呗是用于消费支付,在特定场所使用;借呗还款期长、可提现、需要计息,而花呗还款期较短、不可提现、特定期限内无须付息。

再比如京东白条和金条。京东白条是允许符合条件的京东注册会员在京东商城购买商品时使用的支付服务,应用于京东商城场景,让用户先消费、后付款、随心分期,用户申请使用京东白条,可选择延后付款(最长30天)或者分期付款(最长24期)的支付方式。京东金条是京东金融针对信用良好的京东白条用户量身定制的现金借贷服务,可以随借随还,最长还款期限默认为12个月,只向部分用户开通。金条提供现金贷业务,额度比京东白条要高。

2.分期购物平台和P2P

目前,针对消费金融细分领域的创新层出不穷。细分领域的消费公司更加专注于场景的挖掘和细分消费金融资产的获取,成为整个消费金融市场的增长亮点。与传统信用卡和电商平台的产品相比,具有门槛低、渠道成本低等特点。分期购物平台的典型代表有趣分期、分期乐、买单侠等,目标客户主要是分期购物平台上的消费者,比如大学生或年轻群体。

P2P(Peer-to-Peerlending)平台是提供业务撮合的信息中介机构,或者连接互联网消费金融的中间商。P2P平台主要为借款人和贷款人双方提供信息交互平台,提供包括信息搜集、信息发布、资信评估、信息交互、信贷撮合等服务。P2P平台主要服务于存量P2P信贷客户及不能获得银行服务的低端人群。风控手段主要依靠平台的客户消费数据及第三方征信数据。典型代表有拍拍贷、积木盒子、读秒、宜人贷、人人贷等。根据Analysys易观智库发布的《中国P2P网贷市场季度监测报告2017年第1季度》数据显示,2017年第一季度全国P2P网贷成交额达到9831.74亿元,同比增长97.45%,历史累计成交额54,193.27亿元。2015年以来,监管机构在鼓励创新、推进消费金融的同时,随着风险事件的出现(淘金贷、优易网、安泰卓越等P2P网贷平台先后曝出"跑路"事件),也逐渐加强了对互联消费金融的监管,尤其是P2P平台等,陆续出台了诸如《互联网借贷信息中介机构业务活动管理暂行办法》《互联网金融风险专项整治工作实施方案的通知》《关于开展"现金贷"业务活动清理整顿工作的通知》等管理办法与通知,我们预计未来监管机构对P2P的监管将继续趋严。

在消费金融平台中,除电商系消费金融之外,涌现了很多企业,促进了消费金融的发展。比如在装修领域的小窝金服、土巴兔、家分期、绿豆家装;在旅游分期领域的呼哧、首付游、京东旅游;在租房分期领域的斑马王国、租房宝、楼立方、房司令;切入车险消费分期理财市场的豆蔓理财;蓝领消费分期市场的买单侠、51酷卡(美利金融旗下);教育消费分期市场的蜡笔分期、学好贷;农业消费分期市场的可牛金融、农分期、领鲜理财等;3C产品消费金融的深圳有用分期(美利金融旗下全资子公司)等,而移动端信贷APP的也有手机贷、拉卡拉替你还等。

互联网消费金融具有其他主体无法比拟的优越性,比如获取用户数据更为有效,风控能力更强,获客便捷,审贷效率高。互联网消费金融的出现,迅速改变了消费金融的格局。2017年我国互联网消费金融整体交易规模可增长至8933.3亿元。中泰证券则预计,到2020年市场交易规模将达到十万亿元。Analysys易观分析,跟随消费升级,消费金融正在向医疗、教育、旅游、房产、汽车、保险等多个细分垂直领域渗透,但更多的领域竞争还远未饱和,未来一定会在更多的细分行业涌现巨头。

(四)其他

征信机构、第三方支付和下游的催收方也是消费金融生态圈不可分割的一部分。

1.征信机构

消费金融的核心是风控,对消费场景和个人征信数据需求迫切。美国、日本、欧盟等成熟的金融市场均有完善的个人征信体系,为消费金融公司等消费信贷类服务机构提供了有力的支持。2006年,我国央行个人征信体系正式运行。但运行时间较短,覆盖范围相对较窄,很多消费金融机构无法接入央行个人征信系统,难以从中获得足够的信用信息。

对征信体系的迫切需求,推动了我国互联网大数据征信的发展。2014年,央行开始给征信企业发放牌照,企业征信实行备案制,个人征信实行审核制。根据报道,包括腾讯、阿里(芝麻信用)、平安、鹏元等公司都已涉足个人征信业务,利用各自的资源优势构建征信系统,也产生了以同盾、通付盾等为代表的企业。达飞金融已经接入了腾讯征信、鹏元征信、同盾征信数据,优化自有决策引擎及评分系统,提高风控能力。2018年2月,中国人民银行发布《设立经营个人征信业务的机构许可信息公示表》,百行征信已正式获得机构设立许可。这是国内征信体系的一大突破,这意味着我国的个人征信市场将从“央行征信”过渡到“民营征信”的多元格局,个人征信数据维度也将全面扩充,充分整合互联网的线上线下信息,丰富个人信用评分的算法。这套体系将以阿里、腾讯为主的1000多家网贷平台的数据全部收集起来,与人行的信用体系形成互补。从而实现“为每一个人记录真正的信用”的目的,极大提升我国个人征信系统的效力。

2.第三方支付

狭义上,第三方支付(third-party payment)是指非银行机构,借助通信、计算机和信息安全技术,采用与各大银行签约的方式,在用户与银行支付结算系统间建立连接的电子支付模式。2010年,中国人民银行发布的《非金融机构支付服务管理办法》规定,非金融机构支付服务或第三方支付是指非金融机构作为收、付款人的支付中介所提供的网络支付、预付卡、银行卡收单以及中国人民银行确定的其他支付服务。

消费金融的崛起离不开快捷、便利、及时的第三方支付。同时,第三方支付机构在科技与金融、线上与线下的跨平台性特征,使其积累的行业经验与用户数据更为多维度,可以完美对接消费金融线上、线下的用户行为数据,并进行跟踪、分析、挖掘,将这些数据同信贷等业务进行衔接,具有重要的价值。

目前,第三方支付已经逐步产业化,比如苹果公司上线 Apple Pay 服务、腾讯推出的微信联合人保财险的手机端支付、淘宝联合天弘基金开发的余额宝、还有易付宝、百付宝、快钱等。微信、支付宝已经成为日常支付工具。艾瑞咨询公布的数据显示,2017 年第一季度中国第三方移动支付市场中,支付宝的市场份额达 54.0%,同比增长 2.2%,财付通(微信支付 + QQ 钱包)市场份额达 40.0%,同比增长 1.7%。对第三方支付牌照的获取也称为很多公司的战略之一,比如 2016 年 1 月,小米公司通过全资收购捷付睿通间接获得了第三方支付牌照。

3. 催收公司

随着互联网金融的发展,催收行业主营业务已经从传统的银行信用卡、小贷公司的逾期账款,迅速囊括了消费金融、P2P(网贷)、现金贷、车贷等新兴网络贷款业务。目前的催收公司大概可划分为管理咨询公司、资产管理公司、金融/网络科技公司、信息技术公司、互联网金融信息服务公司、信用服务公司等这几大类。不过,这些公司的主营业务有部分并不是催收,比如众多商业保理公司以及小贷公司,他们本身涉及融资业务,催收是基于主营业务而衍生的。

值得一提的是,现在有越来越多的专门处理法律催收的律师事务所涌现:它们处于催收产业链的"末端",通常只接受额度较大的逾期账款(银行不良、小贷公司不良),且只通过法律程序解决债务纠纷。对于一些互联网金融平台上的自然人小额借贷纠纷,他们通常只提供咨询指导服务。

## 第二节
# 消费金融资产证券化的发行概况

资产证券化即指发起人将缺乏流动性,但具有可预测现金流的资产或资产组合出售给特定的机构或载体(SPV),以该基础资产产生的现金流为支持发行资产支持证券,以获得融资并最大化提高资产流动性的一种结构性融资手段。消费金融资产证券化是底层资产为消费金融资产的证券化形式。消费金融资产具有贷款分散性很好、贷款期限短、利率水平较高,贷款违约率相对较高,违约后的回收率相对较低等特征,决定了消费信贷资产是天然的适合 ABS 的资产,同时,产品的结构设计和风控措施也显得尤为重要。2016 年 2 月 17 日,中国人民银行、发展改革委等八部委联合会发布《关于金融支持工业稳增长调结构增效益的若干意见》，提出要稳步推进资产证券化发展，推动个人消费类贷款证券化项目的发行。

## 一、消费金融资产证券化的发行状况

截至 2018 年 3 月 26 日，以名称中含有“消费金融”字样的产品为统计口径，根据资产证券化分析网数据，中国保监会监管的保险资产证券化无消费金融证券化产品，其他类别消费金融资产证券化的发行情况如下：

### （一）中国银监会主管 ABS（信贷资产证券化）

信贷资产证券化是指由银行业金融机构作为发起机构，将信贷资产信托给受托机构，由受托机构以资产支持证券的形式向投资机构发行受益证券，以该资产所产生的现金支付资产支持证券收益的结构性融资活动。信贷资产证券化由商业银行、消费金融公司作为发起机构在全国银行间债券市场发行，受人民银行、银监会监管，将银行业金融机构的信贷资产及金融租赁资产作为基础资产，将信托计划作为 SPV，可以由银行或证券公司承销。

市场一共发行/存续的产品，合计发行 1885.48 亿元。分别为捷赢系列（捷信金融）、交元系列（交通银行）、和享系列、惠益系列（中信银行）、臻元系列（广发银行）、永动系列（宁波银行）、中赢新易贷系列、橙易系列、永盈、鑫宁、普盈和平安产品。

银行间首单消费贷款资产证券化产品为 2015 年 7 月由宁波银行股份有限公司发起的“永盈 2015 年第一期消费信贷资产支持证券”。

### （二）中国证监会主管 ABS（企业资产证券化）

企业资产证券化是指以基础资产所产生的现金流为偿付支持，通过结构化等方式进行信用增级，在此基础上发行资产支持证券的业务活动。企业资产证券化由保理公司、小贷公司、电商平台及其他平台类互联网金融企业作为发起机构在交易所市场发行，受证监会监管。其基础资产主要包括消费金融公司的消费分期，应收款、租赁债权、信贷资产、信托受益权等。

市场一共发行/存续 214 支产品，合计发行 4505.47 亿元，其中：

1. 上海交易所的产品主要有有钱花 2017－1，百度 2017－1、花呗（光大）系列、花呗（中金）系列、借呗系列、花呗系列、双十 2016－1、小米（中信）系列、小米系列、分期 2016－1、花呗分期系列、顺丰 2017－1、百新 2017－1。

2014 年，平安银行的平安银行 1 号小额消费贷款证券化在上交所发行，总额度 26.3085 亿元（唯一一单绕过央行审批，在交易所上市的信贷资产证券化产品）。

2. 深圳交易所的产品主要有安心贷 1 号 2017－1、花呗购物节 2017－1、京东白条(中信)系列、京东白条系列。

2013 年,由东方证券设立的"阿里巴巴 1－10 号专项资产管理计划"在深交所挂牌,基础资产除了重庆阿里小贷对小微企业(淘宝店家)之外,还包括消费金融资产,即个人贷款债权。

(三)中国银行间市场交易商协会 ABN(资产支持票据)

项目资产支持计划发行的证券化产品被命名为资产支持计划受益凭证,是以保险资产管理公司等专业管理机构作为受托人设立支持计划,以基础资产产生的现金流为偿付支持,面向保险机构等合格投资者发行受益凭证的业务。项目资产支持计划在保交所进行交易,受保监会监管,将保险资管公司作为 SPV,通过真实销售将应收账款、银行贷款、信用卡应收款等资产出售给 SPV,再由 SPV 以这些资产作为支持发行票据在市场上公开出售。

在消费金融领域,目前 ABN 只有一单产品,即京东白条 ABN2017－1。据了解,该产品基础资产为京东白条应收账款债权,原始权益人为北京京东世纪贸易有限公司,受托机构为平安信托,由兴业银行和招商银行作为主承销商。

此外,还有名称中不含"消费金融"字样的消费金融资产证券化产品,比如以信托受益权形式发行的消费金融资产证券化产品("中金—宜人精英贷信托受益权资产支持专项计划"、中腾信"微贷信托受益权资产支持专项计划"等),再比如百度有钱花—华鑫 2016 年第一期贷款资产支持专项计划。

目前,以消费金融资产为基础资产发行的资产证券化产品蓬勃发展,消费贷款企业资产证券化产品已成为交易所资产证券化市场第一大产品。

(四)场外 ABS

场外 ABS,即非标类 ABS 主要在交易所和银行间以外的市场发行,包括地方金融资产交易所、地方股权交易中心、互联网金融资产交易平台、报价系统和银登中心等。目前主要为地方金融资产交易所和互联网金融资产交易平台。场外 ABS 基础资产在选择上相对灵活,而且缺乏监管,部分基础资产可能还涉及负面清单中的相关资产。

根据笔者的了解,场外资产证券化产品的统计不全。从实际发行情况来看,场外消费金融资产证券化产品规模预计非常巨大。发行方除主流的蚂蚁金服、京东金融、平安普惠外,还包括了诸多暂时难以进入交易所市场的机构。瓜子二手车、中腾信、分期乐和米么金服等都已经成功发行了场外 ABS 产品,例如:

1. 报价系统的产品主要有天风教育 2017－1、天弘借呗系列、新生(天风)2017－51。

2. 场外市场主要有借呗系列、借呗(中金)系列、花呗系列、花呗(一创)系列、拉卡拉2017－1、小米(中信)2017－1、锦程2016－1、湖北2016－1、中银国金2015－1、花呗(天弘)系列、花呗分期系列、中金花呗系列、京东白条系列、京东系列、京汇2016－1。

## 二、消费金融资产证券化的分类

### (一)根据监管机构的分类

根据监管机构的不同,消费金融资产证券化产品可以分为信贷资产证券化、企业资产证券化和资产支持票据。商业银行、消费金融公司作为发起机构的ABS产品在银行间债券市场发行,受中国银保监会监管;以保理公司、小贷公司、电商平台及其他平台类互联网金融企业作为发起机构的ABS产品主要在交易所市场发行,受证监会监管,也可以在银行间债券市场发行,主管机构为交易商协会。

### (二)根据发行市场的分类

根据发行市场的不同,消费金融资产证券化产品可以分为场内资产证券化和场外资产证券化。

1. 场内消费金融证券化

通常,一行两会及交易商协会认定的ABS产品为场内产品,即在上海证券交易所固定收益证券综合电子平台、深圳证券交易所综合协议交易平台、保险资产登记交易平台和全国银行间债券市场挂牌的产品,即企业ABS、信贷ABS和ABN。场内消费金融ABS基础资产种类繁多,同时其门槛较高,审核条件复杂,发行难度大。

2. 场外消费金融资产证券化

场外资产证券化,一般也称为类资产证券化,即在地方金融资产交易所、地方股权交易中心、互联网金融交易平台和机构间私募产品报价与服务系统,比如P2P理财平台、ABS云平台等以私募的方式发行类资产证券化产品。机构间私募产品报价与服务系统是经证监会批准设立的为机构投资者提供私募产品报价、发行、转让及相关服务的专业化电子平台,也是证券化规则明确规定可以发行企业资产证券化产品的平台。笔者认为,场外资产证券化主要是指在地方金融资产交易所、地方股权交易中心、互联网金融交易平台等发行的类资产证券化产品。场外ABS的基础资产可以包括信托收益权、小额贷款应收债权、融资租赁债权、商业保理、票据等,同时其门槛较低,流程较便捷。

地方金融资产交易所,简称“金交所”,是场外ABS的主阵地之一。地方金交所成立的初衷是为盘活银行不良资产和弱流动性的其他金融资产。2011 年 11 月，国务院要求对全国各地交易所进行清理整顿，证监会牵头组建了领导小组，通过领导小组验收、经国家部际联席会备案通过的地方交易所才能存在。北京、大连、浙江、武汉、重庆、深圳等地的金交所予以保留，包括上海陆金所。地方金交所产品对接互联网平台进行销售是目前场外 ABS 最常见的模式，即拥有基础资产的公司，先在地方金融资产交易所将产品登记挂牌，由相关公司摘牌，将基础资产转让给受让方，再由受让方发起证券化需求，在互联网金融平台将这些债权在线上分割成份额化的产品，对接理财产品销售。

消费金融场内 ABS 和场外 ABS 对比情况，如表 3－1 所示。

**表 3－1　消费金融场内 ABS 和场外 ABS 对比**

| 区别 | 场内 ABS | 场外 ABS |
|---|---|---|
| 交易场所 | 上交所<br>深交所<br>保险资产登记交易平台<br>全国银行间债券市场 | 地方金融资产交易所<br>地方股权交易中心<br>互联网金融交易平台<br>报价系统<br>银登中心 |
| 融资规模 | 上亿元 | 百万元，部分达亿元 |
| 项目期限 | 3～5 年 | 一般 1 年以内 |
| 预期收益率 | 较低 | 较高 |
| 基础资产 | 小额贷款、应收账款、保理融资债权、信托受益权 | 信托收益权、小额贷款应收债权、融资租赁债权、商业保理、票据 |
| SPV | 信托/专项计划 | 视情况而定 |
| 举例 | 京东金融、蚂蚁金服 | 乐信集团（原分期乐）、米么金服、中腾信、买单侠、第 1 车贷 |

2016 年下半年开始，市场上出现了一些专门为消费金融 ABS 服务的平台，主要有京东金融 ABS 云平台、厦门国金 ABS 云平台（ABS Cloud，腾讯为股东之一）、众安保险 ABS 对接系统（宇宙立方）、招银前海 ABS 交易系统和百度金融场外 ABS 平台等。深谙资产证券化操作、技术领先、大数据征信发达、人才聚集的互联网金融服务商的参与使场外 ABS 发行和销售更具效率。比如京东金融 ABS 云平台包括 ABS 服务商（基础设施服务）、资产云工厂（资本中介业务）以及夹层基金投资板块。百度金融 ABS 平台包括交易安排人、技术支持平台及资产服务商板块。如 2016 年 12 月，京东金融与中腾信达成合作，通过京东 ABS 云平台完成了首期

"京东·中腾信微贷资产证券化产品",资产包主要为向工薪阶层借款人发放小额消费金融借款形成的债权,京东金融不仅承担了结构设计和发行工作,还持有部分夹层级信托受益权。例如,分期乐推出债权资产包,众安保险通过保理公司受让并提供增信后对接到资金方,完成了场外私募资产证券化。再比如2017年3月,专注于国内蓝领消费分期服务的埋单侠联合京东金融、弘毅夹层基金完成首笔5亿元场外信托受益权ABS。基础资产为3C消费分期贷款,上海秦苍信息科技有限公司为资产服务机构,京东金融承担交易后备资产服务机构,渤海信托是项目基础资产的受托机构。京东金融、弘毅夹层基金分别投资该产品的优先A级和优先B级,次级部分由买单侠认购。

场外ABS优劣势如图3-1所示。

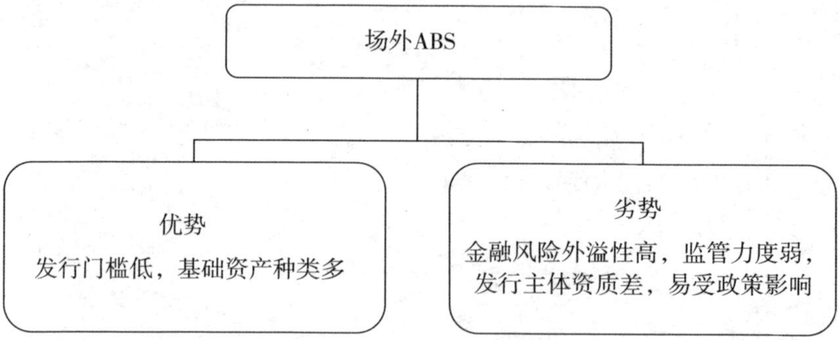


**图3-1 场外ABS优劣势**

(1)优势

场外消费金融资产证券化的兴起有其客观原因。目前,场内发行要求高,合规性严格,要经过合规、评级、现金流测算等必要程序,适合强主体,发行难度大。2016年下半年开始,互联网金融进入整治期后,场内监管收紧,除了阿里巴巴、京东这样拥有更完善风控体系、能够自身增信的主体之外,其他主体较难发行和互联网相关的个人信贷或消费金融项目。而场外ABS市场,虽然发行价格可能高于场内,但发行门槛低,交易环节少,可接受的基础资产范围大,发行审核速度较快。实力较强的公司还积极参与金交所的股权投资,比如蚂蚁金服和中国平安入股金交所。

(2)劣势

场外消费金融资产证券化的金融风险外溢性高。各地方性股权交易中心、金融资产交易所等机构由各地金融办颁发牌照,无全国性统一规范。场外ABS监管比较弱,比如基础资产质量、品种和产品模式难以界定、评级增信和信息披露标准不统一、场外 ABS 大多没有 SPV 等,风险难以评估。另外,场外 ABS 发行主体经营资质较弱,经营策略较为激进,部分原始权益人风险控制外体系、贷款审批程序、事后逾期资产催收机制不健全。2017 年,互联网金融风险专项整治工作小组下发《关于对互联网平台与各类交易所合作从事违法违规业务开展清理整顿的通知》(整治办函〔2017〕64 号),要求对互联网平台和交易场所合作违法违规业务增量和存量进行清理整顿,金交所挂牌的信托计划和资管计划与互联网金融平台合作受限,P2P 平台不得发行资产证券化产品。因此,以金交所为渠道的互金场外 ABS 模式基本停滞,而与京东、百度 ABS 服务平台合作发行场外 ABS 逐渐增多。目前,场外消费金融 ABS 监管风险较高,受政策影响大,消费金融的场外 ABS 之路,或将越走越窄。

### (三)按照结构化设计的分类

目前,消费金融资产证券化业务模式主要分为两类。

1. 直接资产证券化模式

自身信用资质比较优质的原始权益人可以直接通过自己的主体进行资产证券化产品发行,比如阿里、京东以旗下的小贷公司为主体,以小额贷款为基础资产的发行资产证券化,典型案例是借呗。

2. 双 SPV 资产证券化模式

自身信用资质比较弱的主体适合采用双 SPV 模式。双 SPV 资产证券化模式主要是指信托加专项计划。首先,在信托层面形成消费金融的债权。在债权形成时严格参照证券化的基础资产遴选标准,例如,市场广泛采用的通过信托计划给个人客户发放信托贷款形成消费贷款债权。在 SPV 形成一定规模的基础资产后,把基础资产包转给专项计划,从而实现证券化的结构安排。双 SPV 证券化模式的优势是实现了第一层 SPV 里的基础资产与融资人主体完全的破产隔离。双 SPV 的典型交易结构图如图 3－2 所示。

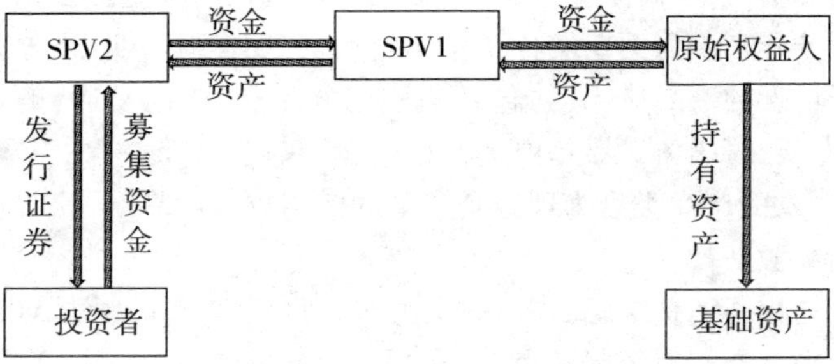


**图 3－2　双 SPV 的典型交易结构**

图3-2是双SPV的典型结构，其中SPV1为中间SPV，SPV2为发行SPV。在双SPV交易结构中，SPV1主要实现基础资产转让和破产隔离功能，SPV2则主要用来发行资产支持证券。

在美国，双SPV结构兴起的动因是避税需求。原始权益人将基础资产转让给全资子公司SPV1构成真实销售，而SPV1与SPV2的转让交易则采用抵押融资的形式不构成真实销售。根据美国相关法律，母公司和全资子公司之间的销售活动不计入征税范围，同时贷款由于不构成真实销售也不对其征税。这样，双SPV交易结构在实现破产隔离的同时也避免了因缴税而造成的交易成本增加。

我国结构化产品采用双SPV机构的主要目的是解决现金流难以特定化的问题以构建合格的基础资产。对于现金流波动性较大的基础资产，可以通过设立中间SPV（信托计划或私募基金）将基础资产由收费权转换为债权，以实现现金流的稳定性和可预测性。如惠益2017年第一期信用卡分期资产支持证券采用了双SPV交易结构。

### （四）按照发行主体的分类

如前所述，消费金融ABS的参与主体主要有商业银行、消费金融公司和互联网金融平台（电商平台、分期平台等）。商业银行和消费金融公司作为持牌金融机构发行的消费金融ABS产品多在银行间债券市场发行，属于信贷资产证券化。

1. 银行

商业银行消费金融产品主要是信用卡分期付款和个人消费贷款，也是商业银行发行消费金融类ABS的主要基础资产类型。

2. 消费金融公司

消费金融公司试水信贷资产证券化尚属个案，比如捷信消费金融有限公司、中银消费金融有限公司。从基础资产类型来看，“捷赢2016第一期”入池贷款类型包括现金贷和商品贷，其中商品贷以3C产品为主。中银消费金融公司将其现金贷及商品贷产品区分开来分为两期发行，“中赢新易贷2016第一期”入池贷款的产品类型为具有消费场景的商品贷，具体包括华尔街专项贷款、居易通、美联英语专项贷款、韦博教育专项贷款、新世界专项贷款和英孚教育专项贷款等；“中赢新易贷2016第二期”入池贷款的产品类型为现金贷项下的信用贷款产品。

3. 互联网金融平台

电商平台是我国消费金融ABS的主力军。目前消费金融类ABS发行市场中最活跃的电商平台是蚂蚁金服及京东金融。

2015年以来，蚂蚁金服旗下蚂蚁花呗及蚂蚁借呗均获得了交易所300亿储架发行额度。截至2017年3月末，蚂蚁花呗系列共发行了32单，累计规模为657.80

亿元，分为花呗分期系列（应收账款）和花呗消费贷款系列（小额贷款）；蚂蚁借呗系列（小额贷款）共发行了11期，累计规模为300亿元。

京东金融也是消费金融资产证券化的积极参与者。截至2017年3月末，京东金融共计发行ABS产品16单，累计规模为191.57亿元，其中15单在交易所发行，1单在银行间市场发行（ABN）。京东金融发行的产品以“京东白条应收账款债权”为主，另外还包括1单“嘉实资本京东金条2016年第一期小额贷款资产支持专项计划”（小额贷款）和1单“华福—京东租房白条1号资产支持专项计划”（小额贷款）。

除京东、阿里之外，互联网金融平台类参与资产证券化也很踊跃。比如唯品会于2017年1月发行了其首单消费金融ABS产品“中金—唯品花第一期资产支持专项计划”，发行规模为3亿元。唯品花是唯品金融的消费贷款产品，支持用户在唯品会特卖网站上进行赊销购物；中腾信在2015年11月完成“微贷信托受益权资产支持专项计划”。

## 第三节
# 消费金融资产证券化的实操要点

限于篇幅和监管趋势，本节主要探讨场内消费金融资产证券化实操的主要关注事项。

### 一、基础资产

基础资产的品质是根本问题。笔者认为，需要关注基础资产如下几个方面。

#### （一）消费金融资产的基本特征

1. 消费金融贷款期限短、金额小

以银行间市场的消费金融ABS为例，据不完全统计，加权平均贷款余额最高为42.26万元，最低为0.3万元，平均值为8万元。再以“京东金融—华泰资管6号京东白条应收账款债权资产支持专项计划”为例，资产池应收本金余额为100,011.26万元，用户数多达140.50万人，平均应收账款余额仅为711.81元/人。

2. 入池笔数多，分散度高，集中违约风险低

个人消费贷资产池内的贷款笔数通常较多，各笔贷款在贷款地区、借款人年龄、职业等方面的分散性也较高，爆发集中违约事件的可能性较低。基础资产良好的分散性也可以缓释个别资产逾期导致的违约风险。以银行间市场的消费金融

ABS 为例,据不完全统计,最高贷款笔数为 90 多万笔,平均值为 20 多万笔。

3. 加权平均利率高

据不完全统计,银行间发行的个人消费贷 ABS 加权平均贷款年利率均值为 12.99%,最高为 22.69%。交易所发行的个人消费贷 ABS 入池资产日利率水平一般为 0.5‰。此外,消费金融债权的综合费率不仅包括贷款利息,有的还包括快速信审费、账户管理费等费用,综合费率往往较高。

4. 剩余期限短

据不完全统计,银行间发行的消费贷 ABS 入池资产的加权平均贷款剩余期限仅为 16.45 个月。"京东金融—华泰资管 6 号京东白条应收账款债权资产支持专项计划",对应的加权平均应收账款剩余期限为 8.86 个月。

5. 同质化程度较高

比如商业银行消费金融产品以信用卡、无抵押无担保贷款为主,消费金融公司等则以现金贷和消费分期为主。总体来说,基础资产同质化程度较高。

6. 客户群体资质较为一般

信用卡类消费信贷的贷前贷后管理较为严格,且与征信系统直接关联,在作为基础资产的时候,客户群体资质相对较好。而消费金融企业一般的目标客户群体为非银行信用卡用户,大多无法满足个人申请银行信用卡要求,比如存在年龄、稳定的职业和收入以及有良好的信用和按时还款付息的能力等条件不达标等情况。因此从资质上来看,消费金融企业的目标客户群体更为下沉,群体资质较为一般。

7. 违约回收难度较大

由于信用卡类消费信贷的严格管理使得与征信系统直接关联,因此银行信用卡类用户的违约代价较高,轻易不会违约,同时即使出现违约情况,因为针对银行信用卡用户保有较为完善的个人登记信息外加有效的后续惩罚处理措施,使得用户在很大程度上能够较快补足违约款。

对比来看,非银行信用卡客户因为缺乏和其征信系统直接关联的制度设计,导致其违约成本相对于信用卡类客户大大降低;同时,对于资质一般的非银行信用卡类客户来说,其本身的收入能力就偏弱,受教育程度和信用危机意识往往也偏低;消费金融的违约款具有小额、分散、信息少的特点更加加大违约回收难度,即使采用委外催收的方式面对部分违约客户,方式文明则往往效果不大,方式强硬则又会导致社会舆论站在违约客户一方,给回收增加难度;此外,相关法律惩罚制度的不完善,最终导致此类客户一旦违约回收难度较大。

### (二)消费金融类基础资产的类型

消费金融 ABS 产品发行场所主要是银行间市场和交易所市场。

银行间市场的发行人主要以商业银行和消费金融公司为主,代表性基础资产包括消费性贷款和信用卡贷款。

交易所市场的发行人主要以互联网消费金融平台为主。随着互金平台对金融领域的布局,对牌照的重视,很多平台积极获取小贷牌照、网络小贷牌照、租赁公司和保理牌照等牌照。京东、阿里电商巨头都已经取得小贷牌照。目前来看,交易所市场发起人主要以小贷公司为主,代表性的基础资产包括小额贷款、应收账款、信托受益权等。其中,平台自己作为发起人的情况下,基础资产是应收账款,比如京东,而信息撮合平台宜人贷、助贷平台中腾信等债权本身不属于其所有,因此往往采取信托通道方式,其发行的资产证券化产品的基础资产是信托受益权。

消费贷类基础资产概况如表 3 – 2 所示。

**表 3 – 2　消费贷类基础资产概况**

| 发行场所 | 银行间 | 交易所 |
|---|---|---|
| 基础资产类型 | 消费性贷款和信用卡贷款 | 小额贷款、应收账款、信托受益权等 |
| 主要发行机构类型 | 商业银行和消费金融公司 | 互联网消费金融平台为主 |
| SPV 类型 | 信托公司 | 资管专项计划 |

### (三)消费金融类基础资产的信用分析

消费金融资产支持证券的本金和收益取决于资产池中贷款的本息回收和相应的信用增级安排,分析入池基础资产的信用风险是关键环节之一。信用风险主要指还款能力(经济实力)与还款意愿(道德风险)。消费贷款类的客户群体以中低收入群体为主,在央行大多没有个人征信记录,借款人偿债能力具有不确定性;同时,自身的风险承受能力和风险防范意识不强;个人消费贷款以信用贷款为主,缺乏足够的抵质押品,因此,一旦成为不良资产后,违约后的回收率测算相对较低。若基础资产发生大规模逾期甚至违约,将影响消费贷款类 ABS 产品本息的兑付。

历史数据是资产未来表现的重要参考。历史资产表现主要基于消费金融资产的历史静态池数据。静态池数据展现了发行机构以月为单位发放的贷款在生命周期中的表现,包括该批贷款在每个月的新增还款、早偿、逾期等信息。通过分析静态池数据的相关指标,可以了解该项资产的表现情况及其变动趋势。但我国消费金融行业,很多主体存续期不长,历史数据未能覆盖完整的经济周期,甚至部分主体不能完整的覆盖自身的信贷周期,因此,值得参考的历史数据至少要覆盖发起机构自身的信贷周期。例如,资产期限在 12 个月以内的发行机构存续 2 年以上,则其历史数据已经具有较好的参考价值；而资产期限在2年以上的发行机构存续2年左右，其历史数据可参考性相对较弱。此外，影响历史数据代表性的主要因素为客群、定价、资产来源等重要属性是否发生变动，例如，2016年大量校园贷机构转型，则其历史数据代表性较低。

早偿率、逾期率及回收率是影响资产现金流的三大要素。其中，早偿率是基础资产中提前偿付的金额占计划还本后债务余额的比率；违约率指基础资产逾期或无法偿付的概率；回收率则是等于1－损失率。

分析历史数据时，应该重点关注历史早偿、违约和回收表现。

1. 历史早偿

在资产证券化的背景下，如果借款人提前偿还的本金超过了证券端的还本计划，则必然发生资金沉淀，如果无合适投资机会对冲将来需要支付的收益缺口则会导致收益损失。早偿性风险与资产证券化产品的结构设计相关，采用固定收益的证券分层对早偿比较敏感，采用过手摊还模式则由证券投资者自行承担基础资产的偿付风险包括早偿风险。

2. 逾期

逾期风险就是债务人迟延或者延期履行带来的风险。逾期率，即按照合同到期未偿付的贷款余额占总贷款余额的比重，直接决定了有多少本金是延迟回收的。

实操中，应该关注一种良性逾期的现象。所谓良性逾期，就是指贷款客户偶尔忘记还款，不是用户的还款意愿或者信用状况出现问题。此时，就要设定一个容忍度，即限制入池资产的用户的历史逾期次数和天数。以蚂蚁小贷为例，逾期30天以上的贷款划分为逾期贷款，逾期90天以上的划分为不良贷款。再比如京东白条资产证券化也设置不良率指标，如不良率在连续5个工作日超过10%则要启动加速清偿。京东白条基础资产入池标准非常严格，比如逾期次数不能超过3次，总逾期天数不能超过25天等。

3. 不良及其回收

1998年5月，中国人民银行制定的《贷款分类指导原则》要求商业银行按风险程度将贷款划分为正常、关注、次级、可疑、损失五类，后三类统称为不良贷款。一般逾期90天以上的贷款需划分为不良贷款，具体划分由银行自行裁决。银行贷款的不良率即不良贷款余额占总贷款余额的比重。互联网消费金融机构的五级分类与银行贷款可以有不同，且披露的逾期贷款、不良贷款等指标多以自定义的方式进行计算。

消费金融资产是一类违约回收率普遍不高的资产，这与其无抵押的特征是相匹配的。因此，对于消费金融资产，最关注的指标应为不良率。如果不良率上升，资产质量下降，而外部增信不到位，仅仅通过优先次级结构保障的证券可能面临损失的风险,尤其是次级证券可能损失更大。随着宏观经济增速的下滑,未来消费贷款风险逐渐加大。人民银行相关数据显示,截至2016年9月末,消费金融公司行业平均不良贷款率4.11%,远高于同期商业银行不良率1.76%,也较2015年9月末的不良贷款率增长了约44%,不良率增速较快,说明行业风险有一定增加。

发生逾期或者违约后的回收率,直接决定了资产的损失程度。逾期无法回收的本金是资产组合的净损失。回收率是衡量资产服务机构催收能力的重要指标。

除了关注历史表现之外,还应该关注资产表现可持续性或未来资产稳定性。可持续性是对历史数据体现出的关键指标在未来的延续性判断,评价的是基础资产的平均表现以及表现的稳定性在未来发生变化的可能性。这主要是考虑到在外部经济环境或发起人内部风险管理等发生变化时,入池资产与历史数据的表现很有可能出现较大程度的背离。因此,可持续性指标决定了基于历史数据表现对入池基础资产未来表现进行预测的准确程度。

### (四)基础资产合法合规

基础资产或底层基础资产合法合规包括但是不限于:

1. 原始权益人和原始债务人之间的债权债务关系真实存在,基础资产的权属明确,不存在法律方面的瑕疵。

2. 资产在转让给SPV的过程中不存在障碍,资产合同中无限制债权转让方面的条款(由于基础资产比较分散,且很多产品设计了循环购买结构,一般转让通知是在发生权利完善事件以后一次性通知所有入池资产对应的债务人)。

3. 严格控制"校园贷""首付贷"等不符合国家政策、法规要求的资产入池。对于银行业金融机构(含银行、信托和消费金融公司),其发放个人消费贷款必须遵守《个人贷款管理暂行办法》,比如个人贷款用途应符合法律法规规定和国家有关政策,贷款人不得发放无指定用途的个人贷款;个人贷款应将贷款资金直接发放至合同约定用途的借款人交易对象(不通过借款人账户),但出现以下情况之一的可以由借款人自行支付:无法确认具体交易对象、交易对象不具备非现金结算条件、金额不超过30万元。采用借款人自主支付的,贷款人应与借款人在借款合同中事先约定,要求借款人定期报告或告知贷款人贷款资金支付情况。贷款人应当通过账户分析、凭证查验或现场调查等方式,核查贷款支付是否符合约定用途。

4. 贷款利率符合国家法律规定。根据最高人民法院《关于审理民间借贷案件适用法律若干问题的规定》(法释〔2015〕18号)第26条的规定,借贷双方约定的利率未超过年利率24%,出借人请求借款人按照约定的利率支付利息的,人民法院应予支持。借贷双方约定的利率超过年利率36%,超过部分的利息约定无效。借款人请求出借人返还已支付的超过年利率36%部分的利息的,人民法院应予支持。

5. 基础资产的附属权益情况。若资产设定了有关担保,转让行为应取得原担保人同意等。

6. 基础资产是否会涉及诉讼。

7. 原始权益人应取得基础资产相关的运营许可。

### (五)基础资产真实性

消费金融企业为保证客户体验,提高贷款审批效率,一般采用线上审批为主,要求客户提供相应的身份证号码、手机号码等基础信息,合同等法律文件均为平台自动生成,缺少面签等当面核对借款人身份的环节,难以保证借款人预留信息的准确性,也难以有效判断借款人融资需求的真实性。实践中,无消费贷款意愿的用户进行骗贷时有发生。

消费金融资产单笔金额过小,笔数过多,逐笔审查成为所有外部参与方均不可能完成的任务。资产真实性是目前消费金融 ABS 产品难以解决的痛点。身份真实性识别是反欺诈的核心。一般来说,身份证、银行卡、姓名、手机号四要素如果准确无误,则欺诈概率较小。实践操作中,要关注消费金融机构在身份识别方面的能力,看其是否有自己的大数据库,数据库能否和其他机构的各种 ID 对应的数据库连接,是否能够及时辨别潜在的欺诈嫌疑用户。此外,要保证底层资产的真实性,管理人和贷款人电子系统应该相互对接。通过电子系统,随时查询线上订单记录以及记录留痕来保证底层资产是真实的。

### (六)基础资产重复转让

基础资产重复转让的风险也是各机构在办理消费金融 ABS 过程中可能遇到的棘手问题。在实际操作中,由于基础资产过于分散、小额、期限短,专项计划管理人出于信誉、成本、效率等考虑或者原始权益人提出保密要求并不会聘请独立的第三方机构对基础资产的转让过程进行登记,而是在原始权益人的系统中对相应的资产进行标示,并通过原始权益人提供的端口对转让情况进行查询和监督。在消费金融 ABS 中,很多资产转让过程完全采用电子化的方式进行,但与资产转让有关的数据均由原始权益人提供。因此,可能存在原始权益人恶意重复转让同一笔基础资产的可能性,或者恶意篡改数据或伪造数据,进而影响基础资产回收款的偿付,致使投资人遭受损失。如何选择客户、如何利用高科技防止基础资产重复转让是一个值得探讨的话题。

### (七)基础资产抽样调查的有效性

消费金融类贷款债权小额、分散,笔数众多,因此只能采用抽样调查的方法。如何保证抽样调查的有效性是实操中的一个难点。

通过统计学上设置不同参数、比例等来推理判断，同时将抽样与核查相互结合印证以提高有效性。抽样参数的选择以及抽样的比例是影响抽样有效性的两点关键因素。在抽样参数的选择上，可采用多维度数据，如合同期限、本金、借款人、占资金池的比例；在抽样的比例上，应综合考虑风险控制与成本、效率。

比如，在尽调时进行流程穿行测试，先从资产包里按一定比例随机抽取一定数量的资产进行核实验证。通过对合同、还款记录等信息的核实以及对债务人的电话访谈的核实，来验证借贷关系的真实性，以及与基础资产的有关数据的可信度（如原始权益人提供的逾期率数据），并通过对原始权益人内部风控部门进行访谈及审阅风控管理制度文件，来判断原始权益人是否有一套行之有效、健全的风险控制体系。

#### （八）不合格基础资产的赎回或置换

在资产出售给 SPV 时，交易条款中要求出售资产必须满足一定的标准，满足“合格标准”的资产被称为“合格资产”。而“不合格”资产，会对资产支持证券本息的偿付造成影响，影响资产支持证券的期限和收益。为控制上述风险，可在交易条款中设置不良资产置换或赎回条件、方法，保障投资者利益。需要强调的是，信贷资产证券化的合格标准通常要求“两次验证”——在封包日和信托财产交付日均需符合合格标准，因此，如果某笔入池资产在封包时为正常类、但在信托财产交付之时发生逾期，则该笔资产成为不合格资产，需由发起机构赎回。该类不合格资产的产生属于正常情况，关键要把握不合格资产的发生比例是否在可预期的范围内。

以京东白条应收账款债权资产证券化为例，其针对不合格资产设置了赎回条款，对灭失基础资产设置了置换条款。计划管理人或者资产服务机构发现不合格基础资产，计划管理人需按照资产买卖协议的规定通知原始权益人对不合格基础资产予以赎回；在专项计划期限内，如计划管理人或者资产服务机构发现灭失基础资产，原始权益人需按照资产买卖协议的规定，将其自有的、符合合格标准且应收账款余额不低于灭失基础资产名义应收账款余额的应收账款资产，对灭失基础资产进行置换。

### 二、循环购买

循环购买是指基础资产池中产生的现金流可以持续购买新的满足合格标准的基础资产，从而使基础资产形成一个动态的资产池。“一次发行，多次入池”的设计可以有效降低发行成本。循环购买结构一般都会设计一个循环期和摊还期（或称“分配期”）。在循环期内，产生的现金流只向投资者支付利息而不支付本金，多余的现金用来根据合格标准购买新的基础资产。在摊还期内，停止购买新的资产，按照约定向资产支持证券持有者偿付本金和利息。

2015年7月发行的“永盈2015年第一期消费信贷资产支持证券”是国内首单采用循环购买交易结构的资产证券化产品。持续购买条款设置如下：在信托运营期内资产产生回款后，贷款服务机构在回收款转付日将所得回收款转入信托账户。宁波银行有权决定是否向受托机构出让标的资产，若决定出让，宁波银行核心系统于信托运营期的每个工作日将备选资产包推送至资产证券化系统。受托机构有权自主决定是否向发起机构购买标的资产，将运用回收款向宁波银行购买相应的资产并指示资金保管机构运用信托账户的资金进行划付。宁波银行收到购买价款完成标的资产交割后，标的资产归入信托财产。

消费金融类ABS一般采用循环结构，将不确定的、短久期的消费信贷构成长久期的证券产品。

### （一）消费金融资产证券化采用循环购买结构的原因

1. 消费金融债权的账期短；

2. 消费金融债权存在借款人随借随还的特征，早偿率较高，而投资者的收益是由资产包中债权的利息超额覆盖的；

3. 部分放款主体对借款人有循环借款额度的情况；

4. 每笔入池消费贷款在金额、期限、利息等方面存在差异，资产端的期限和资产证券化的期限产生不匹配，导致资金闲置；

5. 融资主体通常更倾向于获得较长期限的融资；

6. 有利于销售，对于投资人而言，中长期资产证券化产品获得的收益率更高；

7. 消费贷款基础资产同质化程度高，适合设计循环购买机制。

在消费金融资产证券化实操中，产品设定期限无法与底层每笔资产的到期期限保持一致。虽然也挑选贷款到期日期相近的资产组成资产池，同时合理设计资产证券化的到期日期，但是多数情况下依然无法消除底层资产剩余期限和资产证券化存续期限存在差异性的矛盾，设计资产池的循环购买模式比较合理。

### （二）循环购买结构设计要点

设计循环购买交易结构时，应根据消费金融资产的信用质量、备选合格资产池的容量、贷款期限、早偿率、违约率及贷款利率等特点设置循环购买频率、购买比例、分配顺序和分配方式等。

1. 基础资产质量下降的风险

在循环购买的过程中，由于消费贷款公司大多处于业务扩张初期，存在循环购买资产质量下降的可能性。此时，一方面要做好前端控制，即根据历史数据建立相应的模型对初始入池资产进行分析,同时也要加强后端控制,即循环阶段新入池资产的分析,坚持入池资产的质量标准。循环期新入池的基础资产质量的控制主要取决于循环购买的基础资产的合格标准。严格按照合格标准筛选基础资产,一般在贷款是否存在抵质押、单个借款人贷款规模、贷款加权平均利率等方面有较为明确和严格的规定,从而保障资产池的质量。在证券存续期间,应该持续关注基础资产违约率、回收率及损失率等触发风险的因素。此外,建立发起机构风险自留机制,要求其持有一定比例的证券。

京东白条2016年第一期ABS为防止基础资产质量下降而导致的信用风险,专项计划做了两项设计:

(1)针对入池资产设计了相应的合格标准,循环购买基础资产需按照与首次购买相同的入池标准进行。就循环期每一次后续购买基础资产而言,原始权益人需通过其IT系统自动筛选符合合格标准的京东应收账款债权,并向计划管理人发送该次拟购买资产清单。计划管理人向资产服务机构发出后续购买指令,授权其在购买清单范围内购买资产。对于后续购买的京东白条应收账款债权资产,由资产服务机构按照约定继续进行保管和催收等管理工作。

(2)对资产池不良率进行了设计,若循环购买过程中相关指标超过规定,将采取相应的风险监控和防范措施,或启动加速清偿机制。

2. 合格资产不足的风险

若出现在某个循环购买日合格资产不足购买情况,就会导致资金闲置,资产池的整体收益率下降,进而产生影响优先级利息兑付的风险。

(1)原始权益人业务模式的可持续性。重点对原始权益人以及基础资产的历史数据进行充分的分析,关注原始权益人自身的发展、行业地位以及所属行业的发展情况、历史数据的增长趋势等。发起机构必须有较强的资产生成能力。

(2)信用触发机制的设计。设置加速清偿条款,以缓释循环期风险,保护投资人利益。如约定当资产池的基础资产未偿本金余额及循环购买账户内资金之和低于优先级未偿本金余额的一定比例(主要是能覆盖住优先级本息和相关税费)时,将会启动加速清偿事件,结束循环购买,直接进入到摊还期并进行分配,以避免优先级投资者的权益受到损失。

"永盈2015年第一期消费信贷资产支持证券"循环购买交易结构的购买提前终止的控制措施如下。

(1)累计违约率等于或高于3%;

(2)在信托运营期内,若留存在信托本金账下可用于持续购买的现金占资产支持证券未偿本金余额的比例达到7%,且受托机构连续5个工作日未进行持续购买或发起机构连续5个工作日未向受托机构提供进行持续购买的标的的资产。

3. 循环购买频率和循环期限

主要是通过考察原始权益人的展业情况、基础资产的历史增长速度、原始权益人的业务规模及所处行业的发展状况等因素来决定循环购买的频次和循环期的期限。对于特短期的消费金融资产，甚至可以按天进行循环购买。目前已经发行的含有循环购买结构的消费金融类资产证券化产品，主要以按月循环购买为主。

京东白条2015－1在交易结构上采取“12＋12”的模式。循环购买期即为前12个月，以应收账款的回收款循环购买符合条件的基础资产，将新的资产不断加入资金池中。在前12个月的循环购买期内，按照合同兑付优先级投资者的收益，并将回收款继续投资新的基础资产。后12个月的本息摊还期，兑付本金和利息，剩余资产支付给次级投资者。

4. IT系统搭建

循环购买对消费金融企业的IT系统搭建提出了很高的要求，如果无法有效、准确地区分入池资产和企业本身的资产及其对应的现金流，则很容易造成资产混同。

5. 现金流支付

循环期内仅支付相关费用、偿还债券利息，剩余金额进行基础资产的循环购买，摊还期内对债券进行还本付息，不再进行基础资产的购买。鉴于此，循环期偿还频率可拉长至按季偿付，而不再局限于按月，而摊还期则一般按月偿付，过手摊还本金。

## 三、交易结构

从资产证券化原理来说，消费贷ABS和其他类ABS在交易结构方面没有较大差异。但是，不同发行场所对SPV的载体要求不一致，银行间市场要求以特定目的信托作为SPV，交易所市场要求以资产支持专项计划为SPV。

### （一）信贷ABS

在银行间市场发行交的信贷ABS产品，由人民银行和银保监会主管，其交易结构标准化程度较高，银行或消费金融公司作为委托人将消费贷款以信托的方式委托给受托机构，信托公司作为受托机构设立特殊目的信托载体发行ABS产品。银行或消费金融公司作为发起机构，通常也担任基础资产的贷款服务机构。

消费贷款ABS的基本交易结构与一般的信贷资产证券化基本相似。笔者以“惠益2017年第一期信用卡分期资产支持证券”为例，具体交易结构如图3－3所示。

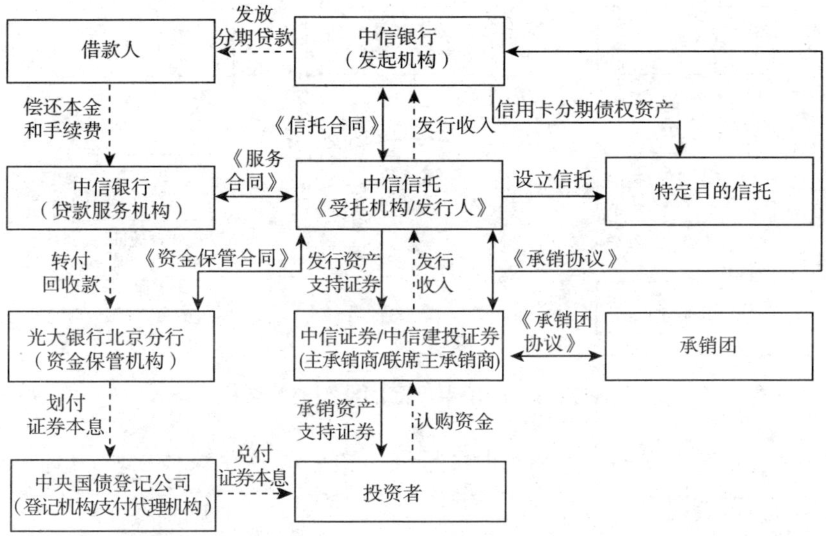


**图 3－3　惠益 2017 年第一期信用卡分期资产支持证券交易结构**

## (二)企业 ABS

在交易所发行交易的企业 ABS 产品,由证监会主管,其交易结构相对灵活。既包括计划管理人设立并管理资产专项计划,将专项计划资金用于向原始权益人购买基础资产的模式(以京东白条应收账款债权资产支持专项计划为代表),又包括嵌套信托受益权,构建双 SPV 交易结构的模式(以“中金—宜人精英贷信托受益权资产支持专项计划”为典型代表)。

1. 单一模式

单一模式也可以称为直接资产证券化模式,主要针对自身信用资质比较优质的原始权益人,他们可以直接通过自己或旗下的主体进行资产证券化产品发行。例如蚂蚁金服、京东金融等。单一模式的原始权益人可以是小贷公司、也可以是保理公司(“拿去花第一期消费分期资产支持专项计划”的原始权益人为深圳前海敏恒商业保理有限公司),理论上租赁公司也可以作为发行人。

笔者以阿里系产品的交易结构为例,具体交易结构如图 3－4 所示。

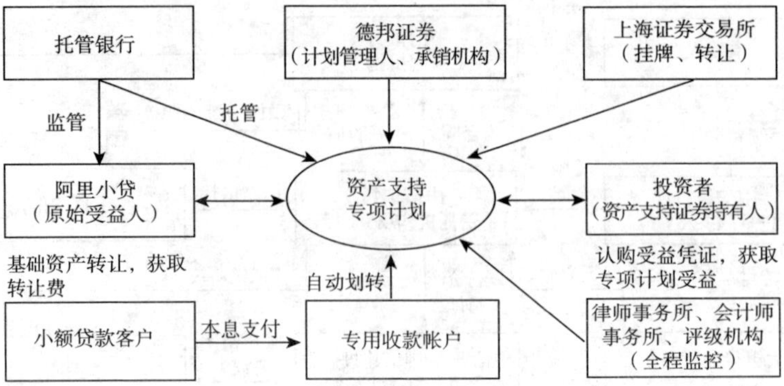


**图3－4　阿里系产品的典型交易结构**

再比如"京东金融—华泰资管【8】号京东白条应收账款债权资产支持专项计划"的交易结构如图3－5所示。

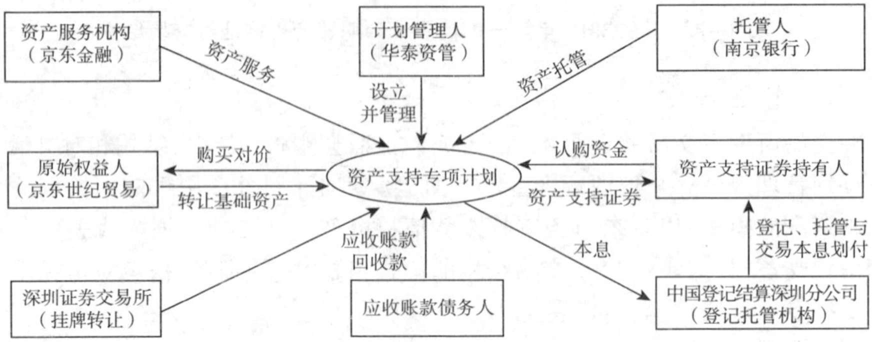


**图3－5　京东金融—华泰资管【8】号京东白条应收账款债权资产支持专项计划交易结构**

2. 双SPV模式

双SPV适用于主体资质稍弱的原始权益人，同时也适用于P2P等机构。以宜人贷发行的"中金—宜人精英贷信托收益权资产支持专项计划"为例，其交易结构如图3－6所示。

## 四、储架发行

目前，银行间和交易所市场都可以采取储架/注册发行。储架发行制度是一次批准、多次发行的融资制度。储架发行的资产证券化产品在初次申报提交的文件

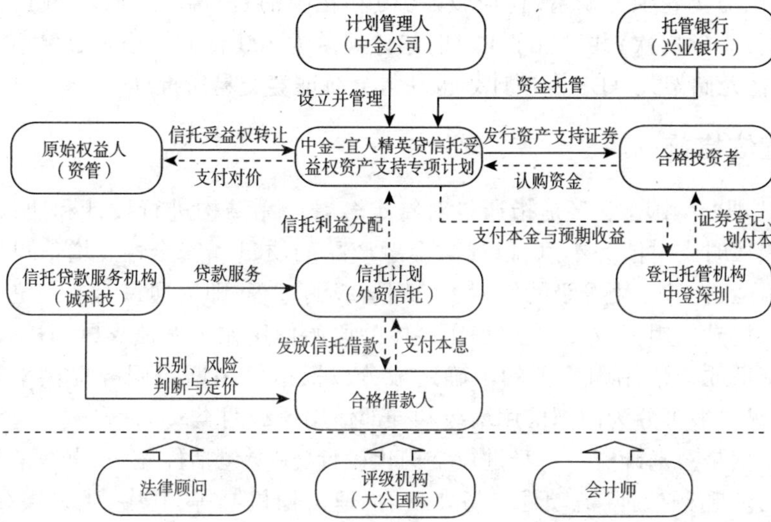


**图 3－6　宜人精英贷信托收益权资产支持专项计划交易结构**

中就已约定产品的底层基础资产类型、入池规范、交易结构、增信办法等，同系列下每期产品的关键要素保持一致。首单储架发行的消费金融 ABS 是“东证资管—阿里巴巴 1 号－10 号专项资产管理计划”，该产品一次性申报获得了 3 年内不定期发行 10 期产品，每期发行额度为 2 亿～5 亿元。

储架发行方式为未来消费金融类 ABS 发展趋势。储架发行制度的意义体现在。

1. 在储架额度内，可以结合原始权益人的业务发展和融资需求，灵活安排各期产品的发行计划，发行节奏可以调节。

2. 如果发行人有充足的基础资产，发行需求量较大，频率较高，橱架发行极大缩短了发行审批时间，提高了发行效率。

3. 缓解销售压力。储架发行模式可以避免一次性大额发行而造成的销售压力。

储架发行计划的实施依赖于发行人形成充足、优质、同质的贷款资产用于新发产品。所以，储架发行对发行人的经营模式、持续经营能力、大数据风控能力等多方面有着很高的要求。目前，消费金融产品中获批储架发行额度的基本都和实力雄厚的主体关联，比如蚂蚁金服旗下蚂蚁花呗和蚂蚁借呗、捷信消费金融和小米消费金融等。2015 年以来，蚂蚁金服旗下蚂蚁花呗及蚂蚁借呗均获得了交易所 300 亿储架发行额度。截至 2017 年 3 月末，蚂蚁花呗系列共发行了 32 单，累计规模为

657.80亿元,分为花呗分期系列(应收账款)和花呗消费贷款系列(小额贷款);蚂蚁借呗系列(小额贷款)共发行了11期,累计规模为300亿元。小米金融旗下小米贷款的30亿元储架式ABS专项计划也获得上海证券交易所批准。

## 五、增信措施

"增信"即"信用增级",是指通过对特定金融产品结构进行设计和协议安排,确保债务人按时支付债务本息,以提高金融产品的质量和安全性。增信可以起到降低信用风险、提升信用等级的作用。信用增级的过程,即为通过对产品进行风险结构重组来提升信用等级,改变以信用主体的原始信用作为发债支撑的模式,以最大限度地降低原有信用因素中的不确定成分。根据信用增级服务提供来源的不同,信用增级一般可分为内部信用增级和外部信用增级两类。

内部增信是对基础资产自身进行结构化设计,主要包括优先级/次级的结构安排、超额利差、超额抵押、流动性储备账户、加速清偿机制等,其中,优先级/次级的分层设计是资产证券化产品中最基本、运用最广泛的增信措施,超额利差及较高的入池管理费亦为消费金融类ABS常用内部增信措施。

外部增信安排主要是指原始权益人以外的第三方提供的信用支持,主要包括第三方担保、差额支付、保险、回购承诺、流动性支持等。个别ABS由原始权益人或集团内子公司提供外部支持,如阿里系的商诚担保提供外部增信。

消费金融类资产证券化产品的增信措施安排体现出内部增信为主、外部增信为辅的特征。主要是因为消费金融ABS的基础资产笔数较多,单笔金额小,高度分散,个体违约影响比较小;个人消费金融具有线上线下消费场景和大数据征信的支持,资产质量比较好;风险控制体系健全,对入池资产的筛选能力很强;主体相对比较强。采用常规的内部增信即可达到较好的信用增级效果,也可以减少外部增信措施带来的成本。目前,银行间市场发行的消费金融ABS产品几乎全部采用内部增信方式,交易所市场发行的ABS大部分也只采用内部增信措施,少量消费金融ABS采用了外部增信措施。

### (一)内部增信措施

#### 1.优先/次级结构设计

优先/次级结构是指将资产池分成两个种类,即优先级(或称为高级债券)和次级部分(或称为次级债券),每个分级部分会有不同的评级并承担不同的信用风险损失。证券化资产池产生的现金流会根据分级情况的不同,按照预先约定的分配规则及顺序对不同级别部分的债券予以本息的偿付。

分层结构是ABS产品信用增级的一个重要措施。消费贷款ABS产品也通过优先次级结构来进行内部增级。如 15 普盈 1 通过优先/次级结构的设置,优先 A 档证券能够获得优先 B 档证券和次级档提供的资产池贷款余额 47. 42% 的信用支持,优先 B 档证券能获得由次级档证券提供的资产池贷款余额 22. 00% 的信用支持。

次级部分的厚度和力度需视其原始权益人该类业务中的相似静态池的不良率水平、资产池区域、笔数、借款人置业的分散度、超额利差水平、出表要求等因素而定。

2. 超额利差

超额利差是指基础资产所产生的利息流入大于资产支持证券将支付给证券持有人的利息以及特殊目的载体所需支付的税收和相关费用的总和。采用超额利差增信的产品会建立相应的利差账户,在产生超额利差时会将相应的现金流存入该账户,在基础资产出现违约事件时给予流动性支持。超额利差机制较多地适用于银行信贷债权、租金债权等利率较为稳定的证券化产品。

超额利差也是消费金融 ABS 经常采用的增信措施。消费金融 ABS 的基础资产加权利率通常较高,形成超额利差,为优先档证券提供较好的信用支持。如银行间发行的 16 中赢新易贷 1、16 捷赢 1 和 16 中赢新易贷 2 贷款利率分别为 14. 43%、21. 11% 和 18. 72%,明显高于由银行发起的同类消费贷款 ABS,较高的贷款利率能够提供比较好的超额利差保护。

另外,部分 ABS 产品还会将原始权益人收取的贷款管理费作为入池基础资产,为资产支持证券的本息偿付提供额外信用支撑。管理费率越高,则能提供的信用支持力度越大。如"捷赢个人消费贷款系列 2017 年第一期个人消费贷款资产支持证券",加权平均利率为 20. 95%,入池加权年化管理费率为 9. 19%,高于优先档证券发行利率和产品税费之和,超额利差保护力度较强。

3. 现金流超额覆盖

基础资产池能够产生的现金流总额能够超额覆盖资产支持证券的本金和利息,从而增加本息偿付的安全系数。超额现金流覆盖一般出现在权益类基础资产产品中,例如基础资产收费权等。

"启东供水收费收益权资产支持专项计划"采用了该种增信措施。本金对资产支持证券的偿付形成一定超额覆盖,从而提高了本息偿付的安全系数。

4. 超额抵押

基础资产池中的资产价值大于发行的资产支持证券的价值的部分用来作为超额抵押,为该资产证券化资产进行信用增级。在设置有超额抵押的资产支持证券中,超额抵押部分会在未来现金流出现问题的时候最先承受风险损失,从而起到为资产支持证券提供降低风险的作用。一般超额抵押多用于债权类基础资产，包括各类应收款、租赁租金债权、银行信贷债权等。

"速利银丰中国2016年第一期汽车贷款支持证券"条款中约定每个支付日的目标超额抵押金额为初始起算日的变动后资产池余额的10.77%。

5. 储备金账户

储备金账户是以现金作为抵押，如果出现违约或信用风险，则可以从现金抵押账户中的资产来弥补损失，从而取得降低风险的作用。但是，储备账户设置对发行人有一定资金实力的要求，会降低一部分资金使用效率。从目前发行的产品情况来看，适用储备金账户用于增信的主要是信贷资产证券化产品中汽车金融公司发行的产品和地方公积金中心发行的产品。

"华驭第三期汽车抵押贷款资产证券化信托"即采用设立储备金账户的形式进行增信。

6. 信用触发机制

资产证券化产品中还广泛采用了根据履约能力和资产支持证券兑付相关的多类信用触发机制，比如当资产池累计违约率、严重拖欠率到达一定水平或相关中介机构发生重大事项时，加速清偿事件触发。加速清偿事件一旦触发将引致基础资产现金流支付机制的重新安排。

"华驭第三期汽车抵押贷款资产证券化信托"在交易条款中规定一旦出现贷款服务机构被任一评级机构下降至一定速度的情况或加速清偿事件、违约事件等发生时，触发机制就会启动。

（二）外部增信措施

1. 差额支付承诺

原始权益人或发起人出具《差额支付承诺函》，向资产支持证券持有人承诺，如果预期收益分配前的资金确认日发现基础资产所产生的资金余额不足以按顺序支付完毕优先级资产支持证券的各期预期收益和未偿本金余额，则会补足差额部分。差额支付承诺是资产证券化产品中使用频率较高的信用增级措施。

"世联小贷一期资产专项计划"中规定："在每个托管人核算日（T-11日），托管人对专项计划账户进行核算，若专项计划账户当期收到的款项不足以支付该期优先级产品本息，则管理人将在差额支付启动日（T-7日）向世联行发出《差额支付通知书》，世联行应按约定在差额支付划款日（T-6日）予以补足。"

2. 第三方担保

第三方担保（含第三方抵、质押及第三方信用担保）是由第三方机构（通常是原始权益人的关联人或外部担保公司、专业的信用增进公司）对资产支持计划发行的证券进行信用担保、第三方抵押或质押担保。第三方担保既可以用于全部资产证券化产品,也可用于其中的部分级别(如优先级或中间级,或两者)的证券。

“海印股份信托收益权专项资产管理计划”中,海印股份以其旗下运营管理的14个商业物业的整租合同项下的特定期间商业物业经营应收账款为本次信托贷款提供质押担保。海印股份控股股东海印集团提供不可撤销的连带责任保证担保;以及“分期乐”引入了中合担保,对交易进行外部增信。

3. 保险

目前,陆续有一些保险公司开始探索ABS的保险增信方案。理论上,保险对ABS的增信可以有多种形式,既可以在底层债权层面安排信用保证保险,也可以在专项计划层面安排相关方的履约保险。例如平安银行1号小额消费贷款资产支持证券入池贷款全部由中国平安产险提供信用保证保险。若借款人未能按时足额偿付本息时,平安产险将按照保险合同的约定于逾期第80天对受托人进行理赔,赔付该等应付未付的本息总额(含罚息和复息)。再比如在基础资产层面进行保险的类消费金融资产证券化产品,例如,“平安普惠宅E贷-光证资管1期资产支持专项计划”。

2017年7月1日,中国保监会下发了《信用保证保险业务监管暂行办法》,第8条要求保险公司不得为四类融资行为提供信用保证保险业务,其中包括类资产证券化业务和债权转让行为。受此影响,保险机构与消费金融机构尝试开展合作,先向借款人提供信用保证保险服务,再将这些借款人信贷资产“打包”。保险公司直接面对资产包的底层资产后,必须在了解底层资产风险状况的情况下开展信用保证保险业务,这对保险公司的业务模式转换提出了高要求。保险公司必须对每一单用户的风控排查穿透到最底层,与消费金融机构在个人消费金融信用数据、征信信息等方面开展密切合作,共同建立用户信用数据互通机制,并探讨客户行为数据、客户画像等大数据领域的合作,从而共同建立借款人风控审核机制。

4. 回购承诺

回购承诺是指由在产品成立之前在标准条款中规定如果发生违约情况即触发回购条款。其中回购可以针对基础资产池中单一的基础资产,可以针对资产支持证券整体。

“狮桥三期资产支持专项计划”中约定:“租赁租金未按约定偿还时,原始权益人需按要求按照初始基础资产入池标准提供用于替换的基础资产,若不能提供则需对违约的基础资产按照应收融资租赁贷款余额进行回购。”

5. 流动性支持

流动性支持是在资产支持计划资金不能足额偿付优先级支持证券本息时，流动性支持人有义务向优先级支持证券持有人提供补足支付，以确保优先级支持证券的收益更为稳定和安全。流动性支持主要是针对不同时期基础资产现金流可能出现的回收不稳定情况，从而降低优先级投资者的风险。

"南山租赁二期资产支持专项计划"中可以看出南山集团为南山租赁差额补足和回购款提供流动性支持，条款规定"在启动原始权益人南山租赁差额补足义务或回购事项情况下，若南山租赁该期间存在差额支付或回购款资金缺口，则由南山集团对南山租赁提供流动性支持，从而满足南山租赁差额支付或回购资金需求"。

## 六、风控

消费金融贷款普遍具有"无担保、贷款审批速度快"的特点，其资产的好坏与消费金融本身的风控能力尤其是大数据风控密切相关。可以说，消费金融资产证券化的关键之一是风控。在项目实操中，对原始权益人风控方面的调查是重点。比如原始权益人是否具有集中化的授信管理制度；能否保证贷款审核标准的一致性；消费金融机构构建的风控模型在使用以央行征信数据为主的金融数据外，是否引入了其他征信机构的数据、用以考察的数据种类是否多样（人民银行金融城域网的数据以与金融机构发生借贷关系的数据为主，数据种类单一易失效，且无借贷记录的用户得不到有效地信用评估）；是否具有科学的风险控制方法；是否建立完善的信用评估体系；风控措施的实施效果；资产历史表现等。

银行、消费金融公司的风控主要在于前端，要关注发起机构/贷款服务机构的审贷和贷后管理流程。比如信用卡发卡行根据央行的个人征信报告、社保、工作情况等维度，决定是否授信及其授信额度。以"鑫宁 2016 年第一期个人消费贷款资产支持证券"为例，入池资产为南京银行个人消费类贷款"诚易贷"。南京银行通过查询征信记录、电话确认、实地调查等多种方式审核客户的资信状况、还款能力，以及申请材料的真实性、完整性、合规性，通过评分卡等方式对客户进行打分，最后由不同层级审批人员按照借款人信用得分和借款额度授权作出信贷决定。在贷后管理方面，南京银行按照"分类管理、专业催收"的原则，对客户账户进行管理。根据催收账户的拖欠账期、原因等因素，实行分类管理；根据账户分类，选择运用短信、信函、电话、账户管制、委外、诉讼等方式进行专业催收。

互联网消费金融企业主要在线上开展业务，其风控体系的构建非常依赖于客户历史过往的数据表现（历史消费记录、消费行为模式、网络社交等维度）。比如"拿去花第一期消费分期资产支持专项计划"中，读秒为去哪儿网提供大数据风控与智能信贷技术解决方案,主要风控依据是用户在去哪儿网站上的消费记录。经过用户授权,读秒获取了用户在去哪儿网上购买票务、订酒店等相关数据,并通过一系列数据分析,勾勒出用户的画像。

根据有关报道,作者简单介绍几大互联网巨头的风控模式。京东金融有四大模型体系,即风险控制、量化运营、用户洞察和大数据征信模型体系。京东大数据征信体系利用先进技术,以京东电商庞大的数据作为基础,同时覆盖了京东生态体系内的所有有效数据,使征信数据来源呈现多元化、多层化特点。而阿里掌握了天猫和淘宝上广大消费群体的消费数据,并观察支付宝用户的一些消费和理财习惯,然后进行数据分析引入 FICO(Fair Isaac Company)评分系统,建立了芝麻信用评分体系。"借呗"是支付宝推出的一款贷款服务,申请门槛是芝麻分在600 以上。

微众银行设计了 6 个风控和评分模型,对所有腾讯客户做评估和排序,根据结果形成并逐步开放白名单。这六大模垄包括公安数据模型、央行征信数据模型、微信社交模型、手机 QQ 社交模型、财付通支付数据模型、资金饥渴度模型。其中既有传统的金融数据比如银行征信、公安数据、教育数据等,也有基于腾讯平台的社交数据和支付数据。这些模型同时也会确定客户的授信额度。

"百度有钱花"基于人工智能、用户画像、账号安全、精准建模等金融科技技术,从用户、场景、行业三方面控制风险。单就场景而言,百度拥有跨场景数据,包括搜索数据、来自糯米的消费数据、百度钱包的支付数据、百度地图的定位数据、用户使用的兴趣数据、推广商户的商户数据、信贷接入后积累的用户信用数据,以及运营商数据、政府部门数据、线上/线下交易数据、网贷行业数据等有价值的外部数据。

# 第四章
# 融资租赁资产证券化

融资租赁债权是可以证券化的资产。目前，融资租赁公司在信贷资产证券化、企业资产证券化、资产支持票据和项目资产支持计划四个领域都有融资租赁资产证券化产品发行。随着政策支持的加强以及市场认知度的提高，融资租赁资产证券化必将受到很多投资者的青睐，发挥促进实体经济发展的更大作用。

## 第一节
## 融资租赁、融资租赁公司的分类及其业务模式概述

融资租赁是现代化大生产条件下产生的新型金融服务形式，在支持产业升级，拓宽中小微企业融资渠道，有效服务实体经济等方面具有独特优势。

### 一、租赁的发展历史

据记载，远在公元前1400年，地中海沿岸的腓尼基人就开始了船只租赁，船主将闲置船出租给不愿或无力配置船只的商人从事水上贸易。古巴比伦王国的汉谟拉比法典还对租赁行为进行规范。

英国是工业革命的先行者，租赁业也很发达。19世纪中期，工业革命蓬勃发展，运输方式以铁路运输为主，火车、铁路线租赁业务最先兴起，比如东南铁路公司租赁经营伦敦到格林威治铁路线，租期长达999年，随后，缝纫机、汽车、制鞋机、钻头等越来越多的工业机器设备租赁发展起来。

20世纪50年代，现代融资租赁诞生于美国。亨利·叙费尔德组建了第一家现代融资租赁公司——美国租赁公司（美国国际租赁公司前身），标志现代租赁的诞生。现代租赁业经过六十年的发展，已取得了惊人的成就。根据《全球租赁年报》的数据显示，截至2015年底，全球租赁业规模达10,053亿美元。

在中国历史上，有文献记载，西周时期五祀卫鼎铭文上就记载裘卫租种邦君厉的田地，并由执政者派职司人员办理相关事务，这是租赁的一种形式。汉唐以后，土地、房屋、农具等财产租赁比较普遍，农民租种地主土地的土地租赁制度更是贯

穿中国长达两千多年的封建社会。

我国现代融资租赁业起步于国家的改革开放。1979年,我国颁布了《中外合资企业经营法》,同年10月,刚刚成立的中国国际信托投资公司利用杠杆租赁方式从美国租入了第一架波音747飞机。为解决国家发展所需要资金、设备、科学技术和管理理念等,1981年4月,中国国际信托投资公司与北京机电设备公司、日本东方租赁公司、日本奥力可思公司等合资创建了我国第一家专业的中外合资租赁公司——中国东方租赁有限公司,标志着我国融资租赁业正式诞生。同年7月,中国国际信托投资公司又与国家物资局组建了我国第一家国有的租赁公司——中国租赁有限公司。从此,中国的融资租赁行业开始发展。1984年,我国成立首家金融租赁公司,到1996年,经批准的金融租赁公司已有8家。此后,由于受到租金拖欠、政府不再为企业提供担保等因素影响,融资租赁行业发展缓慢。

2004年,我国启动了内资融资租赁业务试点企业。2005年2月,商务部发布的《外商投资租赁业管理办法》(已失效),统一了外商在中国境内投资租赁公司或者设立融资租赁公司的条件。2007年,《金融租赁公司管理办法》颁布实施,允许国内商业银行介入金融租赁,金融租赁公司进入一个全新发展的阶段。2010年前后,外商投资融资租赁公司的审批权从国家商务部下放到了省、直辖市的商务厅。2013年9月,商务部出台《融资租赁企业监督管理办法》,旨在完善融资租赁企业监管制度,提升融资租赁行业监管水平,规范融资租赁企业经营行为。2014年3月,修订后的《金融租赁公司管理办法》颁布实施,金融租赁公司的数量显著增加。2015年9月,国务院办公厅发布《关于促进金融租赁行业健康发展的指导意见》(国办发〔2015〕69号)以及《关于加快融资租赁业发展的指导意见》(国办发〔2015〕68号),争取到2020年融资租赁业市场规模和竞争力水平位居世界前列,特别指出允许符合条件的融资租赁公司通过发行债券和资产证券化等方式多渠道筹措资金。2018年,商务部废止《外商投资租赁业管理办法》。

## 二、融资租赁的概念

《合同法》第237条规定,融资租赁合同是出租人根据承租人对出卖人、租赁物的选择,向出卖人购买租赁物,提供给承租人使用,承租人支付租金的合同。《融资租赁企业监督管理办法》(商流通发〔2013〕337号)第2条第2款规定,融资租赁业务是指出租人根据承租人对出卖人、租赁物的选择,向出卖人购买租赁物,提供给承租人使用,承租人支付租金的交易活动。《金融租赁公司管理办法》(银监会令2014年第3号)第3条规定,融资租赁是指出租人根据承租人对租赁物和供货人的选择或认可,将其从供货人处取得的租赁物按合同约定出租给承租人占有、使用,向承租人收取租金的交易活动。针对租赁物在租赁期满后的所有权归属,《合同法》第250条规定,融资租赁合同可以对租赁期间届满租赁物的归属进行约定,无约定或者约定不明,按合同法相关规定仍不能确定所有权,则所有权归出租人。

可见,从法理上看,金融租赁和普通融资租赁法律定义基本一致,但是,实践中也有很多租赁关系和伪租赁关系,需要认真甄别。最高人民法院《关于审理融资租赁合同纠纷案件适用法律问题的解释》第1条规定,对于融资租赁关系的认定应当根据《合同法》对融资租赁合同的定义,同时结合标的物的性质、价值、租金的构成以及当事人的合同权利和义务,对是否构成融资租赁的法律关系作出判断。现有案例表明,融资租赁合同与借款合同的重要区别在于其融物的特性,如果没有确定的、客观存在的租赁物,租赁物的所有权也没有发生转移,而仅有资金的融通时就不能构成融资租赁合同关系,而是属于纯粹的借款合同关系。①

根据《企业会计准则》,符合下列一项或数项标准的,应当认定为融资租赁:

1. 在租赁期届满时,租赁资产的所有权转移给承租人;

2. 承租人有购买租赁资产的选择权,所订立的购买价款预计将远低于行使选择权时租赁资产的公允价值,因而在租赁开始日就可以合理确定承租人将会行使这种选择权;

3. 即使资产的所有权不转移,但租赁期占租赁资产使用寿命的大部分("大部分"通常解释为等于或大于75%);

4. 承租人在租赁开始日的最低租赁付款额现值,几乎相当于租赁开始日租赁资产公允价值;出租人在租赁开始日的最低租赁收款额现值,几乎相当于租赁开始日租赁资产公允价值("几乎相当于"通常解释为等于或大于90%);

5. 租赁资产性质特殊,如果不作较大改造,只有承租人才能使用。

## 三、融资租赁公司的分类

根据监管部门的不同,我国租赁公司分为金融租赁公司和普通融资租赁公司。普通融资租赁公司又分为内资试点租赁公司和外资租赁公司。金融租赁公司由银保监会批准设立,普通融资租赁公司由商务部独立批准或与国家税务总局联合批准设立。金融租赁公司属于非银行业金融机构,融资租赁公司属于非金融机构。这种分类是我国监管体系下特有的分类,国外并没有融资租赁和金融租赁之分。

金融租赁公司的牌照由银保监会审批,审批难度大,主要由银行设立,如工银、交银、民生、兴业系租赁公司。数量上看,金融租赁公司在整个租赁公司中占比小,但股

① 参见柳林县浩博煤焦有限责任公司、山西联盛能源投资有限公司融资租赁合同纠纷案[案号:(2016)最高法民终286号]。

东背景雄厚,资金充足,业务涉及行业主要是飞机、汽车、船舶等,租赁资产金额较大。

2004 年 10 月 22 日,商务部下发《国家税务总局关于从事融资租赁业务有关问题的通知》,允许设立融资租赁业务试点企业。内资试点的融资租赁公司由国家商务部和国家税务总局联合审批。2010 年前后,外商投资融资租赁公司的审批权从国家商务部下放到了省、直辖市的商务厅,审批难度降低。外商投资融资租赁公司数量多,单体小,业务参差不齐。金融租赁公司、内资租赁公司和外资租赁公司的区别如表 4 – 1 所示。

**表 4 – 1 金融租赁公司、内资租赁公司和外资租赁公司的区别**

| 类比 | 金融租赁企业 | 内资租赁企业 | 外资租赁企业 |
|---|---|---|---|
| 监管部门 | 银监会 | 商务部<br>国家税务总局 | 商务部 |
| 审批部门 | 各省银监局 | 商务部<br>国家税务总局 | 各省、直辖市商务委 |
| 主要参照规定 | 《金融租赁公司管理办法》 | 《融资租赁企业监督管理办法》 | 《外商投资租赁业管理办法》 |
| 优势 | 允许同业拆借;<br>融资成本更低;<br>银行系客户资源丰富;<br>风控体系更健全 | 在监管层面,量化业务指标约束较少 | 设立审批快速,跨境融资较为方便,在监管层面,量化业务指标约束较少 |
| 劣势 | 受银监会监管,量化指标约束较多 | 融资来源以股东投入和银行贷款为主,融资成本较高 | 融资来源以股东投入和银行贷款为主,融资成本较高 |
| 发起人要求 | 有符合规定条件的发起人。发起人包括在中国境内外注册的具有独立法人资格的商业银行,在中国境内注册的、主营业务为制造适合融资租赁交易产品的大型企业,在中国境外注册的融资租赁公司以及银监会认可的其他发起人 | 发起人无专门规定,但是因为内资租赁需要由省级商务主管部门推荐,一般需要较强的产业背景 | 外方投资者的总资产不得低于 500 万美元。外商投资比例不得低于 25%。申请设立融资租赁公司的投资者须为公司、企业或其他经济组织。<br>外方投资者或其境外母公司应资信良好,在境外已合法注册并从事实质性经营活动。存续未满一年的投资者暂不具备申报条件;<br>符合条件的外方投资者境外母公司以其全资拥有的境外子公司名义投资设立融资租赁公司,可不要求存续满一年 |

续表

| 类比 | 金融租赁企业 | 内资租赁企业 | 外资租赁企业 |
|---|---|---|---|
| 控股限制 | 单个出资人及其关联方投资入股的金融租赁公司不得超过2家,其中绝对控股不超过1家 | 无专门规定 | 同一投资者及其母公司在境内设立两家以上融资租赁公司,须提供相关说明。新设公司的业务领域应与已设公司有明显区别 |
| 注册资本要求 | 注册资本为一次性实缴货币资本,最低限额为1亿元人民币或等值的可自由兑换货币;至少应当有一名符合规定的发起人,且其出资比例不低于拟设金融租赁公司全部股本的30% | 2001年8月31日(含)前设立的内资租赁企业最低注册资本金应达到4000万元,2001年9月1日至2003年12月31日期间设立的内资租赁企业最低注册资本金应达到17,000万元 | 无专门规定 |
| 监管指标 | 监管指标包括:资本充足率(金融租赁公司资本净额与风险加权资产的比例不得低于银监会的最低监管要求8%,理论杠杆可达12.5倍)、单一客户融资集中度、单一集团客户融资集中度、单一客户关联度、全部关联度、单一股东关联度、同业拆借比例等 | 融资租赁企业的风险资产不得超过净资产总额的10倍 | 融资租赁企业的风险资产不得超过净资产总额的10倍 |

此外,也可以根据股东背景将租赁公司做一个简单但是不是特别严谨的分类,比如银行系的金融租赁公司、厂商系租赁公司和独立系租赁公司。实力较强的制造型企业出于产品销售需要或者赚取利差等目的,设立厂商系融资租赁公司,主要涉足工程机械、汽车、医疗等领域。厂商系融资租赁公司在租赁物维修保养以及残值处理等环节,有着其他租赁公司无法比拟的优势。

目前,独立系融资租赁公司背景多元化,数量多,业务模式灵活,但大多实力较弱,品牌影响力有限,市场份额不高,但是也有专注于一个或者几个细分领域的佼佼者。

## 四、融资租赁公司的业务模式

融资租赁公司的收入来源主要是传统租赁业务产生的租息收入,也有其他部分收益,比如手续费、咨询服务费、贸易佣金、保证金的利息收入等。另,租赁物的残值处置,如经过维修、再制造之后能够销售或者再租赁,也可带来一定收入。需要注意的是,融资租赁合同中租金组成的确定,与传统租赁合同中租金组成的确定标准是不同的。根据《合同法》第 243 条规定,“融资租赁合同中的租金,除当事人另有约定的以外,应当根据购买租赁物的大部分或者全部成本以及出租人的合同利润确定”。有关融资租赁公司的利润构成案例较多①,限于篇幅和主旨不详解。

金融租赁和普通融资租赁业务的性质、内容、操作原理基本一致。融资租赁作为一种金融工具和融资方式,常常会呈现出非标金融的特征,可以根据承租人的需求和自身条件,设计具有针对性的融资租赁交易结构,设计不同的融资租赁方式、租赁物、放款条件、起租条件、租期、租金支付周期、信用结构和担保方式等。

按租赁资产所有权有关的风险和报酬归属于出租人或承租人的程度,租赁业务分为经营租赁和融资租赁。其中,经营租赁所有权属于出租人;融资租赁则指实质上转移与资产所有权有关的全部或绝大部分风险和报酬的租赁。经营租赁(operating lease),又称为业务租赁,是指由大型生产企业的租赁部或专业租赁公司向用户出租本厂产品的一种租赁业务,是为满足承租人临时或季节性使用资产的需要而安排的“不完全支付”式租赁,是一种纯粹的、传统意义上的租赁。承租人租赁资产只是为了满足经营上短期的、临时的或季节性的需要,并没有添置资产上的目的。这种租赁方式适用于租赁期较短、技术更新较快的项目,且在租约期内可中止合同,退还设备。

金融租赁公司主要开展直接融资租赁和售后回租业务。普通融资租赁业务种类相对更多,除了直接融资租赁和售后回租,一般还会有杠杆性融资租赁、委托租赁、项目融资租赁、厂商租赁、转租赁等。根据商务部《2015 年融资租赁行业运行情况分析》显示,2015 年度融资租赁行业直接租赁、售后回租和其他租赁方式融资额占比分别为 12. 5% 、83. 9% 和 3. 6% ,其中内资试点企业的直接租赁融资额占比为 14. 8% ,售后回租融资额占比为 80. 4% ,其他租赁方式占比 4. 8% ;外资企业的直接租赁融资额占比为 12. 1% ,售后回租融资额占比为 84. 6% ,其他租赁方式占比 3. 3% 。总体而言,业务模式方面,目前已形成了以直接租赁(直租)、售后回租(回

---

① 如重庆诗仙太白酒业(集团)有限公司与两江融资租赁有限公司服务合同纠纷一案(重庆市第一中级人民法院渝 01 民终 2548 号)、南通安贝瑞纱业有限公司诉仲利国际租赁有限公司服务合同纠纷一案[案号为(2014)沪一中民四(商)终字第 1055 号]。

租)两种方式为主,转租赁、委托租赁、杠杆租赁等多种租赁方式为辅的结构。作者简单介绍一下融资租赁公司几种主要的业务模式。

### (一)售后回租

根据承租人和出卖人是否为同一主体可以分为直租业务和售后回租业务。售后回租是目前租赁公司中应用最多的一种业务模式。售后回租,也称回租租赁,《金融租赁公司管理办法》第5条规定,回租业务是指承租人将自有物件出卖给出租人,同时与出租人签订一份融资租赁合同,再将该物件从出租人处租回的租赁形式。回租业务是承租人和出卖人为同一人的融资租赁方式。租赁资产所有权发生转移,承租人仅享有租赁资产的使用权,同时双方约定在租赁期到期时,由承租人继续租赁或以约定价格由承租人回购租赁资产。

回租融物特点不明显,背景大多为企业因为流动资金不足、业务扩张导致资金支出需求攀升等,是一种集销售和融资为一体的特殊形式。回租租赁中,承租方对租赁物更为熟悉,当承租方违约时,出租方对租赁物的处置难度较大。

### (二)直接融资租赁

直租是最能体现基于产业设备的融物融资特点的融资租赁模式。融资租赁公司根据客户的需求动用自有资金或者融资款购买租赁资产,然后与承租人签订合同,将设备出租给承租人并在未来一段时间内收取租金,租赁届满时根据合同确定是否转移资产所有权。

直租在美国市场上占比最高,在我国是部分厂商系租赁公司的主要模式。厂商系租赁公司与供货人有良好、密切、稳定的合作关系。直租业务涉及三方当事人,即出租人、承租人、出卖人,承租人和供货人是相互独立的,产生两项交易,即设备采购和设备租赁。

### (三)转租赁

《金融租赁公司管理办法》规定,转租赁业务是指以同一物件为标的物的多次融资租赁业务。上一租赁合同的承租人同时又是下一租赁合同的出租人,也称为转租人。转租人以收取租金差为目的。租赁物品的所有权归第一出租人。转租至少涉及三方(原出租人、原承租人和新承租人)和两份租约。

### (四)委托租赁

委托租赁是指委托方将租赁标的委托给出租方,出租方根据委托方意愿以出租方的名义向委托方指定的承租方提供融资租赁服务并收取手续费。租赁期满后,租赁标的物产权可以转移给承租人,也可以不转移给承租人。在租赁期内,租赁标的物的所有权归委托人,出租人只收取手续费,不承担风险。委托租赁使得没有融资租赁业务经营资质的企业,“借壳”经营融资租赁业务,类似委托贷款。

（五）杠杆租赁

杠杆租赁，又称平衡租赁或减租租赁、举债经营融资租赁，租赁公司仅需承担购置租赁物的一小部分支出，其余资金通过银行贷款或其他方式筹集。杠杆租赁至少有三方面的人参与：贷款人、出租人和承租人。

（六）联合租赁

根据中国银行业协会金融租赁专业委员会于2010年8月10日发布的《有关〈联合租赁业务合作规范〉及〈联合租赁合同示范文本〉的通知》，联合租赁是指若干家租赁公司共同出资，共有租赁物，按出资比例或其他方式承担风险、分享收益的一种融资租赁业务模式。联合租赁是一种双/多出租人的融资租赁交易。各家租赁公司同作为牵头人的租赁公司订立联合租赁协议。联合租赁与辛迪加贷款有异曲同工之处。

联合承租不同于联合租赁。目前暂无相关的法律法规或规范性文件对其进行界定。笔者认为，联合承租是一种双/多承租人的融资租赁交易。

（七）项目融资租赁

项目融资租赁是指承租人以项目自身的财产和效益为保证，与出租人签订项目融资租赁合同，出租人对承租人项目以外的财产和收益无追索权，租金的收取也只能以项目的现金流量和效益来确定。

（八）厂商租赁

厂商租赁是指由租赁公司与供应商及代理商签订针对其客户融资的合作协议，由供应商及代理商推荐客户，租赁公司为其客户提供租赁服务。

## 五、我国租赁行业分析

融资租赁和金融租赁已经上升为国家战略，成为实体经济的助推器。中央和地方相继出台支持政策，融资租赁行业近年来获得迅猛发展。

（一）企业数量快速增加

随着监管政策的逐步放开，国内融资租赁公司总数快速增加，尤其是自2009年总投资5000万美元以下的外商投资融资租赁公司的审批权限由商务部下放到省级商务委和国家级经济开发区后，外商投资融资租赁公司的数量每年都有大幅增加。截至2016年底，我国登记在册的融资租赁企业共计7664家，比上年底增加3140家，增速为69.41%。其中，金融租赁公司56家，增加9家，增速为19.14%；内资试点企业205家，增加15家，增速为7.89%；外资租赁企业7403家，增加3116家，增速为72.68%。不过进入2017年，随着融资租赁行业的监管审批风向变化，外资租赁企业增长速度较之前有所放缓。2014～2016年我国融资租赁企业数量，如图4－1

所示。

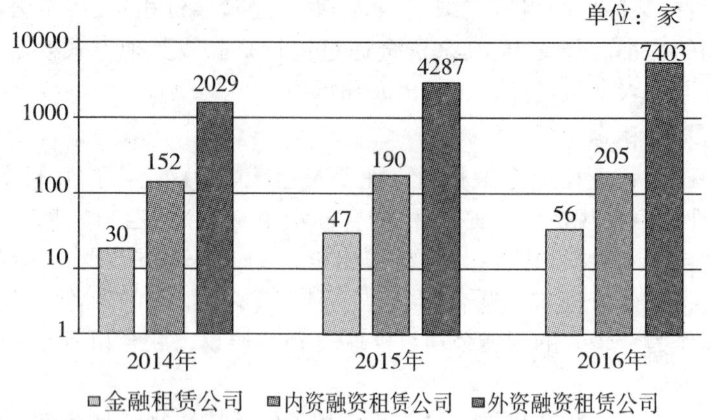


资料来源：《中国租赁行业月报》、零壹融资租赁研究中心。

**图4－1 2014～2016年我国融资租赁企业数量**

## (二)注册资本大幅增加

截至2016年年底，全国融资租赁企业注册资本金总额26,346.22亿元，比上年同期增加11,181.22亿元，增速为73.73%。其中，金融租赁公司注册资本金为1660.97亿元，比上年同期增加302.97亿元，增速为22.31%；内资试点企业注册资本金为1415.38亿元，比上年同期增加388.38亿元，增速为37.81%；外资企业注册资本金为23,269.87亿元，比上年同期增加10,489.87亿元，增速为82.08%。2014～2016年我国融资租赁企业注册资本金，如图4－2所示。

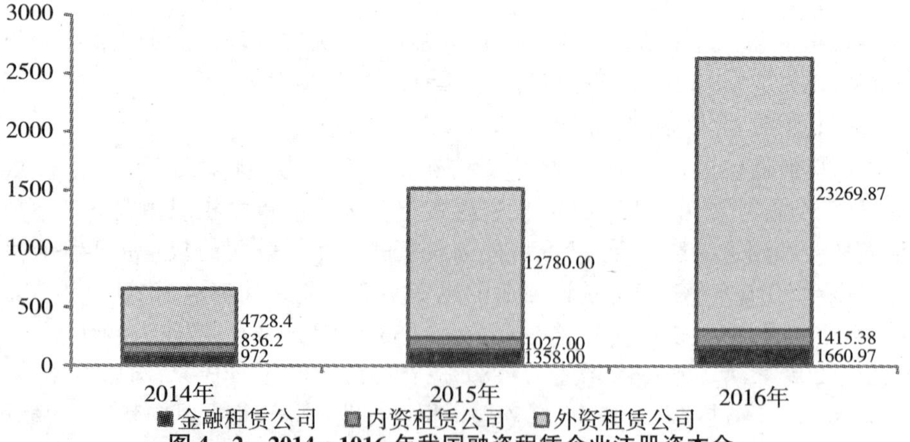


**图4－2 2014～1016年我国融资租赁企业注册资本金**

## (三)业务逐渐成熟,企业业务从东部沿海发达地区向内陆地区扩张

由于我国地方经济发展情况不同,租赁业务在初始阶段主要集中在我国东部沿海的经济发达地区,东部地区在融资租赁企业数量、注册资本金、资产总额等方面仍占据绝大部分,均达到全国总数93.9%。按照企业数量排序,截至2016年底,深圳融资租赁企业达到1637家,比上年增加2.2倍,其次为上海1606家、天津1129家,三地企业数量均已超过千家,合计占全国总数达到71%,深圳、上海、天津作为融资租赁行业集聚地的优势不断增强。按企业数量增速排序,2016年度,增速排名靠前的省份中广东(含深圳)、上海、天津、福建四地领跑。目前随着我国租赁行业的不断发展和成熟,租赁产业由东部沿海发达地区向中西部推进转移,开始进入成熟期。2016年我国融资租赁企业数量区域分布情况如图4-3所示。

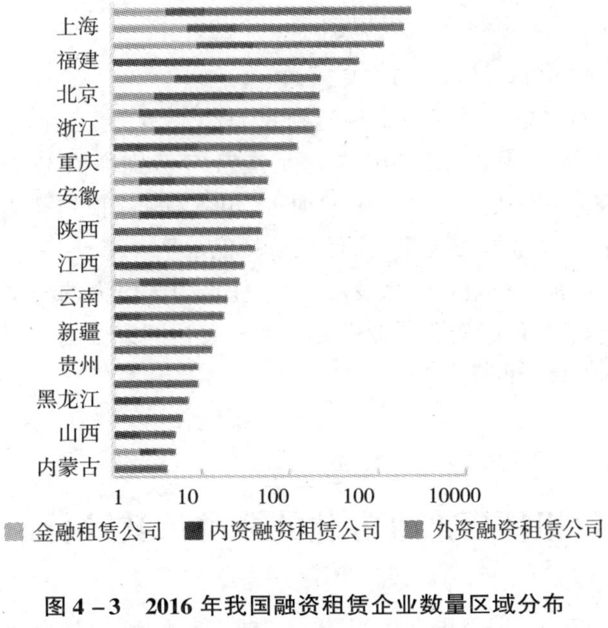


**图4-3　2016年我国融资租赁企业数量区域分布**

## (四)融资租赁市场规模大幅增加

据统计,截至2016年底,全国融资租赁合同余额约53,300亿元人民币,比2015年底的44,400亿元增加约8900亿元,增长20%。其中:金融租赁约20,400亿元,增加3100亿元,同比增长17.9%;内资租赁约16,200亿元,增加3200亿元;同比增长24.6%;外商租赁约合16,700亿元;增长2600亿元,同比增长18.4%。

从2009年到2016年，中国融资租赁市场规模从3700亿元增加到5.33万亿元，融资租赁市场渗透率(融资租赁交易量与当年固定资产投资额的比例)比重从1.65%增长到8.94%，表明融资租赁行业对固定资产投资的渗透不断增强。

(五)租赁市场涉足行业日益丰富

从行业分布看，融资租赁资产总额排名前五位的行业分别是能源设备、交通运输设备、基础设施及不动产、通用机械设备和工业装备。其中，能源设备类资产继上年再次大幅增加，显示融资租赁在能源结构调整及环境治理等方面持续发挥作用。

近年来，随着医疗改革的深入和医疗需求的增加，各医疗机构购买和更新设备的需求持续增长，使医疗设备融资租赁市场迎来高速增长期。截至2016年底，国内已有8个省市14家企业开展器械租赁业务，其中包括北京市4家，上海市3家，广东省2家，陕西省、湖南省、辽宁省、四川省和重庆市各1家。此外，环保设备、乘用车等新行业的融资租赁业务也发展迅速。

(六)租赁行业经营效益持续提升

2016年全行业融资租赁投放金额达到8971.6亿元，较上年增加37.5%，实现营业收入1535.9亿元，利润总额267.7亿元，较上年分别增加35%和25.4%，其中融资租赁业务收入973亿元，比上年增加13.6%。融资租赁企业逾期租金合计291.5亿元，比上年增加74.3亿元，继续保持较低水平。

尽管我国融资租赁行业近年来发展较快，凭借中国巨大的经济体量，融资租赁市场规模仅次于美国，但融资租赁业发展程度与发达国家之间仍存在不小的差距，融资租赁行业的发展空间仍然很大。

## 第二节
## 融资租赁资产证券化的分类及其发行情况

融资租赁资产证券化是指金融租赁公司或者融资租赁公司作为发起人/原始权益人，将缺乏流动性但具有可预测现金流的承租人应付租金债权作为基础资产出售给特定的机构或载体(SPV)，以该基础资产产生的现金流为支持发行证券的一种结构性融资活动。根据上海证券交易所《融资租赁债权资产支持证券挂牌条件确认指南》，融资租赁债权资产支持证券是指证券公司、基金管理公司子公司作为管理人，通过设立资产支持专项计划开展资产证券化业务，以融资租赁债权为基础资产或基础资产现金流来源所发行的资产支持证券。严谨意义上,融资租赁资产证券化的基础资产是租赁公司依据租赁合同对承租人享有的租金请求权和其他权利及附属担保权益,包括但不限于抵质押权、第三方担保、保证金项下的相关权益、与租赁物相关的保单及处置租赁物的所得等,可以统称为租赁债权。

租赁债权具有天然的适合资产证券化基础资产的特点,比如租金具有固定的支付计划;现金流可预测、稳定、独立、可特定化;风险高度分散;融资租赁资产大多有担保、抵押等增信措施,可以较为有效地保障出租人的回款风险;历史违约率低,风险可控;承租人一般要先缴纳30%左右的首付款,且大多追求租约期满后租赁物的所有权,还款意愿较高;租赁收益较高;等等。

融资租赁由于投资规模大,周期长,资金压力很大,银行贷款等很难满足其融资需求。2015年9月,国务院办公厅发布《关于促进金融租赁行业健康发展的指导意见》,允许符合条件的金融租赁公司发行债券和资产证券化。对于融资租赁公司而言,开展资产证券化业务具有非常重要的价值:发行规模不受净资产的限制;募集资金用途比较灵活;融资期限比较长;突破杠杆限制,充分利用杠杆倍数扩大业务规模;拓宽融资渠道;降低融资成本;优化资产负债表;盘活存量资产;扩大品牌知名度等。笔者认为,资产证券化给融资租赁公司的商业模式带来的变更可能是最主要的影响。

资产证券化促使部分租赁公司变革经营理念,逐步转换商业模式。比如租赁公司在资产投放时就需要考虑后期证券化的需求,预先判断该租赁资产是否符合资产证券化基础资产的标准,在租赁资产达到一定规模后迅速通过资产证券化回笼资金,再进行新的项目投放,提高资产周转率;个别租赁公司甚至以财务顾问角色深度参与到资产证券化中,如2017年远东租赁主导的遵义公交集团公交客票收入ABS;融资租赁公司与PRE－ABS基金、夹层甚至劣后基金合作,打造融资租赁产业链,谋求利益最大化。笔者认为,融资租赁公司借助资产证券化工具,可以从"银行融资—发放租赁贷款"这一传统"融资放贷"模式解脱出来,实现"轻资产"运营,降低对资金的依赖以及杠杆的限制,大幅提高盈利水平。

## 一、融资租赁资产证券化的分类

按照不同的标准,融资租赁资产证券化可以有不同的分类。

### (一)根据发起主体性质的分类

根据监管部门的不同,我国租赁公司主要分为金融租赁公司和普通融资租赁公司,普通融资租赁公司又分为内资试点租赁公司和外资租赁公司。金融租赁公司属于金融机构,融资租赁公司属于非金融机构。相应地,融资租赁资产证券化也可以细分为两大类,即金融租赁资产证券化和融资租赁资产证券化。

### (二)根据不同监管机构的分类

按照监管机构的不同,我国资产支持证券可划分为中国银监会监管的信贷资产支持证券、中国证监会监管的企业资产支持证券、央行旗下银行间市场交易商协会监管的资产支持票据(ASSET-BACKEDNOTES,ABN)以及保监会监管的项目资产支持计划四种产品。

目前,融资租赁公司可在交易所、保交所和银行间债券市场发行企业 ABS 和 ABN,金融租赁 ABS 仅可在银行间债券市场发行信贷 ABS。据此,融资租赁资产证券化可以分为融资租赁信贷资产证券化、融资租赁企业资产证券化、融资租赁项目资产自持票据和融资租赁项目资产支持计划,但是从市场来看,融资租赁资产证券化产品以信贷资产证券化和企业资产证券化为主。

### (三)根据是否出表的分类

从资产负债表的角度来看,融资租赁资产证券化可以分为出表型资产证券化以及融资型资产证券化。目前,租赁资产证券化项目中,无论是金融租赁还是融资租赁资产证券化项目,融资型资产证券化占据主导地位,出表型资产证券化较少,如“工银海天 2015 年第一期租赁资产支持证券”。

### (四)根据不同行业的分类

根据统计,在融资租赁资产证券化中占据主流地位的是汽车融资租赁资产证券化和医疗教育类融资租赁资产证券化。

2017 年,汽车融资租赁资产证券化累计发行规模超过 180 亿元,主要集中在先锋太盟、易鑫租赁、汇通信诚、狮桥租赁等。汽车融资租赁资产证券化又可以根据租赁客户群体的不同,再细分为个人汽车融资租赁资产证券化和企业汽车融资租赁资产证券化。前者如先锋太盟三期资产证券化,基础资产池均为自然人租赁合同。后者如先锋国际二期资产证券化,基础资产池主要包括汽车经营租赁公司、驾校、出租车公司等承租人,人人租赁资产证券化基础资产池则主要是二手车商类承租人。

医疗教育类融资租赁资产证券化的典型代表如远东、平安、聚信等。基础资产池中医疗教育类租赁资产占比较高,通常在 70% 以上。

## 二、融资租赁资产证券化的发行情况

融资租赁资产证券化是我国 ABS 市场中主流品种之一。我国最早涉及租赁概念的证券化产品是 2005 年联通发行的“中国联通 CDMA 网络租赁费收益计划”,但此单并非租赁公司的证券化产品。

根据CN-ABS网站数据显示,2016年我国共有发行114只融资租赁资产证券化产品,发行规模为999.06亿元;2017年我国共有发行70只融资租赁资产证券化产品,发行规模为802.22亿元。2014~2017年融资租赁资产证券化产品发行情况如表4-2所示。

**表4-2　2014~2017年融资租赁产品发行情况**

| 年份 | 2014年 | 2015年 | 2016年 | 2017年 |
| --- | --- | --- | --- | --- |
| 数量(单) | 4 | 67 | 114 | 70 |
| 金额(亿元) | 44.75 | 609.21 | 999.06 | 802.22 |

下面,笔者按照融资租赁信贷资产证券化、融资租赁企业资产证券化、融资租赁资产支持票据、融资租赁项目资产支持计划的分类,根据中国资产证券化分析网的统计,简单介绍一下截至2018年4月20日融资租赁资产证券化的发行情况。

### (一)融资租赁信贷资产证券化

我国金融租赁资产证券化起步较晚。2014年3月,银监会修订了金融租赁公司的管理办法,经银监会批准之后,金融租赁公司可以开展证券化业务。2014年9月16日,交银租赁发行交融2014年第一期租赁资产支持证券,也就是我国首个金融租赁证券化产品,标志着金融租赁资产证券化正式破冰。同年11月,信贷资产证券化转为备案制。招银金融租赁“招金2015年第一期租赁资产支持证券”是信贷资产证券化备案制后首单金融租赁ABS产品。

2015年9月1日,国务院办公厅《关于促进金融租赁行业健康发展的指导意见》出台,允许符合条件的金融租赁公司通过发行债券和资产证券化等方式多渠道筹措资金,进一步推动金融租赁资产证券化。此后,工银租赁、华融金融租赁等公司陆续启动资产证券化,金融租赁资产证券化业务发展逐渐加速。工银金融租赁公司发起的“工银海天2015年第一期租赁资产支持证券”产品成为第一家完成出表型租赁资产证券化发行的金融租赁公司。

根据中国资产证券化分析网的统计,截至2018年4月20日,金融租赁信贷资产证券化产品共计23单,总金额为630.03亿元,涉及中国外贸金融租赁有限公司、交银金融租赁有限责任公司、工银金融租赁有限公司、江苏金融租赁股份有限公司、招银金融租赁有限公司、河北省金融租赁有限公司、华融金融租赁股份有限公司、建信金融租赁有限公司、兴业金融租赁有限责任公司、皖江金融租赁股份有限公司、浦银金融租赁股份有限公司、华夏金融租赁有限公司等金融租赁公司,付息频率基本为季付,发行方式基本为公募。

### (二)企业资产支持证券

2006年5月10日,远东国际租赁有限公司在上海证券交易所发行首支融资租赁资产证券化产品——“远东首期租赁资产支持收益专项资产管理计划”,东方证券股份有限公司作为计划管理人,成功开创了我国融资租赁资产证券化的先河。此后随着2007年次贷危机爆发,融资租赁资产证券化的早期尝试也终止。2011年资产证券化重启后,8月,远东国际租赁发行“远东二期专项资产管理计划”。2013年11月,新疆广汇租赁发行“汇元一期专项资产管理计划”。以上3只由中国证监会主管的融资租赁资产证券化产品均在上海证券交易所交易发行,也是2014年以前仅有的三只产品。

2015年9月,国务院办公厅发布了《关于加快融资租赁业发展的指导意见》,支持符合条件的融资租赁公司通过发行股票和资产证券化等方式筹措资金。我国融资租赁企业资产证券化发行日渐常态,规模持续增长。

根据中国资产证券化分析网的统计,截至2018年4月20日,融资租赁企业资产证券化产品共计330单(含场外市场),合计3157.28亿元。

### (三)资产支持票据(ABN)

2012年,《银行间债券市场非金融企业资产支持票据指引》颁布。2016年底,中国银行间市场交易商协会发布《非金融企业资产支持票据指引(修订稿)》。信托型资产支持票据首单产品是由远东国际租赁有限公司在交易商协会注册。

根据中国资产证券化分析网的统计,截至2018年4月20日,融资租赁资产支持票据产品共计30单,合计477.56亿元。

### (四)项目资产支持计划

2015年8月,中国保监会《资产支持计划业务管理暂行办法》正式发布。2015年11月27日,民生通惠获取正式批复,核准其发起设立“民生通惠—远东租赁1号资产支持计划”,该计划成为首单获批并成功发行的项目资产支持计划。

根据中国资产证券化分析网的统计,截至2018年4月20日,融资租赁项目资产支持计划产品共计4单,合计77.17亿元。

## 第三节
## 融资租赁资产证券化的实操要点

融资租赁资产证券化操作中,应该遵循融资租赁债权资产支持证券挂牌条件

确认指南等规则。笔者认为,应该关注如下几个方面:

## 一、基础资产

一般而言,融资租赁资产证券化的基础资产是基础资产清单所列的由原始权益人在资产交付日转让的,原始权益人依据租赁合同自基准日(含该日)起对承租人享有的租金请求权、其他权利及其附属担保权益等。对于融资租赁项目,可通过中国人民银行征信中心建立的融资租赁登记公示系统查询融资租赁业务的出租人信息、承租人信息、租赁合同号码、租金总额及主要租赁财产。

根据上海证券交易所《融资租赁债权资产支持证券挂牌条件确认指南》第2条第2款的规定,融资租赁债权是指融资租赁公司依据融资租赁合同对债务人(承租人)享有的租金债权、附属担保权益(如有)及其他权利(如有)。

### (一)基础资产的合格标准

通常情况下,基础资产至少应该符合如下要求:

1. 融资租赁公司真实、合法、完整的获得了租赁物的所有权以及收取租金的合法权益,已按照租赁合同约定的条件和方式支付了租赁合同项下的租赁物件购买价款(原始权益人有权保留的保证金、应由承租人承担的部分、购买价款支付义务未到期或付款条件未满足的除外);

2. 承租方为合法机构并且没有不良的信息记录,不存在申请停业整顿、申请解散、申请破产、停产、歇业、注销登记、被注销营业执照或涉及重大仲裁、诉讼;

3. 相关租赁物件均已按照租赁合同的约定交付给承租人并已起租;

4. 除以保证金冲抵租赁合同项下应付租金外,承租人在租赁合同项下不享有任何主张扣减或减免应付款项的权利;

5. 基础资产不得附带抵押、质押等担保负担或者其他权利限制,但通过资产支持专项计划的设计与安排,在原始权益人向专项计划转移基础资产时,能解除上述担保负担和其他权利限制的除外;

6. 无任何不得转让等限制性条款,且无须取得承租人或其他主体同意;

7. 基础资产能够产生独立稳定、可预测的现金流,资产存续已有一定期限,且现金流历史记录良好。

此外,还包括交易基础应当真实,交易对价应当公允;同一融资租赁合同项下承租人尚未支付的所有租金及其他应付款项应全部入池;基础资产或租赁物件不涉及国防、军工或其他国家机密;原始权益人分类体系中的正常类资产;基础资产所涉及的租赁合同、售后回租合同、担保合同、抵质押合同合法有效等。

### (二)负面清单

根据《证券公司及基金管理公司子公司资产证券化业务管理规定》及基金业协会负面清单管理办法,需要对基础资产原始债务人、基础资产现金流的来源进行甄别考察,排除负面清单。

资产支持专项计划负面清单主要包括:以地方政府为直接或间接债务人的基础资产,但地方政府按照事先公开的收益约定规则,在政府与社会资本合作模式(PPP)下应当支付或承担的财政补贴除外;以地方融资平台公司为债务人的基础资产;矿产资源开采收益权、土地出让收益权等产生现金流的能力具有较大不确定性的资产;因空置等原因不能产生稳定现金流的不动产租金债权;待开发或在建占比超过10%的基础设施、商业物业、居民住宅等不动产或相关不动产收益权,当地政府证明已列入国家保障房计划并已开工建设的项目除外;不能直接产生现金流、仅依托处置资产才能产生现金流的基础资产,如提单、仓单、产权证书等具有物权属性的权利凭证;最终投资标的为上述资产的信托计划受益权等基础资产等。实操中,尤其应当关注地方融资平台类租赁项目,通过核查债务人的股东及股权结构、是否承担政府投资项目融资功能等,谨慎判断直接或间接债务人是否为地方政府。

### (三)产能过剩类行业

近年来,煤炭、钢铁等行业受"去产能""去库存"等供给侧改革政策的影响,行业景气度明显弱化,信用风险不断暴露。未来,在经济基本面和行业供需格局没有明显改善的情况下,产能过剩类行业依然非常困难。项目实操中,有关产能过剩行业的租赁项目应该谨慎入池。

### (四)租赁债权转让

租赁债权属于合同债权。根据《合同法》第79条的规定,债权人可以将合同的权利全部或者部分转让给第三人,但依合同性质、当事人约定或法律规定不得转让的情形除外。就租赁债权转让的法律基础而言,基础资产具备可转让性是构建基础资产池的前提。在租赁债权资产证券化中,租赁合同债权转让应当通知债务人。实践中,也可以设计权利完善条款。

根据《担保法》的规定,抵押、质押、保证等附属担保随主债权的转移一并转移。债权人转让权利的,受让人取得与债权有关的从权利。融资租赁业务中,为了保障融资租赁公司作为出租人如期足额收取租金的权益,往往都要求由承租人或第三人提供抵质押或者保证担保,这些附属担保权利都属于租赁合同主债权的从权利。已发行的金融租赁信贷资产证券化产品中,有产品设置了保证金担保。若承租人未能按期支付租金等事项,资产服务机构有权在保证金中扣除相应部分抵作租金、逾期利息，该部分资金应作为基础资产回收款于回收款转付日直接划入信托账户并相应记入收益账；同时，承租人有义务在扣除之日起的一定期限内补足相应保证金数额并承担相应利息。个别产品保证金占资产池未偿本金余额比例较大，对优先级证券的利息偿付具有较强的保障作用。比如苏租 2015 年第一期租赁资产支持证券入池资产涉及的保证金总额为 89,400,000 元，占资产池未偿本金余额的 8.58%；皖金 2016 年第一期租赁资产支持证券入池资产涉及的保证金总额为 163,400,000 元，占资产池未偿本金余额的 9.82%；苏租 2017 年第一期租赁资产支持证券入池资产涉及的保证金总额为 152,431,095 元，占资产池未偿本金余额的 8.14%。

为对抗善意第三人，也为了防止用同一笔债权多次融资的极端现象，需关注租赁物是否已经在全国融资租赁企业管理信息系统或中国人民银行征信中心融资租赁公示系统中进行了登记。

权利完善事件主要用于解决租赁物所有权争议问题及资产转让过程中涉及的通知债务人、抵质押变更登记问题，实现租赁债权及租赁物所有权与原始权益人的破产隔离。权利完善事件的触发条件一般是与原始权益人出现风险事件或者信用级别下调有关。权利完善事件触发后，租赁物转移、通知债务人、抵质押变更登记等工作均需完善。

（五）分散性

基础资产分散性越高，单一资产违约的影响越小。分析分散性的维度比较多，比如地区分散性、行业分散性、债务人分散性等。实操中，尤其要关注债务人分散性。入池资产笔数是衡量 ABS 产品分散性最直观的指标。最大借款人占比、前几大借款人占比的数据是另外一个观察窗口，需要结合借款人的信用等级来分析。另外，设备类型、制造商也涉及分散性问题。设备类型、设备制造商数量将影响再租赁以及回收资产的变现能力，设备类型、制造商分散性也影响到资产池组合的信用质量。如果集中度较高，也可能会涉及交易是否设置第三方资产服务机构及时进行资产服务和管理。另需要关注关联租赁、关联交易的情形。所有关联租赁业务要视为一个承租人。

上海证券交易所《融资租赁债权资产支持证券挂牌条件确认指南》第 8 条规定，基础资产池应当具有一定的分散度，至少包括 10 个相互之间不存在关联关系的债务人，单个债务人入池资产金额占比不超过 50%，且前 5 大债务人入池资产金额占比不超过 70%。上述债务人之间存在关联关系的，应当合并计算。原始权益人资信状况良好，且专项计划设置担保、差额支付等有效增信措施的，可以免于上述关于债务人分散度的要求。符合条件并免于债务人分散度要求的，管理人应当在计划说明书中披露基础资产池集中度较高的原因及合理性,充分揭示风险,设置相应的风险缓释措施。

(六)不合格基础资产及/或违约基础资产的赎回

计划管理人为资产池制定了严格的资产选择标准,在专项计划期限内,若计划管理人或者资产服务机构发现不合格基础资产,计划管理人将按照资产买卖协议的规定通知原始权益人对不合格基础资产予以赎回。

(七)基础资产信用分析

证券化产品的风险水平取决于基础资产的信用质量。需要关注发行人入池板块资产的历史逾期率、违约率、回收率等数据,结合底层资产的抵质押情况、担保情况、风险期限暴露等指标,从整体把握入池资产的信用状况。

1. 对资产池中单笔债权资产或单笔债务人的信用质量进行分析,特别是对最大的承租人做影子评级。

2. 违约回收率是反映资产服务机构的尽职能力、尽职意愿的重要指标,也是衡量担保方式担保效果的一个重要标尺。违约回收率一般是一定期限内的静态资产池积计回收率,期限可以是 1 年,也可以更长的时间区间。相对来说,时间区间跨度越大,科学性会越强。回收率水平的确定取决于历史信用表现和历史数据完备性。

回收时间是影响回收率的一个重要因素。另外,资产的购买价款、类型也影响回收率。资产价值较高的资产,比如建筑设备、大型医疗设备等比折旧较快的小型设备更具有较高的资产回收水平。

3. 历史逾期率可预警资产池现金流水平可能出现的风险,一般分为逾期 30 ~ 60 天、61 ~ 90 天和超过 90 天等,以综合分析逾期事件对资产整体信用表现的影响。

4. 如果租赁资产证券化的基础资产涉及保证担保,要考虑保证人的担保性质、担保金额、担保期限和保证人的信用水平,尤其要考虑保证人与借款人之间的关联关系,关联程度越低,一般担保效果越明显。而涉及抵质押的,抵质押物的价值、抵质押物的类型等都会影响抵质押物对入池资产的信用保障效果。

## 二、交易结构

在交易结构上,融资租赁信贷资产证券化、融资租赁项目资产支持票据以信托计划为 SPV,而融资租赁企业资产证券化则采用券商或基金子公司的专项计划,融资租赁项目资产支持计划则是保险资产管理公司等专业管理机构的项目支持计划为 SPV。

## (一)金融租赁信贷资产证券化的交易结构

金融租赁信贷资产证券化的交易机构与其他信贷 ABS 交易结构基本相同。笔者以“冀租稳健 2017 年第一期租赁资产支持证券”为例。“冀租稳健 2017 年第一期租赁资产支持证券”交易结构如图 4－4 所示。

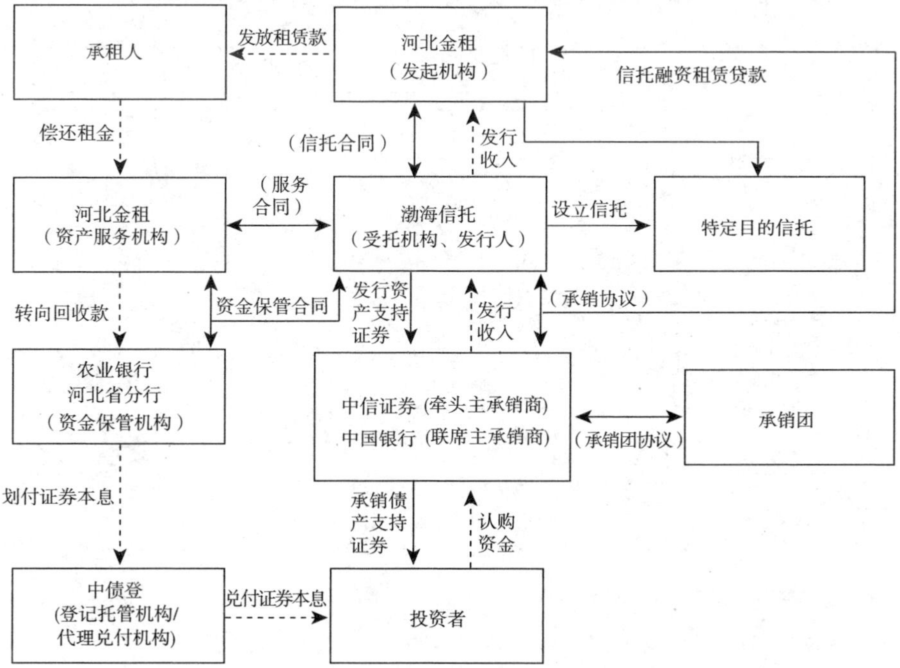


**图 4－4　冀租稳健 2017 年第一期租赁资产支持证券交易结构**

具体交易步骤如下：

1. 河北金租作为发起机构，将基础资产信托给渤海信托，由渤海信托发行设立冀租稳健 2017 年第一期租赁资产证券化信托。

2. 受托机构将发行以信托财产为支持的资产支持证券，将所得认购金额扣除承销报酬和发行费用的净额支付给发起机构。

3. 发行人与发起机构、牵头主承销商以及联席主承销商签署《承销协议》，承销商负责证券的销售。

4. 根据《服务合同》，河北金租负责对资产的日常回收。

5. 根据《资金保管合同》的约定，受托机构委托中国农业银行股份有限公司河北省分行对信托财产产生的现金资产提供保管服务。

6. 根据《债券发行、登记及代理兑付服务协议》的约定，受托机构委托中央国债登记公司对资产支持证券提供登记托管和代理兑付服务。

## (二)融资租赁企业资产证券化的交易结构

作者以平安证券作为管理人设立并在交易所挂牌的"平安中信富通租赁一期资产支持专项计划"为例分析交易结构。交易结构如图4－5所示。

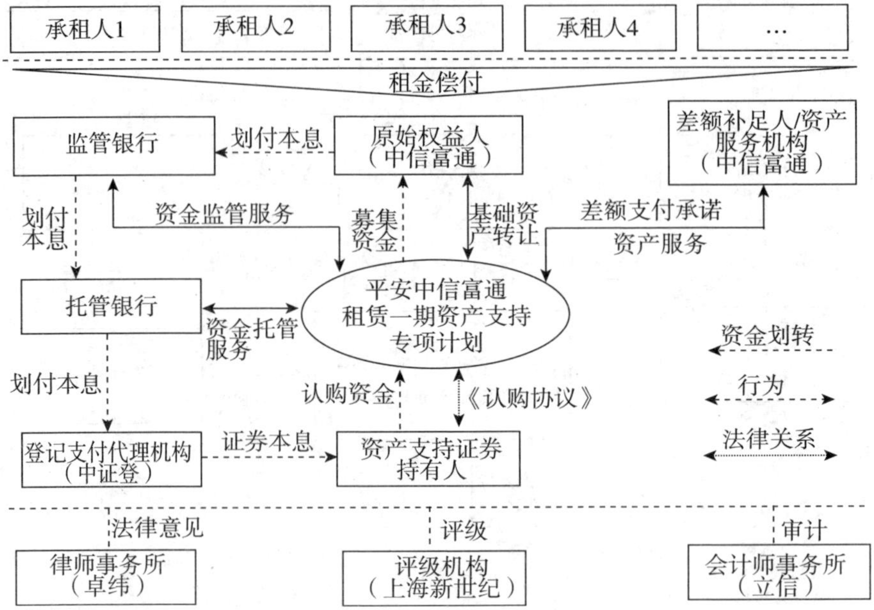


图4－5　平安中信富通租赁一期资产支持专项计划交易结构

专项计划交易流程如下：

1. 认购人通过与管理人签订《认购协议》，将认购资金通过专项计划委托管理人管理，管理人设立并管理专项计划，认购人取得资产支持证券，成为资产支持证券持有人。

2. 管理人根据与原始权益人签订的《资产买卖协议》，将专项计划资金用于向原始权益人购买基础资产，即基础资产清单所列的由原始权益人在资产交付日转让给管理人的、原始权益人依据租赁合同自基准日(含该日)起对承租人享有的租金请求权和其他权利及其附属担保权益。

3. 资产服务机构根据《服务协议》的约定，负责基础资产对应的应收租金的回收和催收，以及违约资产处置等管理工作。资产服务机构在每个回收款转付日将基础资产产生的现金流划入专项计划账户。

4. 托管银行根据《托管协议》对专项计划资产进行托管。管理人根据《计划说明书》及相关文件的约定,向托管银行发出分配指令,托管银行根据分配指令,将相应资金划拨至登记托管机构的指定账户用于支付资产支持证券本金和预期收益。

(三)融资租赁资产支持票据的交易结构

笔者以远东租赁2016年底第一期信托资产支持票据为例。具体交易结构如图4-6所示。

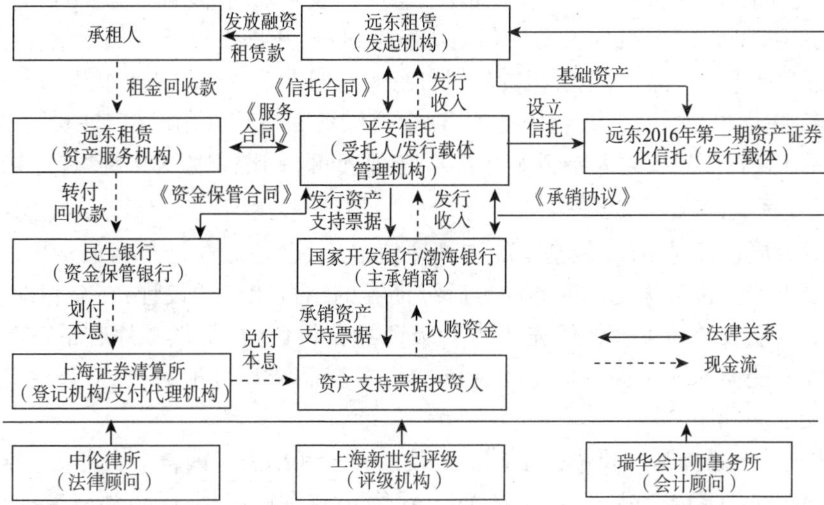


**图4-6　远东租赁2016年第一期信托资产支持票据交易结构**

资料来源:远东国际租赁有限公司2016年度信托资产支持票据募集说明书。

具体交易流程如下:

1. 发起机构(远东租赁)以相关租赁债权资产作为信托财产委托给受托人(平安信托),设立发行载体(远东2016年度第一期资产证券化信托),以信托财产的现金流支付所发行的资产支持票据的本金和收益。

2. 平安信托作为发行载体的管理机构向投资人发行以信托财产为支持的资产支持票据,募集资金净额支付给发起机构(远东租赁)。

3. 受托人(平安信托)委托资产服务机构(远东租赁)对资产的日常回收进行管理和服务。

4. 受托人(平安信托)委托资金保管银行民生银行上海分行对信托财产产生的现金资产提供保管服务。

5. 远东租赁ABN在中国银行间债券市场上市交易。银行间市场清算所股份有限公司(上海清算所)作为本期资产支持票据的登记托管机构,负责对本期资产支持票据进行登记托管,并向投资者转付由资金保管机构划人的到期应付信托利益。

## 三、增信措施

笔者主要分析银行间和交易所的租赁资产证券化产品。金融租赁公司发起的信贷证券化产品由于底层资产信用资质情况良好,一般采取内部增信措施,且增信措施较少,主要采取优先/次级分层设计和信用触发机制,几乎不提供外部增信。融资租赁企业资产证券化产品中,鉴于租赁公司自身的信用水平及底层资产状况,产品增信措施较多,除优先/次级结构、超额抵押、现金流储备账户等常用增信措施外,多数交易所产品还存在原始权益人差额支付承诺、担保、回购承诺、保险等多种增信措施。

### (一)优先/次级分层

证券分层设计是 ABS 最基本的内部增信措施,也是证券化产品最常用的一种信用增级方法。包含优先级证券和劣后级证券的结构化证券设计,在兑付时,优先级证券的预期收益和本金将优先于劣后级证券获得偿付,受偿顺序在后的证券就可以为优先受偿的证券提供信用支持,同时,在产品清算分配时,也遵循优先级证券优先受偿的顺序。

实操中,次级档厚度要依据基础资产池的质量和出表等因素综合考虑。金融租赁公司发起的证券化产品,一般分为优先 A、优先 B 和次级档,次级档厚度在 9% ~ 16% 之间,主要是因为金融租赁资产证券化产品采取的增信措施较少,次级证券越厚越能够保证优先级证券的本息偿付,比如“冀租稳健 2017 年第一期租赁资产支持证券”次级厚度达为 17.99% 。融资租赁企业资产证券化产品的分层更为多样化,对于优先 A 档的产品分层较多,提供不同期限的产品,部分产品不设优先 B 档,另考虑到资产出表需求,部分产品的劣后档甚至不足 5% 。

根据上海证券交易所《融资租赁债权资产支持证券挂牌条件确认指南》第 19 条的规定,原始权益人及其关联方应当保留一定比例的基础资产信用风险,具体比例按照以下第 1 款或第 2 款要求进行:(1)持有最低档次资产支持证券,且持有比例不得低于所有档次资产支持证券发行规模的 5% ,持有期限不低于资产支持证券存续期限。(2)若持有除最低档次之外的资产支持证券,各档次证券均应当持有,且应当以占各档次证券发行规模的相同比例持有,总持有比例不得低于所有档次资产支持证券发行规模的 5% ,持有期限不低于各档次资产支持证券存续期限。原始权益人及其关联方按照上述要求进行风险自留后,除非根据法院生效判决或裁定,不得将其持有的最低比例要求的资产支持证券进行转让或者任何形式的变相转让。原始权益人资信状况良好,且专项计划设置担保、差额支付等有效增信措施的,可以免于上述风险自留要求。

(二)差额支付

差额支付承诺是比较便捷的外部增信方式之一。差额支付是指以原始权益人等主体承诺对基础资产收益与投资者预期收益的差额承担不可撤销、无条件的补足义务。操作中,差额支付一般表现为差额支付承诺函的形式。作者以“狮桥一期”为例。专项计划存续期内各回收款转付日,从狮桥归集账户划入专项计划专用账户的资金未达到该期应付的计划税费和优先级资产支持证券预期支付额时,原始权益人补充支付差额部分,且该补充款也须付至专项计划专用账户。狮桥不得因履行差额补足义务向管理人或证券持有人追偿。

实践中,如果差额支付承诺人的实力比较弱,差额支付承诺的担保效果偏低,不足以提升产品信用资质到预期评级时,需要追加其他增信措施。另外,个别案例也有第二顺位差额支付的情况,比如“兴证资管—顺泰租赁一期资产支持专项计划”就设置了外部第二差额支付承诺,由常高新集团提供第二顺位的差额支付承诺。

(三)超额利差

利差是指资产池各期租赁收入折现率减去证券发行利率与相关费率之和的差额。利差的大小主要取决于入池资产和资产服务机构的持续信用表现。超额利差是指进入资产池的基础资产产生的现金流入与专项计划存续期间扣除相关费用及投资者预期收益、未偿还本金后形成的差额部分。证券化产品到期时,剩余的超额利差一般由发起人获得,因发起人多同时扮演资产管理服务机构的角色,为获得超额利差,发起人更有动力提供管理服务。

实践中,一般将超额利差存入专门的利差账户,并以该账户内的资金作为弥补资产证券化业务过程中可能产生的损失的准备金,从而实现产品的内部信用增级。从已发行的租赁资产证券化产品来看,金融租赁信贷资产证券化产品超额利差较大,对优先级证券的保障能力较强,如“交融2014年第一期租赁资产支持证券”,项目入池加权平均利率为6.56%,高于优先A档证券和优先B档证券的发行利率和信托的税费之和,当项目发生损失时,首先由超额利差部分进行吸收。

(四)超额覆盖

超额现金流覆盖是指专项计划基础资产每期的现金净流入对优先级证券当期本息支出进行超额覆盖,覆盖倍数大于1。通常来说,覆盖倍数越高,增信能力越强。此时,确保租赁资产回款下降在一定幅度的范围内时,优先级证券的本息仍能按计划获得偿付。信用保护比优先/次级结构更强。由于租赁回款包括本金和利息,利息的利率一般要高于预计发行利率,因此利差也是超额现金流覆盖的一部分。以"南方骐元—远东宏信(天津)1号资产支持专项计划"为例,入池基础资产未偿本金余额为65,926.18万元,总计发行规模为62,900万元,其中优先级和次优级合计为59,755万元。可见,基础资产本金对总发行规模的覆盖倍数为1.05,对优先级和次优级的覆盖倍数为1.1。

(五)流动性支持

在资产证券化产品存续期内,当基础资产产生的现金流与本息支付时间存在错配时,即临时资金流动性不足,则由发起人或第三方提供流动性支持,该流动性支持只是为代垫款项,并不承担信用风险。以"南方骐元—远东宏信(天津)1号资产支持专项计划"为例,根据《流动性支持协议》,远东租赁以现金形式为专项计划提供流动性支持,对应付费用及预期收益、未偿本金余额的差额提供上限为5032万元的流动性支持资金。

(六)担保

担保是指由担保方出具担保函等法律文件,承诺在专项计划账户的可分配金额未能达到预计现金流入的情形下,其将承担保证专项计划本息兑付的义务。担保机构一般情况下由融资租赁企业的股东或关联公司、地方政府平台公司、融资性担保公司等担任。比如中国中化集团曾为远东优先级证券持有人的收益按期足额分配、本金到期足额分配提供不可撤销及无条件的全额担保;"东方汇智诚泰租赁一期资产支持专项计划"由营口港提供第三方外部担保。

(七)残值变现

残值变现资金,用来偿付本金和利息或补足流动性准备金账户,为证券提供了额外信用增级。增级水平依资产残值的历史实现数据及证券预期信用水平而定。影响残值变现因素较多,比如大型设备制造商集中度较高情况下,需分析设备制造商的财务实力,设备制造商可为资产残值变现提供支持或减少损失;对于专用设备,第三方机构提供基础服务和维修服务的能力影响着残值变现能力;设备类型、拆卸成本和翻新成本等都影响着残值实现时间和实现比率。残值准备金的提取多与信用事件触发相联系。

(八)流动性准备金

大部分融资租赁资产证券化产品都设有流动性准备金账户。在证券交割日,流动性准备金账户设定初始金额,每个收款期后将在利差账户中提取一部分资金补足下期应计提流动性准备金。流动性准备金账户的设置有利于下期证券息费的正常支付。

此外,保险也是资产证券化常用的外部增信措施。租金预付保障了基础资产的现金流回收,在一定程度上对优先级证券的本息偿付也提供了信用支持。"工银海天2015年第一期租赁资产支持证券"的部分基础资产具有预付租金安排,在信托设立时该预付租金将转至信托账户并用于合格投资,在基础资产偿付出现违约时可以弥补基础资产违约带来的部分损失。

## 四、循环购买

对于债权资产剩余期限较短的情况,通过循环购买的方式拉长融资期限是常见的结构设计。对于具有循环结构的资产证券化交易而言,一般分为循环期和摊还期。循环期内,投资者将只获付利息,本金账户中的资金用来支付购买新资产的费用。循环期过后进入摊还期,开始偿付投资者的利息及本金。在循环购买中,对于基础资产的筛选标准应该提前进行约定,并在后续操作中由管理人和相关机构进行严格把关。

实践中,由于融资租赁期限多在3年以上,融资期限相对较长,因此绝大多数的融资租赁资产支持证券并没有安排循环购买。部分融资租赁资产证券化项目设计了循环购买的交易结构。实操中,因后续被用于循环购买的基础资产尚未形成,基础资产质量、规模、期限等方面都存在一定的不确定性,因此存在各循环购买日时点专项计划账户可用于循环购买资产余额大于融资租赁公司提供的可循环购买基础资产的可能,或是循环购买的基础资产质量下降的可能。

根据上海证券交易所《融资租赁债权资产支持证券挂牌条件确认指南》第23条的规定,融资租赁债权资产证券化基础资产确需设置循环购买的,参照《企业应收账款资产支持证券挂牌条件确认指南》中有关循环购买的要求办理,并做好信息披露。

## 五、回收款的识别

如果同一承租人对入池及非入池的多笔融资租赁债权同时进行还款时,就必然涉及入池及非入池基础资产回收款的识别问题。根据《民法通则》以及最高人民法院《关于适用〈中华人民共和国合同法〉若干问题的解释(二)》中的规定,债务人的给付不足以清偿其对同一债权人所负的数笔相同种类的全部债务,应当优先抵充已到期的债务;几项债务均到期的,优先抵充对债权人缺乏担保或者担保数额最少的债务。但是,债权人与债务人对清偿的债务或者清偿抵充顺序有约定的除外。基于上述规定,笔者认为,若原始权益人与管理人分别对同一承租人享有租赁债权,且双方持有的债权均全部或部分到期,则管理人应与原始权益人就回收款的识别问题作出约定,优先偿付证券化产品的债权。

## 六、发起机构

一般情况下,融资租赁资产证券化项目的原始权益人也是资产服务机构,且大多提供差额补足。对于原始权益人的考察也是项目实操中的一个重要环节。

发起机构为正式营运1年以上的金融租赁公司或正式营运2年以上的非金融租赁公司,关注其财务状况、关联方、资信情况以及公司内控等方面。倾向于企业总资产规模较大,股东背景实力雄厚融资租赁公司。较强的股东背景可以为融资租赁公司的经营提供业务支持、资金支持、合理的战略定位、较为严谨的风控措施,这些支持都为融资租赁资产证券化的还本付息提供了重要保障。

上海证券交易所《融资租赁债权资产支持证券挂牌条件确认指南》第16条规定,原始权益人开展业务应当满足相关主管部门监管要求、正式运营满2年、具备风险控制能力且为符合下列条件之一的融资租赁公司:

(1)境内外上市公司或者境内外上市公司的子公司。为境内外上市公司子公司的,其总资产、营业收入或净资产等指标占上市公司的比重应当超过30%。

(2)主体评级达AA级及以上的融资租赁公司。

符合以下条件之一的,原始权益人可以为前款第(1)项和第(2)项规定以外的融资租赁公司:

(1)单笔入池资产信用等级A-级及以上资产的未偿还本金余额对优先级本金覆盖倍数大于100%,且入池资产对应的租赁物为能产生持续稳定的经营性收益、处置时易于变现的租赁物。

(2)入池资产为汽车融资租赁债权,承租人高度分散,单笔入池资产占比均不超过0.1%,基础资产相关业务的逾期率、违约率等风控指标处于较低水平,且原始权益人最近一年末净资产超过人民币2亿元、最近一个会计年度净利润为正。

(3)专项计划设置担保、差额支付等有效增信措施,提供担保、差额支付等增信机构的主体评级为AA级及以上。

融资租赁公司在专项计划存续期间,应当维持正常的生产经营活动或者提供合理的支持,为基础资产产生预期现金流提供必要的保障。从业人员的专业能力及风控能力对于其业务经营的稳健性及持续性至关重要。此外,要格外关注融资租赁公司从事某些领域的特殊业务资质,比如医疗行业,根据《医疗器械监督管理条例》(国务院令第650号)的规定,从事第二类医疗器械经营的经营企业应向所在地设区的市级人民政府食品药品监督管理部门备案并提交其符合规定条件的证明资料;从事第三类医疗器械经营的经营企业应当向所在地设区的市级人民政府食品药品监督管理部门申请经营许可并提交其符合规定条件的证明资料,医疗器械经营许可证有效期为5年。根据国家食品药品监督管理局《关于融资租赁医疗器械监管问题的答复意见》(国食药监市〔2005〕250号),租赁公司开展融资租赁医疗器械是经营行为,应当按照规定办理《医疗器械经营企业许可证》。

## 七、现金流归集和合格投资

现金流归集安排是避免资金被挪用、混同的关键措施。为切实防范专项计划资产与原始权益人其他资产混同以及被侵占、挪用等风险,《证券公司及基金管理公司子公司资产证券化业务管理规定》第13条第6项要求管理人应当建立相对封闭、独立的基础资产现金流归集机制。企业资产证券化中,计划管理人应约定明确的现金流返还账户,且获得对现金流返还账户完整、充分的控制权限。上海证券交易所《融资租赁债权资产支持证券挂牌条件确认指南》第13条第2款规定,基础资产现金流应当由债务人直接回款至专项计划账户,难以直接回款至专项计划账户的,应当直接回款至专项监管账户。专项监管账户资金应当与原始权益人的自有资金进行有效隔离,禁止资金混同或挪用。特殊情形下,基础资产现金流难以直接回款至专项计划账户或专项监管账户的,管理人应当充分披露基础资产现金流未能直接回款至专项计划账户或专项监管账户的原因和必要性,揭示资金混同或挪用等风险,并设置相应的风险缓释措施。基础资产现金流未直接回款至专项计划账户的,应当由资产服务机构或管理人指定的机构负责基础资产现金流归集,且自专项计划设立之日起,基础资产回款归集至专项计划账户的周期应当不超过1个月。资产服务机构或管理人指定的机构可以根据专项计划的约定,提高资金归集频率。原始权益人资信状况良好,且专项计划设置担保、差额支付等有效增信措施的,现金流归集周期可以适当延长,但最长不得超过3个月。

合格投资是指在专项计划存续期间,计划管理人可以将未用于购买基础资产的专项计划资金投资于银行存款、货币基金等低风险、高流动性金融产品。为了降低资金沉淀导致的资金收益损失,管理人可于计划说明书等法律文件中约定,由计划管理人对已归集尚未用于兑付本息的资金进行合格投资,投资收益归专项计划所有。

加速归集事件的触发情况一般与资产服务机构的经营情况变化有关。多数融资租赁ABS项目中的租金归集频率为按季度进行归集,在触发加速归集事件时,将加快租金归集的频率,减少租金在资产服务机构滞留的时间,尽快使现金流转移至专项计划账户,如季度归集转付变更为月度归集转付,并要求承租人还款现金流直接支付至专项计划账将户。

此外,还需要关注加速清偿事件的设置。加速清偿事件指同参与机构履约能力、资产池违约率相关的加速清偿事件。触发后的处理思路是将支付各类费用后的账户资金优先偿付优先级证券本息,剩余资金再分配给次级证券持有人。在多数融租租赁 ABS 专项计划正常分配顺序中,分配顺序为优先级利息 > 次优先级利息 > 优先级本金 > 次优先级本金。在发生加速清偿事件后,将分配顺序改为优先级利息 > 优先级本金 > 次优先级利息 > 次优先级本金。触发情况一般和资产池质量变化、资产服务机构经营情况变化有关。

笔者以 17 冀租稳健 1 产品为例,该产品设置了两类信用触发机制:同参与机构履约能力、资产支持证券兑付相关的"加速清偿事件",以及同资产支持证券兑付相关的"违约事件"。如果加速清偿事件被触发,则收益账的资金将不再用于次级证券期间收益的支付(包括其后续的支付),而是将剩余资金全部转入本金分账户用于优先档证券本金的兑付;如果违约事件被触发,则信托账项下资金不再区分收入回收款和本金回收款,而是将两者混同并在支付有关的税费、报酬以后用于顺序偿付优先 A 级资产支持证券的利息和本金、优先 B 级资产支持证券的利息和本金以及支付次级证券的本金,其余额分配给次级证券持有人。

另外,上海证券交易所《融资租赁债权资产支持证券挂牌条件确认指南》第 21 条规定,鼓励积极服务"一带一路"、京津冀协同发展、长江经济带、"中国制造 2025"和新型城镇化建设等国家重大战略的融资租赁公司开展资产证券化业务,鼓励在飞机、船舶、工程机械等传统领域以及新一代信息技术、高端装备制造、新能源、节能环保和生物等战略性新兴产业展业的融资租赁公司发行资产证券化产品。针对前述鼓励情形,将提升受理、评审及挂牌转让工作效率。

## 第四节
## 聚信租赁第一期资产支持票据案例简介

### 一、产品情况

聚信租赁第一期资产支持票据产品情况如表 4 - 3 所示。

**表 4－3　聚信租赁第一期资产支持票据产品情况**

| 产品分类 | 优先 A1 级资产支持票据 | 优先 A2 级资产支持票据 | 优先 A3 级资产支持票据 | 优先 B1 级资产支持票据 | 优先 B2 级资产支持票据 | 次级资产支持票据 |
|---|---|---|---|---|---|---|
| 发行金额（万元） | 44,500.00 | 63,000.00 | 19,800.00 | 9500.00 | 2000.00 | 13,800.00 |
| 占比(%) | 29.16 | 41.28 | 12.98 | 6.23 | 1.31 | 9.04 |
| 预计到期日 | 2018.6.18 | 2019.12.17 | 2020.12.16 | 2021.3.16 | 2021.6.16 | 2022.6.16 |
| 评级情况 | AAA | AAA | AAA | AA | A | NR |
| 还本方式 | 过手型 | 过手型 | 过手型 | 过手型 | 过手型 | — |
| 利率类型 | 浮动利率 | 浮动利率 | 浮动利率 | 浮动利率 | 固定利率 | 浮动收益 |
| 流通范围 | 全国银行间债券市场的机构投资者（国家法律、法规禁止购买者除外） | 全国银行间债券市场的机构投资者（国家法律、法规禁止购买者除外） | 全国银行间债券市场的机构投资者（国家法律、法规禁止购买者除外） | 全国银行间债券市场的机构投资者（国家法律、法规禁止购买者除外） | 全国银行间债券市场的机构投资者（国家法律、法规禁止购买者除外） | 全国银行间债券市场的机构投资者（国家法律、法规禁止购买者除外） |

资料来源：计划说明书。

## 二、资产情况

入池资产租赁类别全部为售后回租，利率类型以浮动利率为主，其未偿本金余额占比为84.45%。

本期入池资产的加权平均利率为6.97%，最高利率和最低利率分别为8.47%和5.27%。

租金支付方式均为分期支付，支付频率主要包括每季度（不同资产可能于季初、季中、季末支付，以及自起租日起每三个月支付）与半年度（包括于半年初，或自起租日每六个月）支付一次，另外也有部分资产以合同约定的其他方式进行支付。

入池资产加权剩余期限为4.29年，最短、最长剩余期限分别为1.12年和4.85年。保证金总额为9624.27万元，占全部未偿本金余额的6.49%。

按照国家标准行业二级分类，入池资产分布于3个行业，行业集中度很高。本金余额占比最高的行业是卫生行业，占全部未偿本金余额的91.87%。未偿本金余额前五的承租人均为综合性医院。

本期信托入池资产中单个承租人未偿本金余额最高为7861.92万元，最低为272.97万元，分布区间较广。

从地域分布情况来看，入池资产的承租人分布于内蒙古、辽宁、四川、吉林、贵州等16个省、直辖市及自治区，地域集中度相对分散。

## 三、交易结构

聚信租赁作为出租人，与承租人签订《售后回租赁合同》，将租赁物租赁给承租人。聚信租赁依据租赁合同对承租人享有的融资租赁债权及其附属担保权益。聚信租赁作为委托人，根据《信托合同》的约定将基础资产信托予云南信托，设立聚信国际租赁股份有限公司2017年度第一期资产支持票据，信托作为发行载体，由此取得了基础资产。

受托人云南信托向投资人发行本期资产支持票据，所得认购金额扣除相关费用支出后的资产支持票据募集资金净额支付给发起机构，并以信托财产产生的现金为限支付本期票据的本息及其他收益。

优先级资产支持票据的发行由主承销商组建的承销团来完成，次级资产支持票据全部由发行机构子公司聚泰国际融资租赁有限公司通过资管计划或信托计划认购。

信托存续期内，管理人委托资产服务机构对基础资产的日常回收款等相关事宜进行管理和服务。

具体交易流程，如图4－7所示。

## 四、增信措施

### （一）超额覆盖

入池的基础资产加权平均利率为6.97%，预计将会高于优先A级及优先B级资产支持票据的预期收益率，从而形成超额利差对优先级资产支持票据产生保护。

### （二）优先次级分层

优先级信托资产支持票据包括两个类别，分别为优先A级信托资产支持票据、优先B级信托资产支持票据。本期资产支持票据中次级资产支持票据的比例约为9.04%。

### （三）保证金

入池资产涉及的保证金总额为9624.27万元，占资产池未偿本金余额的6.49%。在租赁合同履行期间，如果发生承租人未能按期支付租金等事项，资产服

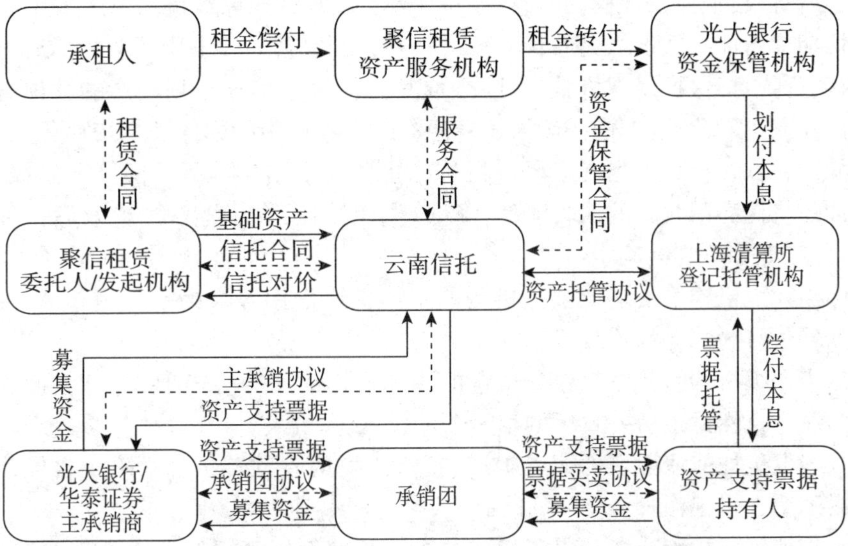


**图 4－7　聚信租赁第一期资产支持票据交易结构**

务机构有权在保证金中扣除相应部分抵作租金、逾期利息，该部分资金应作为基础资产回收款于回收款转付日直接划入信托账户。同时，承租人有义务在扣除之日起的 7 日内补足相应保证金数额。

(四)信用触发机制

本信托计划设置了不同等级的信用触发机制，包括违约事件、加速清偿事件、权利完善事件。

如果违约事件被触发，则信托账户项下资金不再区分收入回收款和本金回收款，而是将两者混同并在支付有关的税费、报酬后用于偿付优先级资产支持票据的预期收益和未偿本金，并在支付完毕各优先级资产支持票据的预期收益及全部未偿本金后将剩余资金及剩余信托计划资产分配给次级资产支持票据持有人。

如果加速清偿事件被触发，则信托账户下不再分配次级期间收益和支付超过 10 万元限额的其他信托计划费用；同时同顺序按未偿本金余额比例支付优先 A 级资产支持票据、优先 B 级资产支持票据的本金，直至优先 A 级资产支持票据的本金全部支付完毕，支付优先 B 级资产支持票据的本金。

如果权利完善事件被触发，则发起机构应将基础资产有关的租赁物件所有权转让给发行载体管理机构并办理所有权转移登记，且发起机构应向承租人、担保人、保险人和其他相关方(如需)发送权利完善通知，并协助发行载体管理机构办理必要的所有权、抵押权等权利转移/变更手续(如需);如评级机构给予聚信租赁的主体长期信用评级低于A级(不含A级),在权利完善通知书中还应指示各方将租金、留购价款、担保物变现价款、保险金或其他应属于信托计划资产的款项直接支付至信托账户。此外,本信托计划还根据资产服务机构的主体长期信用等级,设置不同的回收款转付日。当资产服务机构的主体长期信用等级下降到一定级别,本信托计划将提高回收款的回收频率,降低资金混同风险。"信托"生效后,"回收款转付日"按照如下规则确定:

1. 当评级机构给予资产服务机构的主体长期信用等级高于或等于A+级时,回收款转付日为每个计算日后的第5个工作日;

2. 当评级机构给予资产服务机构的主体长期信用等级等于A级时,回收款转付日为每个自然月最后一日后的第5个工作日;

3. 当发生加速清偿事件或发生违约事件时,回收款转付日为每个自然月最后一日后的第5个工作日;

4. 当评级机构给予资产服务机构的主体长期信用等级低于A级时,资产服务机构或受托人将根据《信托合同》约定通知相应的承租人、担保人将其应支付的款项直接支付至信托账户。

如果在某一回收款转付期间内,发生加速清偿事件,或发生违约事件,或评级机构给予资产服务机构的主体长期信用等级发生变化且因此需要改变回收款转付日时,自该回收款转付期间届满之日起,相关回收款转付日按照前述规则进行相应的改变。回收款转付日发生上述改变之后,即使资产服务机构的主体长期信用等级重新提高,回收款转付日的频率也不再恢复。

## 五、流动性支持

聚信租赁作为流动性支持机构,与受托人云南信托签订《流动性支持合同》,聚信租赁根据《流动性支持合同》提供无偿流动性支持服务。

# 第五章
# 商业保理资产证券化

保理的核心是应收账款的转让。保理融资债权实为应收账款，应收账款等资产可以作为资产证券化的基础资产。保理资产证券化中有正向、反向交易结构之分。储架式发行将成为供应链金融保理资产证券化的首选。

## 第一节
## 保理的概念及其分类

保理起源于14世纪英国的纺织工业。19世纪下半叶逐渐兴盛的国际贸易推动了保理业务快速发展。起初，跨国贸易中，经销货物的商人很多都是以保理商的方式经营。保理商（factor）接受供应商的委托，直接占有货物（或者证明货物所有权的文件），对货物享有留置权（possessory lien），在特定的场所（factory）以自己的名义或商号接收和销售客户的货物，这个行为当时被称为保理（factorage）。随着商业实践的发展，保理商除提供仓储和销售货物的服务之外，慢慢也提供为供应商核算账目、为买方提供信用担保、在实际销售之前向供应商付款等服务。

我国的保理业务开始于20世纪80年代。据记载，最早的一单业务是1987年中国银行与德国一家公司开展的保理业务。商业银行保理中，1993年，中国银行成为我国第一家开展保理业务的机构，自此，我国保理行业开始兴起。商业保理领域，2005年，天津瀛寰东润国际保理有限公司在天津滨海新区营业，成为我国第一家商业保理公司，中国的商业保理发展之路由此开启。2012年，商务部发布《关于商业保理试点有关工作的通知》，正式在天津滨海新区和上海浦东新区试点开展商业保理业务。自此，我国商业保理迈入发展的"快车道"。

### 一、保理的概念

词源上，"保理"一词来自拉丁语 facit，即"做、行使、制造"之意。"保理"的英文为"factoring"。不同国家对"factoring"的翻译不同，比如在新加坡被译为"客账融资”或“发达令”;在中国香港被译成“销售保管服务”;中国台湾地区将其译为“应收账款管理服务”“应收账款承购业务”和“账务代理”;而在中国大陆,曾被译为“客账受让”“代理融通”“销售包理”“包理”和“保付代理”等。1991 年 4 月底,应国际保理商联合会(Factors Chain International,FCI)邀请,中国对外经济贸易部计算中心(现商务部国际贸易经济合作研究院)和中国银行组织联合考察组,赴荷兰、德国和英国考察国际保理业务。经考察组集体研究决定,正式向 FCI 发函确认将“Factoring”一词的中文译名确定为“保理”。

1911 年出版的《牛津简明词典》对保理业务的定义为:保理是指从他人手中以较低的价格购买债权并通过收回债权而获利的经济活动,这是一个广义的定义,较为简单,未能反映保理业务的综合服务特征。英国学者弗瑞迪·萨林格在 1995 年出版的《保理法律与实务》中对保理做了如下定义:保理是指以提供融资便利,或使卖方免去管理上的麻烦,或使卖方免除坏账风险,或者为以上任何两种或全部目的而承购应收账款的行为(债务人因私人或家庭成员消费所产生以及长期付款或分期付款的应收账款除外)。美国的道恩斯·古特曼在 1985 年的著作《金融和投资辞典》中,对保理的定义是:公司将其应收账款以无追索权的方式转让给保理公司,由其作为主债权人而非代理人的一种金融服务方式。

国际统一私法协会(The International Institute for the Unification of Private Laws,UNIDROIT)在其 1988 年 5 月 28 日订立、1995 年 5 月 1 日生效的《国际保理公约》(The conventionon International Factoring)第 1 条中对保理合同做出的定义是:“保理合同是指一方当事人(供应商)与另一方当事人(保理商)之间所订立的合同,根据该合同:供应商可以或将要向保理商转让由供应商与其客户(债务人)订立的货物销售合同所产生的应收账款,但主要供债务人个人、家人或家庭使用的货物销售所产生的应收账款除外;保理商应履行至少两项下述职能:为供应商融通资金,包括贷款和预付款;管理与应收账款有关的账户(销售分户账);代收应收账款;对债务人的拖欠提供坏账担保。”国际保理商联合会(Factoring Chain International,FCI)则将保理业务界定为:保理是融合了资金融通、账务管理、应收账款收取和坏账担保四项业务的综合性金融服务,并在其 2013 年 7 月修订的最新版《国际保理通则》(General Rules for International Factoring,GRIF)中规定:保理合同系指一项契约,据此,供应商可能或将要向一家保理商转让应收账款,不论其目的是否为了获得融资,至少要满足以下职能之一:(1)销售分户账管理;(2)账款催收;(3)坏账担保。

结合我国保理实务特点,中国银行业协会保理专业委员会(FAC)在其 2010 年发布的《中国银行业保理业务规范》中,第 4 条第 2 款将保理业务定义为“保理业务是一项以债权人转让其应收账款为前提,集融资、应收账款催收、管理及坏账担保于一体的综合性金融服务。债权人将其应收账款转让给银行,不论是否融资,由银行向其提供下列服务中的至少一项:1. 应收账款催收:银行根据应收账款账期,主动或应债权人要求,采取电话、函件、上门催款直至法律手段等对债务人进行催收;2. 应收账款管理:银行根据债权人的要求,定期或不定期向其提供关于应收账款的回收情况、逾期账款情况、对账单等各种财务和统计报表,协助其进行应收账款管理;3. 坏账担保:债权人与银行签订保理协议后,由银行为债务人核定信用额度,并在核准额度内,对债务人无商业纠纷的应收账款,提供约定的付款担保。"

2014 年,中国银监会公布《商业银行保理业务管理暂行办法》,该办法规定:"保理业务是以债权人转让其应收账款为前提,集应收账款催收、管理、坏账担保及融资于一体的综合性金融服务。债权人将其应收账款转让给商业银行,由商业银行向其提供下列服务中至少一项的,即为保理业务:(一)应收账款催收:商业银行根据应收账款账期,主动或应债权人要求,采取电话、函件、上门等方式或运用法律手段等对债务人进行催收;(二)应收账款管理:商业银行根据债权人的要求,定期或不定期向其提供关于应收账款的回收情况、逾期账款情况、对账单等财务和统计报表,协助其进行应收账款管理;(三)坏账担保:商业银行与债权人签订保理协议后,为债务人核定信用额度,并在核准额度内,对债权人无商业纠纷的应收账款,提供约定的付款担保;(四)保理融资:以应收账款合法、有效转让为前提的银行融资服务。以应收账款为质押的贷款,不属于保理业务范围。"

2012 年商务部《关于商业保理试点有关工作的通知》(商资函〔2012〕419 号)中规定:商业保理试点的内容为"设立商业保理公司,为企业提供贸易融资、销售分户账管理、客户资信调查与评估、应收账管理与催收、信用风险担保等服务"。

2013 年 3 月,中国服务贸易协会商业保理专业委员会(CFEC)在《中国商业保理行业研究报告 2012》中,对保理的描述为:"保理是指保理商(银行或商业保理公司)以受让企业因销售货物或提供服务所产生的应收账款为前提,所提供的贸易融资、销售分户账管理、应收账款催收、信用风险控制与坏账担保等服务功能的综合性信用服务。"

2014 年 7 月 1 日,上海市商务委员会、上海市工商行政管理局在《上海市商业保理试点暂行管理办法》中规定,商业保理业务是指供应商与商业保理商(非银行机构)通过签订保理协议,供应商将现在或将来的应收账款转让给商业保理商,从而获取融资,或获得保理商提供的分户账管理、账款催收、坏账担保等服务。商业保理企业可以从事与所受让的应收账款相关的下列业务:

(1)应收账款融资;

(2)销售分户账管理；

(3)应收账款催收；

(4)坏账担保；

(5)经许可的其他业务。

商业保理企业不得从事下列活动：

(1)吸收存款；

(2)发放贷款或受托发放贷款；

(3)专门从事或受托开展与商业保理无关的催收业务、讨债业务；

(4)受托投资；

(5)国家规定不得从事的其他活动。

目前，通说认为，保理是指卖方将其现在或将来的基于其与买方订立的货物销售合同所产生的应收账款，根据契约关系转让给保理商，由保理商针对受让的应收账款为卖方提供融资、催收、管理、担保服务中的特定两项或两项以上的综合性金融服务，其中，融资指保理商可以根据卖方的资金需求，对卖方提供融资，协助卖方解决流动资金短缺问题；销售分户账管理指保理商可以根据卖方的要求，定期向卖方提供应收账款的回收情况、逾期账款情况、账龄分析等，发送各类对账单，协助卖方进行销售管理；应收账款的催收指保理商根据应收账款逾期的时间采取有理、有力、有节的手段，协助卖方安全回收账款；信用风险控制与坏账担保指保理商可以根据卖方的需求为买方核定信用额度，对于卖方在信用额度内发货所产生的应收账款，保理商提供坏账担保。

笔者认为，保理业务是围绕企业应收账款展开的。保理业务中所指的应收账款是企业因提供商品、服务或者出租资产而形成的金钱债权及其产生的收益，不包括因票据或其他有价证券而产生的付款请求权。保理的核心是应收账款的转让，保理的质的规定性就是它的综合性，即在应收账款转让基础上向卖方提供销售账务管理、应收账款催收、坏账担保或者贸易融资中的至少一项服务的综合性金融产品。如果债权人只向保理商转让应收账款，构成了纯粹的应收账款买卖；如果债权人只向保理商申请提供融资或坏账担保，则分别构成了借款或债务担保；如果债权人只要求保理商提供销售账务管理、应收账款催收服务，则分别构成了雇佣、代理法律关系。

目前，我国保理业务主要为债权转让融资服务，即融资性保理，比如卖方(应收账款债权方)出于加速现金管理的目的，将自身持有的应收账款债权转让给保理机构，保理机构获得应收账款债权后持有到期，等待获得买方(应收账款债务方)的全额偿付。实践中，因为应收账款多以票据的形式存在，所在应收账款保理也被称之为票据保理。票据保理也呈现不同的形式，市场上的票据保理业务通常有如下三种：

(1)先保理后附票。该种模式即是基础贸易中的债权人转让应收债权获取保理融资，债务人向保理公司支付票据，用于支付该笔应收账款。

(2)先附票后保理。即债权人和债务人之间的应收账款，债务人已向债权人签发/转让票据。保理商与债权人签订保理合同，自债权人处受让已用票据支付的应收账款。保理商为控制风险，一般要求债权人将已取得的票据背书给保理商。

(3)纯票据保理。即保理公司只根据保理融资人提供的票据即向其提供保理融资，保理融资人不向保理公司转让其与债务人之间的应收账款。

## 二、保理的分类

### (一)有追索权保理(回购型保理)和无追索权保理(买断型保理)

根据保理商承担风险大小不同或对保理申请人是否享有追索权，保理业务分为有追索保理业务和无追索权保理业务。

有追索权保理，又称回购型保理，指保理商不承担为债务人核定信用额度和提供坏账担保的义务，仅提供包括融资在内的其他金融服务。无论应收账款因何种原因不能收回，保理商都有权向债权人追索已付融资款项尚未收回的差额款项，或者要求债权人回购应收账款。这个模式之下，申请人转让应收账款可以获得销售回款，加速流动资金的周转，且无须提供传统流动资金贷款所需的抵质押和其他担保。

无追索权保理，又称买断型保理，指保理商根据债权人提供的债务人核准信用额度，在信用额度内承购债权人对债务人的应收账款并提供坏账担保责任。债务人因发生信用风险，未按基础合同约定按时足额支付应收账款时，保理商不能向债权人追索。这个模式之下，申请人不但可以优化资产负债表，缩短应收账款的周转天数，还可以向银行或保理商转嫁商业信用风险。

### (二)银行保理和商业保理

按照监管机构不同或保理机构的性质不同，保理可以分为银行保理和商业保理(commercial factoring)。从事保理业务的机构为非银行(或银行控股的子公司)保理机构的为商业保理，实际控制人为一般工商企业，受商务部监管；开展保理业务的机构为商业银行或其控股子公司的为银行保理，受中国银监会监管。

银行作为社会最重要的融资中介，在资金量和融资渠道上拥有无可比拟的优势。目前，在整个保理行业生态中，银行保理业务占比比较高。银行基于传统的征信系统,抵押担保风控审查惯例,导致其更多看应收账款持有人的信用状况,交易对手多为大中企业。保理融资也占用银行授信额度。

商业保理有其独特的竞争优势。商业保理紧盯买方信用,即最终付款人的偿付能力。商业保理机构更专注于某个行业或领域,比如供应链金融领域,提供更有针对性的服务。我国现阶段的商业保理业态主要是产业链核心企业依靠自身优势对处于弱势地位的上下游企业提供保理融资服务。本章主要探讨商业保理。

(三)明保理(公开型保理)和暗保理(隐蔽型保理)

根据供应商是否通知债务人其债权已经转让给了保理商,保理可以分为明保理(公开型保理)和暗保理(隐蔽型保理)。在明保理模式下,供货商在债权转让时将保理情况告知购货商,而暗保理模式下,基础合同的债权人将债权转移给保理商时并不通知债务人。

暗保理业务在供应链金融中存在一定的市场需求,依赖于核心企业信用的保理业务迎合了核心企业供应商和保理商的需求。核心企业往往实力雄厚、信用评级较高,能够降低保理业务的风险,保理商有动力进行该类型保理业务。一般情况下,核心企业对于其供应商都有严格的准入条件,如果采取明保理模式,供应商资金短缺问题会暴露给核心企业,核心企业可能会以供应商不符合准入要求为由将其替换,从而给供应商带来经济损失。

(四)常规保理(正向保理)和反向保理

根据资信依赖对象不同,保理可以分为正向保理和反向保理。传统的正向保理的操作模式是供应商把不同债务人的应收账款转让给保理公司,供应商为申请人。保理机构更关注债权人的资信情况,要求债权人有足够的还款能力,因此,中小企业作为供应商通常无法获得保理机构的青睐。

反向保理,有时候也被称为供应链融资,是指以供应商同意并转让其应收账款为前提,由债务人向保理商申请的保理方式,债务人为申请人。债务人一般为资质比较好的处于供应链中的核心企业。保理商和债权人签订保理合同,债务人收到债权转让通知后对保理商的权利进行确认,保证将来对债权进行支付。反向保理的核心意义在于针对中小供应商授信额度不高,融资规模较小的特点,利用信用替代机制,以核心企业的信用替代中小供应商信用,保理公司的风险可大幅度降低。可见,反向保理是以债务人资信作为主导的保理业务,除降低了保理机构的风险以外,还可以降低债权人的融资成本。反向保理容易获得买家(债务人)对应收账款的确认,买家(债务人)配合保理机构开展保理业务的积极性比较高。

(五)国际保理和国内保理

根据交易及当事人是否跨境,保理业务可分为国内保理(domestic factoring)和国际保理(international factoring)。国内保理是根据国际保理发展而来。国内保理指保理商为在国内贸易中的买方、卖方提供的保理业务。国际保理指保理商为在国际贸易中的买方、卖方提供的保理业务。根据保理商数目的不同,国际保理业务的运作有单保理和双保理两种方式。仅涉及一方保理商的叫做单保理方式;涉及双方保理商的则叫做双保理方式。

(六)单笔保理和池保理

根据保理公司每次提供保理服务时接受应收账款的数目,保理可以分为单笔保理和池保理。

此外,保理行业还有联合保理、再保理等。联合保理是指两家或两家以上的保理商共同合作保理业务。再保理(refactoring)指保理商受让其他保理商的应收账款。

## 第二节
## 商业保理资产证券化的概念及其发行情况

近年来,随着经济下行期的到来,商业赊销成为企业间普遍的结算方式,企业应收账款大量增加。潜在的巨大市场吸引社会资本纷纷进驻保理行业,商业保理呈现井喷式发展。有关统计数显示,保理业务在2016年超过了1万亿元,预计2023年达到2.4万亿元的总量。商业保理的发展为资产证券化提供了大量的基础资产。

### 一、保理资产证券化的概念

保理资产证券化是指保理公司将从各个卖方手中受让的应收账款集中起来,形成一个应收账款的资产池,然后对这些资产进行信用评级和分层,将它们转变成可在证券市场上流通和出售的证券。从法律关系的客体来看,保理资产证券化属于应收账款资产证券化类型。

从市场看,根据保理公司在整个过程中的作用大小,保理资产证券化分为两个类型。

(一)通道类的保理资产证券化

通道类保理资产证券化中,保理公司仅仅是因为资产证券化的需要才被相关方吸收进来。有部分通道类保理资产证券化为反向保理的资产证券化,底层资产一般依托于某一核心企业的应付账款,为核心企业缓解资金压力。保理公司起到了资产归集、筛选及整理的作用。比如深圳市前海一方恒荣商业保理有限公司作为原始权益人与方正证券合作发行的“融元—方正证券—方恒荣碧桂园保理资产支持专项计划”“平安证券—方保理万科供应链金融7号资产支持专项计划”“京东金融—华泰资管2017年第三期保理合同债权资产支持专项计划”等。供应链金融资产证券化的详细分析请见本书其他章节，本章不重点论述。

（二）非通道类的保理资产证券化

非通道类保理资产证券化中，保理公司处于主动地位，保理基本属于正向保理，其底层资产并不是依托于某一核心企业的应付账款，而是来自多家优质企业的应收账款。第三方专业保理资产证券化是保理公司缓解资金压力、获得流动资金的渠道的方式之一。

## 二、商业保理资产证券化的意义

商业保理是类金融行业，是消耗资本金的行业，必须不断地补充资本金才能扩大业务发展规模。如果不能解决保理公司自身“再融资”问题，将会使整个保理行业的发展碰到极大的“瓶颈”。商务部给予商业保理公司十倍的金融杠杆，但是实践中商业保理公司普遍存在“融资难、融资贵”的问题。保理公司对资金的再融资需求是十分迫切的。

自2012年我国商业保理发展以试点的形式推广以来，监管部门对其资金来源作了大量规定，如《天津市商业保理业十点管理办法》第10条规定：商业保理公司的营运资金为公司注册资本金、银行贷款等间接融资，发行债券等直接融资，以及借用短期外债和中长期外债；《上海市浦东新区商业保理试点期间监管暂行办法》规定，商业保理企业可以通过银行和非银行金融机构和股东借款、发行债券、再保理等合法渠道融资，融资来源必须符合国家相关法律、法规的规定；《广州市外商投资商业保理业试点管理办法（试行）》规定，商业保理企业的营运资金为公司注册资本金、银行贷款等间接融资，发行债券等直接融资，以及借用短期外债和中长期外债；《中国（上海）自由贸易试验区商业保理业务管理暂行办法》中规定，从事商业保理业务的企业可以通过银行和非银行金融机构和股东借款、发行债券、再保理等合法渠道融资。由此可见，商业保理的资金渠道来源主要有：

（1）公司注册资本金；

（2）银行贷款等间接融资；

（3）发行债券等直接融资；

（4）借用短期外债和中长期外债；

（5）非银行金融机构借款；

（6）股东借款；

(7)再保理融资;

(8)其他合法合规的融资方式。

监管部门禁止保理公司使用吸收存款的方式获得资金。

从实践来看,商业保理公司可操作的资金渠道不多,比如借用外债。除了一些大型国有、上市公司背景的保理公司能够从银行获得授信取得较低资金成本外,其他渠道的资金成本并不低。

保理融资债权实为应收账款。根据我国资产证券化的相关规定,应收账款等资产可以作为资产证券化的基础资产。资产证券化与商业保理存在天然的互补性,两者具有巨大的深度合作空间。开展非通道类的资产证券化对于保理公司来说意义重大。保理公司开展资产证券化业务,基础资产与保理公司信用的叠加使得证券化产品的信用水平超越了保理公司自身,可以获得期限、成本均优于传统银行信贷的融资条件;若能成功销售证券化产品的次级部分还可以实现保理资产出表,释放保理公司资本占用,使资产负债表更加紧凑,杠杆比率更低,资产回报率更高;通过资产证券化还有利于保理公司的管理能力精细化及提升品牌知名度。目前,商业保理以国内庞大的应收资产为主要标的,从融资业务转变为管理业务、从利差收入转变为中间业务收入、从单一风险评估收入转变为基于大数据分析的征信服务,建立商业保理行业的良好生态圈。

## 三、保理资产证券化的发行情况

2015 年以来快速发展的保理资产证券化,为保理公司提供了一个绝好的转型机遇和窗口期。2015 年 5 月 14 日,由上海摩山商业保理有限公司作为原始权益人、恒泰证券股份有限公司担纲管理人的“摩山保理一期资产支持专项计划”取得上海证券交易所无异议函,成为国内首单以保理融资债权为基础资产的资产证券化项目,为商业保理行业借助资产证券化市场筹集资金树立了标杆,开启了商业保理公司以保理资产为基础发行“资产支持专项计划”的序幕。

保理债权 ABS 产品是我国企业 ABS 历史上发展较早的一类产品,但过去发行量一直不大。根据中国资产证券化分析网的统计,截至 2018 年 4 月 12 日,保理融资资产证券化共计 135 单,融资额为 2343. 69 亿元。其中,企业资产证券化 132 单,资产支持票据 3 单。企业资产证券化中,发行场所有上海交易所、深圳交易所和报价系统,另外个别产品在场外市场发行。

从发行的趋势来看,自 2017 年以来,除传统的非通道类保理公司开始资产证券化外,以保理公司为通道发行供应链金融 ABS 产品的大型企业(以房地产企业为主)越来越多。保理业务与供应链金融的应收类产品相结合,以解决企业的上游融资问题，借助资产证券化的融资模式，迅速从边缘化向主流逼近。

## 第三节
# 商业保理资产证券化的实操要点

在商业保理资产证券化的实践操作中，除关注应收账款指南和负面清单等常规事项之外，笔者认为，还应该关注。

## 一、基础资产

### （一）"保理合同债权"与"应收账款债权"的选择

按照入池的资产类型，保理资产证券化的基础资产可细分为应收账款债权和保理合同债权（保理融资款）。保理融资款类型的入池基础资产为保理公司保理融资金额与保理费用（利息、逾期管理费等）。如果"应收账款"作为基础资产，那么第一还款来源就是债务人（买方）的到期还款；如果将"保理融资债权"作为基础资产，第一还款来源就是债权人（卖方）的到期付款。保理资产证券化业务中，不管是以"保理合同债权"还是以"应收账款债权"作为入池资产，在法律上都是可行的，但具体到每一个项目时，需要综合判断与选择。

1. 保理融资款存在回款金额和期限比较规律，建议采用保理融资款作为入池资产。

2. 应收账款的到期日晚于保理融资期限的，应收账款仅仅作为保理融资的一种增信措施，保理业务的第一还款来源是保理申请人的到期还款，而非债务人支付的应收账款回款，以"保理合同债权"作为入池资产更为适宜。

3. 保理业务中债务人的合作程度，很大程度上决定了保理业务的风险。若债务人能够积极配合，对保理公司所受让应收账款的真实性进行核实，并承诺按期足额支付应收账款，则以"应收账款债权"入池也可以操作，反之，若债务人的合作程度较低，甚至与保理申请人恶意串通，骗取保理融资，以"保理合同债权"作为入池资产更为适合。

4. 暗保理业务下，保理公司作为债权的受让人不能直接向债务人直接主张债权，亦无法向债务人核实应收账款的真实情况，在回款控制上，往往采用保理申请人转付模式或回款账户共管模式，选择以"保理合同债权"作为入池资产为宜。

此外，保理预付款指保理公司应供应商申请，在受让应收账款时向其预付应收账款转让价款，以帮助其融资。预付款金额可能等于融资本金金额，也可能小于融资本金金额(如70%或80%)。保理公司在收到债务人的回款后扣除预付款、利息及管理费等后把剩余价款(若有)返还供应商。根据《证券公司及基金管理公司子公司资产证券化业务管理规定》第24条的规定,基础资产禁止有其他权利限制。在实践中,很多机构认为基础资产有附带返还余款的义务,也就是说基础资产有了权利限制,为规避风险,通常选择在与保理公司的转让合同中约定只受让保理预付款而并不是全部的应收账款来作为证券化的基础资产。

### (二)基础资产真实性

应收账款真实性、合法性的考察是重点之一,以规避虚构贸易、虚假做账、变相放贷等问题,尤其要额外关注买卖双方均为贸易型企业的业务,确保存在商业实质。操作中,要加强对合同、发票真实性问题的审查,关注同一保理合同项下在授信额度内已批准发放的保理融资款,是否均已全部付给融资人;买卖双方资质、许可、批准和备案;对保理合同、应收账款转让协议书、应收账款转让通知书、保理公司内部决策文件、企业风控制度、业务尽职调查报告、企业风控与业务人员的说明、发票、货运单据、签章、账户流水、质检报告、函证、保理回款等信息进行交叉验证分析、核实;对于重要债务人或者占基础资产的比例比较大的基础资产,需要进行实地观察其是否真实存在。

需要强调的是,人行登记系统主要依靠标的合同中约定的应收账款进行受让,对应收账款交易双方的基础合同、发票做转让登记,但是该种形式只是纪录,并无实质的监管意义。

### (三)基础资产可转让性

禁止转让条款是指基础交易合同双方当事人在合同中自行约定债权未经同意不得转让。我国《合同法》第79条第2项规定,按照当事人约定不得转让的合同,不得全部或部分转让给第三人,这是民法赋予当事人意思自治权利的体现。如果违背合同约定,申请人将债权擅自转让给保理公司,而保理公司出于善意或恶意又将债权再次转让给专项计划,则债务人完全可以依照"禁止转让"条款提出抗辩,由此将导致证券化投资人的利益受到损害。

实操中,主要审查资产转让的文件、转让行为是否取得双方的内部决策支持、转让行为是否在登记机关登记、是否履行法律特别规定(如国家限制转让、国有资产转让)等。

### (四)应收账款的金额确定性

实践中,保理公司在某些类型的保理业务项下,所受让应收账款的金额是不能完全确定的。例如,保理公司受让应收账款时,应收账款的金额是约定的合同金额,而交易双方最终实际结算的金额需要根据结果进行相应调整。这种情况下,保理公司受让的应收账款金额与最终付款金额之间存在一定的出入。笔者认为,如果出入的比例根据历史交易情况是可以合理预测和控制的,应收账款金额不能完全确定并不是开展资产证券化业务的实质性障碍,可以通过交易结构的设计与安排得以解决。比如不以“应收账款债权”入池,而以“保理合同债权”作为入池资产,以此确定资产池规模及进行现金流测算;风险敞口超额覆盖机制,入池的基础资产金额超额覆盖融资金额;确定外部增信等。

另外,还需要关注基础资产是否有重复转让的情形;回收时间是否确定;是否有潜在纠纷;交易双方是否存在严重不公平、关联交易、互有买卖、互负债务等能够产生撤销权、抵销权和抗辩权的情形;交易标的物是否权属清晰,是否为限制、禁止流通物,是否为共同共有物等情况;关注分散性问题,金额、行业、区域等要素是否分散;基础资产规模;是否有足够的利差等。

## 二、交易结构

有关正向和反向的保理资产证券化的交易结构请见案例分析。作者重点介绍一下市场上曾经出现过的代理人模式。根据《合同法》第402条规定,“受托人以自己的名义,在委托人的授权范围内与第三人订立的合同,第三人在订立合同时知道受托人与委托人之间的代理关系的,该合同直接约束委托人和第三人,但有确切证据证明该合同只约束受托人和第三人的除外”。代理人模式的交易结构如图5-1所示。

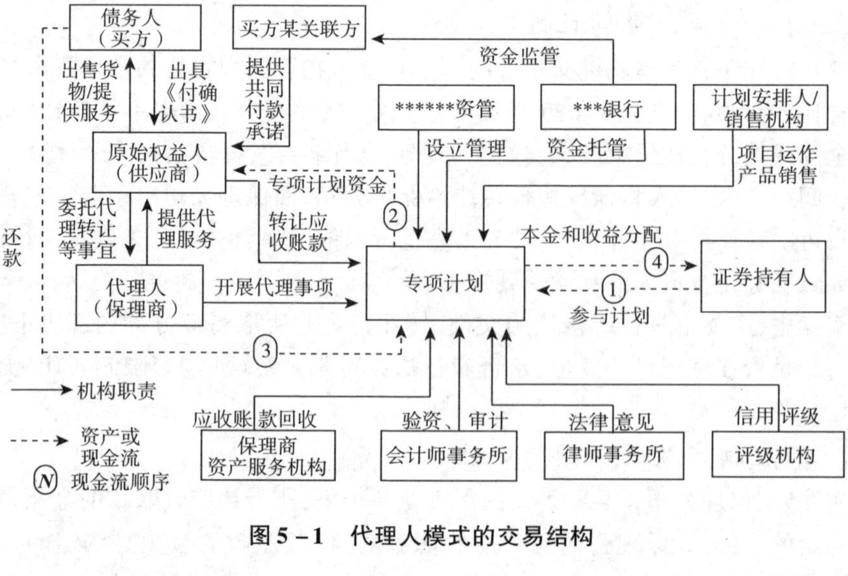


**图5-1　代理人模式的交易结构**

所谓代理人模式就是商业保理公司不担任原始权益人,而是受众多家企业(债权人)的委托代为管理与发行资产证券化。代理人模式中,保理商无须支付保理融资款,节省资金的占用,也不承担任何基础资产的瑕疵担保责任,是一种操作简便、无风险的管理业务。代理人模式中,委托授权必须合法、有效、充分,以书面协议形式明确做出被代理人代理出售应收账款债权的意思表示。

和代理人模式有点类似的还有特殊保理条款模式。特殊保理条款模式的交易结构如图 5－2 所示。

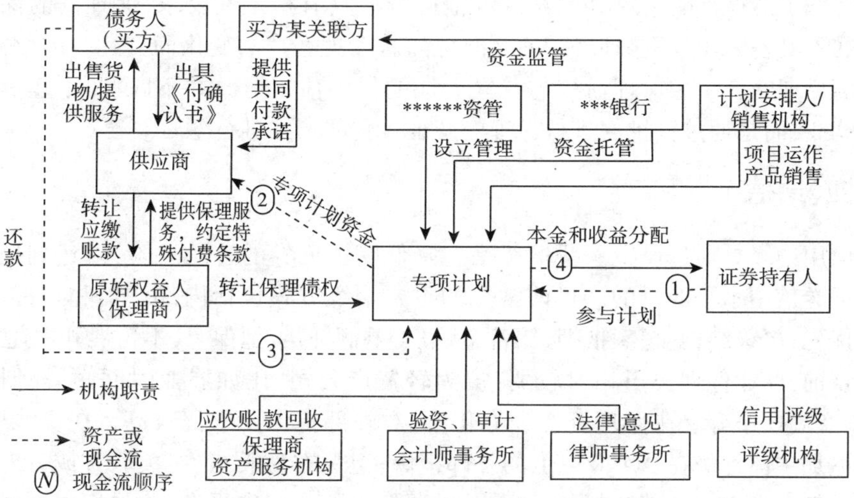


**图 5－2　特殊保理条款模式的交易结构**

“特殊保理条款模式”是指保理债权在形成时,通过设置特殊的付款条件,将付款时间延后,确保在保理机构转让保理债权后,由专项计划将款项支付给供应商,最终完成整个交易。从交易架构来看,相对于代理人模式,特殊保理条款模式既可以降低保理公司的资金成本。在保理机构将保理债权作为基础资产的证券化过程中,由于保理机构未支付保理融资款,意味着保理机构持有的保理债权存在不确定性。虽然可以采用设置监管结算账户来确保保理融资款的真实给付,但是专项计划的基础资产存在瑕疵。

根据上海证券交易所《企业应收账款资产支持证券挂牌条件确认指南》的相关规定,应收账款系从第三方受让所得的,原始权益人应当已经支付转让对价,且转让对价应当公允。代理人模式、特殊保理条款模式需要和相关部门沟通操作的可行性。

## 三、循环购买结构

通常来说，应收账款的账期应当与资产支持专项计划的期限匹配。应收账款账期较长比较适合做资产证券化。商业保理资产具有项目期限较短的特征，多在半年以内，所以，专项计划可以选择受让循环交易而形成的应收账款池，通过设计循环购买机制延长账期。实操中，原始权益人需要对每笔新形成的应收账款以及回款进行跟踪管理，且在专项计划设立前，需要提前考虑是否有合格基础资产被用于循环购买。循环购买对后期再次入池的资产具有稳定性要求，保理商的保理客户往往不具备稳定性，保理资产的情况也随着保理客户的变化而变化。因此，如果保理商后期新产生的保理债权与首次入池的保理债权情况并不匹配，不建议设置循环购买，而是通过分批次进行保理资产证券化的形式进行融资。

## 四、增信

信用增级是通过设置一些增级措施降低受评证券的违约风险，以达到提升优先级证券信用水平的目的。目前常见的主要增级方式包括内部增信和外部增信，比如优先/次级结构、超额抵押、储备金账户、差额补足、担保等，不再展开叙述。

目前，商业保理公司相对较弱，多为轻资产公司，比如展业时间短、注册资本低、资产规模小等。在保理资产证券化中，对外部担保要求比较高。在实践中，往往会追加主体评级在 AA 及以上的外部担保，担保方为股东方、关联方或者专业担保公司等。在引进外部担保的过程中，需要解决好衔接和平衡，比如担保方的内部决议流程时间、融资性担保公司的担保费等，不致因外部担保问题阻碍资产证券化的顺利进行。

反向保理资产证券化的增信具有特殊性，源于核心企业为强主体。比如“万科2017－7”的原始权益人为深圳市前海一方商业保理有限公司，单一债务人为万科股份及万科下属公司，众多债权人是为万科提供商品贸易与工程服务的供应商。由于万科股份为 AAA 的信用评级，是我国房地产行业的龙头企业之一，资本实力雄厚，综合实力突出，再加上现金流归集设计上的闭环操作，该产品无增信措施，没有差额支付，没有担保，也无优先/劣后分层。再比如“招商资管—前海一方恒融第一期(4 号)资产支持专项计划”，从公开披露的计划说明书来看，此专项计划无信用增级方式，证券共分为 6 档，在无担保的情况下，所有产品信用评级均为 AAA。

反向保理中，计划管理人往往在增信设置上引入付款承诺人。比如“招商资管—前海一方恒融第一期(4 号)资产支持专项计划”引入了万科企业股份有限公司作为付款承诺人，出具《付款确认函及授权书》，承诺标的应收账款到期日全额付款。且在基础资产入池筛选时,资产入池标准之一即为"万科企业股份有限公司就应收账款的支付已出具《付款确认及授权书》,确定相应应收账款到期支付不附条件"。

## 五、集合保理资产证券化模式

目前,商业保理公司资金有限、保理存量规模不大,采用联合保理资产证券化模式可以解决单个保理公司规模偏小的难题。目前市场上,第一创业保理云优选一期资产支持专项计划曾经顺利取得上交所无异议函。西部证券—尉邦中技保理资产证券化由尉邦商业保理(上海)有限公司和北京中技商业保理有限公司作为联合发起机构及服务机构,西部证券作为计划管理人及承销机构,募集规模总额9亿元人民币,是全国保理行业首单联合资产证券化产品。多家商业保理公司共同把自己的资产梳理出来设立专项计划,资产证券化项下的资产更具分散性,但是一定要在法律层面界定好保理公司在专项计划存续期间的法律权利、义务分配问题。同时,对保理公司的准入门槛制定一个标准,防止某评级较低的保理公司拉低整个资产包的评级。

保理行业已经逐渐进入行业整合阶段,联合保理业务会越来越多。需要注意的是,集合保理资产证券化可以分为"联合保理商资产证券化"和"联合保理资产证券化"。"联合保理商资产证券化"是单纯证券化主体的联合,资产证券化的基础资产仍来源于各保理商自己的保理业务;"联合保理资产证券化"侧重业务上的联合,各个保理商联合在一起,一同开展保理业务,最终将该笔保理业务资产证券化。

## 六、储架发行

现在深交所、上交所、报价系统都推出了这种储架发行的模式。储架发行制度是一次批准、多次发行的融资制度。储架发行的资产证券化产品在初次申报提交的文件中就已约定产品的底层基础资产类型、入池规范、交易结构、增信办法等,同系列下每期产品的关键要素保持一致。

在反向保理资产证券化中,储架式发行将成为供应链金融保理资产证券化的首选。目前市场上供应链金融保理资产证券化多为储架发行,如碧桂园、世茂、万科作为最终支付人的资产证券化产品系列。储架发行制度的意义体现在:

1. 在储架额度内,可以结合原始权益人的业务发展和融资需求,灵活安排各期产品的发行计划,发行节奏可以调节。

2. 如果有充足的基础资产,发行需求量较大,频率较高,橱架发行极大缩短了发行审批时间，提高了发行效率。

3. 缓解销售压力。储架发行模式可以避免一次性大额发行而造成的销售压力。

## 七、原始权益人和债务人

目前，保理资产证券化注重应收账款债务人的主体信用。常规保理 ABS 业务围绕保理机构持有的保理债权展开，通常债务人比较分散，因此，一般不存在需要根据《证券公司及基金管理公司子公司资产证券化业务尽职调查指引》第 11 条的要求进行全面尽职调查的重要债务人。重要债务人是指入池应收款的本金余额占资产池比例超过 15% 的，或者债务人及其关联人上述比例达到 20% 的债务人。债务人的主体评级直接影响基础资产的信用评级。入池资产的影子评级以 AA 级以上为佳。因此，适合做资产证券化的往往是买家(债务人)为大型国有、上市公司或大型民营企业集团的应收账款。

反向保理一定会存在“重要债务人”。反向保理 ABS 项目是围绕核心买方开展的保理业务之上开展的资产证券化业务，该类资产支持证券的入池资产通常是以该核心买方为债务人的应收账款，因此需要对重要债务人进行全面尽调。对重要债务人的核查主要包括但是不限于。

### (一) 债务人的基本情况

包括主体情况(历史沿革、现状、未来计划、资产、股东、股权结构、子公司的基本情况)、主营业务情况(商业模式、盈利模式、业务增长、重大经营项目)、市场竞争情况(市场定位、市场份额、市场竞争力)、公司管理水平(风险控制制度)、公司的主要合作伙伴及上下游客户情况等。

### (二) 债务人的财务情况

主要融资方式、融资规模、对外借贷及担保、基本的偿债能力分析等，目的是为了反映其偿付能力和资信水平。

### (三) 行业的基本发展情况

通常情况下，基本分析思路是行业的周期分析(可将企业分为增长型行业、防守型行业、周期性行业)、行业的现状分析(行业形势、产业链分析、价值链分析)、行业的趋势分析(影响行业趋势发展的因素，如产品技术革新、购买偏好改变、社会关注变化、政策变化等)。笔者认为，应该谨慎对待产能过剩、能源消耗大、环境污染严重、受经济周期影响大等行业。

对于原始权益人来说，保理公司自身的背景、财务实力大小和信用也是保理资产证券化的重要考量因素。目前,商业保理公司的注册资本普遍在5000万元以上。注册资本大小对商业保理公司初期展业影响较大。商业保理公司的股东背景较为广泛,如银行、保险、电商、零售等。可以给保理公司带来业务、资金、管理等支持并且整体实力较强的股东,对商业保理业务发展方向影响较大。一般来说,原始权益人综合实力较强,主体评级AA及以上为佳。重点关注原始权益人是否具有健全的内部管理制度和风险控制制度,是否得到严格的执行,这对于降低信用风险、交易真实性风险、流动性风险、操作风险、道德风险、法律风险等都非常重要;是否有成熟的盈利模式和清晰的发展路径,能够发挥自身优势或依托股东资源开展业务,这些关系到发起主体未来的可成长性;是否具有完善的IT信息系统,有利于降成本、提效率,也有利于规避操作风险,方便资产证券化操作。此外,也需要考察业务涉及的行业及其集中度、资本结构、融资能力、盈利能力、风险拨备计提等。

另外,也要关注融资人、债务人在央行征信系统有无不良贷款记录;是否属于平台公司等负面清单限制主体(不属于地方政府或地方政府融资平台公司);是否涉及行政处罚、仲裁、诉讼、破产重整等情形。

## 第四节 商业保理资产证券化案例简介

### 一、正向保理资产证券化案例

笔者以摩山保理一期为例。管理人恒泰证券设立并管理摩山保理资产支持专项计划。原始权益人、资产服务机构摩山保理负责转让、管理基础资产。摩山保理同时也是差额支付承诺人。担保人(法尔胜集团)进行担保承诺。招商银行民生支行作为监管银行提供资金监管服务。招商银行上海分行作为资金托管人提供资金托管服务。

#### (一)要素信息

产品要素情况如表5-1所示。

**表5-1　摩山保理一期产品要素信息**

| 项目 | 摩山1A | 摩山1B | 摩山1C |
| --- | --- | --- | --- |
| 募集规模(万元) | 13,100.00 | 26,300.00 | 4400.00 |
| 分层比例 | 29.91% | 60.05% | 10.05% |
| 评级 | AAA | AA | 无 |
| 预期收益率 | 6.20% | 7.80% | 无 |
| 证券类型 | 过手支付型 | — | — |
| 还本方式 | 前两年为循环期,每半年付息一次;最后一年为分配期,每月还本付息 | — | 期间收益不超过5%/年 |
| 加权平均期限(年) | 2.8~3.0 | 2.8~3.0 | 2.8~3.0 |

资料来源:WIND,专项计划说明书,招商证券。

项目总规模4.38亿元,分为三档,优先A级规模为1.31亿元,占比30%;优先B级规模2.63亿元,占比60%;次级规模为0.44亿元,占比10%。优先A和优先B的平均发行利率约7.2%。10%的劣后部分则由摩山保理自行出资认购。

### (二)交易结构

摩山保理一期交易结构如图5-3所示。

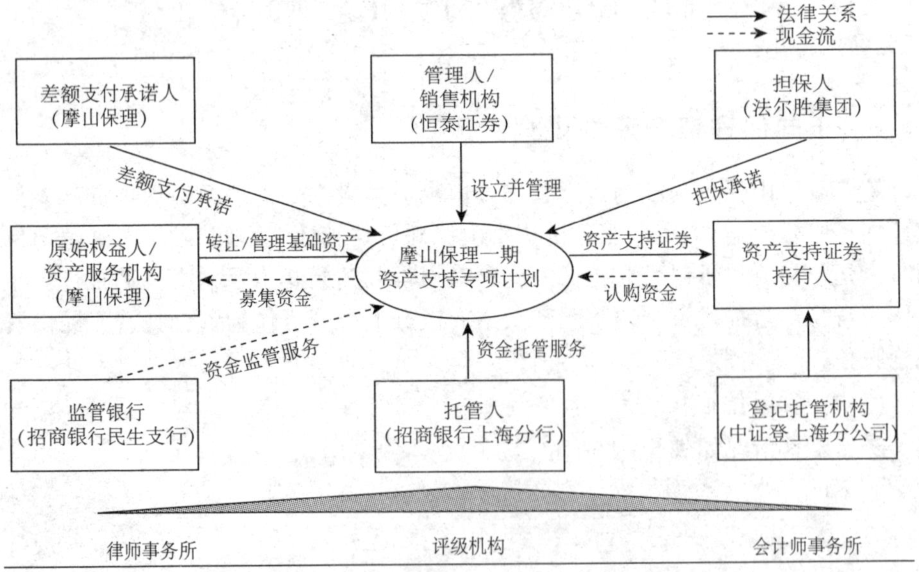


**图5-3　摩山保理一期交易结构**

摩山保理一期的交易结构主要分成以下几个环节：

1. 管理人设立专项计划，认购人认购资产支持证券，成为资产支持证券持有人；

2. 管理人将专项计划所募集的认购资金用于向原始权益人购买基础资产，即初始基础资产清单及新增基础资产清单所列的由原始权益人于专项计划设立日或循环购买日转让给管理人的原始权益人对融资人、债务人享有的保理融资债权及其附属担保权益；

3. 资产服务机构于资金归集日将各融资人、债务人及基础资产担保人（如有）在保理合同项下偿付的款项全部划入资产服务账户，并通知管理人及监管银行汇划资金中分属于本金回收款及收入回收款的金额；

4. 监管银行在回收款转付日依照资产服务机构的指令将基础科目中的超额资金（如有）、上一储备期间内费用储备科目内的储备资金及收益储备科目内的储备资金划转至专项计划账户，由托管人对专项计划资产进行托管；

5. 当发生差额支付或担保责任启动事件时，差额支付承诺人（摩山保理公司）或担保人（江苏法尔胜泓昇集团有限公司）按约定将差额资金或担保资金划入专项计划账户；

6. 管理人根据约定，向托管人发出分配指令，托管人根据分配指令，进行专项计划费用的提取和资金划付，并将相应资金划拨至登记托管机构的指定账户用于支付资产支持证券本金和预期收益。

### （三）循环购买

摩山保理一期设置有循环购买期。项目期限的前两年设为循环期。摩山保理ABS交易结构上采用每日循环购买的模式。在循环期内，管理人于循环购买日根据相关合同条款约定，以专项计划项下的可支配资金向原始权益人循环购买新增基础资产。

当有初始入池资产到期还款后，摩山保理会从其公司已有应收账款资产中先进行初步筛选，筛选后的项目交给恒泰证券进行二次审核，最终通过审核的项目会作为循环资产入池。每次循环购买价款不高于入池保理债权本金余额，结合初始入池资产所对应的原始应收账款余额超额覆盖资产池未偿本金的132%以上，每次循环购买时这一超额覆盖倍数为125%，即综合超额覆盖倍数将始终维持在1.25倍以上。如当池内资产在项目存续期出现不满足入池条件的情况，恒泰证券会要求摩山保理清偿项目，再重新选择资产入池。

恒泰证券作为管理人与摩山保理联合设计、开发、测试循环购买的IT系统。

### (四)增信措施

摩山保理一期的增信措施主要分成内部增信和外部增信。

1. 证券分层

摩山保理一期资产支持证券分为优先/次级,其中优先档证券划分为摩山1A、摩山1B两档,次级档为优先档证券提供10.05%的信用支持。

2. 超额抵押

摩山保理一期初始入池的基础资产所对应的原始应收账款余额超额覆盖资产池未偿本金的125%以上,且每次循环购买价款不高于入池保理债权本金余额,其综合超额覆盖倍数维持在1.25倍以上,为资产支持证券提供了较高的超额抵押。

3. 超额利差

摩山保理一期初始基础资产的加权平均利率为10.05%,在循环期内,自专项计划设立日起每三个月内所有新增基础资产的加权平均利率须不低于9.5%。较高的基础资产收益率为优先档资产支持证券提供了超额利差。

4. 原始权益人差额支付承诺

在每个托管人报告日,若专项计划账户当期收到的款项不足以支付当期优先级资产支持证券应付本息,则管理人将在差额支付启动日向摩山保理公司发出差额支付通知书,摩山保理公司应按约定在差额支付划款日予以补足。

5. 第三方担保

托管人在差额支付划款日再次进行核算,若专项计划账户当期收到的款项仍不足以支付当期优先级资产支持证券应付本息,则管理人将于担保责任启动日向担保人法尔胜集团发出履行担保责任指令,担保人应于担保人划款日根据要求将相应款项划入专项计划账户。

6. 基础资产回购

占基础资产总额75.86%的涉及三聚环保等四笔资产,合计金额3.3亿元(占优先级产品本金的84.29%),由海淀科技承担不可撤销回购责任。到期发生回购情形时,无条件向摩山保理公司退还相应的保理融资本金、利息及其他相关费用。

7. 信用触发机制

项目设计了信用触发机制,包括加速清偿事件和提前终止事件。当资产服务机构和资产池自身情况恶化时,信用事件触发,将导致基础资产现金流支付机制的重新安排。

## 二、反向保理资产证券化案例

笔者以“平安—逸琨供应链金融1号资产支持专项计划”为例。本单资产支持专项计划原始权益人为各笔应收账款的债权人，代理原始权益人为上海逸锟商业保理有限公司，基础资产为根据基础资产买卖协议约定，由原始权益人出售予专项计划并交割完成的应收账款债权，由原始权益人之代理人代为履行相关程序。

### （一）产品结构

产品结构如表5－2所示。

**表5－2　平安—逸琨供应链金融1号资产支持专项计划**

| 债券名称 | 发行规模（万元） | 票面利率（%） | 债券期限（年） | 债项评级 |
|---|---|---|---|---|
| 逸锟1A1 | 76，600.00 | 6.2 | 1.48 | AAA |
| 逸锟1次 | 4100.00 | — | 1.48 | — |

### （二）资产支持专项计划交易结构

交易结构情况如图5－4所示。

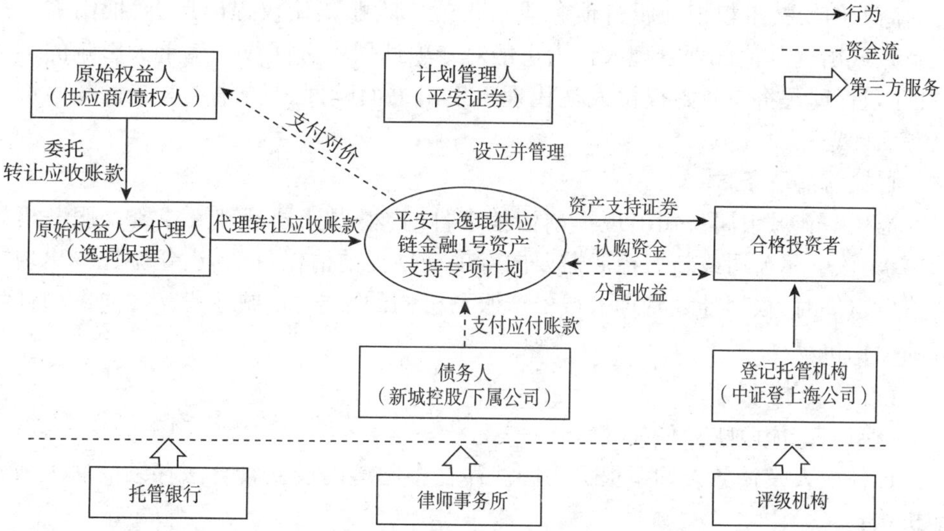


**图5－4　平安—逸琨供应链金融1号资产支持专项计划交易结构**

### （三）增信措施

在本单资产支持专项计划中，主要有如下增信措施。

1.优先/次级分层

本次专项计划对产品份额进行了优先/次级分层，次级资产支持证券为优先级资产支持证券提供信用增级。

2. 新城控股出具《付款确认书》

新城控股通过出具《付款确认书》加入债务，为共同债务人，为本专项计划提供增信保障。《付款确认书》确认："新城控股知悉其下属公司的供应商向专项计划转让对其下属公司的应收账款的事项，并同意如新城下属公司到期未偿付相关款项或于触发提前清偿事件时未履行提前清偿义务，新城控股将继续支付相应款项并承担相应经济责任。我司已知悉相关应收账款转让事实，我司在此确认，下述表格提述的应收账款债权真实、合法、有效，且卖方已完全适当履行了该等应收账款债权对应的基础交易项下的义务，同意相应账款到期支付不附条件。"

3. 基础资产赎回条款

对于不合格基础资产债权，通过代理合同及专项计划文件等一系列交易安排，计划管理人有权要求原始权益人或原始权益人之代理人进行赎回。当任一债务人发生任一丧失履约能力事件，或因任何原因未能在应收账款债权到期日足额支付等额于应收账款债权本金账面价值的资金（包括但不限于债务人以其对债权人享有的商业纠纷抗辩权拒绝履行债务或对入池应收账款债权提出反诉、抵销等抗辩主张），或出现其他计划管理人认为可能对专项计划资金回收产生重大影响的事项时，计划管理人将向原始权益人之代理人发出书面赎回通知并要求支付赎回价款至专项计划账户。

4. 提前清偿条款

当任一新城下属公司出现提前清偿事件时，根据计划管理人或资产服务机构的要求，该下属公司或新城控股需要向专项计划提前清偿价款；当新城控股出现提前清偿事件时，根据计划管理人或资产服务机构的要求，新城控股需要向专项计划提前清偿价款。

（四）合格标准

就每一笔应收账款债权而言：

1. 债权人及债务人均系根据中国法律在中国境内设立且合法存续的法人或其他机构；

2. 基础交易合同项下债权人具有签订基础交易合同所需的资质、许可、批准和备案（如适用法律规定为必需）；

3. 债权人与债务人之间的交易具有真实的交易背景，债权人与债务人双方签署的基础交易合同及其他相关法律文件在适用法律下均合法及有效；并且，债权人真实、合法、有效并完整地拥有该笔应收账款债权；

4. 逸琨保理取得代理原始权益人向专项计划出售未到期应收账款债权的授权合法、有效；

5. 债权人已经完全、适当履行基础交易合同项下的合同义务且债务人已通过新城确认函确认其对基础交易合同项下的应付款负有到期支付义务，并且不享有商业纠纷抗辩权；

6. 债务人在基础交易合同项下不享有任何扣减、减免、抵销全部或部分应付款的权利（为避免疑义，前述扣减、减免或抵销应付款的权利包括但不限于债务人因债权人提供的产品或服务不符合约定的产品或服务质量要求而对应付款主张扣减、减免或抵销的权利）；

7. 该笔应收账款债权的债权到期日应早于专项计划到期日，但晚于专项计划设立日；

8. 该笔应收账款债权未被列入《负面清单》；

9. 该笔应收账款债权上未设定抵押、质押等担保权利，亦无其他权利负担；

10. 基础交易合同及适用法律未对债权人转让应收账款债权作出禁止性或限制性约定，或者，在基础交易合同对债权人转让该债权作出限制性约定的情况下，转让条件已经成就；

11. 原始权益人之代理人已就其将应收账款债权代理转让予专项计划的事宜向债务人发出书面通知并已取得债务人出具的《买方确认函》和《付款确认书》；

12. 由新城控股和新城下属公司出具的新城确认函在适用法律下均合法、有效且可执行；

13. 基础资产不涉及国防、军工或其他国家机密；

14. 基础资产不涉及任何未决的诉讼、仲裁、执行或破产程序，未被采取任何查封、扣押、冻结等司法保全或强制措施。

# 第六章
# 保单质押贷款资产证券化

保单质押贷款是保险产品的创新体现,近年来得到较快发展,同时保单质押贷款属于优质的基础资产,目前已有通过资产支持计划等方式实现保险资产证券化的实践。

## 第一节
## 保单质押贷款的概念及其市场状况

保险的历史非常悠久。据传,远在1384年,比萨就出现了世界上第一张保险单。现代保险是从萌芽时期的互助形式逐步发展的,经历了互助形式、冒险借贷,发展到海上保险合约,再发展到海上保险、火灾保险、人寿保险和其他保险的漫长过程。我国保险公司的发展可以追溯到1929年11月20日,太平保险有限公司在上海成立。新中国成立后,第一家全国性大型综合国有保险公司是1949年10月20日成立的中国人民保险公司。1998年11月18日,中国保险监督管理委员会正式成立。保险业的主要规则是1985年3月3日国务院颁布实施的《保险企业管理暂行条例》和1995年6月30日第八届全国人民代表大会常务委员会第14次会议通过的《保险法》。

从经济角度来看,保险是一种损失分摊方法,以多数单位和个人缴纳保费建立保险基金,使少数成员的损失由全体被保险人分担。为了更好地阐述保单质押贷款资产证券化,笔者先介绍与保单质押贷款相关的基本概念:

### 一、保险的概念及其主要分类

通说认为,保险(insurance或缩写为insur),是指投保人根据合同约定,向保险人支付保险费,保险人对于合同约定的可能发生的事故因其发生所造成的财产损失承担赔偿保险金责任,或者被保险人死亡、伤残、疾病或者达到合同约定的年龄、期限等条件时承担给付保险金责任的商业保险行为。

理论上,中国保险可以分成社会保险和商业保险。社会保险以保障社会成员的基本生活需要为目的,仅限于人身保险,体现的是社会基本保障原则,包括养老保险、医疗保险、失业保险、工伤保险和生育保险。商业保险是一种商业行为,以营利为目的。商业保险体现的是多投多保、少投少保的原则。本章所探讨的主要是商业保险。

按照保险标的的不同,商业保险分为财产保险和人身保险。财产保险是指投保人根据合同约定,向保险人交付保险费,保险人按保险合同的约定对所承保的财产及其有关利益因自然灾害或意外事故造成的损失承担赔偿责任的保险。

人身保险是以人的身体或者生命作为保险标的的保险。保险人承担被保险人保险期间遭受到人身伤亡,或者保险期满被保险人伤亡或者生存时,给付保险金的责任。人身保险包括人寿保险、健康保险和人身意外伤害险等。人寿保险,简称寿险,是一种以人的生死为保险对象的保险,是被保险人在保险责任期内生存或死亡,由保险人根据契约规定给付保险金的一种保险。健康保险也叫疾病保险,是以非意外伤害而由被保险人本身疾病导致的伤残、死亡为保险条件的保险。人身意外伤害保险是以人的身体遭受意外伤害为保险条件的保险。人身保险的业务范围包括生存保险、死亡保险、两全保险等。此外,人身保险还有衍生的业务,如年金保险,即以被保险人的生存为给付条件,保证被保险人在固定的期限内,按照一定的时间间隔领取款项的保险;分红保险,即保险公司在每个会计年度结束后,将上一会计年度该类分红保险的可分配盈余,按一定的比例,以现金红利或增值红利的方式,分配给客户的一种人寿保险;投资连结保险,即保险公司将收进来的资本(保费)除提供客户保险额度外,还做基金标的连结,让客户享受到投资利益;万能人寿保险,又称为万用人寿保险,即可以任意支付保险费以及任意调整死亡保险金给付金额的人寿保险等。

人寿保险具有长期性和储蓄性的特征。在保险期内,如果合同解除或由于某种原因终止,保险人应当将保险责任准备金扣除少量退保手续费后退还投保人或被保险人。

## 二、保单质押贷款的界定

保单(insurance policy)是保险单的简称。《保险法》第13条规定,投保人提出保险要求,经保险人同意承保,保险合同成立。保险人应当及时向投保人签发保险单或者其他保险凭证。保险单或者其他保险凭证应当载明当事人双方约定的合同内容。当事人也可以约定采用其他书面形式载明合同内容。可见,保单是保险人与被保险人订立保险合同的正式书面证明,而保险合同是投保人与保险人约定保险权利义务关系的协议。保险单分为财产保险单和人身保险单。

质押(pledge)是债务人或第三人将其动产或者权利移交债权人占有,将该动产作为债权的担保,当债务人不履行债务时,债权人有权依法就该动产卖得价金优先受偿。债务人或者第三人为出质人,债权人为质权人,移交的动产为质物。出质人和质权人应当以书面形式订立质押合同。质押合同自质物移交于质权人占有时生效。质押担保的范围包括主债权及利息、违约金、损害赔偿金、质物保管费用和实现质权的费用。质权人有权收取质物所生的孳息。质物折价或者拍卖、变卖后,其价款超过债权数额的部分归出质人所有,不足部分由债务人清偿。质权因质物灭失而消灭。因灭失所得的赔偿金,应当作为出质财产。质权与其担保的债权同时存在,债权消灭的,质权也消灭。

(一)保单质押的合法性

目前,保单不是《物权法》《担保法》明确规定的可以出质的权利,但是《物权法》有一个兜底条款,即"法律、行政法规规定可以出质的其他财产权利"。笔者认为,保单质押是有合法性基础的。

《保险法》未明确规定保单可以质押,但《保险法》第34条第2款规定,按照以死亡为给付保险金条件的合同所签发的保险单,未经被保险人书面同意,不得转让或者质押。该条款在一定程度上被认为是以禁止性规范的形式间接确认了保单质押效力。

《保险资金运用管理办法》第18条第5项(保监会令〔2018〕1号)规定,保险集团(控股)公司、保险公司从事保险资金运用,不得将保险资金运用形成的投资资产用于向他人提供担保或者发放贷款,个人保单质押贷款除外。

《中国保险监督管理委员会关于规范保险业务经营有关问题的通知》(保监发〔2011〕36号)规定,保险公司可以向具有现金价值的个人长期险保单投保人提供保单贷款服务,保单贷款的有关事项应当在保险合同中约定;保单贷款金额不得超过保单现金价值,贷款利率应当参照人民银行公布的同期贷款利率、公司自身资金成本及风险管控能力确定,贷款期限一般不超过6个月;保险公司不得向投保人以外的第三方提供保单贷款;以死亡为给付保险金条件的合同所签发的保单贷款,应当事先经被保险人书面同意。

中国保监会《关于进一步完善人身保险精算制度有关事项的通知》(保监发〔2016〕76号)规定,保险公司提供保单贷款服务的,保单贷款比例不得高于保单现金价值或账户价值的80%。保险公司不得接受投保人使用信用卡支付具有现金价值的人身保险保费以及对保单贷款进行还款。

中国人民银行《关于人寿保险中保单质押贷款问题的批复》认为,办理保单质押贷款应遵循以下原则。

1. 保单质押贷款仅对订有保单质押贷款条款的个人寿险保单办理。

2. 个人寿险保费支付2年以上，保单产生现金价值后，经被保险人书面签字同意，投保人可以保单为质，向保险公司借款。

3. 保单质押贷款的期限、金额、按保险条款中的约定执行。在保单条款中要明确规定保单质押贷款期限不超过6个月，保单质押贷款金额不超过贷款时保单现金价值的80%。在确定每一具体保单贷款的期限和金额时，要使在保单质押贷款期限内，贷款本息之和（若有自动垫交保费约定时，应计入垫交保费的本息之和）必须低于保单现金价值。

4. 保单质押贷款利率按保险条款中的约定执行，如无约定，则按同期银行贷款利率执行。

5. 当投保人逾期不偿还贷款，使贷款本息累积达到保单现金价值时，保险公司应及时通知投保人，终止保险合同。

同时规定，开办保单质押贷款业务时，保险公司要建立相应的业务规章，设立"保单质押贷款登记簿"，逐笔登记贷款的保单号、保单现金价值、贷款期限、利率、还款注销情况等内容；对实行保单质押贷款的保单，保险公司要在每个月末打印保单质押贷款情况报表，内容包括当月末保单现金价值以及未偿还保单贷款本息和等项目，以备中国人民银行检查。严格禁止对团体寿险保单办理保单质押贷款，严格禁止以保单质押贷款为名，向个人寿险投保人以外的单位或个人贷款。

中国银监会《关于商业银行改善和加强对高新技术企业金融服务的指导意见》（银监发〔2006〕94号）认为，商业银行对高新技术企业授信，应当探索和开展多种形式的担保方式，如出口退税质押、股票质押、股权质押、保单质押、债券质押、仓单质押和其他权益抵（质）押等。

中国保监会《关于寿险保单质押贷款业务有关问题的复函》（保监厅函〔2008〕66号）认为，保单质押贷款是长期寿险合同特有的功能，是指投保人在合同生效满一定期限后，按照合同约定将其保单的现金价值作为质押，向保险公司申请贷款。

中国保监会《关于加强保险公司与商业银行保单质押贷款业务合作管理有关问题的通知》（保监寿险〔2011〕1312号）规定，部分商业银行开展保单质押贷款业务，并与保险公司签订合作协议，要求保险公司配合其做好质押保单所载事项的验审及质押保单权益的转让等工作。部分商业银行在开展保单质押贷款业务中为获取手续费，以贷款发放为条件，要求客户先购买保险，然后将保单到银行质押，或者用取得贷款的一定比例购买保险，再到银行进行质押。该做法违反《保险法》投保自愿原则，贷款到期后退保可能性较大。保险公司在保险合同中应对保单质押贷款条款进行细化，明确以死亡为给付条件的保单在办理质押时必须取得被保险人的同意。为防止保单在质押期间发生被保险人死亡等保险事故时产生的利益纠纷，应采取指定受益人等措施对相关权益进行明确，防止出现法律风险。

最高人民法院《关于财产保险单能否用于抵押的函》（法函〔1992〕47号）规定，禁止财产保险单质押。财产保险单是保险人与被保险人订立保险合同的书面证明，并不是有价证券，也不是可以折价或变卖的财产。

保单现金价值请求权是一种必然债权。这种特征是寿险保单可用于质押的根本。另外，从质押法理上分析，人寿保险单具有现金价值和可返还性，其质押标的为请求保险人支付相应价款的权利，性质上属于财产性权利。人寿保险单是基于人身保险合同而产生的债权，是合同之债。根据《合同法》第79条的规定，当事人可以转让其债权，因而人寿保险单具有可转让性。故笔者认为，人寿保险单基本符合质押标的要件的要求，可以出质设定质权。

（二）保单质押的标的

通常来说，万能险、人寿保险、分红保险、养老保险、年金保险、分红险、终身寿险以及一些两全保险都具有现金价值，而健康险、意外险、医疗险、投连险等消费型保险不能用于质押贷款。此外，已经发生保费豁免的保单也不能办理质押贷款。

此外，人寿保险包括定期寿险（生存险或死亡险）、终身寿险和两全保险。人寿保险中，两全保险和终身寿险创新出了一些具有投资功能的险种，其基于投保人缴纳的保费及产生的利息积累形成保单的现金价值。此类寿险保单在保险合同解除或因其他原因终止时，保险人都必须向投保人返还保单现金价值，我们认为，此类保单可进行质押。

人身保险保单属于损失补偿性合同，不可以作为抵质押物。

另外，在一般财产保险项下，投保人以其财产及有关利益为保险标的进行投保，以期挽回风险发生时给被保险人带来的损失，其本质是一种损失补偿合同。合同的受益人对保险人的保险金给付请求权是否形成，也取决于保险事故是否发生。因此，一般财产保险具有较强的射幸性。质押担保要求所质押的标的必须是属于出质人的切实可实现的物或者权利。鉴于一般财产保险的保险金请求权具有不确定性，因此，此类保单不适于作为质押标的。

投资保障型财产保险是一种新型的财产保险产品。保险条款通常约定，投保人向保险人缴纳一定金额的保险投资金，投保人无须另行支付保险费。投保人享有两项权利：保险事故发生后的保险金请求权，这是所有财险保单项下都具有的权利；保险期间届满后的满期给付金（包括保险投资金及其投资收益）请求权，或保单到期前发生解约或退保时的退保给付金请求权，这是投资保障型保单项下特有的权利。与保险赔偿金相比,满期给付金/退保给付金具有确定性,给付金不受保险事故是否发生以及是否已获保险赔偿的影响。鉴于投资保障型财产保单的上述权利属性,此类保单也可进行质押。但投资保障型财产保险产品进行质押贷款还缺乏直接明确的监管政策依据。在此情况下,建议在开展业务前,应进一步取得监管部门的确认。

综上,笔者认为,保单质押就是指债务人以具有一定现金价值且未到给付期的人寿保险单中的财产权作为履行债务的担保方式。保单质押贷款就是保单持有人以获取流动资金为目的持有具有现金价值人身保险单质押给保险公司或者银行进行融资的行为,保单持有人付出一定的利率,贷款金额不超过保单现金价值。与之类似的是银行体系内的存单质押贷款。若借款人在保单质押贷款到期时候能及时足额偿付本息,则保单继续有效;若借款人未能及时履行,在贷款本息积累到退保现金价值最大限额前,保险公司均可以采取措施终止保险合同效力,不再对投保方承担保险合同项下的保险责任。

在保险合同中约定保单质押是保险合同当事人的民事权利。有关国家和地区的保险立法对此有明确授权规定。我国保险法虽然对此没有明确规定,但在监管实践中,一直将保单质押贷款条款视为保险合同当事人的约定,属于意思自治范畴。

## 三、保单质押贷款发展现状

保单质押贷款系指投保人将其所持有的具有贷款功能的保单的现金价值向保险公司等机构进行质押并申请贷款,经保险公司等机构审核同意后,按保单现金价值的一定比例获得的贷款。

保单质押贷款是保险产品的创新体现。在 1998 年以前,中国保险业就已经出现了保单质押贷款的案例,但是该业务的后续发展一直较为缓慢。保险公司和保单持有人双方对于保单质押功能一直不重视。前者是由于市场利率处在高位并不希望持有人利用保单贷款,获得廉价贷款资金。后者则根本不了解自身持有的保单还可以从保险公司获得贷款。随着存贷利率不断下行,无论是保险公司和保单持有人,都希望借助这一曾被忽视的融资工具获益。投保人在财务上短期需要资金周转,与退保相比,保单质押贷款既可以解决短期资金问题,又可以继续维持保险合同效力。保险从单纯的保障领域拓宽到向客户提供保障和投资理财服务等综合性金融保险服务领域,出于为客户提供综合服务、拓展业务创新、增加公司收入、减少退保率等需求。

中国各大保险公司对保单质押贷款越发重视,近年获得快速发展。截至 2016

年底,中国人寿、中国平安、中国太保和新华保险四大保险公司的保单质押贷款余额已达到2087.51亿元。其中,中国人寿保单质押贷款规模为924.42亿元,同比增加74.83亿元;中国平安保单质押贷款规模为646.34亿元,同比增加125.42亿元,增长规模最大;中国太保保单质押贷款规模为278.44亿元,同比增长82.34亿元,增幅为42.0%;新华保险保单质押贷款规模238.31亿元,同比增长29.52亿元。四大险企的保单质押贷款已连续4年每年增长300亿元以上。同时,也出现了银保合作开展本类业务的案例。对贷款银行而言,保单因其自身的附加价值稳定可预测,对应的保单质押贷款资质较为优良,可以说是无风险资产。

为了推动保单质押贷款,保险公司也在努力创新。中国太保的客户可在其微信服务号中在线办理保单质押贷款,亦可在太保社区便利店办理;新华保险于2014年初对贷款本金10万元及以上的保单质押贷款业务开通专属绿色通道,通过技术升级、简化流程等方式提升贷款时效;中国人寿则将保户质押贷款金额上限提升至保单现金价值的100%;平安金融旗舰店提供的保单贷款,接受的保单范围包括平安人寿、中国人寿、新华人寿、泰康人寿、太平洋人寿、中国人民人寿保险、太平人寿、友邦人寿、生命人寿及阳光人寿等公司。

此外,互联网金融也曾渗透进保单质押贷款领域。

2012年,由国家开发银行旗下国开金融和江苏国企金农股份共同发起设立P2P平台开鑫贷。2014年,和天安财险联合开发了一款保单质押投资产品"保鑫汇",首次将互联网金融拓展到保单质押领域。只要是天安财险的符合保单质押的用户,便可以在开鑫贷上申请在线贷款。天安财险负责确保保单的真实性,并冻结保单。开鑫贷平台则发挥信息中介作用,将借款信息公布在网站供投资人选择。

邦融汇作为安邦保险集团下属的P2P平台,主要有两类保单质押贷款有关的产品:一是2015年10月上线的保单冻结融资产品,即借款人以其购买的安邦保险保单进行冻结,审核后通过平台完成融资。同时,该项目由安邦财险公司信用险承保,以防止项目逾期给投资人带来的损失;二是短期投融资服务。与保单抵押贷款证券化的操作方式相似。保险公司将其存量保单质押债权转让给资产管理公司,并同时投保履约信用保证保险承诺到期回购。因资金周转需要,保险资产管理公司通过邦融汇向投资人进行短期借款。

2015年7月,豆芽金服成立。豆芽金服是以保险理财产品为切入点,提供在线保单抵押贷款服务的互联网金融平台。用户在平台购买理财型保险产品后可以在平台质押该保单进行贷款。上海豆芽金服曾经发行了规模为2亿元的"豆赢成长一号"在线实时质押贷款的互联网金融产品。该款产品是其联合广东南粤银行及利安人寿通过APP平台为具有融资需求的保单持有人提供资金支持。

## 第二节
## 保单质押贷款资产证券化的发行情况

保单质押贷款与资产证券化相结合是一种新的金融尝试。保单质押贷款期限短、小额分散，同时以现金价值为质押，逾期率低，安全系数高，属于优质的可资产证券化的基础资产。

保单质押贷款资产证券化产品给资本市场带来了更多的优质标的选择，有助于扩大市场直接融资的范围和规模，进一步降低社会融资成本，优化社会资源配置；为保险公司等优化投资收益提供更多的机会和渠道，促进了保单衍生业务，有利于资产负债匹配，优化资产负债表，用管理资产负债表来提高公司管理 ROE 以及提高股东资本回报率。

但在中国的万亿资产证券化市场中，保单质押贷款资产证券化产品规模尚小。截至 2018 年 1 月 25 日，中国资产证券化分析网统计，保单质押贷款资产证券化产品中，企业资产证券化（2017 年之前，按照监管机构的不同，我国资产证券化有四类模式：央行和银监会主管的信贷资产支持证券、证监会主管的资产支持专项计划、银行间交易商协会主管的资产支持票据、保监会主管的资产支持计划）有三单，即惠金 2017 - 1、太保 2017 - 1、太平 2016 - 1、保险资产证券化一单，即太平洋 2016 - 1。

### 一、保单质押贷款的企业资产证券化

2016 年 3 月 31 日，由太平人寿保险有限公司作为原始权益人，华泰证券（上海）资产管理有限公司作为管理人的“太平人寿保单质押贷款债权支持 1 号专项计划”正式成立，项目规模 5 亿元，优先级占比 95%，预期收益率为 3.8%，期限 6 个月，中诚信给予了优先级 AAA 级评级。太平人寿是尝试保单质押贷款资产证券化的第一人。

2017 年 2 月 17 日，中信证券太平洋寿险保单贷款 2016 年第一期资产支持专项计划发行，原始权益人是中国太平洋人寿保险股份有限公司，管理人是中信证券股份有限公司，规模 10 亿元。

2017 年 8 月 29 日，由阳光人寿与惠金所全资子公司阳光证券化基金管理有限公司（担任财务顾问）合作“惠金阳光人寿保单贷款资产支持专项计划”，管理人为上海国泰君安证券资产管理有限公司，基础资产的单笔贷款最大剩余本金余额为 500 万元，平均每笔贷款剩余本金是 2.62 万元，贷款 2 万多笔，贷款加权平均年利

率是5.65%，期限多在6个月以内，计划规模为5亿元，期限约为6.5个月，ABS产品未做分层，资产超额质押比例约是1∶1.05，底层支撑资产是5.27亿元，证券评级AAA，发行利率为5.2%，同时在结构上采用了“黑红池”，付息频率是按季付息，在最终本金偿付的时候，3个月偿还一次本金。

## 二、保险资产证券化

### （一）保险资产证券化简介

保险系ABS一般被称作资产支持计划，是保险资管产品中的一种类型，与保险资产的证券化并不是同一个概念。《资产支持计划业务管理暂行办法》第2条（保监发〔2015〕85号）规定，资产支持计划业务，是指保险资产管理公司等专业管理机构作为受托人设立支持计划，以基础资产产生的现金流为偿付支持，面向保险机构等合格投资者发行受益凭证的业务活动。中国保险监督管理委员会负责制定支持计划业务监管规则，依法对支持计划业务进行监管。在项目资产支持计划之中，特殊目的载体（SPV）为项目资产支持计划；受托机构为保险资产管理公司；要求经过保监会认可的信用评级机构对支持计划收益凭证进行初始评级和跟踪评级。

除了监管机构、SPV、流通场所有所不同之外，保险系ABS和企业ABS在基础资产、交易结构等方面非常类似。从发行数量和规模来看，在2015年《资产支持计划业务管理暂行办法》新闻发布会上，保监会相关部门负责人就有关问题答记者问时介绍，截至2015年，共有9家保险资产管理公司以试点形式发起设立了22单资产支持计划，共计812.22亿元。投资平均期限5.5年左右，收益率5.8%～8.3%。相比于信贷资产证券化和资产支持专项计划，项目资产支持计划具有很大的发展空间和潜力。

项目资产支持计划的发展路线图如下：

2012年10月22日，中国保监会发布了《关于保险资金投资有关金融产品的通知》（保监发〔2012〕91号），放开了保险资金对保险资产管理产品和项目资产支持计划等证券化金融产品的投资，推动了项目资产支持计划的初步发行。

2013年2月4日，中国保监会发布《关于保险资产管理公司开展资产管理产品业务试点有关问题的通知》（保监资金〔2013〕124号）。

2013年4月，新华资管发起设立了首单项目资产支持计划业务。项目融资方为东方资产管理公司，基础资产为东方资产持有的不良债权资产，认购资金来源于新华人寿发行的资产挂钩万能险，发行规模100亿元。

2013年8月27日，中国保监会发布了《关于保险业支持经济结构调整和转型升级的指导意见》(保监发〔2013〕69 号)。

2013 年底,因为推行项目资产支持计划的条件尚未充分具备,还有很多环节需要研究,中国保监会曾经叫停了项目资产支持计划业务,导致项目资产支持计划进入了停滞期。

2014 年 7 月 28 日,中国保监会向各保险资管公司和长江养老保险公司发布了《项目资产支持计划试点业务监管口径》(保监资金〔2014〕197 号),对基础资产、交易结构、受托人管理报告等方面进行了规定。项目资产支持计划重启,保险资管项目资产支持计划正式开闸。重启后首单项目为民生通惠资管和蚂蚁微贷合作推出的“民生通惠—阿里金融 1 号支持计划”,发行总额为 30 亿元。

2014 年 8 月,国务院发布《关于加快发展现代保险服务业的若干意见》(国发〔2014〕29 号),明确提出支持保险机构探索发起资产证券化产品,鼓励保险机构通过资产支持计划形式,直接对接存量资产,为实体经济提供资金支持。

2015 年 8 月 25 日,中国保监会发布了《资产支持计划业务管理暂行办法》(保监发〔2015〕85 号,以下简称《暂行办法》),明确实行初次申报核准、同类产品事后报告制度,规范证券化操作行为,建立管理规范,并强化风险管控。在《暂行办法》新闻发布会上,中国保监会相关部门负责人就有关问题答记者问时介绍,未来将陆续出台基础资产负面清单、信息披露和发行登记转让等配套规范文件,进一步明确管理要求,推动资产支持计划受益凭证实现登记存管和交易流通。《暂行办法》规定 ABS 产品在保险资产登记交易平台发行、登记和转让,以实现登记存管和交易流通。自此,项目资产支持计划业务进入常态化发展阶段。

2016 年 6 月 12 日,在国务院批准下由 91 家股东(主要为国内保险公司)发起设立的国内首家保险交易所—上海保险交易所股份有限公司正式成立并开业。11 月 10 日,上海保交所建设打响“第一枪”——保险资产登记交易平台试运行,并发布首批产品。上海保交所的功能定位是为保险、再保险、保险资产管理及相关产品的交易提供场所、设施和服务,制定并实施相关业务规则;对保险单证(含电子保险单证)实施登记、托管和验证;协助委托人选择保险经纪公司、保险公司、再保险公司等保险机构及办理相关手续;代理销售保险、再保险及相关产品并代理收取费用等。

相比于中国银监会监管 ABS 和证监会监管 ABS,中国保监会监管 ABS 起步时间更晚,发展时间更短,产品发行数量和发行规模均大幅小于前两者,市场影响力也较小。但是,随着相关制度的不断完善以及基础设施的逐步建立,未来监管 ABS 具有较大的发展空间,对于保险公司盘活存量资产、保险资管公司创造新的利润增长点、投资者拓宽投资标的范围均具有较为积极的意义。

### （二）长江养老—太平洋寿险保单贷款资产支持计划

“长江养老—太平洋寿险保单贷款资产支持计划”为首单在保交所挂牌的保监会监管ABS产品。该计划的受托人为长江养老保险股份有限公司；原始权益人和资产服务机构为中国太平洋人寿保险股份有限公司。计划受托人长江养老保险股份有限公司为中国太平洋保险（集团）股份有限公司旗下专业子公司。该支持计划基础资产为原始权益人太平洋寿险以被保险人保单现金价值为质发放的保单贷款（借款人与被保险人非同一人的，则借款人借款及质押均取得被保险人书面同意），对于借款协议书、保险合同及其他相关合同项下的义务，包括但不限于红利分配的义务等，不属于基础资产的范围。

“长江养老—太平洋寿险保单贷款资产支持计划”总发行规模为50亿元，拟分为4～5期发行，首期规模为10亿元，首期产品分为优先A（规模9.1亿，评级AAA）、优先B（规模0.8亿，评级AA+级）、次级（规模0.1亿，不评级）三档，产品期限为1年，且采用了循环购买结构，并做了结构化分层。每半年付息一次，到期一次性还本。

资产支持计划采用循环购买的每笔基础资产需满足：本金金额至少为人民币100元且不超过500万元——防止单一基础资产集中度较高，该产品第一期模拟资产池涉及172,655笔保单贷款，单笔贷款最大金额为129万元；借款利率不低于4.5%——保证基础资产与产品端收益率之间形成一定超额利差；保单贷款的借款期限为6个月——时间暴露风险较低；均有保单质押——提升偿付安全系数。产品信用增级方面：采用优先/次级分层结构（第一期产品优先A级受益凭证可获得优先B级和次级受益凭证约9%的信用支持）；超额利差（第一期产品模拟资产池的加权平均贷款利率为5.34%）；不合格基础资产赎回和置换。

## 第三节
## 保单质押贷款资产证券化的实操要点

笔者认为，在保单质押贷款资产证券化的实操中，除关注交易所、报价系统应收账款挂牌指南和负面清单等普适性规定之外，还应该关注如下事项：

## 一、基础资产

### (一)借款人与被保险人非同一人时可能产生的保单无法办理质押的风险

根据《保险法》第34条第1、2款规定,“以死亡为给付保险金条件的合同,未经被保险人同意并认可保险金额的,合同无效。按照以死亡为给付保险金条件的合同所签发的保险单,未经被保险人书面同意,不得转让或者质押”。

在实际操作中一般会在合格标准里加入“若借款人与被保险人非同一人,则借款人借款及质押已取得被保险人书面同意”的要求,以保障专项计划的入池资产不会出现无法质押的情况。

### (二)保单贷款与保单现金价值的比例要求

根据《规范保险业务经营有关问题的通知》,保单贷款金额不得超过保单现金价值。根据中国保监会《关于进一步完善人身保险精算制度有关事项的通知》第4条规定,“保险公司提供保单贷款服务的,保单贷款比例不得高于保单现金价值或账户价值的80%”。

在实际操作中,在保单质押贷款资产证券化项目合格标准设置时,确保保单质押贷款不击穿保单现金价值,要求每一单保单质押贷款金额不得高于对应保单现金价值的比例。

### (三)保单质押贷款自动展期的问题

根据《规范保险业务经营有关问题的通知》的规定,贷款期限一般不超过6个月。保险机构实际发放的保单质押贷款不会超过6个月,但是,为了提升客户的长期资金使用需求,实践中,保单贷款存在允许保单质押贷款进行展期的情形,如“若借款人到期未偿还借款本息,投保人、被保险人等将共同认可借款进入展期处理,每次借款展期期限自前一次借款期限届满次日起六个月”。

如进行资产证券化操作,相关保单质押贷款作为基础资产转让给SPV后,若其进入展期处理,保单质押贷款期限将相应延长,且在原贷款期限(6个月)到期之日,将无任何现金流归集,对专项计划的兑付产生实质阻碍。因此,对于入池的保单质押贷款而言,不能存在贷款展期的约定,需要对原借款协议中关于展期约定的条款进行修改,或者在产品层面妥善设置有关特殊结构和安排以避免或缓释有关风险。

### (四)质押保单发生理赔、退费等其他情况

在保单质押贷款发放后,存在保单项下相关险种发生生存给付、理赔给付及其

他退费操作的可能,这对保单的现金价值产生严重影响。根据相关贷款协议约定及保险公司操作惯例,保险公司在贷款协议中一般会有明确条款约定:被保险人需用本部分理赔款或退费款优先偿还贷款本息,若有剩余部分,再行支付至被保险人。据此,保单质押贷款纳入基础资产池后,即使发生相关给付、退费情形,由于该部分退费会直接用于偿还贷款本息,也不会对入池基础资产的现金流产生重大不利影响。

(五)保险法律关系

保险主体就是保险合同的主体,只包括投保人与保险人。保险人,又称"承保人",是指与投保人订立保险合同,并承担赔偿或者给付保险金责任的保险公司。投保人是指与保险人订立保险合同,并按照保险合同负有支付保险费义务的人。投保人可以是自然人也可以是法人。

保单质押贷款业务的参与主体主要为贷款人(发放主体、质权人)和借款人(申请主体、出质人,一般是保单的投保人或被保险人)。在现有的保单质押贷款业务中,发放贷款的主体一般是保险公司或与保险公司合作的银行。

我国《保险法》第18条第3款规定,受益人是指人身保险合同中由被保险人或投保人指定的享有保险金请求权的人,投保人、被保险人可以为受益人。如果投保人或被保险人未指定受益人,则他的法定继承人即为受益人。在实务中,人身保险业务中的受益人可分为生存保险金的受益人和身故保险金的受益人,前者一般是被保险人本人,后者则可以由被保险人指定。被保险人是指根据保险合同,其财产利益或人身受保险合同保障,在保险事故发生后,享有保险金请求权的人。投保人往往同时就是被保险人。

目前,依据人身保险合同的约定,人寿保险单的现金价值所有权和保险合同解除权归投保人。因此,人寿保险单的出质人必须是人寿保险的投保人,且人寿保险单质押贷款的借款人与出质保单的投保人应当一致。

(六)保单现金价值的变化

保单质押权并不能对抗投保人/保险人变更或解除保险合同的权利。质押期间,如果投保人未经银行同意擅自退保、变更与贷款相关的保单信息,或保险人行使解除权的,将造成保单价值减少甚至灭失。出质的保单必须是为正常保单,不存在失效的情形且在缴费期内,不属于选择了保费自动垫缴条款的保单等。

根据《保险法》的有关规定,投保人有权向保险人提出变更保单的要求。在人寿保险单质押期间,投保人(借款人)仍有依人身保险合同的约定,继续履行缴纳保费等义务。如果投保人自行退保,或者变更保单相关信息,将会造成人寿保险单现金价值的减少甚至流失。

另外,由于人寿保险单具有保费自动垫缴等现金价值的衍生功能,一旦投保人不按时或无力缴纳保费,保险人会依人身保险合同的约定,自动以保单积存的现金价值为投保人垫缴保费使保单继续有效。投保人也可以把出质保单积存的现金价值作为重新建立保险关系的保费,采取趸缴方式缴纳保费,将原保单改为相同种类的小额保单或者改为展期保单,改变原保单的保险期限。诸如此类变更保单的做法,其后果是减少或改变了出质保单的现金价值。

## 二、保险公司的相关事项

### (一)劣后自持

资产证券化作为结构化产品的一种,一般会采取设置优先级与劣后级的方式增强对优先级的保护,在基础资产发生损失时将由劣后级份额持有人承担。劣后级一般不进行评级。正常情况下,原始权益人都会自持劣后级份额,对优先级份额提供一定的信用增级。

在保单质押贷款资产证券化项目中,由于中国银保监会对于保险公司投资债券的信用评级有一定要求,但一般资产证券化次级无评级,所以,对于保险公司持有次级存在合规性障碍。在实际操作中,保险公司一般通过架设通道、以其他可购买劣后份额的主体持有劣后、降低发行规模使专项计划不设劣后级等方式进行操作。比如"惠金阳光人寿保单贷款资产支持专项计划"就是无结构化产品,平层发行,不设置次级档证券,产品信用评级全部为 AAA 级。

笔者认为,中国银保监会对于保险公司投资债券的信用评级要求系为防范投资风险而设,但对于保险公司自身所发行的资产证券化次级而言,允许保险公司自持次级,是对保险公司自身资产的充分信任,能起到更好的信用增级,同时亦与中国银保监会防范投资风险的初衷相契合。

### (二)IT 系统改造

保单质押贷款资产证券化属于新兴事物,保险公司在系统设计时并未考虑后续资产证券化的需要。保单质押贷款证券化产品对保单质押贷款协议、保单质押贷款的管理系统有较高的要求。实操中,入池保单质押贷款笔数多,金额小,如再设计循环购买结构,仅凭人工处理相关入池基础资产的事宜,投入人力物力财力较大,甚至不具有操作性。

一般情况下,保险公司的系统改造工作主要涉及下述几个方面。

1. 关闭保单质押贷款自动延期功能(或明确区分延期后与延期前为两笔独立

的保单质押贷款)。

2. 实现保单质押贷款系统的自动循环购买功能。

3. 实现入池资产的标识功能。

保单质押贷款被纳入资产池后,从法律属性而言,即属于 SPV 的财产,但相关保单质押贷款仍在保险公司系统中。保险公司属于资产服务机构,作为管理人所委托的代理人对基础资产进行代管。因此,需要对入池的保单质押贷款进行明确区分,以防范资产及资金混同风险,也便于资产服务机构对现金流进行归集及转付。

4. 基础资产的筛选与封包功能

对于入池基础资产而言,需要满足提前所预设的合格标准,比如基础资产总金额、单笔保单质押贷款本金范围、利率范围、贷款日期范围等。若由人工进行筛选与封包,则效率、准确性难以保证,该等筛选与封包需由系统自动实现。

5. 相关报表功能

基础资产入池后,管理人及服务机构需要随时对基础资产进行监控。保单质押贷款系统需实现可随时导出资产报表的功能,比如:当日资产池剩余本金金额、当日回收金额、当期已划付金额等。

(三)服务机构相对固定

由于保单质押贷款以保单现金价值作为质押担保,且该等保单现金价值系由保险公司掌握,基于此种特性,作为资产服务机构的保险公司将具有不可替换性。因此,对于保单质押贷款资产证券化项目而言,与其他资产证券化项目的显著区别即在于其资产服务机构相对固定,难以替换。一旦出现资产服务机构发生重大不利变更的情形,将有可能直接导致计划的终止。

## 三、附属担保权益的转让事宜

从法律属性而言,保单现金价值质押系属于一种权利质押。根据《物权法》第 223 条第 7 项规定,“债务人或者第三人有权处分的下列权利可以出质:……(七)法律、行政法规规定可以出质的其他财产权利”,由于投保人对保单现金价值的权利是一种现金请求权,故适用上述物权法兜底规定并结合法理分析,保单现金价值具备作为权利质押标的适格性。作为保险行业行政监管机构的中国银保监会亦多次行文明确保单质押贷款的有关业务规则及细则,故从监管和实践方面亦佐证了上述判断。

根据《物权法》第 224 条的规定:“以汇票、支票、本票、债券、存款单、仓单、提单出质的,当事人应当订立书面合同。质权自权利凭证交付质权人时设立;没有权利凭证的,质权自有关部门办理出质登记时设立。”因此,对于汇票、支票、本票、债券、存款单、仓单、提单而言,由于其具有特殊性,且法律法规规定了其具有权利凭证,因此其权利凭证属于法定产生。对于法律法规未明确规定其权利凭证形式的权利而言,相关当事人可以通过在合同中明确约定的方式以形成其权利凭证,则该等权利凭证属于约定产生。即权利凭证的产生基于两种途径:即法定产生与约定产生。对于保单现金价值而言,由于现行有效的法律法规并未对其权利凭证进行规定,且相关当事人亦未对其权利凭证形式进行约定。因此,保单现金价值并不存在权利凭证,质押亦无须交付权利凭证。就保单质押登记而言,目前法律法规层面并未就保单现金价值质押登记作出明确规定,但根据保险原理,由于保单现金价值系由保险公司所记载并留存于保险公司管理,故保单现金价值的质权自保险公司同意投保人的出质申请并签署有关法律文件时即告设立,其法律意义上的登记应当理解为保险公司在其核心系统中所作出的有关标记性记录。

根据《合同法》第79条规定,“债权人可以将合同的权利全部或部分转让给第三人”,于主债权(贷款债权)而言,保险公司有权将其贷款主债权进行转让。但对于附属担保权益(保单现金价值质权)而言,其是否能直接转让,需区分以下不同情形。

### (一)最高额质权的可转让性

部分保险公司规定,借款人(投保人)可以保险合同的现金价值为质向保险公司申请借款,同时又约定借款人在借款期间可在最高可贷额度内申请新增贷款。该等质押规定可以理解为一种最高额质押。

根据《物权法》第222条规定,“出质人与质权人可以协议设立最高额质权。最高额质权除适用本节有关规定外,参照本法第十六章第二节最高额抵押权的规定”,而根据《物权法》第204条规定,“最高额抵押担保的债权确定前,部分债权转让的,最高额抵押权不得转让,但当事人另有约定的除外”。

据此,在最高额抵押合同没有约定最高额抵押债权可以在决算期(最高额抵押合同约定的被担保债权发生期的截止日)届满前随主债权转让而转让的前提下,如果将主债权转让,相关附属担保权益将不得转让,则被转让的主债权存在脱保风险。基于此,笔者认为,就最高额质权的转让而言,在不存在法律规定及当事人约定的情形下,部分主债权转让的,将会导致该等主债权存在脱保风险,即保险公司主债权转让的,其最高额质权并不一定随之转让。为资产证券化之目的,在相关保单质押贷款存在最高额质押的情形下,保险公司应就有关问题进行修订或在交易结构安排中作出妥善安排,使附属担保权益的转让具备合法性与可操作性。

### (二)非最高额质权的可转让性

《合同法》第81条规定,“债权人转让权利的,受让人取得与债权有关的从权利,但该从权利专属于债权人自身的除外”,同时,《物权法》亦未对非最高额权利质权的转让作出特殊限制性规定。根据《合同法》第81条规定,作为非最高额权利质权而言,在主债权转让时,其将随之转让,无须相关当事人另行明确约定。若判定保单质押贷款中的质押为非最高额权利质押的,则在转让贷款主债权时,权利质权将一并转让。

保单质押贷款而言,由于该种业务在兴起之时未考虑过资产证券化项目的操作,所以在保单质押贷款相关条款中大多未包含债权及附属担保权益可转让的表述。在实操中,有些保险公司在征得贷款人对“公司转让合同项下债权”的书面同意后进行资产证券化操作。

## 四、红黑池

大众汽车金融(中国)有限公司于2014年和2015年发起的华驭2014年第一期汽车抵押贷款资产支持证券和华驭第二期汽车抵押贷款资产支持证券引进了“红池”和“黑池”的转换模式。“惠金阳光人寿保单贷款资产支持专项计划”也采用了“黑红池”的创新设计。惠金阳光人寿保单贷款资产支持专项计划的基础资产为保单贷款,资产周期比较短,最长的保单贷款不超过6个月。当获得审批时资产可能即将或已经到期了,因此采用了黑红池的模式

黑红池是指发行前和发行时的两个资产池,一个模拟池为红池,另一个正式池为黑池。红池为前期的模拟池,依据一定标准筛选出一个资产池,模拟池用来分析、估计现金流,并给相关部门、投资人完全展示项目资产池的基础情况以及未来的现金流情况。最终发行时会按照相同的参数,确定最终的资产池,也就是黑池。“红池”在前期报备阶段使用,而“黑池”则在证券发行时使用。资产池的入池标准既是针对红池也是针对最终资产池的情况,入池标准一经批准后就不能再改变。红池是黑池模拟池的概念,是最终发行的基础资产池画像。两个资产池在贷款账龄、加权平均贷款合同期限、加权平均抵押率、加权利率、分散性等入池标准方面具有较大的一致性,资产池的属性基本相同。

理论上,红黑池设立的原因包括:监管机构审批过程可能较长;投资者对产品了解的投资决策可能需要一个过程,尽早获取基础资产的统计数据对于缩短时间有益;服务机构包括律师事务所、会计师事务所、评级机构等也需要一定的基础资产信息来开展业务。

## 五、循环购买

循环购买是指在各方明确入池基础资产的筛选标准以后,在特定期限内基础资产收回款项生的现金流不完全用于向投资人进行分配,而是用于持续购买新的满足合格标准的基础资产,从而使得基础资产池形成一个动态的循环池,直至特定期间结束。采用循环结构的资产支持证券,证券存续期内包含两个子期间:循环期(revolvingperiod)和本金摊还期(principalamortization period)。在循环期内,只向投资者支付利息而不偿还本金,多余的现金流用于购买新的满足合格标准的基础资产。在本金摊还期,新的现金流不再用于购买新的基础资产,基础资产产生的现金流累积后按照计划向投资者支付本息。一个证券的循环期和本金摊还期都是事先确定的,但如果在循环期内触发信用事件,就可能提前结束循环期,进入摊还期。通常情况下,信用事件的触发条件包括:应收账款坏账增加、原始权益人破产、发起人发生重大资产重组等。

目前,应收账资产证券化有大量循环购买的案例。笔者认为,当入池笔数较多、入池资产期限较短、资产池集中度较低时,可探讨采用循环购买的方式以降低发行成本,解决应收账款期限和 ABS 证券期限错配问题。如果是单笔资产规模较大,期限比较杂乱或者剩余期限比较长的的资产,我们建议用定期过手的方式进行偿付,或者是做成转付结构,而不是进行循环购买的设计。

应收账款指南强调循环购买的具体安排及其合法性和有效性。对循环购买安排提出了详细的要求,其主要原则是使管理人能充分保证循环购买的有效性。计划说明书、标准条款(如有)应当详细披露循环购买的相关安排,包括但不限于循环购买入池标准、资产筛选及确认流程、确认资产符合入池标准的主体、购买频率、资金与资产交割方式、循环购买账户设置、可供购买的资产规模与循环购买额度的匹配性、尽职调查安排、购买定价的公允性、可供购买的资产不足时的防范和处理机制、循环购买与专项计划现金流分配的衔接安排、管理人监督管理机制安排等。笔者认为,尤其要关注循环购买资产不足的风险,即是否有足够的同质化的、同类型的,或者相同特点的、类似特点的资产供应挑选或者循环购买,要做好发行规模的控制,以及一旦没有符合标准的资产进行购买时的风险处置。如果循环购买时资产不够,或者资产的价格和期限不能完全匹配,就会导致一系列在后续管理或者循环购买的难题。

另外,为了防范资金混同风险和资金挪用风险,循环购买应当在专项计划账户进行。循环购买资金的支出应当得到管理人的事前审查和执行确认。特殊情形下循环购买难以在专项计划账户进行的,管理人应当设置专项监管账户。专项监管账户资金应当与原始权益人的自有资金等进行有效隔离，禁止资金混同或挪用。同时，管理人应充分披露在专项监管账户进行循环购买的合理性、必要性和安全性，并就专项监管账户的开立、资金收支和账户管理等情况定期进行信息披露。

循环购买的入池资产的尽职调查也是关注的重点之一。循环购买通过原始权益人信息化系统进行的，管理人应当对信息化系统的有效性、可靠性和稳定性等进行充分尽职调查，说明并披露原始权益人信息化系统的功能机制、循环购买操作流程、系统的有效性、可靠性和稳定性、系统应急机制和备选方案等。入池资产应当由管理人、律师等相关中介机构确认是否符合入池标准，相关中介机构应当勤勉尽责，对拟入池资产进行充分尽职调查。

## 第四节
# 保单质押贷款资产证券化案例简析

笔者以中信证券于 2017 年 2 月 17 日发行的“中信证券太平洋寿险保单贷款 2016 年第一期资产支持专项计划”为例，对保单质押贷款资产证券化业务进行简要分析。

### 一、资产支持专项计划概况

本单资产支持专项计划原始权益人为中国太平洋人寿保险股份有限公司，发行规模为 10 亿元。基础资产是指基础资产清单所列的由原始权益人在专项计划设立日转让给计划管理人的、原始权益人依据借款文件对借款人享有的保单质押贷款债权。

保单质押贷款单笔贷款金额小，风险分散程度高，贷款额度最多不超过保单现金价值的 90%，在期限、数额、还款方式等条款方面有较明确约定，具有较强的可预测性，违约风险小。具体产品结构如表 6 – 1 所示。

**表 6 – 1　具体产品结构**

| 债券名称 | 发行规模(万元) | 票面利率(%) | 债券期限(年) | 债项评级 |
| --- | --- | --- | --- | --- |
| 16 太保 1A | 91,000.00 | 4.49 | 1 | AAA |
| 16 太保 1B | 8000.00 | 10 | 1 | AA + |
| 16 太保 1C | 1000.00 | — | 1 | — |

其中,16 太保 1A 向合格投资者销售,16 太保 1B 由中国太平洋人寿保险股份有限公司持有。本专项计划期限为 1 年,其中循环期 10 个月,摊还期 2 个月。

## 二、资产支持专项计划交易结构

资产证券化产品与其他普遍产品在交易结构上并无差别,具体情况如图 6-1 所示。

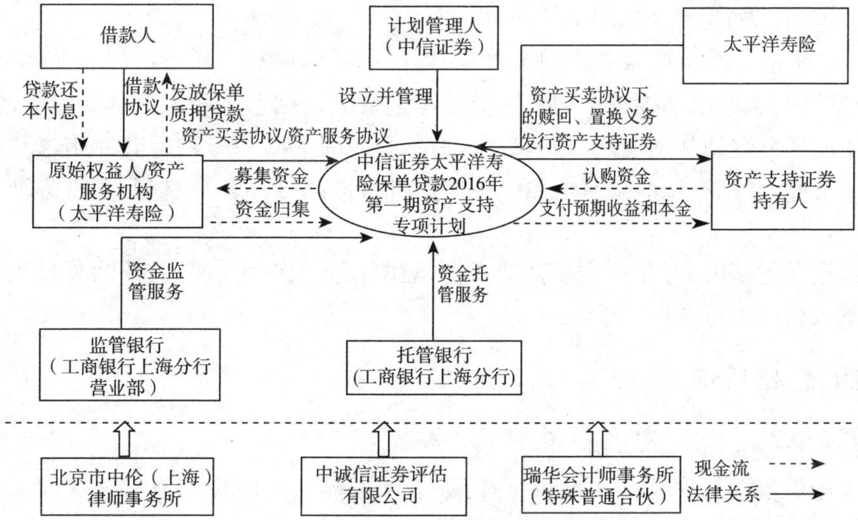


**图 6-1　交易结构**

## 三、资产支持专项计划增信措施

增信措施对资产支持专项计划如期按时兑付能够起到较好的保障作用,在本单资产支持专项计划中,主要有如下增信措施:

### (一)优先/次级分层

本次专项计划对产品份额进行了优先/次级分层,次级资产支持证券为优先级资产支持证券提供信用增级。

### (二)超额利差

根据本资产支持专项计划基础资产合格标准的约定,保单质押贷款借款加权平均税前利率不低于 5.3%,资产池现行加权平均利率与优先级资产支持证券预计平均票面利率之间存在一定的超额利差,为优先级资产支持证券提供了一定的信用支持。

### (三)信用触发机制

本专项计划设置了不同等级的信用触发机制,包括:早偿情形(包括加速清偿事件等)、权利完善事件等。

### (四)不合格基础资产赎回

如管理人或者资产服务机构发现不合格基础资产,管理人按照《基础资产买卖协议》的约定通知原始权益人对不合格基础资产予以赎回。

### (五)逾期资产的赎回与置换

1. 在最后一个资产服务机构报告日,若存在逾期资产,则原始权益人应对此进行全额赎回,若逾期基础资产的未偿借款本金余额及利息之和大于赎回限额的,则对于超出部分逾期基础资产原始权益人有权决定是否进行赎回。若原始权益人决定不进行赎回,则超过部分将按照分配次序进行原状分配,原始权益人将协助进行处置;

2. 在循环期内,若存在逾期基础资产,原始权益人应于每个循环购买日当日对逾期基础资产进行置换。

## 四、合格标准

### (一)关于借款人的标准

1. 若借款人与被保险人非同一人,则借款人借款及质押已取得被保险人书面同意;

2. 借款人在原始权益人处的所有保单贷款历史逾期记录最长不超过 30 天。

### (二)关于保单贷款的标准

1. 保单贷款已经发放且由原始权益人管理;

2. 保单贷款的所有应付数额均以人民币为单位;

3. 保单贷款和附属担保权益均合法有效;

4. 保单贷款和附属担保权益可被合法有效的转让,原始权益人与借款人未签署任何限制其转让的协议或文件,借款文件中亦无禁止转让或转让须征得借款人同意的约定;

5. 保单贷款本金(包括已纳入基础资产样本池及未纳入基础资产样本池的保单贷款)及相关利息之和占保险单所具有的现金价值的比例是否符合监管要求;

6. 保单贷款的借款期限为 6 个月;

7. 任何情况下,保单贷款的到期日不得晚于最后一个计算日前 15 个自然日;

8. 保单贷款发放时,其本金金额至少为人民币【100】元且不超过【500】万元;

9. 保单贷款为有息借款,且借款税前利率不低于4.5%;

10. 就每一笔保单贷款而言,不存在任何权利负担及尚未解决的争议或纠纷。

(三)关于发放和筛选保单贷款的标准

1. 每份借款文件的文本在所有重要方面(包括但不限于本条前述所列各方面)与借款文件标准格式相同;

2. 该保单贷款由原始权益人按照合格标准从原始权益人的借款中选取,然后进一步选入基础资产样本池中,整个筛选过程,没有不合理使用对专项计划不利的任何筛选程序。

# 第七章
# 学费资产证券化

目前,教育资产证券化特指民办学校资产证券化。因民办学校资产证券化的基础资产主要是学费,民办学校资产证券化也可特指学费资产证券化。教育行业具有弱周期性和防御性特征,对产业资本的吸引力较强,但民办学校融资能力有限,主要通过银行贷款和融资租赁等传统渠道。资产证券化为民办学校融资开辟了新渠道。

## 第一节
## 民办学校资产证券化的法律依据

民办学校是我国教育的一个重要组成部分。教育伴随着人类社会的产生而产生。“教育”一词始见于《孟子·尽心上》:“君子有三乐,而王天下不与存焉。父母俱存,兄弟无故,一乐也;仰不愧于天,俯不怍于人,二乐也;得天下英才而教育之,三乐也。”许慎在《说文解字》中解释,“教,上所施,下所效也”;“育,养子使作善也”。教育有广义和狭义之分。广义的教育泛指一切有目的地影响人的身心发展的社会实践活动。狭义的教育是指专门组织的教育,比如学校教育,它不仅包括全日制的学校教育,而且也包括半日制的、业余的学校教育、函授教育、刊授教育、广播学校和电视学校的教育等。学校教育属于宏观教育的范畴。本章所探讨的教育特指狭义教育。

在资产证券化的语境下,学校教育也是一个宏观概念,从经费来源来区分,可以分为公办学校教育和民办学校教育;根据强制性的不同,分为义务教育和非义务教育。笔者认为,在遵守负面清单的前提之下,公办学校、义务教育暂均不具备资产证券化的法律基础,而民办学校可以操作资产证券化融资。

### 一、义务教育方面

2015 年,国家修订了《义务教育法》。该法第 2 条第 1、3 款规定,国家实行九年义务教育制度。实施义务教育,不收学费、杂费。县级以上人民政府及其教育行政部门不得以任何名义改变或者变相改变公办学校的性质。学校不得违反国家规定收取费用,不得以向学生推销或者变相推销商品、服务等方式谋取利益。可见,义务教育阶段的办学机构因为不能收取学费、杂费,不能营利,经费均为财政拨款,教学楼设施均为划拨取得,并无财产权利及独立财产,所以,以学费等作为基础资产的证券化尚不具备条件。

## 二、公办非义务教育方面

根据《高等教育法》及教育部、财政部《关于进一步完善高等学校经济责任制加强银行贷款管理切实防范财务风险的意见》,高等学校在民事活动中依法享有民事权利,承担民事责任。理论上,普通高校可依法自行处置自己的财产,且法律上对普通高校采用资产证券化项目并无明确禁止规定。但是,公办高校的办学经费一部分来自财政拨款,且其直接受到当地教育委员会的管理,另外,从教育部及财政部有关高校贷款的相关法律、法规看,公办高校如果想进行贷款需要向教育委员会报批。据此可以推断,公办高校进行资产证券化也需获得教育部门的同意。目前,虽然部分高校经费紧张,但是,普通高校资产证券化只具有理论探讨的价值。

学前教育、特殊教育、高中阶段教育不属于九年义务教育范畴,但是若属于公办学校,办学的经费主要依靠财政拨款,即无基础资产,甚至也无资产证券化动力,也不适宜进行资产证券化。

## 三、中外合作办学方面

在教育领域,国家对外商投资有所限制。2003 年 9 月 1 日,《中外合作办学条例》正式施行。该条例第 6 条规定,中外合作办学者可以合作举办各级各类教育机构。但是,不得举办实施义务教育和实施军事、警察、政治等特殊性质教育的机构。第 62 条规定,外国教育机构、其他组织或者个人不得在中国境内单独设立以中国公民为主要招生对象的学校及其他教育机构。

2004 年 6 月 2 日,《中外合作办学条例实施办法》发布,该实施办法第 2 条第 2 款规定,中外合作办学项目是指中国教育机构与外国教育机构以不设立教育机构的方式,在学科、专业、课程等方面合作开展的以中国公民为主要招生对象的教育教学活动。

2013 年 12 月 10 日,教育部下发《关于进一步加强高等学校中外合作办学质量保障工作的意见》,规定举办中外合作办学机构应当引进“强校、名校”“对办学水平一般的外国教育机构、同一外国教育机构在境内举办多个合作办学以及拟举办专业在境内较为集中的,严格限制”,并且要求“严控已有相当规模的商科、管理学科、国家控制布点学科的合作办学”。

2014 年 4 月 30 日,国务院下发《国务院批转发展改革委关于 2014 年深化经济体制改革重点任务意见的通知》,明确提出要放宽教育市场的准入。

2017 年 7 月 28 日起施行的《外商投资产业指导目录》(2017 年修订)规定,鼓励外商投资产业目录含“十、教育 344. 非学制类职业培训机构”;限制外商投资产业目录含“31. 学前、普通高中和高等教育机构(限于中外合作办学、中方主导)”,所谓中方主导是指校长或者主要行政负责人应当具有中国国籍,中外合作办学机构的理事会、董事会或者联合管理委员会的中方组成人员不得少于 1/2;禁止外商投资产业目录含“19. 义务教育机构”。

《外商投资产业指导目录》(2017 年修订)将学前教育机构列入限制类,将高等教育机构从鼓励类转划为限制类。就目前情况而言,外资进入教育产业将面临大方向上的开放和对办学数量和控制权的限制并存的局面,从整体上看,中国政府在教育行业对外资的限制趋于严格。可见,涉及外资类的教育类资产证券化只存在理论上的可能性。

## 四、民办教育方面

1982 年,第五届全国人大第五次会议通过的《宪法》,明确规定“国家鼓励集体经济组织、国家企业事业组织和其他社会力量依照法律规定举办各种教育事业”。

1985 年 5 月,中共中央发布《关于教育体制改革的决定》,指出“地方要鼓励和指导国家企业、社会团体和个人办学”。这个时期出现的民办教育多是非学历的文化补习性质的培训机构。

1987 年,教育部颁布了《关于社会力量办学的若干暂行规定》。

1992 年,中国共产党第十四次全国代表大会报告指出“鼓励多渠道、多形式社会集资办学和民间办学,改变国家包办教育的做法”。

1993 年 2 月,中共中央、国务院颁布的《中国教育改革和发展纲要》规定:“改变政府包揽办学的格局,逐步建立以政府办学为主体、社会各界共同办学的体制。”“国家对社会团体和公民个人依法办学,采取积极鼓励、大力支持、正确引导、加强管理的方针”。民办教育推进到中、高等职业教育和职业培训领域。

1997 年,国务院颁布《社会力量办学条例》,这是我国第一个规范民办教育的行政法规,标志着中国民办教育进入了依法办学、依法管理、依法行政的新阶段。

2002 年 12 月 28 日,第九届全国人民代表大会常务委员会第 31 次会议审议通过了《民办教育促进法》,于 2003 年 9 月 1 日起施行。《民办教育促进法》将民办教育机构定性为不以营利为目的的公益事业,出资人可以从办学结余中取得合理的回报,但合理回报到底是多少没有明确的标准。

2010年,教育部发布了《国家中长期教育改革和发展规划纲要(2010—2020年)》,在第十四章办学体制改革章节专门规定了"(四十三)大力支持民办教育""(四十四)依法管理民办教育部分"。认为民办教育是教育事业发展的重要增长点和促进教育改革的重要力量。积极探索营利性和非营利性民办学校分类管理,规范民办学校法人登记,切实落实民办学校法人财产权,依法建立民办学校财务、会计和资产管理制度,任何组织和个人不得侵占学校资产、抽逃资金或者挪用办学经费。

2012年6月18日,教育部发布了《关于鼓励和引导民间资金进入教育领域促进民办教育健康发展的实施意见》(教发〔2012〕10号)。该意见规定,加大政府教育投入的同时,采取积极有效措施,鼓励和引导民间资金进入教育领域,形成以政府办学为主体、全社会积极参与、公办教育与民办教育共同发展的格局;鼓励和引导民间资金进入学前教育和学历教育领域。积极扶持民办幼儿园特别是面向大众、收费较低的普惠性幼儿园,引导民办中小学校办出特色,鼓励发展民办职业教育,积极支持有特色、高水平、高质量民办高校发展,鼓励和引导民间资金参与培训和继续教育。

2016年11月7日修改的《民办教育促进法》对于学费资产证券化的影响非常巨大。为了落实和细化《民办教育促进法》,国家又颁布了《民办学校分类登记实施细则》和《营利性民办学校监督管理实施细则》。为适应非营利性和营利性民办学校分类管理的新形势,2017年8月31日,工商总局、教育部联合印发《关于营利性民办学校名称登记管理有关工作的通知》。

《民办教育促进法》规定:审批机关对批准正式设立的民办学校发给办学许可证;民办学校的举办者可以自主选择设立非营利性或者营利性民办学校。但是,不得设立实施义务教育的营利性民办学校。营利性民办学校的举办者可以取得办学收益,学校的办学结余依照《公司法》等有关法律、行政法规的规定处理;民办学校收取费用的项目和标准根据办学成本、市场需求等因素确定,向社会公示,并接受有关主管部门的监督。营利性民办学校的收费标准,实行市场调节,由学校自主决定。民办学校收取的费用应当主要用于教育教学活动、改善办学条件和保障教职工待遇;民办学校包括依法举办的其他民办教育机构。

《营利性民办学校监督管理实施细则》规定:社会组织或者个人可以举办营利性民办高等学校和其他高等教育机构、高中阶段教育学校和幼儿园,不得设立实施义务教育的营利性民办学校;营利性民办学校按学期或者学年收费,收费项目及标准应当向社会公示30天后执行。不得在公示的项目和标准外收取其他费用,不得以任何名义向学生摊派费用或者强行集资;营利性民办学校举办者不得抽逃注册资本,不得用教育教学设施抵押贷款、进行担保,办学结余分配应当在年度财务结算后进行。

《民办教育促进法》明确了公办、民办教育共同发展格局的法源基础,从法律层面明确营利性民办学校的法律地位,依法保障和规范获取合理回报的行为;同时还能使潜在的捐赠者和出资者打消顾虑,激发他们为教育捐资和投资的积极性;首次允许自主选择非营利性办学或者营利性办学,改变了民办学校只能是民办非企业单位的社会地位,这无疑给民办学校的发展放开了束缚、拓宽了空间;对于培训机构来说,彻底结束了公司制的教育培训机构无法可依的状态。这些规定,都有利于民办学校资产证券化的开展。

2016 年 12 月 29 日,国务院颁布的《关于鼓励社会力量兴办教育促进民办教育健康发展的若干意见》(国发〔2016〕81 号)规定:

1. 分类管理,公益导向

实行非营利性和营利性分类管理,实施差别化扶持政策,积极引导社会力量举办非营利性民办学校。建立差别化政策体系。国家积极鼓励和大力支持社会力量举办非营利性民办学校。

2. 实行分类收费政策

规范民办学校收费。非营利性民办学校收费,通过市场化改革试点,逐步实行市场调节价,具体政策由省级人民政府根据办学成本以及本地公办教育保障程度、民办学校发展情况等因素确定。营利性民办学校收费实行市场调节价,具体收费标准由民办学校自主确定。政府依法加强对民办学校收费行为的监管。

3. 保障依法自主办学

社会声誉好、教学质量高、就业有保障的民办高等职业学校,可在核定的办学规模内自主确定招生范围和年度招生计划。中等以下层次民办学校按照国家有关规定,在核定的办学规模内,与当地公办学校同期面向社会自主招生。各地不得对民办学校跨区域招生设置障碍。

4. 健全资产管理和财务会计制度

民办学校应当明确产权关系,建立健全资产管理制度。民办学校举办者应依法履行出资义务,将出资用于办学的土地、校舍和其他资产足额过户到学校名下。存续期间,民办学校对举办者投入学校的资产、国有资产、受赠的财产以及办学积累享有法人财产权,任何组织和个人不得侵占、挪用、抽逃。

可见,民办教育是国家政策支持的领域,民办学校也有资金需求,具有操作资产证券化的动力。本章所探讨的资产证券化也是针对民办学校而言。目前,学费资产证券化产品几乎都是在《民办教育促进法》修改生效之前发行的。从长远来看,修改后的《民办教育促进法》对于教育行业的ABS有积极的推动作用。但是,分类管理的政策出台后,存量的民办学校存在营利性与非营利性选择,选择成为营利性学校的,要进行财务清算,并且由省级以下的人民政府相关部门,依法明确土地、校舍、办学积累等财产的权属,并缴纳相关税费,而具体的操作则需等待地方细则出台,这在某种程度上影响了资产证券化的进程。总体来说,“产权明晰”是现代资本市场繁荣之根本,《民办教育促进法》修订为民办教育的创新发展开启了大门,学费资产证券化发展、壮大迎来重要机遇期。

## 第二节
## 民办学校的发展现状及学费资产证券化的发行情况

我国民办教育发展态势良好,民办高等院校、民办独立学院、民办K12(K12或K-12,是kindergarten through twelfth grade的简写,是指从幼儿园到十二年级,通常指基础教育阶段。K12主要被美国、加拿大等北美国家采用)学校数量众多,民办高等学校在校学生数逐年增长,但是,国家对民办学校办学经费的投入却有逐年减少之趋势。学费资产证券化规模在整个资产证券化市场占比较小,但每年发行规模在逐步上升。

### 一、民办教育、民办学校的概念

五千年历史的中国,文明璀璨,私立教育源远流长。远在2400多年前的春秋时期,孔子等就开始兴办私学。战国时期,还形成了以儒、墨、道、法等为代表的私学“百家争鸣”的局面。可以说,私立学校在传承中华文明方面发挥了重要作用。改革开放以来,民办教育也进入了新的发展时期。

所谓民办教育,也称为私立教育(private education),笔者认为,它是相对于公办教育、公立教育的教育形式,指国家机构以外的社会组织或者个人等利用非国家财政性经费,面向社会举办学校及其他教育机构的活动。2016年12月29日国务院颁布的《关于鼓励社会力量兴办教育促进民办教育健康发展的若干意见》(国发〔2016〕81号)规定,社会力量兴办教育是指各种社会力量以捐赠、出资、投资、合作等方式举办或者参与举办法律法规允许的各级各类学校和其他教育机构。笔者认为,民办教育和社会力量兴办教育几乎等同。民办学校是民办教育的载体和形式。国家财政性经费是指财政拨款、依法取得并应当上缴国库或者财政专户的财政性资金。有必要强调的是,对于一个特定的民办学校来说,非财政性经费并不排除国有资产的注入。

我国人口基数巨大,教育需求旺盛,公立教育资源早已无法匹配,民办教育的发展有充裕的空间,也吸引了越来越多的民间资本投资其中。经过几十年的发展,中国民办教育从无到有、从小到大、从弱到强,已经形成了有一定规模的民办教育体系。

中国民办学校可以分为两大类:举办学历教育、学前教育、自学考试助学及其他文化教育的民办学校,举办以职业技能为主的职业资格培训、职业技能培训的民办学校。其中,民办高等学校的分类比较复杂,既有具备颁发国家承认的学历文凭资格的民办高等学校,即学历教育机构,也有不具备颁发国家承认的学历文凭的高等教育机构,即非学历教育机构;还可以根据授课方式不同,分为面授类民办高校和函授类民办高校;还可以根据是否有外方参与,分为中外合作办学的民办高校和非中外合作办学的民办高校,另外,部分公办普通本科高校按新机制、新模式举办的二级独立学院也属于民办学校的范畴,部分地区的公立高校进行试点,引入民办机制,设置独立办学、独立核算、独立招生和独立颁发学历证书的本科层次的独立学院。可以说,我国的民办教育已经包含了幼儿园、小学、中学、大学和培训机构等。

## 二、民办教育的发展现状

近年来,我国民办教育呈现高速发展态势。截至 2016 年末,我国已有民办高等院校 742 家,民办独立学院 266 家,民办 K12 学校 165,051 家。2007 年以来各类民办学校数量变化如图 7－1 所示。

单位:所(左轴)、万所(右轴)

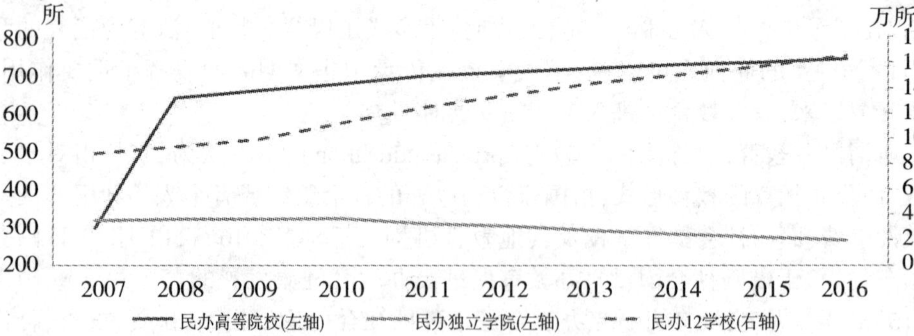


**图 7－1　2007～2016 年各类民办学校数量变化**

资料来源:万德数据库。数据区间:2007 年 1 月 1 日至 2016 年 12 月 31 日。

学生数量增加迅速。以民办高校为例。据国家统计局数据显示，十年间，普通高等学校在校学生数平均增长率为 4. 70% ，而民办高等学校在校学生数的平均增长率为 23. 49% 。截至 2015 年，民办高等教育在校学生数量为 610. 90 万。普通高等学校与民办高等教育在校学生数对比情况如图 7 – 2 所示。

**图 7 – 2　普通高等学校与民办高等教育在校学生数对比**

资料来源：国家统计局。数据区间：2007 年 1 月 1 日至 2015 年 12 月 31 日。

再比如幼儿园的数量和入园儿童数量。《2016 年全国教育事业发展统计公报》记载，截至 2016 年末，全国共有幼儿园 23. 98 万所，比上年增加 1. 61 万所；学前教育毛入园率达到 77. 4% ，比上年提高 2. 4 个百分点。按照《国家中长期教育改革和发展纲要(2010 ~ 2020 年)》要求，截至 2020 年，学前教育幼儿(3 ~ 6 岁)在园人数需达到 4000 万人，年复合增长 3. 79% ；学前三年毛入园率较 2009 年提高约 20% 。

相对于学生人数的增加，从全国教育经费的构成来看，国家对民办学校办学经费的投入却有逐年减少之趋势。2000 年以来，虽然全国综合教育经费呈现持续上涨，目前年教育经费已经超过 2. 5 万亿元规模，但是民办教育投入和社会捐赠经费均呈现波动下降。此外，以学杂费收入为主的事业收入呈现上升趋势，年收入超过 5 千亿元。2000 年以来全国教育经费构成情况如图 7 – 3 所示。

教育产业前期投资大、回收周期长。民办学校对资金有迫切的需求。传统融资方式主要为银行贷款、信托融资和融资租赁等，但是，民办学校可供担保的资产不多，导致融资规模有限，资金期限短，难以满足民办学校的正常融资需求。而境内外上市股权融资方式有较大不确定性，门槛高，周期长。《关于鼓励社会力量兴办教育促进民办教育健康发展的若干意见》规定，鼓励金融机构在风险可控前提下开发适合民办学校特点的金融产品，探索办理民办学校未来经营收入、知识产权质押贷款业务，提供银行贷款、信托、融资租赁等多样化的金融服务。资产证券化为民办学校在传统融资模式之外找到了新的方法。

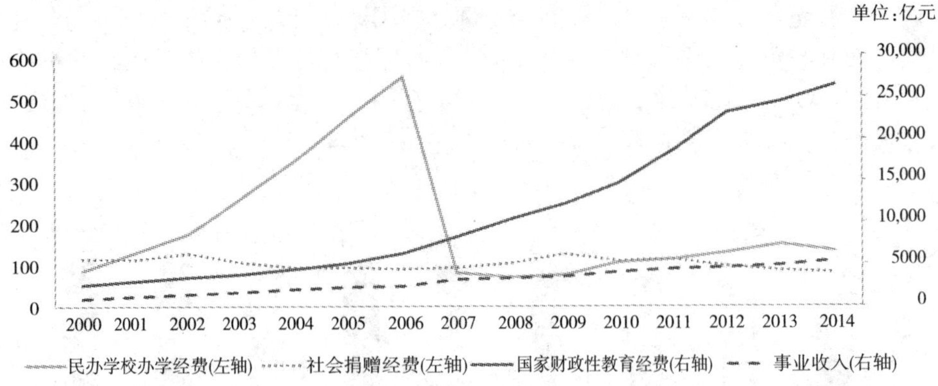


**图 7－3　2000～2014 年全国教育经费构成**

资料来源：万德数据库。数据区间：2000 年 1 月 1 日至 2014 年 12 月 31 日。

相比传统的银行贷款等融资途径，资产证券化是一种更为灵活的资产管理及融资形式。资产证券化融资模式更为灵活，具备不完全依赖主体信用、增信方式灵活、产品期限及规模结构设计多样等特点，为主体信用水平较弱、学费住宿费等达到一定规模的民办学校提供了全新的融资途径。

## 三、学费资产证券化的发行现状

我国学费资产证券化主要集中在民办学位类教育领域，其基础资产主要可分为三类：民营独立学院学费收费权、民办 K12 学校学费收费权及民办高等院校学费收费权。

截至 2017 年 7 月 31 日，存续学费资产支持证券概况如表 7－1 所示。

**表 7－1　存续学费资产支持证券概况**　　单位：亿元

| 类型 | 项目名称 | 发起机构/原始权益人 | 发行总额 | 发行公告日 | 流通场所 |
|---|---|---|---|---|---|
| 民营独立学院学费收费权 | 津桥学院资产支持专项计划 | 昆明理工大学津桥学院 | 10.50 | 2015 年 8 月 12 日 | 上海 |
| | 武汉理工大学华夏学院及武汉大学珞珈学院 2016 年信托受益权资产支持专项计划 | 武汉理工大学华夏学院 | 8.95 | 2016 年 11 月 7 日 | 上海 |
| | 西南交大希望学院信托受益权资产支持专项计划 | 四川希望教育产业集团有限公司 | 6.23 | 2017 年 4 月 28 日 | 上海 |

续表

| 类型 | 项目名称 | 发起机构/原始权益人 | 发行总额 | 发行公告日 | 流通场所 |
|---|---|---|---|---|---|
| 民办 K12 学校学费收费权 | 西部平银宏达学校信托受益权资产支持专项计划 | 昆仑信托有限责任公司 | 4.36 | 2016 年 9 月 9 日 | 上海 |
| | 厦门英才学校信托受益权资产支持专项计划 | 厦门英才学校有限公司 | 8.00 | 2017 年 3 月 14 日 | 上海 |
| | 广州证券二十一世纪国际学校学费信托受益权资产支持专项计划 | 北京市二十一世纪国际学校 | 3.00 | 2017 年 5 月 10 日 | 上海 |
| 民办高等院校学费收费权 | 阳光学院一期资产支持专项计划 | 福建阳光集团有限公司 | 6.30 | 2016 年 8 月 22 日 | 深圳 |
| 公立职业学校学费收费权 | 中联前海开源—昆明工业职业技术学院资产支持专项计划 | 昆明钢铁控股有限公司 | 6.30 | 2017 年 7 月 6 日 | 机构间私募产品报价与服务系统 |

资料来源：万德数据库。截至 2017 年 7 月 31 日。

学费资产证券化融资占教育融资的比重较为有限，但是自 2015 年首单发行以来，每年发行规模在逐步上升。2011 年以来我国学费类发行规模如图 7－4 所示。

单位：亿元、支

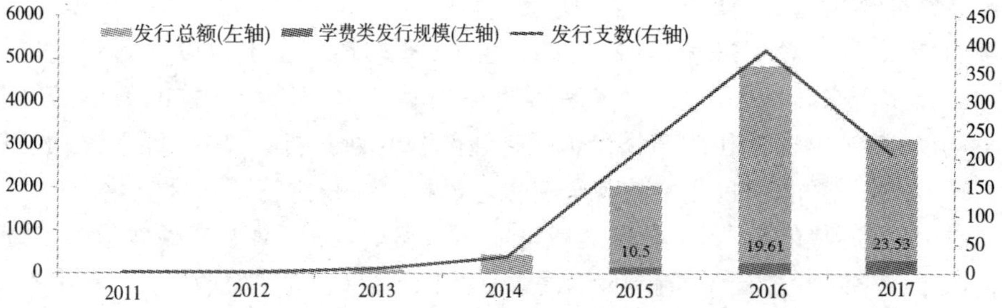


**图 7－4　2011 年以来我国学费类发行规模示意**

资料来源：万德数据库。数据区间：2011 年 1 月 1 日至 2017 年 7 月 31 日。

## 第三节
# 学费资产证券化的实操要点

在学费资产证券化项目的承揽承做过程中,笔者认为,应重点关注以下几个问题。

## 一、基础资产

从已有案例来看,基础资产或底层基础资产以学费为主,也有住宿费。学费、住宿费都是基于学校的办学资质及法律法规许可而收取。不同的是,学费是学校对入学学生每年定期收取的,住宿费则并不是每个学校都收取,且只有住宿的学生才需要交纳。学校根据招生计划、学生住宿登记等比较容易预测学费、住宿费的规模。学费收入、住宿费收入具备成为证券化基础资产的条件,即是一种可以产生独立、可预测的现金流且可特定化的财产权利。

部分民办教育机构可能设有不同教育阶段的学校,则可考虑从涵盖的幼儿园、小学、初中、高中、大学中,选取特定阶段的学费、住宿费作为基础资产。

《资产证券化业务基础资产负面清单指引》规定,基础资产不能是法律界定及业务形态属于不同类型且缺乏相关性的资产组合,如基础资产中包含企业应收账款、高速公路收费权等两种或两种以上不同类型资产。若是同一类型的资产即可组合在一起。学费收入、住宿费收入都是基于学校的办学资质而获得的财产权利,是同一类型的资产,故可组合起来作为基础资产。实操中,如果学校仅仅将其学费收入作为基础资产可能会遇到资产规模偏小的问题,此时可以考虑将学费收入、住宿费收入组合构成基础资产池。

随着新《民办教育促进法》的推进和完善,义务教育阶段不得设立营利性机构的规定或许将带来转机。未来,义务教育阶段的学校也可能将学校的教学功能和非教学功能剥离,实现营利性部分和非营利性部分的划断,在一定条件下,餐饮、住宿、后勤等非教学功能项目产生的现金流也可以探讨打包进行资产证券化。

另外,随着时代的发展,学校已经或可能会有科研收入、网上视频教学收入、商标许可收入、广告费收入、学校衍生品收入、伙食费收入、培训费收入等,其中有些项目大多实行外包。目前市场还未有将伙食费和培训费等收入入池的案例,但是,只要能获得监管部门的支持,解决现金流的控制和预测等问题,也具有探讨的空间和价值。

## 二、增信

以收益权为基础资产或底层基础资产的资产证券化产品,该类型基础资产产生的现金流名义金额受外界因素影响较大,未来现金流的产生和规模依赖经营实体或标的资产未来一段时间内的正常、持续运营。收益权类资产证券化产品的设计,不仅需要完善内部增信,更需要关注外部增信措施。学费资产证券化产品也不例外。

实践中,大部分民办教育机构的主体资质较弱,外部信用评级很难达到AA。此时,可以考虑选择融资性担保机构为产品提供担保。比如在厦门英才学校资产证券化项目中就设计了融资性担保机构的担保增信,而且为双重担保,即融资性担保机构同时在证券端、信托端都提供了担保。因为如单纯在证券端担保,则担保公司很难追溯到融资人,所以在信托端追加了担保。有关融资性担保机构的担保分析请见本书其他章节的探讨,不再赘述。

民办学校的股东或母公司作为增信主体是市场上常用的增信方式。目前存续的学费资产支持证券普遍设计有股东或母公司承担差额支付承诺人及第三方担保机构。通常来说,差额支付承诺人出具《差额支付承诺函》,承诺在专项计划终止日之前,截至任何一个兑付日的前一个初始核算日,专项计划资金余额小于相应特定期间的必备金额时,或是在专项计划终止日之后,管理人根据经有控制权的资产支持证券持有人大会审议通过的清算方案确认专项计划资产仍不足以支付所有优先级资产支持证券届时尚未获得支付的所有预期收益和本金时,差额支付承诺人须承担相应的差额支付义务。担保人通常承担无条件、不可撤销的、连带责任保证担保。从增信效果来看,学校的股东为上市公司、地方政府的,增信效果明显,投资人认可度高。实操中,也需要关注学校股东、母公司的其他经营板块的运营情况,各运营板块之间的关联情况,业务是否涉及房地产、“两高一剩”(高耗能、高污染、产能严重过剩)等,以判断其增信能力。

## 三、交易结构

目前已经发行的学费资产证券化的交易结构,仅有津桥学院资产支持专项计划是单一结构,基础资产是学费及住宿费债权,其他皆为双SPV结构,基础资产是信托受益权。

根据《证券公司及基金管理公司子公司资产证券化业务管理规定》,企业资产证券化的基础资产应权属明确,是可以产生独立、可预测的现金流且可特定化的财产权利或财产。学费收入属于未来收益权,缴纳学费的学生主体、人数等不特定、不确定，受到招生政策等影响，各年学费、住宿费收入不恒定，不完全符合基础资产的要求，比如可能引起对其“可特定化”的质疑。为确保学费、住宿费收益权满足基础资产的要求，教育资产证券化几乎都引入了“信托计划＋资产支持专项计划”的双 SPV 模式，即通过由信托贷款的资金提供方委托信托机构向融资人发放信托贷款，形成委托人持有的以学费、住宿费等收入为信托贷款还款资金来源的信托受益权，并以此信托收益权作为专项计划的基础资产。2016 年 5 月 13 日，中国证监会发布《资产证券化监管问答(一)》，第 4 点规定单一信托受益权为基础资产，基础资产除必须满足现金流独立、持续、稳定、可预测的要求之外，还应当依据穿透原则对应和锁定底层资产的现金流来源，同时现金流应当具备风险分散的特征。上述信托计划专为资产实现资产证券化融资目的而设立，具有特定性，同时信托计划明确约定了贷款当事各方、贷款利率、贷款期限、贷款金额和相关特别条款。基于我国《信托法》的特别规定，上述信托收益权具有独立性，且具备可特定化、本金及利息还款可预测等特征，符合我国法律法规对基础资产的要求。有关信托受益权的具体细节探讨请见本书其他章节，不再赘述。

## 四、学费收入的质押登记

《担保法》第 9 条、第 37 条第 3 项规定，学校、幼儿园、医院等以公益为目的的事业单位、社会团体不得为保证人。学校、幼儿园、医院等以公益为目的的事业单位、社会团体的教育设施、医疗卫生设施和其他社会公益设施为不得抵押财产。2007 年 9 月 26 日，修订的《应收账款质押登记办法》第 2 条规定，应收账款是指权利人因提供一定的货物、服务或设施而获得的要求义务人付款的权利以及依法享有的其他付款请求权，包括现有的和未来的金钱债权，但不包括因票据或其他有价证券而产生的付款请求权，以及法律、行政法规禁止转让的付款请求权。应收账款包括提供医疗、教育、旅游等服务或劳务产生的债权。由此可见，民办教育中界定为公益性的资产不能进行抵押，而民办教育之学费存在营利性特征，实质为营利性收费，具有一定的解释空间。在操作中，部分银行等金融机构也认可民办学校的学费收费权质押。

在资产证券化业务中，学费收费权最终要质押给信托或专项计划。征信中心建立基于互联网的登记公示系统，办理应收账款质押登记，并为社会公众提供查询服务。登记内容包括质权人和出质人的基本信息、应收账款的描述、登记期限。

实操中，质押首先要解决认定问题，比如界定未来收费权数额、收费权的测算、收费权的定价方式、定价的基础等。可是，学费等未来收益权的认定无法具体化，只能通过抽象的描述和相关文件去佐证。比如教育部门审批、发改委的认定标准以及评估公司的测算等,然后做一个登记质押。

## 五、学校的相关考察因素

### (一)资质

无论是公办还是民办的学校,都需要获得教育部门批准的办学资质及颁发的办学许可证;高校的专业设置需要有可在教育部或所属教育局(厅)查询备案等资质。这些资质是学校进行资产证券化的基础。

### (二)学校所在位置

“广州证券二十一世纪国际学校学费信托受益权资产支持专项计划”中,学校位于北京市海淀区。“西南交大希望学院信托受益权资产支持专项计划”中,学校位于四川省成都市。笔者认为,学校所在位置对民办教育的盈利能力具有重要影响。位于一线城市及省会城市的学校学费水平通常高于二三线城市。

### (三)招生范围

笔者认为,一般而言,全国范围招生的民办学校比在某市及某区范围招生的民办学校更具有优势,生源更加优质,有利于现金流的稳定性。

### (四)办学成绩

办学成绩是基础资产质量最直接的体现。通过考察学校近三年招生人数,近三年招生投档人数和录取人数比例,近三年招生分数线,近三年毕业升学率,出国率,名校率,一本率、二本率、本科率等情况,可以判断学校的办学成绩。

### (五)持续办学能力

持续办学能力是保障现金流稳定、可持续的基本要求。民办教育持续办学能力主要体现在学校财务情况、关联交易情况以及投融资等方面。需要考察学校财务情况,分析近三年经审计的财务报告;考察关联交易情况,考察运营成本,考察融资情况,考察重大诉讼仲裁和行政处罚情况等,进而判断潜在风险点,预测其偿债能力,确保不影响学校的持续办学能力。

### (六)学费、住宿费等费用收取标准

收费标准是预测未来现金流的一个重要指标,也是判定民办教育机构有权按照教育主管部门审核的招生计划招生并提供教育及住宿服务,从而合法享有要求在籍学生支付学费、要求住宿学生支付住宿费的权利基础。实操中,需要相关方提供发改委、物价局对收费标准批复的证明资料。

### (七)办学年限

“西部平银宏达学校信托受益权资产支持专项计划”中,上海外国语大学附属

浙江宏达学校成立于1999年，上海外国语大学附属宏达(国际)幼儿园和上海外国语大学附属宏达高级中学设立于2003年，办学历史均超过十年。笔者认为，民办学校的办学历史在一定程度上反映了学校的办学经验，悠久的办学历史是现金流稳定的基本保障，更能体现出其持续办学的能力和意图。

(八)独立性

独立性包括法人独立、校园独立、财务独立等，目的是为了保障基础资产的权属明确，现金流独立。

(九)教育链条

优先支持教育链条较长的机构，如12年一贯制办学或者幼儿园到大学等。

(十)现金流规模及归集特征

一般来说，学费归集具有周期性和集中性，学校通常按照春、秋两个学期初收费。另，关注学校收入规模，年规模在一个亿以上为佳。

(十一)硬件设施

硬件设施包含两个方面的内容，一是面积、数量等指标，二是产权情况。考察学校占地面积、教室数量、实验室数量、操场数量、体育馆数量、礼堂数量、食堂数量、宿舍数量、分校区数量等，判断教育资源是否得到较为充分的利用，学校招生人数是否已经达到饱和；考察硬件的产权情况，优先选择房屋、土地、设备等硬件设施产权归学校所有，不存在权利瑕疵的学校。

此外，还应该关注学校的教职工规模、学生规模、内部控制管理体系、办学目标、学科设置等。

## 第四节
## 学费资产证券化的典型案例简介

笔者以津桥学院资产支持专项计划、西部平银宏达学校信托收益权资产支持专项计划和阳光学院一期资产支持专项计划为例，分析其一般操作模式、增信措施等。

### 一、津桥学院资产支持专项计划

津桥学院资产支持专项计划是我国首支民办独立学院学费资产证券化产品。昆明理工大学津桥学院是一所由昆明理工大学申办，云南省城市建设投资有限公司投资，经云南省教育厅和国家教育部批准成立的独立学院，办学层次为全日制本科学历教育，学制为四年（建筑专业及城市规划专业为五年），于2001年9月正式招生。津桥学院机构健全，制度完善，实行学分制管理，是一所功能齐全，以工为主，经、管、文、法、理协调发展的多科性学院，现设有建筑工程系、工学系、计算机与电子电气工程系、经济管理系、法学系、外语系、思想政治理论课教学部、体育课部，设置有29个本科专业，在校学生8000余人。昆明理工大学津桥学院的实际控制人为云南省城市建设投资集团有限公司（发行时，集团主体评级为AA+，由联合资信评估有限公司于2015年7月16日出具①），集团归云南省国资委监管。

2015年8月12日，昆明理工大学津桥学院作为发起机构、原始权益人，以其学费、住宿费为基础资产，发行了津桥学院资产支持专项计划，发行总额10.5亿元。

### （一）产品结构

津桥学院资产支持专项计划产品结构如表7-2所示。

**表7-2　津桥学院资产支持专项计划产品结构**

| 债券名称 | 发行规模（万元） | 票面利率（%） | 债券期限（年） | 债项评级 |
|---|---|---|---|---|
| 津桥01 | 1000.00 | — | 0.02 | AAA |
| 津桥02 | 4000.00 | 4.30 | 1.02 | AAA |
| 津桥03 | 6200.00 | 4.50 | 2.02 | AAA |
| 津桥04 | 8300.00 | 4.60 | 3.02 | AAA |
| 津桥05 | 9500.00 | 4.83 | 4.02 | AAA |
| 津桥06 | 11,000.00 | 5.58 | 5.02 | AAA |
| 津桥07 | 12,000.00 | 5.63 | 6.02 | AAA |
| 津桥08 | 14,500.00 | 5.85 | 7.02 | AAA |
| 津桥09 | 16,000.00 | 5.90 | 8.02 | AAA |
| 津桥10 | 17,500.00 | 5.95 | 9.02 | AAA |
| 津桥次级 | 5000.00 | — | 9.02 | — |

资料来源：万德数据库。

其中，06~10档含权，即后五档在2019年末首先附投资人回售选择权，然后附发行人选择赎回权[仅当投资者回售后剩余各档本金均低于初始本金50%（含）

① 云南省城市建设投资集团有限公司最新主体评级为AAA，由中诚信证券评估有限公司于2017年6月26日出具。

时，津桥学院有权赎回剩余份额］。

## (二)交易结构

津桥学院资产证券化直接以学费及住宿费的未来债权作为基础资产，采用了单一结构。具体结构如图 7－5 所示。

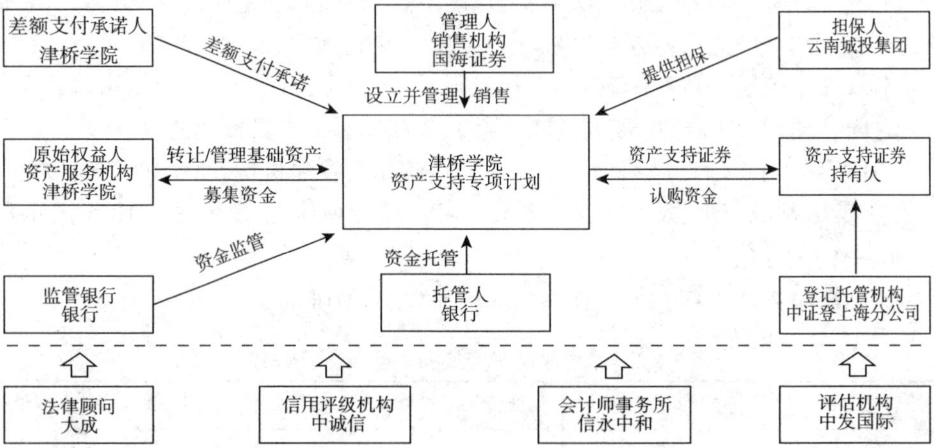


**图 7－5　津桥学院资产支持专项计划的交易结构**

资料来源：《津桥学院资产支持专项计划说明书》《津桥学院资产支持专项计划优先级资产支持证券信用评级报告》。

## (三)现金流情况

津桥学院资产支持专项计划现金流情况如表 7－3 所示。

**表 7－3　津桥学院资产支持专项计划现金流情况**　　单位：万元

| 特定期限 | 学费收入 | 住宿费收入 | 其他收入 | 合计 |
|---|---|---|---|---|
| 2015 学年度 | 12, 154. 23 | 934. 92 | 154. 30 | 13, 243. 45 |
| 2016 学年度 | 14, 961. 38 | 1075. 50 | 189. 05 | 16, 225. 93 |
| 2017 学年度 | 17, 387. 52 | 1179. 47 | 218. 87 | 18, 785. 86 |
| 2018 学年度 | 19, 662. 94 | 1268. 74 | 246. 75 | 21, 178. 42 |
| 2019 学年度 | 20, 605. 07 | 1329. 65 | 258. 57 | 22, 193. 29 |
| 2020 学年度 | 21, 255. 55 | 1371. 57 | 266. 73 | 22, 893. 85 |
| 2021 学年度 | 21, 775. 60 | 1405. 07 | 273. 26 | 23, 453. 92 |
| 2022 学年度 | 22, 205. 26 | 1432. 86 | 278. 65 | 23, 916. 76 |

续表

| 特定期限 | 学费收入 | 住宿费收入 | 其他收入 | 合计 |
|---|---|---|---|---|
| 2023 学年度 | 22, 565. 76 | 1456. 08 | 283. 18 | 24, 305. 02 |
| 2024 学年度 | 22, 907. 91 | 1478. 21 | 287. 47 | 24, 673. 59 |
| 合计 | 195, 481. 20 | 12, 932. 07 | 2456. 82 | 210, 870. 08 |

资料来源:中发国际《昆明理工大学津桥学院学费及住宿费收入预测报告书》。

### (四)增信方式

专项计划采用了如下的增信方式。

1. 优先/次级分层

优先级资产支持证券本金规模为 100, 000. 00 万元,次级资产支持证券本金规模为 5000. 00 万元。

2. 基础资产现金流超额覆盖

根据预测,特定期间内的学费及住宿费收入现金流均可覆盖本次专项计划各档优先级产品兑付本息的 1. 3 倍以上。特定期间指自基准日起至 2015 年 10 月 31 日(含)止,以及 2015 年 11 月 1 日(含)起至 2024 年 10 月 31 日止的每年 11 月 1 日(含)至次年 10 月 31 日(含)的期间。其中第一个特定期间系指专项计划设立日之次日至 2015 年 10 月 31 日(含)的期间。

3. 津桥学院差额补足承诺

在每个初始核算日,托管人按照《托管协议》的约定对专项计划账户进行核算;在每个差额支付通知日,管理人确定若专项计划账户当期收到的款项不足以支付该期优先级产品本息,管理人应向差额支付承诺人发出差额支付通知书,在每个差额支付划款日,津桥学院应当根据管理人的差额支付通知书将相应款项划付至专项计划账户。

4. 云南城投集团担保承诺

在每个差额支付资金核算日,托管人按照《托管协议》的约定,就津桥学院在差额支付划款日划付至专项计划账户的资金进行核算;在每个担保通知日,管理人确定是否发生担保责任启动事件,若发生担保责任启动事件,管理人应向云南城投集团发出《担保履约通知书》;在每个担保人划款日,云南城投集团应当根据管理人的《担保履约通知书》将相应款项划付至专项计划账户。

## 二、西部平银宏达学校信托收益权资产支持专项计划

西部平银宏达学校信托收益权资产支持专项计划是我国首支民办 K12 学校学

费资产证券化产品。上海外国语大学附属浙江宏达学校由浙江宏达教育集团有限公司100%控股,实际控制人为沈国甫先生。沈国甫先生为宏达控股集团有限公司党委书记,宏达高科控股股份有限公司董事长,名下拥有众多产业,包括上市公司宏达高科控股股份有限公司(002144. SZ)。

2016年9月9日,浙江宏达教育集团有限公司作为资产服务机构,昆仑信托有限责任公司作为发起机构、原始权益人,以宏达幼儿园、宏达中小学及宏达高中的学费、住宿费为基础资产,发行了西部平银宏达学校信托收益权资产支持专项计划,发行总额4.36亿元。

### (一)产品结构

西部平银宏达学校信托收益权资产支持专项计划产品结构如表7-4所示。

**表7-4　西部平银宏达学校信托收益权资产支持专项计划产品结构**

| 债券名称 | 发行规模(万元) | 票面利率(%) | 债券期限(年) | 债项评级 |
|---|---|---|---|---|
| 宏达01 | 2100.00 | 4.30 | 0.06 | AA+ |
| 宏达02 | 2600.00 | 4.30 | 0.15 | AA+ |
| 宏达03 | 2700.00 | 4.80 | 0.64 | AA+ |
| 宏达04 | 3300.00 | 4.90 | 1.15 | AA+ |
| 宏达05 | 3400.00 | 5.00 | 1.64 | AA+ |
| 宏达06 | 3900.00 | 6.50 | 2.15 | AA+ |
| 宏达07 | 4000.00 | 7.00 | 2.64 | AA+ |
| 宏达08 | 4600.00 | 7.20 | 3.15 | AA+ |
| 宏达09 | 4800.00 | 7.30 | 3.64 | AA+ |
| 宏达10 | 5400.00 | 7.40 | 4.15 | AA+ |
| 宏达次 | 6800.00 | — | 4.15 | — |

资料来源:万德数据库。

### (二)交易结构

西部平银宏达学校资产证券化项目嵌入了信托结构。交易结构如图7-6所示。

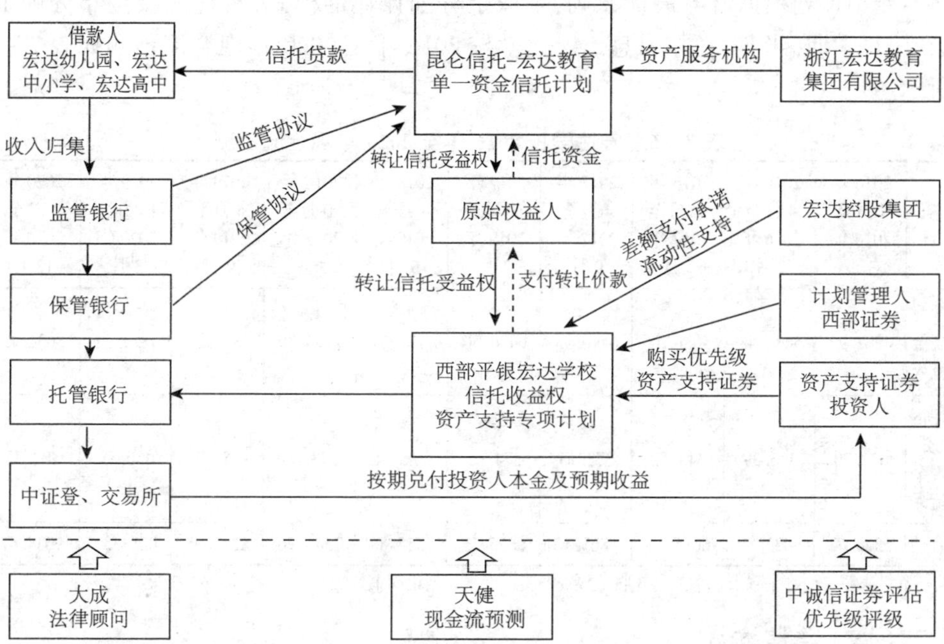


**图7-6　西部平银宏达学校信托收益权资产支持专项计划交易结构**

资料来源:《西部平银宏达学校信托收益权资产支持专项计划说明书》。

## (三)现金流情况

宏达学校利用2016年至2020年共计5个学年(10个学期)的学费及住宿费的收入作为基础资产开展证券化融资。专项计划说明书中,对宏达学校过去三年一期的学费及住宿费收支情况进行了披露。宏达学校发行前三年及一期收入状况如表7-5所示。

**表7-5　宏达学校发行前三年及一期收入状况**　　单位:万元

| 项目 | 2011年10月至2012年3月 | 2012年4月至2012年9月 | 2012年10月至2013年3月 | 2013年4月至2013年9月 | 2013年10月至2014年3月 | 2014年4月至2014年9月 | 2014年10月至2015年3月 | 2015年4月至2015年12月 |
|---|---|---|---|---|---|---|---|---|
| 学费现金流入 | 3049.44 | 3380.76 | 3357.23 | 3659.16 | 3657.03 | 4221.19 | 4284.64 | 4982.92 |
| 住宿费现金流入 | 260.71 | 262.30 | 250.62 | 302.70 | 288.03 | 294.30 | 281.24 | 340.30 |
| 合计 | 3310.15 | 3643.06 | 3607.85 | 3961.86 | 3945.06 | 4515.49 | 4565.88 | 5323.22 |

资料来源:《西部平银宏达学校信托收益权资产支持专项计划说明书》。

专项计划根据财务最优原则，采取了分期摊还的模式，将优先级按年分为10级，按每学期（半年）还本付息。宏达学校2016年至2020年现金流预测如表7－6所示。

**表7－6　宏达学校2016年至2020年现金流预测**　　单位：万元

| 项目 | 2016年1月至2016年3月 | 2016年4月至2016年9月 | 2016年10月至2017年3月 | 2017年4月至2017年9月 | 2017年10月至2018年3月 | 2018年4月至2019年9月 | 2018年10月至2019年3月 | 2019年4月至2019年9月 | 2019年10月至2020年3月 | 2020年4月至2020年12月 |
|---|---|---|---|---|---|---|---|---|---|---|
| 学费现金流入 | 4982.92 | 5686.48 | 5686.48 | 6490.35 | 6480.50 | 7183.54 | 7173.70 | 7887.52 | 7887.52 | 8632.15 |
| 住宿费现金流入 | 341.70 | 346.39 | 348.68 | 373.15 | 374.65 | 372.34 | 373.06 | 400.43 | 400.79 | 402.32 |
| 合计 | 5324.62 | 6032.87 | 6035.16 | 6863.50 | 6855.15 | 7555.88 | 7546.76 | 8287.95 | 8288.31 | 9034.47 |

资料来源：《西部平银宏达学校信托收益权资产支持专项计划说明书》。

### （四）增信方式

西部平银宏达学校信托收益权资产支持专项计划的增信措施包括。

1. 初始超额抵押

在本次专项计划存续期间，应收学费和住宿费预计产生的现金流基本保持为优先级资产支持证券未偿本息余额的150%～160%之间，对优先级资产支持证券进行了超额覆盖。

2. 宏达控股集团有限公司差额支付承诺

3. 优先/次级分层

4. 应收账款质押

借款人宏达高中、宏达中小学、宏达幼儿园（“出质人”）以应收账款质押合同中质押权利清单所列之未来应收账款向昆仑信托（作为昆仑信托—宏达教育单一资金信托受托人）提供质押担保。

5. 保证金质押

鉴于昆仑信托（“质权人”）同意根据《信托贷款合同》的约定向宏达幼儿园、宏达中小学、宏达高中（“债务人”）提供贷款，浙江宏达教育集团有限公司（“出质人”）将《保证金质押合同》中列明的保证金质押给质权人，作为债务人履行《信托贷款合同》项下债务的担保。

6. 连带责任担保

由宏达控股集团和其董事长沈国甫先生为就《信托贷款合同》项下的信托贷款本息偿付义务提供无限、连带责任担保。

7. 留存收益储备

在每个分配日，专项计划资产在分配当期专项计划费用及全部优先级资产支持证券本金和预期收益后，将不超过剩余优先级资产支持证券的未偿本金和截至相应的预期到期日期时预期收益之和的35%的部分作为留存收益，留存于专项计划账户，为剩余优先级资产支持在证券的本息兑付提供保障。

## 三、阳光学院一期资产支持专项计划

阳光学院一期资产支持专项计划是我国首支民办高等院校学费资产证券化产品。阳光学院成立于2001年，前身是福州大学阳光学院，由国家"211工程"重点建设大学福州大学和阳光控股共同举办，是福建省首批设立的独立学院。阳光学院的实际控制人为福建阳光集团有限公司（产品发行时集团主体评级[①]为AA，由大公国际资信评估有限公司于2016年6月28日出具）。

2016年8月22日，福建阳光集团有限公司作为发起机构、原始权益人，以旗下阳光学院的学费、住宿费为基础资产，发行了阳光学院一期资产支持专项计划，发行总额6.3亿元。

### （一）产品结构

阳光学院一期资产支持专项计划产品结构如表7－7所示。

**表7－7　阳光学院一期资产支持专项计划产品结构**

| 债券名称 | 发行规模（万元） | 票面利率（%） | 债券期限（年） | 债项评级 |
|---|---|---|---|---|
| 16阳光1 | 8500.00 | 4.70 | 0.74 | AA+ |
| 16阳光2 | 10,500.00 | 4.90 | 1.74 | AA+ |
| 16阳光3 | 12,500.00 | 5.30 | 2.74 | AA+ |
| 16阳光4 | 14,000.00 | 6.50 | 3.75 | AA+ |
| 16阳光5 | 14,500.00 | 6.80 | 4.75 | AA+ |
| 16阳光C | 3000.00 | — | 4.75 | — |

资料来源：万德数据库。

① 福建阳光集团有限公司最新主体评级为AA+，由大公国际资信评估有限公司于2017年6月26日出具。

## (二)交易结构

阳光学院一期资产支持专项计划中嵌入了信托结构。交易结构如图7－7所示。

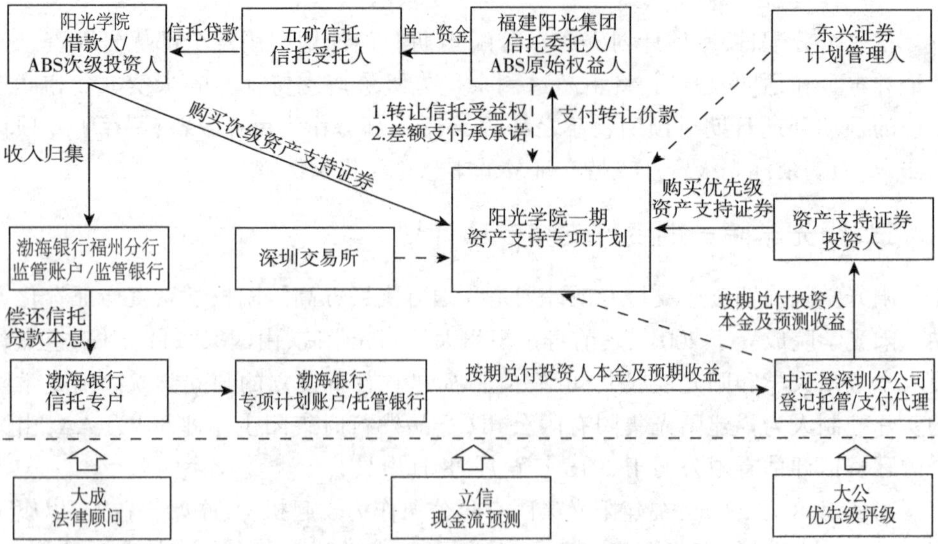


**图7－7 阳光学院一期资产支持专项计划的交易结构**

资料来源:《阳光学院一期资产支持专项计划说明书》。

## (三)现金流情况

阳光学院一期资产支持专项计划的现金流分析如表7－8所示。

**表7－8 阳光学院一期资产支持专项计划的现金流分析**

| 期限 | 在校人数预测(人) | 学费、住宿费合计(万元) | 募集资金规模(万元) | 融资利率(%) | 覆盖倍数 |
|---|---|---|---|---|---|
| 2016年6月1日至2017年5月31日 | 8026 | 14,650.40 | 8500 | 4.7 | 1.2 |
| 2016年6月1日至2018年5月31日 | 8296 | 16,140.40 | 10,500 | 4.9 | 1.2 |
| 2016年6月1日至2019年5月31日 | 8934 | 18,260.30 | 12,500 | 5.3 | 1.2 |
| 2016年6月1日至2020年5月31日 | 9175 | 19,267.30 | 14,000 | 6.5 | 1.2 |
| 2016年6月1日至2021年5月31日 | 9454 | 20,334.20 | 14,500 | 6.8 | 1.3 |

资料来源:《阳光学院一期资产支持专项计划优先级资产支持证券信用评级报告》。

根据《阳光学院一期资产支持专项计划说明书》所示及发行情况分析，阳光学院一期资产支持证券的各期学费、住宿费本息覆盖倍数均大于1.2。

阳光学院发行前三年一期的收支情况如表7－9所示。

表7－9 阳光学院三年一期收支

单位：万元

| 科目 | 2015年1～9月 | 2014年 | 2013年 | 2012年 |
|---|---|---|---|---|
| 主要业务收入 | 10,025.17 | 12,661.24 | 12,179.74 | 11,073.37 |
| 主要业务成本 | 2110.32 | 3435.30 | 4260.28 | 4480.89 |
| 营业税金及附加 | — | 1.12 | 0.20 | 0.58 |
| 其他业务利润 | — | 13.28 | 10.81 | 20.73 |
| 管理费用 | 7172.77 | 9228.97 | 6867.50 | 6576.26 |
| 财务费用 | 89.14 | －3.08 | －4.08 | 7.17 |
| 净利润 | 721.79 | 10.54 | 1007.98 | 100.34 |

资料来源：《阳光学院一期资产支持专项计划说明书》。

阳光学院学费及住宿费收入逐年稳健增长的主要原因是学校在校生规模逐渐增加。与2012年、2013年相比，2014年管理费用所有增加，主要原因系教职工工资及校舍整体修缮支出增加。另外，根据2012～2014年审计报告，“营业收入”由“学费”及“住宿费”构成。“营业成本”由“系经费”“学生经费”“业务费”“福大管理费”“办公费”“维修费”“学术交流费”“交通费”“体育维持费”等构成，其中，占据营业成本超过50%的“福大管理费”自原“福州大学阳光学院”正式更名“阳光学院”后，2015年起即停止向合办方福州大学支付。其他科目是学院持续运应的必要开支。“管理费用”由“工资”“折旧费”“修缮费”“社会保障费”“水电费”等构成，其中，折旧费是非现金支出项目，其他科目是学院日常运营的必要开支。

会计师事务所对阳光学院一期资产支持专项计划的营业收入及到期偿还信托贷款本息金额数据进行了预测并分析了静态资金缺口。具体如表7－10所示。

表7－10 阳光学院一期资产支持专项计划资金缺口分析

单位：万元

| 特定期间 | 2016年6月1日至2017年5月31日 | 2016年6月1日至2018年5月31日 | 2016年6月1日至2019年5月31日 | 2016年6月1日至2020年5月31日 | 2016年6月1日至2021年5月31日 |
|---|---|---|---|---|---|
| 营业收入 | 14,650 | 16,140 | 18,260 | 19,267 | 20,334 |
| 日常运营开支 | 8991 | 9440 | 9912 | 10,408 | 10,928 |

续表

| 特定期间 | 2016年6月1日至2017年5月31日 | 2016年6月1日至2018年5月31日 | 2016年6月1日至2019年5月31日 | 2016年6月1日至2020年5月31日 | 2016年6月1日至2021年5月31日 |
|---|---|---|---|---|---|
| 到期偿还信托贷款本息金额 | 12, 991 | 14, 464 | 15, 771 | 16, 384 | 18, 848 |
| 运营资金需求合计 | -7332 | -7764 | -7423 | -7525 | -9442 |
| 优先级资产支持证券金额 | 60,000 | — | — | — | — |
| 静态资金缺口 | 20, 515 | — | — | — | — |

资料来源:《阳光学院一期资产支持专项计划说明书》。

### (四)原始权益人的资金支持承诺

除常规的增信措施外,笔者认为应该关注原始权益人的资金支持承诺。原始权益人为借款人出具《福建阳光集团有限公司关于向阳光学院开展资产支持专项计划提供资金支持的承诺》,承诺在资产支持专项计划存续期间内日常运营过程中发生营运资金不足,福建阳光集团有限公司将在政策允许和财力范围内无条件提供资金支持,保障维持稳定经营及教学工作的正常运营。

# 第八章

# 公路收费收益权证券化

公路建设是我国基础设施投资的重要组成部分。公路建设投资大,投资回报期限长,公路建设资金短缺。公路运输收费收益权证券化是解决公路建设资金的新渠道。研究公路收费收益权证券化具有重要的意义。

## 第一节

## 我国公路交通运输业的发展现状及其融资模式

基础设施建设是我国固定资产投资的重要组成,是我国宏观经济的调节器,也是关系民生的重要工程。公路交通运输行业是我国基础设施建设的重要组成部分,是国民经济中从事货物和旅客运输的基础产业,亦是国民经济和社会发展的大动脉。目前,公路运输在我国交通运输体系中依然占据主导地位。根据 2004 年 9 月 13 日《收费公路管理条例》第 2 条的规定,收费公路是指经批准依法收取车辆通行费的公路,含桥梁和隧道。

### 一、我国公路的分类

根据中国人民交通出版社于 2004 年出版的《公路工程技术标准》,按照公路所适应的年平均昼夜交通量及其使用任务和性质,公路分为高速公路、一级公路、二级公路、三级公路和四级公路,其中,高速公路能适应年平均昼夜汽车交通量 25,000 辆以上;一级公路能够适应年平均昼夜汽车交通量 5000 ~ 25,000 辆;二级公路能适应按各种车辆折算成中型载重汽车的年平均昼夜交通量 2000 ~ 5000 辆;三级公路能适应按各种车辆折算成中型载重汽车的年平均昼夜交通量 2000 辆以下,沟通县与县或县与城市的一般干线公路;四级公路能适应按各种车辆折算成中型载重汽车的年平均昼夜交通量 200 辆以下,沟通县与乡、镇之间的支线公路。

按照路面等级,公路分为高等级公路、中等级公路和低等级公路,其中高等级公路包括高速公路、一级公路和高标准二级公路;中等级公路包括中低标准二级公路和高标准三级公路;低等级公路包括中低标准三级公路和所有的四级公路。

根据不同性质或水平的政治功能地位,公路可分为国道、省道、县道、乡道和村道,其中,国道是指具有全国性政治、经济意义的主要干线公路,省道又称省级干线公路。在省公路网中,具有全省性的政治、经济、国防意义,并经省、市、自治区统一规划确定为省级干线公路;县道是指具有全县(县级市)政治、经济意义,连接县城和县内主要乡(镇)、等主要地方;乡道为乡镇道路。

根据《收费公路管理条例》第10条的规定,收费公路分为政府还贷公路和经营性公路。县级以上地方人民政府交通主管部门利用贷款或者向企业、个人有偿集资建设的公路为政府还贷公路;国内外经济组织投资建设或者依照公路法的规定受让政府还贷公路收费权的公路为经营性公路。经依法批准后,可收取车辆通行费。车辆通行费的收费标准,应当依照价格法律、行政法规的规定进行听证。政府还贷公路和经营性公路的区别主要体现在:

1. 建设和管理政府还贷公路,应当按照政事分开的原则,依法设立专门的不以营利为目的的法人组织。省、自治区、直辖市人民政府交通主管部门对本行政区域内的政府还贷公路,可以实行统一管理、统一贷款、统一还款。经营性公路建设项目应当向社会公布,采用招标投标方式选择投资者。经营性公路由依法成立的公路企业法人建设、经营和管理。

2. 政府还贷公路的收费期限,按照用收费偿还贷款、偿还有偿集资款的原则确定,最长不得超过15年。国家确定的中西部省、自治区、直辖市的政府还贷公路收费期限,最长不得超过20年。经营性公路的收费期限,按照收回投资并有合理回报的原则确定,最长不得超过25年。国家确定的中西部省、自治区、直辖市的经营性公路收费期限,最长不得超过30年。

3. 政府还贷公路的收费标准,由省、自治区、直辖市人民政府交通主管部门会同同级价格主管部门、财政部门审核后,报本级人民政府审查批准。经营性公路的收费标准,由省、自治区、直辖市人民政府交通主管部门会同同级价格主管部门审核后,报本级人民政府审查批准。

4. 转让政府还贷公路权益中的收费权,可以申请延长收费期限,但延长的期限不得超过5年。转让经营性公路权益中的收费权,不得延长收费期限。

5. 政府还贷公路的管理者收取的车辆通行费收入,应当全部存入财政专户,严格实行收支两条线管理。政府还贷公路的车辆通行费,除必要的管理、养护费用从财政部门批准的车辆通行费预算中列支外,必须全部用于偿还贷款和有偿集资款,不得挪作他用。

## 二、我国公路建设概况

我国高速公路建设起步较晚。1988 年,中国修建了第一条高速公路——沪嘉(上海—嘉定)高速公路,此后,高速公路建设整体发展较快,尤其 1998 年之后,在国家积极财政政策的推动下,发展非常迅速。2013 年 6 月,国家发改委印发《国家公路网规划(2013 ~ 2030 年)》,规划指出,到 2030 年我国将建成总规模 40.1 万公里的国家公路网,由普通国道和国家高速公路两个路网构成;其中国家高速公路网(简称"71118 网")由 7 条首都放射线、11 条南北纵线、18 条东西横线以及地区环线、并行线、联络线等组成,约 11.8 万公里。截至 2016 年底,我国高速公路总里程已达到 13.10 万公里,"71118"网中的"五射两纵七横"14 条高速公路已全线贯通,高速公路路网结构已接近完善。

根据交通运输部发布的数据显示,"十二五"期间,我国完成交通固定资产投资超过 12.5 万亿元,是"十一五"期间的 1.6 倍。2016 年,政府相继出台《中长期铁路网规划》《交通基础设施重大工程建设三年行动计划》等基础设施领域规划纲要,计划在 2016 年至 2018 年,重点推进基础设施项目 303 个,总投资 4.7 万亿元,主要针对铁路、公路、水路、机场、城市轻轨进行投资。此外,京津冀一体化战略、长江经济带发展规划纲要等区域发展蓝图也为基础设施建设的扩张奠定基础。2017 年 2 月 27 日,交通运输部部长李小鹏在国务院新闻办公室举办的发布会中表示,"十三五"期间我国交通运输总投资将会达到 15 万亿元,其中公路固定投资为 7.8 万亿元。根据中经未来产业研究院的研究报告,我国公路特别是高速公路预计还需要 10 年左右的集中建设期,即 2030 年左右,我国公路发展将进入一个基本稳定的态势。可见,未来高速公路建设仍存在一定需求,但随着我国经济进入"新常态"、产业结构调整以及去产能化影响,加之我国国家高速公路网已接近完善,未来高速公路投资建设整体增速将有所放缓。

## 三、我国公路建设的融资模式

我国高速公路建设大多由国家、省、市三级政府共同投资,并由省级公路运营管理主体负责区域内高速公路的投资建设,高速公路的具体运营由项目公司负责。高速公路为资金密集型行业,初始投资额较大,资本金投入很难满足企业的建设资金需求,高速公路运营企业为满足建设需求和区域经济发展需要,普遍通过负债方式经营,银行贷款占 65% 左右,企业资产负债率偏高。高速公路的建设融资问题是发展的瓶颈。在高速公路经过路产培育期步入稳定运营后,企业还面临较高的养护费用、运营管理费用,后续投融资压力也较大。

高速公路较大的前期投资主要通过通行费收入回收。近几年,全国收费高速公路通行费收入有所增长,但是也受到诸多因素影响,比如为促进地区物流体系建设及推广 ETC 使用,多个省份下调部分路产收费标准;2010 年 12 月 1 日起,全国所有收费公路(含收费的独立桥梁、隧道)全部纳入鲜活农产品运输“绿色通道”网络范围,对整车合法装载运输鲜活农产品车辆免收车辆通行费;2012 年 7 月 24 日,《重大节假日免收小型客车通行费实施方案的通知》发布,收费公路项目在春节、清明节、劳动节、国庆节对 7 座以下的客车免收通行费;随着铁路网络的扩大以及高铁的投运,2014 年开始公路客运量出现明显下降,铁路客运周转量已完成对公路的反超。随着路网建设的不断完善,高速公路通行费收入规模将维持低位增长态势。高速公路支出项主要包括还本付息、养护成本和运营管理成本等,近几年,支出也持续增长,且增速较快。

2016 年,高速公路行业收支缺口创历年新高,达 3821.66 亿元,较上年增长 29.88%。新增路产培育周期长、初始投资额较大的行业特点决定了高速公路收入与支出不匹配情况长期存在。未来随路产培育难度加大,存量债务增长,收入支出增速差距将进一步加大,收支缺口或将进一步走高。高速公路企业主要依靠通行费的发展模式收到一定制约。公路建设资金单单依靠国家财政拨款,远远不能满足公路建设资金需求,依然缺乏有效融资手段。融资多元化是公路建设的发展方向。2004 年后,公私合营方式(BOT、TOT 等)成为除政府直接投资外建设高速公路的重要方式。2014 年后,国务院相关部门又密集出台了一系列全面推广和规范交通运输领域政府和社会资本合作模式的政策,采用 PPP 模式建设高速公路。2015 年 1 月,交通运输部出台了《关于全面深化交通运输改革的意见》,指出可采取政府与社会投资者共同成立特别目的公司的方式引导社会资本参与交通运输建设。为推动我国公路 PPP 项目的发展,国家制定了一系列涉及公路 PPP 模式的政策规范。国务院《关于创新重点领域投融资机制鼓励社会投资的指导意见》(国发〔2014〕60 号)第 16 条要求“建立完善政府主导、分级负责、多元筹资的公路投融资模式,完善收费公路政策,吸引社会资本投入,多渠道筹措建设和维护资金。逐步建立高速公路与普通公路统筹发展机制,促进普通公路持续健康发展。”。财政部、交通运输部《关于在收费公路领域推广运用政府和社会资本合作模式的实施意见》(财建〔2015〕111 号)要求“鼓励社会资本通过政府和社会资本合作(PPP)模式,参与收费公路投资、建设、运营和维护,与政府共同参与项目全周期管理,发挥政府和社会资本各自优势,提高收费公路服务供给的质量和效率”。根据国家发改委传统基础设施领域 PPP 项目库数据显示,截至 2017 年 2 月底,共入库 15,966 个 PPP 项目,投资总额约为 15.9 万亿元。其中,交通运输行业项目数位居第二为 2646 个,总投资额位居第一为82,404亿元,分别占到入库总数、总投资额的17%、52%,其中公路项目共有1551个占比59%,总投资额为45,662亿元占比55%,平均每个项目投资额达到29.4亿元。

2014年,资产证券化产品改为注册制,为高速公路投资建设的融资打开了另一条融资渠道。高速公路的收益权是一种可用于资产证券化的产品。公路PPP市场的存量空间和增量空间规模巨大,为收费公路类PPP资产证券化囤积大量的基础资产。2015年1月,交通运输部出台《关于全面深化交通运输改革的意见》,指出投资者或特别目的公司可以通过银行贷款、企业债、项目收益债券、资产证券化等市场化方式举债并承担偿债责任。2015年的《基础设施和公用事业特许经营管理办法》第24条第1款也提出,"鼓励特许经营项目公司进行结构化融资,发行项目收益票据和资产支持票据等"。2016年12月26日,发改委联合证监会印发了《关于推进传统基础设施领域政府和社会资本合作(PPP)项目资产证券化相关工作的通知》,明确推进传统基础设施领域PPP项目开展资产证券化。笔者认为,研究收费公路类项目的资产证券化具有重大现实意义。

## 第二节
## 公路收费收益权证券化的概念及其发行情况

《证券公司及基金管理公司子公司资产证券化业务管理规定》第3条第1款规定,基础资产是指符合法律法规规定,权属明确,可以产生独立、可预测的现金流且可特定化的财产权利或者财产。基础资产可以是单项财产权利或者财产,也可以是多项财产权利或者财产构成的资产组合。财产权利或者财产,其交易基础应当真实,交易对价应当公允,现金流应当持续、稳定。基础资产可以是企业应收款、租赁债权、信贷资产、信托受益权等财产权利,基础设施、商业物业等不动产财产或不动产收益权,以及中国证监会认可的其他财产或财产权利。可见,收益权可以作为资产证券化的基础资产。2016年3月,深交所在《深圳证券交易所资产证券化业务问答》中明确指出,基础资产界定为收益权主要关注现行法律法规或司法解释已明确规定该财产权利为收益权,或者基础资产涉及的收费具有明确的法律依据。

收费权是权利人基于法律直接规定或者政府行政特许,享有的就特定基础设施或者公共服务收取费用的权利。收费权包括公路收费权、水费收费权、电费收费权、电视广播收费权、学校收费权、医院收费权等。收费公路类证券化项目以公路收费收益权作为基础资产,属于基础设施收费权类证券化的一种。对于高速公路等基础设施而言，收益权通常是指其通行费收入。

## 一、收费收益权概述

收益权，也称为资产收益权，一般是指特定资产的权利人获得这种资产所产生的未来收益的权利。收益权本身又有许多种类，比如股权收益权、票据收益权、债权收益权、知识产权收益权、土地承包经营收益权、林地经营收益权、基础设施（公路、电力、热气等）经营收益权等。具体到公路收费收益权，笔者认为，收益权证券化时候，合同尚不存在，但是就发起人的日常经营而言其发生是必然的、可预期的。

在我国的财产权法律体系下，实际上并无独立的“收益权”概念。根据《物权法》的精神，法律上的权利分为物权和债权。物权又可细分为所有权、用益物权、担保物权。《物权法》规定，所有权人对自己的不动产或者动产，依法享有占有、使用、收益和处分的权利。权利人依靠法定的权利类型所附带的“收益”权能来实现对相关物或权利的财产利益。“收益权”仅是所有权的四项基本权能之一，源自所有权，依附于所有权，当所有权的归属发生变更时，其所包含的收益权随之转移。收益权对原始资产的依附性。这一点在基础设施收费收益权中表现最为明显。以高速公路收费收益权为例，高速公路的路基路面、沿线站所、收费岗亭等都是收费收益权的原始资产，收费收益权需要依附于公路的原始资产才能够产生与存在。所有权人可以将收益权单独转让，而仍然保留所有权。收益权转让不会产生物权的效力，受让人取得的是一个“对人权”而不是“对世权”，权利的实现取决于转让人持续的履约行为。收益权具有对原始资产的依附性。

最高人民法院在福建海峡银行股份有限公司福州五一支行诉长乐亚新污水处理有限公司、福州市政工程有限公司金融借款合同纠纷案中，认为污水处理项目收益权系将来金钱债权。换言之，将来金钱债权作为一种或然性的债权，其产生具有一定的不确定性。特许经营权的收益权可以质押，并可作为应收账款进行出质登记。特许经营权的收益权依其性质不宜折价、拍卖或变卖，质权人主张优先受偿权的，人民法院可以判令出质债权的债务人将收益权的应收账款优先支付质权人。

会计上也没有资产收益权这一概念。通常而言，在资产负债表上体现的是资产收益权所赖以产生的特定资产，例如固定资产、对外股权投资或者其他财产。资产收益权未体现在资产负债表上，也就意味着不存在出表与否的问题。

收益权作为所有权的一项权能，可以成为转让合同的标的，但是转让的只是资产所产生的经营收益。2016 年 3 月，深交所在《深圳证券交易所资产证券化业务问答》中明确指出，基础资产界定为收益权主要关注现行法律法规或司法解释已明确规定该财产权利为收益权，或者基础资产涉及的收费具有明确的法律依据。目前，也有法律或者司法解释明确规定“收益权”的情形,2000 年 3 月 1 日,国家计委、中国人民银行出台的《农村电网建设与改造工程电费收益权质押贷款管理办法》提及“收益权质押”。2000 年 12 月 26 日,国务院《关于实施西部大开发若干政策措施的通知》规定扩大以基础设施项目收费权或收益权为质押发放贷款的范围。2015 年最高人民检察院《关于贯彻落实〈中共中央关于全面推进依法治国若干重大问题的决定〉的意见》明确保障农户的土地承包权、经营收益权。《应收账款质押登记办法》中也有相关规定。最高人民法院《关于适用〈中华人民共和国担保法〉若干问题的解释》第 97 条中,明确规定:“以公路桥梁、公路隧道或者公路渡口等不动产收益权出质的,按照担保法第七十五条第(四)项的规定处理。”而如供水、供热、公交、电力、污水处理等城市基础设施项目,收益权虽然没有法律的明确界定,但所依据的收费权利有着充分的法律支撑,收益一般具有行政许可的性质,具有垄断、排他的特点。

## 二、公路运输收费收益权证券化的发行情况

我国资产证券化开闸以来的第二单产品就是东莞控股于 2005 年 12 月 27 日发起设立的“莞深高速公路收费收益权专项资产管理计划”。据统计,截至 2017 年 11 月底,已陆续有超过 15 单收费公路 ABS 产品成功发行,发行金额超过 270 亿元。公路运输收益权证券化产品如表 8 – 1 所示。

**表 8 –1　公路交通运输收费收益权 ABS 项目汇总**

| 项目名称 | 基础资产类型 | 发行总额（亿元） | 发行公告日 | 发起机构/原始权益人 | 发行机构/计划管理人 |
|---|---|---|---|---|---|
| 莞深高速公路收费收益权专项资产管理计划 | 公路通行费收益权 | 5.80 | 2005 – 12 – 29 | 东莞发展控股股份有限公司 | 广发证券 |
| 大成西黄河大桥通行费收入收益权专项资产管理计划 | 公路通行费收益权 | 5.3 | 2014 – 06 – 09 | 鄂尔多斯市益通路桥有限公司 | 中原证券 |
| 衡枣高速车辆通行费收益权资产支持专项计划 | 公路通行费收益权 | 33 | 2015 – 05 – 11 | 湖南省高速公路建设开发总公司 | 申万宏源证券 |
| 包东高速公路通行费收入收益权资产支持专项计划 | 公路通行费收益权 | 12 | 2015 – 05 – 20 | 内蒙古高等级公路建设开发有限责任公司 | 中山证券 |
| 陕西交通集团车辆通行费资产支持专项计划 | 公路通行费收益权 | 25 | 2015 – 07 – 09 | 陕西省交通建设集团公司 | 国开证券 |
| 连徐公司车辆通行费资产支持专项计划 | 公路通行费收益权 | 11.22 | 2015 – 08 – 24 | 江苏连徐高速公路有限公司 | 上海国泰君安证券资管 |

续表

| 项目名称 | 基础资产类型 | 发行总额（亿元） | 发行公告日 | 发起机构/原始权益人 | 发行机构/计划管理人 |
|---|---|---|---|---|---|
| 哈尔滨机场专用路通行费收入收益权资产支持专项计划 | 公路通行费收益权 | 9.14 | 2015-10-08 | 哈尔滨机场专用路有限公司 | 民生证券 |
| 广州机场高速公路车辆通行费收益权专项计划 | 公路通行费收益权 | 44 | 2015-10-26 | 广州快速交通建设有限公司 | 信达证券 |
| 汇富榆靖高速公路车辆通行费收益权资产支持专项计划 | 公路通行费收益权 | 21.3 | 2015-12-24 | 陕西省交通建设集团公司 | 西南证券 |
| 招商资管一号—云南公投曲胜高速公路车辆通行费收益权资产支持专项计划 | 公路通行费收益权 | 35 | 2016-01-25 | 云南省公路开发投资有限责任公司 | 招商证券资管 |
| 邯郸武涉公路通行费收入收益权资产支持专项计划 | 公路通行费收益权 | 3.8 | 2016-09-20 | 邯郸市交通建设有限公司 | 国融证券 |
| 招商资管二号—云南公投曲胜高速公路车辆通行费收益权资产支持专项计划 | 公路通行费收益权 | 50 | 2016-12-05 | 云南省公路开发投资有限责任公司 | 招商证券资管 |
| 苏高速车辆通行费收益权资产支持专项计划 | 公路通行费收益权 | 7 | 2017-03-20 | 江苏省高速公路经营管理中心 | 富安达资管 |
| 鄂黄长江公路大桥车辆通行费资产支持专项计划 | 桥梁通行费收费权 | 5 | 2017-07-31 | 湖北交投鄂黄长江公路大桥有限公司 | 国开证券 |

交易商协会 ABN 只有一单扬子桥 ABN2017-1，发行金额 5.27 亿元。

按照基础资产类型的不同，大致可将已发行的交通运输费收益权类 ABS 分为公路通行费类（包括桥梁、隧道）、公交客运费类、铁路运输费类、港口运输费类 ABS 产品。其中，公路收费权类 ABS 和公交客运收益权类 ABS 的数量和规模占比较大，公路收费权类 ABS 的数量和规模占比分别为 45.16% 和 63.48%，公交客运收益权类 ABS 的数量和规模占比分别为 48.39% 和 29.26%。公路运输收益权证券化在交通运输类资产证券化中的占比如图 8-1、图 8-2 所示。

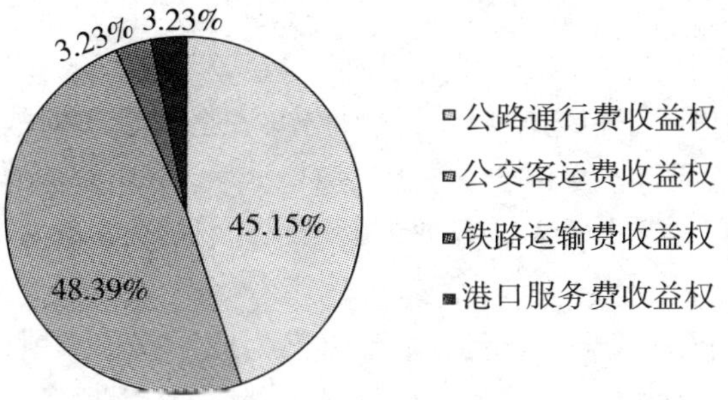


**图 8－1　交通运输类 ABS 基础资产数量分布**

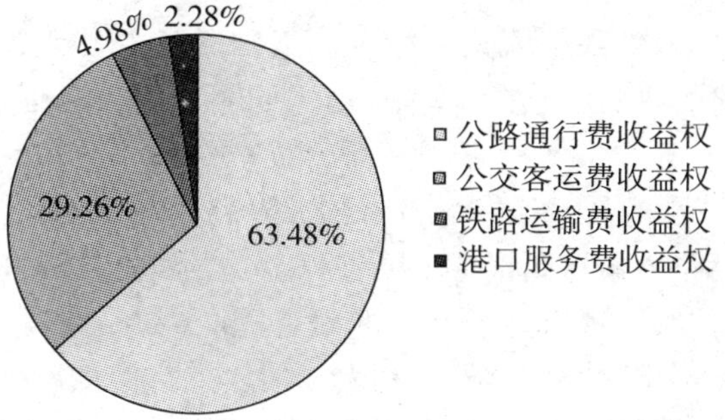


**图 8－2　交通运输类 ABS 基础资产规模分布**

从已经发行的公路运输收益权证券化产品来看，融资规模大，发行年限长。收费公路 ABS 产品融资平均金额高达 20.43 亿元，发行平均年限为 7 年。2016 年 10 月，招商资管发行了“招商资管二号—云南公投曲胜高速公路车辆通行费收益权支持专项计划”，其发行年限为 14 年，融资规模达到 50 亿元，是我国目前基础设施领域规模比较大的证券化产品。

## 第三节
# 公路运输收费收益权证券化的实操要点

笔者认为，公路运输收费收益权证券化的操作中，应该关注如下事项：

## 一、基础资产

大多数收费权依附于特定项目,项目财产的安全性是收费权存在的客观前提。有些项目中,为防范项目本身由于自然灾害或人为损害导致收费权的灭失或收费收入的下降风险,可要求出质人办理项目财产保险,明确贷款人为保险赔偿权益的第一受益人。

公路收费收益权类证券化产品的基础资产为原始权益人所享有的特定时期内的车辆通行费收费收益权。

### (一)公路情况

收益权类基础资产往往依附于单一经营实体或实物资产。经营实体或实物资产的运行情况关系到未来现金流是否稳定。基础资产主要类型包括了大型隧桥、高速公路、一级公路的收费收益权。笔者认为,也可以将公路运输收费权所依附的公路称为底层资产。

1. 一般来说,原始权益人的原始资产是公路(路基与路面)、沿线站所与收费亭等。多数情况下,高路公司在向银行融资过程中,已经将沿线站所的固定资产及收费收益权抵押或质押给了银行。收益权的固定资产(如路面资产、土地使用权等)处于抵质押状态时,不排除存在担保权利人或债权人行使抵质押权的情形。此时,应该设置特殊条款以规避风险,比如设置解除抵质押条款、提前终止条款等,保护投资者,增强产品的安全性。

2. 从现金流的角度出发,底层基础的选择应该尽量选择现金流有保障的公路。比如莞深高速连接东莞市及深圳市,是中国对外贸易的运输动脉;湖南广西属于连接东南亚与中原腹地的交通要道等。再比如公路的等级越高,相对来说,现金流更好一些,目前发行的产品基本为高速公路,例外情况较少,比如邯郸武涉公路通行费收入收益权资产支持专项计划为一级公路。

3. 剩余收费期限。一般情况下,基础资产交割时项目已收费时间未超过批准收费期限的2/3。《收费公路管理条例》第22条规定,“有下列情形之一的,收费公路权益中的收费权不得转让(一)长度小于1000米的二车道独立桥梁和隧道;(二)二级公路;(三)收费时间已超过批准收费期限2/3”。第14条规定:“收费公路的收费期限,由省、自治区、直辖市人民政府按照下列标准审查批准:(一)政府还贷公路的收费期限,按照用收费偿还贷款、偿还有偿集资款的原则确定,最长不得超过15年。国家确定的中西部省、自治区、直辖市的政府还贷公路收费期限,最长不得超过20年。(二)经营性公路的收费期限,按照收回投资并有合理回报的原则确定,最长不得超过25年。国家确定的中西部省、自治区、直辖市的经营性公路收费期限,最长不得超过 30 年。”

（二）收益权质押

在收费公路证券化中,交易方在搭建交易结构中往往会遇到公路收费权已经被用作质押贷款的问题。根据《证券公司及基金管理公司子公司资产证券化业务管理规定》第 24 条的规定:“基础资产不得附带抵押、质押等担保负担或者其他权利限制,但通过专项计划相关安排,在原始权益人向专项计划转移基础资产时能够解除相关担保负担和其他权利限制的除外。”

实务中,如果存在抵押、质押等权利负担情况,可以考虑通过过桥资金解除权利负担;或者由专项计划先将募集的资金置于监管账户,由监管人指令专项划付部分资金用于解除权利负担,待负担解除后再将其余募集资金划付原始权益人。在“汇富榆靖高速公路车辆通行费收益权资产支持专项计划”中,基础资产存在质押贷款本未清偿,专项计划设立前,原始权益人与民生银行签署相关协议,约定陕西交通集团应于专项计划设立日,以基础资产购买价款向民生银行一次性全额提前清偿贷款本金余额及应付利息,并承诺办理榆靖高速公路收费权质押注销登记手续。在“衡枣高速公路车辆通行费收益权资产支持专项计划”中,基础资产存在质押贷款未清偿,专项计划设立前,原始权益人与国家开发银行签署提前还款协议书,约定提前偿还贷款,且将解除该贷款所附带的质押权,并于中国人民银行征信信息系统及相关机关办理解除质押权的登记。

在质押的具体操作上,国务院《关于收费公路项目贷款担保问题的批复》(国函〔1999〕28 号)规定:公路建设项目法人可以用收费公路的收费权质押方式向国内银行申请抵押贷款,以省级人民政府批准的收费文件作为公路收费权的权利证书,地市级以上交通主管部门作为公路收费权质押的登记部门。质权人可以依法律和行政法规许可的方式取得公路收费权,并实现质押权。最高人民法院《关于适用〈中华人民共和国担保法〉若干问题的解释》(法释〔2000〕44 号)第 97 条规定:以公路桥梁、公路隧道或者公路渡口等不动产收益权出质的,按照《担保法》第 75 条第 4 项的规定处理。此外还有《应收账款质押登记办法》《中国人民银行征信中心应收账款质押登记操作规则》等。为了防止登记机关的登记冲突,作者建议在两个机构都办理质押登记,做好双重登记工作。在中国人民银行征信中心的应收账款质押登记公示系统办理电子登记,也在地市级以上交通主管部门办理登记。同时注意手续的齐全,比如关于出质人经营质押公路的批文、关于质押公路收费站数量、地点和收费标准的批文、关于批准出质人用公路收费权作质押担保的批文等。

## 二、现金流预测及其归集

未来现金流预测是交通运输收费收益权 ABS 的关键。名义金额是指在资产证券化存续期间所能产生的现金流额度。公路收费收益权的未来现金流名义金额无法确定,难以定量分析。通行费的价格一般是由政府调控,稳定性比较强。收益权类资产证券化由专业的评估机构对存续期间的现金流进行评估预测,出具评估报告。通常情况下,公路收费收益权的现金流预测是基于历史现金流水平和稳定性,并结合未来存续经营中可能遇到的变化进行预测。收益权类产品面临的主要风险是因外部相关因素导致的经济风险,而非交易对手的信用风险。

收费权类基础资产未来收入预测的合理性一直是交易所审核的重点,也是影响发行规模的决定性因素。计划管理人及审计机构或评估机构应结合企业实际情况,明确收费收益权类基础资产未来收入的关键因素,对未来收入规模的预测提供最为合理有效的支持。

笔者认为,除考虑常规的现金流归集机制之外,还应该关注。

### (一)综合考虑影响现金流的因素

收益权类基础资产分析的落脚点在于现金流分析,任何可能影响未来现金流稳定性和现金流归集的因素都应该着重考虑。比如区域内是否存在可替代的公路(桥梁、隧道)及其竞争密度,行业未来发展前景,实际运营方的经营实力,现金流历史记录和分布测算,历史现金流增长率,车辆通行情况,区域产业结构、变更,区域经济状况,区域经济人口增长率,路网结构与建设,汽车保有量增长趋势,通行车辆结构,其他交通工具的竞争,公路质量与维护,通行费收费标准和政策,行业集中度,产业结构,常住人口数量,通行车辆车型等。

### (二)极端情况下的现金流损失

收益权类基础资产更关注未来影响现金流大小的经营风险,多采取线性回归模型对现金流进行回归分析,确定重要的影响因子,再根据不同参数设定对未来现金流大小进行判断。在现金流分析时,需重点关注对于未来现金流预测是否存在过于乐观的情况,包括对于现金流年化增长率的判断是否合理、现金流的超额保障概率是否有效、压力测试参数是否能够模拟极端情况等。

公路通行费收益权证券化产品,影响现金流的因素比较多,极端情况下资产现金流损失更大,应该谨慎地考虑极端情况下产品所能承受的现金流损失。根据如上影响现金流的主要因素,合理预估产品存续期间的现金流,结合证券化产品的还本付息安排,在预定的每个兑付日,基础资产现金流入与证券化产品现金流出之比需达到一定的覆盖倍数。提高各期现金流入对应付本息的覆盖倍数,通过在托管账户中的资金沉淀实现现金流超额覆盖,保证还款现金充裕。

(三)运营成本的安排

收益权类产品基础资产的未来现金流应该考虑基础资产日常运营的相关成本。若该部分成本未在产品的相关文件中做相应安排,则有可能影响原始权益人的正常运营,进而影响基础资产未来现金流的额度及稳定性。目前,计划管理人主要采取如下方式规避该类风险:由原始权益人母公司或关联方来承担上述成本;采用净收入的方式计算未来现金流;开立专门账户储备资金用以拨付运营成本。

(四)资金混同与挪用

资产支持证券现金流归集需要建立相对封闭、独立的基础资产现金流归集机制,以缓释受托财产与其他资产混同以及被侵占、挪用等风险。混同风险是指资产池回收的现金与证券化参与机构的其他资金混同在一起,当参与机构发生信用危机(如破产)时,被混用资金难以区分并导致投资者遭受损失而引发的风险。收费权的标的资产的可回收款和资产服务机构的其他资金容易出现混同,既包括经营性现金流的回流,也包括财政给予原始权益人拨款时未说明具体用途的情况。需要关注管理人在产品存续期的相关管理要求设置,是否对账户归集和账户资金流监督有明确的说明,如加速资金归集频率、对资金归集账户的款项来源进行明确限定等,降低资金混同与被挪用风险。

(五)集中回售

部分收益权类产品根据投资者的需求及自身的营销目的,设置了回售和赎回的条款。如投资者选择提前回售,原始权益人将会面临一定的集中支付压力,可能导致启动差额补足和担保支付的情况。

若专项计划中有设置回售和回购条款,则需关注在产品设计中是否明确了回售资金的来源,以及无法及时归集回售资金时的缓释措施,比如是否设置了专门的回售储备金账户,并至少提前三个月按照剩余本息的一定比例归集回售准备金。同时,还须关注回售的额度及具体的计算公式是否明确。

## 三、交易结构

作者以"招商资管一号—云南公投曲胜高速公路车辆通行费收益权资产支持专项计划"为例。具体交易结构图如图 8-3 所示。

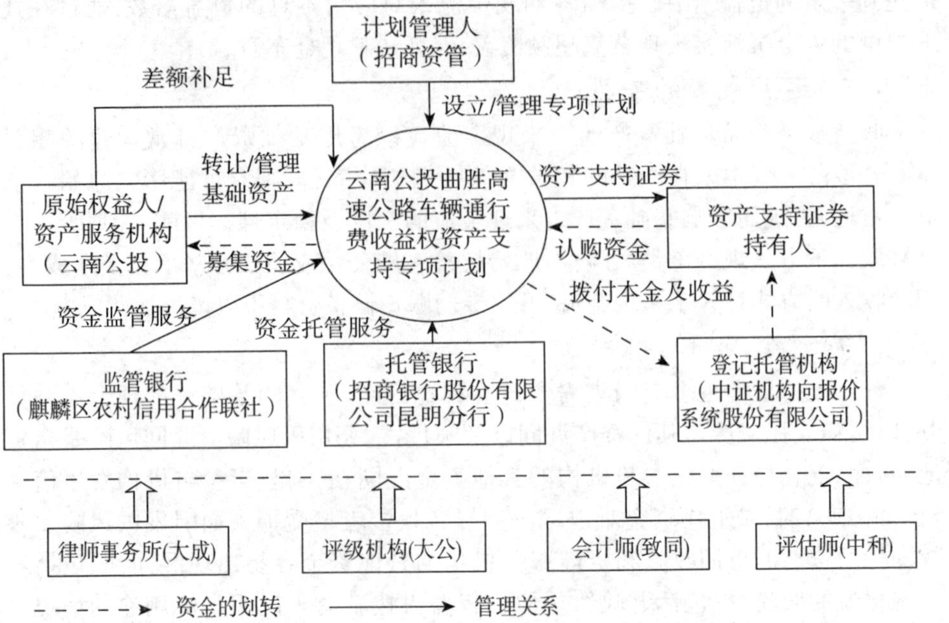


**图8－3　招商资管—号—云南公投曲胜高速公路车辆通行费收益权资产支持专项计划交易结构**

通常情况下，公路收费收益权 ABS 的交易流程如下：

1. 计划管理人设立资产支持专项计划，并向投资者发行资产支持证券，获取募集资金；

2. 计划管理人根据与原始权益人签订的资产买卖协议的约定，将专项计划募集资金用于向原始权益人购买特定期间收费公路收费收益权；

3. 计划管理人委托原始权益人作为资产服务机构，对收费公路及特定期间通行费现金流回款进行管理，包括但不限于通行费现金流回收款的管理、查询和报告、业务资料保管、催收（如有）等；

4. 计划管理人将聘请托管银行负责开立专用账户，全程托管项目资金；同时，计划管理人聘请监管银行对通行费收款账户进行监管，监督整个特定期间内收费公路通行费收入到账和转付过程，并确保通行费现金流及时足额转入专用账户；

5. 计划管理人按照合同的约定将特定期间收费收益权所产生的收益分配给专项计划投资者。

## 四、增信措施

收益权类基础资产的未来现金流预测是核心。现金流预测与基础资产的运营状况高度相关,产品的信用风险无法脱离原始权益人的主体信用状况,所以在收益权类证券化产品中,内部增信措施的效用较为有限。外部增信是公路收费权证券化产品的主要方式。外部增信强于内部增信。笔者择要简述如下。

### (一)优先/劣后分级

一般情况下,资产支持证券都会按照本息偿付的优先顺序划分为若干档,优先级较高的证券优先于其他档资产支持证券获得本息支付,从而起到信用增进的作用。优先/次级结构信用增进作用的效果取决于基础资产信用质量以及各档资产支持证券比重。同上,对于公路收益权类的基础资产,一旦现金流终止,对于尚未偿还的各层次证券并没有可期待的现金流回流,因此优先/劣后的内部增信方式增信效果较差,更多是起到了拉长久期、扩大融资规模的作用。目前部分公路通行费收益权类ABS,如莞深高速公路收费收益权专项资产管理计划、招商资管一号—云南公投曲胜高速公路车辆通行费收益权资产支持专项计划、招商资管二号—云南公投曲胜高速公路车辆通行费收益权资产支持专项计划均未采用分级的信用增进方式。

### (二)超额现金流覆盖

超额覆盖是指在资产证券化产品中,实际发行的资产支持证券的全部优先级本息小于基础资产预期现金流,将基础资产预期现金流超出资产支持证券优先级本息的差额作为信用保护的一种内部信用增进方式。差额越大、增信效果越好。超额现金流覆盖的覆盖倍数取决于现金流的预测方式和回收时间。

超额现金流覆盖是收益权类基础资产最主要的内部增信方式。但是,超额现金流覆盖的保障效果和现金流测算息息相关。稳定的基础资产和较为准确的现金流预测是超额现金流覆盖有效发挥作用的前提。如果未考虑基础资产的行业周期及发展前景等多种因素,仅通过现金流的历史业绩来预测证券化产品存续期内的现金流,甚至乐观预测现金流,超额覆盖很难达到信用增进的效果。

### (三)差额补足、担保等增信措施

差额支付承诺、担保是最常见也是最有力的增信方式,在原始权益人运营成本不足或无法兑付时提供差额支付,在差额支付不足时候提供担保。一般由原始权益人、原始权益人的母公司或者第三方信用担保机构为主体。差额支付承诺是指若专项计划账户内可供分配的资金不足以偿付优先级资产支持证券的应付本息,由差额支付承诺人为差额部分承担补足义务。

需要对原始权益人、担保人等主体的主要财务指标进行考察,尤其关注差额支付人、担保人等重要参与人的主营业务收入状况与专项计划基础资产现金流的高关联性。

原始权益人提供差额支付承诺的情况下,如果原始权益人将其大部分未来收费收益权出售给资产支持专项计划,且其他融资途径也难以有效利用,则增信效果较差。如果母公司与子公司的经营业务基本属于同一行业,母公司也难以提供非常有效的增信效果。业务板块多样的原始权益人及其母公司的增信效果较好。在实际操作中,为增强资产证券化产品的评级一般需要提供第三方担保。担保方与原始权益人的行业相关性越低,在发生系统性风险时,其信用增级效果越好。

(四)信用触发机制

信用触发机制是指在交易中事先约定若出现相关的信用风险事件即采取预定的措施以加强对优先受偿的资产支持证券本息偿付的保护。当出现不利于资产支持证券还本付息的情况时,信用触发机制生效,进而改变现金流支付顺序、提高流转效率等,为产品进行增信。实操中,要关注条款设置是否合理有效,分析是否存在操作风险。

比如"招商资管一号—云南公投曲胜高速公路车辆通行费收益权资产支持专项计划"就设置了"加速清偿事件",系指在下列任一事件发生时,计划管理人有权宣布届时所有未到期资产支持证券提前到期。

1. 原始权益人信用等级低于 A 级;

2. 原始权益人债权人就曲胜高速公路车辆通行费收费权、收益权向司法机关主张资产保全或处置的权利并已经或即将进入司法处置程序;

3. 对曲胜高速公路车辆通行费收益权的行使产生重大不利影响的事件(包括但不限于在资产支持专项计划存续期间:出现对曲胜高速公路具有替代性的运输线路,从而影响曲胜高速公路收费收入;曲胜高速公路被变更为长期性或永久性免费通行公路(不包括因节假日实施的临时性免费通行)从而影响曲胜高速公路收费收入等);

4. 原始权益人发生重大重组、减资、分立、未履行到期债务、(被)申请破产等可能对基础资产产生重大不利影响的事件;

5. 国家相关法律、法规、政策发生变化,导致基础资产或专项计划可能遭受重大不利影响的,包括但不限于基础资产收益归集程序发生变化等。

## 五、原始权益人

在资产证券化操作中,原始权益人是非常重要的主体之一,而收益权类证券化产品更为特别。比如《证券公司及基金管理公司子公司资产证券化业务管理规定》第11条第2款规定,特定原始权益人在专项计划存续期间,应当维持正常的生产经营活动或者提供合理的支持,为基础资产产生预期现金流提供必要的保障;原始权益人根据资产买卖协议向专项计划转让了其对特定资产的收益权能,但仍保有特定资产的所有权;现金流预测与基础资产的运营状况高度相关。原始权益人一般都在资产证券化过程中承担着资产服务机构的职责,运营管理水平会影响到未来现金流的大小及分布;原始权益人与基础资产的紧密相关还容易造成资金混同风险和流动性风险;为了缓释流动性风险,原始权益人通常会提供差额支付承诺。可见,原始权益人在公路收费收益权资产证券化中有着非常重要的作用。

实操中,除关注原始权益资产状况、信用评级、内部控制制度之外,还需要关注。

### (一)原始权益人应该取得相应基础资产相关的特许运营许可

比如政府部门颁发的收费许可证、相关政府批复等。2015年6月实施的《基础设施和公用事业特许经营管理办法》第3条规定,基础设施和公用事业特许经营是指政府采用竞争方式依法授权中华人民共和国境内外的法人或者其他组织,通过协议明确权利义务和风险分担,约定其在一定期限和范围内投资建设运营基础设施和公用事业并获得收益,提供公共产品或者公共服务。《收费公路管理条例》也明确规定收费公路的特许经营性质。

### (二)原始权益人的持续经营能力

对于公路收费收益权资产证券化而言,基础资产能产生稳定的、可以覆盖资产支持证券化本息的现金流是关键,而现金流的产生取决于原始权益人对特定资产的经营管理行为,因此,原始权益人对特定资产管理的积极性、有效性和持续性将直接影响现金流的稳定性。

维持持续经营能力的核心是经营成本。合理测算日常经营的最低运营成本,一般通过考察其运营成本历史数据、新增经营性或非经营性支出等确定。需要格外关注原始权益人经营成本的各种安排,降低资产计划现金流断裂的风险。比如分析原始权益人的非基础资产资金来源能否覆盖其日常运营的最低经营成本。非基础资产的资金来源一般为原始权益人非基础资产项目的日常营业收入。

### (三)原始权益人的业务多样性将影响其履约能力

运营多样性主要指区域分布的多元化和收入结构的多样性。区域分布多元化的企业能够一定程度地分散区域经济等因素波动带来的不利影响。收入结构多样化的企业在经营稳定性、成本控制和应对行业周期性风险、政策风险冲击方面更有优势。

（四）原始权益人财务情况反映其经营水平

在财务情况方面，分析其资产结构和质量、负债构成及负债水平、成本控制能力和盈利能力、现金流情况、偿债能力等，综合判断原始权益人的财务情况。

（五）外部支持

交通运输类行业提供的产品是准公共商品，关乎民生大计，具有公益性的特征，更易获得政府、股东、金融机构的外部支持，在一定程度上保障了原始权益人的持续运营。比如政府可以通过资本金注入、财政补贴、税收优惠等提供支持。股东支持方面，可以从股东性质、股东综合财务实力、股东资源和业务经验等方面考察。在金融机构支持方面，主要关注企业与银行的关系及获得的银行授信情况，考察企业在金融市场是否有公开融资的历史、偿付记录等。

## 六、收支两条线

2014 年 12 月 26 日，中国证券投资基金业协会发布《资产支持专项计划备案管理办法》（中基协函〔2014〕459 号），同时发布配套规则《资产证券化业务风险控制指引》和《资产证券化业务基础资产负面清单指引》。资产支持专项计划负面清单包括以地方政府为直接或间接债务人的基础资产，但地方政府按照事先公开的收益约定规则，在政府与社会资本合作模式（PPP）下应当支付或承担的财政补贴除外，负面清单也包括以地方融资平台公司为债务人的基础资产。2016 年 5 月 13 日，中国证监会网站公告了《资产证券化监管问答（一）》，为社会提供公共产品或公共服务，包括污水处理、垃圾处理、政府还贷高速公路等，按照“污染者/使用者付费”原则由企业或个人缴纳，实行收支两条线管理，专款专用，并约定了明确的费用返还安排的相关收费权类资产，可以作为基础资产开展资产证券化业务。该类基础资产应当取得地方财政部门或有权部门按约定划付购买服务条款项的承诺或法律文件。以该类资产为基础资产的，管理人应当在尽职调查过程中详细了解提供公共产品或公共服务企业的历史现金流情况，约定明确的现金流返还账户。管理人应当对现金流返还账户获得完整、充分的控制权限。由此可见，污水处理费、垃圾处理费、政府还贷高速公路通行费等虽然实行收支两条线管理、专款专用，但只要明确了费用返还路径且地方政府财政部门或有权部门作出按约定划付相应资金的承诺，则该类资产可以不再受《负面清单》的限制，相当于扩大了资产证券化基础资产的范围。

我国的公路可以分为政府还贷公路和经营性收费公路。政府还贷公路的投资主体是县级以上地方人民政府交通主管部门或其不以营利为目的的专门机构。车辆通行费是国家行政事业性收费，要纳入国家财政专户管理，该收费只能用于偿还贷款、集资款和必要的养护管理支出。可见，政府还贷高速公路车辆通行费实行“收支两条线”。从收入方面看，政府还贷高速公路收费站收费人员收取的车辆通行费，直接上缴财政国库。从支出方面看，通行费支出通过财政预算安排，专项用于偿还贷款和高速公路管理养护。

目前，市场上公路车辆通行费收益权资产支持专项计划大部分是经营性收费公路，因此不受《负面清单》的限制。“衡枣高速公路车辆通行费收益权资产支持专项计划”是以政府还贷高速公路通行费为基础的产品。原始权益人为湖南省高速公路建设开发总公司，基础资产为衡枣高速公路的车辆通行费收益权。湖南省政府还贷高速公路通行费严格实行“收支两条线”管理。湖南省高速公路建设开发总公司是湖南省主要的高速公路建设、运营和管理企业，对省内所有收费还贷性高速公路行使收费权。衡枣高速为政府还贷类公路，每年收取的车辆通行费进入省财政非税收入专户后，按照经省交通厅和省财政厅核定的年度预算，扣除一系列费用后，其余资金由财政专户全额返还至湖南省高速公路管理局，由省局统筹安排偿还金融机构贷款。为了衡枣高速的资产证券化，湖南省财政厅出具了《关于同意返还衡枣高速公路通行费收入的函》，同意将衡枣高速公路通行费收入预算安排用于还贷部分集中划拨至湖南省交通运输厅。湖南省交通运输厅出具了《关于同意将衡枣高速公路资产证券化的批复》，同意湖南省高速公路建设开发总公司将衡枣高速公路资产证券化。湖南省交通运输厅还出具了《关于同意将衡枣高速公路通行费收入集中划拨的批复》，要求湖南省高速公路管理局在交易分配日前向省交通运输厅申请将衡枣高速公路通行费收入一次性划付至指定账户。

此外，还需要关注公路收费收益权项目是否为 PPP 模式。对于以 PPP 模式投资建设的收费公路，交易所将建立专门的业务受理、审核及备案绿色通道，专人专岗负责，提高 PPP 项目相关资产证券化产品审核、挂牌和备案的工作效率。另外，我国有关收费公路的部委规章、地方法规繁多，因此在项目操作中需要关注项目所在地的区域规则，需要关注中国对于高速公路建设的政策条例及其修改，尤其是《收费公路管理条例》的修改。

# 第九章
# 电影票房销售收入资产证券化

电影票收入属于收费收益权。影院电影票资产证券化一般采用"信托 + 专项计划"的双 SPV 结构，规避基础资产在法律上的定义不明确问题，提高基础资产未来产生的现金流的可预测性。在没有明显的证据支撑的情况下，对影院未来收入或现金流应采取保守的预测策略。

## 第一节
## 电影、影院的行业现状及其发展趋势

中国电影产业正处于快速发展期。城镇居民的娱乐支出明显增长，院线逐步进入 3.0 时代。但是，我国与发达国家还有很大的差距，有巨大的发展空间。票房是影院收入的主要来源。资产证券化依托企业资产产生的现金流而非自身信用来满足企业对资金的需求，可以帮助企业突破传统融资方式的束缚，盘活存量资产，拓展院线公司的融资渠道。

### 一、电影行业现状及发展趋势

#### （一）国内外行业现状

一般来说，电影产业链区分为四个主要环节，分别为制片、发行、院线以及影院，对应的参与主体包括制片公司、发行公司、院线公司和影院。其中，制片公司主要负责影片的融资、拍摄和制作；发行公司从制片公司获取影片发行权，负责影片的营销和发行；院线公司从发行公司处获得电影拷贝后，统一安排影片在所属影院放映；影院负责按照其所属院线公司的排映计划，结合自身情况放映影片，票房收入依据事先约定分账。按照现行票房分账模式，缴纳 5% 电影专项基金、3% 增值税及 1% ~3% 数字代理费后，制片公司及发行公司获得净票房的 43%，院线获得 7%，影院获得 50%。

中国电影产业正处于快速发展期，票房收入从 2005 年的 20.5 亿元增长至

2015年的440.7亿元，年复合增长率36%。2008年，中国文化产业发展的标志性事件"国家中影数字制作基地"正式落成并投入使用，结束了中国大片海外加工的历史，中国电影制作水平上升到新的台阶。此外，银幕建设加速，增速从2008年的16.2%增长至2010年的32.5%，为电影市场发展提供了基础设施支持。2011年之后，国产片上映比例从2010年的17.3%上升至2015年的48.7%，票房占比逐步提升至2015年的61%，国产电影品质为电影市场蓬勃发展添砖加瓦。但伴随着银幕扩张的驱动效应减弱、内容提升后劲不足、线上渠道逐步发展，2016年开始电影票房增速显著下滑，2016年及2017年上半年总票房分别为455亿元、271亿元，同比增速分别为3.2%、10.14%。可是，消费升级、三、四线观影习惯形成、观影人次有望提升，国产电影也在积累中酝酿崛起，我国电影产业发展仍有新增量可期。

从电影普及度来看，我国一、二线城市的银幕覆盖情况已经跻身发达国家水平。我国在单银幕覆盖人数上已经超过日本，但在单银幕产出上落后于美国，国内电影市场与国际市场相比仍有巨大发展空间。2016年，世界电影总票房达386亿美元，其中北美地区电影票房为114亿美元。相较于北美地区29.4美元的人均票房，我国4.7美元的人均票房仍有6.2倍以上增长空间。北美地区电影产业十分成熟，电影的制作和发行呈现流水化作业，电影产业收入来源多样化，除票房收入外，更多的收益来自版权收入和电影广告、音像发行、玩具等与电影相关的衍生品，约占总收入的80%左右，而我国电影产业的收入仍然集中于票房收入，收入结构有待进一步改善。

## （二）国内外行业发展趋势

### 1. 行业横向及纵向整合趋势明显

北美院线经过100多年的发展，经历了从独立影院到院线垄断，再进入龙头时代的过程。1946年以前，全美约有超过2万家影院，座位数过千万，其中几大制片商拥有其中的22%，超过一半的影院座位数不足500个。1946年之后，行业进入整合洗牌期，影院数量快速缩减，近10年维持在不足6000家的水平。2015年，美国三大院线Regal、AMC、Cinemark银幕数占比为48.5%，合计占有票房市场的51%。2016年，AMC斥资12亿美元并购美国第四大院线Carmike，成为美国乃至世界最大的电影院线。同时，美国制片公司集中度同样非常高，迪士尼、20世纪福克斯、华纳兄弟、NBC环球、索尼哥伦比亚以及派拉蒙前六大制片公司2015年市占率达80.6%，收入总计近60亿元。与美国相比，国内院线集中度偏低，2016年，前三大院线公司合计占有票房市场仅29%，院线公司数量持续增加，约45家。我国第一梯队制片公司制作作品的票房占比约15%，行业整体处于分散竞争阶段，整合空间明显。

另外,美国制片与院线在100年里相互博弈,制片的强势地位决定了其在产业链中具有强大的话语权,具备全方位整合能力。1980年开始,电影巨头开拓国际市场并重新涉足院线,哥伦比亚、环球、派拉蒙、华纳都先后购买了美国部分院线,占据美国全部约22,000张银幕中的约16%,并且基于新传播方式打造传媒集团。而国内收入渠道单一、制片公司集中度低、上映率低,导致制片方对排片的依赖度高,院线渠道在产业链中话语权强,在票房分账模式上较为强势。万达、中影等公司均全方位布局制作发行放映一体化,且通过并购、投资等方式强化各个环节实力,院线龙头频频涉足上游制作,纵向整合将成趋势。

2. 电影衍生品市场潜力巨大

电影带动的衍生品在美国好莱坞已形成完整体系,前端包括电影投资融资,后端包括旅游、玩具、服装、软件、音像等。迪士尼是其中最成功的案例,旗下有多个电影系列,包括《星球大战》《变形金刚》《蜘蛛侠》及《复仇者联盟》等。以《星战》系列举例,其衍生品的累积受益已超过270亿美元,而在《星战7》上映的前三个月,BB-8机器人的销量就达到20亿美元,相当于当年我国总票房的30%。目前,我国电影市场衍生品开发意识不强、内容相对薄弱、盗版横行,衍生品市场发展滞后,衍生品带来的年收入在30亿元左右,市场增长潜力巨大。但票房金融衍生品在不断发展,许多投资方(发行方)开始与融资方(制片方)签署对赌协议,制作团队的票房收益可以提前锁定。如2016年春节档上映的《美人鱼》,以光线传媒、和和影业为代表的发行方与周星驰团队在影片上映前签订对赌协议。根据协议,双方约定一个数额(18亿元左右),制片方可以提前锁定该数额下的对应收入,当票房超过18亿元的时候,发行方优先获得超额部分的票房收入。

### (三)国内电影行业监管体制及法规政策

1. 国内电影行业监管体制

电影是国家文化、宣传产业的重要组成部分。在文化消费日益发展的今天,电影已经成为群众日常生活中的重要文化娱乐消费之一,国家对电影行业的监管体系也日益完善。根据国务院颁布的《电影管理条例》第24、4条的规定,我国对于电影产业实行审查制度,未经国务院电影审查机构审查通过的电影不得发行、放映、进口、出口。由国家新闻出版广电总局负责全国电影管理和电影审查工作的指导、监管工作,并对重大革命、重大历史题材等特殊影片进行终审,由省级级广电部门负责本行政区域内所属电影制片单位摄制的各类影片的审查和管理。对于电影发行,我国施行经营许可的准入管理制度,根据《电影管理条例》第37条的规定,设立电影发行单位须经过省级电影行政部门的批准,获得颁发的《电影发行经营许可证》后方可依法从事相关电影发行活动,设立跨省、自治区或直辖市的电影发行单位，需经过国务院电影电视行政部门的批准。

对于院线和影院经营管理，以往通常以区域计划供片模式为主，实行国家统一拍摄、统一发行、统一放映，由省、市、县逐级层层发行。随着《关于改革电影发行放映机制的实施细则（试行）》《关于进一步推进电影院线公司机制改革的意见》等政策的颁布，我国电影产业的"院线制"逐步形成。"院线制"是指以资本或者供片为纽带，由一个电影发行主体和若干影院组合形成，实行对旗下影院统一品牌、统一排片、统一经营、统一管理的发行放映经营机制。国家对于院线的成立条件、投资要求、加盟经营等多方面进行了规范和指导，并建立了院线经营许可制度。

2. 国内电影行业的法规政策

电影行业的主要行业法规、政策包括《电影管理条例》《关于促进电影产业繁荣发展的指导意见》《外商投资电影暂行规定》《电影产业促进法》等。国际上电影票房收入主要实行分账制度，2008 年 12 月和 2011 年 11 月，国家广电总局分别颁布了《关于调整国产影片分账比例的指导性意见》《关于促进电影制片发行上映协调发展的指导意见》，对分账制度提出了指导性的意见：制片方原则上国内不低于 43%，影院一般不超过 50%；与院线公司资产联结的影院，在保证制片方分账比例的前提下，分账比例可与所在院线公司协商解决；以买断方式进入市场的国产影片，可根据实际情况协商确定院线公司与影院的分账比例；电影院对于影片首轮放映的分账比例原则上不超过 50% 等。

我国电影行业的快速发展离不开政策的大力支持。2014 年 6 月，财政部、国家发改委、新闻出版广电总局等七部门联合发布了《关于支持电影发展若干经济政策的通知》，明确加强电影事业发展专项资金的管理、加大电影精品专项资金的支持力度、通过文化产业发展专项资金重点支持电影产业发展、对电影产业实行税收优惠、实施中西部地区县级城市影院建设资金补贴、加强和完善电影发行放映的公共服务和监管体系、对电影产业实行金融支持政策、实行支持影院建设的差别化用地 8 项政策，促进了我国电影行业的加速发展。2016 年 11 月颁布的《电影产业促进法》是我国文化产业领域的第一部法律，使中国电影行业有法可依，有利于促进电影行业健康持续的发展。《电影产业促进法》取消电影制作单位审批，公开电影审核制度，支持建立电影评价体系，鼓励开展电影评论，有利于激发我国电影市场活力，规范电影市场秩序，提高影片质量。

近年来，我国院线产业有纵向一体化发展趋势，院线向产业链上游整合成为加强竞争力的重要手段，通过向影视制片、发行、衍生品以及广告市场的延伸来形成全产业链运作。美国政府颁布的派拉蒙法案禁止电影公司进行纵向一体化整合院线，避免电影公司全线涉足制片、发行、放映领域，而国内相对宽松的法律环境，院线公司可以依托放映渠道优势向相关领域拓展。诸如中国电影、上海电影等电影集团企业均涵盖了电影产业链的制作、发行和放映板块；万达电影也开始向上游延伸，扩大业务板块，通过纵向一体化，使制作、发行和放映的主体变成统一利益体，加强协同效应，获得更大的竞争优势。

## 二、我国影院行业现状及发展趋势

### （一）影院行业现状

近年来，我国城镇居民的娱乐支出明显增长，但是增长空间依然很大。2016年，我国电影观众人均观影次数达到0.99次，虽然距离韩国4.34的人均观影次数仍有一定距离，但相较2010年人均0.2次观影已翻了5倍。观影人次年复合增长率30.55%，全民观影习惯进一步养成已是不争的事实，同时我国人均电影消费潜力还有较大释放空间。2014～2016年，全国影院观影与票房数据如表9－1所示。

**表9－1　2014～2016年全国影院观影与票房数据**

| 年份 | 2014年 | 2015年 | 2016年 |
|---|---|---|---|
| 总票房（亿元） | 296.39 | 440.69 | 455.21 |
| 同比增长（%） | 36.15 | 48.7 | 3.29 |
| 观影人次（亿次） | 8.30 | 12.60 | 13.74 |
| 同比增长（%） | 34.52 | 51.08 | 9.05 |
| 放映场次（万场） | 3200 | 5430 | 7478 |
| 新增银幕（块） | 5397 | 8035 | 9290 |

乘着我国文化传媒行业发展的东风，全国各家影院收入都处于稳定上升阶段。鉴于我国电影发行放映的院线制安排，院线需签约实体影院公司，各家影院属于资源优势方，院线公司拥有相对更高的话语权，影院间竞争尚不激烈。根据2016年各家影院公司经营数据与业务方向，各家影院公司的竞争主要表现在地区布局、技术更新、产业整合三个方面。

从地区布局角度来说，每家影院公司都有自身特色的影院地区布局，不同的布局决定其收入规模与收入实现及增长方式，以目前市场上几家大型影院公司为例：万达旗下影院借助万达广场，较多布局于二线城市的重要商圈，再向二三四线城市延伸，广州大地则定位二三线城市，主要占据较多低端市场资源。万达这一类定位高消费城市地区的院线公司，已经在第一阶段享受到了国民对于电影消费提高带来的红利。以往,影院票房收入高消费城市明显强于三四线城市,但随着一线城市商业地产的逐步饱和,三四线城市商业地产建设逐渐升温,三四线城市居民的消费娱乐升级正在发生,2016 年,票房中三四线城市票房占比超过三成,以大地为代表的布局中小城市的院线公司的收入正在大幅度提升。鉴于这一趋势,目前全国新增影院的七成以上位于三四五线城市,覆盖区域纵深化,银幕覆盖人群均衡化。立体式全方位布局直接促进银幕触达率大大延伸。

从技术更新来看,目前数字技术已全面介入传统电影的拍摄、制作和放映,并影响着整个电影产业链的每一个环节。作为传统产业和数字技术有效结合的产物,数字电影(3D 数字放映、巨幕放映)得到了迅速发展,成为现代电影业发展的必然趋势和重要里程碑。在 3D 数字放映、巨幕放映的作用下,客户观影效果大幅提升,消费者消费黏度必将提高,同时电影票价也有机会上升,影院经营效率(影院平均收入等)也可随之增长。因此,一家影院公司拥有的数字放映荧幕数量及比重,将影响其市场口碑与市场竞争力。

从产业整合来看,越来越多的院线公司开始产业整合,比如与经纪公司合作开发粉丝经济,整合影院广告发布资源等。在我国并未出现限制性政策的背景下,院线公司通过嫁接资本市场平台,凭借稳定的现金流及强大的渠道优势,整合产业上下游各环节,进行全产业链的运营,并以影院为载体实现收益。目前,已将影院公司与资本市场完成嫁接合作的影院投资管理公司主要有万达、大地、星美、华谊、中影、上影等。

### (二)影院行业发展趋势

在我国,票房仍是影院收入的主要来源,影院行业与电影市场的景气度绝对正相关。近几年,随着银幕数增加及观众观影娱乐习惯的形成,文化消费再度升级,电影市场快速发展。与海外发达国家相比,我国人口总数是美国 4.4 倍,但票房收入、银幕数量仅是美国的 1/2 与 3/5,电影市场的发展潜力仍然较大。

历史上,我国影院的发展主要集中在一线城市,票房收入占比较高,放映设施先进,入驻重要商圈及购物中心的影院通常体现出较高的经济效益。近几年,商业地产开发保持较快增长,购物中心不断涌现,参照美国发展历史,商业与影院的紧密结合已成为成熟模式,两者的景气度也高度相关。一线城市在居民分布、区域规划调整的过程中,也给影院建设带来新的机会。随着一线城市竞争加剧、商业体及区位规划逐渐稳定,一些经济发达地区的二三四线城市需求升级,成为影院收入增长重点地区。

此外,随着大型现代科技化、多厅化影院的建设推进,3D、IMAX 等技术日益成熟,我国院线逐步进入 3.0 时代,数字化银幕占比快速提升,2012 年数字化率就超过90%,2013年底2K数字银幕便已达到1.8万块,城市影院中3D银幕数已近1.4万块,IMAX银幕数量超过150块,为观影人群带来更佳体验,但单体影院的投资成本也在上升,3D银幕和IMAX银幕成本大约分别在几十万和800万上下。

按14亿国内人口计,全年观影率达到0.9次/年·人,十万人银幕拥有数达2.26张。我国电影市场总量已接近北美市场2/3的体量,跃居全球第二大市场,不过在各项人均数据上,我国与发达国家还有很大的差距,预示着未来的巨大机会。如果城镇人口观影率达到欧洲发达国家水平(3次/年·人),票房总量将接近1000亿,我国就成为全球最大的电影市场。

## 三、院线公司的融资方式

### (一)传统融资方式

融资方式可以分为直接融资和间接融资。直接融资即是向公众投资者或机构投资者直接募集资金,主要包括发行债券、IPO、定增等。间接融资方式是通过金融机构间接向投资者融资,以银行贷款为典型代表。院线公司除万达外,资产多为租赁所得,属于轻资产型,而银行贷款对于抵质押物要求严格,信用贷款额有限。直接融资方式诸如发行债券或股权融资,对企业的公司治理、财务状况、信用状况以及合法合规性要求严格,目前仅万达院线、星美集团等为数不多的几家院线公司完成上市融资。同时上市的准备与等待审核的过程长达数年,难以成为主流融资渠道。

### (二)新兴的资产证券化融资方式

资产证券化是指以基础资产所产生的现金流为偿付支持,通过结构化等方式进行信用增级,在此基础上发行资产支持证券的业务活动。事实上,国外早已出现电影版权、电影票房收入、影院销售收入的资产证券化融资方式。目前,国内仅有基于电影票房收入的成熟案例,其余方式仍处在初步探索之中。基于电影票房收入的资产证券化融资是指院线公司以旗下影院未来的电影票销售收入作为资产证券化产品的本息偿付来源进行融资,融资规模主要取决于下影院未来的电影票销售收入。

资产证券化依托企业资产产生的现金流而非自身信用来满足企业对资金的需求,从而帮助企业突破了传统融资方式的束缚,盘活存量资产,提高融资效率,拓展了院线公司的融资渠道。另外,资产证券化是面向合格投资者进行直接融资,融资成本是市场对于基础资产的风险定价,相较于传统的银行贷款更具备竞争力。

### (三)资产证券化融资方式的优越性

与传统的融资方式相比,资产证券化的融资方式优势明显。

1. 引入资产信用,注重未来现金流

传统融资方式无论是银行贷款、发行债券或者股权融资,通常对于融资主体的信用关注程度更高;资产证券化则更为重视资产的状况,在资产十分优质的情况下,通过增信手段如未来收入的质押、储备金留存等,可以适当弱化对于主体信用的关注程度。

2. 结构设计灵活,资金用途广泛

资产证券化的产品结构、交易结构等可以根据融资人、投资人的特殊需求进行针对性的设计,可以在满足各方利益和需求的前提下,合理的规划产品分层、设计交易安排等。其次,资产证券化融资方式对于资金用途原则上没有限制。从理论上来说,资产证券化融资是基于融资人出卖资产获取的对价,与其他债务融资仅仅依靠主体信用不同,因此也不应对其获得的资金有过多用途上的限制。

3. 不占用发债额度,最大化利用资源

资产证券化的发行规模主要取决于基础资产的现金流规模,不受净资产规模40%的限制。目前,国家发改委及交易商协会等监管机构对于集团企业及其子公司申请发行企业债券或中期票据普遍采用整体额度控制的审核方式,要求申请发债企业及其母公司均满足待偿还债券余额不得超过净资产40%的规定。资产证券化产品不属于主体信用债券,不会占用母公司的发债额度,也与原始权益人发行债券互不占用额度,可最大化利用资源。

4. 提升资本市场创新形象

有助于原始权益人提升资本市场创新形象。资产证券化作为2014年以来最受关注的新兴融资产品,发行资产证券化产品可以提升融资人的资本市场创新形象,获得良好的业内认可和市场影响。

## 第二节
## 电影票收入资产证券化的概念及其实操要点

电影票收入资产证券化为收益权资产证券化的一种,其结构特点在于“专项计划+信托计划”的双SPV结构。同时,也要根据项目的特殊性,关注现金流的预测、归集和分配机制等环节。

## 一、电影票收入资产证券化的概念

### (一)电影票收入属于收费收益权

广义上,根据基础资产或底层资产的不同,资产证券化产品分为三大类,即债权类资产证券化、收益权类资产证券化以及类 REITs。其中收费收益权资产证券化属于收益权资产证券化的一种,主要包括公路收费收益权、公共事业收费收益权、景区园区门票收费收益权、电影票收费收益权等。

需要强调的是,"收费收益权"并非是一个严格的法律概念。在理论研究中,对于收益权的性质还存在多种争议。目前,现有法律尚未对"收费权"或"收益权"的概念进行过系统和完整的阐述,仅在部分法律法规或文件中对某些特定的"收费权"或"收益权"的质押进行了界定。例如国务院在《关于收费公路项目贷款担保问题的批复》(国务院国函[1999]28 号文批复)中首次提出:"公路建设项目法人可以用收费公路的收费权质押方式向国内银行申请抵押贷款,以省级人民政府批准的收费文件作为公路收费权的权力证书,地市级以上交通主管部门作为公路收费权质押的登记部门。……"最高人民法院在《关于适用〈中华人民共和国担保法〉若干问题的解释》中第 97 条规定,以公路桥梁、公路隧道或者公路渡口等不动产收益权出质的,按照担保法第 75 条第 4 项的规定处理。可见,收费收益权虽无明确的定义及阐述,但其出质、质押登记等实践操作的规定已经在许多法律法规和政府文件中有所规定,并得到了广泛的应用。同时,在具体实践中,为补充法律法规对于收费收益权界定的空白,一般会在具体合同中对收费收益权的内涵及范围进行明确的约定。

通常情况下,收费收益权依托于某些特许的收费权或经营权存在,例如对于高速公路的收费权、供水供热的收费权、景区门票的收费权、游乐园的经营权以及影院的经营权等。

### (二)电影票收入资产证券化的界定

随着中国电影产业的蓬勃发展,电影产业链对于资金的需求也越来越大。针对电影产业链终端的院线公司和影院公司来说,其主要的业务目标就是覆盖到尽量广泛的观影人群,通过销售观影门票、食品饮料、周边产品以及广告等获取收入和利润,而理想的模式是"自投自营",即影院全部由院线公司直接投资兴建,能够实现所有影院的统一供片、统一经营管理,如万达院线,但这种模式对于院线公司的开发经验、资金实力要求较高,因此大部分院线公司采取"自投自营 + 影院加盟"的模式,院线公司并不参与加盟影院的日常经营,而是以供片为纽带实现较为松散的联结体系。随着近年来中国观影人群的迅速扩大,观众的观影习惯逐步养成,各院线公司在全国二三线城市布局的深入,院线公司对于资金的需求也越来越大。

在通常情况下,院线公司的融资方式仍以银行贷款为主,对于院线公司主体资质的要求较高,资产证券化的兴起,为院线公司将影院的电影票收入证券化面向市场投资者进行直接融资提供了新的可能。

1. 现金流

资产证券化的特征之一即在于其更加关注基础资产未来是否能够持续、稳定地产生现金流的能力。影院具有创造现金流的能力,可以依托未来的电影票销售收入进行融资。

电影票销售收入相比于高速公路收费权收入、供热供水等收益权收入,在短期内的波动性相对较大,这主要与电影行业自身的行业特性有关。例如在双休日或国家节假日,或者具有广泛期待性的大片上映期间,影院的电影票销售收入可能存在爆发式增长,期间过后又回落至正常水平,但是如果将时间线拉长至半年或者一年的角度看待,影院销售电影票获取的收入,仍然具备较好的稳定性。

中国电影产业的市场潜力还存在很大的释放空间,可预见的将来保持较快增长的可能性较大。影院的电影票销售收入,作为衡量电影产业发展的重要指标之一,其成长性将大大好过高速公路收费权、供热供水收益权等常见的未来收益权类资产带来的收入。另外,由于收益权类资产证券化产品未来的现金流与基础资产运营情况高度相关,高速公路通行费收入收益权等基础资产往往由于区域限制,现金流来源较为集中,而电影票销售收入收益权常由不同区域的多个影院组合而成,即使因为某个影院的个体风险造成其运营收入没有达到预期,仍然可以从其他影院正常经营或者超出预期的收入得到平衡和补偿,从而有效地规避现金流来源过于单一造成的风险。

2. 分层设计

结构化设计的过程实际上是将基础资产带来的现金流重新配置、优化和隔离的过程,将证券分为不同的信用层级,通过劣后级证券为优先级证券提供的内部增信,从而改变了风险和收益的分配。优先级证券本息的偿付将优先于劣后级证券,从而将风险向劣后级证券转嫁,在提高自身产品信用评级的同时也降低了自身的预期收益率,而劣后级证券承担更多的风险也必然要求更高的收益,从而形成了风险和收益的再分配。

影院电影票资产证券化的结构分层能够设计出多层次的金融产品,满足不同投资收益及风险偏好的投资者。根据风险偏好,投资人可以选择投资优先级的产品,从而利用劣后级产品提供的"安全垫"满足自身投资偏好的需求。劣后级产品通常由风险承受能力更强，追求高收益的投资者购买，或者由融资人或其关联方自持，可以有效化解融资人的道德风险。

3. 双 SPV 结构

为了符合监管要求，可以设立“信托 + 专项计划”的双 SPV 结构，并在此结构下明确交易各参与方在其中的角色和职责，做好增信安排。

## 二、电影票收入资产证券化的实操要点

### （一）参与主体

电影票收入资产证券化的参与主体如图 9－1 所示。

与其他类型的资产证券化项目类似，影院电影票收入资产证券化的参与方主要有原始权益人、管理人、信托受托人、借款人（或融资人）、资产服务机构、托管人、监管人、增信机构以及其他中介机构等。

1. 原始权益人

根据《证券公司及基金管理子公司资产证券化业务管理规定》第 6 条第 1 款的定义，“原始权益人是指按照本规定及约定向专项计划转移其合法拥有的基础资产以获得资金的主体”，即原始权益人为基础资产的原持有人，按照资产支持专项计划的交易安排，将合法持有的基础资产转让给专项计划以获取资金的主体。

从通常意义上理解，似乎原始权益人即为转让基础资产进行融资的借款人，但是实操中，由于影院电影票收入资产证券化采取“专项计划 + 信托计划”的双 SPV 结构，原始权益人仅仅是过桥资金的提供人，即原始权益人认购新成立的信托计划获得信托受益权，通过信托计划向院线公司或影院公司（即真正的借款人或融资人）发放信托贷款，信托贷款的本息由影院公司未来的电影票销售收入作为偿付来源，随后专项计划成立并向合格投资者募集资金，原始权益人将持有的信托受益权转让给专项计划，完成过桥资金的回收。在整个交易过程中，原始权益人并非真正的借款人或融资人，而是充当了过桥资金提供方的角色。

2. 管理人

《证券公司及基金管理子公司资产证券化业务管理规定》第 2 条第 2 款规定：“开展资产证券化业务的证券公司须具备客户资产管理业务资格，基金管理公司子公司须由证券投资基金管理公司设立且具备特定客户资产管理业务资格。”另外，《证券公司及基金管理子公司资产证券化业务管理规定》第 6 条第 2 款将管理人定义为：“管理人是指为资产支持证券持有人之利益，对专项计划进行管理及履行其他法定及约定职责的证券公司、基金管理公司子公司。”

从定义上看，管理人充当的是一个资产支持专项计划“管家”式的角色，其主要

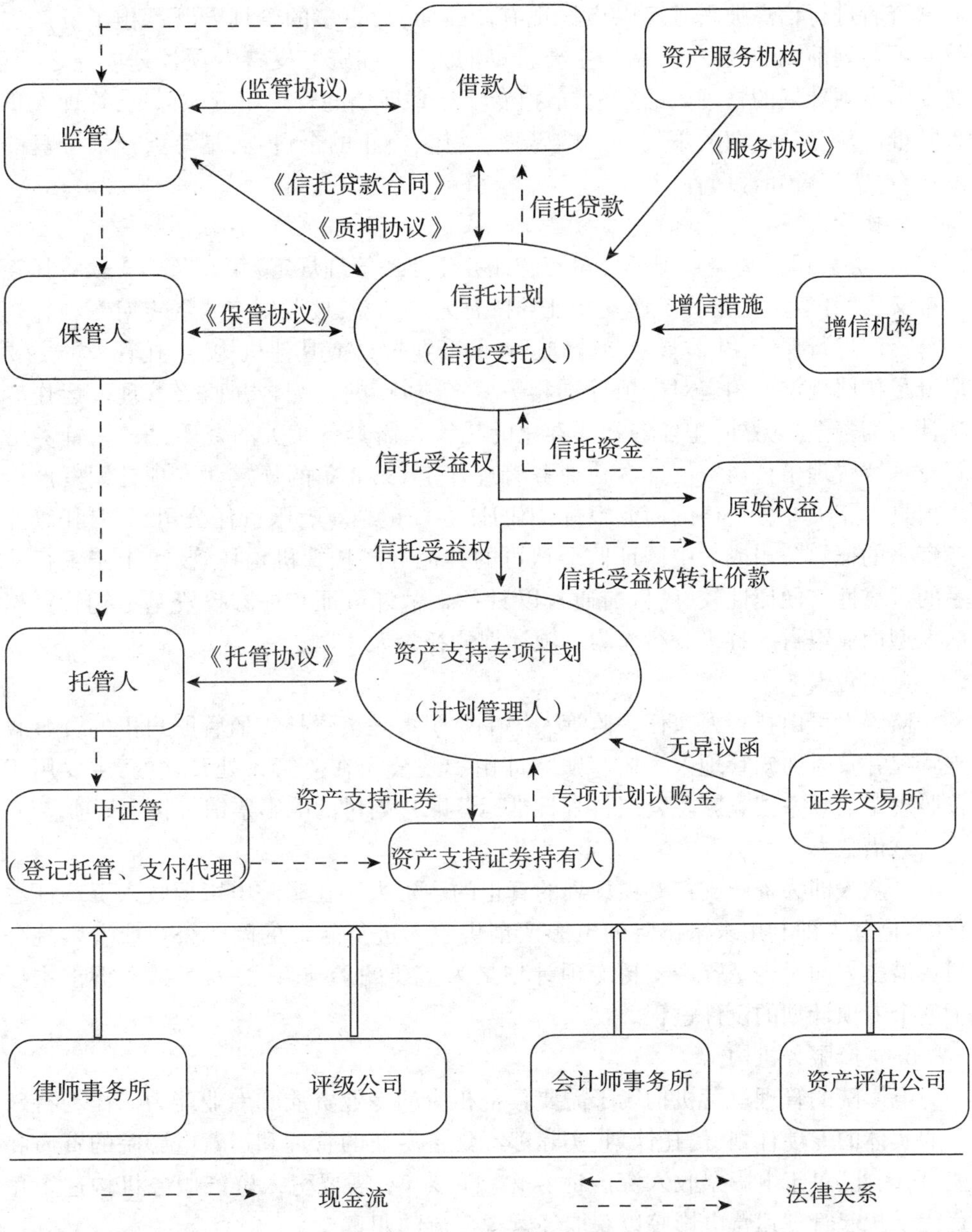


**图 9-1　影院电影票收入资产支持专项计划交易结构**

职责是在专项计划成立之后,为资产支持证券持有人的利益对其进行运作管理,并向投资者进行信息披露等。以市场现有产品而言,更多的管理人既承担了资产支持专项计划前期的筹划、协调等主要推动职责,又在资产支持专项计划成立之后,转变为专项计划的管理人的角色,承担专项计划后期的管理职责。可见,管理人负责并推动从专项计划的策划、成立、管理、运作、终止的全过程,是专项计划全盘的操作者、实施者和管理者。

3. 托管人

《证券公司及基金管理子公司资产证券化业务管理规定》第 6 条第 3 款将托管人定义为"托管人是指为资产支持证券持有人之利益,按照规定或约定对专项计划相关资产进行保管,并监督专项计划运作的商业银行或其他机构"。托管人的主要职责是按照规定或约定对专项计划相关资产进行保管,配合并监督管理人运作专项计划的资金。另外,担任资产证券化的托管人需具备相关的资质,根据《证券公司及基金管理子公司资产证券化业务管理规定》第 8 条的规定,"专项计划资产应当由具有相关业务资格的商业银行、中国证券登记结算有限责任公司、具有托管业务资格的证券公司或者中国证监会认可的其他资产托管机构托管"。由于银行体系的可靠性与便捷性较好,目前通常以具备金融许可证和证券投资基金托管资格的大型商业银行的省级分行作为专项计划的托管人。

4. 监管人

监管人可由托管人兼任。监管人的主要职责是负责核查监管账户里的资金收支状况并及时通知管理人。监管账户即由影院公司在监管人处开立的,主要用于按照规定的频率接收影院公司自其日常运营账户划付的电影票销售收入款项。

5. 借款人

借款人即为资产支持专项计划的真正的融资人。在影院电影票收入资产证券化中,借款人即利用未来影院的电影票销售收入进行融资的院线公司或者影院公司。借款人同时也是资产支持专项计划最为重要的参与方之一,其融资诉求主导了整个专项计划的设计过程。

6. 资产服务机构

电影院的管理运营机构属于需要具备相应的专业资质和专业能力。作为特殊目的实体的专项计划、信托计划,实际都不具备专业的管理和运营电影院的资质和能力,因此,对于电影票收入资产证券化项目来说,需要引入资产服务机构这个角色代承担起管理运营电影院以获取经营现金流的职责。

一般情况下,电影院与影院公司之间的组织架构主要有两类:

(1)以单个电影院的名义设立子公司,统一归属于影院公司管理,这种情况下,

可以以子公司为借款人,在专项计划中,引入各影院子公司的母公司作为资产服务机构,承担管理运营旗下各子公司及电影院的任务;

(2)以单个电影院的名义设立分公司,统一归属于影院公司管理,此时可以让借款人实际上承担起“资产服务机构”的职责,帮助专项计划管理运营旗下各个电影院。

总之,在影院公司的电影票收入证券化的过程中,影院公司实际上仍须承担起管理运营电影院的职责。

7. 增信机构

增信方的作用是为专项计划提供外部的信用增级措施,以提升资产支持证券的信用评级。专项计划存续期间,当出现现金流不足以偿付本息或者其他事先约定的对资产支持证券的偿付不利的事件时,增信方将按照约定承担相应的差额支付/担保/流动性支持/回购等责任,从而保障专项计划对于优先级资产支持证券本息的顺利兑付。资产支持专项计划中,担任增信方角色的一般为借款人的关联公司、母公司、实际控制人、第三方担保公司等。

8. 其他机构

其他机构包括会计师事务所、律师事务所、评级机构、资产评估公司等。在资产支持专项计划的设立过程中,各中介机构将协助进行尽职调查并出具相应的中介机构报告,对资产支持计划的会计处理、合法合规性、评级、现金流预测等各个方面发表专业性的意见。

## (二)基础资产池构建

《证券公司及基金管理子公司资产证券化业务管理规定》第 3 条规定:“本规定所称基础资产,是指符合法律法规规定,权属明确,可以产生独立、可预测的现金流且可特定化的财产权利或者财产。基础资产可以是单项财产权利或者财产,也可以是多项财产权利或者财产构成的资产组合。前款规定的财产权利或者财产,其交易基础应当真实,交易对价应当公允,现金流应当持续、稳定。基础资产可以是企业应收款、租赁债权、信贷资产、信托受益权等财产权利,基础设施、商业物业等不动产财产或不动产收益权,以及中国证监会认可的其他财产或财产权利。”

从法律意义上讲,影院未来的电影票销售收入,并不能够完全满足《证券公司及基金管理子公司资产证券化业务管理规定》第 3 条对于基础资产的规定,首先,影院未来的电影票销售收入能不能算作一项权利,在法律上仍然存在争议,现行做法是利用信托结构构建出信托受益权,信托受益权是一种受《信托法》及相关法律法规保护的权利,虽然《信托法》中并未对信托受益权做出明确的定义,但可以从《信托法》的其他条款中看出,信托受益人除享有信托利益的分配权外,还享有信托管理知情权、信托管理方法调整请求权、信托财产损害救济权、受托人解任权、遗嘱信托受托人选任权,以及新受托人选任权等。通常意义上,“信托受益权”是一种涵盖了利益分配、信息知情、事务管理等多个方面的综合性的权利。因此,信托受益权是满足《证券公司及基金管理子公司资产证券化业务管理规定》的财产权利之一,权属清晰,从而规避了基础资产在法律上的定义不明确问题。

利用信托计划构建信托受益权作为专项计划的基础资产的第二个优势在于提高了基础资产未来产生的现金流的可预测性。对于影院电影票收入资产证券化的基础资产(即信托受益权)来说,通过信托计划向借款人发放信托贷款,约定还本付息的时间与金额,基础资产信托受益权的未来现金流的可预测性大大增强。但是,由于信托贷款能否得到按时足额的偿还最终仍然取决于影院未来电影票的销售收入,故信托贷款还本付息的约定应当在合格的资产评估机构对于影院未来电影票销售收入的预测基础上确定。简言之,基于影院未来电影票的销售收入预测结果,将信托贷款还本付息的形式确定下来,反映在基础资产的层面,即该信托受益权未来产生的现金流的可预测性清晰明了,从而满足了《证券公司及基金管理子公司资产证券化业务管理规定》第3条的要求。在实践操作中,利用信托计划的信托受益权来构建影院电影票收入资产证券化的基础资产是通行做法。

另外,《证券公司及基金管理子公司资产证券化业务管理规定》第3条还要求基础资产是可特定化的财产或财产权利。可特定化是指基础资产具备与其他资产可辨识、可区分的边界,即能够判断和区分基础资产以及其独立产生的现金流。信托受益权是一项可以特定化的财产权利表现为:

1. 在基础资产层面,信托贷款显然是特定化的。

2. 穿透基础资产至底层来看,需要解决特定化影院电影票销售收入问题。单纯地谈论影院电影票销售收入,这仅仅是一个泛指的概念,并不能达到可特定化的条件。目前的方法是对现金流的来源进行详细的限定,直至达到可特定化的条件。例如“北京万达国际影城CBD店在2017年6月1日下午14:00至15:00内通过现金购买的方式销售电影票获得的收入”就是一个可辨识、可区分的特定化的现金流的概念,即主体是北京万达国际影城CBD店、时间为2017年6月1日下午14:00至15:00内、收入方式为现金购买、销售商品为电影票、现金流金额为销售电影票获得的收入金额,因此,该笔现金流也就能够与其他现金流相区分,满足了特定化的条件。同理,通过利用合同或者交易文件的约定,在构建基础资产的过程中,逐步限定出具体影院、具体时间、具体支付方式等,最终达到可辨识、可区分的目的,满足基础资产可特定化的要求。

### (三)交易结构及交易安排分析

影院电影票收入资产证券化的结构特点在于“专项计划+信托计划”的双SPV结构。另外,鉴于影院运营管理的专业性,通常还有资产服务机构参与。

交易结构概要如下:

1. 原始权益人与信托公司签订《信托合同》,以原始权益人为委托人、信托公司为受托人,由原始权益人出资设立信托计划,合法地拥有信托计划的信托受益权。

2. 信托公司代表信托计划与托管人签订《托管协议》或类似合同,托管人根据《托管协议》或类似合同的约定履行对信托计划的账户及资金的托管责任。

3. 信托公司作为信托计划的受托人,与借款人签订《信托贷款合同》或类似合同,约定将原始权益人认购信托的资金以信托贷款的方式发放给借款人;同时,借款人以未来特定期间内影院电影票销售收入的“应收账款”质押给信托计划,作为信托贷款的还款来源。

4. 差额支付承诺人、保证人以及其他增信主体根据增信协议或类似合同的约定为信托贷款提供差额支付承诺、保证担保或者其他增信措施。

5. 监管人根据《监管协议》的约定对上述信托贷款还款的监管账户实施监管,并及时与管理人沟通资金收付信息。

6. 管理人设立资产支持专项计划,向合格投资者募集资金,合格投资者认购资产支持证券,成为资产支持证券的持有人。

7. 管理人向信托公司发放放款指令,信托公司向借款人发放信托贷款,并确定还本付息安排;管理人代表专项计划将募集资金用于向原始权益人购买信托受益权,从而完成了过桥资金的退出,专项计划持有基础资产即信托受益权。

8. 专项计划存续期间,借款人根据事先约定的还本付息安排,向信托计划偿还信托贷款的本息,信托计划扣除必要的信托费用后将剩余的收益全部分配给信托受益权的持有人即专项计划。

9. 管理人根据《标准条款》和其他文件的约定,在约定的分配日向托管人发出分配指令,托管人根据管理人的指令,将相应的资金划拨至登记托管机构的指定账户,用于支付资产支持证券的预期本息收益。

### (四)信用增级方式

结构化分层是一种资产支持证券的内部增信方式。通过资产支持证券的分层,优先级资产支持证券将先于劣后级资产支持证券得到偿付,从而让劣后级资产支持证券为优先级资产支持证券提供信用支持。

此外,常见的电影票收入资产证券化的内部增信方式还包括现金流超额覆盖、保证金等。现金流超额覆盖是指未来预测的现金流会超出当年的应偿付的本息金额,例如现金流超额覆盖倍数为1.2倍,即指未来每年预测的现金流等于当年应偿付的本息金额的1.2倍。现金流的超额覆盖对于电影票收入资产证券化项目甚至收费收益权类资产证券化项目是必要的,可以有效地缓释现金流预测偏差、未来现金流下降等风险。保证金是指当约定的事件出现,例如现金流下降到某一幅度、债务人或担保人的信用等级下调等,债务人需要向事先约定的专项计划的保证金账户中存入一定的保证金,作为资产支持证券本息偿付的保障。

外部增信方式主要由增信机构提供,包括差额支付承诺、保证担保、流动性支持等。一般的方式是当约定的事件出现,由管理人向增信机构发出通知,增信机构按照约定承担相应的差额支付/担保/流动性支持的责任。

### (五)现金流预测、归集和分配

1.现金流预测

对于收费收益权资产证券化项目来说,现金流的预测是十分重要的环节。由于未来现金流是偿付资产支持证券本息的直接来源,因此预测影院未来现金流的大小直接关系到优先级资产支持证券的规模和增信措施中的现金流的覆盖倍数等设定。优先级资产支持证券的规模可以看成借款人的实际融资规模,而现金流覆盖倍数是评价资产支持证券安全性的重要指标之一,两者都关系到未来资产支持证券的兑付安全。实操中,现金流的预测一般需聘请具备资产评估资质的资产评估机构。在没有明显的证据支撑的情况下,最好对影院未来收入或现金流采取保守的预测策略,例如假定未来上座率和电影票的平均价格均有微小增长或保持不变,以避免现金流预测过于乐观带来的偿付风险。

对于电影票收入资产证券化项目来说,预测现金流主要考虑的因素包括:影院的自身情况,具体包括影院的定位、影院的开业时间、影院的经营策略、影院的荧幕数量、观影座位数量等;影院的历史经营数据,具体包括历史票房收入及增长情况、历史上座率及增长情况、电影票的平均价格等;影院的周边环境,具体包括影院所在区位、周边消费水平及区域未来发展规划等。对不同的影院可以根据其具体情况进行分析,采用不同的预测参数,例如对于刚开业两年、上座率及票房收入增长较快的影院,可以在谨慎的前提下,适度调高预测的未来票房收入;而对于已经长期经营、上座率及票房收入保持稳定的影院,应对未来的票房收入及增长率采取保守的预测态度。

2.现金流的归集和分配

现金流的归集和分配则主要是指将基础资产未来产生的现金流按照事先约定的方式和频率,归集到指定的银行账户的过程。分配则是指将基础资产产生的现金流以及利用闲置资金进行投资获得收益等,向投资者进行利益分配的过程。

现金流的归集和分配是资产证券化中十分重要的交易安排。由于资产支持证券是以基础资产未来产生的现金流为主要偿付支持,因此,现金流的归集和分配实际上是对未来偿付现金流进行的一种管理、监督和流向指定的安排,其目标是使资产支持专项计划能有效归集、管理和控制未来偿付的现金流,从而确保资产支持证券的投资人能够顺利得到本息兑付。如果对现金流的归集和分配设置不合理,可能会出现现金流被其他方挪用、基础资产产生的现金流与原始权益人、借款人或其他参与方的其他资金混同、流程出现问题导致资金无法顺利兑付等诸多影响资产支持证券的投资人利益的风险。因此,应该确保现金流的归集和分配安全、适当和便捷。

(1)现金流的归集

现金流的归集即将基础资产产生的现金流归集到专项计划指定的账户上的过程。不同类型的基础资产产生现金流的频率、金额大小及波动性均不同,例如对于融资租赁类的资产证券化项目,其基础资产产生的现金流实际上是融资租赁的客户方按照约定定期支付的租金款,融资租赁的客户支付租金的频率已经固定,在不违约的情况下现金流的金额固定,出现波动的可能性很小,因此现金流的归集频率可以根据客户定期支付租金的频率设定一个合适的期间。对于电影票收入类的资产证券化项目来说,由于电影票的销售收入具备很强的周期性,在现金流的归集方面应予以考虑。通常情况下,电影票销售收入在公众节假日、现象级电影上映初期等时间段会有脉冲式上涨,随后回落为正常水平。每年的“五一”“十一”、暑假期间和春节期间是电影票销售收入的高峰期。根据猫眼整理的票房数据显示,2016年1~12月全国票房情况如表9-2所示。

**表9-2 2016年1~12月全国票房情况**

| 月份 | 1月 | 2月 | 3月 | 4月 | 5月 | 6月 |
|---|---|---|---|---|---|---|
| 票房收入 | 38.53亿元 | 68.87亿元 | 37.29亿元 | 31.11亿元 | 31.39亿元 | 38.66亿元 |
| 月份 | 7月 | 8月 | 9月 | 10月 | 11月 | 12月 |
| 票房收入 | 45.13亿元 | 40.55亿元 | 22.98亿元 | 34.20亿元 | 25.46亿元 | 41.00亿元 |

另外,需要格外关注现金流被挪用和现金流混同的风险。现金流被挪用是指基础资产产生的现金流并未按照《标准条款》等资产支持专项计划文件的约定转入监管账户,而是被融资人或资产服务机构私自挪用用于其他目的,该风险可能直接导致专项计划的本息偿付无法得到保证。现金流混同是指融资人或资产服务机构

开展业务获得的收入中，无法区分或者故意混淆基础资产产生的现金流以及其他业务与资产产生的现金流，从而无法明确应该转付的金额。在现金流归集的交易安排中，为规避上述风险作出的常见的防范措施主要有：

第一，采用专用运营收款账户，专门用于接收基础资产产生的现金流，即影院在特定期间内直接销售获得的或者其他第三方代理销售机构销售转付的电影票销售收入，通过专业的票房销售记录的软件系统等方式，对销售及收款情况及时清晰地予以记录；同时，将非电影票销售的收入以及其他非基础资产产生的现金流以另外的账户接收，从而避免现金流混同的风险；

第二，设置快速划转的交易安排。由于运营账户中的资金在理论上存在被融资人或资产服务机构挪用风险，因此，应在尽量短的时间内将在运营账户中基础资产产生的现金流划转至监管账户，将现金流纳入管理人和监管人的监管之下，从而规避现金流混同以及资金被挪用的风险；

第三，设置现金流加速转付机制。在发生融资人、资产服务机构或保证人等主体信用下滑、公开市场违约、偿债能力恶化等可能影响到资产支持证券本息偿付的情况下，可以设置现金流加速转付机制，进一步规避由于信用危机导致基础资产产生的现金流被挪用的风险。例如，在融资人出现信用违约时，运营账户中接收的现金流不再经过监管账户，直接将转付至专项计划账户，减小监管账户冻结或查封影响资产支持证券兑付的风险；或者由资产服务机构将销售收入直接存入专项计划账户，并通知第三方代理销售商将属于基础资产的现金流直接转付至专项计划账户等。

(2)现金流的分配

首先，现金流的分配要考虑分配顺序。分配顺序应在《标准条款》等专项计划文件中详细约定。通常情况下，现金流的分配顺序是：首先支付国家规定的专项计划相应的税收或其他费用，其次支付专项计划相关的登记托管机构的证券登记、挂牌、资金划付等费用，然后支付管理人的管理费、托管银行的托管费、跟踪评级费、审计费等中介机构费用，剩余现金流首先用于支付优先级资产支持证券的本息，其次留存于专项计划账户，待专项计划终止时，再次按照上述原则进行清算分配，剩余的现金流全部支付给次级资产支持证券的持有人。

其次，现金流的分配要考虑现金流分配的时间安排。现金流分配的时间安排应尽量使专项计划账户中的平均余额资金较小，这是由于资金沉淀等于丧失了利息收入。对于管理人来说，为保证专项计划资产的保值增值，应对短期内不须支付的闲置资金进行合格投资。结合上文我国电影行业票房收入的时间特征，最佳的还本付息时间应安排在 3 月初、9 月初及相近的时间点，从而尽可能减小沉淀资金的影响。

### （六）影院票房收入资产证券化的主要风险

影院电影票销售收入资产证券化的风险主要来自三个方面：

1. 与基础资产相关的风险，例如融资人公开违约、经营不善、偿债能力恶化或者破产导致无法按照约定支付信托贷款本息，从而导致资产支持证券本息兑付无法得到保障；或者经营管理出现问题、外部环境发生变化导致电影票销售收入的现金流实际与预测偏差较大，不足以偿付信托贷款本息；以及现金流归集转付过程中，出现未按照约定操作导致现金流损失等。

2. 与资产支持证券相关的风险，主要有增信机构未按照约定提供差额支付、承担担保责任等情况；资产支持证券流动性不足、评级被下调导致投资者遭受损失的风险；以及市场存在的固有风险，如利率变化、通货膨胀、税收政策、监管环境发生不利于投资者的变化等。

3. 与专项计划管理运作相关的风险，主要有管理人、托管人、监管人或资产服务机构未按照约定操作、违约或者其他道德风险等。

### （七）项目承揽分析

我国城市居民对文化娱乐的总体需求及相应的消费支出是呈上升趋势的，这为电影产业的稳步发展提供了良好的经济环境。出于扩大自身经营、抓住市场机遇、转变发展方式等目的，目前国内影院集团无论是自建还是租赁的影院都有融资需求。无论是定位一线、二线城市还是三线、四线城市的影院公司，很多已发展较成熟，具备操作电影票 ABS 的空间。目前国内票房过亿的院线约 30 余条，票房 1 亿元以上的影院公司约 50 余家，如表 9－3 所示。

**表 9－3　2015 年票房规模、数量和影院公司**

| 2015 年票房规模（亿元） | 影院公司数量（家） | 影院公司示例 |
|---|---|---|
| 50 以上 | 1 | 万达 |
| 10～30 | 6 | 大地、金逸、横店、中影、星美、CGV |
| 5～10 | 12 | UME、上影、橙天嘉禾、耀莱等 |
| 1～5 | 35 | — |
| 其他 | 188 | — |

进行电影票 ABS 前期项目的筛选时，主要关注主体的运营能力、基础资产品质和主体信用状况。资产支持证券的持有人收益的来源均有赖于影院正常运营状态的维持及票房收入现金流的实现情况。影院的管理与运用模式、品牌效应和加

盟院线的资质水平均会对影院的运营产生重大影响。影院的票房收入的产生及实现直接影响到基础资产对应现金流的规模,进而影响到资产支持证券的本金和收益的实际兑付。票房收入的主要直接影响因素是借款人旗下影院的播映场次、上座率及观影票价。播映场次、上座率主要受到影院所在地经济发展水平、商圈地理位置、周边竞争对手和影片档期等多种因素的影响。观影票价属于市场定价的范畴,不同影片的最低票价主要受制于影片发行方所确定的最低票价。此外,主体或者担保人的信用水平越高,破产的风险越低,担保实力越强,履约风险越小。

另外,在影院资产证券化实践中,目前仅有基于电影影院票房销售收入的成熟案例,其余方式仍在处在初步探索之中。国外早已出现电影版权资产证券化融资方式。从中国影院行业的收入结构、成本结构来看,除电影票资产,其他如广告收入、场租收入等也可以探讨操作 ABS。

## 第三节
## 电影票收入资产证券化的案例解析

笔者以某电影票收入资产证券化项目为例。

### 一、交易背景

某传媒股份有限公司是中国知名综合性民营娱乐集团,2004 年 11 月注册成立,2009 年在深交所上市,是中国影视娱乐行业首家上市公司,主要运营四大业务板块:以电影、电视剧、艺人经纪等业务为代表的影视娱乐板块;以电影城、电影世界、电影小镇、文化城为代表的品牌授权与实景娱乐板块;以游戏、新媒体、粉丝社区等业务为代表的互联网娱乐板块;产业投资板块。2014 年,阿里、腾讯、中国平安联袂入股该公司。

截至 2015 年,该公司共有影院数 15 家,银幕数 150 块,票房总计 3. 28 亿元。

### 二、交易概况

为了进一步发展并盘活影院板块资产,某传媒股份有限公司于 2016 年底发起“某影院信托受益权资产支持专项计划”进行融资。

某影院信托受益权资产支持专项计划具有“信托 + 专项计划”双层 SPV 结构。资产支持证券发行所募集资金用于向原始权益人一某信托有限责任公司(作为某信托有限责任公司现金增利集合资金信托计划受托人)、原始权益人二某信托有限责任公司(作为某集合资金信托计划受托人)购买基础资产——即由原始权益人在专项计划设立日转让给计划管理人的、其在某影院集合资金信托计划项下持有的信托受益权;并以基础资产形成的属于本专项计划的全部资产和收益,按约定向本期资产支持证券持有人还本付息。

借款人以其未来5年特定期间(2016年11月1日至2021年10月31日)的票房收入应收账款质押给某影院集合资金信托计划,并以上述质押财产产生的现金收入作为信托贷款的还款来源之一。

某影院信托受益权资产支持专项计划产品结构如表9-4所示。

**表9-4 某影院信托受益权资产支持专项计划产品结构**

| 债券名称 | 联合评级 | 分层比例(%) | 发行金额(亿元) | 票息(%) | 期限(年) |
|---|---|---|---|---|---|
| 16某优先A1 | AA+ | 16.03 | 1.80 | 3.90 | 0.98 |
| 16某优先A2 | AA+ | 16.92 | 1.90 | 4.26 | 1.98 |
| 16某优先A3 | AA+ | 18.70 | 2.10 | 4.50 | 2.98 |
| 16某优先A4 | AA+ | 19.59 | 2.20 | 4.80 | 3.98 |
| 16某优先A5 | AA+ | 19.59 | 2.20 | 4.95 | 4.98 |
| 16某次级B | — | 9.17 | 1.03 | 0.00 | 4.98 |

## 三、交易的主要参与方

1. 原始权益人一:某信托(代表某信托现金增利集合资金信托计划)。
2. 原始权益人二:某信托(代表某集合资金信托计划)。
3. 借款人:某传媒股份有限公司旗下15家影院管理有限公司。
4. 共同借款人:传媒股份有限公司。
5. 计划管理人/推广机构:某证券公司。
6. 资产服务机构:某传媒股份有限公司、某影院投资有限公司。
7. 托管银行:某银行。
8. 保管银行:某银行。
9. 监管银行:某银行。
10. 资产支持证券持有人:资产支持证券投资者。

## 四、基础资产和底层影院情况

本专项计划基础资产为“原始权益人”在专项计划设立日转让给计划管理人的原始权益人根据信托合同对“某影院集合资金信托计划”享有的信托受益权。

实际借款人为某传媒股份有限公司旗下 15 家影院管理有限公司，某传媒股份有限公司持有 100% 股权，某传媒股份有限公司为共同借款人，承担连带还款责任。借款人在资产支持专项计划前三年及一期的票房收入如表 9－5 所示。

**表 9－5　借款人在资产支持专项计划前三年及一期的票房收入**

| 审计期间 | 2013 年度 | 2014 年度 | 2015 年度 | 2016 年 1～6 月 |
| --- | --- | --- | --- | --- |
| 票房收入总计（万元） | 16, 925. 53 | 23, 739. 96 | 28, 659. 48 | 14, 425. 07 |

根据某资产评估公司出具的《某影院信托受益权资产支持专项计划现金流预测分析咨询报告》，某传媒股份有限公司旗下 15 家入池影院于预测区间内票房预测如表 9－6 所示。

**表 9－6　传媒股份有限公司旗下 15 家入池影院于预测区间内票房预测**

| 预测区间 | 2016 年 11～12 月 | 2017 年 | 2018 年 | 2019 年 | 2020 年 | 2021 年 |
| --- | --- | --- | --- | --- | --- | --- |
| 预测票房收入总计（万元） | 5193. 42 | 32, 727. 77 | 33, 966. 60 | 34, 710. 45 | 35, 003. 12 | 28, 590. 86 |

根据某评级公司出具的《某影院信托受益权资产支持专项计划优先级资产支持证券信用评级报告》，各兑付日预期票房收入对信托贷款本息的覆盖倍数均可保持在 1. 30 倍以上，信托贷款本息对优先级资产支持证券当期本息的覆盖倍数可达 1. 11 倍，预期票房收入现金流对优先级资产支持证券本息的保障情况较好，如表 9－7、表 9－8 所示。

**表 9－7　票房现金流对信托贷款的覆盖倍数**

| 还款日 | 预期票房收入对信托贷款本息的覆盖倍数 | 还款日 | 预期票房收入对信托贷款本息的覆盖倍数 |
| --- | --- | --- | --- |
| 信托贷款还款日 1 | 1. 30 | 信托贷款还款日 5 | 1. 30 |
| 信托贷款还款日 2 | 1. 30 | 信托贷款还款日 6 | 1. 30 |
| 信托贷款还款日 3 | 1. 30 | 信托贷款还款日 7 | 1. 30 |
| 信托贷款还款日 4 | 1. 30 | 信托贷款还款日 8 | 1. 30 |

续表

| 还款日 | 预期票房收入对信托贷款本息的覆盖倍数 | 还款日 | 预期票房收入对信托贷款本息的覆盖倍数 |
|---|---|---|---|
| 信托贷款还款日 9 | 1.30 | 信托贷款还款日 14 | 1.30 |
| 信托贷款还款日 10 | 1.30 | 信托贷款还款日 15 | 1.30 |
| 信托贷款还款日 11 | 1.30 | 信托贷款还款日 16 | 1.30 |
| 信托贷款还款日 12 | 1.30 | 信托贷款还款日 17 | 1.30 |
| 信托贷款还款日 13 | 1.30 | 信托贷款还款日 18 | 1.30 |

**表 9－8 信托现金流对专项计划的覆盖倍数**

| 兑付日 | 信托贷款本息（扣除税费及专项计划上季度利息）对专项计划当期本息的覆盖倍数 | 兑付日 | 信托贷款本息（扣除税费及专项计划上季度利息）对专项计划当期本息的覆盖倍数 |
|---|---|---|---|
| 产品兑付日 1 | 5.34 | 产品兑付日 11 | 11.10 |
| 产品兑付日 2 | 1.12 | 产品兑付日 12 | 1.11 |
| 产品兑付日 3 | 6.36 | 产品兑付日 13 | 12.58 |
| 产品兑付日 4 | 1.11 | 产品兑付日 14 | 1.13 |
| 产品兑付日 5 | 6.50 | 产品兑付日 15 | 18.29 |
| 产品兑付日 6 | 1.15 | 产品兑付日 16 | 1.12 |
| 产品兑付日 7 | 8.09 | 产品兑付日 17 | 25.35 |
| 产品兑付日 8 | 1.14 | 产品兑付日 18 | 1.19 |
| 产品兑付日 9 | 8.53 | 产品兑付日 19 | 54.95 |
| 产品兑付日 10 | 1.12 | 产品兑付日 20 | 1.18 |

## 五、交易结构

交易结构图如图 9－2 所示。

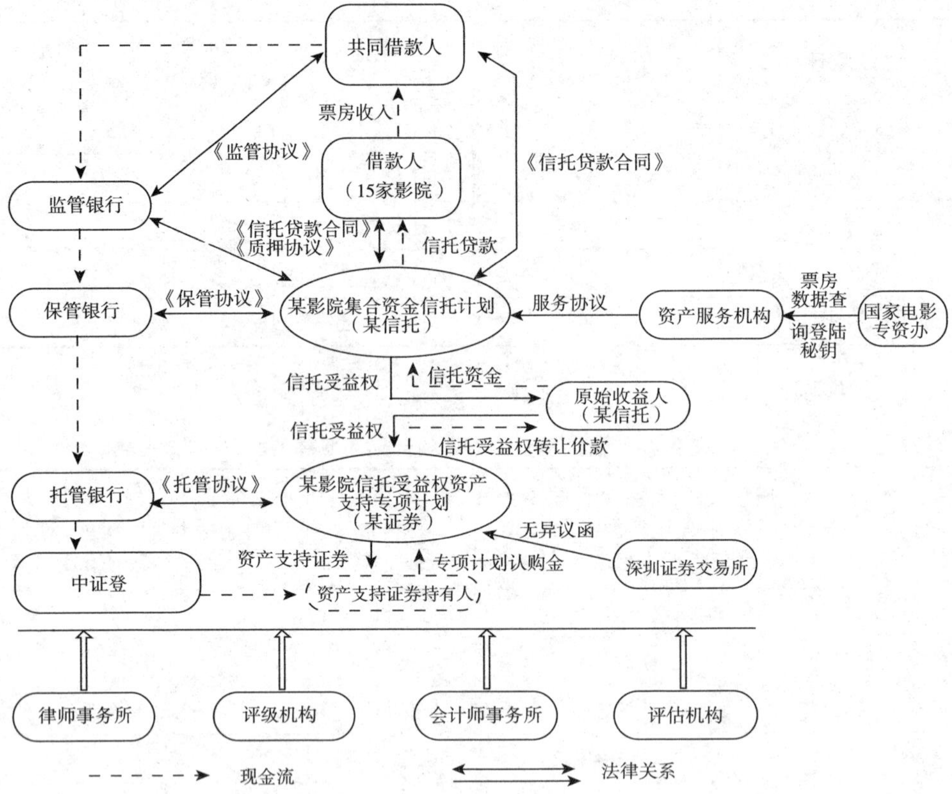


**图9－2 某影院信托受益权资产支持专项计划交易结构**

1. 信托计划原委托人与某信托（作为受托人）签订《信托合同》，将11.23亿元货币资金委托给某信托设立某影院集合资金信托计划，并将11.23亿元资金划付至信托计划账户，从而拥有某影院集合资金信托计划的信托受益权。

某信托与招商银行北京分行（作为保管银行）签订《保管合同》，保管银行根据《保管合同》履行对某影院集合资金信托计划的保管责任。

2. 某信托（作为受托人）、共同借款人分别与10个借款人签订10份《信托贷款合同》，某信托（作为受托人）分别与10个出质人签订应收账款质押合同，该信托贷款的贷款总额为11.23亿元。

3. 资产支持证券投资者认购专项计划，将认购资金以专项资产管理方式委托计划管理人管理。专项计划认购人取得资产支持证券，成为资产支持证券持有人。计划管理人指令托管银行将专项计划的募集资金11.23亿用于购买原始权益人持有的某影院集合资金信托的信托受益权。交易完成后,专项计划承接原始权益人与某信托(受托人)的信托合同关系,获得某影院集合资金信托计划的信托受益权。

4. 计划管理人设立某影院信托受益权资产支持专项计划,并向某信托发出贷款发放指令,将 11.23 亿元信托贷款由信托计划账户发放至借款人指定账户。

5. 专项计划存续期间,借款人根据《应收账款质押合同》在特定期间将票房收入应收账产生的现金收入持续划至监管账户。资产服务机构应根据《监管协议》、《应收账款质押合同》《信托计划服务协议》的约定按期从收款账户归集账户内全部金额,并于票房收入划款日向监管账户划付当个划款期间的全部可确认收入。当向监管账户内所划付的金额不足以支付信托贷款还款日所对应还款期间所应偿还的信托贷款本金、利息和其他贷款费用时,经计划管理人通知共同借款人后,共同借款人应于当期质押财产划付日前补足差额。

6. 专项计划存续期间,某影院集合资金信托计划的信托计划账户在收到从监管账户划付的票房收入后(还款日后)的两个工作日内,将收到借款人偿还的信托贷款本息扣除当期必要的信托计划费用后以信托受益权收益分配的方式全部分配给信托受益人即专项计划。

7. 计划管理人根据《计划说明书》及相关文件的约定,向托管银行发出分配指令,托管银行根据分配指令,将相应资金划拨至登记托管机构的指定账户用于支付资产支持证券本金和预期收益。在每个兑付日,在支付完毕专项计划应纳税负、当期管理费、托管费和其他专项计划费用,支付当期优先级资产支持证券预期收益和本金后,如有资金剩余则剩余资金的 80% 作为次级资产支持证券持有人的收益,20% 留存于托管账户内,作为下一期可供分配资金,将滚存计入下一期专项计划资产。最后一期优先级资产支持证券本金和收益全部支付完毕后,剩余专项计划资产全部分配给次级资产支持证券持有人。

# 第十章
# 航空票款资产证券化

随着全球化的深入,航空业迎来了发展的黄金时机。中国经济的持续稳定增长和数十亿的人口为我国航空运输业的发展提供了强大的驱动力。航空票款资产证券化为航空公司在传统的债权融资、股权融资之外开辟了新的渠道,提高了航空公司的竞争力。

## 第一节
## 国际航空业的发展现状及趋势

### 一、国际航空业的发展现状

随着科技和经济的发展,航空运输日益成为人们日常经济生活中最重要的交通运输方式之一。现阶段全球航空业保持高速成长,处于发展黄金期。2008 年经济危机期间,全球航空业跌入低谷,全球航空公司累计亏损 261 亿美元,2009 年全球航空业仍处于亏损中。2010~2014 年逐步复苏,航空业开始盈利,但是净利润率不足 2%。2015 年全球航空业盈利水平开始进入历史最好阶段。根据国际航空运输协会(International Air Transport Association,IATA)公布的数据,2016 年全球航空旅客运输总量达到 38 亿人次,全球航空公司运力(ASK,有效座公里)同比增加 6.2%,全球航空公司客运总周转量(RPK,有效客公里)同比增加 5.9%;2017 年全球航空公司运力 ASK 预测增加 5.7%,运输周转量 RPK 预测增长 5.1%。全球航空业连续三年资本回报率高于全球资本成本率,这是自 21 世纪以来航空业最好的经营记录。

全球的航空运输市场中,北美、欧洲及亚太地区是世界航空运输业的主要市场。北美地区国内航空市场巨大,美国拥有全球最大的国内航空城市,平均每年航空旅客运输量 6 亿人次左右,2016 年占全球国内市场 23.6% 市场份额。欧洲凭借一体化的天空开放政策,拥有最为强大的国际市场,2016 年欧洲国际旅客周转量市场份额高达26.4%。亚太凭借人口优势,成为全球工业加工基地,国内客运货运以及国际客运货运都比较强大,而且航空货运周转量和国际货运周转量绝对领先。IATA数据显示,2017年预计全球航空业净利润314亿美元,而其中,北美、欧洲及亚太地区航空业净利润分别为154亿美元、74亿美元和74亿美元,合计占全球航空业净利润的96.18%。

## 二、我国航空业的发展现状

由于中国庞大市场的市场增量以及中国经济的持续稳定增长,中国航空运输业得到了快速发展,对世界航空运输市场的影响也日益增加。根据中国民用航空局发展计划司发布的《从统计看民航(2014)》,以运输总周转量计算,中国常年稳居世界第2位。2013年全球排名前10名的国家情况如表10-1所示。

**表10-1 2013年航空运输业全球排名前10名的国家情况**

| 国家或地区 | 名次 | 2013年(运输总周转量) |
|---|---|---|
| 美国 | 1 | 161,303 |
| 中国 | 2 | 66,612 |
| 阿拉伯联合酋长国 | 3 | 42,420 |
| 英国 | 4 | 29,399 |
| 德国 | 5 | 29,306 |
| 韩国 | 6 | 21,338 |
| 法国 | 7 | 20,837 |
| 日本 | 8 | 20,246 |
| 俄罗斯联邦 | 9 | 18,585 |
| 新加坡 | 10 | 17,943 |

资料来源:《从统计看民航(2014)》。

根据交通运输部公布的《2016年交通运输行业发展统计公报》,全年一共完成旅客运输量4.88亿人次,比上年增长11.8%,旅客周转量8359.54亿人公里,增长14.8%。其中,国内航线完成旅客运输量4.36亿人次,增长10.7%;港澳台航线完成旅客运输量983.3万人次,减少3.6%;国际航线完成旅客运输量5162.0万人次,增长22.7%。民航运输机场完成旅客吞吐量10.16亿人次,比上年增长

11.1%，完成货邮吞吐量1510.4万吨，增长7.2%。

根据国际民航组织（International Civil Aviation Organization，ICAO）统计，按照旅客周转量排名，中国三大航处于全球最大的15家航空公司之列。中国南方航空2015年旅客周转量市场份额2.89%，排名第8，中国国际航空市场份额2.62%，排名第10，中国东方航空2.23%，排名第11。中国三大航旅客周转量增速均超过10%，在全球15大航空公司中增速名列前茅。

## 三、国际及我国航空业的未来发展趋势

### （一）亚太地区将继续保持较快增长态势

近年来，在中国、印度等新兴市场经济蓬勃发展的推动下，亚太航空运输市场已成为推动全球航空运输业发展的主要驱动力之一。根据空客发布的《全球市场预测（2013～2032）》，至2032年全球旅客周转量将达到13.9万亿人公里，较目前增长151%左右，全球客机机队规模将达到33,651架，较目前增长109%，其中亚太地区机队占全球的比例将增至33.18%，航空旅客周转量将占全球的33.81%。同时，空客公司预测印度和中国在未来20年国内航空客运量方面增长较快，分别达到8.8%和7.2%。2013～2032年航空运输市场旅客周转量增速及市场份额变化趋势（按地区分类）如图10－1所示。

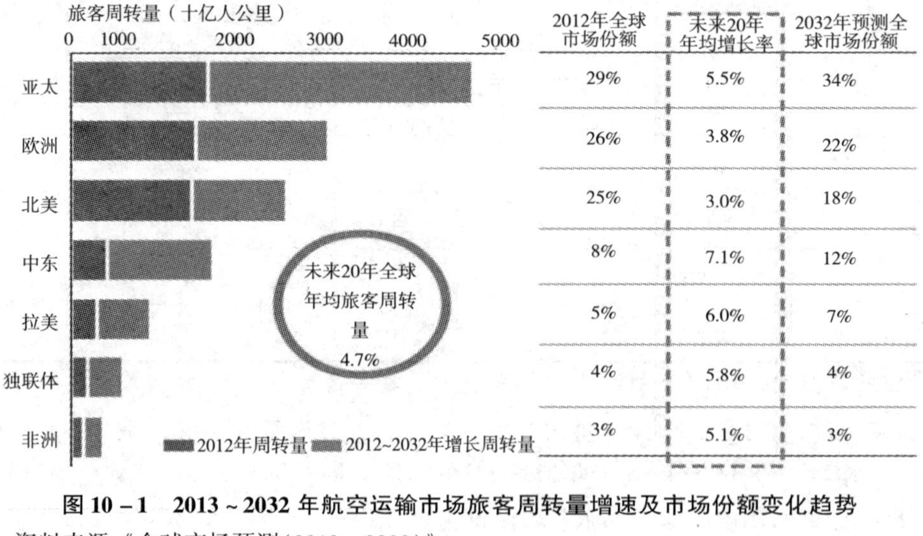


**图10－1 2013～2032年航空运输市场旅客周转量增速及市场份额变化趋势**

资料来源：《全球市场预测（2013～2032）》。

### (二)管制放松和航权开放是世界航空运输业发展的趋势

管制放松和航权开放是近年来世界航空运输业发展的重要特点。原来由政府管理的内容,包括市场准入、运力协调、运价形成等,正逐步通过市场手段来主导和分配。航空运输业将进一步实现自由化,各国政府逐渐放松航空管制,通过双边和多边谈判,达成“天空开放”协议。

美国自1978年放松管制以来,航空运输业实现了跨越式增长。1995年,美国与加拿大“单一航空市场”启动。目前,美国已与世界数十个国家签署了“开放天空协定”。1997年,欧盟“单一天空”形成。2008年6月,美欧签署开放天空第一阶段协议,其核心内容是实现航线开放,即允许欧盟成员国航空公司的飞机从欧盟境内任一机场飞往美国任一机场,反之亦然。而此前,欧盟成员国航空公司只能根据本国与美国达成的双边航空协定经营本国往返美国的航线,而不能经营其他欧盟成员国往返美国的航线。2010年6月,欧美签署“开放天空”第二阶段协议,协议最重要的内容是实现欧美航空业的投资开放,同时加强欧美在航空业的监管合作。

2007年5月22日,中国和美国修改了2004年中美民用航空运输协定议定书,就扩大两国航空运输市场准入达成协议。根据新协议,2011年,两国航空货运市场已过渡到全面开放。2007~2012年,美国至中国东部地区的客运运力将在2004年协议的基础上逐年增加各方共70班/周,中国中部地区至美国的直达航空运输市场完全开放。

目前,中美洲地区已基本实现天空完全开放。南美洲与大洋洲地区也已基本形成区域性统一空运市场。亚洲地区航空市场开放虽然略为缓慢,但许多国家和地区对内对外已经实现了不同程度的开放与合作,这种趋势正在随着经济全球化的进程继续发展。2009年12月,日本和美国签署促成日美航线自由化的“开放天空”协议。

截至2014年底,我国与其他国家或地区签订双边航空运输协定116个。其中:亚洲43个国家以及中国—东盟航空运输协定,非洲23个国家,欧洲36个国家,美洲9个国家,大洋洲4个国家。

### (三)枢纽运营与航空联盟已成为世界潮流

美国航空运输业的发展经验表明,枢纽运营能够给旅客带来更多的出行目的地和时间选择,能够有效促进航空运输量的增长,提高航空公司的运营效率和运营收益,是一种有效的竞争手段。20世纪90年代,欧洲的主要航空公司也纷纷向枢纽运营转型。

航空联盟增强了枢纽运营竞争能力,能够为枢纽航空公司提供全球性的航空网络，弥补运力不足，突破航空协定限制，共享竞争优势。随着经济全球化和市场竞争的日益激烈，为联合更大的服务网络以满足旅客的需求，航空联盟已成为航空运输业发展的一种必然趋势。航空公司之间的竞争已演变为航空联盟之间的竞争，航空联盟正成为国际航空公司竞争与合作的重要形式。航空联盟的协议内容包括多方面的互惠支持，主要包括：代码共享、向伙伴航空公司旅客提供更多的目的港、更便捷的航班安排、一步到位的订座和登机手续以及更顺畅的中转联程（即“无缝隙”旅行）、共享设施和技术、联合购买、相互认可常旅客计划里程数以及候机休息室互惠开放等。

（四）与铁路运输相互竞争

随着铁路客运专线的通车运营和动车组开行范围不断扩大，人们对于火车的认知逐渐与“现代”“时尚”这样的字眼相连。列车速度的大幅提升，使旅客花费在路途中的时间变短，而徜徉在风景中的时间更长；列车设施更加人性化；列车服务变得航空化；线路上长轨的铺设，使列车运行更加平顺。铁路的变化无疑给航空业带来了挑战，尤其是800公里以下的旅程，航空运输中来往机场和安检登机的时间较久，相反乘坐火车将更加便捷和经济。

我国航班总体飞行距离较短，高铁替代分流作用显现。据《2014年全国民航航班运行效率报告》显示，2014年，国内城市之间的航班飞行距离主要集中在400至1800公里范围内，占全年航班量的82%左右，中远程航班量所占比例较小。而我国高铁设计时速在200公里以上，对短途、支线航空运输具有很强的替代作用。目前，连通省会城市及大中城市间的“四横四纵”快速客运通道，以及环渤海地区、长江三角洲地区、珠江三角洲地区的城际快速客运系统的建设，将对中短途航运进一步分流。据民航局测算，在800公里内的运营里程内，高铁将会分流民航市场20%至30%的客流。

（五）低成本航空公司快速发展

根据《2015～2020年中国航空客运市场运行态势及投资策略报告》显示，2003年至2014年，低成本航空在全球市场份额从2003年的12.2%快速升至2014年接近26%；亚太地区低成本航空的市场份额增速更快，10年间从3.4%攀升至25.7%。但与美国和欧洲等成熟航空运输市场的市场渗透率相比，低成本航空公司在亚洲仍具有较大的发展空间。东南亚国家联盟（以下简称“东盟”）航空自由化进程与东北亚地区蕴涵的巨大市场增长潜力将成为推动亚太地区低成本航空市场快速发展的主要驱动力。根据东盟国家达成的协议，东盟于2015年全面实现“天空开放”，东盟十个国家的航班将不受各国政府限制。此外，随着低成本航空模式的推广,以中国、日本为代表的东北亚地区市场潜力将逐渐显现。

由于政策限制、资源及保障能力不足等原因,国内低成本航空公司发展尚未形成规模。随着市场消费需求从高端为主向大众经济型逐步转变,从2013年底起,民航局提出鼓励设立低成本航空,此前海南航空旗下的西部航空、乌鲁木齐航空,东方航空旗下的中联航,以及成都航空、幸福航空、华夏航空先后宣布转型成低成本航空。根据民航统计年鉴数据显示,截至2013年年底,中国低成本航空市场份额由2004年的0.2%增长至2013年的6.9%。波音公司预测,亚洲低成本航空的运力未来五年还将增长两倍以上,十年后增长三倍以上,预计到2020年低成本运力份额会提升至15%左右,2025年达到20%。

根据民航局监测显示,低成本航空公司平均公里票价较传统全服务航空公司低30%左右,为低成本航空提供了较强的成本优势。低成本航空公司的运营模式主要是通过简单的航线结构、服务和渠道降低成本,通过低价格优势获取市场份额。尽管低成本航空公司崛起,大大加剧了市场竞争,然而航空大众化服务发展方向得到确立,"面向社会、服务大众"的产业价值得到充分体现。低成本航空公司以性价比优势实现了快速发展,成为全球不可小觑的力量,成为影响航空业发展的重要因素之一。

### (六)民营资本进入是国际、国内航空运输业发展的重要特点

在国际航空运输行业内,目前世界上大多数机场和航空公司都是由私有经济拥有、控制或参股,国有资本已逐步退出该行业。在我国,根据民航局于2017年12月颁布的《国内投资民用航空业规定(试行)》,我国已放宽了对民营资本进入民航业的管制,打破了国有资本对航空业的垄断局面,除传统大型国有航空公司外,近年来也涌现了数家独具自身经营特点和市场竞争力的民营航空企业。

目前在中国,中国国航、南方航空、东方航空、海南航空、上海航空、山东航空、吉祥航空、春秋航空等航空公司均已上市,首都机场、上海机场、白云机场、深圳机场、厦门机场等机场也已上市成为公众公司。

### (七)中国民航业发展迅猛

以运输总周转量计算,2000年中国在国际民用航空组织缔约国的排名为第9位,2005年上升至第2位,2005年至2014年持续稳定在前两位。IATA于2015年12月发布报告,预测再过20年中国将在飞机乘客数量方面超过美国成为全球最大的航空市场,在年均增速为5.2%的情况下,2034年中国将有11.9亿乘客,超过2014年7.58亿人,而美国市场的飞机乘客数量将以平均3.1%的速度增长,这能让其乘客数量在2034年达到11.6亿人。与此同时,IATA预测,2029年中国将成为

世界第一名。

## 第二节
## 航空票款基本介绍

### 一、电子客票介绍

航空客运行业的电子客票是传统纸质机票的替代产品,最早出现于 1994 年。电子客票可将票面信息储存在订票系统的电子客票数据库中,并且可以像纸质机票一样执行出票、作废、退票、换票、改转签等操作。查询、预订、支付、取票、携带等实现了全程电子化,足以应对任何突发事件,保证第一时间登机。无论何时何地,都可在线管理自己的旅程和查看历史信息,并可轻松地实现在线退改票操作。在线购买成功后,会得到一个电子票号或者出票记录传真,在机场凭该电子票号或传真以及有效证件到值机柜台换取乘机凭证。

目前,它作为世界上最先进的客票形式,依托现代信息技术,实现无纸化、电子化的订票、结账和办理乘机手续等,给旅客带来诸多便利,为航空公司降低了成本。

### 二、电子客票分类

电子客票分为本票电子客票与 BSP 电子客票(BSP Ticket)。本票电子客票指用于支持航空公司直销的电子客票。BSP 全称为 Billing and Settlement Plan,是为简化航空客票销售程序、促进销售、覆盖更多客户群体的一种通过中介、代理商间接售票的系统。BSP 电子客票就是通过代理分销渠道销售的电子客票。根据 IATA 资料,BSP 系统已在 181 个国家和地区运作,服务约 400 家航空公司。而中国民航局也要求所有航空客运销售(含机票代理)都参加 BSP 运作,安装 BSP 自动出票机,销售 BSP 中性客票。BSP 客票销售流程如图 10-2 所示。

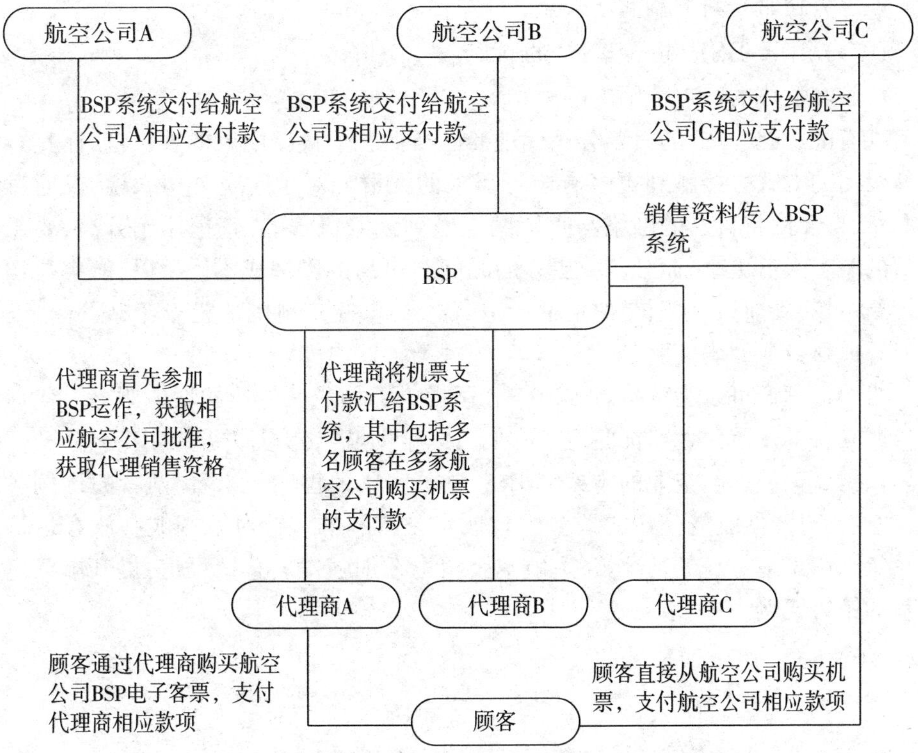


**图 10－2　BSP 客票销售流程**

## 三、本票电子客票与 BSP 电子客票核算区别

本票电子客票资金流动相对简单，消费客户将购票款直接支付给航空公司。而 BSP 电子客票则是以 BSP 作为代理商与航空公司之间的中心点，代理商将所卖航空公司机票的支付款汇款给 BSP，BSP 对交易数据进行处理并将处理数据反馈给代理商和航空公司，同时 BSP 将汇款进行集中，再分别将对应机票支付款交付给各个航空公司。

### （一）销售本票电子客票的优点

1. 可以直接面对客户，有利于航空公司树立自身形象，提高顾客忠诚度。

2. 便于航空公司加强对机票销售渠道的控制。从长期来看，可以削减机票的分销成本。

3. 有利于航空公司为旅客提供更多的追加服务，为旅客提供更多的方便，同时也为航空公司带来新的利润增长点。

### （二）销售 BSP 电子客票的优点

1. 旅客群体的覆盖范围广

现有的成熟、专业的机票分销代理商已经拥有了自己庞大的客户群，而且有更丰富灵活的方式去接触到更多有旅行需求的人群。对于航空公司来说，仅通过自身力量，是无法将自己的网络与直销网点做到无缝覆盖的，直销比例升高，要想覆盖新的旅客人群更难，而且需要更多的时间与更高的经济成本。所以，航空公司在开拓新市场、新航线时，还是要借助分销商更快速、更广范围地覆盖客户群。

2. 成熟专业的增值服务

机票代理商可以为消费者和航空公司提供更加成熟专业的增值服务。代理商本身所具备的多重角色特征注定了它们可以帮助航空公司做更多的服务。

根据欧美成熟航空业的本票和 BSP 电子客票销售比例来看，两者的比例各占 50% 左右，对降低航空公司的票务销售成本是有利的。针对我国航空旅客运输业前几年直销渠道不高的情况，各大航空公司也在加强发展直销渠道，提升本票电子客票的销售比例。

# 第三节
# 航空票款资产证券化的操作要点

## 一、基础资产定义

### （一）BSP 客票的基础资产定义

航空公司与每一 BSP 代理人之间的代理协议由两部分组成：航空公司与其授权的代理人签署的关于 BSP 客票的销售代理协议；该代理人与国际航协签署的旅客运输销售代理协议，后者包含了国际航协的销售代理规则、BSP 规则及其他国际航协决议。

根据代理协议，航空公司（作为委托方）委托 BSP 代理人（作为代理方）代理销售航空公司 BSP 客票（即以航空公司的名义填开标准运输凭证），双方建立委托代理关系。

根据《民法通则》第 64 条的规定，委托代理为代理的一种。《合同法》第 396 条规定：“委托合同是委托人和受托人约定，由受托人处理委托人事务的合同。”根据该法第404条的规定,委托人处理委托事务取得的财产,应当转交给委托人。据此,航空公司委托BSP代理人代为销售BSP客票,BSP代理人接受航空公司的委托代为处理BSP客票销售事务,在法律上航空公司与BSP代理人签署的代理协议应属于委托合同,双方建立委托代理关系,BSP代理人销售客票所取得的款项应当转交给航空公司。另根据代理协议的有关约定,代理人应负责将关于运输凭证应付的数额扣除代理费后支付给承运人。因此,航空公司享有要求BSP代理人支付BSP票款的权利。

航空公司提供的国际航协与代理人签署的代理协议样本约定:"在按要求与承运人进行结算之前,代理人所收取的一切款项包括按规定应支付给代理人的酬金,均为承运人的财产,由代理人根据承运人的委托代为保管。"笔者认为,尽管存在上述约定,但在法律认定上航空公司对票款不享有所有权,理由如下:

根据《物权法》第5条"物权的种类和内容,由法律规定",物权的种类和内容只能由法律规定,不能由合同约定。根据《物权法》第2条第3款的规定,"本法所称物权,是指权利人依法对特定的物享有直接支配和排他的权利,包括所有权、用益物权和担保物权",标的物的特定化是所有权存在的前提条件。货币是一种具有高度替代性的特殊的种类物,在大多数情况下货币难以进行区分。《物权法》未对货币如何实现特定化作明确规定,民法理论上一般根据"货币的占有即所有"的原则确定货币的所有权,即占有货币的人即为货币的所有权人,货币之占有与所有合二为一,对于货币不发生所有物返还请求权问题,而发生债法上的请求权。但是,司法实践中承认该原则存在例外情况,在委托理财、保管等法律关系中,如果委托人交付的资金通过特定账户进行封闭管理,能够与占有人的其他财产相区别且没有被挪用或混同的,该等资金的所有权仍然属于委托人。

根据从航空公司了解到的情况,在根据国际航协有关规则进行结算之前,航空公司与BSP代理人之间未就航空公司享有的BSP票款作出任何特定化的安排,航空公司并不控制代理人收取的现金或收款账户;航空公司BSP票款与其他航空公司BSP票款并未进行区分。因此,在票款未进行特定化的前提下,航空公司可能无法对BSP代理人销售其BSP客票所产生的票款主张所有权,但是基于代理协议的约定,航空公司有权要求BSP代理人支付销售票款,该权利是基于委托合同而产生的债权。

### (二)本票的基础资产定义

航空公司委托B2B本票代理人代为销售航空公司的本票,B2B本票代理人接受航空公司的委托代为处理B2B本票销售事务,航空公司与B2B本票代理人形成委托法律关系。B2B本票代理人基于与航空公司的委托法律关系,取得航空公司的 B2B 网站出票资格，并同时获得登录航空公司 B2B 网站的登录账号与专属于该 B2B 本票代理人的代码。B2B 本票代理人能够通过航空公司 B2B 网站预订或者导入记录的方式，销售航空公司的 B2B 本票，航空公司能够通过代码识别该 B2B 本票代理人出票的相关信息，并据此确认该 B2B 本票代理人的出票记录及相应应付的 B2B 本票销售净收入。旅客通过该 B2B 本票代理人购买航空公司的本票后，旅客将客票票款直接支付予 B2B 本票代理人，B2B 本票代理人根据与航空公司的相关销售代理协议，与航空公司直接结算其应转付予航空公司的 B2B 本票销售净收入，因此，航空公司享有请求 B2B 本票代理人就其在特定期间内通过航空公司 B2B 网络系统销售的特定票号的所有本票（不包含原始权益人自行销售的本票），支付相应销售净收入的权利。

同时，根据中国航协的要求，本票代理人在申请取得销售代理资质时，应向中国航协提供《资质认可担保函》并向第三方担保公司预付核定的“清算担保金”；B2B 本票代理人在申请成为航空公司的 B2B 本票代理人时，也应向航空公司提供《不可撤销的担保函》。因此，B2B 本票代理人在代理销售 B2B 本票时应由第三方公司提供相应的担保，航空公司享有 B2B 本票债权项下相应的附属担保权利。

因此，航空公司公司享有的、就 B2B 本票代理人在特定期间内通过航空公司 B2B 网络系统销售的特定票号的所有本票（不包含原始权益人自行销售的本票），请求 B2B 本票代理人支付相应销售净收入的权利及其附属担保权利（若有）为基于委托法律关系而享有的债权。

## 二、项目筛选标准

在接触项目后，可优先通过航空公司主体信用判断项目可行性，一般来说，信用资质排序如下：三大航空公司 > 海南航空 > 其他航空公司；在获取资料时，可重点关注航空公司的票款收入现金流稳定性，其中因素包括：

### （一）收入季节性因素

若航空公司的收入季节性比较明显，则在截取基础资产特定区间时，需要格外关注此因素对专项计划兑付安排的影响。

### （二）航线数量、航线的热门程度

航线数量越多，则表示航空公司规模越大，发展潜力越好，同时，航线的分散度越高，则越不会因某几条航线的效益对公司整体收入有较大的负面影响。针对旅游航线较多且重要的航空公司，需要时刻注意其目的地所在地区/国家的近况，若目的地所在地区或国家出现战争、政治等风险，将极大影响收入的稳定性。

### (三)航空公司近期事故

若事故较多,则航空公司或其地区分公司有可能业务遭到暂停,或取消重要航线,这不仅仅是管理能力低下导致的系统性风险,更将影响航空公司当期的收入、形象,进而影响未来的发展。

### (四)航空公司受管理部门处罚

如航空公司受管理部门的处罚,可以侧面反映出航空公司内部的管理能力,应针对过往处罚的问题,深入分析航空公司当前的整改措施是否有效,判断其是否具有长期稳定发展的能力。

## 三、项目方案设计

### (一)交易结构设计

航空票款类 ABS 的交易结构相对简单,通常如图 10－3 所示。

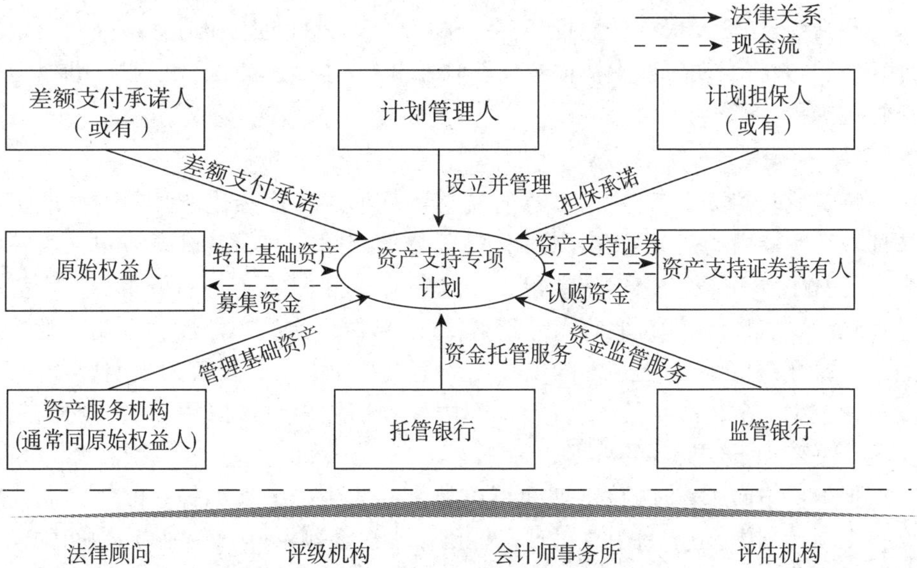


**图 10－3　航空票款类 ABS 的交易结构**

具体交易结构如下：

1. 认购人通过与管理人签订《认购协议》,取得资产支持证券,成为资产支持证券持有人;

2. 管理人根据与原始权益人签订的《基础资产买卖协议》的约定,将专项计划募集资金用于向原始权益人购买基础资产，即原始权益人根据基础协议享有的特定期间内的 B2B 本票债权，或要求 BSP 代理人和国际航协支付相应销售净收入的权利及其附属担保权益；

3. 在每个收款账户划款日，原始权益人将 BSP/B2B 收款账户中收到的基础资产产生的现金流转付至监管账户；

4. 在每个监管账户划款日，监管账户向专项计划账户转付基础资产产生的现金流，直至专项计划账户累计收到的金额达到相应特定期间对应的必备金额；

5. 管理人对专项计划资产进行管理，托管人根据《托管协议》对专项计划资产进行托管；

6. 在每个特定期间结束后的初始核算日，若专项计划账户在当期累计收到的客票收益未达到该特定期间对应的必备金额，则由差额支付承诺人于差额支付划款日对不足金额进行补足；

7. 在分配指令发送日，管理人根据《计划说明书》及相关文件的约定，向托管人发送分配指令，托管人根据分配指令，在分配资金划拨日划出相应款项分别支付专项计划费用，并将当期资产支持证券预期收益和/或本金从专项计划账户划拨至登记托管机构指定账户。

（二）特定期间选取

为特定化基础资产，目前已发行的航空票款类资产证券化产品普遍截取资产支持证券存续期内的部分或全部日期作为“特定期间”，并将基础资产定义为特定期间内的 B2B 本票或 BSP 客票债权。具体来说，目前已发行项目皆根据资产支持证券本息偿付安排、预期机票收入等因素，选取兑付日前的一段连续日期作为特定期间，目的是既要保障特定期间的现金流入足以覆盖下一兑付日的预期现金流出，也要尽量减少资金沉淀。其中，特定期间内的预期机票收入采用评估公司出具的现金流预测咨询报告提供的数据。

根据项目不同，每年的特定期间可以从十几天到 365 天不等。即使在同一资产支持专项计划中，由于每个兑付日预计偿付本息金额不同，每一特定期间的长度也不尽相同。例如，某航空 2 期 BSP 票款债权资产支持专项计划的第一个特定期间仅 15 日，而第三个特定期间则有 76 日。备案制以来各航空票款类资产支持专项计划特定期间统计如表 10 - 2 所示。

**表 10－2　备案制以来各航空票款类资产支持专项计划特定期间统计**

| 专项计划名称 | 特定期间起始 | 特定期间终止 | 特定期间天数 | 兑付日 |
|---|---|---|---|---|
| 某航空 1 期 BSP 票款债权资产支持专项计划 | 2015 年 12 月 11 日 | 2015 年 12 月 31 日 | 21 | 2016 年 1 月 23 日 |
| | 2016 年 11 月 1 日 | 2016 年 12 月 31 日 | 61 | 2017 年 1 月 23 日 |
| | 2017 年 11 月 11 日 | 2017 年 12 月 31 日 | 51 | 2018 年 1 月 23 日 |
| | 2018 年 11 月 11 日 | 2018 年 12 月 31 日 | 51 | 2019 年 1 月 23 日 |
| | 2019 年 11 月 21 日 | 2019 年 12 月 31 日 | 41 | 2020 年 1 月 23 日 |
| 某航空 2 期 BSP 票款债权资产支持专项计划 | 2016 年 5 月 16 日 | 2016 年 5 月 30 日 | 15 | 2016 年 6 月 23 日 |
| | 2017 年 5 月 16 日 | 2017 年 5 月 30 日 | 15 | 2017 年 6 月 23 日 |
| | 2018 年 3 月 16 日 | 2018 年 5 月 30 日 | 76 | 2018 年 6 月 23 日 |
| | 2019 年 5 月 21 日 | 2019 年 5 月 30 日 | 10 | 2019 年 6 月 23 日 |
| | 2020 年 1 月 16 日 | 2020 年 3 月 31 日 | 76 | 2020 年 4 月 23 日 |
| | 2020 年 4 月 16 日 | 2020 年 5 月 30 日 | 45 | 2020 年 6 月 23 日 |
| 某航空 3 期 BSP 票款债权资产支持专项计划 | 2016 年 10 月 16 日 | 2016 年 10 月 31 日 | 16 | 2016 年 11 月 23 日 |
| | 2017 年 10 月 16 日 | 2017 年 10 月 31 日 | 16 | 2017 年 11 月 23 日 |
| | 2018 年 8 月 16 日 | 2018 年 10 月 31 日 | 77 | 2018 年 11 月 23 日 |
| | 2019 年 10 月 16 日 | 2019 年 10 月 31 日 | 16 | 2019 年 11 月 23 日 |
| | 2020 年 7 月 1 日 | 2020 年 8 月 31 日 | 62 | 2020 年 9 月 23 日 |
| | 2020 年 9 月 16 日 | 2020 年 10 月 31 日 | 46 | 2020 年 11 月 23 日 |
| 某航空 B2B 本票债权资产支持专项计划 | 设立日次日 | 2016 年 10 月 31 日 | 108 | 2016 年 11 月 1 日 |
| | 2016 年 11 月 1 日 | 2017 年 10 月 31 日 | 365 | 2017 年 11 月 1 日 |
| | 2017 年 11 月 1 日 | 2018 年 10 月 31 日 | 365 | 2018 年 11 月 1 日 |
| 某航空有限公司 BSP 票款债权资产支持专项计划 | 2016 年 1 月 1 日 | 2016 年 2 月 29 日 | 60 | 2016 年 3 月 28 日 |
| | 2016 年 7 月 1 日 | 2016 年 8 月 31 日 | 62 | 2016 年 9 月 28 日 |
| | 2017 年 1 月 1 日 | 2017 年 2 月 28 日 | 59 | 2017 年 3 月 28 日 |
| | 2018 年 1 月 1 日 | 2018 年 2 月 28 日 | 59 | 2018 年 3 月 28 日 |
| | 2018 年 7 月 1 日 | 2018 年 8 月 31 日 | 62 | 2018 年 9 月 28 日 |
| | 2019 年 1 月 1 日 | 2019 年 2 月 28 日 | 59 | 2019 年 3 月 28 日 |
| | 2019 年 7 月 1 日 | 2019 年 8 月 31 日 | 62 | 2019 年 9 月 30 日 |
| | 2020 年 1 月 1 日 | 2020 年 2 月 29 日 | 60 | 2020 年 3 月 28 日 |
| | 2020 年 7 月 1 日 | 2020 年 8 月 31 日 | 62 | 2020 年 9 月 28 日 |

## 四、增信措施

目前,航空票款类 ABS 项目操作实践中,被广泛采用的主要增信方式有结构化增信、差额支付承诺、第三方保证、资金划转流程变更等。

结构化增信是资产支持专项计划采用的主流增信方式。根据参与产品的资金的不同风险偏好,计划管理人将专项计划产品设置为包含优先级证券和劣后级证券的结构化产品。其中,优先级证券享有固定预期收益,优先级证券的本金和预期收益由劣后级认购资金予以保证,在兑付时,优先级证券的预期收益和本金将优先于劣后级证券获得偿付,在专项计划终止后进行清算分配时也遵循优先级证券优先受偿的顺序。实践中,劣后级证券通常由融资人自行认购,以此确保优先级证券认购人的资金安全。

差额支付承诺即原始权益人或其他第三方出具差额支付承诺函等法律文件,承诺在专项计划账户的可分配金额未能全额覆盖专项计划本息的情形下,其将向专项计划账户划付补足款项。

第三方保证即原始权益人股东、关联公司或其他第三方根据融资需要,出具保证担保函,对差额支付承诺人的差额支付义务提供担保。

回收款划转流程变更机制通常指当原始权益人或优先级资产支持证券信用评级下降时,专项计划的回收款转付流程将发生变化。某航空 1 期 BSP 票款债权资产支持专项计划回收款划转流程变更机制如表 10-3 所示。

**表 10-3　某航空 1 期 BSP 票款债权资产支持专项计划回收款划转流程变更机制**

| 情形 | 触发条件 | 回收款转付机制 |
| --- | --- | --- |
| 一 | 原始权益人的主体长期信用等级高于或等于 AA+;或,原始权益人的主体长期信用等级等于 AA,且评级下调日前四个季度内原始权益人没有出现过主营业务收入季度同比下降 20% 及以上时 | 每一个特定期间结束后,原始权益人通过监管账户向专项计划账户划款一次 |
| 二 | 原始权益人的主体长期信用等级等于 AA 时,且评级下调日前四个季度内原始权益人出现过主营业务收入季度同比下降 20% 及以上情形时 | 基础资产产生的现金流无须经监管账户向专项计划账户转付,而于每个 BSP 收款账户划款日直接由 BSP 收款账户向专项计划账户转付 |
| 三 | 原始权益人的主体长期信用等级低于或等于 AA- 时 | 原始权益人和管理人向国际航协发送权利完善通知,通知国际航协指示 BSP 清算银行特定报告期的相应 BSP 票款直接支付至专项计划账户 |

## 五、现金流评估方法

对票款债权未来现金流的客观预测是决定航空票款类资产证券化项目融资规模的关键性因素。评估公司在实施必要的预测分析程序和方法后，会将对未来现金流的预测结果形成专业的咨询报告书。通过分析历史发行的航空票款类 ABS 咨询报告书，对特定期间内票款获得的现金流预测，通常是对每年客运收入、分渠道客运收入占比、净收入占销售额比重等关键参数的估计。以 BSP 客票现金流为例(其他售票渠道现金流的评估方法可以类比 BSP)。

BSP 客票净现金流 = 客运收入 × BSP 收入占比 × 净收入占销售额比重

其中，BSP 收入占比、净收入占销售额比重均可通过分析历史数据，保守预测得出，而对未来每年客运收入估计大体上又可分为“每小时收入”法、“客公里收益”法和“单架飞机收入”法三种方法，其中又以前两种方法运用较为普遍。以下分别介绍这三种方法。

### (一)每小时收入法

按照每小时收入法，航空公司每年客运收入由每架客机平均每小时收入、平均每架飞机年飞行班次、在册飞机数、平均班次飞行时间决定。通过分析历史数据估算未来这些变量的发展趋势，可以计算出航空公司客运收入。具体步骤如下：

1. 通过收集航空公司历史年度飞行总小时、客运收入，测算出历史年度每小时收入，对每小时收入情况及未来趋势进行分析，预测未来年度每小时收入。

2. 收集航空公司历史飞行总小时、飞机架数，测算历史在册飞机平均日利用率，对航空公司历史在册飞机平均日利用率，对未来飞行总小时进行预测；或通过收集航空公司历史飞行总小时、飞机班次、飞机架数，测算航公司历史平均班次飞行时间、历史平均每架飞机飞行班次，并分析其趋势，从而对未来飞行总小时进行预测。

3. 通过预测的每小时收入和飞行总小时来估算未来年度客运收入。

利用每小时收入法预测客运收入举例请见图 10 – 4。

### (二)客公里收入法

按照客公里收入法，航空公司每年客运收入由单客每公里收益、在册飞机数、平均航段距离、客座率等因素决定。通过分析历史数据估算未来这些变量的发展趋势，并对部分变量进行简单线性回归，可以计算出航空公司客运收入。具体步骤如下：

1. 通过收集航空公司历史年度客运收入、旅客周转量，测算出历史年度客公里

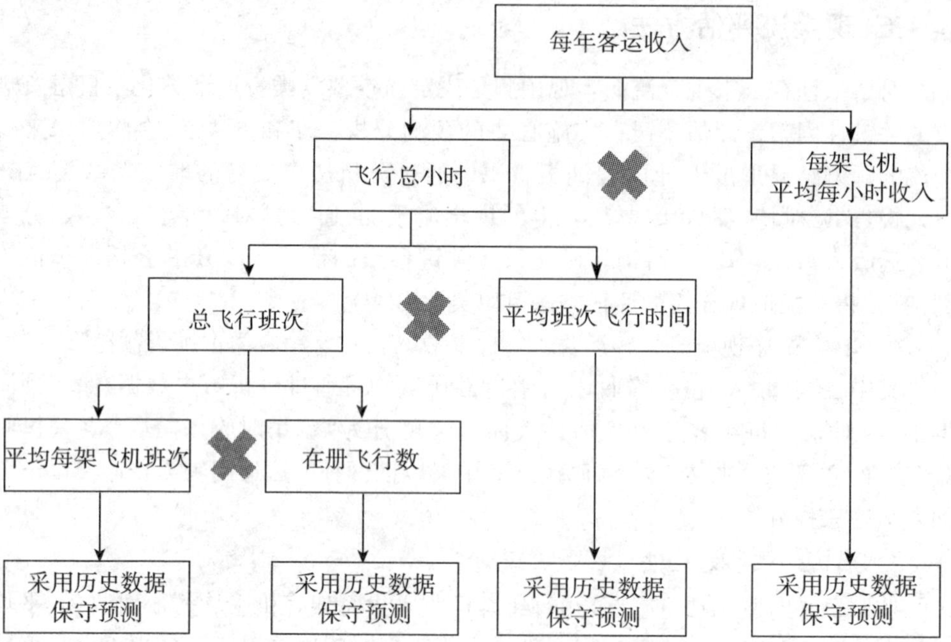


**图 10－4　利用每小时收入法预测客运收入示例**

收益,分析历史年度客公里收益及未来趋势,预测未来年度客公里收益。

2. 通过收集航空公司历史年度可利用客公里、平均航段距离及飞机平均在册数,可测算出历史年度每架飞机可提供座位数。

3. 通过未来年度飞机平均在册数及每架飞机可提供座位数,测算出未来年度可提供座位数。

4. 通过分析历史年度平均航段距离来预测未来年度平均航段距离。

5. 通过可提供座位数及平均航段距离,可测算出未来年度可利用客公里。

6. 分析未来年度的客座率。

7. 通过未来年度的可利用客公里、客座率及客公里收益,可测算出未来年度客运收入。

利用客公里收入法预测客运收入举例如图 10－5 所示。

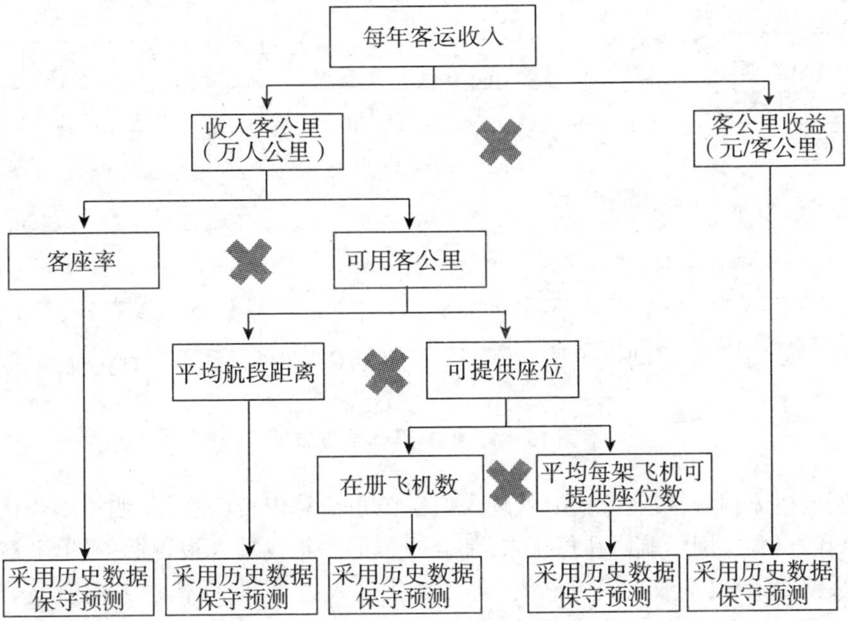


**图 10-5　利用客公里收入法预测客运收入举例**

（三）单架飞机收入法

按照单架飞机收入法，航空公司每年客运收入由在册飞机量和平均单架飞机年收入决定。而通过采集历史数据，分析上述两个变量的变化趋势可以预测未来航空公司客运收入。

以上三种方法在客票评估实践中均有运用。在实际操作中，评估公司可能对上述方法进行相应细微调整。根据不同案例的特性以及评估公司的偏好，ABS 项目采用其中的一种或多种方法。当采用多种方法时，评估公司可能采用孰高法、孰低法、简单算术平均法对不同模型的结果进行综合评估，以得出最终结论。

## 六、现金流归集要点

从现金流归集来看，本票和 BSP 客票的归集方式略有区别。B2B 本票是自营，BSP 客票是代理商支付，且涉及国际航协，故 BSP 客票和航空本票的归集流程不同。

BSP 具体结算流程如图 10-6 所示。

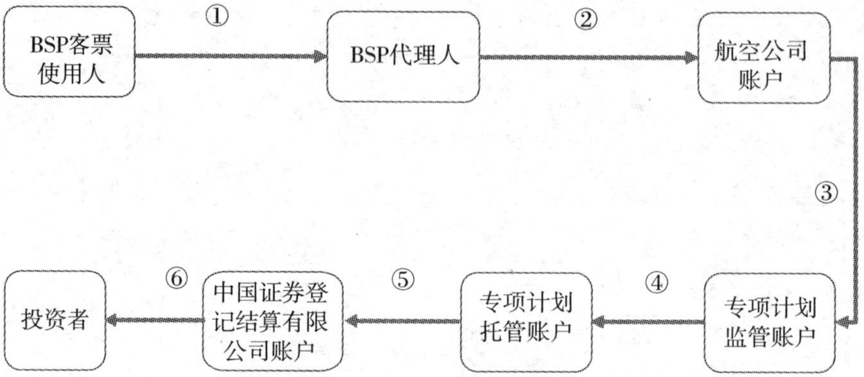


**图 10－6　BSP 具体结算流程**

从上述流程看，过程②BSP 代理人航空公司清算银行账户，其涉及一个代理人报告期的概念。国际航协在每年末，都会公布下一年代理人报告期，账单下载日及 BSP 票款归集日，一般来说，每周包含 2 个代理人报告期，即代理人向航空公司转付 BSP 票款的频率为一周两次。在过程③中，由于专项计划的安全性要求，监管账户资金无法自由转出，仅能向专项计划转付回收款，若归集频率过于频繁会产生资金沉淀，故在设计过程③的转付频率时，需要与评级公司及原始权益人积极沟通，保证在满足合规性的前提下，既满足原始权益人减少资金沉淀的需求，又可以使资产支持证券达到预期评级；过程④是由监管账户向专项计划账户，此时监管账户体现了归集功能。

一般来说，过程③和④的转付频率与原始权益人长期主体信用等级呈负相关。过程③的划转频率可根据主体信用等级不同，设置为隔日、周、月、季度、半年度和年度。若原始权益人的长期主体信用等级达到 AAA，可与评级公司协商，适当降低过程③的归集频率；若原始权益人的长期主体信用一般，则为了专项计划安全性及资产支持证券获取更优评级的考虑，过程③和④的归集频率会非常高。

B2B 本票结算流程如图 10－7 所示。

在 B2B 本票结算流程中，与 BSP 客票略有不同，流程中省去了 BSP 代理人，直接由 BSP 客票使用者将资金支付给航空公司，即航空公司收款的频率并非 BSP 客票的一周两次。

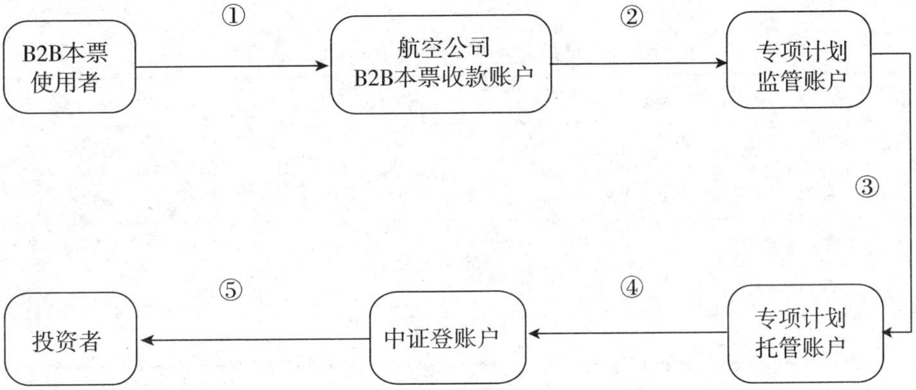


**图 10－7　B2B 本票结算流程**

## 第四节
# 航空票款资产证券化的案例介绍

## 一、客票案例——某航空 1 期 BSP 票款债权资产支持专项计划

某航空 1 期 BSP 票款债权资产支持专项计划是备案制以来首个航空票款类资产证券化项目，具有较强的创新性。

### （一）产品概况

根据不同的风险、收益特征，某航空 1 期资产支持证券分为某航空 1 期优先级资产支持证券和某航空 1 期次级资产支持证券（简称"某航 1 期次级"），其中某航 1 期优先级资产支持证券又分为某航 1 期优先级资产支持证券 01（简称"某航 1 期 01"）、某航 1 期优先级资产支持证券 02（简称"某航 1 期 02"）、某航 1 期优先级资产支持证券 03（简称"某航 1 期 03"）和某航 1 期优先级资产支持证券 04（简称"某航 1 期 04"）共四档产品。某航 1 期优先级资产支持证券目标募集总规模为人民币 20 亿元，其中某航 1 期 01、某航 1 期 02、某航 1 期 03、某航 1 期 04 的目标募集规模均为人民币 5 亿元。某航 1 期次级资产支持证券目标募集规模为人民币 0.5 亿元，由某航空公司根据《基础资产买卖协议》全额认购。

某信用评级有限公司综合专项计划基础资产的情况、交易结构的安排、担保安排等因素，评估相关风险后，给予优先级资产支持证券某航 1 期 01—某航 1 期 04

的评级均为 AA+。具体如表 10-4 所示。

**表 10-4 某航空 1 期资产支持证券产品评级**

| 产品系列 | 预计加权平均期限(年) | 发行规模(亿元) | 产品评级 |
|---|---|---|---|
| 某航 1 期 01 | 1.79 | 5.00 | AA+ |
| 某航 1 期 02 | 2.79 | 5.00 | AA+ |
| 某航 1 期 03 | 3.79 | 5.00 | AA+ |
| 某航 1 期 04 | 4.79 | 5.00 | AA+ |
| 某航 1 期次级 | 4.79 | 0.50 | — |

### (二)基础资产

基础资产系指原始权益人根据基础协议享有的、就 BSP 代理人在专项计划存续期间的特定报告期内销售的票号前三位为 880 的所有 BSP 客票,要求 BSP 代理人和国际航协支付相应销售净收入的权利及其附属担保权益。“880”表示该客票为归属于某航空公司的客票。

BSP 净收入 = BSP 客票收入 + 燃油附加费 + 机场建设费 - 民航发展基金 - 销售佣金 - 录入手续费及贷项通知单 + 借项通知单 + 退票手续费 + 战争险(国际机票)。

在 BSP 净收入构成中,“燃油附加费”“机场建设费”“借项通知单”“退票手续费”和“战争险(国际机票)”随着客票销售收入转付至国际航协在清算银行开立的账户,再由清算银行转付至某航空公司 BSP 收款账户;而在代理人将客票销售收入转付至国际航协的清算银行的过程中,代理人将扣除“销售佣金”后的净额划付给国际航协;国际航协指示清算银行将扣除“民航发展基金”和“录入手续费及贷项通知单”后的净额转付至某航空公司 BSP 收款账户。因此,国际航协指示清算银行划付给某航空公司的现金流已扣除了各类费用。

基础资产包括原始权益人就相应 BSP 净收入享有的未来债权及其附属担保权益,完整包括了原始权益人将来对 BSP 代理人、国际航协享有的债权和对某担保有限公司享有的担保权利。

作为原始权益人,某航空公司将上述自基准日起享有的特定期间内的 BSP 净收入享有的未来债权作为基础资产,在专项计划设立日转让给计划管理人。

根据评估公司出具的评估报告,某航空公司 2015~2021 年月度 BSP 净收入预测数据如表 10-5 所示。

**表 10－5　某航空公司 2015～2021 年月度 BSP 净收入预测数据**　　单位：万元

| 月份 | 2015 年 | 2016 年 | 2017 年 | 2018 年 | 2019 年 | 2020 年 | 2021 年 |
|---|---|---|---|---|---|---|---|
| 1 | 53, 376 | 55, 558 | 58, 083 | 61, 605 | 65, 129 | 68, 651 | 72, 174 |
| 2 | 32, 619 | 33, 952 | 35, 495 | 37, 648 | 39, 801 | 41, 953 | 44, 106 |
| 3 | 37, 309 | 38, 834 | 40, 599 | 43, 062 | 45, 524 | 47, 986 | 50, 449 |
| 4 | 39, 520 | 41, 136 | 43, 005 | 45, 613 | 48, 221 | 50, 830 | 53, 438 |
| 5 | 40, 706 | 42, 370 | 44, 296 | 46, 982 | 49, 669 | 52, 356 | 55, 042 |
| 6 | 41, 029 | 42, 707 | 44, 648 | 47, 355 | 50, 063 | 52, 771 | 55, 480 |
| 7 | 54, 994 | 57, 242 | 59, 843 | 63, 473 | 67, 102 | 70, 732 | 74, 361 |
| 8 | 56, 449 | 58, 757 | 61, 427 | 65, 153 | 68, 878 | 72, 604 | 76, 329 |
| 9 | 52, 783 | 54, 941 | 57, 438 | 60, 921 | 64, 405 | 67, 888 | 71, 372 |
| 10 | 38, 980 | 40, 574 | 42, 418 | 44, 991 | 47, 563 | 50, 136 | 52, 709 |
| 11 | 39, 789 | 41, 416 | 43, 298 | 45, 924 | 48, 550 | 51, 176 | 53, 802 |
| 12 | 51, 597 | 53, 706 | 56, 147 | 59, 552 | 62, 958 | 66, 363 | 69, 768 |
| 合计 | 539, 151 | 561, 193 | 586, 697 | 622, 279 | 657, 863 | 693, 446 | 729, 030 |

根据评估公司的预测，在不同预期收益率情况下，基础资产的预期现金流对优先级资产支持证券各时点预期本息支出的覆盖水平如表 10－6 所示。

**表 10－6　预期现金流对优先级资产支持证券各时点预期本息支出的覆盖水平**

单位：万元

| 项目 | 对应特定期间所属年份 | 2015 年 | 2016 年 | 2017 年 | 2018 年 | 2019 年 |
|---|---|---|---|---|---|---|
| 某航 1 期 | 基础资产预期现金流入 | 34, 398 | 95, 122 | 85, 012 | 90, 168 | 79, 141 |
| 预期收益率 6. 5% | 预期支出 | 13, 000 | 63, 000 | 59, 750 | 56, 500 | 53, 250 |
| | 覆盖比率 | 2. 65 | 1. 51 | 1. 42 | 1. 60 | 1. 49 |
| 预期收益率 7% | 预期支出 | 14, 000 | 64, 000 | 60, 500 | 57, 000 | 53, 500 |
| | 覆盖比率 | 2. 46 | 1. 49 | 1. 41 | 1. 58 | 1. 48 |
| 预期收益率 7. 5% | 预期支出 | 15, 000 | 65, 000 | 61, 250 | 57, 500 | 53, 750 |
| | 覆盖比率 | 2. 29 | 1. 46 | 1. 39 | 1. 57 | 1. 47 |

续表

| 项目 | 对应特定期间所属年份 | 2015 年 | 2016 年 | 2017 年 | 2018 年 | 2019 年 |
|---|---|---|---|---|---|---|
| 预期收益率 8% | 预期支出 | 16,000 | 66,000 | 62,000 | 58,000 | 54,000 |
| | 覆盖比率 | 2.15 | 1.44 | 1.37 | 1.55 | 1.47 |
| 预期收益率 8.5% | 预期支出 | 17,000 | 67,000 | 62,750 | 58,500 | 54,250 |
| | 覆盖比率 | 2.02 | 1.42 | 1.35 | 1.54 | 1.46 |

## (三)交易结构

某航空 1 期资产支持证券交易结构如图 10－8 所示。

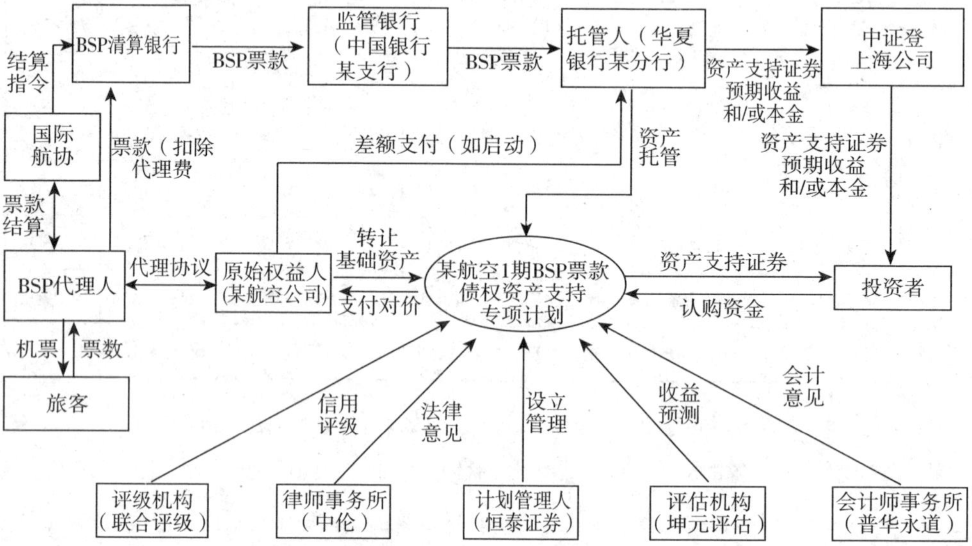


**图 10－8　某航空 1 期资产支持证券交易结构**

1. 认购人通过与管理人签订《认购协议》,取得资产支持证券,成为资产支持证券持有人。管理人根据与原始权益人签订的《基础资产买卖协议》的约定,将专项计划募集资金用于向原始权益人购买基础资产,即原始权益人根据基础协议享有的、就 BSP 代理人在专项计划存续期间的特定报告期内销售的票号前三位为“880”的所有 BSP 客票,要求 BSP 代理人和国际航协支付相应销售净收入的权利及其附属担保权益。“880”表示该客票为归属于该航空公司的客票。

2. 在基础资产所对应的每一特定期间,原始权益人通过国际航协 BSP 系统销售 BSP 客票;旅客从 BSP 代理人处购买 BSP 客票后,BSP 代理人将 BSP 客票销售款按国际航协的规定存入BSP清算银行;在每个清算银行划款日,BSP清算银行根据国际航协的指令将属于某航空公司的BSP客票收益划入BSP收款账户;在每个BSP收款账户划款日,原始权益人将BSP收款账户中收到的基础资产产生的现金流转付至监管账户;在每个监管账户划款日,监管账户向专项计划账户转付基础资产产生的现金流,直至专项计划账户累计收到的金额达到相应特定期间对应的必备金额。

3. 管理人对专项计划资产进行管理,托管人根据《托管协议》对专项计划资产进行托管。

4. 在每个特定期间结束后的初始核算日,若专项计划账户在当期累计收到的BSP客票收益(含BSP客票收益在监管账户中产生的利息,不含BSP客票收益在BSP收款账户中产生的利息)未达到该特定期间对应的必备金额,则由该航空公司于差额支付划款日对不足金额进行补足;在分配指令发送日,管理人根据计划说明书及相关文件的约定,向托管人发送分配指令,托管人根据分配指令,在分配资金划拨日划出相应款项分别支付专项计划费用,并于当日下午15:00点前将当期资产支持证券预期收益和/或本金从专项计划账户划拨至中证登上海分公司指定账户。

(四)增信措施

1. 优先级/次级结构分层

该专项计划对资产支持证券进行了优先/次级分层,优先级规模为20亿元,次级规模为5000万元。次级资产支持证券将由原始权益人认购,可有效防范原始权益人的道德风险。

2. BSP净收入划转流程变更机制

当评级公司给予原始权益人的主体长期信用等级高于或等于AA+或评级公司给予原始权益人的主体长期信用等级等于AA且评级下调日前四个季度内原始权益人没有出现过主营业务收入季度同比下降20%及以上情形时,监管账户划款日为每个特定期间结束后相应兑付日(R+1)前的第8个工作日(R-7日),即划款频率为每一个特定期间结束后,原始权益人向专项计划账户划款一次;当评级公司给予原始权益人的主体长期信用等级等于AA时且评级下调日前四个季度内原始权益人出现过主营业务收入季度同比下降20%及以上情形时,则基础资产产生的现金流无须经监管账户向专项计划账户转付,而于每个BSP收款账户划款日直接由BSP收款账户向专项计划账户转付;评级公司给予原始权益人的主体长期信用等级低于或等于AA-时,原始权益人和管理人向国际航协发送权利完善通知,通知国际航协指示BSP清算银行特定报告期的相应BSP票款直接支付至专项计划账户。若向国际航协发送权利完善通知后30个工作日内,国际航协无法指示BSP清算银行按照权利完善通知的要求将特定报告期的相应BSP票款直接支付至专项计划账户,则专项计划于前述期限届满之日终止。

3. 某航空公司差额支付安排

根据《差额支付承诺函》,某航空公司不可撤销及无条件地向管理人承诺:如果截至每一特定期间结束后的初始核算日下午四点(16:00),专项计划账户累计收到的BSP客票收益(含BSP客票收益在监管账户中产生的利息,不含BSP客票收益在BSP收款账户中的产生的利息)未达到该特定期间对应的必备金额,则管理人应于该特定期间结束后的第一个差额支付通知日(R-5日)以传真方式向某航空公司发送《差额支付通知书》,并通过电子邮件或电话进行确认。该航空公司应于该特定期间结束后的第一个差额支付划款日(R-4日)下午四点(16:00)前向专项计划账户划付补足款项,并在资金汇付附言中说明所划款的性质。该补足款项属于专项计划资产。

### (五)项目分析

为确保基础资产的可特定化,某航空1期BSP票款债权资产支持专项计划创新性地将票号作为基础资产的界定方式,将基础资产定义为"基础资产系指原始权益人根据基础协议享有的、就BSP代理人在专项计划存续期间的特定报告期内销售的票号前三位为880的所有BSP客票要求BSP代理人和国际航协支付相应销售净收入的权利及其附属担保权益。"而"880"则表示该客票为归属于该航空公司的客票。同时,由于航空行业是关系到国计民生的基础性交通运输业,其运营收入的稳定性和可与预测性较强,也为该产品的顺利发行提供了有利条件。

某航空1期BSP票款债权资产支持专项计划作为市场上首单航空票款类债权ABS,在发行时具有一定的行业稀缺性,为航空公司提供了新的融资渠道,也丰富了备案制实施以来的资产证券化基础资产类型。

某航空1期BSP票款债权资产支持专项计划除采用优先/次级分层、基础资产现金流超额覆盖、收入划款流程变更机制外,还由该航空公司不可撤销地提供了差额支付承诺作为增信措施。凭借上述增信安排,该项目的投资安全性显著提升,投资配置价值较高。

## 二、本票案例——某航空公司B2B本票债权资产支持专项计划

### (一)产品概况

某航空公司资产支持证券优先级部分共分为3个品种,分别是01档、02档和

03档,各产品的对应发行期限分别为0.37年、1.37年和2.37年。评级机构综合专项计划基础资产的情况、交易结构的安排、担保安排等因素,评估相关风险后,给予优先级资产支持证券01、02、03的评级均为AA。具体产品评级如表10-7所示。

**表10-7　某航空公司B2B本票债权资产支持专项计划产品评级**

| 产品系列 | 预计加权平均期限(年) | 发行规模(亿元) | 当期票息 | 产品评级 |
|---|---|---|---|---|
| 优先级01 | 0.37 | 4.00 | 7.00% | AA |
| 优先级02 | 1.37 | 7.00 | 7.30% | AA |
| 优先级03 | 2.37 | 8.00 | 7.50% | AA |
| 次级 | 2.37 | 0.50 | — | — |

## (二)基础资产

基础资产系指原始权益人在专项计划设立日转让给管理人的、原始权益人自专项计划设立日次日起享有的特定期间内的B2B本票债权。基础资产在未来特定期间内预计产生的现金流入金额如表10-8所示。

**表10-8　基础资产在未来特定期间内预计产生的现金流入金额**

| 特定期间 | 预计金额(万元) |
|---|---|
| 自专项计划设立日次日起至2016年10月31日 | 190,476.42 |
| 2016年11月1日至2017年10月31日 | 206,543.29 |
| 2017年11月1日至2018年10月31日 | 228,529.98 |

其中,B2B本票债权指原始权益人根据基础资产文件享有的、就B2B本票代理人在特定期间内通过某航空B2B网络系统销售的票号前六位为××××××的所有本票(不包含原始权益人自行销售的本票),要求B2B本票代理人支付相应销售净收入的权利。而销售净收入系指原始权益人在B2B本票债权项下应获得的B2B本票销售净收入。其中,销售净收入=B2B本票销售收入+燃油附加费+机场建设费+其他应付款-销售佣金+退改手续费。

## (三)交易结构

某航空公司B2B本票债权资产支持专项计划交易结构如图10-9所示。

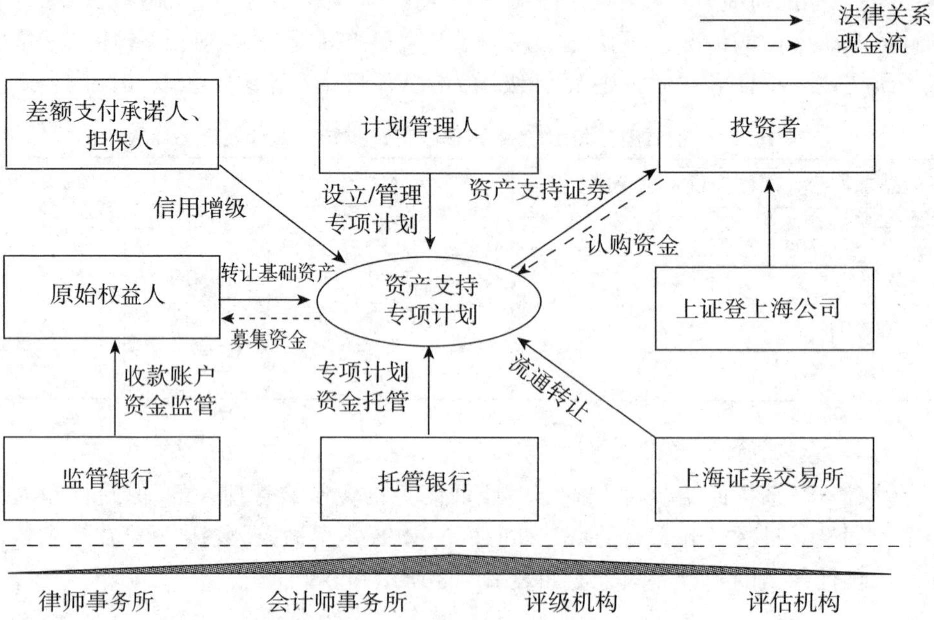


**图 10－9　某航空公司 B2B 本票债权资产支持专项计划交易结构**

1. 专项计划管理人与专项计划托管银行签署托管协议，管理人在托管人处设立单独的募集资金专户，专门用于接收、存放、划转发行期内认购人交付的认购资金。

2. 专项计划管理人设立专项计划募集资金专户，合格投资者在知晓计划说明书和标准条款约定的前提下，与专项计划管理人签署认购协议，认购专项计划份额，从而成为专项计划资产支持证券持有人。

3. 专项计划管理人与原始权益人签署基础资产购买协议。专项计划管理人将专项计划资产支持证券持有人认购专项计划的资金用于向原始权益人购买基础资产，即原始权益人在专项计划设立日转让给管理人的、原始权益人自专项计划设立日次日起享有的特定期间内的 B2B 本票债权。管理人根据基础资产买卖协议的约定，在专项计划设立日，向托管人发出划款指令，指示托管人将基础资产购买价款（即专项计划募集资金）划拨至原始权益人指定账户，用于购买基础资产。托管人根据基础资产买卖协议及托管协议的规定对划款指令中资金的用途及金额进行核对，核对无误后应于收到划款指令的当日 16:00 前予以付款。

4. 原始权益人同时担任基础资产的资产服务机构，专项计划管理人与资产服务机构签署《基础资产服务协议》。根据该协议的约定，资产服务机构负责基础资产回收和催收及其从权利的行使。

5. 原始权益人在监管银行开立专项监管账户，以归集基础资产回收款，专项计划管理人、监管银行与原始权益人签署《监管协议》。

6. 自专项计划成立之日起的每一个初始核算日，若专项计划账户未按《计划说明书》《基础资产买卖协议》及《托管协议》的约定按期足额收到当期应付的优先级资产支持证券的预期收益和本金，则由管理人于差额支付通知日向差额支付承诺人和托管人发出《差额支付通知书》，差额支付承诺人在差额支付划款日将差额款项划转至专项计划账户中，并由托管人在差额支付资金核算日对专项计划账户进行核算并按照相关格式要求向管理人提交报告。

7. 若差额支付承诺人无法在差额支付划款日补足款项，经由托管人在差额支付资金核算日对专项计划账户进行核算属实，管理人应在担保通知日向担保人和托管人发出《担保履约通知书》，担保人根据《担保合同》在担保人划款日将款项划转至专项计划账户中，托管人应在担保资金核算日对专项计划账户进行核算并按照相关格式要求向管理人提交报告。

8. 在分配指令发出日，管理人根据《计划说明书》《标准条款》及相关文件的约定，向托管人发出分配指令。托管人根据分配指令，在分配资金划拨日划出相应款项分别支付专项计划费用、当期优先级资产支持证券预期收益和本金、当期次级资产支持证券享有的剩余收益。

### （四）信用增级措施

1. 优先级/次级产品结构化分层

无论当期专项计划账户中资金总金额为多少，均按照既定顺序即专项计划税负、专项计划期间费用、当期优先级资产支持证券预期收益、当期优先级资产支持证券本金的先后顺序进行分配，如有剩余分配给次级资产支持证券持有人。

2. 差额补足义务人差额支付

差额补足义务人应在与计划管理人签署《基础资产买卖协议》的同时，签署《差额补足承诺函》，不可撤销及无条件地向管理人（代表资产支持证券持有人）承诺对专项计划分配资金不足以支付全部优先级资产支持证券的各期应付预期收益和应付本金的差额部分承担补足义务。

3. 担保人为差额支付承诺人履行差额补足义务提供不可撤销的连带责任保证担保

根据《担保协议》的约定，某公司为差额支付承诺人履行差额补足义务提供不可撤销的连带保证责任保证担保。

从以上增信方式的触发先后顺序分析，首先可能触发的是差额补足义务人差额支付机制,然后可能触发担保人担保机制,最后,专项计划资金在优先级/次级分层机制下进行收益分配,因此,在一定意义上讲,三种增信方式具有递进关系。

(五)项目分析

上述专项计划中,某航空公司特定期间内的 B2B 本票收入具有持续流入、可预测、可特定化等特点,现金流预测收入足以覆盖证券本息,符合作为资产证券化基础资产的相关条件。作为备案制实施以来首单 B2B 本票债权基础资产专项计划项目,本专项计划的发行丰富了航空客票了基础资产类型。

本项目中,原始权益人资质相对较弱,此前也未发行过债券,因此引用了股东对原始权益人的差额补足义务提供了担保,在一定程度上提升了资产的安全性。

## 第五节
## 航空客票类 ABS 项目资产证券化项目的承揽要点

一般来说,航空业作为资本密集型产业,航空公司具有前期投入规模大、固定资产金额较大、资信情况良好、融资渠道丰富等特点。针对航空公司发行资产证券化产品,其关注要点主要如下:

1. 关注航空公司日常运营开支,是否有其他公司有意愿、有能力负担。若无则考虑基础资产选择为扣除成本后的净收入;

2. 分析航空公司过去 3 ~ 5 年客流量、航线数量、票款单价等因素,同时分析过去 3 ~ 5 年的航空事故、被主管部门行政处罚等负面情况,论证其是否具有长期稳定发展的能力;

3. 分析航空公司过去 3 ~ 5 年的航空票款收入稳定性及构成,特别是本票与 BSP 客票的比例及未来航空公司发展战略;

4. 分析影响基础资产评估的因素,包括客流量、航线数量、飞机数量、收入稳定性、未来发展计划等;

5. 分析合理有效的增信措施,若航空公司资信情况良好,主体长期信用评级达标,则可考虑不引入外部第三方公司进行增信,在增信效果及综合成本中进行权衡;

6. 本票债权或 BSP 客票债权等是否存在质押等权利限制情况。

# 第十一章
# 景观收费收益权资产证券化

近年来，华山景区、云南曼听公园、云南文产巴拉格宗景区、北京八达岭索道、广州长隆主题公园、欢乐谷主题公园等景区或主体公园的运营方相继以景观入园凭证、景观内旅游设施、景区服务费等收费收益权为基础资产，通过资产证券化方式融资人民币 70 多亿元，景观运营类收入收费权类资产证券化已初具市场规模。门票等入园凭证、景观内旅游设施、景区服务费等收入具有较大相似性，限于篇幅，本章仅对以景观入园凭证收费收益权、索道未来收费收益权为基础资产的资产证券化进行重点分析。

## 第一节
## 景观旅游业的发展及其融资渠道

根据景观形成原理的不同，景观可以分为自然景观和人文景观。一直以来，自然景观凭借其独特性、地域性、可观赏性及不可复制性等特点，成了旅游业开发和运营的核心资源。众多具备较强游览价值的自然景观逐步形成了知名度较高的若干旅游景点。与自然景观不同，近年来，游乐园、特色公园、特色演出等主题公园通过打造探险、猎奇、考古、观赏、互动等特色体验项目形成了独具一格的品牌影响力，在国内旅游板块中异军突起。自然景观和人文景观协同发展，并行不悖，共同促进了近年来我国旅游行业的高速增长。

### 一、景观旅游行业发展现状及趋势

#### （一）我国旅游行业的发展现状

近年来，我国 GDP 持续增长为文化旅游产业的发展提供了良好的条件。得益于消费升级和国家政策的引导，特别是“十三五”规划纲要提出“文化产业成为国民经济支柱性产业”的目标，将旅游业发展专项规划首次上升到国家规划的高度，体现了决策层对旅游业的高度重视。

在2008~2018年中，我国旅游行业景气度较高，国内游、入境游和出境游等三大旅游板块均有所增长。据报道，在国内游方面，除2008年金融危机影响，国内旅游人数保持了每年10%以上的复合增长率，2016年国内旅游人数达到44亿人次，同比增长10%；全年实现国内旅游收入3.94万亿元，同比增长15.19%。在出境游方面，出境旅游人数达到1.29亿人次，同比增长5.57%。在入境游方面，我国2016年入境旅游人数是1.38亿人次，同比增长3.8%。

根据国家旅游局发布的《2016中国旅游投资报告》数据显示，2016年全国旅游业实际完成投资12,997亿元，同比增长29%，对国民经济综合贡献达11%。2016年旅游发展基金支持地方项目建设8.8亿元，比上年增长8%；投资额在100亿以上的旅游项目有222个，实际完成投资2479亿元，比上年增长55.2%；随着国家“一带一路”倡议等政策的深化实施，旅游投资空间与领域不断扩张，预计2017年旅游直接投资将超过1.5万亿元。行业投资数据显示，旅游行业投融资规模近几年增长迅速，在经济发展中的地位愈加凸显，侧面体现行业蓬勃向上的发展趋势。随着大众旅游消费时代来临及“一带一路”倡议深化实施，旅游行业投资空间有望持续扩大。

根据中国旅游研究院预测，至2020年，中国文化产业占GDP比重将达5%以上，文化及相关产业增加值将在4.5万亿元人民币以上。

除旅游行业的整体快速发展外，国内旅游板块中的主题公园旅游异军突起。20世纪80年代初，主题公园开始进入我国旅游圈。经过20余年发展，全国至今已累计开发了主题公园旅游点2500多个，投入资金达3000多亿元。进入20世纪90年代以后，国内旅游热的兴起，使庞大的国内旅游市场被启动。近年来，在全国范围内掀起了一股“主题公园热”。我国主题公园类型丰富，包括各种森林公园、动植物园、地质公园、温泉公园、文化公园、海洋公园、历史文化公园等。据数据统计，2015年至2016年新开园达30家，目前在建17家主题公园。预计到2020年共有64个主题公园将建成。作为“旅游+文化+体验”的文化消费，主题公园旅游近年来快速崛起，中国主题公园发展正迎来“黄金时代”。据前瞻产业研究院提供的《中国主题公园行业发展模式与投资战略规划分析报告》预计，到2020年，中国主题公园市场规模将达120亿美元。

### （二）我国旅游行业发展的整体规划及未来发展趋势

2016年12月7日，国务院下发了《“十三五”旅游业发展规划》（国发〔2016〕70号）。上述“十三五”旅游业发展规划对“十二五”期间我国旅游行业的发展情况进行了总结：“改革开放以来，我国实现了从旅游短缺型国家到旅游大国的历史性跨越。‘十二五’期间，旅游业全面融入国家战略体系，走向国民经济建设的前沿，成为国民经济战略性支柱产业。……2015 年,旅游业对国民经济的综合贡献度达到 10.8%。国内旅游、入境旅游、出境旅游全面繁荣发展,已成为世界第一大出境旅游客源国和全球第四大入境旅游接待国。旅游业成为社会投资热点和综合性大产业。……‘十二五’期间,旅游业对社会就业综合贡献度为 10.2%。旅游业成为传播中华传统文化、弘扬社会主义核心价值观的重要渠道,成为生态文明建设的重要力量,并带动大量贫困人口脱贫,绿水青山正在成为金山银山。……出境旅游人数和旅游消费均列世界第一,与世界各国各地区及国际旅游组织的合作不断加强。积极配合国家总体外交战略,主管机构举办了中美、中俄、中印、中韩旅游年等具有影响力的旅游交流活动,旅游外交工作格局开始形成。”“十三五”旅游业发展规划充分肯定了“十二五”期间我国旅游行业实现的跨越式发展。

“十二五”期间,我国旅游规划主要指标及完成情况如表 11 -1 所示。

**表 11 -1 “十二五”期间我国旅游规划主要指标及完成情况**

| “十二五”旅游规划主要指标完成情况 | | | | | |
|---|---|---|---|---|---|
| 指标 | | 规划目标 | | 完成情况 | |
| | | 2015 年 | 年均增速(%) | 2015 年 | 完成程度(%) |
| 旅游总收入(万亿元) | | 2.5 | 10 | 4.13 | 165 |
| 国内旅游人数 | (亿人次) | 33 | 10 | 40 | 121 |
| | 居民出游率(次/人) | 2.3 | — | 3 | 130 |
| 国内旅游收入(万亿元) | | 2.1 | 11 | 3.42 | 163 |
| 入境旅游人数(亿人次) | | 1.32 | 3 | 1.34 | 102 |
| 入境过夜旅游人数(万人次) | | 5680 | 8 | 5689 | 100 |
| 外国人入境旅游人数(万人次) | | 2573 | 4.5 | 2599 | 101 |
| 旅游外汇收入(亿美元) | | 580 | 5 | 1136.5 | 196 |
| 出境旅游人数(万人次) | | 8800 | 9 | 11,700 | 133 |
| 直接就业(万人) | | 1450 | 4.7 | 2798 | 193 |

资料来源:国务院《“十三五”旅游业发展规划》。

全面建成小康社会对旅游业发展提出了更高要求,为旅游业发展提供了重大机遇。“十三五”期间,我国旅游业处于黄金发展期,我国旅游业将呈现“消费大众化、需求品质化、竞争国际化、发展全球、产业现代化”等发展趋势。国务院下发的《“十三五”旅游业发展规划》,为我国旅游业设定了目标,如表 11 -2 所示。

表 11-2 《“十三五”旅游业发展规划》设定的目标

| “十三五”期间旅游业发展主要指标 | | | |
|---|---|---|---|
| 指标 | 2015 年实际数 | 2020 年规划数 | 年均增速(%) |
| 国内旅游人数(亿人次) | 40 | 64 | 9.86 |
| 入境旅游人数(亿人次) | 1.34 | 1.50 | 2.28 |
| 出境旅游人数(万人次) | 1.17 | 1.50 | 5.09 |
| 旅游业总收入(万亿元) | 4.13 | 7.00 | 11.18 |
| 旅游投资规模(万亿元) | 1.01 | 2.00 | 14.65 |
| 旅游业综合贡献度(%) | 10.8 | 12.00 | — |

资料来源:《“十三五”旅游业发展规划》。

“十三五”期间,我国旅游业拟达成的具体目标如下:

1. 旅游经济稳步增长。城乡居民出游人数年均增长 10% 左右,旅游总收入年均增长 11% 以上,旅游直接投资年均增长 14% 以上。到 2020 年,旅游市场总规模达到 67 亿人次,旅游投资总额 2 万亿元,旅游业总收入达到 7 万亿元。

2. 综合效益显著提升。旅游业对国民经济的综合贡献度达到 12%,对餐饮、住宿、民航、铁路客运业的综合贡献率达到 85% 以上,年均新增旅游就业人数 100 万人以上。

3. 人民群众更加满意。“厕所革命”取得显著成效,旅游交通更为便捷,旅游公共服务更加健全,带薪休假制度加快落实,市场秩序显著好转,文明旅游蔚然成风,旅游环境更加优美。

4. 国际影响力大幅提升。入境旅游持续增长,出境旅游健康发展,与旅游业发达国家的差距明显缩小,在全球旅游规则制定和国际旅游事务中的话语权和影响力明显提升。

## 二、景观经营收入情况

旅游产业在国民经济中的重要性日益提升。根据国家旅游局的数据,2016 年,我国旅游业总收入达到 4.69 万亿元(包括入境游客和国内游客在游程内行、游、住、食、购、娱以及为亲友、家人购买纪念品、礼品等方面的旅游支出),2005 ~ 2016 年的年化增长率为 16%。结合国家统计局的数据,旅游业总收入占 GDP 的比例从 2008 年开始持续攀升,2016 年已达到 6.3%。旅游总收入同比增速请见图11-1。

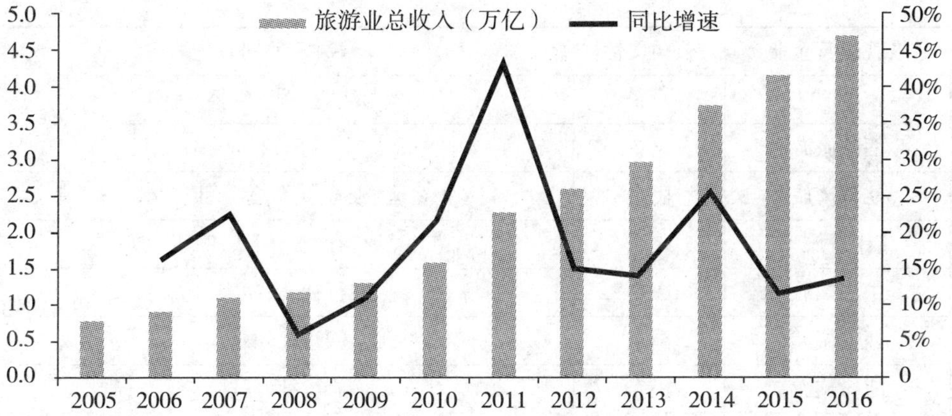


资料来源：万德。

**图 11－1　旅游总收入增速**

景观运营企业的收入主要包括景观门票（含景区通票、入园门票）、园内景观门票、索道、园内设施（含游乐设备、观光车、船舶客运等）等收入，广义的景观收入还包括酒店、餐饮、旅行社、零售及其他服务等配套收入。大型旅游运营机构主营业务情况如表 11－3 所示。

**表 11－3　大型旅游运营机构主营业务情况**

| 景观运营企业 | 公司属性 | 主营业务 |
|---|---|---|
| 云南旅游 | 央企 | 园林、客运、酒店、房地产、旅行社、门票 |
| 张家界 | 国企 | 客运、旅行社、索道、门票、酒店 |
| 峨眉山 A | 国企 | 门票、索道、酒店、旅行社 |
| 桂林旅游 | 国企 | 门票、酒店、客运 |
| 丽江旅游 | 国企 | 索道、演艺、酒店、餐饮 |
| 黄山旅游 | 国企 | 酒店、索道、旅行社、门票、房地产 |
| 大连圣亚 | 国企 | 门票 |
| 曲江文旅 | 国企 | 门票、酒店、旅行社 |
| 长白山 | 国企 | 客运、旅行社 |
| 九华旅游 | 国企 | 索道、酒店、客运、旅行社 |
| 三特索道 | 民企 | 索道、门票、酒店、客运、旅行社 |

续表

| 景观运营企业 | 公司属性 | 主营业务 |
|---|---|---|
| 宋城演艺 | 民企 | 演艺、秀场直播 |
| 西藏旅游 | 民企 | 门票 |
| 北部湾旅 | 民企 | 客运、旅游产品、旅行社、门票 |
| 中青旅 | 央企 | 旅行社、IT、门票、酒店 |
| 中国国旅 | 央企 | 旅行社、商品零售 |
| 西安旅游 | 国企 | 旅行社、酒店 |
| 凯撒旅游 | 民企 | 旅行社、餐饮 |
| 众信旅游 | 民企 | 旅行社 |
| 首旅酒店 | 国企 | 酒店、门票 |

资料来源：万德。

凭借自然风景、人文景观等独特的资源优势，景观运营企业的索道、门票业务拥有较强盈利能力。根据游览权限的不同，景观门票可以细分为通票（可以作为包括入园、园内景观和园内游览、娱乐、客运设施等全部景观收费项目的使用凭证）、入园门票（仅作为入园或园内部分景观的入园凭证）和园内游览、娱乐、客运设施付费使用凭证等。根据不同景观运营企业的促销政策、景区维护成本，以及其与景区管委会的分成机制等不同，景观运营企业门票业务的毛利率差异较大。2016 年，黄山旅游、峨眉山 A 的景区游山门票收入在扣除相关税费等运营成本后，仍需向景区管委会支付门票收入的 50%，其中由于峨眉山景区的促销活动力度较大，其门票业务毛利率仅有 35%，低于黄山旅游 88% 的毛利率。而中青旅旗下的乌镇、古北水镇等人文景观不属于自然风景名胜区，根据现有的财税政策，上述人文景观的门票收入不存在与景区管委会进行再分配的情形，因此其毛利率可高达 81%。索道业务毛利率是旅游板块中最高的，如上市公司丽江旅游、黄山旅游、九华旅游的索道业务毛利率可达到 80% 以上。门票业务毛利率和索道业务毛利率如图 11－2 所示。

部分景观运营企业还提供与景观相关的酒店、餐饮、零售、旅行社等服务。部分景区型酒店凭借景区内稀缺的物业资源形成竞争壁垒，其酒店业务保持了较高的毛利率，如 2016 年上市公司丽江旅游、黄山旅游的酒店业务毛利率分别为 61%、32%。而由于旅行社服务业务同质化竞争严重且缺乏竞争壁垒，其盈利能力较为逊色，毛利率水平在旅游业务板块中垫底。即便是如凯撒旅游、中青旅等龙头公司，其 2016 年旅行社服务业务的毛利率也只有 10% 左右。

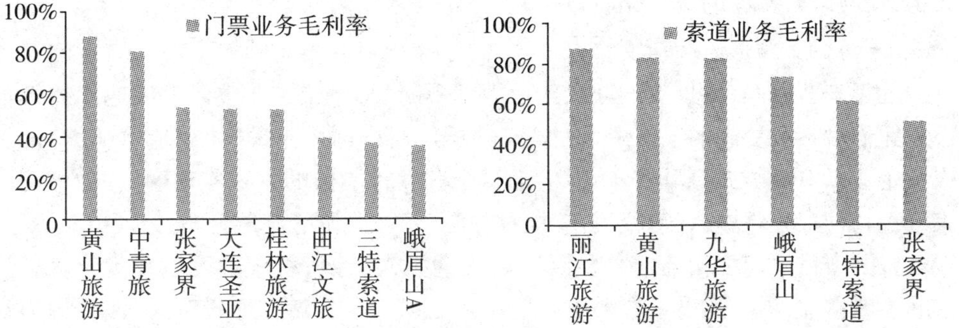


资料来源:万德。

**图 11－2　门票业务毛利率和索道业务毛利率**

由于索道业务、门票业务在旅游业务板块中具备的突出盈利能力,部分景观运营企业已开始向项目索道、门票业务进行资源倾斜。这为推进以门票收入、索道收入为基础资产的证券化业务提供了有利环境。

## 三、旅游企业的融资需求分析

在景观运营管理中,旅游企业承担了景区基础设施建设、景观改造、游乐设施采购维护、景区日常运营等职责,运营开支及成本费用规模较大。以华侨城为例,仅 2015 年、2016 年公司旅游板块的营业成本为 70.84 亿元、94.90 亿元,运营成本体量较大且快速增长。运营成本的快速增长给众多旅游企业造成了巨大的资金压力,导致旅游企业普遍存在迫切的融资需求。

相比自然景区的旅游企业,主题公园运营企业的融资需要更为迫切。自 2013 年开始,主题公园吸引了越来越多的资本关注,其中不乏房企资金,包括万达、恒大、华强方特、长隆、碧桂园、华南城、世贸、佳兆业在内的多家房企竞相涉足主题公园领域,以实现产业多样化。主题公园前期投入巨大,运营管理及维护成本较高,在传统融资模式难以满足运营方资金需求的情况下,亟需通过资产证券化途径融资。如已发行的“广州长隆主题公园入园凭证专项资产管理计划”,发行总规模 32 亿元,其募集资金主要用于长隆野生动物世界游乐设施的维护、维修。

## 四、景区行业融资渠道对比分析

景观运营机构基于旅游资源进行资金筹措时,往往需充分权衡各种融资渠道的可行性、融资成本及财务风险,创新或复合使用各类融资方式以优化自身的资本结构,提高旅游资源的资产化收益。

（一）传统融资渠道分析

近年来,各地旅游景点的开发建设力度不断加大,旅游业整体发展速度持续加快。凭借对不可复制的景区资源的绝对控制力及对旅游资源的渠道影响力,部分旅游企业以 IPO 方式登陆资本市场,通过公开发行股份的方式实现融资,如中国国旅、黄山旅游、华侨城 A、宋城演艺、桂林旅游、丽江旅游等旅游公司。

旅游项目发起之初通常需要巨额的前期投入,且随着旅游设施及运营管理规模的不断增加,项目建设资金及维护成本随之扩大。旅游产业投资大、回收周期长等特征导致的资金不足、融资难等问题始终困扰着旅游企业。绝大部分未上市旅游公司的融资仍主要依赖商业银行贷款、信托融资以及中央和地方政府的财政拨款,导致旅游企业融资渠道集中、融资方式单一,而且融资规模也相对有限。

以商业银行贷款为例,银行为旅游企业办理融资贷款,必须以符合发放银行贷款的法律法规及银行内部规定为前提。鉴于旅游行业轻资产运营的特点,景区类旅游企业通常具有资产规模较小、无形资产占总资产比例较大、景区收入季节波动性明显及投资回收期较长等特点,通常被商业银行确定为小企业客户。如旅游企业未能通过特别程序被调整为中型及以上等级企业,仅按小企业客户标准融资,其融资条件、融资额度将受到较大限制,难以满足旅游企业的正常融资需求。

（二）新兴融资渠道分析

2014 年 8 月 21 日,国务院《关于促进旅游业改革发展的若干意见》提出“加强债券市场对旅游企业的支持力度,发展旅游项目资产证券化产品”。2015 年 8 月 4 日,国务院办公厅印发《关于进一步促进旅游投资和消费的若干意见》(以下简称《意见》),《意见》从 6 个方面着手,对促进旅游投资和消费提出 26 条具体措施,其中重点指出要加大改革创新力度,拓展旅游企业融资渠道。《意见》称,积极发展旅游投资项目资产证券化产品。积极引导预期收益好、品牌认可度高的旅游企业探索通过相关收费权、经营权抵(质)押等方式融资筹资。这是首次在国家文件中明确突出积极发展旅游投资项目资产证券化产品,在促进旅游发展政策和改革方面实现了新的突破。

相比传统的银行贷款等融资途径,资产证券化是一种更为灵活的资产管理及融资形式。资产证券化通过结构融资方式打通了直接融资与间接融资之间的桥梁,通过现金流切割和流动性管理的技术以及破产隔离、真实出售的法律属性实现标准化融资和资产负债表的重构,是一种非常契合目前经济新常态下创新融资方式、盘活存量资产需求的创新型投行业务。

### （三）新兴融资渠道的特征

与传统的融资方式相比，资产证券化融资具有结构化设计、基础资产真实出售及计划资产破产隔离等特征，上述特征使资产证券化融资超越了传统融资的债务融资的范畴。基于基础资产的销售和破产隔离，资产证券化融资交易结构更为复杂，且融资模式更为灵活，具备不完全依赖主体信用、增信方式灵活多样、产品期限规模结构设计多样等特点，为主体信用水平较弱、旅游资产优质的旅游企业提供了全新的融资途径。

1. 结构化设计

结构化设计泛指以特定资产现金流为偿付支持，通过结构化设计和顺序偿付进行优先产品、次级产品划分，提升信用质量的产品结构。结构化产品根据参与产品的资金的不同风险偏好，对受益权进行分层级设计，一般将受益人分为“优先受益人”和“次级受益人”，或简称为“优先级”和“劣后级”，有些结构化产品在此基础上加入了“夹层级”。“优先级”享有固定预期收益，“优先级”本金和预期收益由“劣后级”资金保证，在兑付时，优先级证券的预期收益和本金将优先于次级证券获得偿付，在专项计划终止后进行清算分配时也遵循优先级证券优先受偿的顺序。

因为结构化设计降低了部分产品的发行成本、突破了融资主体资本的限制，且能灵活地匹配发行人的融资需求及投资人的投资需求，较好地满足了标准化产品各方的需求。旅游企业通过认购次级部分，可以达到杠杆融资的目标，扩大了融资规模。

2. 破产隔离

计划资产破产隔离，即实现基础资产与参与各方的破产风险相隔离。纳入资产池的基础资产并不受原始权益人自身的风险事件等因素的影响。资产证券化项目中交易结构设计的目的即在于，保证证券化的资产产生的现金流能定向受偿给投资者，不受参与方或其他第三方抗辩的影响。

破产隔离以基础资产的真实出售为前提，但并不是所有实现真实出售的项目，都可以实现真正意义上的破产隔离。在以景区门票收入为基础资产的证券化项目中，收费收益权等未来现金流的产生依赖原始权益人旅游企业的持续运营，如果该类项目交易结构设计中并未引入产生相应现金流的相关资产的抵押或托管机制，即使可以实现法律层面的破产隔离，但未必能实现运营层面的风险隔离。也正因如此，在收费收益权项目中，账户设置和现金流归集机制中能否做到基础资产与原始权益人固有财产明显区分，并实现对回收款的有效监管，就显得尤为重要。

3. 真实出售

破产隔离机制是资产证券化运作的枢纽，而真实出售又是破产隔离机制的核心。作为结构性融资的资产证券化制度,其主要的特质在于发起人与特殊目的载体之间的风险隔离,亦即发起人通过风险隔离方式将基础资产信用风险和收益转移给特殊目的载体。具体而言,至少考虑以下几个方面。

(1)原始权益人在基础资产转让合同中表明真实销售基础资产的意图,具有转让基础资产的真实意思表示;

(2)原始权益人将基础资产以确定的价格出售给特殊目的载体,并且基础资产的定价是公平的市场价格;

(3)如果是应收资产,原始权益人应在其账目上将基础资产列为出售,并于财务报告中说明基础资产的转让是拟将基础资产予以销售。

在以旅游企业为原始权益人的资产证券化项目中,通常以景观未来的门票等入园凭证收费收益权作为基础资产。在设立专项计划的过程中,原始权益人将基础资产转让给专项计划并取得交易对价,以达成融资效果。在专项计划存续期间,旅游企业通常担任资产服务机构,根据计划管理人的要求将基础资产产生的现金流用于偿还专项计划产品的本息。

## 第二节 景观入园凭证收费收益权资产证券化

旅游企业的营业收入通常包括门票收入、餐饮住宿费、景区服务费和旅游设施租金收入等,其中门票等入园凭证的收入是景观运营收入的重要组成部分。除受节假日及天气状况的影响外,大部分景区的经营收入受旅游淡季和旅游旺季周期交替的影响,门票等入园凭证相关收入现金流也呈现季节性波动的特点。但门票等入园凭证收入及景观相关收入所具有的独立性、稳定性、可预测性及高成长性等特征,决定了其具备成为资产证券化优质基础资产的基本条件。

### 一、景观入园凭证收费收益权资产证券化分析

景观入园凭证收费收益权资产证券化,即景观运营机构将其持有的缺乏流动性,但能产生可预见现金流的门票等入园凭证收入转化为在金融市场上可以出售和流通的证券,是以特定资产为支撑发行的融资活动。

#### (一)基础资产的可行性

2015年1月9日,国家发改委、财政部联合印发文号为发改价格〔2015〕36号国家发展改革委、财政部《关于取消收费许可证制度加强事中事后监管的通知》:自

2015年1月1日起，全国统一停止收费权许可证年度审验工作，自2016年1月1日起，在全国统一取消收费许可证制度。目前，依据政府相关部门的价格批文即可拥有对景区门票、旅游项目及景点的收费权。

我国法律法规对自然景区和人文景观的运营权属及入园凭证收入的归属有所规定。根据国务院《关于加强风景名胜区保护管理工作的通知》（国办发〔1995〕23号）规定，风景名胜资源属于国家所有，国务院建设主管部门负责全国风景名胜区的监督管理工作。按照我国的相关规定，自然景区等公共旅游资源所有权的唯一代表是国务院，实践中由各级地方政府、相关管理部门代行国家所有权。

目前，我国自然景区实行所有权与经营权分离的模式，其管理权限被下放到地方政府。现有的景区经营权可分为三种模式：完全由政府直接参与运营模式，景区经营权外包运营模式，政府直接运营和外包相结合的模式。上述各类模式中，政府基本采用了将景区门票收入先行上缴地方财政的政策，如2006年9月6日国务院发布的《风景名胜区条例》第38条规定，风景名胜区的门票收入和风景名胜资源有偿使用费，实行收支两条线管理。风景名胜区的门票收入和风景名胜资源有偿使用费应当专门用于风景名胜资源的保护和管理以及风景名胜区内财产的所有权人、使用权人损失的补偿。具体管理办法，由国务院财政部门、价格主管部门会同国务院建设主管部门等有关部门制定。《湖南省国有资源有偿使用收入管理办法》（省人民政府令第254号）规定，政府投资建设风景名胜区的门票收入及有偿使用收入属于政府非税收入，应统一纳入财政预算管理。上述要求主要针对于自然景区的门票收入，对于景区内的索道、旅游设施的收费以及主题公园等人文景观门票收入是否要求上缴财政，需根据各地方政府的有关规定予以具体确定。目前为止，已发行的与景观相关的资产证券化项目所涉及的基础资产以非上缴财政的收入为主，较少涉及收入上缴财政的实行“收支两条线管理”的资产。

2015年1月，中国基金业协会发布了《资产证券化业务基础资产负面清单指引（正式稿）》（以下简称《负面清单》），列明了不适宜采用资产证券化业务形式或者不符合资产证券化业务监管要求的基础资产。用于发起资产证券化的基础资产应当符合《证券公司及基金管理公司子公司资产证券化业务管理规定》等相关法规的规定，且不属于负面清单范畴。《负面清单》里明确规定，以地方政府为直接或间接债务人的基础资产不能进行证券化。污水处理费、垃圾处理费、政府还贷高速公路通行费等公共事业类收费项目通常采用“收支两条线管理”，即项目收入通常需要流经政府账户并由政府财政部门划拨专项资金，政府可能因此被视为基础资产的债务人，提升了此类基础资产进行证券化的难度，从而在一定程度上限制了该类收费项目的资产证券化方式融资。

2016 年 5 月 13 日，中国证监会网站公告了《资产证券化监管问答(一)》[ 以下简称《监管问答(一)》]，对“收费收益权”的资产证券化进行了较为明确的答复，即对于按照“污染者/使用者付费”原则，为社会提供公共产品或公共服务，实行收支两条线管理，专款专用，并约定了明确的费用返还安排的相关收费权类资产，可以作为基础资产开展资产证券化业务。同时，《监管问答(一)》也要求，该类基础资产应当取得地方财政部门或有权部门按约定划付购买服务款项的承诺或法律文件；以该类资产为基础资产的，管理人应当在尽职调查过程中详细了解提供公共产品或公共服务企业的历史现金流情况，约定明确的现金流返还账户。管理人应当对现金流返还账户获得完整、充分的控制权限。由此可知，污水处理费、垃圾处理费、政府还贷高速公路通行费等虽然实行收支两条线管理、专款专用，但只要明确了费用返还路径且地方政府财政部门或有权部门作出按约定划付相应资金的承诺，则该类资产可以不再受《负面清单》的限制。据此，资产证券化基础资产的范围也得以进一步拓宽。

2017 年 3 月，《深圳证券交易所资产证券化业务问答》规定，若为风景名胜景区票证，原始权益人对景区的管理需符合《风景名胜区条例》等相关法律法规条例的规定，且不违反负面清单的要求。在付费原则、收支管理模式、费用返还方式等方面，景观入园凭证与上述污水处理费权、垃圾处理费权、政府还贷高速公路通行费权等资产具有较大的相似性。如符合《负面清单》等要求，景观入园凭证收费收益权可视为合格基础资产。

### (二)交易结构及交易安排

1. 交易结构

景观入园凭证收费收益权属于收益权类基础资产，可参照收费收益权类资产支持专项计划搭建交易结构。计划管理人与景区运营管理机构签订《基础资产买卖协议》。计划管理人负责设立资产支持专项计划，并作为销售机构向投资者募集资金。景区运营管理公司担任专项计划的资产服务机构，根据《服务协议》的约定，负责门票等入园凭证收入的收取、归集。同时，景区运营管理公司在监管银行开设监管账户，用于归集《基础资产买卖协议》约定的门票收入。监管银行和托管人根据《托管协议》的约定，分别管理专项计划监管账户及托管账户，执行管理人的划款指令，负责办理专项计划名下的相关资金往来。

2. 交易安排

经统计，已发行的与景观相关的资产证券化项目所涉及的基础资产主要包括服务费收入、人文主题公园门票、晚会演出票款、景区内景点游览凭证(不含纳入国家财政收入的风景名胜区门票收入)、景区内交通设施、娱乐设施凭证(观光车乘坐凭证及漂流设施使用凭证)。上述资产类型主要以非上缴财政的景观收入为主,较少涉及需纳入国家财政收入的风景名胜区的门票收入。

如将需纳入国家财政收入的风景名胜区门票收入作为专项计划的基础资产,则计划管理人需要了解掌握如下事宜,以判断上述资产能否作为适格的基础资产。

(1)作为为社会提供公共产品的相关风景名胜景区,其入园凭证是否切实实行了"收支两条线"的管理安排,即入园凭证收入上缴地方财政且专款专用,并约定了明确的费用返还安排;

(2)地方财政部门或有权部门是否出具了按约定划付购买服务条款项的承诺或法律文件(法律文件可以采用有权部门的付款审批、专项说明或承诺函等);

(3)管理人能否在尽职调查过程中详细了解提供公共产品或公共服务企业的历史现金流情况,并约定明确的现金流返还账户,且获得对现金流返还账户完整、充分的控制权限。

唯有上述事项均可达成时,方可认为交易结构具备合法合规性。

### (三)信用增级方式

目前,在资产证券化项目操作实践中,被广泛采用的主要的增信方式有结构化增信、超额现金流覆盖、第三方保证担保、提供保证金等。

结构化增信是资产支持专项计划采用的主流增信方式。根据参与产品的资金的不同风险偏好,计划管理人将专项计划产设置为包含优先级证券和劣后级证券的结构化产品。其中,优先级证券享有固定预期收益,优先级证券的本金和预期收益由劣后级认购资金予以保证,在兑付时,优先级证券的预期收益和本金将优先于劣后级证券获得偿付,在专项计划终止后进行清算分配时也遵循优先级证券优先受偿的顺序。实践中,劣后级证券通常由融资人自行认购,以此确保优先级证券认购人的资金安全。

超额现金流覆盖,即专项计划基础资产每个特定期间的现金流入对优先级证券当年本息支出进行超额覆盖,覆盖倍数大于1,具体的覆盖比率可根据项目的具体增信要求予以确定。在超额现金流覆盖的情况下,确保在景区门票运营收入下降一定幅度的情况下,优先级证券的本息仍能按计划约定获得偿付。

第三方担保,即由景区运营企业外的第三机构出具担保函、差额支付承诺等法律文件,承诺在专项计划账户的可分配金额未能全额覆盖专项计划本息的情形下,其将承担保证专项计划本息兑付的义务。根据上述义务,第三方担保机构可根据融资需要,选择出具《保证担保函》《担保支付承诺函》或《差额支付承诺函》等法律文件。第三方担保机构可以由景区运营企业的股东或关联公司、地方政府平台公司或专业的融资性担保机构担任。

保证金,即指融资人或其关联方为保证专项计划本息的安全兑付而根据相关合同的约定先期向专项计划账户划付的资金。保证金合同通常约定,计划管理人应于发生基础资产现金流不足以偿付、评级下调等影响专项计划本息安全兑付的情形时,向托管人发出支付指令,先行以保证金兑付专项计划的预期收益和/或本金。

### (四)现金流归集和合格投资

现金资金的归集安排涉及专项计划的安全性,是避免专项计划资金被挪用、混同、损失的关键措施。计划管理人应约定明确的现金流返还账户,且获得对现金流返还账户完整、充分的控制权限。届时,计划管理人可根据有权机构购买服务条款项、资金监管协议、托管协议等约定,要求付款方将对应款项划付至指定账户,且有权查询、监督、管理账户的资金余额及资金划付情况。为了确保资金划付的安全和高效,管理人应尽量缩短基础资产现金流归集至专项计划账户的流程、环节及参与资金划转的账户数目。

合格投资,即指在专项计划存续期间,计划管理人可以将未用于购买基础资产的专项计划资金投资于银行存款、货币基金等低风险、高流动性金融产品。为了降低资金沉淀导致的资金收益损失,管理人可于计划说明书等法律文件中与托管机构、融资人及投资人约定,由计划管理人对已归集尚未用于兑付本息的资金进行合格投资,投资收益归专项计划所有。

### (五)现金流评估方法

《深圳证券交易所资产证券化业务问答》(2017 年 3 月修订)第 5.9 条:鉴于高速公路、电力收益权、门票等基础资产专业性较强,尽职调查要求较高,建议管理人聘请具备证监会和财政部核准的证券期货相关业务评估资格的资产评估机构对前述基础资产的资产价值及现金流情况进行评估。

对景观入园凭证未来现金流的客观预测是决定景观门票类资产证券化项目融资规模的关键性因素。评估公司在实施必要的预测分析程序和方法后,将对未来现金流的预测结果形成专业的咨询报告书。通过分析历史发行的现金流预测报告书,可以看出:对特定期间内景观入园凭证获得的现金流预测通常是对来源于每年预计游客数量(人次)、各类票款收入占比、各类凭证的单位票款价格等关键参数的估测。

以景观入园凭证现金流为例(其他售票渠道现金流的评估方法亦可类比):某景观每年入园凭证收入 = 每年预计游客数量 × A 类入园凭证单位票款价格 + 每年预计游客数量 × B 类入园凭证单位票款价格 + 每年预计游客数量 × C 类入园凭证

单位票款价格。

上述预测结果是在以下各假设前提下得到的：

1. 假设国家现行的有关法律法规及政策、国家宏观经济形势和社会环境除公众已知外无重大变化，无其他不可抗力因素造成的重大不利影响；

2. 假设该景观运营机构持续经营；

3. 假设该景观运营机构完全遵守有关法律法规；

4. 假设该景观运营机构保持现有的管理方式和管理水平，且其经营范围、方式与目前保持一致；

5. 假设该景区运营机构在预测期内不出现大型生产经营事故；

6. 假设该景区运营机构在预测期内保持目前的门票价格水平。

若上述前提条件发生变化，应相应调整预测结论。如需测算净现金流，则可通过某景观入园凭证收入减去运营支出（人工薪酬、设施维护费用、运营税费等）取得。管理人应当在尽职调查过程中详细了解提供景区运营企业的历史现金流情况，需要重点关注既往特定时间内入园人次、门票销售数额、门票收入总额、门票收入的季节分布、门票收入增长率、景区运营企业的运营成本及支出（园区设施维护费用、员工薪酬、运营管理费用、水电等基础设施运转费用等）等情况，并结合评估公司出具的现金流预测报告书对现金流情况进行综合判断。

## 二、景观入园凭证收费收益权资产证券化项目底层资产的筛选标准

景观的综合运营水平是景观入园凭证收费收益权项目可行性的核心。在项目筛选过程中应优先审视景观的优势和劣势以了解景观的综合运营水平，进而判断项目可行性。一般来说，景观的综合运营水平取决于景观所处区位、景观独特性、客户群体定位、景观运营主体资信及服务能力等。

景观的区位优势，即某景观在地理位置、自然资源、交通便利性等方面客观存在的有利条件或优越地位，区位优势越突出，越有利于促进景观的持续稳定发展。一般而言，区位资质排列如下：一线城市及其周边 > 二线城市或省会城市及其周边 > 交通枢纽或已开通直达航班、高速铁路、高速公路等便捷交通路径的区域 > 其他区域。由于一线、二线城市、省会及其周边通常是具备较高消费能力人群的聚居地，位于上述地域的景观囊括了体量庞大的原生性消费群体，经济腹地开阔，游客资源丰富，如处于京津冀经济圈的承德避暑山庄、位于沪宁杭经济圈的杭州西湖等人文及自然景观即具备较强的区位优势。近年来，随着直达航班及高速铁路、公路的开通，部分景观的经济腹地得以拓宽，借助发达的交通条件，如江西三清山等自然景观景区异军突起，成了近年来热门的旅游景点。

景观的独特性，即景观的特殊性，是某景观在历史沉淀、自然风光、地形地貌等方面区别于其他景点的特有因素，如桂林山水喀斯特地貌及溶洞景观、九寨沟—黄龙山水自然景观、黄山的迎客松景观、平遥古城等。凭借景观的独特性，部分人文、自然景观每年均吸引着世界各地慕名而来的游客，逐步形成了其特有的竞争优势。

景观区位及独特性的差异导致了各景观的客户群体的区别，不同的景观运营机构结合景观的实际情况定位于不同的客户群体。经过多年的持续经营和品牌营造，部分景观已形成了较为稳定的客户群体定位。如我国新疆塔克拉玛干沙漠景观运营机构将客户群体定位于热衷冒险的户外旅行爱好者群体，而我国云南地区的大理—洱海景观运营机构则将客户群体定位于文艺偏好较强的青年人群。

景观运营主体资信与景观服务能力呈正相关关系，通常运营主体资信能力越强，其提供的服务越优质。而景观运营主体资信及景观服务能力在较大程度上取决于运营主体的股东背景。一般来说，运营主体资信及其景观服务能力排列如下：国有景观运营企业 > 混合制景观运营企业 > 民营景观运营企业。

此外，在获取项目资料时，管理人可重点关注景观运营机构的入园凭证收入现金流稳定性，其中包括收入季节性因素、游客数量（人次）、景区的热门程度、景区近期事故、景观运营企业受管理部门处罚等。若景观收入的季节性比较明显，则在截取基础资产特定区间时，需要格外关注此因素对专项计划兑付安排的影响。

## 三、某景区入园凭证收入资产证券化产品的案例分析

### （一）某入园凭证资产支持专项计划

某入园凭证资产支持专项计划是交易所市场备案制推出后较早发行的景区入园凭证类资产证券化项目。基础资产涉及景区内景点游览凭证、观光车乘坐凭证及漂流设施使用凭证等多类型凭证收入，本次项目在同一专项计划中纳入多项相同性质的基础资产，具有一定的创新性。

1. 产品概况

某入园凭证资产支持专项计划优先级部分共分为四个品种，分别是某优先04、某优先05、某优先06、某优先07，各产品的对应发行期限分别为4年、5年、6年和7年。某优先06可在专项计划存续满5年后，某优先07可在专项计划存续满5年或满6年后，按照约定程序回售给原始权益人；同时，原始权益人也可在专项计划存续满5年后，按照约定程序选择赎回全部某优先06和某优先07。具体产品概况如表11－4所示。

表 11－4　产品概况

| 份额类别 | 预期期限(年) | 目标募集规模(亿元) | 预期收益率(%) |
|---|---|---|---|
| 某优先 04 | 4 | 1.4 | 6.4 |
| 某优先 05 | 5 | 2.0 | 6.5 |
| 某优先 06 | 6 | 2.4 | 6.6 |
| 某优先 07 | 7 | 2.2 | 6.7 |
| 合计 | — | 8 | — |

2. 基础资产

基础资产系指原始权益人依据政府文件,因建设和运营某景区、景区内观光车交通设施、漂流设施而获得的自专项计划成立之日起 7 年内特定期间拥有的某景区特定数量的入园凭证,该入园凭证包括:景区内景点游览凭证、观光车乘坐凭证及漂流设施使用凭证。该景区的风景名胜区门票凭证的销售收入依法纳入国家收支两条线管理,但本次纳入专项计划基础资产池的入园凭证不含上述纳入国家财政收入的风景名胜区门票凭证,因此基础资产不涉及收入上缴财政的实行“收支两条线管理”的情形。

本次专项计划的特定期间及纳入基础资产的入园凭证(仅限于在各特定期间内销售,过期失效)数量如表 11－5 所示。

表 11－5　专项计划的特定期间及纳入基础资产的入园凭证数量

| 年次 | 特定期间 | 景区 A 类入园凭证数量(万张) | 景区 B 类入园凭证数量(万张) | 特定收入(万元) |
|---|---|---|---|---|
| 第一年 | 2016 年 5 月 1 日～2017 年 4 月 30 日 | 19.37 | 18.21 | 7458.02 |
| 第二年 | 2017 年 5 月 1 日～2018 年 4 月 30 日 | 29.42 | 27.66 | 11,327.13 |
| 第三年 | 2018 年 5 月 1 日～2019 年 4 月 30 日 | 44.28 | 41.64 | 17,048.82 |
| 第四年 | 2020 年 5 月 1 日～2021 年 4 月 30 日 | 64.82 | 60.99 | 24,967.16 |
| 第五年 | 2022 年 5 月 1 日～2023 年 4 月 30 日 | 81.99 | 77.21 | 31,595.20 |
| 第六年 | 2024 年 5 月 1 日～2025 年 4 月 30 日 | 92.01 | 86.65 | 35,457.69 |
| 第七年 | 2026 年 5 月 1 日～2027 年 4 月 30 日 | 102.52 | 95.83 | 39,333.04 |

其中,景区 A 类和 B 类入园凭证数量,依据专项计划成立后,在各个特定期间

内基础资产对应的入园凭证应达到的销售数量的最小值而确定。特定收入依据最低销售均价与上述销售数量确定。最低销售均指在专项计划成立后,在各个特定期间内基础资产对应的入园凭证应达到的销售均价的最小值,该值系按2016年5月1日至2023年4月30日7年间某景区入园凭证预测的销售均价确定。

3. 交易结构

本专项计划的交易结构如图11－3所示。

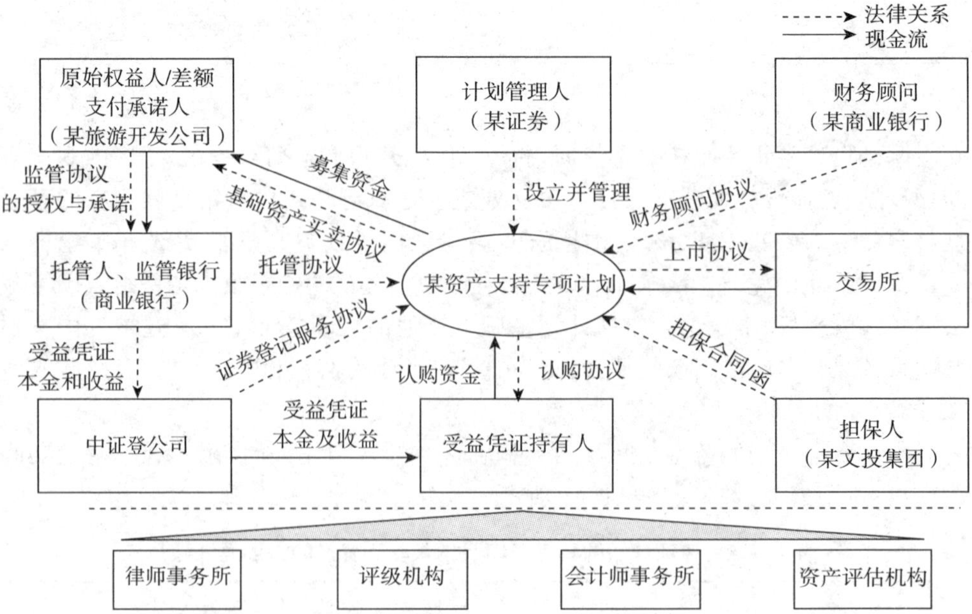


**图11－3　专项计划的交易结构**

(1)基础资产的买卖

投资人与计划管理人签订《认购协议》,将认购资金委托计划管理人管理,同时取得资产支持证券,成为资产支持证券持有人;计划管理人设立并管理专项计划。计划管理人根据与原始权益人签订的《资产买卖协议》的约定,将专项计划募集资金用于向原始权益人购买基础资产,即原始权益人依据政府文件,因建设和运营某景区及景区内观光车交通设施、漂流设施而获得的自专项计划成立之日起7年内特定期间拥有的该景区特定数量的入园凭证(不含纳入国家财政收入的风景名胜区门票凭证)的收入。上述入园凭证包括景区内景点游览凭证、观光车乘坐凭证及漂流设施使用凭证。

(2)专项计划的服务与托管

资产服务机构仍由原始权益人担任。资产服务机构根据与计划管理人签订《服务协议》的约定,提供与基础资产及其销售、回收销售款有关的管理服务及其他服务。根据《服务协议》及《监管协议》的约定,资产服务机构无条件授权监管银行,在划款日将销售基础资产产生的现金划付至专项计划的托管账户,直至托管账户中归集资金总额达到当期应归集的特定收入金额。托管人根据与计划管理人签订的《托管协议》对专项计划资产进行托管。

(3)专项计划的本息兑付

在分配指令发出日,计划管理人根据《计划说明书》及相关文件的约定向托管人发出分配指令。托管人根据分配指令,在分配资金划拨日划出相应款项分别支付专项计划费用、当期资产支持证券预期收益和本金。

(4)专项计划的增信及担保

当发生差额支付生效事件时,差额支付人根据《差额支付承诺函》履行差额支付义务。如差额支付人未能承担差额支付义务,触发担保启动事件时,则计划管理人在担保通知日向担保人发出履行担保义务的通知,由担保人根据《担保函》履行担保责任。

4. 增信措施

(1)优先级/次级结构分层及超额现金流覆盖

本专项计划根据不同的风险、收益特征,将资产支持证券划分为优先级资产支持证券和次级资产支持证券。次级资产支持证券目标募集规模为人民币4000万元,占专项计划资产支持证券目标募集总规模的4.76%,全部由原始权益人认购。除非根据生效判决或裁定或计划管理人事先书面同意,原始权益人认购次级资产支持证券后,不得转让其所持的任何部分或全部次级资产支持证券。次级资产支持证券劣后于优先级资产支持证券获得专项计划利益分配,即在优先级资产支持证券本金和收益偿付完毕之前,次级资产支持证券不能获得偿付。

同时,根据评估机构的评估结果,每期现金流评估值大大高于当期优先级资产支持证券预期支付额,能够为优先级资产支持证券提供信用支持。根据基础资产现金流收支测算,在专项计划存续期间,基础资产现金流为优先级资产支持证券本息每一个兑付日都提供了超额现金流覆盖。

(2)保证金补足

依据《资产买卖协议》的约定,原始权益人同意由计划管理人在支付基础资产购买价款前从专项计划募集资金中向保证金账户划付8000万元人民币作为优先级资产支持证券本金和收益的保证金。如果根据托管人在初始核算日提供的核算结果,专项计划账户内可供分配资金按《标准条款》约定的分配顺序不足以支付优先级资产支持证券预期支付额,则由计划管理人向托管人发出指令,由托管人将保证金账户内资金划入专项计划账户,直至专项计划账户内资金按《标准条款》约定的分配顺序足以覆盖优先级资产支持证券预期支付额,或直至保证金账户内无剩余资金。

(3)原始权益人差额支付承诺

在以下差额支付生效事件发生时,则原始权益人根据《标准条款》及《差额支付承诺函》的约定履行差额支付义务:在任一个初始核算日,托管人对专项计划账户进行核算,并向计划管理人出具核算报告。若在前一个特定期间内,基础资产销售均价低于约定的最低销售均价和/或销售数量低于约定的最低销售数量,则计划管理人在差额支付通知日向差额支付承诺人发出《差额支付通知书》,差额支付承诺人应按约定在差额支付划款日予以补足。差额支付承诺人为足额履行其在《差额支付承诺函》项下的差额支付义务而支付的金额称"差额补足资金"或"差额支付额"。

(4)某文投集团保证担保

某文投集团出于其真实意思,承诺为原始权益人于《差额支付承诺函》项下所承担的差额支付义务和《资产买卖协议》项下所承担的回售与赎回资金支付义务提供无条件的、独立的、不可撤销的、连带责任保证担保。

(5)原始权益人以景区收费权提供质押担保

根据原始权益人与计划管理人签署的《质押协议》,原始权益人将其拥有的某景区收费权全部质押给专项计划,为《差额支付承诺函》项下原始权益人的差额支付义务提供无条件的、独立的、不可撤销的质押担保。专项计划存续期内,上述特定期间内景点游览凭证、观光车乘坐凭证及漂流设施使用凭证对应的收入等相关权利不得再为任何形式的融资或第三方提供担保。

5. 项目分析

上述专项计划中,某景区的入园凭证所产生的特定期间内的特定收入具有持续流入、稳步增长、可预测等特点,现金流预测收入足以覆盖证券本息,符合作为资产证券化基础资产的相关条件。作为备案制实施以来首单发行的以景区入园凭证为基础资产的专项计划项目,本次专项计划的发行具有较大的创新性和示范效应,为后续景区入园凭证类资产支持专项计划的发行提供了借鉴和指导。

### (二)某公园资产支持专项计划

某公园由某市某公园有限责任公司运营,主要经营、提供傣王室文化、佛教文化和傣民俗文化为一体的综合性演出。与前文案例中的某自然景区有所不同,某公园属于人文景观。

1. 产品概况

本次专项计划的资产支持证券分为优先级资产支持证券和次级资产支持证券。其中某公园资产支持专项计划优先级资产支持证券共分为八档,分别为:某公园01、某公园02、某公园03、某公园04、某公园05、某公园06、某公园07和某公园08。优先级资产支持证券的目标募集总规模为人民币720,000,000.00元。其中某公园01—某公园08的目标募集规模分别为61,000,000.00元、73,000,000.00元、78,000,000.00元、89,000,000.00元、94,000,000.00元、100,000,000.00元、105,000,000.00元和120,000,000.00元。次级资产支持证券目标募集规模为人民币50,000,000.00元。

某业内知名评级公司综合专项计划基础资产的情况、交易结构的安排、担保安排等因素,评估相关风险后,给予优先级资产支持证券某公园01—某公园08的评级均为AAA。产品系列及其加权平均期限、发行规模和评级如表11-6所示。

**表11-6 产品系列及其加权平均期限、发行规模和评级**

| 产品系列 | 预计加权平均期限(年) | 发行规模(亿元) | 产品评级 |
| --- | --- | --- | --- |
| 某公园01 | 0.80 | 0.61 | AAA |
| 某公园02 | 1.80 | 0.73 | AAA |
| 某公园03 | 2.80 | 0.78 | AAA |
| 某公园04 | 3.80 | 0.89 | AAA |
| 某公园05 | 4.80 | 0.94 | AAA |
| 某公园06 | 4.80+1 | 1.00 | AAA |
| 某公园07 | 4.80+2 | 1.05 | AAA |
| 某公园08 | 4.80+3 | 1.20 | AAA |

2. 基础资产

某公司现持有某市人民政府出具的《某市人民政府关于确认景洪市某公园有限责任公司“澜沧江·湄公河之夜”歌舞篝火晚会经营权的批复》(文号景政复〔2015〕434号)以及云南省某市文化体育广播电视局出具的《演出场所经营单位备案证明》。基于上述批复,某市某公园有限责任公司担任演出场所的经营单位,于云南省某市某公园内的某剧场及相关地点开展歌舞篝火晚会表演,因向观众出售歌舞篝火晚会入场券,提供文艺表演、餐饮等服务,从而合法享有获得演出票款收入的权利。在上述现行有效的《营业性演出许可证》到期后,如某公司按照法律法规的规定及时申领新的《营业性演出许可证》,则在专项计划存续期间,某公司持续享有歌舞篝火晚会经营权。

作为原始权益人,某市某公园有限责任公司将上述提供演出服务而自基准日起享有的特定期间内的演出票款收益权作为基础资产,在专项计划设立日转让给计划管理人。

根据中发国际《某市某公园有限责任公司演出票款收入预测报告书》,本次专项计划特定期间的观众人数预测如表 11 - 7 所示。

**表 11 - 7　特定期间的观众人数预测**

单位:人

| 项目 | 贵宾楼票 | VIP 票 | 甲票 | 总计 |
|---|---|---|---|---|
| 2015 年 11 月 ~ 2016 年 10 月 | 3460 | 14, 080 | 465, 920 | 483, 460 |
| 2016 年 11 月 ~ 2017 年 10 月 | 3460 | 14, 080 | 475, 240 | 492, 780 |
| 2017 年 11 月 ~ 2018 年 10 月 | 3460 | 14, 080 | 475, 240 | 492, 780 |
| 2018 年 11 月 ~ 2019 年 10 月 | 3460 | 14, 080 | 475, 240 | 492, 780 |
| 2019 年 11 月 ~ 2020 年 10 月 | 3460 | 14, 080 | 475, 240 | 492, 780 |
| 2020 年 11 月 ~ 2021 年 10 月 | 3460 | 14, 080 | 475, 240 | 492, 780 |
| 2021 年 11 月 ~ 2022 年 10 月 | 3460 | 14, 080 | 475, 240 | 492, 780 |
| 2022 年 11 月 ~ 2023 年 10 月 | 3460 | 14, 080 | 475, 240 | 492, 780 |
| 2023 年 11 月 ~ 2024 年 10 月 | 3460 | 14, 080 | 475, 240 | 492, 780 |

根据中发国际《某市某公园有限责任公司演出票款收入预测报告书》,本次专项计划特定期间的现金流预测如表 11 - 8 所示。

**表 11 - 8　特定期间的现金流预测**

单位:元

| 项目 | 贵宾楼票 | VIP 票 | 甲票 | 总计 |
|---|---|---|---|---|
| 2015 年 11 月 ~ 2016 年 10 月 | 1, 660, 800 | 5, 350, 400 | 130, 457, 600 | 137, 468, 800 |
| 2016 年 11 月 ~ 2017 年 10 月 | 1, 660, 800 | 5, 350, 400 | 133, 067, 200 | 140, 078, 400 |
| 2017 年 11 月 ~ 2018 年 10 月 | 1, 660, 800 | 5, 350, 400 | 133, 067, 200 | 140, 078, 400 |
| 2018 年 11 月 ~ 2019 年 10 月 | 1, 660, 800 | 5, 350, 400 | 142, 572, 000 | 149, 583, 200 |
| 2019 年 11 月 ~ 2020 年 10 月 | 1, 660, 800 | 5, 350, 400 | 142, 572, 000 | 149, 583, 200 |

续表

| 项目 | 贵宾楼票 | VIP 票 | 甲票 | 总计 |
|---|---|---|---|---|
| 2020 年 11 月 ~2021 年 10 月 | 1, 660, 800 | 5, 350, 400 | 142, 572, 000 | 149, 583, 200 |
| 2021 年 11 月 ~2022 年 10 月 | 1, 660, 800 | 5, 350, 400 | 142, 572, 000 | 149, 583, 200 |
| 2022 年 11 月 ~2023 年 10 月 | 1, 660, 800 | 5, 350, 400 | 152, 076, 800 | 159, 088, 000 |
| 2023 年 11 月 ~2024 年 10 月 | 1, 660, 800 | 5, 350, 400 | 152, 076, 800 | 159, 088, 000 |

3. 交易结构

本次专项计划交易结构如图 11 －4 所示。

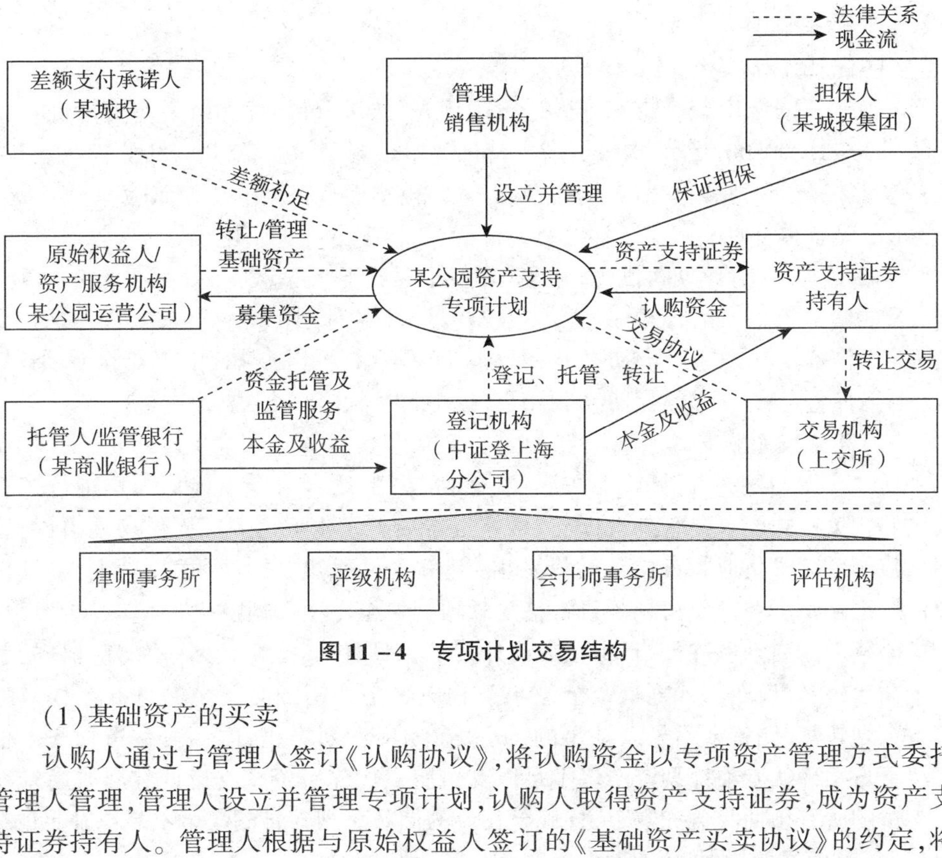


**图 11 －4　专项计划交易结构**

(1) 基础资产的买卖

认购人通过与管理人签订《认购协议》，将认购资金以专项资产管理方式委托管理人管理，管理人设立并管理专项计划，认购人取得资产支持证券，成为资产支持证券持有人。管理人根据与原始权益人签订的《基础资产买卖协议》的约定，将专项计划资金用于向原始权益人购买基础资产，即原始权益人在专项计划设立日转让给管理人的、原始权益人由于提供演出服务自专项计划设立日之次日起享有的特定期间内的演出票款收益权。

(2)专项计划的服务与托管

管理人委托原始权益作为资产服务机构,对基础资产进行包括但不限于收取演出票款收入,并缴存至资金归集账户等。资产服务机构根据《服务协议》的约定在每个现金流划转日将基础资产产生的现金流划入专项计划账户,由托管人根据《托管协议》对专项计划资产进行托管。

(3)专项计划的本息兑付

管理人根据《计划说明书》及相关文件的约定,向托管人发出分配指令,托管人根据分配指令,将相应资金划拨至登记托管机构的指定账户用于支付资产支持证券本金和预期收益。

4. 增信措施

(1)优先级/次级结构分层

本次专项计划对资产支持证券进行了优先/次级分层,优先级资产支持证券本金规模为72,000.00万元,次级资产支持证券本金规模为5000.00万元。次级资产支持证券将全部由原始权益人认购,可有效防范原始权益人的道德风险。

(2)储备金补足

本次专项计划存续期间,原始权益人提供了存放于储备金账户并用于支持专项计划分配的储备资金。储备金为人民币3000万元。专项计划存续期间,如储备金账户内的资金于储备金账户核算日不足人民币3000万元或因监管银行扣划储备金至专项计划账户导致储备金账户中金额不足人民币3000万元时,须由原始权益人进行补足。

(3)某城投差额支付承诺

在每个初始核算日,托管人按照《托管协议》的约定对专项计划账户进行核算并按照相关格式要求向管理人提交《核算报告》;若发生下述差额支付启动事件,管理人将于差额支付通知日向某城投发出《差额支付通知书》并抄送托管人,某城投应按约定在每个差额支付划款日将补足款项划付至专项计划账户。

差额支付启动事件是指:①在专项计划终止日之前,截至任何一个兑付日的前一个初始核算日,专项计划资金余额小于相应特定期间的必备金额且截至相应的储备金划转日,储备金不足以补足的;或②在专项计划终止日之后,系指管理人根据清算方案确认专项计划资产仍不足以支付所有优先级资产支持证券届时尚未获得支付的所有预期收益和本金,且截至相应的储备金划转日储备金不足以补足的。

(4)云南某城投保证担保

若发生差额支付启动事件,托管人将在差额支付资金核算日再次进行核算,并向管理人提交《核算报告》,管理人根据《核算报告》确定是否发生下述担保责任启动事件。若专项计划账户当期收到的款项仍不足当期必备金额,则管理人将于担保通知日向担保人发送《担保履约通知书》,担保人应于担保通知日后2个工作日内根据《担保履约通知书》的要求将相应款项划入专项计划账户。

担保责任启动事件是指:①在专项计划终止日之前,截至任何一个兑付日的前一个初始核算日,专项计划资金余额不足相应特定期间必备金额,并且相应的储备金划转日划付完毕储备金后,截至该兑付日的前一个差额支付资金核算日,差额支付承诺人仍无法补足该相应特定期间的必备金额;或②在专项计划终止日之后,系指管理人根据清算方案确认专项计划资产仍不足以支付所有优先级资产支持证券届时尚未获得支付的所有预期收益和本金,并且相应的储备金划转日划付完毕储备金后,差额支付承诺人仍无法补足该等预期收益和未偿本金余额。

5. 项目分析

某公园资产支持专项计划的基础资产为某剧场及相关地点开展歌舞篝火晚会表演,向观众出售歌舞篝火晚会入场券而享有的获得演出票款收入的权利。与以自然景区的景区入园凭证的资产支持专项计划不同,某公园是人文景观,基础资产以景观晚会的门票收入为主。据此可知,在符合法律法规对于基础资产要求的前提下,无论是自然景区门票收入抑或是人文景点门票收入,都可作为专项计划的基础资产。备案制实施以前,人文公园的运营企业已分别发行了欢乐谷主体公园入园凭证专项资产管理计划、广州长隆主题公园入园凭证专项资产管理计划,上述两个专项计划均以游乐园等主题公园入园凭证收入作为基础资产,而某公园则以剧院晚会的门票收入作为基础资产。相比主题公园入园凭证收入,剧院晚会门票收入在现金流预测及资金归集模式方面复杂度更高,某公园资产支持专项计划的成功发行,丰富了备案制实施以来人文景观入园凭证资产证券化的基础资产类型。

某公园资产支持专项计划除采用优先/次级分层、储备金补足等传统的增信措施外,同时引入了资信实力雄厚的云南某城投集团的信用担保及原始权益人母公司某城投的差额支付作为增信措施。凭借上述增信安排,某公园资产支持专项计的投资安全性显著提升,使其具有了较高的投资价值。

## 第三节
# 自然景区索道收费权的资产证券化

自然景区通常会架设索道等景区游览设施,为游客提供景区内的旅游配套服务。通常情况下,景区内的索道收费并不包含在景区门票的购票价款中,游客乘坐索道需另行付费购买门票。由此可知,索道凭证收费权与景区入园凭证收费权相似,在符合法律法规规定要求的前提下,亦可作为资产证券化的基础资产。而且,部分地区并未明确要求将自然景区内的索道及其他游览设施的收费划入地方财政,索道票款收入可归景区经营机构或索道的承租/运营机构所有。因此,部分景区经营机构或索道运营方具有独立处分索道未来收费收益权的权利,可自主决定将索道未来特定期间的收费权作为基础资产发行资产支持专项计划。

## 一、索道收费权资产证券化可行性分析

目前,我国自然景区的索道运营具有一次投入长期回报、收入规模较大、收入增长稳定、收入增长较快、运营毛利率较高、维护成本相对较小等特点。例如,上市公司丽江旅游(002033)索道运输板块2016年实现营业收入4.49亿元,同比增速8.50%,毛利率87.15%,索道运输业务收入已成为丽江旅游营业收入的重要来源。因此,已运营成熟的自然景区的索道收入是较为优质的资产证券化基础资产标的,值得重点关注。

除上市公司三特索道(002159.SZ)等以旅游客运索道经营为主营业务的企业可通过公开发行股票融资外,绝大部分景区经营机构仍通过质押索道未来收费收入的方式申请银行贷款,其融资渠道集中、融资方式单一,且融资规模有限。

以索道收入作为基础资产进行资产证券化融资具备可行性,且相比银行等传统融资模式具有如下优势:

1. 该类资产证券化项目以索道收入作为基础资产,融资规模由基础资产的预期现金流决定,不受景区经营机构净资产规模限制。

2. 该类资产证券化项目对募集资金的用途限制较少,不需要与具体的开发项目挂钩,从而赋予融资方更大的财务自主权。

3. 该类资产证券化项目可通过结构化安排提升产品的债项评级,达到债项评级超越主体信用的限制,从而实现降低融资成本的目的。此外,景区经营机构可通过提供第三方担保、现金流超额覆盖及差额补足等增信措施提升专项计划资产的安全性。

4. 该类资产证券化项目可以同时发行不同期限、不同评级的产品,更有利于匹配投资者的认购需求,提高发行和融资的效率。

5. 资产证券化属于直接融资,融资规模通常大于银行贷款规模,锁定中长期的融资成本。

6. 目前已发行的索道收费权资产证券化项目较少,成功通过发行索道收费权

资产支持专项计划实现融资目的的企业，有利于其扩大其行业影响力，减少对传统融资渠道的依赖。

## 二、索道收费权资产证券化项目案例分析

索道收费权属于收费收益权类资产，与景区入园凭证收费权具有较大的相似性，甚至可将索道收费权视为景区入园凭证收费权项下的组成部分。因此，本章以案例分析的模式阐述索道收费权类资产证券化项目的概况。

备案制实施以来，在上海证券交易所发行了以旅游景区索道运营收入作为现金流支持发行的资产证券化项目"某景区索道乘坐凭证资产支持专项计划"。该专项计划是国内首个成功发行的索道收费类资产支持专项计划，实现了以相关基础资产发行资产证券化项目的突破。

### （一）产品概况

本次专项计划的资产支持证券分为优先级资产支持证券和次级资产支持证券。其中资产支持专项计划优先级资产支持证券共分为六档，分别为：某优先02、某优先03、某优先04、某优先05、某优先06和某优先07，对应期限分别为2年、3年、4年、5年、6年和7年。优先级资产支持证券的目标募集总规模为人民币350,000,000.00亿元。其中某优先02—某优先07的募集规模分别为50,000,000.00元、60,000,000.00元、60,000,000.00元、60,000,000.00元、60,000,000.00元和60,000,000.00元。次级资产支持证券目标募集规模为人民币40,000,000.00元。

评级公司给予优先级资产支持证券某优先02—某优先07的评级均为AAA。本期专项计划产品情况如表11－9所示。

**表11－9 专项计划产品情况**

| 产品系列 | 预计加权平均期限(年) | 发行规模(亿元) | 产品评级 |
|---|---|---|---|
| 某优先02 | 2 | 0.50 | AAA |
| 某优先03 | 3 | 0.60 | AAA |
| 某优先04 | 4 | 0.60 | AAA |
| 某优先05 | 5 | 0.60 | AAA |
| 某优先06 | 6 | 0.60 | AAA |
| 某优先07 | 7 | 0.60 | AAA |
| 次级 | 7 | 0.40 | AAA |

(二)基础资产

基础资产界定为某景区索道公司在特定期间内提供某景区客运架空索道运输服务而形成的应收账款。根据《深圳证券交易所资产证券化业务问题》的规定,基础资产的特定化手段具有可操作性,例如通过票号编码、销售记录等锁定基础资产。为了实现本期专项计划资产的特定化,管理人设计了特定编码的特定乘坐索道凭证,即采用特定金额与特定编码乘坐凭证一一对应、交叉印证的双重复核方式对基础资产进行界定,从而实现基础资产的特定化。

计划管理人专门设定了账户定向收支服务,以有效监管原始权益人的销售收款账户,保障投资者权益。

(三)增信措施

1. 优先级/次级结构分层

本次专项计划对资产支持证券进行了优先/次级分层,优先级资产支持证券本金规模为35,000.00万元,次级资产支持证券本金规模为4000.00万元。次级资产支持证券将全部由原始权益人认购,可有效防范原始权益人的道德风险。

2. 原始权益人差额支付承诺及第三方担保机构担保

本次专项计划由原始权益人为专项计划产品的本息兑付提供了差额支付承诺函,同时引入了高等级的外部担保机制,由中合担保对原始权益人差额补足义务提供无条件的、不可撤销的、连带责任保证担保。

## 第四节
# 景观入园凭证及索道收费权资产证券化项目的实操要点

我国自然景区、人文景观及主题公园等旅游资源具有形态多样、地域分散、差异明显等特点,可以结合有关标准具体分析景观门票(入园凭证)及其他相关收入、索道收入可否作为资产证券化项目的基础资产。

为了提升景观门票(入园凭证)收入类、索道收入类资产的项目可操作性,在资产证券化项目的推进中需要关注如下事项:

1. 关注景观的区位及政策因素,如拟开展证券化项目景观地理位置、景点信息、运营情况、行业地位、发展规划、周边景观竞争或协同影响、区域旅游发展政策等;

2. 查阅该景观经营机构开发经营景观及门票(或索道收费权)归属的审批文

件。重点关注如下要点：

(1)如果该景观隶属于风景名胜类景区,景区门票收入(或索道收费权)是否纳入地方政府财政收入,且实行收支两条线管理并专款专用；

(2)如果该景区门票收入(或索道收费权)确需纳入地方政府财政收入且实行收支两条线管理,则地方财政部门或有权部门能否出具按约定划付购买服务条款项的承诺或法律文件；

(3)管理人能否取得对现金流返还账户完整、充分的控制权限。

3. 分析该景观经营机构(指该景观所属的最近一级的法人企业)最近三年的审计报表或主要财务数据(总资产、净资产、营业收入、营业成本、净利润、经营性现金流)与股权结构；

4. 分析景观入园凭证(或索道收费权)的收费结构介绍,包含各景点和旅游设施收费标准；

5. 未来景观入园凭证收费(或索道收费)标准变化情况的预测；

6. 分析近三年景观的分项目景点设施收入、游客量情况；

7. 分析未来若干年内景观收入(或索道收费权)、游客量预测,及未来若干年内景区是否有扩张计划以及对收入产生的相应影响；

8. 景观收费权(或索道收费权)、景观设施、景区土地等是否存在抵质押等权利限制情况；

9.《深圳证券交易所资产证券化业务问答》的规定,对于供水、供暖、供热、物业合同、门票等现金流依赖于原始权益人持续经营的项目,原始权益人将基础资产出售后,应当在计划存续期间维持正常的生产经营活动或者提供合理的支持,为基础资产产生预期现金流提供必要的保障。如果原始权益人的其他业务产生的收入不足以覆盖景区的运营成本,可寻求原始权益人的关联方为景区运营提供流动性支持,或者可考虑以收费项目产生的净收入为入池基础资产等解决运营成本支付问题。

# 第十二章 物业管理费资产证券化

物业管理是城市化进程中不可或缺的专业化服务。物业费是可以资产证券化的基础资产之一。物业费资产证券化盘活了资产,增强了物业费的流动性,也为房地产相关企业开辟了新的融资渠道。未来,物业管理费证券化也许会成为房地产企业一种标准的可复制的融资渠道。

## 第一节 物业管理及其物业费资产证券化的发行情况

目前,很多房地产企业都设立具有法人资格的物业管理公司。物业管理公司是树立房地产品牌和延续房地产项目开发理念的重要组成部分。越来越多的房地产企业开始重视物业管理的作用,将物业管理作为整个发展战略的重要环节,通过高品质的物业管理服务获得竞争优势。在涉房融资不断趋紧的大环境下,物业管理费资产证券化又为房地产企业开辟了新的融资渠道。

### 一、物业管理市场概况

#### (一)物业服务的内容

物业管理和物业服务是几乎等同的概念。根据《物业管理条例》的规定,物业管理是指业主通过选聘物业服务企业,由业主和物业服务企业按照物业服务合同约定,对房屋及配套的设施设备和相关场地进行维修、养护、管理,维护物业管理区域内的环境卫生和相关秩序的活动。根据《物业服务定价成本监审办法(试行)》(发改价格〔2007〕2285号)的规定,物业服务是指物业服务企业按照物业服务合同的约定,对房屋及配套的设施设备和相关场地进行维修、养护、管理,维护物业管理区域内的环境卫生和秩序的活动。

物业服务的具体内容由物业服务企业和委托人在物业服务合同中约定。作者以前期物业服务为例。根据《前期物业服务合同(示范文本)》(建住房〔2004〕155

号)的规定,除另有约定之外,在物业管理区域内,前期物业管理服务一般包括以下内容:

1. 物业共用部位的维修、养护和管理;

2. 物业共用设施设备的运行、维修、养护和管理;

3. 物业共用部位和相关场地的清洁卫生,垃圾的收集、清运及雨、污水管道的疏通;

4. 公共绿化的养护和管理;

5. 车辆停放管理;

6. 公共秩序维护、安全防范等事项的协助管理;

7. 装饰装修管理服务;

8. 物业档案资料管理。

同时,单个业主可委托乙方对其物业的专有部分提供维修养护等服务,服务内容和费用由双方另行商定。随着物业管理能力的提升,除公共安全、环境、工程维修等传统服务内容之外,很多与居住相关联的服务需求,例如,家政服务、洗车服务、洗衣服务、健康咨询服务、文化娱乐服务等,也逐渐纳入物业管理的范畴。

(二)物业市场概况

我国物业管理最早可以追溯至20世纪80年代初,物业服务企业大多脱胎于房地产开发企业。比如中海物业与绿城服务脱胎于主营房地产开发的中海地产与绿城地产,但是,并没有随着房地产价值的提升引起市场的关注与尊重。根据2015年数据,物业管理行业的企业数目超过10万家,总体处于高度分散状态。随着人民消费水平不断提高,对居住环境的要求也不断升级,而物业服务将是影响居住体验重要一环。

目前,物业管理在城市化进程中展现出强大的渗透力,发挥着积极的作用,已经覆盖不动产管理的几乎所有领域,物业类型涵盖住宅、办公、工业、商业、文化休闲等,从单一类型物业到综合型建筑等。学校、银行、医院、商场、酒店等各类物业逐步列入物业服务范围之内,扩大物业服务范畴,为专业物业服务企业提供了发展的机会。物业管理行业是一个刚需行业,迎来了新时代。

我国大多数物业管理企业仍停留在传统的基础性服务、微利运营模式、劳动密集型产业阶段,以物业费为主营收入,盈利空间狭窄,管理质量参差不齐,专业化不足,服务意识差,管理方式粗放。很多物业管理公司以母公司的补贴为生。经过近几年的发展,物业管理行业也不断跑马圈地,并购潮风起云涌,重量级并购层出不穷,大规模型企业和行业龙头渐现雏形,催生了很多知名公司,甚至上市公司,比如港股上市的物业管理服务企业绿城服务、彩生活、中海物业、中奥到家和祈福生活服务等。有些物业服务企业逐步摆脱了对股东的依赖,独立拓展市场,比如彩生活控股股东花样年是房地产开发企业,但是,花样年的物业占比仅为1.2%,基本采取独立拓展市场的第三方模式。

中国物业服务管理行业现已进入品牌成长阶段,国际品牌、国内优质品牌和一般物业管理公司共存。数据显示,其中国际物业服务企业所占6.54%市场份额,本土优质物业管理公司占27.39%市场份额,其余67%份额为其他本土公司。以仲量联行、世邦魏理仕、戴德梁行、第一太平戴维斯、高力国际为代表的国际物业顾问公司经营理念成熟先进,占据了中高端市场,为高端商业物业和住宅物业提供了高质量的服务。

目前,物业管理行业也在转变发展方式,努力创新服务,积极布局增值服务市场,全面提高物业资产的运营效率及收益,使物业资产的价值得到最大幅度的提升,从而改变当前物业管理行业的微利模式与发展困境。如有些物业管理公司利用互联网技术搭建社区服务平台,丰富服务体系。通过开创全新的商业模式,致力于提高物业服务产品的附加值,努力实现从粗放型传统服务向集约型现代服务的转变,实现从“物业管理服务”向“资产管理服务”转型。有些物业管理公司不仅仅从事传统的“基础服务提供、客户关系维护”,也能提供物业租售的战略顾问及实施、物业设施及项目管理、评估与估值、开发服务、投资管理、研究与策略顾问等综合的地产服务。“规范化、专业化、市场化、多元化”是物业管理企业的发展方向。

物业管理行业总体发展态势良好,行业整体处于稳健向上的发展周期,庞大的市场需求为行业的进一步发展提供了广阔的空间。物业服务用户日趋成熟,用户对物业服务尤其是优质物业服务的购买意愿显著增强。根据2016年中指数据显示,截止到2015年末,全国物业管理面积为174.5亿平方米,全国物业管理费用总规模约为6500亿元,预计未来3年新增物业管理面积将在36亿平方米总市场规模将会达到7800亿元,2020年前后可达到万亿的市场规模。

政策的支持也是物业健康发展的契机。国家“十三五”发展规划中,明确提出:“开展加快发展现代服务业行动,扩大服务业对外开放,优化服务业发展环境,推动生产性服务业向专业化和价值链高端延伸、生活性服务业向精细和高品质转变。”作为现代服务业的重要组成部分,物业管理行业在经济新常态下必将呈现出新的发展趋势。

## 二、物业管理费资产证券化的发行情况

物业公司属于轻资产劳动密集型企业,资产规模小、盈利水平低而且缺乏可供抵押的资产,因此较难获得传统的银行融资。物业管理费作为物业公司的未来债

权,具有持续、稳定、可预测、独立等特点,符合 ABS 基础资产的标准。物业费资产证券化是物业服务企业融资的一种新渠道,不仅融资金额高(远高于物业公司自身资产规模),发行期限长(一般发行期限在 5 ~ 10 年),可以显著降低融资成本,而且同时也能盘活物业管理的存量资产,提高物业服务企业的资产流动性,提升物业服务企业的知名度。

### (一)物业管理费资产证券化的分类

理论上,我国资产证券化分为四大类,即信贷资产证券化、企业资产证券化、银行间资产支持票据和保险资产证券化。但是目前来看,物业管理费资产证券化只有资产支持票据和企业资产证券化产品。

1. 物业管理费资产支持票据

根据《银行间债券市场非金融企业资产支持票据指引》(中国银行间市场交易商协会公告〔2012〕14 号)规定,资产支持票据(Asset-Backed Notes,ABN)是指非金融企业在银行间债券市场发行的,由基础资产所产生的现金流作为还款支持的,约定在一定期限内还本付息的债务融资工具。

2017 年 12 月 13 日,中信银行携手中信证券等金融机构助力中铁建(北京)物业资产管理有限公司 2017 年第一期非公开定向发行资产支持票据成功发行,该项目成为首个取得协会注册通知书的物业费 ABN 项目。项目底层资产为中铁建物业在全国 20 个地区 75 处物业未来 7 年的物业费收入。

2. 物业管理费企业资产证券化

《证券公司及基金管理公司子公司资产证券化业务管理规定》(中国证券监督管理委员会公告〔2014〕49 号)及所附指引规定,资产证券化业务是指以基础资产所产生的现金流为偿付支持,通过结构化等方式进行信用增级,在此基础上发行资产支持证券的业务活动。

2015 年 8 月 12 日,我国首单物业费 ABS 产品“博时资本—世茂天成物业资产支持专项计划”在上海证券交易所发行,拓宽了企业资产证券化的底层资产种类。该产品以世茂集团境内全资子公司世茂天成物业服务集团有限公司因提供物业服务而享有的物业费收入为基础资产。

2015 年 12 月,深交所首单以物业费为基础的“农银穗盈 · 星河湾 · 建投汇居资产支持专项计划”在农业银行主导下完成发行。项目以星河湾集团旗下物业公司管理费合同债权为基础资产。

### (二)物业管理费资产证券化的发行情况

截至 2018 年 4 月 15 日,根据中国资产证券化分析网的统计,物业管理费企业资产证券化共计发行35单,总发行金额327.44亿元,物业管理费资产支持票据一单,合计9.6亿元。可见,目前,物业管理费资产证券化已经成为市场比较成熟的产品类型。

## 第二节
## 物业费资产证券化的实操要点

在物业资产证券化的实操中,笔者认为应该关注如下几个方面。

### 一、基础资产

物业费ABS的基础资产分为物业费收费权、委托合同债权、信托收益权三种。物业费ABS产品的基础资产(底层基础资产)的权利属性本质为物业公司依据物业服务合同提供物业管理服务而享有的请求业主支付物业服务费用的合同债权。根据《物业服务收费管理办法》(发改价格〔2003〕1864号)第2条的规定,物业服务收费是指物业管理企业按照物业服务合同的约定,对房屋及配套的设施设备和相关场地进行维修、养护、管理,维护相关区域内的环境卫生和秩序,向业主所收取的费用。通常情况下,物业费是向业主(一般多适用于住宅物业)或承租人(一般多适用于商业、办公、仓储等地产)收取。业主与物业使用人约定由物业使用人交纳物业服务费用的,从其约定,业主负连带交纳责任。已竣工但尚未出售或者尚未交给物业买受人的物业,物业服务费用由建设单位交纳。

资产证券化语境下,物业费或物业费债权是指原始权益人依据物业合同对物业合同委托人所形成的债权,包括自初始基准日(含该日)或循环购买日(含该日)起,存在于基础资产项下的物业服务费用、预缴物业服务费用、延迟缴纳滞纳金(如有)、违约金(如有)、损害赔偿金(如有)以及其他基础资产项下应由物业合同委托人向原始权益人支付的款项。

我国颁布了很多有关物业管理的规则,这些规则是我们在实操中必须遵守的。

#### (一)业主或业主委员会

根据《物权法》的规定,业主可以设立业主大会,选举业主委员会。业主可以自行管理建筑物及其附属设施,也可以委托物业服务企业或者其他管理人管理。对建设单位聘请的物业服务企业或者其他管理人,业主有权依法更换。选举业主委员会或者更换业主委员会成员、选聘和解聘物业服务企业或者其他管理人、筹集和使用建筑物及其附属设施的维修资金由业主共同决定,应当经专有部分占建筑物总面积过半数的业主且占总人数过半数的业主同意。

根据《前期物业服务合同(示范文本)》(建住房〔2004〕155号)的规定,业主是指拥有房屋所有权的建设单位和房屋买受人。根据《物业管理条例》的规定,房屋的所有权人为业主。物业管理区域内全体业主组成业主大会。一个物业管理区域成立一个业主大会。同一个物业管理区域内的业主,应当在物业所在地的区、县人民政府房地产行政主管部门或者街道办事处、乡镇人民政府的指导下成立业主大会,并选举产生业主委员会。但是,只有一个业主的,或者业主人数较少且经全体业主一致同意,决定不成立业主大会的,由业主共同履行业主大会、业主委员会职责。业主大会会议可以采用集体讨论的形式,也可以采用书面征求意见的形式;但是,应当有物业管理区域内专有部分占建筑物总面积过半数的业主且占总人数过半数的业主参加。业主可以委托代理人参加业主大会会议。业主大会或者业主委员会的决定,对业主具有约束力。业主委员会执行业主大会的决定事项,代表业主与业主大会选聘的物业服务企业签订物业服务合同等。

(二)物业服务合同

物业服务合同为无名合同。资产证券化语境下,出于债权特定化的要求,一般而言,物业服务合同是特定物业公司与特定物业业主之间签署的物业服务合同,以及专项计划存续期间该等特定物业业主与特定物业公司续签、新签的物业服务合同。现实中也有案场合同,即物业服务提供方与物业合同委托人就售楼处、营销中心、样板房等签署的服务合同,也是可以入池的基础资产类型(如华林证券—新和昌物业信托受益权资产支持专项计划)。案场合同类似于前期物业合同。

根据《物业管理条例》的规定,业主委员会应当与业主大会选聘的物业服务企业订立书面的物业服务合同。物业服务合同应当对物业管理事项、服务质量、服务费用、双方的权利义务、专项维修资金的管理与使用、物业管理用房、合同期限、违约责任等内容进行约定。

1. 物业服务合同的分类

物业费资产证券化的基础资产往往以一个物业服务区域对应的前期物业服务合同/物业服务合同债权作为入池单位。也就是说,物业服务合同可以分为两类:前期物业服务合同和普通物业服务合同。

根据《物业管理条例》的规定,在业主、业主大会选聘物业服务企业之前,建设单位选聘物业服务企业的,应当签订书面的前期物业服务合同(第21条)。前期物业服务合同可以约定期限;但是,期限未满、业主委员会与物业服务企业签订的物业服务合同生效的,前期物业服务合同终止(第26条)。同时,第34条又规定,业主委员会应当与业主大会选聘的物业服务企业订立书面的物业服务合同。建设单位与物业买受人签订的买卖合同应当包含前期物业服务合同约定的内容。

可见,物业销售前、业主在购买物业后至业主委员会成立之前,由建设单位与物业服务企业签订的服务合同为前期物业服务合同,而在业主委员会成立后,业主委员会和由业主大会选聘的物业服务企业签订的物业服务合同为普通物业合同。2009年10月1日开始实施的最高人民法院《关于审理物业服务纠纷案件具体应用法律若干问题的解释》(法释〔2008〕8号,以下简称《物业服务解释》)第1条规定,建设单位依法与物业服务企业签订的前期物业服务合同,以及业主委员会与业主大会依法选聘的物业服务企业签订的物业服务合同,对业主具有约束力。业主以其并非合同当事人为由提出抗辩的,人民法院不予支持。即物业服务企业依据与业主委员会/建设单位签署的物业服务合同/前期物业服务合同向业主收取物业服务费的权利是受到法律保护的。

实践中,物业服务企业很少再与小业主分别签订物业合同,而是通过小业主在签署购房合同的同时签署承诺函等方式对物业费的支付义务予以确认。如果物业公司为了明确与小业主的权利义务,分别与小业主再签订物业合同,需要关注约定的物业费收费标准是否与前期物业服务合同或普通物业服务合同一致的情形。笔者认为,在不影响其他业主合法权益的前提下,可以由物业服务单位与业主签署补充或类似的变更协议,变更双方的收费标准。只要不违反《物业服务解释》的相关规定,如"物业服务企业违反物业服务合同约定或者法律、法规、部门规章规定,擅自扩大收费范围、提高收费标准或者重复收费,业主以违规收费为由提出抗辩的,人民法院应予支持"的,约定对物业服务企业和业主具有约束力。

前期物业服务合同和普通物业服务合同,可以统称为大合同,而与小业主签署的服务合同可以称为小合同。在业委会成立之后,业委会可以与物业公司签署正式的物业合同,前期签署的物业合同被终止或被该正式物业合同所承继。

实操中,如果物业已经出售,但是,尚未成立业主委员会的,应该促成业主委员会的成立,尽快由物业服务企业与业主委员会签订期限不短于资产支持专项计划发行期限的物业服务合同。对于已经签订的普通物业服务合同,也应该核查所涉物业业主委员会成立及存续情况,确保合同主体的合法性。

2. 物业服务合同的备案

《物业管理条例》等全国性的物业管理规定未对物业合同设置强制备案的规定,但在笔者查询的各地(北京、上海、江苏、山东、福建、安徽)法规中,多地物业管理规定中均明确了物业合同需要办理备案的法定要求。例如,《南京市住宅物业管理条例》规定了区物业管理行政主管部门负责物业服务合同备案;《厦门市物业管理若干规定实施细则》规定了物业服务企业应将前期物业服务合同、物业服务合同予以备案。《北京市物业管理办法》第20条规定，物业服务企业应当自物业服务合同签订之日起15日内，将物业服务合同报物业服务项目所在地区县房屋行政主管部门备案，区县房屋行政主管部门将备案材料抄送物业服务项目所在地街道办事处、乡镇人民政府。第41条规定，违反本办法第20条规定，物业服务企业未按时将合同报送备案的，由区县房屋行政主管部门责令限期改正，并可处1万元罚款。《山东省物业管理条例》第67条规定，物业服务企业应当自签订物业服务合同之日起10日内，向物业主管部门备案。部分地区虽未有法律法规明确规定需要就物业合同办理备案手续，但经笔者咨询部分项目物业所在地物业管理部门，物业合同备案为各地物业管理部门所要求。

笔者认为，未及时办理物业合同备案可能会使物业服务企业面临行政处罚，但物业合同的生效不以备案为前提，亦不因未办理备案而无效。《合同法》第52条第5项规定"有下列情形之一的，合同无效：……（五）违反法律、行政法规的强制性规定"。最高人民法院《关于适用〈中华人民共和国合同法〉若干问题的解释（一）》［以下简称《合同法解释（一）》］第4条规定，"合同法实施以后，人民法院确认合同无效，应当以全国人大及其常委会制定的法律和国务院制定的行政法规为依据，不得以地方性法规、行政规章为依据"。因此，我们认为，物业服务合同不会因未备案而无效。目前司法判例也印证了上述观点。因此，合同未办理备案不影响物业服务企业根据物业合同向物业合同委托人收取物业费的权利。

综上，笔者认为，未及时办理物业合同备案可能会使物业服务企业面临行政处罚。但物业合同的生效不以备案为前提，亦不因未办理备案而无效。目前的司法判例也印证了上述观点。但是，若原始权益人未办理物业合同备案而面临的行政处罚对原始权益人继续正常经营构成影响，也可能对基础资产的现金流构成影响。因此，物业服务企业应将拟入池物业服务合同根据物业所在地物业管理相关规定在有关部门进行备案。因此，律师在对基础资产进行核查时，应根据物业所在地物业管理相关规定对物业服务合同是否进行备案进行核查。对于未备案的物业服务合同，律师应在法律意见书中对入池合同的合法合规性发表明确意见。

3. 物业服务合同的归集

市场上已经出现了物业管理费资产证券化中，发起人为两家物业公司的案例，如"长城证券—康景物业资产支持专项计划1号"中，发起人为两家物业公司，即广东康景物业服务有限公司和北京珠江世纪物业管理有限公司。为了操作方便，可以将多个物业费收费权利人集中到一个物业费权利人，将物业费收费权予以集中处理，即由一家物业公司和多家拥有物业费收费权的物业公司分别签订《物业费债权转让协议》，将物业费债权统一转让给一家物业公司。

4. 物业合同期限

管理人应对入池物业合同的存续期限进行核查和披露。

对于基础资产直接为物业服务合同债权的,物业合同期限应与专项计划期限相匹配。对于不以物业服务合同债权为基础资产的,物业合同期限如不能覆盖专项计划期限,管理人和律师应在专项计划文件中就合同续签事项发表明确意见,同时对投资者充分揭示风险并提供合理缓释措施。

5. 物业服务合同债权质押

在实操中,物业服务合同债权一般会作为质押财产,并以质押财产项下产生的回收款作为主要还款现金流,当发生本息偿付困难时,除通过差额支付和保证担保等方式弥补现金流的不足外,质权人还可以通过处置质押财产实现自身的权利。另外,《质押合同》中也会设计质押财产价值降低时对质押财产进行追加、补充或替换的条款。

(三)物业费

1. 收费方式的分类

根据《物业服务收费管理办法》(发改价格〔2003〕1864 号)的规定,业主与物业管理企业可以采取包干制或者酬金制等形式约定物业服务费用。

根据《物业服务收费管理办法》(发改价格〔2003〕1864 号)的规定,酬金制是指在预收的物业服务资金中按约定比例或者约定数额提取酬金支付给物业管理企业,其余全部用于物业服务合同约定的支出,结余或者不足均由业主享有或者承担的物业服务计费方式。包干制是指由业主向物业管理企业支付固定物业服务费用,盈余或者亏损均由物业管理企业享有或者承担的物业服务计费方式。可见,酬金制只记录物业公司直接赚到的服务费用,所以计入的收入额度少。业主有权决定物业预算,相对更加公开透明。包干制则记录物业公司收取的总费用,故计入的收入额度高。包干制能激励物业公司节约更多成本。

在包干制中,业主支付的物业服务费用全部归属于物业管理企业,而在酬金制中,物业管理企业预收的物业服务资金除按约定比例或者约定数额提取的酬金部分归属于物业管理企业外,其余部分均由业主所有,物业管理企业对该部分物业费收入不享有所有权。根据《物业服务收费明码标价规定》(发改价检〔2004〕1428 号)的规定,实行物业服务费用酬金制的,预收的物业服务支出属于代管性质,为所交纳的业主所有,物业管理企业不得将其用于物业服务合同约定以外的支出。由于基础资产在未来产生的现金流必须能够准确预测,以便确定资产支持证券的发行规模和价格,而采用酬金制的物业服务合同因其现金流无法准确预测故而不能入池。基于此,一般会以“包干制”作为合格基础资产的入池标准。

2. 收费标准

根据《物业管理条例》的规定,物业服务收费应当遵循合理、公开以及费用与服务水平相适应的原则,区别不同物业的性质和特点,由业主和物业服务企业按照国务院价格主管部门会同国务院建设行政主管部门制定的物业服务收费办法,在物业服务合同中约定。物业服务收费应当区分不同物业的性质和特点分别实行政府指导价和市场调节价。具体定价形式由省、自治区、直辖市人民政府价格主管部门会同房地产行政主管部门确定。

笔者查询了包括北京、上海、江苏、山东、福建、安徽等多个省市的物业服务收费管理办法,各地就物业服务收费实行方式的划分采用一致标准,即普通住宅的物业服务收费需要执行政府指导价,并需要报当地价格主管部门备案;非普通住宅的物业费收费标准根据市场调节,由物业合同委托人与物业服务企业在物业合同中进行约定。

2014 年 12 月,国家发展改革委《关于放开部分服务价格意见的通知》,放开了非保障性住房物业服务的价格管理。通知规定,保障性住房、房改房、老旧住宅小区和前期物业管理服务收费,由各省级价格主管部门会同住房城乡建设行政主管部门根据实际情况决定实行政府指导价。放开保障性住房物业服务收费实行市场调节价的,应考虑保障对象的经济承受能力,同时建立补贴机制。根据《物业服务解释》第 5 条的规定,物业服务企业违反物业服务合同约定或者法律、法规、部门规章规定,擅自扩大收费范围、提高收费标准或者重复收费,业主以违规收费为由提出抗辩的,人民法院应予支持。业主请求物业服务企业退还其已收取的违规费用的,人民法院应予支持。同时,若原始权益人在某个普通住宅类物业服务区域收取的物业服务费高于当地政府指导价,将面临根据《价格违法行为行政处罚规定》第 9 条被处以“责令改正,没收违法所得,并处违法所得 5 倍以下的罚款”的风险。

物业收费实行明码标价制度。根据《物业服务收费明码标价规定》的规定,物业服务收费明码标价的内容包括:物业管理企业名称、收费对象、服务内容、服务标准、计费方式、计费起始时间、收费项目、收费标准、价格管理形式、收费依据、价格举报电话 12358 等。实行政府指导价的物业服务收费应当同时标明基准收费标准、浮动幅度,以及实际收费标准。物业管理企业在其服务区域内的显著位置或收费地点,可采取公示栏、公示牌、收费表、收费清单、收费手册、多媒体终端查询等方式实行明码标价。

根据《物业服务收费明码标价规定》的规定,实行物业服务费用包干制的,物业服务费用的构成包括物业服务成本、法定税费和物业管理企业的利润。实行物业服务费用酬金制的,预收的物业服务资金包括物业服务支出和物业管理企业的酬金。物业共用部位、共用设施设备的大修、中修和更新、改造费用，应当通过专项维修资金予以列支，不得计入物业服务支出或者物业服务成本。

（四）停车位服务费

停车位服务费也可以入池。在实践操作中，部分物业服务合同会约定物业服务企业对于物业服务区域内停车位的服务费收费权利，也有物业服务提供方与车位使用人单独签署的停车管理服务合同情形。

笔者认为，停车位的所有权和停车位服务费是两个不同概念。《物权法》第 74 条规定，建筑区划内规划用于停放汽车的车位、车库的归属，由当事人通过出售、附赠或者出租等方式约定。占用业主共有的道路或者其他场地用于停放汽车的车位，属于业主共有。若停车位属于建筑区划内的车位，则车位所有权归属于房地产开发商或业主；若停车位占用业主共有道路或其他场地，则停车位由全体业主共有。所有权的不同不影响物业服务企业根据服务合同收取服务费的权利。收取停车位服务费是基于原始权益人向停车位使用人提供车位、车库的公共设施设备运行及维护保养、清洁卫生、秩序维护等服务，并不包括车位的使用费用。原始权益人有权就停车位收取服务费。很多地方性管理规则对停车费服务费也作出了约定，比如《青岛市物价局物业服务收费管理办法》第 18 条规定："停车服务费包括车库、车位的设施设备运行及维护、保洁、秩序维护、购买公众责任保险等发生的费用。停车服务费归提供停车服务的物业服务企业所有。"第 23 条规定："公共场地停车需委托物业服务企业提供停车服务的，物业服务企业可以从公共场地使用费中提取一定比例的停车服务费，具体比例由业主大会与物业服务企业协商确定。"《苏州市物业服务收费管理实施细则》第 22 条规定："汽车停放费由物业服务企业或专业管理机构根据物业服务合同约定收取。"《前期物业服务合同（示范文本）》（建住房〔2004〕155 号）也就停车场收费方式分别作了规定。

此外，和停车费类似，物业管理公司的其他附属收入也可以入池，比如家政服务费、示范区管理费等。

（五）不合格资产替换或赎回

一般情况下，交易文件都对合格资产和不合格资产有一个明确的界定，比如"农银穗盈—中金—阳光壹佰物业资产支持证券计划"认为，不合格基础资产是指在初始基准日或专项计划设立日或循环购买日及在专项计划存续期间不符合资产保证的基础资产，包括但不限于因物业合同委托人解任物业服务提供方或解除物业合同、物业合同因到期而终止、物业费下调等情况造成基础资产不合格。

在物业费资产证券化产品中，如果出现不合格基础资产，一般的处理方式是赎回或资产替换。在操作层面,启动资产替换事件时(即出现不合格基础资产时),由原始权益人直接以符合基础资产合格标准的新的基础资替换不合格基础资产。在资产替换中,新的基础资产的物业费应不低于不合格基础资产计算至专项计划终止日的物业费余额,不足部分以现金补足。

出现资产替换或赎回的情况比较多:入池的前期物业服务合同提前终止,物业合同到期不能正常续约,物业合同违约,物业管理费收费标准下降,物业管理费收缴率下降,物业存在权利限制情况等。

### (六)关联方的占比

由于物业公司与房地产商通常具有关联关系,故而业主中关联方的占比是物业费 ABS 较为特殊的关注点。

积极方面是关联方业主更可能优先选用发起人作为物业服务供应商,合同到期后续签概率更大。消极方面是关联方的合同定价可能不够公允,此外,当物业销售达到一定数量时,业主可通过业主大会与业主委员会改选物业公司,并签订物业服务合同。因此,与成熟物业相比,与新建成物业相关的前期物业合同的稳定性相对要弱一些。因此,在关联方合同占比较大的情况下,需要关注关联方交易定价的公允性、历史上是否存在关联方资金占用、物业合同的可持续性等。故在选择入池资产时,尽量选择交付率较高的物业项目,同时增加入池项目的数量,分散因单个项目缴费不及时对专项计划整体的影响。

### (七)基础资产选定应关注的其他方面

比如基础资产所对应的任一份物业合同项下的到期物业费的历史缴费率均已到达一定的标准,比如 80%;业主在物业合同项下不享有任何主张扣减或减免应付款项的权利;原始权益人合法拥有基础资产,且基础资产上未设定抵押权、质权或其他担保物权;基础资产可以进行合法有效的转让,且无须取得委托人或其他第三方的同意;基础资产不涉及诉讼、仲裁、执行、破产程序或被强制执行司法程序;委托人系依据中国法律在中国境内设立且合法存续的企业法人、事业单位法人、自然人或其他组织,且未发生申请停业整顿、申请解散、申请破产、停产、歇业、注销登记、被吊销营业执照或涉及重大诉讼或仲裁;基础资产均为物业公司自行经营而产生、持有的资产,而非是从他人受让、承继而取得的资产;基础资产转让的权利完善措施的设置;入池的物业合约数量,数量越多,彼此之间的关联性越低(如非同一城市或非同一地点),则基础资产的现金流越稳定;是否存在违反负面清单的情形,如,以地方政府为直接或间接债务人的基础资产、以地方融资平台公司为债务人的基础资产、待开发或在建占比超过 10% 的基础设施、商业物业、居民住宅等不动产或相关不动产收益权等。

## 二、交易结构

物业费 ABS 的交易结构与其他 ABS 产品相比,并无特殊之处。目前,物业费资产证券化的交易结构主要有单 SPV 和双 SPV 两种架构,其中单 SPV 又分为物业费收益权直接转让和委托贷款模式,双 SPV 模式一般是信托结构加专项计划。双 SPV 结构通过基础资产"真实销售"可实现风险隔离,有效解决了单个专项计划 SPV 的风险隔离不彻底问题。同时,引入银行委托贷款和双 SPV 结构也可解决现金流难以估算、基础资产权属不明确、发行期限较短等问题。

### (一)物业费收益权结构

该模式是由物业管理公司直接作为发起人,将物业服务合同债权直接转让给专项计划,然后由信用级别较高的关联方或者第三方进行差额支付或者担保。

按民法原理,债是按照合同的约定或者依照法律的规定,在当事人之间产生的特定的权利和义务关系。享有权利的人是债权人,负有义务的人是债务人。物业公司与物业委托人签署物业合同,因提供物业管理服务而获得向物业委托人收取相应物业费的权利,属于合同债权。

根据物业服务合同约定的缴纳物业服务费时间节点的不同,物业管理费属于已有基础法律关系存在,但必须在将来有特定事实的添加才能发生的债权。当物业管理公司与业主方签订物业服务合同时,物业服务合同已经成立并生效,即基础法律关系已经存在,但此时物业管理公司尚未提供具体服务,物业服务合同作为双务合同,只有在物业管理公司后续提供了物业管理服务的条件下,方才产生对业主的"合同之债"。在实际操作中,物业服务合同通常会约定对物业管理费进行预收。因此当物业管理费在物业管理公司未履行服务的条件下作为基础资产入池时,其应区别于应收账款类的债权,在操作中应予以关注。

我国现行有效的法律法规或监管部门发布的指导性文件,尚未对收益权进行明确法律界定,仅在部分法律、法规中出现过关于权利人获得收益的相关表述,但并未将收益权作为一种独立的法律意义上的权利形态进行界定。在对已有规定及法律基本原理进行分析的基础上,我们认为收费收益权是一种基于合同关系而产生的付款请求权,具有债权属性。

收费收益权并无明确法律界定,在实践操作中也缺乏法律指引,以物业合同债权直接转让的模式设立资产支持专项计划时,交易所重点关注的事项比较多,比如原始权益人的资质等。目前,市场上有以收费权为基础资产的物业费资产证券化案例,比如"招商创融—建业物业资产支持专项计划""华金证券—华发物业资产支持专项计划”等。

作者以“农业银行星河湾建投汇居资产支持专项计划”为例。星河湾建投汇居资产支持专项计划交易结构如图 12－1 所示。

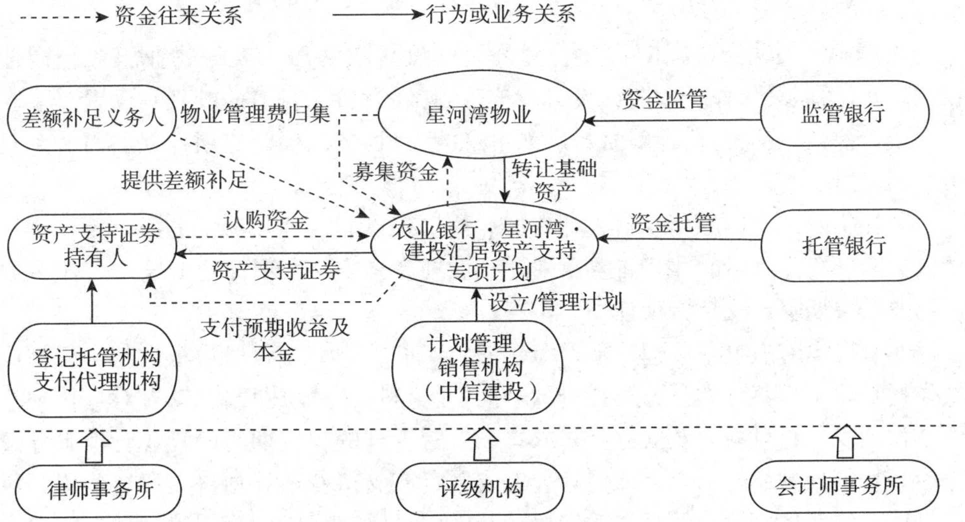


**图 12－1　星河湾建投汇居资产支持专项计划交易结构**

资料来源：中信建投提供。

在本计划中：

1. 委托人与计划管理人签订《认购协议》，将认购资金以专项资产管理计划的方式委托计划管理人管理，计划管理人设立并管理专项计划，委托人取得资产支持证券，成为资产支持证券的持有人；

2. 计划管理人根据与特定原始权益人签订的《资产购买协议》的约定，将专项资产管理计划资金用于向特定原始权益人购买基础资产，即特定原始权益人为“特定物业管理区域”提供物业管理服务，从而根据特定物业管理服务合同的约定，对“特定物业管理区域”业务享有的按期收取物业管理费的合同债权及其从权利；

3. 监管银行根据《监管协议》的约定，在专项资产管理计划收款日将监管账户内全部余额划入专项计划账户，由托管人根据《托管协议》对专项计划进行托管；

4. 当发生差额补足启动事件时，差额补足义务人履行差额补足义务；

5. 计划管理人根据《计划说明书》等相关文件的约定，向受托人发出分配指令，托管人根据分配指令，将相应资金划拨至托管机构的指定账户中支付资产支持证券本金及收益。

需要注意的是，该架构中的基础资产是既有的物业合同，包括前期物业服务合同和物业服务合同，这使资产证券化的发行期限不能突破合同期限，可能导致产品的期限较短。

(二)委托贷款结构

该模式由关联公司以向物业管理公司发放贷款的形式获得物业服务合同债权，然后以关联公司作为发起人发行专项计划，同时，在委托贷款层面，设置差额支付人或者保证人的安排，保障贷款层面本息的偿付，进而保障专项计划层面费用及本息的兑付。

委托贷款结构以原始权益人拥有的《委托贷款借款合同》项下的所有委托贷款债权为基础资产，比如"中山证券—彩生活物业资产支持专项计划1号""苏宁—银河物业费二期资产支持专项计划"等。

作者以"招商创融—金科物业资产支持计划"为例。金科股份根据与金科物业及委托贷款银行签订的三方委托贷款合同，向金科物业发放贷款，享有对金科物业的贷款债权。金科物业及其分公司以旗下运营管理的特定期间的物业管理服务费作为委托贷款的还款来源。计划管理人成立资产支持专项计划募集资金购买金科股份持有的上述债权。委托贷款债权转让后，金科物业以旗下运营管理的《物业合同》项下的特定期间对应收账款债务人享有的应收账款质押给计划管理人。资产支持证券的本金及收益的现金流将依赖于金科物业特定期间的物业管理服务费。在此模式中加入委托贷款环节可解决未来债权不确定等风险，将未来债权成功转化为应收账款。具体交易结构如图12-2所示。

(三)信托受益权结构

信托受益权结构以原始权益人依据《信托合同》，自信托项目成立日(含该日)起享有的单一资金信托受益权为基础资产。比如"中民—明华物业信托收益权资产支持专项计划""华林证券—新和昌物业信托受益权资产支持专项计划"等。

信托受益权作为基础资产仅仅是因交易结构的设计而显露出的外在形式。信托计划通过合同明确约定了收益及本息的支付方式，具有稳定可预测的现金流，权属明确，是一种合格的基础资产。信托受益权结构可以解决以物业收入作为基础资产发行资产支持证券可能遇到的障碍，比如若业主委员会与物业公司签订的物业服务合同期限短于专项计划存续期限等。但鉴于在实践中，信托受益权模式往往需要一笔过桥资金为底层基础资产构建信托屏障，且专项计划的交易结构更为复杂，成本也较高。

作者以"中民—明华物业信托收益权资产支持专项计划"为例。

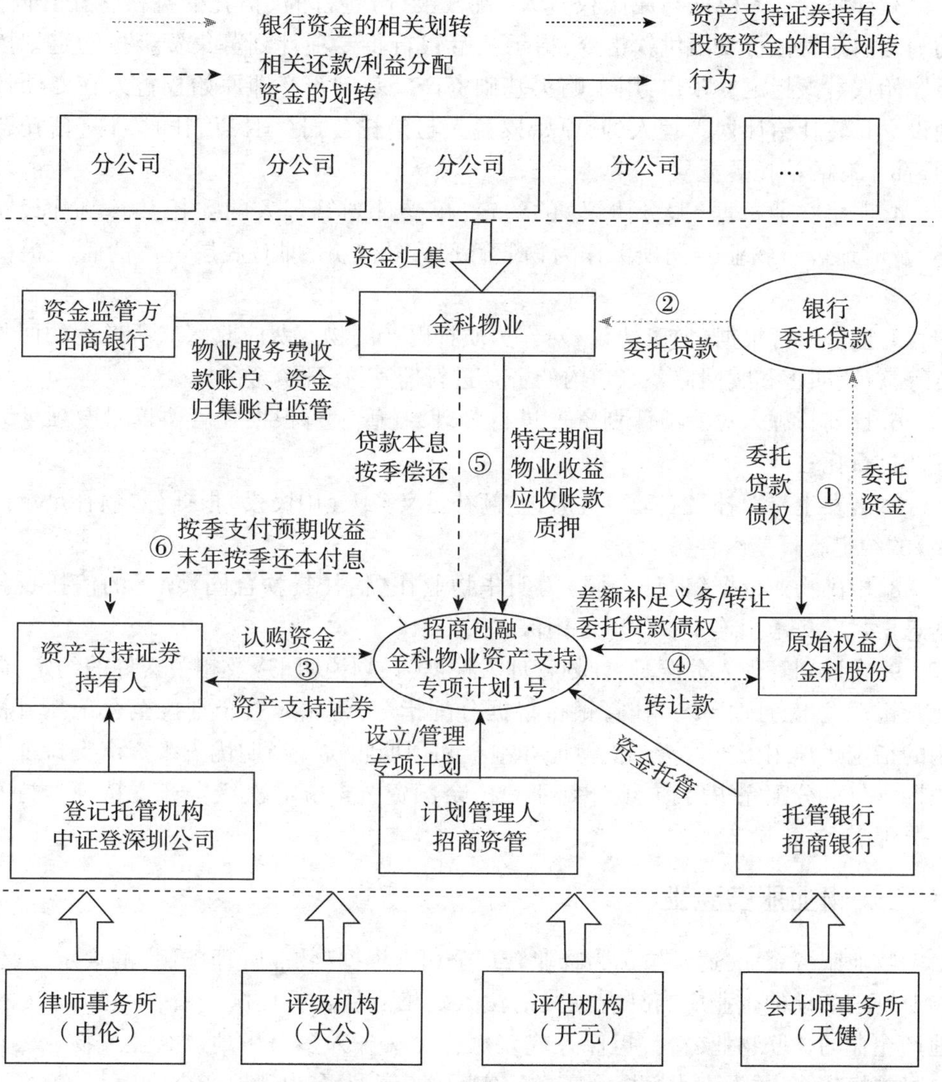


**图 12－2　招商创融—金科物业资产支持计划交易结构**

1. 信托公司与原始权益人所指定的借款人（明华物业）签订《信托贷款合同》，由信托公司向借款人发放信托贷款。

2. 投资人通过与计划管理人（中国中投证券）签订《认购协议》，将认购资金以专项资产管理的方式委托计划管理人管理，计划管理人设立并管理专项计划，认购人取得资产支持证券，成为资产支持证券持有人。

3. 计划管理人根据与原始权益人(晋城银行)签订的《信托受益权转让合同》的约定向托管银行发出付款指令,指示托管银行将专项计划募集资金按约定划拨至原始权益人指定的账户,用于购买基础资产。基础资产即原始权益人在专项计划设立日转让给计划管理人的、原始权益人与信托公司(国民信托)签订《信托合同》而享有的信托受益权。

4. 明华物业根据《服务协议》的约定,接受计划管理人的委托,继续全面、完整、及时地履行物业合同项下作为物业管理人的义务,即对底层资产的管理提供服务。

5. 监管银行根据《监管协议》对作为质押财产的物业费应收账款所产生的回收款等款项、回售和赎回储备账户内的资金进行监管,保证资金的安全。

6. 计划管理人对专项计划资产进行管理,托管银行根据托管协议对专项计划资产进行托管。

7. 当发生差额补足启动事件时,差额补足义务人(中民投)根据《差额补足承诺函》的约定履行差额补足义务。

8. 中民物业依据《保证合同》为明华物业在《信托贷款合同》项下的信托贷款本息偿付义务承担连带责任保证担保。

9. 在计划管理人分配日,计划管理人根据《计划说明书》及相关文件的约定,向托管银行发出分配指令。托管银行根据分配指令,将相应资金划拨至登记托管机构的指定账户用于支付资产支持证券本金和预期收益。当期优先级资产支持证券预期支付额分配完毕后,专项计划账户内余额资金全额向次级资产支持证券持有人分配。

## 三、物业服务企业

物业服务企业,通常被称为物业管理公司。根据《物业管理条例》的规定,从事物业管理活动的企业应当具有独立的法人资格。从发行情况来看,发起人多是房地产企业的关联物业公司,担保人或差额补足义务人多是房地产企业。物业公司自身规模较小,并没有大额资金需求。实际融资人大多为房地产企业。

对于物业管理费ABS来说,物业管理公司在整个交易过程中起到非常核心的作用,其不仅仅是原始权益人,也同时是基础资产服务机构,未来现金流的稳定有赖于物业管理公司持续良好地履行其在物业服务合同项下的合同义务,如果物业管理公司丧失持续运营能力,基础资产将面临无法实现的风险。

### (一)资质

根据《物业管理条例》的规定,国家对从事物业管理活动的企业实行资质管理制度。《物业管理企业资质管理办法》规定,建设部负责全国物业管理企业的资质管理工作;省、自治区建委(建设厅)、直辖市房地局负责本行政区域内物业管理企业的资质管理工作。未经主管部门进行资质评定并取得资质证书的,不得从事物业管理业务。

《物业管理企业资质管理试行办法》规定,物业管理企业划分为一级、二级、三级三个资质等级和临时资质。新设立的物业管理企业应按有关规定到当地县级以上人民政府物业管理行政主管部门申请领取《临时资质证书》。《临时资质证书》有效期为一年。有效期满后,物业管理企业向物业管理行政主管部门申请三级资质的评定。物业管理企业的资质管理实行分级审批制度。一级由省、自治区建委(建设厅)、直辖市房地局初审,初审合格后报建设部审批;二、三级由省、自治区建委(建设厅)、直辖市房地局审批;三级经省、自治区建委(建设厅)同意,可由地级以上城市的物业管理主管部门审批,报省、自治区建委(建设厅)备案。经资质审查合格的企业,由资质审批部门发给相应等级的《资质证书》。物业管理企业资质等级实行动态管理,每两年核定一次。资质等级升级应依次逐级上升,不得越级升级。

《物业管理企业资质管理试行办法》规定,一级企业可参加全国范围内物业管理项目的投标、议标;二级企业只限参加全国范围内 30 万平方米以下物业管理项目的投标、议标;三级企业只限参加本省(自治区、直辖市)区域内 15 万平方米以下物业管理项目的投标、议标。

实操中,应该核查物业公司取得的《中华人民共和国物业服务企业资质证书》是否在有效期内;入池项目相关物业服务合同期限内,物业公司是否持续符合物业服务企业资质要求;物业服务企业是否具备与其管理项目类别、面积相适应的资质等级等。

(二)招投标选聘

根据《物业管理条例》的规定,选聘和解聘物业服务企业由业主共同决定。国家提倡建设单位按照"房地产开发与物业管理相分离"的原则,通过招投标的方式选聘具有相应资质的物业服务企业。

根据《前期物业管理招标投标管理暂行办法》(建住房〔2003〕130 号)第 3 条的规定,住宅及同一物业管理区域内非住宅的建设单位,应当通过招投标的方式选聘具有相应资质的物业管理企业;投标人少于 3 个或者住宅规模较小的,经物业所在地的区、县人民政府房地产行政主管部门批准,可以采用协议方式选聘具有相应资质的物业管理企业。国家提倡其他物业的建设单位通过招投标的方式,选聘具有相应资质的物业管理企业。若未通过招投标的方式选聘物业服务企业或者未经批准擅自采用协议方式选聘物业服务企业的，根据《物业管理条例》第56条的规定，由县级以上地方人民政府房地产行政主管部门责令限期改正，给予警告，可以并处10万元以下的罚款。

通过招标投标方式选择物业管理企业的，招标人应当按照以下规定时限完成物业管理招标投标工作：(1)新建现售商品房项目应当在现售前30日完成；(2)预售商品房项目应当在取得商品房预售许可证之前完成；(3)非出售的新建物业项目应当在交付使用前90日完成。

需要注意的是，从法理上，住宅及与住宅在同一物业管理区域内的非住宅物业未经招投标选聘物业服务企业虽违反《前期物业管理招投标管理暂行办法》的规定，但不属于《合同法》规定的合同无效情形。最高人民法院《关于适用〈中华人民共和国合同法〉若干问题的解释(一)》第4条规定："合同法实施以后，人民法院确认合同无效，应当以全国人大及其常务委员制定的法律和国务院制定的行政法规为依据，不得以地方性法规、行政规章为依据。"建设部颁布的《前期物业管理招投标管理暂行办法》属于部门规定，不属于全国人大及其常务委员会制定的法律和国务院制定的行政法规。

(三)其他事项

1. 物业合同为典型的双务合同，即物业服务企业对物业合同委托人享有收取物业费的权利的同时，对物业合同委托人也负有按照合同约定提供物业服务的义务。物业管理公司应具备持续运营能力。管理人应对专项计划存续期间物业公司的相关成本进行测算，并对成本覆盖做出安排(储备金账户、母公司补足、提取部分物业收入等)。

2. 业务经营可能对专项计划以及资产支持证券投资者的利益产生重大影响的原始权益人称为"特定原始权益人"。在专项计划存续期间，特定原始权益人应当维持正常的生产经营活动或者提供合理的支持，为基础资产产生预期现金流提供必要的保障。在物业费资产证券化中，无论发起人是谁、交易结构如何设计，资产服务机构一般情形下均为相关物业管理公司。

3. 律师应通过获取物业服务企业陈述、登录全国法院被执行人信息查询系统、登录动产融资统一登记系统等核查方式，对物业服务企业涉及的诉讼、权利限制和负担情况进行核查，以确保入池资产不涉及任何未决的诉讼、仲裁、破产或执行程序。

4. 根据《物业管理条例》第39条的规定，物业服务企业可以将物业管理区域内的专项服务业务委托给专业性服务企业，但不得将该区域内的全部物业管理一并委托给他人。同时，一个物业管理区域由一个物业服务企业实施物业管理。

## 四、增信

资产证券化交易结构中的信用增级措施主要分为两大类，即内部增信措施和外部增信措施。其中内部增信措施是从资产支持证券及其基础资产层面做出的信用增级安排，最主要是优先级/次级的结构安排，超额利差、超额覆盖、超额抵押、保证金及现金储备账户等。外部增信措施则是以外部主体提供的信用担保为主，包括担保、差额支付承诺、回购承诺、流动性支持等。需要注意的是，由于物业公司本身资质一般，其可持续经营的能力与物业费持续收缴有较大关联，因此交易结构中通常会设计外部增信。作者择其要者简述如下。

### （一）分级结构

优先级与次级的分级结构是物业费 ABS 产品中最常见、最基本的内部增信措施。应该关注优先级和次级证券在专项计划中的分配顺序、偿还风险等事项的约定。在分配顺序中，通常设计为先依次偿还优先级资产支持证券的利息和本金，再偿还次级资产支持证券的利息和本金；次级资产支持证券在每一次分配中，都承担着可能无法获得偿还的风险，并以此作为对优先级资产支持证券偿还的信用支持，即以次级证券为优先级证券进行增信。

个别项目在每个分配日设置了次级的绝对或相对的分配上限，使现金流更多地留存在专项计划内，为优先级下一期的本息支付提供保障，此时优先级本息安全性更高。

从已发行的物业管理费 ABS 来看，次级占比从 0.99% 到 15.56% 不等，整体来看，优先级/次级的内部增信安排对物业管理费 ABS 项目的增信作用不明显。

### （二）担保

担保作为传统的信用增级方式，一般是由第三方（通常为原始权益人的关联方、担保公司等）对专项计划发行的资产支持证券进行担保。应根据担保法对专项计划的具体担保安排进行核查，担保的方式可采用保证担保方式，以增强基础资产的信用评级，重点核查担保人资产负债状况、偿债能力、资产质量和现金流情况等。

### （三）差额支付承诺

差额支付承诺一般由原始权益人（或其关联方）以出具《差额支付承诺函》的形式做出，承诺在专项计划存续期间，如果在每一期基础资产预期收益分配前的资金确认日，发现专项计划账户中的资金余额不能支持该期优先级资产支持证券的利息和本金（也称为“差额支付事件启动”），则由差额支付承诺人按管理人的通知要求将该期资产支持证券的利息、本金和其他资金余额差额足额支付至专项计划的账户中。重点核查承担差额支付承诺人的资产负债状况、偿债能力、资产质量和现金流情况等。

### (四)回购承诺

回购承诺是指在专项计划存续期内,当出现触发回购的事件或时点时,由原始权益人对专项计划基础资产以该笔(或该部分)当时价值(除卖出时的成本价外,还需包含已产生的利息等附属价值)对应的价格进行回购的承诺。应关注回购承诺的条款与条件。

### (五)超额现金流覆盖

超额现金流覆盖是指根据历史数据预测出的物业合同债权的未来现金流对ABS证券端预期现金流出的覆盖倍数。对于优先级投资人而言,由于物业费收入是ABS的第一还款来源,因而超额覆盖倍数越高,优先级的本息保障程度越高。物业管理费ABS因底层资产为合同债权,基础资产现金流相对较为稳定。超额现金流的覆盖对于物业管理费ABS的增信作用较强。

根据《证券公司及基金公司子公司资产证券化业务尽职调查指引》(证监会公告〔2014〕49号)第10条规定,对提供信用增级的机构的尽职调查,应当充分反映其资信水平和偿付能力,包括但不限于:

1. 基本情况

公司设立、存续情况;股权结构、组织架构及治理结构;公司资信水平以及外部信用评级情况。

2. 主营业务情况及财务状况

公司最近3年各项主营业务情况、财务报表及主要财务指标分析及历史信用表现;主要债务情况、授信使用状况及对外担保情况等;对于设立未满3年的,提供自设立起的相关情况。

3. 其他情况

业务审批或管理流程、风险控制措施;包括杠杆倍数(如有)在内的与偿付能力相关的指标;公司历史代偿情况等。

此外,还需要关注现金流预测、现金流的归集等,限于篇幅,不再展开。

# 第十三章
# 购房尾款资产证券化

购房尾款资产证券化属于应收账款类资产证券化的组成部分,同时也是地产类资产证券化的重要类别。本章拟从购房尾款资产证券化的基本概念入手,通过综合分析已有案例,概括提炼其实操要点。

## 第一节
## 购房尾款的概念及其证券化产品发行情况

准确界定购房尾款是探讨购房尾款资产证券化的前提。购房尾款资产证券化属于房地产类资产证券化的一个类别,受房地产宏观调控政策影响比较大。

### 一、购房尾款的概念和分类

购房尾款的"房"主要指商品房。商品房兴起于20世纪80年代,包括住宅、商业用房以及其他建筑物。自建、委托建造自用的住宅或其他建筑物不属于商品房范围;无法办理产权证的也不属于商品房范围。在资产证券化的语境下,商品房也不包括二手房(即存量房)。

目前,我国法律、法规未对商品房、住宅商品房或商铺等概念作出明确规定,仅在商品房买卖相关的司法解释或部门规章等规范性文件中有所提及,如最高人民法院《关于审理商品房买卖合同纠纷案件适用法律若干问题的解释》中规定,商品房买卖合同指房地产开发企业将尚未建成或者已竣工的房屋向社会销售并转移房屋所有权于买受人,买受人支付价款的合同。根据此规定,商品房包括尚未建成或者已竣工的房屋。2001年6月1日施行的《商品房销售管理办法》规定,商品房销售包括商品房现售和商品房预售。商品房现售是指房地产开发企业将竣工验收合格的商品房出售给买受人,并由买受人支付房价款的行为。商品房预售是指房地产开发企业将正在建设中的商品房预先出售给买受人,并由买受人支付定金或者房价款的行为。以商品房房屋是否竣工验收为划分标准,购房所对应的商品房买卖合同可以分为商品房预售合同和商品房现房买卖合同。现实中,预售是商品房销售的常态,现售是商品房销售中的例外。此规定也将商品房分为尚未建成的和已经竣工的两类。

实践中,商品房买卖时,除一次性付清房款外,购房人一般会选择银行按揭贷款、公积金贷款或自己分期支付定金和首付款之外的购房款,或者称之为"尾款"。笔者认为,站在开发商的角度来看,所谓购房尾款,是指在商品房销售过程中,购房人与房地产企业(鉴于很多房地产公司设立项目公司,故也可以用项目公司指代房地产公司)签订《商品房买卖合同(预售)》(适用于期房)或《商品房买卖合同》(适用于现房),根据上述购房合同的约定,购房人在支付完定金和首付款后,开发商享有的对购房人的剩余房款债权。

根据上述定义,购房尾款自然可以分为按揭型购房尾款和非按揭型购房尾款。按揭型购房尾款是指购房人在使用按揭贷款购房时,由按揭银行或/和公积金中心支付的剩余房款。非按揭型购房尾款是指购房人在全部使用自有资金购房时,购房人应支付的剩余房款。一般而言,银行贷款适用于商业物业买卖和住宅物业买卖,住房公积金贷款仅适用于住宅物业买卖。可见,如果再次细分,购房尾款可以分为四大类。

1. 银行按揭贷款类型购房尾款是指购房人办理银行按揭贷款形成的购房尾款。

2. 公积金贷款类型购房尾款是指购房人办理住房公积金贷款形成的购房尾款。

3. 分期付款类型购房尾款是指购房人自行分期付款形成的购房尾款。

4. 组合贷款类型购房尾款是指购房人办理组合贷款(同时包含银行按揭贷款、住房公积金贷款)形成的购房尾款。

购房人一经与项目公司签署购房合同,就支付购房尾款事项而言,购房人即成为购房合同项下的付款债务人,项目公司成为购房合同项下的收款债权人。虽然项目公司的尾款收入实际来源于银行或住房公积金中心的受托支付,但购房人作为购房合同项下的付款义务人身份不会发生变更。购房人与银行或住房公积金中心之间存在借贷关系,购房人委托银行或住房公积金中心代为向项目公司支付购房尾款。

## 二、购房尾款的形成过程①

除购房人自行支付剩余尾款外,一般而言,购房尾款形成环节可以细分为认购、草签、合同网签及备案等六个步骤。

---

① 参见胡喆、陈府申主编:《图解资产证券化法律实务操作要点与难点》,法律出版社 2017 年版。

（一）认购

购房人与项目公司签订《商品房认购书》或《商品房认购协议》，并交付认购定金，同时约定购房合同的签订日期，签约成功后，前述认购定金将在购房合同签订后结转为购房人的部分购房首付款。

（二）草签

《商品房认购书》或《商品房认购协议》签订一段时间后，通常为7～15天，购房人与项目公司签订购房合同，并支付首付款，认购定金同时结转为购房首付款。

有关购房首付款最低比例的要求因各地区、各房屋类型（住宅/商业用房等）、各购房人类型（自然人/法人）不同而存在差异。一般区间值为房屋总价款的25%～50%。根据2016年2月1日中国人民银行、中国银行业监督管理委员会颁布的《关于调整个人住房贷款政策有关问题的通知》的规定，在不实施“限购”措施的城市，居民家庭首次购买普通住房的商业性个人住房贷款，原则上最低首付款比例为25%，各地可向下浮动5个百分点。对拥有1套住房且相应购房贷款未结清的居民家庭，为改善居住条件再次申请商业性个人住房贷款购买普通住房，最低首付款比例调整为不低于30%。换言之，自然人购房普通住房申请商业性个人住房贷款的首付比例要求最低可达到20%。

（三）合同网签及备案

根据《城市商品房预售管理办法》第10条第1、2款的规定，商品房预售时，开发企业应当与承购人签订商品房预售合同。开发企业应当自签约之日起30日内，向房地产管理部门和市、县人民政府土地管理部门办理商品房预售合同登记备案手续。房地产管理部门应当积极应用网络信息技术，逐步推行商品房预售合同网上登记备案。住房和城乡建设部《关于进一步加强房地产市场监管完善商品住房预售制度有关问题的通知》也规定，各地要完善商品住房买卖合同示范文本，积极推行商品住房买卖合同网上签订和备案制度。草签购房合同后，由房地产公司登录当地国土资源局和/或住房和城乡建设委员会网上办公系统，操作完成合同网签，并在网签一定工作日内完成购房合同的备案。

（四）申请贷款

购房人与银行或住房公积金中心签署商业贷款合同或者公积金贷款合同，申请购房尾款的贷款资金。

（五）贷款审批

银行或住房公积金中心根据购房人贷款申请资料，对贷款申请进行审核，贷款审批流程大概需要3个月到6个月的时间。

实践中，商品房认购阶段中，部分按揭银行即已初步审核购房人贷款资质，有些甚至出具贷款承诺函或贷款意向函。项目公司在草签阶段也会安排专门的贷款资料审核部门，确保购房人在签约前已符合贷款条件。

（六）放款

按揭银行或公积金中心审批通过后，将与购房人签署借款合同等文件并办理相关手续，由按揭银行或公积金中心将贷款直接支付至各项目公司指定银行账户。一般情况下，银行审批通过后会在 1 至 2 天内放款。

在银行取得他项权证之前，项目公司需要对购房人进行阶段担保。项目公司一般在楼盘竣工备案完成后，可办理项目的整体产权证明，随后购房人可以办理个人的房屋产权证。实践中，按揭银行与公积金中心出于风控考虑，都会办理相关抵押登记。

## 三、购房尾款资产证券化的发行情况

根据《应收账款质押登记办法》第 2 条第 1 款的规定，应收账款是指权利人因提供一定的货物、服务或设施而获得的要求义务人付款的权利，包括现有的和未来的金钱债权及其产生的收益，但不包括因票据或其他有价证券而产生的付款请求权。可见，购房尾款为因销售商品房所产生的应收账款债权。

根据《证券公司及基金管理公司子公司资产证券化业务管理规定》，基础资产可以是企业应收款、租赁债权、信贷资产、信托受益权等财产权利，基础设施、商业物业等不动产财产或不动产收益权，以及中国证监会认可的其他财产或财产权利。笔者认为，购房尾款可以作为证券化的基础资产，具有适格基础资产的特征，比如分散性好——债务人多为自然人主体，单个合同的应收款金额占比很小，债务较为分散；周期短——购房尾款来源于按揭银行或公积金中心的，放款时间受到购房人贷款资料是否齐全、银行审批的流程和效率的影响，但审批通过后，贷款支付时间短，一般来说，由银行发放的按揭贷款尾款的放款周期在 3 至 6 个月，不会超过 1 年；违约风险较小——受限购政策影响，购房人在已经缴纳了一定比例的定金和首付款后，通常具有真实的购房需求，商品房买卖合同违约成本较高。除非出现房屋价格大幅下跌且幅度超过了首付款或违约金等极端情况，购房人出现恶意逾期或违约的概率较低；资产同质性强。

购房尾款资产证券化是以购房尾款作为基础资产，房地产公司相关主体将购房尾款筛选后进行打包，出售给专项计划，专项计划以购房尾款产生的后续可预测的、持续现金流作为本息偿付来源，发行资产支持证券。发行购房尾款资产证券化产品，可以增加投资者的配置品种。在会计层面，因义务未完全履行，房屋销售暂不计入收入,不计入资产负债表。收到的首付款计入预收账款,待验收交房时,从预收账款结转至主营业务收入。发行购房尾款资产证券化产品,可采取资产信用加主体信用的方式增加资产证券化产品的信用等级,突破主体评级的限制,降低企业的整体融资成本。最重要的是,房地产行业属于资金密集型行业。现金流是房企的生命线。在房地产企业与购房人正式签署完购房合同后,后续的购房尾款需要等待银行贷款审批及购房人的分期支付,贷款审批流程大概需要 3 个月到 6 个月的时间,有的甚至达到 1 年。对规模房企来讲,尾款资金占用明显。通过发行购房尾款 ABS 产品,由 SPV 将发行资产支持证券得到的认购资金一次性购买购房尾款基础资产,房地产企业得到一次性出售基础资产的对价,大大减轻了回款压力,有力保证了后续的开发建设,实际上是提高了房地产企业应收账款的周转率。

截至 2018 年 3 月 15 日,根据资产证券化分析网的统计,购房尾款资产证券化产品发行情况如表 13 - 1 所示。

**表 13 - 1　2015 ~ 2018 年购房尾款资产证券化产品发行情况**

| 年份 | 产品 | 项目名称 |
|---|---|---|
| 2015 | 世建 2015 - 1 | 汇添富资本—世茂购房尾款资产支持专项计划 |
| 2016 | 宝龙(博时)2016 - 1 | 汇富—博时资本—宝龙地产购房尾款资产支持专项计划 |
| 2016 | 合生 2016 - 1 | 长城证券—合生创展购房尾款资产支持专项计划 |
| 2016 | 融创 2016 - 1 | 长城—融创购房尾款资产支持专项计划 |
| 2016 | 卓越 2016 - 1 | 平银—华鑫—卓越购房尾款资产支持专项计划 |
| 2016 | 融信 2016 - 1 | 融信集团购房尾款资产支持专项计划 |
| 2016 | 福碧桂 2016 - 1 | 平安—福建碧桂园购房尾款资产支持专项计划 |
| 2016 | 碧桂园 - 2016 - 1 | 碧桂园购房尾款资产支持专项计划 |
| 2016 | 增碧 2106 - 1 | 博时资本—增城碧桂园购房尾款资产支持专项计划 |
| 2016 | 融信 2016 - 2 | 融信集团购房尾款 2 号资产支持专项计划 |
| 2016 | 幸福平安 2016 - 1 | 华夏幸福购房尾款一期资产支持专项计划 |
| 2016 | 复地 2016 - 1 | 上银瑞金之上银国君复地购房尾款资产支持专项计划 |
| 2017 | 佳源 2017 - 1 | 华西—佳源购房尾款资产支持专项计划 |
| 2017 | 新潮 2017 - 1 | 平安—新潮中宝购房尾款资产支持专项计划 |
| 2017 | 融元 2017 - 3 | 万科—平安—融元第三期购房尾款资产支持专项计划 |

续表

| 年份 | 产品 | 项目名称 |
| --- | --- | --- |
| 2017 | 首开 2017－1 | 招商创融—首开股份购房尾款资产支持专项计划 |
| 2017 | 中山万科 2017－2 | 平银—中山—万科购房尾款资产支持专项计划第二期 |
| 2017 | 雅居乐 2017－1 | 雅居乐购房尾款资产支持专项计划 |
| 2017 | 泰禾 2017－1 | 平安—泰禾集团购房尾款资产支持专项计划 |
| 2017 | 荣盛 2017－1 | 上银南方荣盛发展购房尾款资产支持专项计划 |
| 2017 | 绿城 2017－1 | 绿城购房尾款资产支持专项计划 |
| 2017 | 卓越 2017－2 | 联储—平银—卓越购房尾款第二期资产支持专项计划 |
| 2017 | 中山万科 2017－1 | 平银—中山—万科购房尾款资产支持专项计划第一期 |
| 2017 | 融侨 2017－1 | 招商创融—融侨集团购房尾款资产支持专项计划 |
| 2017 | 龙光 2017－1 | 招融平安—龙光地产购房尾款资产支持专项计划 |
| 2017 | 荣盛发展 2017－1 | 平安汇通—荣盛发展购房尾款资产支持专项计划 |
| 2017 | 碧桂园 2017－1 | 碧桂园—国君购房尾款资产支持专项计划 |
| 2017 | 福碧桂 2017－1 | 华西证券—福建碧桂园购房尾款资产支持专项计划 |
| 2017 | 正荣 2017－1 | 天风—正荣地控购房尾款资产支持专项计划 |
| 2017 | 天房汇都 2017－1 | 东吴—天房汇都购房尾款资产支持专项计划 |
| 2017 | 禹房 2017－1 | 平安—禹洲购房尾款资产支持专项计划 |
| 2017 | 锦绣 2017－1 | 锦绣投资购房尾款一期资产支持专项计划 |
| 2017 | 国君美的 2017－1 | 国君美的置业购房尾款资产支持专项计划 |
| 2017 | 华成 2017－1 | 银河金汇—苏州华成 2017 年第一期购房尾款资产支持专项计划 |
| 2017 | 花样年 2017－1 | 柏瑞爱建—联储证券花样年购房尾款资产支持专项计划 |
| 2017 | 蓝光 2017－1 | 招商创融—蓝光发展购房尾款资产支持专项计划 |
| 2017 | 中天金融 2017－1 | 中泰湘财—中天金融购房尾款资产支持专项计划 |
| 2017 | 金辉 2017－1 | 金辉集团购房尾款资产支持专项计划 |
| 2018 | 平银 2018－4 | 万科—平银—中信建投购房尾款资产支持专项计划第四期 |
| 2018 | 首创置业 2018－1 | 中融企宏—富国资产—首创置业 2017 年第一期购房尾款资产支持专项计划 |
| 2018 | 华融 2018－1 | 华融证券—融侨集团购房尾款资产支持专项计划 |

续表

| 年份 | 产品 | 项目名称 |
| --- | --- | --- |
| 2018 | 天房 2018－1 | 渤海汇金—天房集团购房尾款资产支持专项计划 |
| 2018 | 新阳光城 2018－1 | 新时代—阳光城购房尾款资产支持专项计划 |
| 2018 | 鑫苑置业 2018－1 | 鑫苑置业购房尾款资产支持专项计划 |
| 2018 | 兴汉 2018－1 | 柏瑞爱建—兴汉正商购房尾款资产支持专项计划 |
| 2018 | 雅居乐 2018－1 | 长城证券—雅居乐购房尾款资产支持专项计划 |
| 2018 | 红星 2018－1 | 红星美凯龙购房尾款资产支持专项计划 |
| 2018 | 华发 2018－1 | 华金—华发股份购房尾款资产支持专项计划 |
| 2018 | 天风 2018－1 | 碧桂园—天风购房尾款资产支持专项计划 |
| 2018 | 中粮 1 号 2018－1 | 华夏资本—中粮购房尾款 1 号资产支持专项计划 |
| 2018 | 首创 2018－1 | 华西—云库汇—首创置业购房尾款资产支持专项计划 |
| 2018 | 新城 2018－1 | 招商固收—新城控股购房尾款资产支持专项计划 |
| 2018 | 华置地 2018－1 | 招商创融—华润置地购房尾款资产支持专项计划 |
| 2018 | 滇中 2018－1 | 长江证券—滇中保理世茂购房尾款资产支持专项计划 |
| 2018 | 北大资源 2018－1 | 平安汇通—北大资源购房尾款资产支持专项计划 |
| 2018 | 农银(中信)2018－1 | 万科—中信证券—农银购房尾款资产支持专项计划第五期 |
| 2018 | 融信(华福)2018－1 | 华福证券—融信集团购房尾款资产支持专项计划 |

购房尾款确实是一种能够产生稳定现金流的适于证券化的基础资产,但是购房尾款 ABS 受房地产调控政策影响比较大,放行“一波三折”(监管上从放开到收紧再放开),需要实时关注窗口指导。根据发行情况及其相关媒体报告,购房尾款资产证券化的监管脉络如下:

国内首单购房尾款 ABS 出现在 2015 年 12 月,由上海世茂建设公司发行。首单后,以商品房购房尾款应收账款作为基础资产发行 ABS 开始步入快速发展阶段。

随着国内房地产市场调控的不断加码和房地产企业融资监管趋严,2016 年下半年以来房企融资环境持续收紧。2016 年 10 月,中国银监会召开三季度经济金融形势分析,会议提出严控房地产金融业务风险,审慎开展与房地产中介和房企相关的业务。在 2016 年末,监管层对有“套现”嫌疑的购房尾款 ABS 进行严控,担心部分证券化的资金可能流入到了购地市场上,监管层窗口指导暂停了以房地产企业购房尾款为基础资产的资产证券化。监管层虽暂停购房尾款ABS,但仍然在持续地和几家机构展开调研工作。至2017年上半年,窗口又逐步放开。2017年3月,绿城房地产集团发行的"华西证券—绿城购房尾款资产支持专项计划"被交易所受理,房地产公司在交易所发行购房尾款ABS产品被重新放行。笔者认为,"重启"可能因为,一方面购房尾款ABS潜在发行规模较大,不宜"一刀切";另一方面购房人已经支付首付款,违约成本高,违约概率低,基础资产质量较优。虽然房地产的整体调控仍在继续,但房地产行业的转型和经济"L"型的维稳向上势必需要新金融形态的进一步发展。

## 第二节
## 购房尾款资产证券化的实操要点

笔者认为,在承揽承做购房尾款资产证券化项目时,应该关注如下事项:

### 一、基础资产

入池的购房尾款限于自购房人与银行或住房公积金中心签订贷款合同(同时与房地产项目公司签订购房合同)后,至银行或住房公积金中心划款至房地产项目公司这一特定期间内的应收账款。由于购房尾款的应收账款回款周期较短,专项计划一般会引入循环购买机制实现稳定现金流。从循环购买角度出发,基础资产可以划分为初始入池的基础资产与循环购买入池的基础资产。时间节点上,虽然二者入池时间不同,但两者筛选标准保持高度统一,均需符合专项计划"合格标准"。所以,购房尾款资产证券化的入池基础资产为在特定期间内,由原始权益人在专项计划设立日、循环购买日(或有)转让给管理人的、原始权益人依据购房合同在特定期限内对购房人享有的应收账款及其附属权益。比如《汇添富资本—世茂购房尾款资产支持专项计划说明书》中对基础资产的定义为"基础资产清单所列的由原始权益人在专项计划设立日、循环购买日转让给管理人的、原始权益人依据购房合同自基准日(含该日)起对购房人享有的应收账款和其他权利。为避免歧义,基础资产应包括初始基础资产及新增基础资产"。

一般情况下,基础资产入池标准包括项目公司已经履行并遵守了基础资产所对应的任一份购房合同项下应尽义务;购房人是指自然人,还包括依据中国法律在中国境内设立且合法存续的企业法人、事业单位法人或其他组织,且未发生申请停业整顿、申请解散、申请破产、停产、歇业、注销登记、被吊销营业执照或涉及重大诉讼或仲裁；购房人历史付款无违约记录；原始权益人合法拥有基础资产，且基础资产上未设定抵押权、质权或其他担保物权；基础资产可以进行合法有效的转让，且无须取得委托人或其他第三方的同意；购房人在购房合同项下不享有任何主张扣减或减免应付款项的权利；基础资产不涉及诉讼、仲裁、执行、破产程序或被强制执行司法程序等。

笔者认为还需要关注以下方面：

### (一)购房尾款的归集

房企普遍采用项目公司管理的模式。项目公司是为某一特定项目而成立的房地产开发公司，负责特定项目的开发和销售，以降低开发经营风险，实现不同房地产项目的风险隔离。当该项目全部开发销售完成后，项目公司可以依法注销或转变为物业管理公司。如项目的开发经营不善而资不抵债，项目公司可以依法宣布破产清算。实操中，购房合同也是由项目公司与购房人签订的。

由多个项目公司作为原始权益人不利于资产证券化项目的管理。实践中，由于体量需求，商品房买卖合同可能涉及多个项目楼盘，出卖方存在多家项目公司，为发行便捷考虑，往往集中至其中一个项目公司或者集团，以该项目公司或集团作为原始权益人，首先由原始权益人向其他各家项目公司以合理对价购买应收账款，各项目公司与原始权益人签署应收账款转让协议，由各项目公司将购房尾款债权转让给原始权益人，购买后再由原始权益人以合理对价转让于专项计划。

值得注意的是，各项目公司仅转让购房合同项下的权利，而并不向原始权益人转让项目公司在购房合同项下或与之有关的任何义务或责任，项目公司在购房合同项下的交房义务由原始权益人委托项目公司代为继续履行。此外，通过应收账款转让协议的安排，约定该等应收账款在应收账款转让协议签订时发生转让，同时约定原始权益人对项目公司应付款项的递延支付。

实践来看，有的项目以房企为原始权益人，有的以房企的项目公司为原始权益人，比如“长城证券—合生创展购房尾款资产支持专项计划”原始权益人是北京合生北方房地产开发有限公司，“长城—融创购房尾款资产支持专项计划”原始权益人是融创房地产集团有限公司，而“平安—福建碧桂园购房尾款资产支持专项计划”原始权益人是福建省碧桂园房地产开发有限公司，“博时资本—增城市碧桂园购房尾款资产支持专项计划”原始权益人是增城市碧桂园物业发展有限公司。

### (二)购房尾款的类型选择

市场上曾经有房地产开发商发行过购房人自行分期付款的购房尾款资产证券

化产品,比如碧桂园。但是,由于自行分期付款的账期不规律,资金来源无法核实,且没有经过银行或公积金中心的风控审核,风控不确定较大,而银行/公积金中心受托支付商业可靠性更强,所以,后期市场上很少有以购房人自行分期的购房尾款为基础资产的证券化产品。

目前,比较典型的入池购房尾款是:购房人办理银行按揭贷款形成的购房尾款(如《博时资本—增城市碧桂园购房尾款资产支持专项计划》);购房人办理公积金贷款形成的购房尾款;购房人办理组合贷款形成的购房尾款(如《平安—福建碧桂园购房尾款资产支持专项计划》)。

### (三)"房"的范围

《证券公司及基金管理子公司资产证券化业务管理规定》明确要求基础资产应权属明确。依照目前的法律规定及地方性规定,商品房配套基础设施及车库等资产的权利主体可能无法明确权利主体,基于此类资产产生的应收款权属也就存在瑕疵。所以,目前,购房尾款 ABS 项目对应的底层资产主要是住宅商品房及商铺,通常不将配套基础设施及车库等产生的应收款入池。此外,用于购买别墅的购房应收款不建议入池。

### (四)基础资产的集中度

1. 区域分散性

如房地产项目或楼盘集中于某个地区,则很难避免同一地区经济下行或楼市政策变化的影响。在区域上,入池资产应该有一定的分散性,比如单个省级行政区域的占比不超过 30%。当然,单一地区/楼盘集中也未必不可入池,主要还是看区位和区划等指标,充分披露该集中度较高项目。

2. 金额分散性

出于成本摊销的考虑,购房尾款 ABS 发行金额 10 个亿以上为佳,但是单笔或单个项目的购房尾款占比超小,则单笔基础资产违约或逾期对产品端影响越小,如单个项目入池应收款规模最高不超过总规模的 20%。

### (五)商品房销售的合法合规

对商品房销售合法合规核查是购房尾款资产证券化项目尽职调查的核心内容之一。

1. 商品房预售

(1)商品房预售许可制度

《城市商品房预售管理办法》第 6 条规定,商品房预售实行许可制度。开发企业进行商品房预售,应当向房地产管理部门申请预售许可,取得商品房预售许可证。未取得《商品房预售许可证》的,不得进行商品房预售。第 10 条第 1 款规定,商品房预售,开发企业应当与承购人签订商品房预售合同。开发企业应当自签约之日起 30 日内,向房地产管理部门和市、县人民政府土地管理部门办理商品房预售合同登记备案手续。

《城市房地产管理法》第 45 条第 1、2 款规定,商品房预售应当符合下列条件:①已交付全部土地使用权出让金,取得土地使用权证书;②持有建设工程规划许可证;③按提供预售的商品房计算,投入开发建设的资金达到工程建设总投资的 25% 以上,并已经确定施工进度和竣工交付日期;④向县级以上人民政府房产管理部门办理预售登记,取得商品房预售许可证明。商品房预售人应当按照国家有关规定将预售合同报县级以上人民政府房产管理部门和土地管理部门登记备案。

住房和城乡建设部《关于进一步加强房地产市场监管完善商品住房制度有关问题的通知》(建房〔2010〕53 号)规定"取得预售许可的商品住房项目,房地产开发企业要在 10 日内一次性公开全部准售房源及每套房屋价格,并严格按照申报价格,明码标价对外销售"。

(2)预售证记载事项

预售证记载的核心事项包括预售主体、预售时点、预售范围等,其中预售证对预售范围的描述,根据各地预售证颁发的具体要求存在差异,通常洋房、高层商品房的预售证是按幢发放,但也可能是按规划建设开发进度分期发放。由此导致预售范围可能无法直接与商品房买卖合同记载的商品房信息一一对应,因此,在核查预售证时,需特别关注预售证上所载预售商品房信息能否与对应的商品房买卖合同中所列明的预售证编号、商品房幢号或栋号、土地使用权地块号等信息相对应。

由于各地方对预售证的监管存在差异,部分地区预售证会载明有效期,如预售证到期仍未完成预售证许可范围内商品房销售的,则应该续期预售许可证,已达到现售条件的需按要求备案或完成其他相关程序,方可继续进行商品房销售。在尽调核查时,需确认基础资产对应的商品房买卖合同(预售)标的(即商品房)均已获得预售证,如预售证载明有效期的,预售合同签署时该等预售证仍在有效期内。如商品房买卖合同签订时,预售证已过有效期,未续期也不满足现售条件的,则该商品房买卖合同的效力将受到影响。虽然我国司法实践的案例,在审判过程中正式宣判前取得预售证或完成预售证续期的,法院通常认定为合同仍然生效,但是,在购房尾款 ABS 项目核查中,通常要求售房人在商品房买卖合同签订前已取得预售证,或完成预售证的续期。

此外,预售证可能对预售商品房(包括国有土地使用权及在建工程等)权属负担情况进行记载,通常表现为在预售证上备注是否设定了抵押等权利负担信息,部分城市的预售证还可能注明权利负担的解除时间或解除条件等信息,该等信息需要重点关注。商品房买卖合同对应土地及/或在建工程存在抵押的,则应进一步核查抵押产生原因、抵押登记时间、抵押对应债务等情况。如已解押,则需进一步核查解押证明文件,如未解押,则要求提供相关合同、抵押权人同意销售的证明函件等资料,并结合专项计划基础资产及交易结构等实际情况判断是否会对基础资产、专项计划产生直接不利影响、是否需要采取解除措施。

(3)备案与网签

根据相关规定,购房人在购买预售商品房后,售房人应在30天内向房产登记管理部门申请商品房预售合同备案。各地操作有差异,应结合各地规定或地方实践核查合法合规状态。目前,全国大部分地区均已推出了网签系统,只有少部分地区暂未建立网签系统。我国也没有关于网签的统一规定,主要通过省级或市级房管部门制定相应的规范性文件,作出网签管理规范性要求。已推行网签的省市,大部分都对网签与备案进行了区分,在实际操作中亦分阶段进行,即网上签约后再办理合同备案手续。例如,武汉市房产局《关于实行商品房预(销)售合同网上签约和登记备案管理工作的通知》规定,房地产开发企业应当在商品房预(销)售合同网上签约之日起7日内,按《市房产局关于进一步加强全市商品房预售合同登记备案管理工作的通知》(武房市〔2004〕7号)中规定的相关资料和网上打印的《武汉市商品房买卖合同》(电子版)一份,以及经当事人双方签订的《武汉市商品房买卖合同》(书面版)全套,向项目管辖范围的市、区房产管理部门申请商品房预(销)售合同登记备案。大连市《关于实施商品房买卖合同网上签订及备案的通知》规定,网签的商品房买卖合同经当事人双方确认无误后,由房地产开发企业委托的网签工作人员将合同电子信息通过网上确认提交至交易登记中心申请办理合同备案。由此可见,网签与商品房预售合同备案是分步骤进行的,相互独立,网签在备案之前完成。预售合同在网签系统中的状态会发生变化,如由"签约"变更为"已备案"等。完成网签并不等同于已履行了商品房预售合同备案的程序,但完成备案的预售合同通常已完成网签。但是,也可能存在网签系统中不明确区分预售合同完成网签与完成备案的状态,而仅以"已售"或"已备案"或其他相关字样表明预售合同已完成网签且已完成备案。例如《湘潭市城区商品房销售合同网上登记备案管理办法》规定,房地产开发企业通过合同登记备案系统传送商品房预售合同信息,由合同登记备案系统自动生成合同编号。合同登记备案工作人员应在工作日2小时内完成登记备案,同时合同所对应的房屋网上显示处于已售状态。

(4)备案与预告登记

《物权法》第20条规定,"当事人签订买卖房屋或者其他不动产物权的协议,为保障将来实现物权,按照约定可以向登记机构申请预告登记。预告登记后,未经预告登记的权利人同意,处分该不动产的,不发生物权效力”。《不动产登记暂行条例实施细则》第 86 条规定,“申请预购商品房的预告登记,应当提交下列材料:(一)已备案的商品房预售合同;(二)当事人关于预告登记的约定;(三)其他必要材料”。

可见,预售合同的预告登记与备案不同,预告登记非强制性规定,售房人与购房人拥有在预售合同中约定是否办理预告登记的权利,而预售合同备案则是按法律规定必须履行的义务。预告登记的要义在于保护预告登记权利人的利益。我国的不动产登记体系尚未完全建立,预告登记暂未明确作为独立的信息在商品房管理系统或国土资源管理系统中公示,但根据商品房具体的坐落位置,拟与房地产开发企业进行交易的第三方在房管部门或国土资源部门网站上通常可以查询到该预售商品房的销售状态等基本信息,如该商品房已出售,则能够查询到买受人信息、商品房销售状态及合同备案等相关信息,上述信息与预告登记需要公示或可查询的信息一致,能够有效防止房地产开发企业一房多卖,达到预告登记的立法目的。在权利人进行预告登记后,即使房地产开发企业将该预售商品房再次出售给第三方且该第三方已经履行了合同约定的义务,预售商品房因预告登记也不因此发生向其转移所有权的效力。

2. 商品房现售

《物权法》第 14 条规定,不动产物权的设立、变更、转让和消灭,经依法登记,发生效力;未经登记,不发生效力。但是,我国法律对商品房现售的规定较为模糊,各地方在实际操作中存在较大差异。实操中,要根据商品房所在地的规定,核查购房尾款资产证券化项目中基础资产对应商品房是否满足相关的现售条件,尤其要重视各地方政府不成文的操作要求,如在商品房买卖合同的备案过程中,部分地方可能要求缴纳契税后才予备案或整体建筑封顶后才予备案等。

(1)商品房现售的条件

根据《商品房销售管理办法》第 7 条的规定,商品房现售应当符合如下条件:“(一)现售商品房的房地产开发企业应当具有企业法人营业执照和房地产开发企业资质证书;(二)取得土地使用权证书或者使用土地的批准文件;(三)持有建设工程规划许可证和施工许可证;(四)已通过竣工验收;(五)拆迁安置已经落实;(六)供水、供电、供热、燃气、通讯等配套基础设施具备交付使用条件,其他配套基础设施和公共设施具备交付使用条件或者已确定施工进度和交付日期;(七)物业管理方案已经落实。”

《商品房销售管理办法》规定,在房地产开发企业完成商品房竣工验收后,即可认定为商品房现售,房地产开发企业进行商品房现售应满足的基本条件为完成竣工验收。房地产开发企业应当在商品房现售前将房地产开发项目手册及符合商品房现售条件的有关证明文件报送房地产开发主管部门备案。

一般而言,满足商品房现售条件后,房地产开发企业应当与购房人签订商品房买卖合同,并根据当地规定,办理商品房买卖合同备案;且应于商品房买卖合同签订之日起 90 日内办理初始登记或变更登记。房地产开发企业应在商品房现售前办理符合现售条件的备案,但各地对房地产开发企业现售时商品房所应达到的条件及房地产开发企业应履行的程序存在较大差异。对于商品房现售是否需完全符合《商品房销售管理办法》的规定,各地方的规定不尽相同。

商品房确权后即可现售,即商品房需完成所有权初始登记等权利确认后方可进行销售。例如深圳、天津、北京、上海等城市规定商品房应确权后方能现售。《深圳经济特区房地产转让条例》第 30 条规定,"现售房地产的,转让人的土地使用权和建筑物、附着物的所有权应当已依法登记,并取得房地产权利证书";天津市《天津市房地产管理条例》第 15 条规定,"本条例所称商品房现售,是指房地产开发企业将已经完成所有权初始登记和取得准许交付使用证的商品房出售给购房人,由购房人支付房价款的行为"。在此类要求商品房确权后方可进行商品房现售的地方,仅完成竣工验收程序的商品房通常不具备商品房现售的条件,还需按照该地方相关规定完成所有权初始登记权利确认等相关特定条件。

有些区域,现售商品房无须确权,完成竣工验收程序即可现售。《南通市商品房销售管理办法》第 4 条规定:"本办法所称商品房现售,是指房地产开发企业将竣工验收合格的商品房出售给买受人,并由买受人支付房价款的行为。"在此类未明确要求商品房确权才可现售的情形下,对竣工验收的要求不同地方又存在差异,有的城市仅要求竣工验收完成后进行备案即可,主管部门并不对竣工事项进行实质审查;有的城市则需要主管部门对申请竣工验收的商品房予以查验,并在查验合格后向房地产开发企业发放竣工验收合格证等证明性文件。这需要根据各地实践来核查法律状态。

此外,因商品房现售的规定较少,各地对于商品房现售是否需要履行售前备案程序,且履行备案程序后是否出具备案凭证等证明性文件,各地方规定及实践存在较大差异。《佛山市住房和城乡建设管理局商品房现售管理办法》第 8 条规定,"已经取得预售许可的未售出商品房,在预售许可证有效期内,竣工备案以及初始登记后不需要办理现售备案,可以继续销售。预售许可证到期仍未售完的按本办法要求办理商品房现售备案手续"。对于符合现售条件的商品房履行售前备案程序后,相关主管部门是否向房地产开发企业出具备案证明,相关规定及实践在各地方存在差异。《南通市商品房销售管理办法》中规定:"商品房现售实行备案管理制度,房地产开发企业应向项目所在地房产行政主管部门办理现售备案,核发的《商品房现售备案证明》。"《大连市商品房销售合同网上备案办法》中规定,"房地产开发企业现房销售商品房的,应将上述(二)至(十二)项资料,以及竣工备案等资料,报送市房地产交易登记管理机构进行网上公示"。法律核查时,需要根据当地的规定来判断法律状态。

《商品房销售管理办法》第42条第1、2项规定,"房地产开发企业在销售商品房中有下列行为之一的,处以警告,责令限期改正,并可处以1万元以上3万元以下罚款:(一)未按照规定的现售条件现售商品房的;(二)未按照规定在商品房现售前将房地产开发项目手册及符合商品房现售条件的有关证明文件报送房地产开发主管部门备案的……"。此条规定对未履行备案程序现售商品房的法律责任予以明确,法律责任的承担方式为接受行政处罚,未明确因违反此规定对商品房销售行为法律效力的影响。《商品房销售管理办法》系原建设部颁发,属于部门规章,根据《合同法》第54条的规定,违反法律及行政法规规定的合同为无效的合同。因此,如房地产开发企业在销售商品房的过程中,未履行现售商品房的售前备案程序,商品房现售合同不会因房地产开发企业违反《商品房销售管理办法》的规定而无效。

《城市房地产管理法》或《商品房销售管理办法》等全国范围适用的规范性文件中未明确规定商品房现售合同是否应当备案登记,经笔者梳理查询到的相关地方性规定,实践中各地做法尚未统一,有些地方发布规范性文件,明确要求现售商品房合同应当在相应的房产主管部门备案。如天津、珠海、成都、深圳、宁波等地区均明文规定商品房现售合同需备案。宁波市在《关于实行商品房现售备案的通知》中规定:"房地产开发企业在商品房现售前,应建立网上楼盘框架表,并将符合商品房现售条件的有关证明材料报送当地房地产开发主管部门备案,领取《商品房现售备案书》后方可进行商品房现售,且应通过商品房销售网上即时备案系统进行商品房买卖合同备案。"有的地方未以规范性文件的形式明确现售合同是否需要备案,实践操作中各房地产公司通常采取与预售合同一致的处理方式,在合同签订后仍向房产主管部门提交商品房现售合同的资料,予以备案;极少部分地方房管部门认为没有明确规定而不接收相关备案资料。

(2)商品房所有权的登记

商品房初始权利登记即为商品房所有权的首次登记。根据《不动产登记暂行条例实施细则》第35条,房屋所有权首次登记时应当提交下列材料:"(一)不动产权属证书或者土地权属来源材料;(二)建设工程符合规划的材料;(三)房屋已经竣工的材料;(四)房地产调查或者测绘报告;(五)相关税费缴纳凭证;(六)其他必要材料。"

现售商品房交易完成商品房所有权变更需要完成所有权变更登记，现售商品房所有权转移，即为房地产开发企业的初始权利证书（也称为“大证”）分割为不同购房人名下的商品房所有权证书（也称为“小证”），此过程在业内通常称为“大证分割为小证”的过程。如《深圳经济特区房地产登记条例》第36条规定，经初始登记的房地产，有买卖等情形，当事人应当自合同或者其他法律文件生效之日起30日内申请办理转移登记。

根据《城市房地产开发经营管理条例》第33条“现售商品房的购买人应当自销售合同签订之日起90日内，办理土地使用权变更和房屋所有权登记手续”的规定，在现售合同签订后，在销售合同签订之日起90日内购房人与房地产开发企业均应办理现售商品房所有权转移的登记手续。

(3)商品房现售预告登记

根据原建设部发布的《房屋登记办法》第67条“有下列情形之一的，当事人可以申请预告登记：(一)预购商品房；(二)以预购商品房设定抵押；(三)房屋所有权转让、抵押；(四)法律、法规规定的其他情形”的规定，商品房现售可以申请预告登记，商品房现售预告登记的问题与商品房预售预告登记的问题一致，此处不再赘述。

实践中，针对房地产开发企业尚未办理初始权利登记的现售商品房，此时离办理商品房所有权转移登记的时间间隔较长，办理预告登记具有较大意义；对于已经办理完成初始权利证书的现售商品房，通常会在90个自然日内办理完成所有权转移登记，此时通常无办理预告登记的必要，实践中也较少办理预告登记。

### (六)基础资产现金流

1. 银行或公积金中心审批带来的不确定性

购房尾款类应收账款资产支持证券的基础资产现金流来源为公积金中心或银行的审批贷款。购房人的职业、收入水平、配合程度对审批通过率、通过金额比例和通过时间等影响较大。若未通过或未全额通过审批，则尾款需要由购房人自己承担。在购房人缺乏经济实力的情况下可能导致违约。此外，还有一些偶发因素，比如银行审批通过后，放款时正好年末，增加了银行由于资金紧张导致推迟放款的可能性。这些将直接影响基础资产现金流的回收。

实践中，购房尾款逾期一般与购房人提交材料效率与质量有关，跟房企的执行能力与催收能力也有关，需要对项目公司2～3年的历史数据进行统计分析，这有助于正确估计逾期率及对优先级本息偿还的影响。从历史经验来看，由于购房人提供材料不及时或不完备、银行放款政策不同等原因，购房尾款存在较为普遍的逾期现象，但逾期时间不长。通常而言，一二线城市的逾期率低于三四线城市，且逾期时长可能更短。也就是说,在房价大跌可能性较小的一二线城市的尾款,安全性相对好一些。

2. 银行开发贷等资金监管带来的现金流截留

通常而言,在一个房地产项目获得四证后,可以向银行申请办理开发贷用于建设。办理预售证后,房屋开始预售并收到部分款项。银行通常要求开发商预售账户设在本行,以便于监控,并提取一定比例作为偿还开发贷的准备金。预售资金划入监管账户后优先用于偿还融资款。监管账户资金的使用须征得贷款银行的同意,项目公司可以支取超额部分资金。若银行对项目公司进行资金监管,则可能导致开发贷截留,降低归集到资产支持证券账户的现金流金额。

承揽承做购房尾款项目时,笔者建议,首先挑选一些银行监管政策较为宽松的项目入池;挑选一些开发贷款类基础资产在整个项目的销售收入中占比很小的项目入池,如低于5%,从而将风险降到最低;由原始权益人或关联方出具承诺,承诺当出现资金截流情况时(包括但不限于监管账户限制、优先偿还开发贷及建筑工程款项、归集发生问题等),承诺人将进行足额兑付专项计划资产支持证券的本金和预期收益,以防范相关风险。

3. 第三方监管对现金流的监管

《关于进一步加强房地产市场监管完善商品住房预售制度有关问题的通知》规定,各地要加快完善商品住房预售资金监管制度。尚未建立监管制度的地方,要加快制定本地区商品住房预售资金监管办法。商品住房预售资金要全部纳入监管账户,由监管机构负责监管,确保预售资金用于商品住房项目工程建设;预售资金可按建设进度进行核拨,但必须留有足够的资金保证建设工程竣工交付。各地区房地产市场监管部门也制定了更细节的地方监管规定。各地房管局对预售款的用途可能进行一些限制。例如,某些城市要求预售款中5%需要作为保证金保留在账户中。

根据商品房预售资金监管要求,房地产行政主管部门会同监管银行对商品房预售资金实施第三方监管,房产开发企业须将预售资金存入银行专用监管账户,监管账户资金的使用须经监管银行的审批,这也可能导致基础资产现金流被截流。

4. 房屋价格大幅下跌的影响

如房屋价格出现大幅下跌,购房人可能会出现恶意逾期/违约,极端情况下直接放弃房屋,从而影响基础资产的现金流,影响现金流对入池资产的覆盖倍数。实践中,建议结合当地的房地产市场情况,对房屋价格下跌进行较为严格的压力测试。

此外,在可能的情况下,尽量选择属于刚需的违约概率极小的首套房入池。

## 二、交易结构

购房尾款资产证券化的交易结构与一般应收账款证券化的交易结构比较相似,主要包括基础资产转让、募集资金及担保增信等环节。通常而言,可以设计单一结构也可以设计夹保理的双 SPV 结构(有关保理的探讨请见本书保理资产证券化之专题探讨)。笔者认为,应该重点关注如下几个问题:

(一)循环购买

循环购买是指用基础资产池中的资产产生的现金流持续购买符合要求的基础资产,从而使基础资产池形成动态的循环池。循环购买的资产证券化产品都设计有循环期和摊还期(还款期)。在循环期内,基础资产产生的现金流只向投资者支付利息而不支付本金,剩余的现金流用来持续购买符合要求的新的基础资产;还款期内,基础资产产生的现金流不再购买新的基础资产,而是累计后按照计划向投资者支付本金及利息。

购房尾款的回收期限普遍较短,如银行/公积金贷款类的购房尾款回收期通常为 3 ~6 个月,而专项计划存续期限通常为 2 ~3 年。为了解决期限错配问题,已发行的购房尾款类资产支持证券几乎都采用了循环购买结构。

作者以世茂购房尾款资产支持专项为例。《汇添富资本—世茂购房尾款资产支持专项计划说明书》规定了循环购买的定义、循环购买条件、循环购买期、提前结束循环购买事件和循环购买日等。

循环购买系指本专项计划的循环购买期内,原始权益人向管理人持续提供符合合格标准的基础资产,由管理人以专项计划账户项下可支配资金作为对价于循环购买日持续买入符合合格标准的新增基础资产的行为。

循环购买条件:系指一下全部事项于循环购买日前的第 × 个工作日均得到满足:(1)循环购买期尚未届满;(2)未发生任何违约事件。

循环购买期:系指管理人以专项计划资金向原始权益人循环购买新的基础资产的期间,循环购买期届满后,管理人不再向原始权益人购买新的基础资产。循环购买期自初始基准日起(不含该日)至下述较早日期止(含该日):(1) × 年 × 月 × 日;(2)发生提前结束循环购买期事件之日。

同时为了在发生特殊事件时不影响计划向投资者足额支付本金及利息,计划规定"提前结束循环购买期事件",包括发生管理人解任事件、资产服务机构解任事件、托管人解任事件;发生差额支付启动事件;发生任何一起权利完善事件;有控制权的资产支持证券持有人大会合理认为已经发生或可能发生重大不利变化,决定提前结束循环购买期的;发生任何一起提前终止事件。

在专项计划的存续期内,管理人以专项计划资金向原始权益人循环购买新的基础资产之日,即为每年的3、6、9、12月月底前的倒数第4个工作日为循环购买日。在循环购买期内,管理人可以向原始权益人购买新增基础资产。

笔者认为,需关注交易结构是否设置了严格的循环购买标准、开发商业务开拓能力是否可持续、原始权益人的在建待售项目充足性和所在区域房地产政策的变动等情况。同时,在交易结构中设置循环购买的停止机制、加速清偿等机制保证优先级本金的偿付。

### (二)增信措施

笔者认为,应该关注购房尾款资产证券化增信措施的下列几个方面。

1. 初始覆盖率

基础资产规模一般对优先级证券存在超额覆盖,能够为优先级证券提供一定的信用支持。根据已披露产品相关信息,购房尾款类资产支持证券的初始覆盖倍数对发行规模的覆盖倍数差异较大,分布于1.03至1.54之间。

通常情况下,资产池需要折价发行,以增加超额覆盖倍数。但是折价率需要综合各种情况确定。若优先级资产支持证券需要在主体级别上增级,为了保障现金流对增级的资产支持证券的覆盖倍数,相应地要减少发行规模,折价比例(优先级资产支持证券规模/初始资产池总规模)通常在60%~70%之间。若优先级资产支持证券无须增级,则折价比例可以适当提高。若资产池回款情况较好(回款周期短,损失金额少),在摊还期回款规模较大,折价比例也可以相应提高。

2. 不合格资产置换或赎回

由于监管政策、银行审批流程、开发贷截留等原因,基础资产现金流回收时间和金额的不确定性较大,购房尾款应收账款资产支持证券一般均采用了不合格资产置换/赎回安排等内部增信机制。比如购房人能否依约支付购房尾款受到很多因素的影响,比如,项目公司交付的房屋不符合约定质量和面积;房屋未建成;项目公司无法交房;银行对购房人的授信审批未通过,银行不同意发放贷款等。

操作中,对于不合格资产的定义有所区别。碧桂园2期注明了开发贷截流属于不合格资产。碧桂园1期产品进一步提出了回转/赎回机制。购房人因售房人瑕疵履行商品房买卖合同义务,要求减少应收款或者退房,将导致基础资产现金流减少或者灭失。为防范这一风险,产品设置了回转机制,原始权益人对灭失基础资产按未偿应收款余额予以回转;若因售房人所签订的房地产开发贷款、信托借款、尚未结清的应付工程款及其他协议中对应收款用途做出限制性约定,而对该笔应收款回收产生截留,则对应的基础资产为不合格基础资产。原始权益人应将该等不合格基础资产按未偿应收款余额予以赎回。

实践中,还有假按揭和首付贷等不合格基础资产。为了套取购房贷款,增大销售业绩,各地产中介机构往往存在各种违规操作行为。在银监会《关于开展银行业金融机构房地产相关业务专项检查的紧急通知》中,也提及对涉嫌违规操作的房地产中介要停止合作,对发现存在提供"假按揭""零首付"等违法违规行为的房地产企业,应及时采取相关措施。为了促成交易,快速去化,有些房地产企业联合金融机构为购房人提供首付贷。首付比例及首付资金真实性是个人住房贷款中用来审核申请人偿债能力的重要指标,如果没有实际购房能力的个人通过申请首付贷来补充自有资金的不足,从银行套取购房贷款,购房人除要承担个人住房贷款的还款压力同时也要承担首付贷款的本息偿付压力,将会使购房人的违约风险加大。一旦购房人无法按时履行按揭贷款的本息偿付义务,将导致银行或住房公积金中心解除按揭贷款合同。另外,首付贷产品自诞生以来就一直被业内人士担心是否涉嫌骗贷,而根据中国银监会《关于开展银行业金融机构房地产相关业务专项检查的紧急通知》,使用首付贷资金申请个人住房贷款的行为易会被银行直接认定为骗贷行为。因此,在对基础资产进行筛选时,应仔细核查购房人自有资金的来源,对涉嫌使用首付贷而产生的基础资产,将严格限制其进入到资产池或启动不合格基础资产置换赎回程序。

3. 维好承诺

维好承诺,有时也称之为"维好协议",通常是企业发行境外债券中常见的信用增级手段。维好承诺是指母公司对子公司财务状况、报表结构等经营、财务指标,承诺维持一定标准的承诺,最常见的是母公司对子公司在负债期间承诺维持最低资产净值和足够的流动性、股本变动限制等。购房尾款资产证券化项目中,维好承诺的出现主要是房地产开发商母公司在各地设立了项目公司,而项目公司的主体评级和资质等稍弱。

维好承诺以原始权益人的关联方出具《维好承诺函》为主要形式,具体内容以某资产证券化项目为例。承诺事项包括:(1)将始终直接或间接持有不少于原始权益人的大部分股权,并对原始权益人拥有管理控制权;(2)将促使原始权益人有足够流动资产以确保原始权益人按时足额支付其在专项计划文件项下的应付的任何金额;以及(3)若原始权益人于承诺期间内任何时候确定其流动资产将不足以如期履行其在任何专项计划文件项下的支付义务,在收到原始权益人关于该等情形的通知后,维好承诺人在知晓后应立即以一切适当方式(包括但不限于协调相关关联方)为原始权益人提供足够资金使原始权益人可以如期履行有关支付义务。但是,在任何情况下,《维好承诺函》不应被要求代原始权益人直接履行其在专项计划文件项下的任何支付义务。再比如,《汇添富资本—世茂购房尾款资产支持专项计划》中,世茂房地产控股有限公司出具维好承诺函,承诺其在知晓世茂建设于承诺期间内任何时候确定其流动资产将不足以如期履行其在任何专项计划文件项下的支付义务后,以一切适当方式(包括但不限于协调境内子公司)为世茂建设提供足够资金使世茂建设可以如期履行其在专项计划文件项下的有关支付义务。

维好承诺函的性质认定争议,主要是是否构成保证,笔者认为,应根据《担保法》的相关规定并结合《维好承诺函》的内容进行确定。《担保法》第15条规定,保证合同应当包括被保证的主债权种类、数额。如果维好承诺函并未对应明确的主债权,仅承诺协助解决,没有对债务作出代为清偿责任的意思表示,该类承诺不能构成法律意义上的保证,也有司法案例做佐证①,不能在维好承诺人与管理人(代表专项计划)之间形成保证合同关系。但对专项计划的资产支持证券的增信与提升评级仍有一定的帮助。

4. 差额支付承诺

差额支付承诺的表现形式是《差额支付承诺函》。《差额支付承诺函》是指原始权益人自身或其关联方向管理人(代表资产支持证券持有人)出具《差额支付承诺函》,承诺对专项计划资金不足以支付优先级资产支持证券的各期预收收益和/或应付本金的差额部分根据《差额支付承诺函》的具体约定承担补足义务。《汇添富资本—世茂购房尾款资产支持专项计划》和《碧桂园应收账款资产支持计划》中都设置了差额支付承诺。

5. 保证担保

《担保法》第5条规定,担保合同是主合同的从合同,也即担保关系的存在必须依赖于主债权作为基础,担保的构建要求该担保应对应明确的主债权。根据市场通行操作,担保机制的构建通常会将"差额支付承诺人在《差额支付承诺函》项下的差额补足义务"构建成为主债务。

担保人出具《担保函》,由担保人按照《担保函》的约定对专项计划资金不足以支付优先级资产支持证券的各期预期收益和未偿本金余额的差额部分,在差额支付承诺人未及时、全额支付该差额部分时,担保人对该部分差额承担支付义务。

### (三)现金流归集

现金流的归集、分配和监管是资产证券化产品交易结构的重点之一。基础资产产生的现金流最好沉淀在专项计划账户中,发起人理论上对其不再享有支配权。经协议约定,专项计划账户沉淀资金仅可投资于协议存款、国债等无风险高流动性

① 参见中国银行(香港)有限公司与辽宁省人民政府、葫芦岛锌厂保证合同纠纷二审民事判决书(〔2014〕民四终字第37号)。

资产或根据交易安排循环购买基础资产。

为了防止混同风险,现金流转付的调整机制则成了重要的保护机制,要设计好转付期限,保证现金流归集频率与循环购买及证券端本息支付相匹配。转付期限越长,混同风险越长,要极力减少资金在资产池中的沉淀。

另需要根据原始权益人/资产服务机构的评级调整、重大经营变动/重大对外债务的发生等进行转付频率的调整。如碧桂园2期设置了以资产服务机构评级为条件的阶梯转付期条款,即AA≤评级<AA+,改为3个月转付一次,AA-≤评级<AA,改为1个月转付一次,A+≤评级<AA-,收到回收款后第7日转付。

## 三、主体相关事宜

开发商的经营、管理能力与财务情况等对购房尾款资产证券化产品的顺利兑付有重大影响。比如在循环购买结构中,循环购买资产也依赖于原始权益人持续的业务创造;原始权益人作为资产服务机构,其管理能力和执行能力也直接影响了资产的逾期率、违约率和损失率;如果原始权益人及其股东直接提供了外部增信,其重要性则更加毋庸置疑。

目前来看,资产证券化趋势是从主体信用逐步过渡到更加注重资产信用。碧桂园2期未设置任何外部担保,并由其关联子公司持有次级。随着市场对此类产品认可度的加强,贷款类购房尾款原始权益人的资质不再集中于信用质量较高的主体,发行主体资质存在下沉的可能性,但是主体信用依然是非常关键的因素。

实操中,作者建议重点挖掘、选取优质的主体增信的项目。目前来看,房企发行或增信主体最好达到AA级。

# 第三节 购房尾款资产支持证券案例介绍

笔者以"花样年购房尾款资产支持专项计划"为例。

## 一、专项计划概况

本专项计划入池的基础资产对应的业态类型分别为住宅、商铺和公寓,以住宅为主,对应初始资产池共涉及1856笔购房合同,分布在7个城市。

花样年集团(中国)是一家以房地产开发为主的大型地产公司,属房地产开发行业,具体从事房地产开发经营、房地产信息咨询、物业管理等业务类型,主要分布在深圳、武汉、南京、苏州、无锡、成都等一二线城市、省会城市及经济发达地区。维好承诺人花样年控股集团有限公司于2009年在香港联交所主板挂牌上市,股票代码为01777.HK。

## 二、交易架构

该交易分为以下几个部分:

1.认购人通过与管理人签订《认购协议》,将认购资金委托管理人管理,管理人设立并管理专项计划,认购人取得资产支持证券,成为资产支持证券持有人。

2.管理人根据与原始权益人签订的《资产买卖协议》的约定,将专项计划募集资金扣除相关费用后用于向原始权益人购买基础资产,即基础资产清单所列的由原始权益人在专项计划设立日、循环购买日转让给管理人的,原始权益人通过应收账款转让合同受让的项目公司依据购房合同自基准日(含该日)起对购房人享有的应收账款债权和其他权利。

3.计划管理人委任深圳花样年作为专项计划的资产服务机构,由其按照服务协议的约定为专项计划提供与基础资产及其回收有关的管理服务及其他服务。同时,深圳花样年接受该委任并同意将根据《服务协议》的约定履行相应职责。

4.资产服务机构在监管银行开立监管账户,按照《监管协议》的约定在回收款转付日将基础资产产生的回收款划入专项计划账户。

5.差额支付承诺人出具《差额支付承诺函》,当发生任一差额支付启动事件时,差额支付承诺人应根据《差额支付承诺函》约定将差额补足资金划入专项计划账户。

6.维好承诺人出具《维好承诺函》,以一切适当方式(包括但不限于协调境内子公司)为花样年集团提供足够资金使其可以如期履行在专项计划文件项下的有关支付义务。

7.管理人根据《计划说明书》及相关文件的约定,向托管人发出分配指令,托管人根据分配指令,将相应资金划拨至登记托管机构的指定账户用于支付资产支持证券本金和收益。

具体交易结构图如图13-1所示。

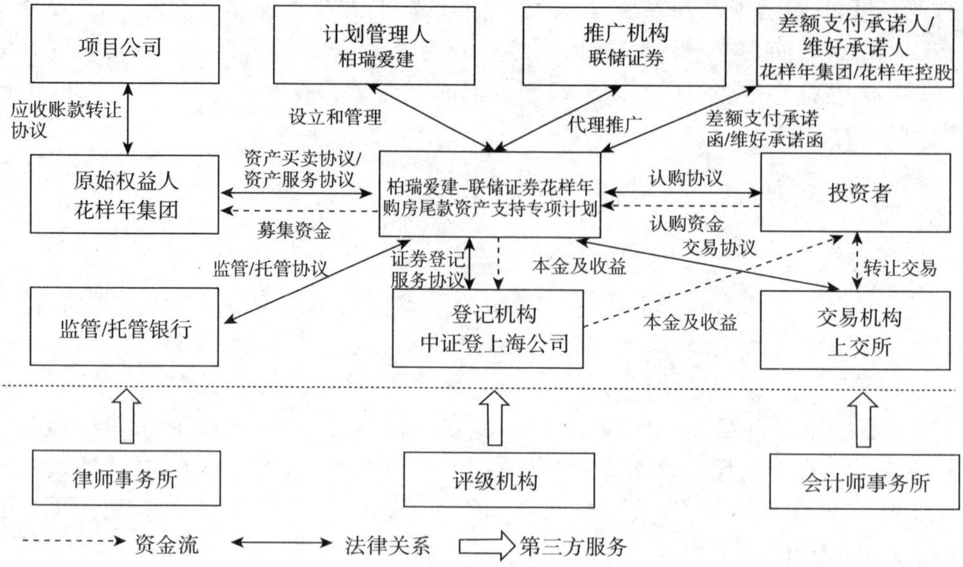


**图 13－1　交易结构**

资料来源:花样年专项计划说明书。

## 三、循环购买

在本专项计划的循环购买期内,管理人有权以专项计划账户项下可支配资金作为对价于循环购买日持续买入符合合格标准的新增基础资产。管理人用作支付购买该笔基础资产的金额不高于该次购买的基础资产未偿本金余额。

循环购买期届满后,管理人不再向原始权益人购买新的基础资产。其中,循环购买期约 12 个月,分配期约 12 个月,循环购买频率为每 6 个月一次。

## 四、现金流

基础资产预期现金流入系初始基础资产池及新增基础资产池的现金流回款合计,现金流出系指当期需兑付的优先级资产支持证券预期收益和/或本金及在其之前需支付的管理费和托管费等。

根据初始资产池及新增资产池预计可用于覆盖的现金流,并基于专项计划的兑付安排,经测算:循环购买期内 2 个兑付日,相应基础资产预期现金流入对现金流出的覆盖倍数均保持在 45.66 倍及以上;分配期基础资产预期现金流入对现金流出的覆盖倍数为 1.44 倍,整体保障情况较好。各兑付日现金流覆盖倍数预测表如表 13－2 所示。

表 13-2　各兑付日现金流覆盖倍数预测

| 预期兑付日预期兑付日 | 现金流覆盖倍数 |
|---|---|
| 2018.4 | 53.52 |
| 2018.10 | 45.66 |
| 分配期 | 1.44 |

资料来源：花样年专项计划评级报告。

## 五、增信措施

### (一)优先/次级分层

本专项计划采用了优先级/次级产品结构化分层来实现内部信用提升。根据不同的风险、收益特征，本专项计划项下的资产支持证券分为优先级资产支持证券和次级资产支持证券，比例分别为94.34%、5.66%，优先级资产支持证券的本息偿付次序优于次级资产支持证券，从而次级资产支持证券为优先级资产支持证券提供了信用增级。

### (二)超额抵押

本专项计划初始入池应收账款金额为8.45亿元，优先级资产支持证券本金总额为5亿元，超额抵押比例为168.99%。超额抵押安排可以有效防范基础资产产生的回收款不足的风险。

### (三)差额支付承诺

差额支付承诺人向管理人出具《差额支付承诺函》，对专项计划分配资金不足以支付所有优先级资产支持证券的各期应付预期收益和/或本金的差额部分承担不可撤销的无条件的差额支付义务。

### (四)维好承诺

花样年控股出具《维好承诺函》，向管理人承诺：

1. 促使花样年集团以保持其财务状况的方式运作并维持其如期履行专项计划文件项下的有关支付义务；

2. 在知晓花样年集团于专项计划存续期间内任何时候确定其流动资产将不足以如期履行其在任何专项计划文件项下的支付义务后，以一切适当方式为其提供足够资金如期履行其在专项计划文件项下的有关支付义务；

3. 将始终直接或间接持有花样年集团不少于100%的股权，并对花样年集团拥有管理控制权。

# 第十四章
# 商业房地产抵押贷款支持证券

中国房地产行业已从增量时代迈入存量时代。商业地产因其经营特性，迫切需要与资产证券化对接。商业房地产抵押贷款支持证券（Commercial Mortgage-backed Securities，CMBS）是指以单个或多个包括写字楼、酒店、会议中心、商业服务经营场所等商业物业的抵押贷款组合包装而构成的基础资产，通过结构化设计以相关地产未来收入（如租金、物业费、商业管理费等）为主要偿债本息来源的资产支持证券产品。[①] 商业地产抵押贷款支持证券是成熟市场主流的资产证券化品种，也是不动产证券化的主要方式之一。

## 第一节
## 美国商业房地产抵押贷款支持证券的发展及主要特点

商业房地产抵押贷款支持证券（CMBS）出现在20世纪80年代中期的美国。时至今日，放眼全球，美国CMBS市场最成熟、最发达，欧亚CMBS市场还处于起步阶段。

### 一、美国商业房地产抵押贷款支持证券的发展历程

主流观点认为，美国CMBS市场的发展是20世纪80年代美国储贷危机的产物。许余洁博士曾撰文将美国CMBS市场发展划分为四个阶段。

#### （一）20世纪80年代的起步与证券化尝试阶段

1983年，美国Fidelity Mutual人寿保险公司将价值6000万美元的商业地产抵押贷款以证券的方式出售给另外三家人寿保险公司，这是最早的商用房地产抵押贷款证券化形式。此后，商业银行、储贷机构和投资银行纷纷仿效，但发行量一直较为低迷。1984年，美国出台了税收和证券方面的法律，改善了CMBS发展的环

① 许余洁、曹枞：《美国CMBS市场发展其实》，载《全球瞭望》2016年第22期。

境。1986年,美国进行税务改革,通过了不动产抵押贷款投资管道(Real Estate Mortgage Investment Conduct,REMIC)法案,CMBS可以借助特殊目的信托规避政府税款,从而向投资者让渡更大的收益,这促进了CMBS的发展。

从1983年美国市场发行第一单CMBS开始到1986年美国政府通过了不动产抵押贷款投资管道(REMIC)法案,CMBS在美国经历了第一个发展阶段。

### (二)20世纪90年代化解储贷危机的市场创建与稳步发展阶段

20世纪80年代末期,美国不动产市场严重衰退,商业不动产抵押贷款违约不断,波及专门从事不动产抵押贷款的储贷机构,导致了影响深远的储贷危机。美国七百余家储蓄银行倒闭,约为银行总数的四分之一。

1989年,美国国会通过《金融机构改革、恢复和实施法案》(Financial Institutions Reform, Recovery, and Enforcement Act,FIRREA),成立专门机构来处理处于破产管理下的储贷机构。美国国会立法成立清算信托公司(Resolution Trust Corporation,RTC,负责关闭储蓄银行并清理坏账,其中商业地产抵押贷款占坏账的大部分。RTC将CMBS作为盘活不良房地产的资产管理工具,直接推动了CMBS的发展。CMBS逐渐扩展成为商业房地产的重要融资方式。

随着巴塞尔协议风险资本要求的推出,商业地产抵押贷款被视为高风险资产,资本占用较高。对于商业银行和保险公司来说,以CMBS方式持有不动产抵押债权比直接发放商业地产抵押贷款要节省资本占用,从而推动了存量商业地产抵押贷款转化为CMBS的进程,带来了CMBS在美国的第二次发展。华尔街银行看到机构投资者的兴趣和CMBS市场的潜力,开始发放专门用于证券化的商业抵押贷款,CMBS逐渐成为一种比较成熟和相对稳定的融资工具和金融技术。

### (三)2000年至2007年次贷危机的高速发展阶段

2000年后,CMBS发展迅速,商业地产抵押贷款质量开始下沉,贷款的发放标准一降再降,民用房地产开始出现次级贷款。随后爆发的次贷危机给全球金融市场造成了巨大的震荡。

### (四)2008年至今的风险化解与市场恢复时期

2008年,随着商业地产市场风险暴露,市场开始恐慌性抛售CMBS,商业银行、保险公司,也包括两房在内,持有的CMBS都出现了亏损。2008、2009年期间,CMBS发行市场近乎停滞。危机促进了CMBS市场的变革。2008年后,华尔街启动了CMBS的升级补丁程序,推动了产品演变和条款强化,打造“CMBS2.0”版本。从2012年开始,随着美国经济的复苏,CMBS市场逐渐走出低迷。目前,商业地产抵押担保证券占美国商用地产融资市场的三分之一左右。

## 二、美国商业房地产抵押贷款支持证券的主要特点

### (一)证券还款来源

证券本息主要来源于租金收入和运营收入。商业物业的租金收入和运营收入受到很多因素的影响,比如物业本身质量、经营管理者的运营水平、行业因素、区域因素和宏观经济周期等。商业抵押贷款的稳定性差,难以准确预估现金流,证券化技术要求高。

### (二)入池资产种类

CMBS 的入池底层资产包括商场、写字楼、酒店、仓储、工业地产、医护社区、混合用途物业等,种类繁多。主导美国 CMBS 市场的是汇集多个贷款打包的“多笔交易”,具备风险分散功能,降低了利率成本。

### (三)期限错配

在设计资产支持证券时,证券化原理要求证券本息偿付的现金流与基础资产产生的现金流在期限上应该相互匹配,以避免因期限错配所带来的流动性风险、偿付风险。

CMBS 的基础资产为商业抵押贷款。商业抵押贷款的偿付取决于商业物业的租金收入和运营收入。商业抵押贷款的期限通常在 10 年左右,租赁合同的期限有长有短,通常比商业抵押贷款的期限短,且大部分租户拥有提前终止合同的权利,因此,CMBS 证券的期限与基础现金流(主要是租金收入)的期限不一致,存在期限错配。

### (四)抵押物为商业地产

不同的抵押物类型和抵押率决定了资产支持证券违约时投资者最终的损失大小,抵押物的价值越稳定,抵押率越低,违约发生时投资者的损失就越小。CMBS 的抵押物为商业地产。商业地产的价值受到多种因素的影响,包括地理位置、房屋质量、物业类型、运营管理、经济周期等。评估商业地产的价值不仅仅需要充分的历史数据支撑,还需要较高的专业能力。

### (五)主服务商

主服务商(master servicer)是指承担资产证券化交易总体服务的专业机构,服务涵盖从证券发行到资产全部处理完毕的整个期间,具体职责包括:负责收取资产本金和利息并将其交付受托人;监管借款人的经营状况,定期实地检查;催收过期欠账,确保资金及时、足额到位;在贷款违约时,按合同要求垫付证券利息或本金;定期向投资者提供有关资产证券化特定资产组合的财务报告等。在美国,主服务

商通常由大型银行担任。

### (六)特殊服务商

特殊服务商(special servicer)是指抵押贷款发生违约时,负责对违约抵押贷款进行回收和处置的机构。

特殊服务商通常为资本市场的专业机构,在资本运作方面具有丰富经验,能够对 CMBS 交易中的风险进行有效监测和管理,通常也投资 CMBS 次级产品。同时,特殊服务商也是商业物业运营和管理方面的专家,可以提高商业地产的运营效率,擅长不良贷款的处置,从而降低投资者的损失。

### (七)破产隔离

为了实现发行机构与基础资产之间的破产风险隔离,通常采用房地产抵押贷款投资通道信托。REMIC 是在美国税收法规定义下的一个特殊目的载体(SPV),用来打包抵押贷款和发行抵押贷款支持证券。REMIC 具有避免双重征税的优势,在发行人层面不用交美国联邦税。在美国法律中,REMIC 具有明确定义,并受到法律保护,能够有效实现破产隔离。

### (八)分层结构

CMBS 的分层设计要考虑基础资产产生的现金流与证券本息偿还在数量、期限和利率上的匹配,又要考虑各分层证券之间的风险保护是否合理。分层结果直接影响融资规模和成本。美国 CMBS 证券的层次非常丰富,比如超优先级、投资级、非投资级、无评级和 X 档证券,每个层级中常又包括若干小的档次,如超优先级包括超优级、中超优级、次超优级、浮动利息的超优级、分期付款的超优级等,投资级从 BBB 到 AA,非投资级从 B 到 BB。一只 CMBS 产品通常有几十支不同信用级别的分层证券。

贷款价值比(LTV)和偿债覆盖倍数(Debt Service Coverage Ratio,DSCR)是两项关键指标。贷款价值比是贷款额与物业价值之比,用来衡量违约情况下贷款损失的严重程度或证券投资者的预期损失程度。偿债覆盖倍数是物业净现金流与贷款本息支付之比,用来衡量贷款或证券违约的可能性。CMBS 每一级分层证券都有相应的贷款价值比和偿债覆盖倍数要求。信用等级越高,贷款价值比要求越低,收入贷款倍数要求越高。2008 年金融危机之后,美国各大机构还将债务收益率(Debt Yield,DY)引入 CMBS 的分层设计。债务收益率是商业物业净运营收入和第一顺位抵押贷款金额之比,用于防止商业抵押贷款规模过大,杠杆率过高。

### (九)增信措施

CMBS 产品主要通过优先与次级的证券结构和顺次偿付的现金流分配设计实

现信用增级。低级别的证券为高级别的证券提供信用支持。只有高级别的证券全部得到偿付后,低级别证券才可以得到偿付。

此外,由于CMBS证券存在期限错配,流动性风险较高,因此也常常设计有流动性支持机制,一般采用服务商或托管人垫付、流动性储备基金、第三方流动性支持等方式,在基础资产的现金流不足以支付证券利息或抵押房产需要资金来维护保值时,解决资金临时短缺,缓解流动性风险。

为了避免投资者的权益受到基础资产信用恶化、资产服务机构解任、违约发生等事件的影响,切实保护投资者的权益,CMBS通常也会设计信用触发机制。启动信用触发机制的情形包括基础资产累积违约率达到预设阈值或原始权益人主体信用评级、资产服务机构信用级别下调至低于预定级别、资产服务机构被解任、发生对基础资产有重大影响的事件等,此时基础资产持续产生现金流的能力受到极大影响。信用触发机制主要采取加快现金流划转频率、改变现金流归集路径或分配顺序、加速清偿、提前偿还、资产回购或赎回等措施,以最大限度保障投资者特别是优先级证券投资者的权益。

除上述特点之外,美国CMBS的风险管理措施也非常值得研究。比如为了防范债务人"主动破产"、被"合并破产"的风险,主要采取"单一目的实体""独董派遣制"和"有限追索安排"等风险管理措施。所谓"单一目的实体",即专门设立一个单一目的实体作为借款人,通过贷款协议和公司章程将其经营活动严格限定为持有、经营物业,严格限制其再融资、再投资和资产处分活动,防范其产生其他债务。所谓"独董派遣制",即贷款人聘请专门的独董,独董拥有对"主动破产申请"和"破产重整和解"等事项的否决权,代表投资者利益监控主动破产风险。"有限追索安排"体现在美国的商业抵押贷款合同之中。原则上,贷款人对债务人、母公司"无追索",但为了控制债务人挪用租金、浪费、拖欠税款或保费、污染环境、阻挠妨害债权人行使权利等事件,以及杜绝发生债务人主动破产、合并破产、转让资产、再融资等严重违反贷款协议的违约事件,例外要求债务人母公司签署特殊保函,约定一旦发生前述触发事件,则贷款人可对母公司就所有未偿付本息主张全面追索。

## 第二节
## 我国商业地产抵押贷款支持证券的发行情况及其特点

2016年10月,国务院《关于积极稳妥降低企业杠杆率的意见》(国发〔2016〕54号)中提及:"按照'真实出售、破产隔离'原则,积极开展以企业应收账款、租赁债权等财产权利和基础设施、商业物业等不动产财产或财产权益为基础资产的资产证券化业务。支持房地产企业通过发展房地产信托投资基金向轻资产经营模式转型。”商业物业等不动产类型的资产证券化业务得到政府层面的鼓励与支持，促进了我国商业房地产资产证券化的迅猛发展。

我国商业地产抵押贷款支持证券包括交易所、报价系统 CMBS 和银行间交易商协会的 CMBN。在交易所、报价系统发行的产品称为 CMBS，银行间债券市场发行的产品称为 CMBN。CMBN 是商业地产抵押贷款支持票据，属于银行间市场交易商协会所推出的资产支持票据（ABN）项下的产品体系。从资产选择、产品设计的角度，CMBN 和 CMBS 并没有特别显著的区别。本章我们探讨的商业抵押地产贷款支持证券主要是 CMBS。

## 一、我国商业房地产抵押贷款支持证券的发行情况

2006 年，万达集团在澳洲知名银行麦格理银行的帮助下，成功地以商业地产抵押担保证券（CMBS）的方式融资近十亿元人民币，开创了国内 CMBS 成功筹资的先例。

2016 年 8 月，国内第一单交易所挂牌的 CMBS“高和招商—金茂凯晨资产支持专项计划”在上海证券交易所发行，打开了国内 CMBS 市场。2017 年 6 月，兴业银行在交易商协会注册了第一单 CMBN。

根据中国资产证券化分析网的统计数据，截止到 2018 年 3 月 13 日。

### （一）交易所市场发行情况

1. 上海交易所发行情况

上海交易所 CMBS 共 20 单，分别为首创 2017－1、花园红木 2018－1、光明 2018－1、金腾 2018－1、石榴 2018－1、阳光天地 2018－1、云城 2017－1、泛海 2017－1、复地 2017－1、华邦 2017－1、红博 2017－1、美凯龙 2017－1、保利地产 2017－1、保利 2017－1、华贸 2017－1、搜候 2017－1、金金 2016－1、金凯 2016－1、银泰 2016－1、越华 2017－1。

2. 深圳交易所发行情况

深圳交易所 CMBS 共 6 单，分别为长租 2018－1、国贸汽配 2017－1、节能 2017－1、印力 2017－1、金融街 2017－1、益田 2017－1。

### （二）报价系统发行情况

报价系统共 3 单，分别为海伦堡 2017－1、金宝 2016－1 和四季 2016－1。

### （三）CMBN 发行情况

交易商协会下 6 单产品，分别是协信远创 ABN2017－1（发行期）、光大嘉宝

ABS2018－1(发行期)、飞驰 ABN2017－1(存续期)、新城 ABN2017－1(存续期)、世贸国际 ABN2017－1(存续期)和金鹰 ABN2017－1(存续期)。ABN 付息频率设计为半年的有 2 支、年付的有 3 支、季付的有 1 支。

可见,我国目前的 CMBS 和 CMBN 产品合计为 35 单,主要集中在交易所市场,尤其是上海交易所。相对于美国及其他发达市场,我国 CMBS 仍处在初级阶段,未来发展可期。

## 二、我国商业房地产抵押贷款支持证券的特点

相对于经营性物业贷和类 REITs,CMBS 产品的特点主要有如下几个方面:

### (一)与经营性物业贷相比

1. 融资规模大,融资期限较长

传统的经营性物业抵押贷款在抵押率、贷款期限、资金用途、本金摊还、融资人股权结构等方面均有严格标准限值,不能完全满足商业地产经营期间的内在需求。而在同等成本条件下,CMBS 的融资规模相比经营性抵押贷款有适度放大,一般可贷比例达到资产评估值的 50%～70%;在资金使用上更具灵活性,且适用物业范围更广,可以形成对传统银行贷款良好的补充和优化。

CMBS 相比较传统的经营性物业抵押贷款,优势在于融资期限较长,通过回售选择权、续发等结构化安排,实现较长融资期限;CMBS 的融资规模较高、资金使用灵活、流动性高(经交易所审核出函、中登挂牌转让,流动性较高)、融资成本低。从投资者(银行等)的角度来看,经营性物业抵押贷款属于间接融资,银行计提风险保证金比例为 100%,而对于 CMBS 风险计提保证金比例则为 20%,大幅度释放银行风险保证金额度。

2. 融资成本低

通常情况下,CMBS 能够达到比经营性物业贷更低的融资成本,通过将 CMBS 产品的募集资金偿还高息负债,能够有效降低企业现有融资成本。

CMBS 信用评级过程中,优质的物业使产品可以获得比持有人更高的信用评级;可以采用房产及土地抵押、集团担保等增信措施,进一步提升评级。

CMBS 发行通常采用簿记建档的竞价模式,这一比价系统的设计可以合理降低结构性产品的成本。此外,CMBS 通常被设计为结构化产品,通过债券分级(在国内为资产支持证券品种分级),从而实现每个等级的极致定价,优化加权平均成本。

以上几个方面使 CMBS 的融资成本具有一定的优势,多数情况下,与银行经营性物业贷相比存在一定的利差空间。

CMBS 作为资产证券化产品,可以在交易所挂牌转让,从产品属性上就具有更好的市场流动性和更大变通性。从投资者的角度,收益较为适中、风控机制稳健的CMBS 产品将有机会成为其资产配置的一个标的方向。而通过结构化安排,能够满足不同风险偏好和风险承受能力的合格投资者们。

CMBS 与经营性物业抵押贷款的区别如表 14－1 所示。

**表 14－1　CMBS 与经营性物业抵押贷款的区别**

| 项目 | CMBS | 经营性物业抵押贷款 |
| --- | --- | --- |
| 融资规模 | 经营性净现金流的 12～16 倍,最高可达标的物业评估价值的 70% | 经营性净现金流的 6～8 倍 |
| 期限 | 最长 18～24 年,可设计开放期 3～8 年一次,多期续发,如 3+3+3+3+3+3+3 | 最长 10～12 年 |
| 资金用途 | 根据融资人需要,使用灵活(购置土地除外) | 严格按照《固定资产贷款管理办法》使用 |
| 定价 | 根据债项评级,结合增信强度,市场化定价;通过结构设计,可使产品评级高于主体评级 | 银行审批政策 |
| 增信措施 | 主要通过物业自身增信,同时辅以外部增信 | 通常要求股东提供保证担保 |
| 操作流程 | 公开透明 | 银行内部流程,不确定性大 |
| 融资成本 | 依靠债项信用,成本相对较低 | 依靠主体信用 |

### (二)与 REITs 相比

REITs 是商业物业权益类证券化的皇冠明珠,CMBS 是商业物业债项证券化的王牌,与 REITs 相映成辉。CMBS 不要求产权拆分或转移,保留了融资人(资产持有方)对资产所有权的完整性。因此,融资人能够充分享有未来资产培育成熟后带来的增值收益,这是 CMBS 的最大特点。

CMBS 不要求产权拆分或转移,就免去了不动产转移环节应该缴纳的相关税费;融资人(资产持有方)保留资产所有权,物业持有人能充分享有未来资产的增值;操作简便,项目周期较短,3～4 个月即可完成发行。

而权益性 REITs 由于前期需转让商业物业资产或者项目公司股权,需要缴纳企业所得税或者土地增值税以及契税,在当前我国双重征税的法律环境下,商业物业所有者一般不会选择真实出售物业发行 REITs 产品进行融资。

CMBS 与 REITs 的部分区别如表 14－2 所示。

表 14－2 CMBS 与 REITS 的部分区别

| 项目 | CMBS | REITs |
|---|---|---|
| 是否持有物业 | 不持有物业(股权不转让) | 持有物业 |
| 收益来源 | 租金收益 | 租金收益＋资产增值 |
| 资产多样性 | 基础资产较为单一,不利于分散风险 | 可以有丰富的投资组合,分散性较好 |
| 是否保留所有权 | 融资人保留所有权 | 融资人出让物业所有权 |
| 标的资产转让 | 不涉及转让 | 涉及转让但通常存在回购或置换安排 |
| 底层现金流分配形式 | 直接偿付借款本息 | 以强制股息或分红向 SPV 分配 |
| SPV 时效性 | 临时的投资主体 | 永续投资主体 |
| 运营管理 | 物业运营参与度较低 | 对物业进行主动管理 |

(三)优势总结

CMBN 及 CMBS 作为特定期限的债权类融资,其优势可以归纳如下:

1. 可以突破银行贷款(经营性物业贷款)的限制,使融资不完全依赖于借款人的主体信用,而以基础资产的信用评级进行;

2. 借款人保留了对不动产的所有权(这一点对国企非常重要,规避了国有产权处置的一系列繁琐流程,也是 CMBS 及 CMBN 相对于 REITs 较为明显的优势),享有未来地产价值的升值空间;

3. CMBS 的投资人对借款人的其他资产没有追索权,保护了借款人的其他利益;

4. CMBS 为不动产交易提供了更好的市场流动性,相比单一资产项目的处置具有更大变通性。

就 CMBS 与 CMBN 的发行而言,国内适用的场景主要包括以下三类:一是高信用等级企业;二是主体信用不足而质量较高的资产(如民企旗下优质物业);三是来自同一主体或不同主体的分散性物业的资产组包。目前的国有资本投资公司大多都属于其中的高信用等级企业,如属于发债额度快用完而必须要选择其他低成本融资渠道的大型央企或地方大型国企,或是属于央企国企旗下 AAA 评级的子公司,其需要融资而又达不到直接发债的标准,即“强主体＋强资产”,都可以选择发 CMBS 或 CMBN。

CMBS 及 CMBN 成立的核心在于基础资产能产生稳定的现金流。在当前趋于下行的经济周期中，现金流较稳定的资产如一线城市的办公楼、城市更新主题下重新定位的项目，以及包括工业物流、家居商城、体验式购物中心和社区型商业在内的具备稳定现金流的特殊类别资产，均可作为 CMBS 或 CMBN 基础资产，各企业均有一定数量可作为 CMBS 或 CMBN 基础资产的已确权资产。

总体来看，CMBS/CMBN 结构突破了传统银行贷款的限制，并有实际基础资产抵押支持。通过对未来现金流的预测及覆盖倍数的测算，CMBS/CMBN 可以获得比融资主体更高的信用评级。同时 CMBN 作为银行间公募发行模式可以获得更低的融资成本。此外，CMBS/CMBN 结构保留了物业升值的空间，为不动产企业提供了一条新的融资渠道，对房地产企业盘活存量，加快资金回笼有重要的意义。

目前银行间市场交易商协会正积极推动资产证券票据，未来对 CMBN 还会有进一步的发展。从可复制性方面来看，CMBN 和 CMBS 的操作难度较小，同时我国关于商业抵押贷款的法律、法规也比较完善，利于这两种产品搭建交易结构。并且 CMBS 和 CMBN 均属于商业抵押贷款的证券化，可以借用底层资产产生的现金流进行融资，同时也可保留自身的优质物业。在各类房企融资政策的限制下，房企未来也有必要积极拓宽融资渠道，商业地产证券化尤其是 CMBN 这类证券化方式非常值得尝试。

## 第三节
## 我国商业地产抵押贷款支持证券的实操要点

在 CMBS 项目实操中，除常规的注意事项之外，还应该关注如下几个方面：

### 一、原始权益人

CMBS 广泛采用"信托计划 + 资产支持专项计划"双 SPV 结构。具体来说，就是首先借助信托公司成立信托计划（SPV1）向融资人发放信托贷款，然后以信托计划的委托人（原始权益人）享有的信托受益权作为基础资产，再通过券商或基金子公司发行资产支持专项计划（SPV2），实现 CMBS 产品在交易所发行。原始权益人常由融资方的母公司或其关联方担任。原始权益人可以是房地产企业，也可以是非房地产企业。

CMBS 产品离不开高信用主体的支持，以解决租售比低、现金流无法覆盖证券端的问题，保证项目的正常退出，支撑产品优先级评级达到 AA + 甚至 AAA。物业优质适当放宽原始权益人主体评级的仅仅是个案,比如2017年发行的世贸天阶资产支持票据,基础资产为北京市著名的世贸天阶,主体(北京奥中兴业房地产开发有限公司)评级为AA-。

## 二、基础资产

委贷新规颁布之前,CMBS采用双层结构,一般有信托贷款和委贷两种方式。

### (一)信托贷款

原始权益人通过信托贷款的方式构建债权。资产支持专项计划通过支付对价取得原始权益人的信托受益权。

### (二)委贷

原始权益人通过委贷方式构建债权。资产支持专项计划通过支付对价方式取得原始权益人的委托债权。

可见,CMBS的基础资产是信托受益权或委托债权。虽然CMBS的现金流是底层物业资产未来收益产生的现金流,但底层物业的所有权、未来租金收益权等相关权益并不直接作为底层基础资产,而是以附属担保权益方式构成CMBS底层基础资产的一部分。

## 三、物业

我国CMBS底层物业通常为单一资产,风险分散性不强;优先级证券的本息偿还来源基于底层物业资产未来收益产生的现金流,CMBS产品质量的核心在于底层物业资产的质量。承揽CMBS项目时,对于物业的考察主要体现在以下几个方面:

### (一)现金流

从现金流的角度出发,应该注意物业的如下条件:

1. 物业形态

目前,国内可用于做CMBS资产的物业形态主要是写字楼和购物中心。理论上,物业形态可非常广泛,如一线城市的办公楼、城市更新主题下重新定位的项目,以及包括工业物流、家居商城、体验式购物中心和社区型商业等特别类别资产,只要具备稳定现金流,均可作为CMBS物业资产。

2. 物业区位

目前,位于一二线核心城市的成熟商业地产项目,如甲级写字楼、商业综合体、高端酒店、长租公寓等最受青睐。核心城市的经济水平较高,物业的租金稳定性较好。其中,位于一线城市的写字楼,现金流最稳定、透明,出租率高,租金波动小,管理规范，且租户质量和履约能力较有保障，是 CMBS 的首选资产。

当然，如果现金流非常稳定，比如著名的景区、度假区物业项目，即使不处于一二线核心城市，也可纳入 CMBS 的操作范畴。

3. 物业管理能力

物业管理能力直接关系到物业资产的现金流。项目操作中，应该对影响、体现物业管理企业管理能力的因素进行核查，比如资质是关注重点之一，核查相关的资质证件，了解其级别、服务范畴、期限，以及到期续办资质的相关条件等。关于物业管理能力的探讨请见本书物业管理费资产证券化之专题研究章节，不再赘述。

4. 负面清单

根据 2014 年 12 月中国证券投资基金业协会颁布的《资产证券化业务基础资产负面清单指引》的规定，因空置等原因不能产生稳定现金流的不动产租金债权；待开发或在建占比超过 10% 的基础设施、商业物业、居民住宅等不动产或相关不动产收益权（当地政府证明已列入国家保障房计划并已开工建设的项目除外）；不能直接产生现金流、仅依托处置资产才能产生现金流的基础资产被纳入负面清单的范围，包括最终投资标的为上述资产的信托计划受益权等基础资产。

负面清单的规定对于实操具有指导意义，比如"空置"。项目承揽的过程中非常容易规避，但是，在 CMBS 存续期也可能遇到"空置"难题。中介机构应该采用现场尽职调查与租赁、物业合同抽查的方式进行，重点关注现金流占比高的单户承租人，关注续签的条件，关注招商的难易程度等。如果单户承租户现金流占比较高，比如达到 15% ~ 20% 以上，需要对于承租户的相关信用情况进行穿透核查。CMBS 的产品期限通常比较长，而租赁合同的期限较短，存在期限错配，需要对租约稳定性、续签可能性作出判断。此外，还可以设置空置率上升情况下的加速清偿等触发机制条款。

（二）物业的合法性

如果物业存在法律上的重大瑕疵，现金流的归属就有争议，物业的处置也难以设计，CMBS 就无法操作。实操中，物业的合法性主要依赖于执业律师的判断。判断依据是产权证书、形成过程中的法律文件等。比如律师会核查土地使用权取得的法律文件：土地使用权出让合同（关注是否为合格主体、是否履行了招拍挂程序等）、土地出让金和土地契税纳税凭证（关注出让金支付时间与出让合同约定的付款期限是否一致、是否缴纳了迟延支付的滞纳金等）等；核查建设工程相关法律文件：环评登记备案材料、建设用地规划许可证、建设工程规划许可证（一般分为地上和地下两部分）、建设工程施工许可证（一般分为地上和地下两部分）、竣工验收备案证明（环境评价验收、消防验收、土地规划验收、民防工程验收、工程竣工验收报告等）；核查总承包商的资质以及总承包合同的签订及履行情况等。具体核查过程和方式不赘述。

（三）物业的整体性

商业地产现金流的产生和专业化的运营管理密不可分。相对而言，商业地产的整体运营效果较好。为了保证商业地产的现金流，便于整体运营，便于后续可能的物业处置，CMBS 强调物业的整体性，即原则上，可以将商业地产零散的产权集中，但不宜将不动产所有权进行分割经营或部分出售。

## 四、交易结构

委贷新规之前，CMBS 产品主流结构为信托计划 + 资产支持专项计划的双 SPV 结构，也有少量的产品采用银行委托贷款的形式来构建基础资产。通过委贷构建债权的 CMBS 形成了只有专项计划的单 SPV 结构。

（一）交易结构图和交易步骤

信托受益权为基础资产的双 SPV 结构，如图 14－1 所示。

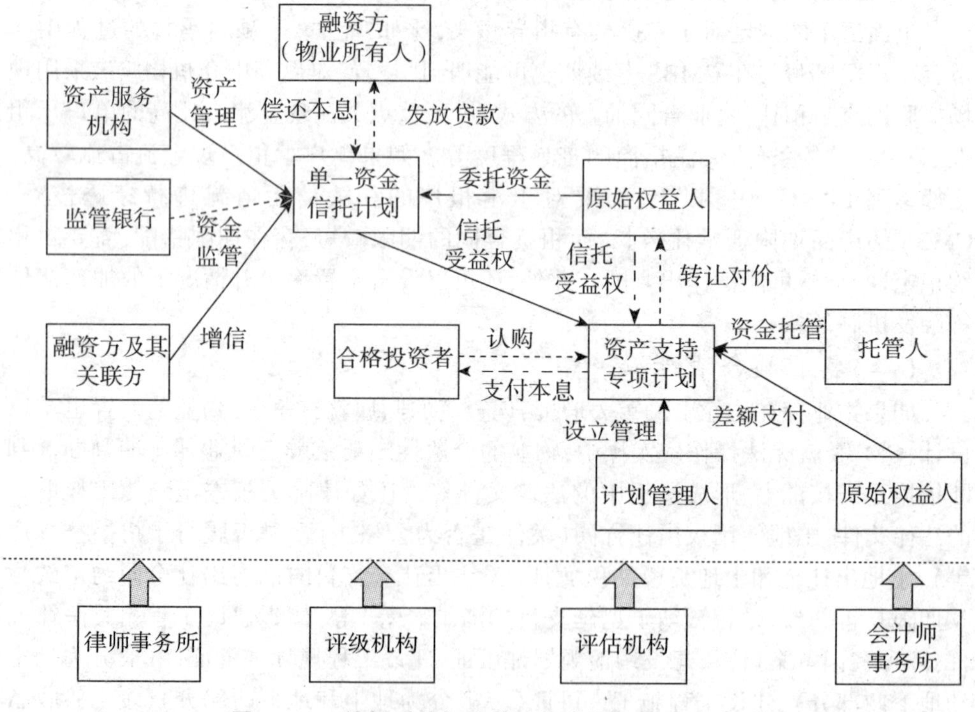


图 14－1　信托受益权为基础资产的双 SPV 结构

具体交易步骤如下：

1. 由物业持有人（以下统称地产公司）的母公司或关联方等名义原始权益人设立单一资金信托，该母公司作为委托人与受益人拥有该单一资金信托的信托受益权；

2. 信托机构与该地产公司签订《信托贷款合同》，向该地产公司发放信托贷款；

3. 该地产公司将其所持有的底层物业的所有权、未来租金收益权等相关权益以附属担保权益方式作为本次信托贷款的抵质押物；

4. 母公司与信托机构签订《保证合同》，在专项计划存续期间，为该地产公司本次信托贷款的偿付提供不可撤销的无限连带责任担保；

5. 计划管理人设立"资产支持专项计划"募集资金购买母公司（原始权益人）的信托受益权。

### （二）债项的构建

1. 债权人的资质

CMBS 的底层核心是债权。我国相关法律法规对贷款发放主体资格有严格限制，资产支持证券的计划管理人不具有发放贷款的资格。委托新规颁布前，CMBS 主要采用以下两种方式发放贷款：信托贷款，如"高和招商—金茂凯晨专项资产管理计划"；借助委贷行向借款人发放委托贷款，如"深圳益田假日广场资产支持专项计划"。

2. 债项资金

资金来源可以来自原始权益人，也可以是其他过桥资金提供方，比如信托或银行。过桥资金的资金成本需要在项目启动前统筹考虑。另外，如果是信托资金的，则也要考虑信托保障基金的提取、信托利息和税费等因素。有关信托受益权方面的细节请见本书信托收益权资产证券化之专题研究章节，不再赘述。

3. 期限匹配

由于资产支持专项计划的基础资产为信托受益权，信托贷款还本付息的期限结构要与资产支持证券的期限结构相互匹配，确保在双 SPV 结构下的现金流出入正常，不出现资金沉淀及到期无法还本付息的情况。

### （三）存量债务的解除

通常情况下，CMBS 商业物业涉及银行经营性物业贷或其他信托贷款，存在质押等权利限制。一般操作思路是将募集资金用于偿还标的物业上的存量债务，完成解押流程。出于解除权利限制的考虑，募集资金应该尽量覆盖存量债务。

### （四）产品期限

专项计划期限一般在 12 年以上，甚至超过 20 年。主要是基于两个原因：

1. 短期租金无法覆盖相应的融资规模，只能通过拉长融资期限来实现现金流对专项计划的覆盖。

2. 当前CMBS产品的主要投资者还是银行。出于便利销售的目的，专项计划都被迫设计成有开放期或短期限的产品，基本都是以3年为一个周期滚动的含权设置，即3年后续发，或者是3年后可回售。未来，如果年金、养老金、保险等低成本、长期限的资金大举入市，CMBS可能会拉长开放周期甚至中间不设开放期。

(五)开放退出和回售机制

现阶段发行的CMBS产品通常会设置有关资产支持专项计划开放退出与回售的特殊安排，以每3年开放一次的产品居多。在开放期，投资者与融资人可以进行回售和赎回的双向选择。根据当期的资金成本，投资人可以选择回售，融资人则可以通过票面利率调整使投资者放弃回售或主动选择赎回。票面利率调整权是指在开放期之前，计划管理人和融资人或相关增信主体协商，有权根据当时市场情况选择对各档证券票面利率进行调整。若上调票面利率，则有利于降低投资者回售概率。

资产支持证券优先级持有人在约定的开放退出登记期内，有权向专项计划管理人发出份额回售登记申请。管理人会对该份额进行再销售，接受新的投资人的申购。为应对回售机制可能出现的再销售情况不足，一般会要求专项计划的增信主体提供一定的流动性支持，即差额回购，保证专项计划可以继续存续。在开放参与日前，若优先级资产支持证券总的开放退出登记量达到一定比例，回购承诺人有权决定是否回购全部剩余优先级资产支持证券，若全部回购，计划管理人应宣布专项计划提前终止。

在理论上，回售可能遇到极端情况，即部分投资者选择回售、部分投资人不选择回售，而本应该履行回售义务的主体违约，没有接受回售的意愿或能力时，专项计划可以设置触发信托贷款提前终止的条款而进行抵押物的处置，但是，抵押物的处置是否会导致侵害未要求回售的投资人的权利。笔者认为，依照最高人民法院《关于适用〈中华人民共和国担保法〉若干问题的解释》第72条的规定，“主债权被分割或者部分转让的，各债权人可以就其享有的债权份额行使抵押权。主债务被分割或者部分转让的，抵押人仍以其抵押物担保数个债务人履行债务”。部分投资者回售的情形下，对抵押物处置的行为并不违反法律规定。

## 五、抵质押

除通常的抵质押处理程序、办法之外，还应该关注：

### (一)土地使用权抵押

《物权法》第180条规定:"债务人或者第三人有权处分的下列财产可以抵押:(一)建筑物和其他土地附着物;(二)建设用地使用权;(五)正在建造的建筑物……"土地使用权可以作为抵押财产应无争议。实践中,绝大部分的房地产公司也将土地使用权抵押给银行或其他非银行金融机构等用于融资担保。

标的物业抵押担保是CMBS项目中必备的和最重要的增信措施。根据《担保法》和《物权法》的规定,在债务人不履行到期债务或者发生当事人约定的实现担保物权的情形,债权人有权依照法律规定以抵押财产折价或者以拍卖、变卖该财产的价款优先受偿。通过标的物业抵押,专项计划对标的物业的处置所得拥有优先受偿的权利。在CMBS项目中,相关中介机构需确保抵押合同合法有效订立且合法办理抵押登记。抵押权合法设立后,抵押权人的利益优先于融资人其他债权人。

另外,按照主物与从物一并转让、一并抵押的物权法理,地上建筑物作为土地使用权的从物,应随主物一并抵押。《物权法》第182条规定,"以建筑物抵押的,该建筑物占用范围内的建设用地使用权一并抵押。以建设用地使用权抵押的,该土地上的建筑物一并抵押。抵押人未依照前款规定一并抵押的,未抵押的财产视为一并抵押"。即土地使用权抵押效力及于地上建筑物,地上建筑物未办理抵押登记手续不影响其被一并抵押的效力。实践中,有些地区存在土地使用权抵押登记和房屋及在建工程抵押登记分别属于两个不同部门管理的情况。CMBS操作中,如果融资人持有国有土地部门颁布的土地使用权证,但由于各种原因没有取得房屋产权证的,单独以土地使用权抵押贷款进行资产证券化并不存在实质上的法律障碍,地上建筑物未办理抵押登记手续不影响其被一并抵押的效力。

在办理土地使用权抵押时,还应该关注地方政府的有关调控、限制规定,并积极做好与相关部门的沟通协调工作。比如以上海为例,《关于加强本市经营性用地出让管理的若干规定》中规定,"经营性用地使用权抵押时所担保的主债权,仅限于开发建设该出让地块的贷款,且不得超过合同约定的土地出让价款总额。以房屋在建工程、新建房屋连同土地抵押等情形,应按照《上海市房地产抵押办法》的有关规定办理。按照土地出让合同约定的自持部分物业,应整体抵押,不得分割抵押。抵押权实现时,受让人应执行原出让合同中约定的权利和义务"。上海市发布的《关于加强本市工业用地出让管理的若干规定》中甚至规定"工业用地抵押权实现时,抵押物竞买人资格必须经过规划国土资源管理部门、产业管理部门和园区管理机构综合认定,符合产业导向和园区规划要求。也可按照出让合同约定,由出让人或园区管理机构优先收购土地使用权。工业用地抵押权实现时,涉及经批准按照规划提高建筑容积率未补缴地价款的,抵押物竞得人应当按照抵押权实现时点的市场评估价补缴地价款”。

此外,笔者认为,还应该关注新增建筑物的抵押问题。《物权法》第 200 条规定:“建设用地使用权抵押后,该土地上新增的建筑物不属于抵押财产。该建设用地使用权实现抵押权时,应当将该土地上新增的建筑物与建设用地使用权一并处分,但新增建筑物所得的价款,抵押权人无权优先受偿。”即新建的建筑物不属于抵押范畴。

### (二)保证与物的担保并存

在 CMBS 产品设计中,增信手段通常采用差额支付、保证、不动产抵押、应收账款质押等。《物权法》第 176 条规定:“被担保的债权既有物的担保又有人的担保的,债务人不履行到期债务或者发生当事人约定的实现担保物权的情形,债权人应当按照约定实现债权;没有约定或者约定不明确,债务人自己提供物的担保的,债权人应当先就该物的担保实现债权;第三人提供物的担保的,债权人可以就物的担保实现债权,也可以要求保证人承担保证责任。提供担保的第三人承担担保责任后,有权向债务人追偿。”所以,在现金流归集与信托贷款还款过程的设计中,要事先设计好顺序,避免法律瑕疵。

### (三)应收账款质押与质押通知的法律问题

《应收账款质押登记办法》第 2 条第 1 款规定:“应收账款是指权利人因提供一定的货物、服务或设施而获得的要求义务人付款的权利,包括现有的和未来的金钱债权及其产生的收益,但不包括因票据或其他有价证券而产生的付款请求权,……”这是关于未来金钱债权及其产生的收益可以作为应收账款质押最直接的法律依据。实操中,CMBS 项目常将基于不动产产生的未来物业收入(租金、物业管理费、商业管理费等)作为应收账款进行质押。

《合同法》第 80 条第 1 款规定:“债权人转让权利的,应当通知债务人。未经通知,该转让对债务人不发生效力。”对于应收账款质押后是否需要通知承租人,常规操作思路是有条件通知的则通知承租人,如果不具备条件的,则采用权利完善措施,并对于现金流归集等作出详细的规定。

### (四)破产程序与物业抵押的冲突

《企业破产法》规定,对破产人的特定财产享有担保权的权利人,对该特定财产享有优先受偿的权利。但是,根据法律规定,担保权利设定前的欠缴税款、拖欠的建筑工程款等优先于抵押担保的主债权受偿。同时,《企业破产法》规定,在重整期间和法院裁定和解之前,对债务人的特定财产享有的担保权暂停行使;在破产清算的情况下,需待债权人会议表决通过或法院裁定通过破产财产的变价方案后,依据上述方案对抵押物进行变价并优先受偿。可见,极端情况下,物业抵押权的行使会受到破产程序的影响。

国外的相关制度设计对中国的 CMBS 设计具有一定的借鉴意义。笔者认为,可以通过一定的安排尽力避免借款人破产程序对物业抵押权行使的影响,比如尽职调查时,关注借款人是否存在抵押设定前的欠缴税款、拖欠建筑工程款、劳动债权等,并综合考虑金额等因素做出事先的安排;严格限制借款人新增债务,监督其日常经常活动,降低法院受理破产申请的可能性;向借款人权力机构委派董事等;为 CMBS 相关的合同办理强制执行公证手续,节约诉讼时间,降低诉讼过程中借款人进入破产程序而致使诉讼中止的风险等。

### (五)股权质押

在 CMBS 产品设计中,为了控制风险,保护投资人利益,常常也要求借款人股东将其所持有的借款人的股权质押,为借款人偿还贷款的义务进行担保,债权人有权在借款人股东处置其持有的借款人股权所得价款中优先受偿。此外,也防止借款人股东通过转移股权方式对 CMBS 带来的影响,另外,也为极端情况下的资产处置增添了一种方式。相对而言,股权质押比资产处置便捷,税费更低。

## 六、现金流

CMBS 项目中的现金流主要关注以下几个方面。

### (一)基础现金流的概念

CMBS 项目中,收入和现金流是两个不同的概念。总收入包括物业管理费收入及其他收入,然后减去运营成本、各项开支得到 EBITDA(税息折旧及摊销前利润,Earnings Before Interest,Taxes,Depreciation and Amortization)。EBITDA = 物业收入合计 - 运营成本费用合计(不含利息费用) + 折旧 + 摊销。有些项目也可以用收入口径算现金流。

鉴于商业地产存在产权增值以及租金、广告费、停车费、物业管理收入等多种类型的现金流,因此商业地产资产证券化实务操作中会通过合同形式,有效实现基础资产范围内外的现金流隔离。资产持有人应就明确现金流的范围,并通过委托经营、售后返租等方式,收取经营管理费用、支付租金,证券化和非证券化的现金流实行剥离。

### (二)现金流的稳定性

考察现金流稳定性的指标有很多,如租金、出租面积、出租率、空置率、转租率、租约长度、收租方式、租户的历史租金和信用情况、租户分散度、历史收款记录等。

（三）现金流的规模

现金流的规模和融资期限、融资额有关联。通常情况下，物业出租等经营性净现金流能够超额覆盖产品存续期内利息和少量本金。CMBS 的设计就在于激活物业余值来放大融资规模。

与此相关的是抵押率。就目前而言，可以达到 60% 左右的抵押率。

（四）现金流的流转和分配

为了保证资金的安全性，专项计划会对现金流实施监管。借款人需在指定的监管银行开立专门用于接收来自“借款人收款账户”转付的资金账户。在债权存续期间，借款人会向监管账户定期转付租金收入，由监管银行按约定转付至信托账户。

（五）现金流对债项构建的影响

如果现金流能够覆盖各档优先级资产支持证券的利息以及优先 A 档资产支持证券的本金兑付，则信托端无须区分优先债和劣后债，只发放一类信托贷款。

实践中，现金流不足居多，覆盖面有限，则信托端发放优先债和次级债。次级债的兑付主要来自增信主体的权利维持费（是指优先收购权人根据约定，向专项计划支付的资金，以维持其优先收购信托受益权的对价）。

## 七、增信措施

目前国内 CMBS 的评级体系、市场环境等外部条件均未达成熟，因此在交易结构设计时仍依赖融资人相关主体信用的支持，且增信措施较为严格。

内部增信措施是指通过对资产池的构建设计及现金流和结构化安排，来提高证券现金流质量和信用评级的措施，包括优先与次级分层、超额抵押、超额利差和利差账户、加速清偿机制等。

分级结构可以实现内部信用提升。在美国，大类分为超级优先级、夹层优先级、初级优先级和次级，国内相对比较简单，但也通过优先级和次级不同受偿顺序的安排，逐层实现资产支持证券的内部信用增级。简单来说，主要由融资人或其指定机构认购次级，作为最低层级投资人，其清偿顺序最靠后。次级对优先级起到了一定的风险缓冲作用。

外部增信措施是指利用基础资产之外的资源对资产证券化产品进行信用增级，包括外部担保、保险、信用证、流动性支持等。

（一）差额支付承诺

差额支付承诺人对优先级资产支持证券本息支付提供差额补足。承诺人出具书面的《差额支付承诺函》,不可撤销、无条件地承诺,在信托财产专户或监管账户内可供分配的资金少于借款人在《信托贷款合同》项下当期累计应还款项(包括但不限于信托贷款本息、罚息、违约金、权利金及《信托贷款合同》约定的其他费用等款项)时,由其对差额部分进行补足。

(二)底层物业资产抵押

通过底层物业资产抵押,双 SPV 结构下抵押给信托计划,单 SPV 结构下抵押给委贷银行,抵押权人对标的物业的处置所得拥有优先受偿的权利。

(三)底层物业资产收入质押

融资人将其所享有的底层物业资产所获全部物业运营收入为信托贷款或委托贷款提供质押担保。

(四)底层物业资产运营收入超额覆盖

根据资产池预期现金流,采用覆盖比率来衡量资产支持证券的信用风险大小。底层物业资产的基础现金流多以 EBITDA 为依据[EBITDA = 物业收入合计 - 运营成本费用合计(不含利息) + 折旧 + 摊销];通常要求 EBITDA 对优先级或最优级投资人每年的本息支出存在超额覆盖,覆盖倍数在 1.3 倍以上。如果单由物业产生的净运营收入或 EBITDA 无法覆盖应付本息,专项计划一般会设置保证金账户或权利维持金机制,来保证现金流对专项计划本息的足额覆盖。

## 八、资产服务机构

在成熟市场,资产服务机构是 CMBS 产品中不可或缺的存在,必须有独立的第三方资产服务机构来进行风险监管和资产管理服务。国内市场中,由借款人或其关联主体(包括原始权益人)担任服务机构居多,主要负责物业及现金流回收有关的工作,也有个别案例中出现独立第三方资产服务机构(特殊服务商或资产管理顾问)。在金茂凯晨 CMBS 中,高和资本的角色即为第三方资产服务商。资产服务商与特殊目的实体(SPV)之间属于委托关系,资产服务商接受 SPV 的委托,对基础资产及其现金流进行收集管理。特殊服务商担任计划的资产管理人,与券商和基金子公司担任的计划管理人意义不同。

独立的资产服务机构更多参与到资产证券化的全流程中,可以承担前端资产的组建、尽调、筛选以及辅助产品结构设计;存续期内参与项目风险监管和控制等工作(如现金流的监管、物业的日常管理、运营招租、维护,甚至改造、定期实地检查/信息搜集等);在一定的额度内提供流动性支持;以少额资金认购专项计划产品的次级份额;信息披露;极端情况下,可以协助、主导处置物业等。第三方资产服务商的出现能够进一步提升投资者对产品的认知度,是 CMBS 产品的风险控制枢纽,特别服务商认购劣后级,将会提升产品的公信力。在某种意义上,服务商的参与也是增信的一种方式。

笔者认为,国内越来越多的 CMBS 产品会引入资产服务管理机构。选聘服务商时应该考察服务商的专业资格、历史经验、服务质量,专业资产管理能力的输出大于其主体增信。

## 九、特殊安排

### (一)开放退出和回售机制

资产支持证券优先级持有人在约定的开放退出登记期内,有权向专项计划管理人发出份额回售登记申请,管理人会对该份额进行再销售,并接受新的投资人的申购。与回售机制相对应的,一些产品会设置票面利率调整权,一般约定在开放期之前,计划管理人和融资人或相关增信主体协商,根据当时市场情况确定对各档票面利率是否进行调整。若上调票面利率,则有利于降低投资者回售概率。

另外,为应对回售机制可能出现的再销售情况不足,一般会要求专项计划的原始权益人或其他增信主体提供一定的流动性支持,保证专项计划可以继续存续。

### (二)底层物业资产的出售问题

在资产支持证券持有过程中,可能存在融资人出售底层资产的情况,常见的应对方式是:在相关交易文件中对融资人或其关联方处置底层物业资产的满足条件和必要程序进行详细规定,并附有诸如合格资产置换、循环购买等特殊安排,尽力避免由于物业出售或置换可能对资产支持证券持有人的利益产生的不利影响。

## 十、评估

标的物业是 CMBS 的核心。由于资产支持专项计划是以不动产抵押贷款证券化的方式进行融资,其评估价值的合理性以及预测现金流的准确性会极大程度地影响到专项计划的本息偿还。

## 第四节
# 商业地产抵押贷款支持证券的案例简介

## 一、交易所 CMBS 案例

笔者以“金融街(一期)资产支持专项计划”为例。

2017 年 5 月,以金融街(北京)置地有限公司为发起人的金融街(一期)资产支持专项计划在深交所挂牌转让,发行规模达 66.5 亿元,期限 12 年,优先 A 票面利率仅 5.12%。票据要素如表 14－3 所示。

**表 14－3　金融街(一期)资产支持票据要素**

| 债券名称 | 评级 | 分层比例(%) | 发行金额(万元) | 当期票息(%) | 发行时间 | 期限(年) |
|---|---|---|---|---|---|---|
| 优先 A | AAA | 94.99 | 631,700.00 | 5.12 | 2017/5/15 | 12.01 |
| 优先 B | AAA | 4.06 | 27,000.00 | 0 | 2017/5/15 | 12.01 |
| 次级 | — | 0.95 | 6300.00 | 0 | 2017/5/15 | 12.01 |

### (一)专项计划概况

金融街控股是一家深交所上市的以商务地产为主业的大型开发运营控股公司,属房地产开发行业,具体从事房产开发、物业租赁、物业经营等业务类型。物业主要分布在北京、上海、广州、天津、重庆等一线城市及区域中心城市。

本专项计划的发起人金融街(北京)置地有限公司是金融街控股的控股公司,实际控制人为北京西城区国资委。发起人拥有北京西城区核心位置金融街中心项目,地理位置优越,出租率高且大型长期租户占比大,底层资产资质较好。

### (二)交易结构

“金融街(一期)资产支持专项计划”交易结构,如图 14－2 所示。

该交易可以分为以下几个部分:

1. 认购人与管理人签订《认购协议》,将认购资金以资产支持专项计划的方式委托管理人管理,管理人设立并管理专项计划,认购人取得资产支持证券,成为资产支持证券持有人;

2. 非特定原始权益人与管理人签订的《信托受益权转让合同》的约定,向专项

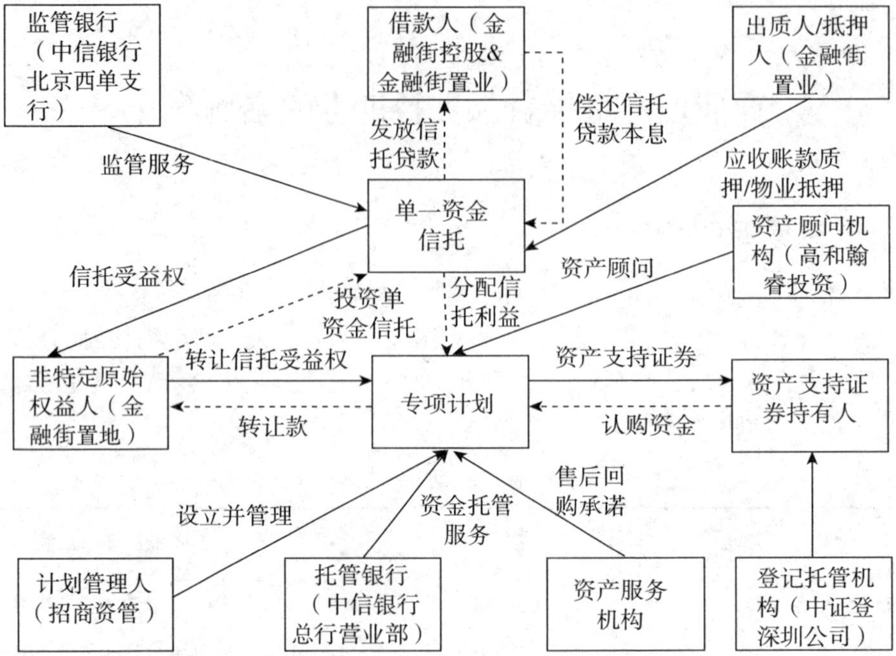


**图 14-2　金融街(一期)资产支持专项计划交易结构**

资料来源:金融街(一期)专项计划说明书。

计划转让基础资产,并获得相应对价;

3. 计划管理人与资产顾问机构签订《顾问合同》,资产顾问机构负责与基础资产及其回收有关的管理服务及其他服务;

4. 计划管理人与代理推广机构签订《资产支持证券代理推广协议》,约定由代理推广机构对专项计划进行推广;

5. 计划管理人与次级资产支持证券持有人、监管银行签订《售回和购回监管合同》,约定次级资产支持证券持有人在专项计划项下的售回和购回事宜,并委托监管银行实施监管。

### (三)现金流情况

专项计划的现金流入主要包括目标资产运营收入以及归还剩余信托贷款本金现金流,现金流出包括优先级资产支持证券的本息兑付。

物业运营收入现金流分析主要是测算对优先级资产支持证券 1～12 年利息兑付及应偿还的本金额覆盖倍数。物业净运营收入现金流是指标的物业运营收入在扣除费用及相关税后净运营收入。在正常情况下，除第12年因偿还全部剩余本息导致覆盖倍数较低外，其余年度覆盖倍数在2.0以上，还本付息的保障程度较高。现金流预测如表14－4所示。

**表14－4　金融街（一期）资产支持专项计划现金流预测情况**

单位：万元

| 年度 | 物业净运营收入 | 当期本息 | 覆盖倍数 |
|---|---|---|---|
| 1 | 48, 961. 00 | 20, 083. 00 | 2. 44 |
| 2 | 54, 115. 00 | 20, 067. 00 | 2. 70 |
| 3 | 56, 493. 00 | 20, 052. 00 | 2. 82 |
| 4 | 58, 018. 00 | 20, 036. 00 | 2. 90 |
| 5 | 59, 769. 00 | 20, 021. 00 | 2. 99 |
| 6 | 61, 339. 00 | 20, 005. 00 | 3. 07 |
| 7 | 63, 003. 00 | 19, 990. 00 | 3. 15 |
| 8 | 65, 469. 00 | 19, 974. 00 | 3. 28 |
| 9 | 66, 998. 00 | 19, 959. 00 | 3. 36 |
| 10 | 68, 479. 00 | 19, 943. 00 | 3. 43 |
| 11 | 69, 793. 00 | 19, 928. 00 | 3. 50 |
| 12 | 71, 077. 00 | 645, 612. 00 | 0. 11 |

资料来源：金融街（一期）资产支持专项计划说明书。

### （四）增信措施

鉴于该项目本身资质优良，底层资产质量较高，专项计划层面仅采用了优先/次级方式进行增信。通过设定优先/次级权益的交易结构来实现内部信用提升，根据现金流分配顺序，次级资产支持证券为优先级资产支持证券提供信用支持。

根据交易安排，专项计划存续期内每个兑付日，当期优先级资产支持证券的预期收益和本金享有优先受偿权，待其预期收益、本金全部兑付完毕后，剩余专项计划资产再分配给次级资产支持证券持有人，从而降低了优先级资产支持证券的信用风险。

## 二、银行间协会CMBN案例

笔者以首支协会CMBN——“上海世茂2017年度第一期资产支持票据”为例。2017年9月13日，上海世茂国际广场有限责任公司2017年度第一期资产支持票据成功发行,发行总规模65亿元,其中,优先A级资产支持票据规模为38亿元,优先B级资产支持票据规模为24亿元,次级资产支持票据规模为5亿元。本单产品的成功发行,标志着银行间市场首单商业地产抵押贷款支持票据(CMBN)成功落地,这也是2016年信托型ABN业务推出以来发行规模最大一单,同时也是银行间首单双SPV结构设计的ABN产品。本单CMBN的成功发行,在成功扩容了ABN产品包容度的同时,还将有利于发挥银行间市场投资者风险识别能力强和发行成本低等方面的优势,对于实体企业去杠杆和促进我国银行间市场非金融企业资产支持票据发展意义重大。

上海世茂2017年度第一期资产支持票据产品结构如表14－5所示。

**表14－5 上海世茂2017年度第一期资产支持票据产品结构**

| 产品 | 评级 | 规模 | 占比(%) | 期限 | 摊还方式 | 利率类型 |
|---|---|---|---|---|---|---|
| 优先A | AAA | 380,000 | 58.46 | 3+3+3+3+3+3+2 | 固定摊还<br>每半年还本付息 | 固定利率 |
| 优先B | AA+ | 240,000 | 36.92 | 3+3+3+3+3+3+2 | 到期还本 | 固定利率 |
| 次级 | NR | 30,000 | 4.62 | | | |

## (一)资产支持票据概况

上海世茂国际广场有限责任公司成立于1994年,注册资本为16亿元人民币,业务范围包括酒店经营、百货、房地产等领域。

上海世茂国际广场有限责任公司主要运营百联世茂国际广场(购物中心)和上海世茂皇家艾美酒店,并通过其子公司宁波世茂新纪元路业有限公司运营宁波春晓世茂希尔顿逸林酒店。此外,世茂国际广场还通过宁波新纪元路业有限公司运营宁波市北仑地块其他商业地产项目,主要包括酒店式公寓和低密度别墅的建设和销售。世茂国际广场近三年毛利率达到40%～60%,营收稳步增长,其中房地产在总营收中占比较少,酒店和百货经营情况良好。公司控股股东是Best Empire Investments Limited,实际控制人许荣茂先生。

## (二)交易结构

上海世茂国际广场资产支持票据交易结构如图14－3所示。

在该交易结构下,通过第一个信托形成信托受益权,再以信托收益权为基础资产设立资产支持票据信托发行证券。整体交易可以分为六个步骤。

1. 上海穆翊作为单一资金信托委托人与兴业信托签订《兴业信托·世茂国际广场单一资金信托》,设立信托资金总规模为65亿元的单一资金信托,上海穆翊已向信

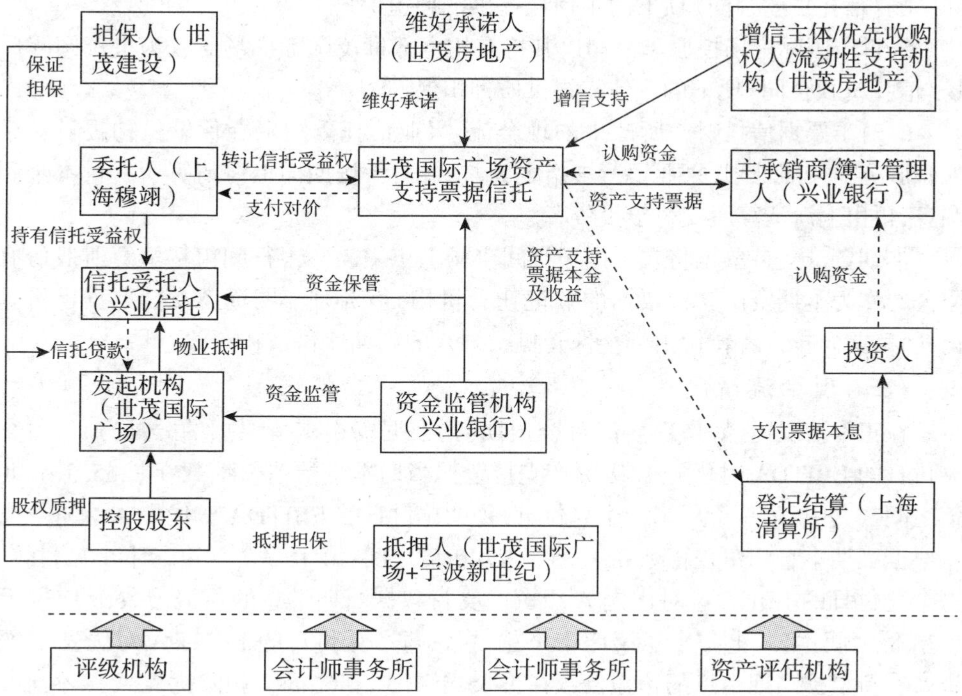


**图 14－3 上海世茂国际广场资产支持票据交易结构**

资料来源:《上海世茂国际广场有限责任公司 2017 年度第一期资产支持票据募集说明书》。

托受托人交付信托资金 65 亿元,上海穆翊为唯一的信托受益人;兴业信托(代表单一资金信托)根据与世茂国际广场签署的《优先债信托贷款合同》和《次级债信托贷款合同》,向世茂国际广场分别发放了 38 亿元的优先级贷款及 27 亿元的次级贷款。

2. 根据《上海世茂国际广场有限责任公司 2017 年度第一期资产支持票据票据信托合同》的约定,上海穆翊作为票据信托委托人将其合法所有的"兴业信托·世茂国际广场单一资金信托"信托受益权委托给兴业信托设立资产支持票据,发行资产支持票据。

3. 世茂建设对世茂国际广场在《信托贷款合同》项下的全部债务承担连带责任保证;根据《增信安排协议》的约定,如发生评级下调事件的,世茂建设为资产支持票据提供增信支持;世茂建设对单一资金信托的信托受益权享有优先收购权,并应按时、足额支付相应的权利维持费。世茂房地产控股有限公司出具《维好承诺函》,为资产支持票据提供维好承诺。

4. 世茂国际广场以其所有的百联世茂国际广场(购物中心)及上海世茂皇家艾美酒店物业、宁波新纪元以其所有的宁波春晓世茂希尔顿逸林酒店物业为世茂国际广场《信托贷款合同》项下的主债权提供抵押担保。

5. 世茂国际广场控股母公司以其持有的全部世茂国际广场股权为世茂国际广场《信托贷款合同》项下的主债权提供质押担保。

6. 对于票据信托财产所产生的现金流,兴业信托委托资金保管机构提供资金保管服务。按照计划,兴业银行被指定为监管银行,按期向上海清算所支付本金和利息,再由上海清算所支付给投资者。

本期资产支持票据将在中国银行间市场上市交易。银行间市场清算所股份有限公司作为本期资产支持票据的登记托管机构,负责对本期资产支持票据进行登记托管,并向投资者转付由资金保管机构划入的到期应付信托利益。

### (三)现金流情况

在正常情况下,如果现金流符合预期,则根据资产支持票据的分配方案,每个兑付日的EBITDA对优先A级资产支持票据当期本息的覆盖倍数在1.35至1.40倍之间。其中,第一个至第十个兑付日,每个兑付日的EBITDA对优先A级资产支持票据当期本息的覆盖倍数在1.35至1.40倍之间;第十一个至第二十个兑付日,每个兑付日的EBITDA对优先A级资产支持票据当期本息的覆盖倍数在1.36至1.38倍之间;第二十一个至第四十个兑付日,每个兑付日的EBITDA对优先A级资产支持票据当期本息的覆盖倍数在1.35至1.37倍之间。扣除优先A级本息兑付后的EBITDA余额对优先B级资产支持票据利息的覆盖倍数为0.45~0.99,剩余部分由优先收购权人世茂建设支付的权利维持费补足。

上海世茂资产支持票据的现金流情况预测如表14-6所示。

**表14-6 上海世茂资产支持票据的现金流情况预测**

单位:万元

| 日期 | 经营现金净流量 | 日期 | 经营现金净流量 | 日期 | 经营现金净流量 |
|---|---|---|---|---|---|
| 2017年1至6月 | 13,092.52 | 2020年7至12月 | 18,836.02 | 2024年1至6月 | 20,345.28 |
| 2017年7至12月 | 11,525.06 | 2021年1至6月 | 19,046.24 | 2024年7至12月 | 20,530.75 |
| 2018年1至6月 | 8966.42 | 2021年7至12月 | 19,293.57 | 2025年1至6月 | 20,689.97 |
| 2018年7至12月 | 12,747.33 | 2022年1至6月 | 19,439.75 | 2025年7至12月 | 20,967.28 |
| 2019年1至6月 | 18,282.57 | 2022年7至12月 | 19,694.24 | 2026年1至6月 | 21,061.38 |
| 2019年7至12月 | 18,390.75 | 2023年1至6月 | 19,844.64 | 2026年7至12月 | 21,274.71 |
| 2020年1至6月 | 18,672.49 | 2023年7至12月 | 20,106.52 | 2027年1至6月 | 21,370.60 |

续表

| 日期 | 经营现金净流量 | 日期 | 经营现金净流量 | 日期 | 经营现金净流量 |
|---|---|---|---|---|---|
| 2027年7至12月 | 21,588.05 | 2031年1至6月 | 22,668.15 | 2034年7至12月 | 23,957.17 |
| 2028年1至6月 | 21,776.28 | 2031年7至12月 | 22,902.95 | 2035年1至6月 | 24,068.69 |
| 2028年7至12月 | 21,907.43 | 2032年1至6月 | 23,104.97 | 2035年7至12月 | 24,322.23 |
| 2029年1至6月 | 22,007.00 | 2032年7至12月 | 23,247.66 | 2036年1至6月 | 24,539.12 |
| 2029年7至12月 | 22,232.95 | 2033年1至6月 | 23,355.04 | 2036年7至12月 | 24,694.34 |
| 2030年1至6月 | 22,334.42 | 2033年7至12月 | 23,599.03 | | |
| 2030年7至12月 | 22,564.75 | 2034年1至6月 | 23,708.46 | | |

资料来源:上海世茂国际广场有限责任公司2017年度第一期资产支持票据募集说明书。

### (四)增信机制

1. 优先/次级安排

通过设定优先级/次级的本息偿付次序来实现内部信用提升。根据不同的风险、收益特征,本期资产支持票据分为优先级资产支持票据和次级资产支持票据。优先级资产支持票据包括2个类别,分别为优先A级资产支持票据、优先B级资产支持票据。优先A级资产支持票据的本息偿付次序优于优先B级资产支持票据,优先B级资产支持票据的本息偿付次序优于次级资产持票据。优先A级资产支持票据获得优先B级资产支持票据和次级资产支持票据提供41.54%的信用支持;优先B级资产支持票据获得次级资产支持票据提供4.62%的信用支持。

2. 超额覆盖

该资产支持票据目标资产的物业运营净收入等对优先A级资产支持票据每年的本息支出存在超额覆盖。在假定目标资产物业运营等收入符合依据市场评估以及历史表现所预测的现金流的正常情景中,根据以上假定以及资产支持票据的分配方案,每年的EBITDA对优先A类资产支持票据每年本息兑付的覆盖倍数均在在1.35倍及以上。

3. 资产抵押

兴业信托(代表单一资金信托)分别与世茂国际广场、宁波新纪元签署的《优先债信托贷款抵押合同》和《次级债信托贷款抵押合同》的约定,以其所有的物业为《信托贷款合同》项下的主债权提供抵押担保。

4. 世茂国际广场权益质押及担保人连带责任保证担保

兴业信托(代表单一资金信托)与Best Empire Investments Limited分别签署

《优先债信托贷款质押合同》及《次级债信托贷款质押合同》,世茂建设对世茂国际广场在信托贷款项下的全部债务承担连带责任保证。

5. 增信主体提供流动性支持

如果受托人从登记托管机构获取的已确认完成退出的资产支持票据份额与该日对应的开放退出登记期内申请退出的资产支持票据份额存在差额的,则增信主体应买入差额部分的全部份额,并根据受托人的通知,将其买入差额份额对应的购买价款一次性支付至受托人指定的信托账户。

6. 评级下调的增信安排

根据《增信安排协议》的约定,如发生评级下调事件的,增信主体应选择如下增信措施中的一种:申请信托贷款提前到期,要求行使单一资金信托受益权优先收购权;选择支付保证金,或选择启动信托计划临时开放程序。

7. 现金流净额覆盖不足增信安排

于每一现金流核算日,标的信托受托人应将世茂国际监管账户内当期物业运营净收入与EBITDA目标值进行对比;如低于EBITDA目标值的1.15倍(现金流净额覆盖不足事件),受托人有权于该现金流核算日后一工作日向增信主体发送通知,增信主体应在相应现金流核算日后5个工作日内将预付分配收益支付至"世茂国际广场监管账户",使当期现金流净额与预付分配收益之和达到EBITDA目标值的1.15倍。每次增信主体应支付预付分配收益金额等于届时适用的EBITDA目标值的1.15倍减去当期现金流净额的差额。预付分配收益将由受托机构用于资产支持票据的利息或/及本金的兑付,增信主体无法取回已支付的预付分配收益。

8. 世茂房地产提供维好承诺

本期资产支持票据,由世茂房地产提供维好承诺,承诺:世茂房地产将始终直接或间接持有不少于世茂建设100%的股权,并对世茂建设拥有管理控制权;将促使世茂建设有足够流动资产确保世茂建设按时足额支付其在标的信托以及上海世茂国际广场有限责任公司2017年度第一期资产支持票据信托交易文件项下应付的任何金额;以及若世茂建设于承诺期间内任何时候确定其流动资产不足以如期履行其在任何交易文件项下的支付义务,则世茂建设应立即通知世茂房地产该等情形,世茂房地产在知晓后应立即以一切适当方式(包括但不限于协调境内子公司)为世茂建设提供足够资金使世茂建设可以如期履行有关支付义务。

第十五章

# 信托受益权资产证券化

信托受益权资产证券化属于企业资产证券化的大类资产。本章拟梳理目前市场上信托受益权资产证券化项目,综合分析、总结该类业务模式的特点、流程等,为券商、基金子公司等机构承揽、承做非银登中心的信托受益权资产证券化项目提供借鉴和参考。限于篇幅,作者不探讨信托受益权资产支持票据。

第一节

## 信托受益权资产证券化的界定

信托受益权的界定是研究信托受益权资产证券化的前提。信托是一个宏大课题,作者只就信托受益权与资产证券化紧密相关的命题进行简单探讨。

### 一、信托的概念

信托起源于13世纪的英国。当时,在仍处于封建社会的英国,宗教徒习惯于死后把自己的土地捐献给教会。根据英国法律,教会土地免征役税。教会土地不断增多必然导致国家役税收入减少。13世纪初,英王亨利三世颁布了《没收条例》,条例规定,只有得到国王的许可才能把土地赠与教会,对于擅自出让或赠与者,将没收其土地。为规避《没收条例》,宗教徒们在遗嘱中把土地赠与第三者所有,同时规定教会有土地的实际使用权和收益权,这就是"尤斯制"。"尤斯制"经过多年演化后发展成了现代信托制度。信托制度在普通法系国家应用非常广泛,进入20世纪后,许多大陆法系国家也逐步借鉴信托制度并予以本土化。

2001年,我国出台了《信托法》。该法第2条规定,信托是指委托人基于对受托人的信任,将其财产权委托给受托人,由受托人按委托人的意愿以自己的名义,为受益人的利益或者特定目的进行管理或者处分的行为。通说认为,财产权是指以财产上的利益为标的的权利,比如物权、债权以及专利权、商标权、著作权等知识产权。可见,信托是一种以财产权为中心的法律关系,信托关系就是以信托财产为中心,由委托人、受托人、受益人三者构成的法律关系。

## 二、信托的分类

根据不同标准,信托有不同的分类。根据信托财产的初始状态,信托可以分为资金信托和财产权信托。资金信托的信托财产初始状态是资金,是指委托人基于对信托公司的信任,将自己合法拥有的资金委托给信托公司,由信托公司按委托人的意愿以自己的名义,为受益人的利益或者特定目的管理、运用和处分的行为。根据委托人的数量,资金信托又可以分为单一资金信托计划和集合资金信托计划。单一资金信托是指委托人为单个自然人或机构的信托产品。集合资金信托的委托人为多个自然人或机构。单一资金信托多为被动管理型产品,①集合资金信托通常是信托公司自主开发的主动管理型产品②。资金信托的委托人和受益人基本是同一的。

根据中国银监会《信托业务监管分类试点工作实施方案》,财产权信托是指信托公司依据信托文件的约定,以依法可以流转的非资金形式的财产或财产权设立信托,对信托财产进行管理和处分的信托业务。如证券代持、股权代持、房屋代租、土地流转信托、以债权设立信托等。按照信托财产的标的物不同,财产权信托又可细分为动产信托、不动产信托、知识产权信托和其他财产权信托。根据财产权利类型的不同,财产权信托又可进行二级分类,例如,债权信托可以分为应收账款信托、银行信贷资产信托等。财产权信托的委托人是融资方。投资者交付产品认购资金从而获得信托公司代为转让的信托受益权。

信托公司具有《贷款通则》所规定的贷款经营资质。目前,资金信托业务是信托业的主要业务模式,同时诸多信托公司也开展财产权信托,财产权信托业务的比重在逐步增加。

---

① 根据中国银监会《信托业务监管分类试点工作实施方案》,被动管理型信托是指信托公司不具有信托财产的运用裁量权,而是根据委托人或是由委托人委托的具有指令权限的人的指令,对信托财产进行管理和处分的信托。被动管理型信托应当具有以下主要特征:(1)信托设立之前的尽职调查由委托人或其指定的第三方自行负责。信托公司有权利对信托项目的合法合规性进行独立的尽职调查;(2)信托的设立、信托财产的运用和处分等事项,均由委托人自主决定或信托文件事先明确约定;(3)信托公司仅依法履行必须由信托公司或必须以信托公司名义履行的管理职责,包括账户管理、清算分配及提供或出具必要文件以配合委托人管理信托财产等事务;(4)信托终止时,以信托财产实际存续状态转移给信托财产权利归属人,或信托公司根据委托人的指令对信托财产进行处置。

② 根据中国银监会《信托业务监管分类试点工作实施方案》,主动管理型信托是指信托公司具有全部或部分的信托财产运用裁量权,对信托财产进行管理和处分的信托。

## 三、信托受益权的含义

根据统计，"信托受益权"在《信托法》中共出现了十次，但《信托法》并未明确界定信托受益权。其他信托法律、法规等也未对信托受益权作出明确的阐述。日本学者中野正俊认为，在信托行为中，信托受益权指受益人在信托关系中所享有的信托利益的权利。[①] 国内通说认为，信托受益权指受益人在信托关系中所享有的享受信托利益的权利以及依据《信托法》与信托文件规定所享有的其他权利。

信托受益权的享有者是受益人，即在设立信托时被指定享有信托行为所产生利益的人，或者是在信托过程中被依法确定享有信托收益权利的人。《信托法》第44条、第45条规定，受益人自信托生效之日起享有信托受益权。信托文件另有规定的，从其规定。共同受益人按照信托文件的规定享受信托利益。信托文件对信托利益的分配比例或者分配方法未作规定的，各受益人按照均等的比例享受信托利益，这是受益人享有信托受益权的法律依据，包括享有受益权的时间、比例和其他规定。信托法也规定，受益人可以是自然人、法人或者依法成立的其他组织。实操中，委托人可以是受益人，也可以是同一信托的唯一受益人。受托人可以是受益人，但不得是同一信托的唯一受益人。

信托利益也没有明确的法律意义上的定义，主要是指信托受益人按照信托文件的规定，可以从信托中得到的利益，但总体而言，应该包括财产利益和非财产利益。相应地，信托受益权也就包含财产性权利和非财产性权利。财产性权利是信托受益权的主要内容，以受益人直接的经济利益为核心，也是信托受益权的目的权利。非财产性权利是信托受益权的附属内容，目的是监督受托人尽职管理和确保信托顺利实施，是信托受益权的工具性权利，如知情权（受益人同时是委托人的情况下，《信托法》第20条）、调整信托财产管理方法权（《信托法》第21条）、信托财产的追及权利（即信托财产被受托人不当处分后向第三人请求返还的权利，《信托法》第22条）、受托人的解任权（《信托法》第23条）、撤销权（即撤销受托人违反信托的处分行为，《信托法》第49条）等。

需要指出的是，信托受益权中的"受益权"非"收益权"。现在很多创新类的金融产品中出现了"收益权"的概念，是对拟转让金融资产进行证券化、类证券化处理的一个通用手段，比如应收账款收益权、信贷资产收益权、融资融券收益权等。笔者以"南京公交集团公交经营收费收益权资产支持专项计划"为例，该项基础资产是"江南公交、扬子公交合法拥有的公交经营收费权项下自专项计划设立日之次月

---

① ［日］中野正俊著：《信托法判例研究》，张军建译，中国方正出版社2004年版，第110页。

起五年内向市民卡公司收取特定期间公交票款结算收益(扣除服务费)的权利"。在我国现行法律制度中,"收益权"也缺乏明确的法律地位,并不是一个法律用语。一般认为,收益权是财产权经济利益的体现,本质上指向基础资产所产生的现金流。如果套用民法原理关于物权与权能的分离理念,几乎所有财产权都可以作为基础资产,从而分离出收益权能。

## 四、信托受益权资产证券化的概念

关于信托受益权性质的争议持续不断,对于其应当归类为债权或物权,甚至是新权利,尚未有明确结论。限于本文主旨,笔者不再展开探讨。但是,在很多场景下,信托受益权缺乏流动性,能够产生可预见的稳定现金流。《信托法》第 45 条规定,共同受益人按照信托文件的规定享受信托利益。信托文件对信托利益的分配比例或者分配方法未作规定的,各受益人按照均等的比例享受信托利益。也就是说,信托受益权可以通过两个维度进行分割:量的分割,按比例分割;质的分割,通过设定优先受益权和劣后受益权来确定返还现金流的顺序,或设定本金受益权和利息受益权确定受益权的权利内容,形成复合化的层次结构。[①] 同时,《信托法》第 47 条规定:"受益人不能清偿到期债务的,其信托受益权可以用于清偿债务,但法律、行政法规以及信托文件有限制性规定的除外。"第 48 条规定:"受益人的信托受益权可以依法转让和继承,但信托文件有限制性规定的除外。"《信托公司集合资金信托计划管理办法》第 29 条规定:"信托计划存续期间,受益人可以向合格投资者转让其持有的信托单位。信托公司应为受益人办理受益权转让的有关手续。信托受益权进行拆分转让的,受让人不得为自然人。机构所持有的信托受益权,不得向自然人转让或拆分转让。"这从法律层面明确了信托受益权的可转让性。据此,可以预测信托受益权未来现金流,信托受益权有存续期限,且可以流通,信托受益权具备成为资产支持证券适格基础资产的条件。

信托受益权资产证券化就是以信托受益权为基础资产,以其所产生的稳定现金流为偿付支持,通过结构化的方式进行信用增级,在此基础上发行资产支持证券的过程。2013 年 3 月 15 日,中国证监会出台了《证券公司资产证券化业务管理规定》。《管理规定》第 2 条第 2 款规定"前款规定的财产权利或者财产,可以是企业应收款、信贷资产、信托受益权、基础设施收益权等财产权利,商业物业等不动产财产,以及中国证监会认可的其他财产或财产权利",首次将信托受益权纳入可证券化的基础资产。《证券公司及基金管理子公司公司资产证券化管理规定》规定,资

① 李志国:《资产证券化:信托大有可为》,载《当代金融家》2015 年第 2 期。

产证券化的基础资产可以为信托受益权。2016 年 5 月,中国证监会监管问答中,明确了“以单一信托受益权为基础资产,基础资产除必须满足现金流独立、持续、稳定、可预测的要求之外,还应当依据穿透原则对应和锁定底层资产的现金流来源,同时现金流应当具备风险分散的特征。无底层现金流锁定作为还款来源的单笔或少笔信托受益权不得作为基础资产”。明确需要穿透信托受益权到底层资产。至此,信托受益权的企业资产证券化操作已经具备规则基础。

## 第二节 信托受益权资产证券化的发行情况、分类及其意义

信托受益权是企业资产证券化的热门资产之一。作者先简单介绍一下信托受益权资产证券化市场的发行情况,然后再分析其分类和意义。

### 一、信托受益权资产证券化的发行概况

根据中国资产证券化分析网的统计数据,截至 2017 年 10 月 30 日,以信托受益权作为基础资产的证券化产品总计发行 114 只,发行总金额为 2589. 95 亿元,其中,仍处于存续期的产品 99 只,未偿金额为 1744. 05 亿元。信托受益权资产证券化项目的所有产品中,年化提前偿还率为 1. 99%,次级资产支持证券的平均占比为 9. 15%,证券端的平均利率为 4. 87%,发行的产品尚未出现违约情况。

### 二、信托受益权资产证券化的分类

从信托受益权资产证券化的案例来看,笔者认为,根据信托公司在项目中的角色,可以把信托受益权资产证券化分为信托通道类的信托受益权资产证券化和非通道类资产证券化。信托公司作为“通道”一般是指信托公司在整个项目中,只是利用其牌照和制度上的优势,在项目撮合及实施落地上从事辅助工作。换言之,通道类信托受益权中,信托公司的角色是项目参与人,非通道类项目中,信托公司是主导方,是项目交易安排人。

#### (一)通道类信托受益权资产证券化

在通道类信托受益权资产证券化项目中,引入信托的主要目的是出于结构设计考虑。信托公司作为信托的受托人,代理原始权益人(信托的委托人)设立信托,负责配合原始权益人创设基础资产(信托受益权),承担账户管理、清算分配及提供或出具必要文件和受委托人的委托管理信托财产等事务管理职责,同时收取少量

的信托报酬。实操中，通道模式下，信托创设阶段就明确了信托受益权转让给专项计划的相关事宜。

通道类信托受益权资产证券化有。

1. 信托贷款类

信托贷款类的程序通常如下：原始权益人投资信托计划获得信托受益权；信托公司成立信托计划；信托计划向实际融资人发放信托贷款，以相关权利（债权、收益权或者所有权）为信托贷款提供抵质押；原始权益人转让信托受益权；专项计划管理人接受专项计划投资者委托；专项计划管理人（代表专项计划）以专项计划募集资金自原始权益人处受让信托受益权。比如原始权益人为银行的天津限价房ABS、扬州保障房ABS和美兰机场信托受益权ABS，原始权益人为关联企业的扬州迎宾馆ABS。

2. 自益信托类

自益信托类的程序通常如下：实际融资人设立自益财产信托，将相关权利信托给信托公司，自己获得相关未来收益的信托受益权；专项计划管理人（代表专项计划）向实际融资人受让信托受益权；实际融资人成为原始权益人。自益信托引入信托结构主要是出于解决资产本身的权利瑕疵问题、基础资产抵质押问题等，比如武清自来水收费权ABS。

以信托为通道的信托受益权类ABS项目，根据在项目成立时信托受益权是否存在，还可以分为存量型信托受益权ABS和非存量型信托受益权ABS。

1. 存量型信托受益权ABS

存量型信托受益权ABS的基础资产为已经形成的信托受益权，资产证券化的主要目的是信托受益权的流转和存量资产的盘活。比如商业银行非标转标类信托受益权资产证券化。国君资管恒信1号、2号资产支持专项计划以及微贷信托受益权资产支持专项计划均以存量的信托受益权作为基础资产，其中，国君资管恒信1号、2号资产支持专项计划原始权益人为恒丰银行，其以2014～2015年间投资于云南信托、中铁信托单一资金信托产品享有的信托受益权的基础资产，微贷信托受益权资产支持专项计划以中信产业投资基金管理有限公司、中信夹层（上海）投资中心及上海华振运输有限公司通过外贸信托发放的消费信托贷款信托受益权为基础资产。

2. 非存量型信托受益权ABS业务

非存量型信托受益权ABS中，信托受益权是临时构建的，主要是基于ABS产品交易构架搭建、增信措施等考量。比如宁北发电信托受益权资产支持专项计划、天津房信限价房信托受益权资产支持专项计划、扬州保障房信托受益权资产支持专项计划以及海印股份信托受益权专项资产管理计划等。

### (二)非通道类信托受益权资产证券化

非通道类信托受益权资产证券化中,信托公司作为交易安排人,可以主导产品发行,深度参与项目尽职调查、项目论证、方案设计、安排过桥资金、资产池构建、中介机构聘用、监管沟通、推广发行、费用分配等业务流程,不再单纯作为通道,发挥了更强的资源调配能力,突出体现在对底层资产的选择、风险控制、处置等主动管理能力。比如"畅行资产"项目由昆仑信托主导完成,在"畅行资产"项目中,过桥资金为昆仑信托的自有资金;"星美国际影院"项目由华宝信托主导;"嘉实建信"项目由建信信托主导等。再如中建投信托与华林证券携手推出的"华林证券—新和昌物业费信托受益权资产支持专项计划",中建投信托为和昌地产集团有限公司关联方"量身定做"了资产证券化产品方案。"天风—中航红星爱琴海商业物业信托受益权资产支持专项计划"中,中航信托兼具原始权益人与受托人双重身份,中航信托主导了中介选取、产品设计、项目协调和投资者推介等主要金融服务。市场上还出现了信托公司通过设立 Pre-ABS 基金、ABS 夹层基金的方式深度参与信托受益权资产证券化项目的案例。有关 Pre-ABS 的具体内容,请见本书其他章节的探讨,不再展开。

非通道类信托受益权资产证券化中,信托公司大部分作为原始权益人。比如嘉实建信信托受益权 ABS 的基础资产为建信信托的 14 笔信托受益权资产,建信信托为原始权益人,同时,计划管理人委托资产服务机构(建信信托)对基础资产进行管理和服务,更进一步加强了建信信托的主导作用。

## 三、信托结构的意义

毫无疑问,"信托计划 + 专项计划"结构使交易结构复杂化,发行成本也有所增加。"嘉实建信 ABS"甚至采用了"信托 + 信托 + 资产支持专项计划"的三重 SPV 结构,基础资产是兴业信托作为受托人的若干笔资金信托,通过认购特定财产权信托("鹏程一号")、受让特定信托项目受益权而享有的信托受益权组合。笔者认为,总体而言,信托结构的意义主要在于:

### (一)信托公司受益

1. 有利于信托受益权流转

根据中国信托业协会的数据,截至 2017 年 9 月 30 日,信托公司的信托资产达 244,053.09 亿元。根据《信托公司集合资金信托计划管理办法》,信托期限不少于 1 年。信托公司有创新融资方式、盘活存量资产的需求,但信托受益权的流转途径不多。信托公司通过资产支持专项计划将信托受益权在证券市场实现交易,顺利解决信托受益权缺乏流动性的问题，也实现了信托受益权产品标准化。

2. 有利于降低资金成本和滚动投资

“资产荒”的背景下，一些信托公司可能面临着资产收益与资金价格倒挂的困境。目前来看，资产证券化证券端的发行价格相比信托公司的其他资金价格来说，尚有利差。在2017年6月，信托公司的信托贷款加权平均利率约为6.5%，发行的资产证券化的加权利率约为5.5%，中间有约100BP的价差，如兴业信托兴信一期资产支持专项计划、华能贵诚智诚四期资产支持专项计划。信托公司引入资产证券化工具，将资产流转出去，在盘活存量资产的同时还能获得低成本的融资，进行新一轮投资，从而提升资产收益水平。

(二)有利于开展非标业务

2009年以来，商业银行信贷投放管控日趋加强，尤其对地方政府融资平台、房地产企业的银行间接融资管控趋严，同时，我国商业银行受诸多监管限制，其中，为了满足信贷规模管制、降低资本消耗、保持拨备覆盖率等，银行积极借助信托、证券、基金子公司、保险公司等通道投放非标资产，以信托计划作为通道的业务规模最大。根据银行业理财登记托管中心有限公司发布的《中国银行业理财市场报告(2017上半年)》，截至2017年6月底，全国共有555家银行业金融机构有存续的理财产品8.58万只，存续余额28.38万亿元，其中投向非标准化债权类资产占比16.14%，且通过发放信托贷款成为非标资产形成的主要方式之一。

为了限制银行非标规模，2013年银监会发布《关于规范商业银行理财业务投资运作有关问题的通知》(银监发〔2013〕8号)，限制商业银行理财资金投资非标资产的上限，即为理财产品余额的35%与商业银行上一年度审计报告披露总资产的4%之间孰低者。2017年初，号称“史上最严”的MPA考核将表外理财纳入广义信贷，商业银行必须切实提升流动性管理能力。陆续出台的一系列监管政策极大地限制了非标业务的发展，“非标转标”也成为发展趋势，而以信托贷款的受益权为基础资产的资产证券化成为商业银行非标转标的重要途径。

2014年4月24日，中国人民银行等五部门发布的2014年中国银监会《关于规范金融机构同业业务的通知》(银发〔2014〕127号)鼓励金融机构开展资产证券化业务以来，商业银行作为原始权益人的信托受益权资产证券化项目不断涌现。如2016年12月23日获得上交所的无异议函的“兴证资管—九江银行信托受益权资产支持专项计划”就是银行非标类信托受益权项目。目前，参与的商业行业越来越多，比如恒丰银行股份有限公司、厦门银行股份有限公司、渤海银行股份有限公司、九江银行股份有限公司、兴业银行股份有限公司、中信银行股份有限公司、招商银行股份有限公司、上海浦东发展银行股份有限公司、浙商银行股份有限公司等。

### (三)有利于完善证券化结构

根据《证券公司及基金管理公司子公司资产证券化业务管理规定》的规定,企业资产证券化的基础资产应权属明确,可以产生独立、可预测的现金流且可特定化的财产权利或财产。信托计划通过合同明确约定了收益及本息的支付方式,具有稳定可预测的现金流,权属明确。实践中,有一些拟证券化的资产,并不完全符合该《管理规定》对基础资产的规定,通过架设信托结构,重构基础资产,可以解决很多难题。

1. 解决基础资产的特定化

特定化是指对物权、债权、人身权利以及其他权利进行具体划分,可以与其他权利相区别,清晰归属。资产证券化的基础资产需要在初始转让时明确界定。实践中,有些拟证券化的资产因为无法特定化,难以直接作为基础资产发行资产支持证券,嵌套一层信托结构后,基础资产就可以为特定化的信托受益权。

比如"海印股份信托受益权专项资产管理计划"。浦发银行作为过桥方,通过信托计划向海印股份发放一笔信托贷款。海印股份以旗下运营管理的 14 个商业物业整租合同项下的商业物业特定期间经营收益应收账款质押给信托计划,并承诺以 14 家商业物业的租金及其他收入作为信托贷款的还款来源。租户具有违约和退租的可能性。即使海印股份重新招商并签署新的租赁合同,但此时形成的应收款并未纳入初始界定的基础资产之中,存续期内基础资产与初始界定发生偏离的风险比较大。采用信托结构就较好地解决了这一问题。

再比如 2016 年 9 月 22 日备案成立的"阳光学院一期资产支持专项计划"。由于学费、住宿费收益权产生的现金流与原始权益人的经营情况高度相关,通过架构信托,将基础资产由收费权转为债权,实现了现金流的特定化和可预测。

2. 解决基础资产属性问题

证券化基础资产需要具有明确的法律属性。目前,我国尚未对收益权、未来收益权进行严谨的细化规定,现有的规则位阶较低。对于现有法律法规政策无明确规定的、无特许经营许可情形的未来收益权更应该谨慎推进。通过嵌入信托结构是可以探讨的解决方案之一。比如"扬州保障房信托受益权资产支持专项计划",已销售保障房占比较低,基础资产属性较难界定,最终引入信托受益权架构。

3. 解决现金流平滑、估算和归集问题

在实操中,通过构建信托结构,也可以解决部分项目出现的现金流平滑、估算和归集问题。比如租金收益权项目,租赁合同多为短期,存在退租等情况,而专项计划存续期较长,设计信托受益权后,虽现金流并没有因此而增强,但作为基础资产的信托受益权所产生的现金流是稳定的、可以预测的信托贷款的本息。而"海印股份信托受益权专项资产管理计划”中,14 个商业物业分属于海印股份及其下属的 13 家子公司,不易保证现金流稳定,不便于监管,也不便于现金流归集,通过设计信托受益权是比较好的解决方案。

再如保障房销售回款规模及进度具有一定的不确定性,采用信托模式可以达到现金流等目的。在负面清单发布之后,镇江公住保障房信托受益权资产支持专项计划、天津房信限价房信托受益权资产支持专项计划都采用了信托受益权结构,将保障房项目不规整的未来销售收入整合成标准的信托受益权产品。

4. 强化破产隔离效果

根据《证券公司及基金管理公司子公司资产证券化业务管理规定》,专项计划资产独立于原始权益人、管理人、托管人及其他业务参与人的固有财产。原始权益人、管理人、托管人及其他业务参与人因依法解散、被依法撤销或者宣告破产等原因进行清算的,专项计划资产不属于其清算财产。资产支持计划与原始权益人签订资产买卖合同来实现资产的转移。但是,《证券公司及基金管理公司子公司资产证券化业务管理规定》属于部门规章,法律位阶比较低。专项计划基于《证券公司及基金管理公司子公司资产证券化业务管理规定》的破产隔离效力,就存在一定的不确定性,是否能够获得司法的支持有待验证。再者,基础资产为未来收益权的情况下,证券公司或基金子公司主导的资产支持专项计划很难实现破产隔离功能。

与资产支持专项计划相比,信托作为 SPV 进行风险隔离的法律基础更强。信托财产的独立性是最具特色的制度设计。《信托法》第 15 条规定信托财产与委托人的财产相互独立,第 16 条、第 18 条规定信托财产与受托人财产相互独立,《信托公司管理办法》第 3 条和《信托公司集合资金信托计划管理办法》第 3 条亦规定信托财产不属于信托公司的固有财产,也不属于信托投资公司对受益人的负债。这些规定明确了信托财产的独立性制度,包括财产损益的独立性、偿债方面的独立性、继承方面的独立性、抵消方面的独立性、混同方面的独立性。[①] 信托财产的独立性在嵌入资产证券化交易结构后,能实现底层资产和原始权益人之间更为彻底的破产隔离和风险隔离,保证了证券化资产的所有权和处分权归属于投资者所有。

此外,在某些个案中,信托结构也有独特的意义,如长租公寓资产证券化的魔方公寓和自如资产证券化项目,融资人本身不具有房屋的所有权,经营模式是作为二房东将承租的房屋再出租获取租金收益,而租金收益是依附于所有权存在的。设计信托受益权结构后,优先级资产支持证券的本息兑付第一来源变成借款人对信托贷款本息的偿付,底层的租金收益作为第二来源,部分解决了基础资产的权属

① 李志国:《资产证券化:信托大有可为》,载《当代金融家》2015 年第 2 期。

瑕疵问题;再如基础资产未来一段时间产生的现金流有限,产生现金流的相关合同期限较短,而融资人对融资规模、期限要求比较长,通过设计信托受益权结构后,可以拉长证券端的期限,增大融资规模。

## 第三节
# 信托受益权资产证券化的实操要点

信托受益权底层基础资产非常多样,很难建立一个单一的实操分析框架。笔者认为,在承揽承做信托受益权资产证券化项目时,应该至少关注以下几个问题:

### 一、负面清单

《资产证券化基础资产负面清单》中列入负面清单的基础资产包括:

1. 以地方政府为直接或间接债务人的基础资产。但地方政府按照事先公开的收益约定规则,在政府与社会资本合作模式(PPP)下应当支付或承担的财政补贴除外。

这条规定限制了底层资产现金流来源,除特殊情形之外,不能存在直接或间接财政补贴、政府担保或者兜底等情况,比如地方政府作为债务人的 BT 项目应收款;租赁资产证券化项目中,出租人获得的租金收入中有地方政府的部分补贴等,但是,本条规定将 PPP 模式作为特例,使 2017 年初的全国首批 PPP 项目资产证券化的操作成为可能。

2. 以地方融资平台公司为债务人的基础资产。本条所指的地方融资平台公司是指根据国务院相关文件规定,由地方政府及其部门和机构等通过财政拨款或注入土地、股权等资产设立,承担政府投资项目融资功能,并拥有独立法人资格的经济实体。

实操中的难点或困惑在于不在中国银保监会地方政府融资平台名单中的企业是否就不属于地方政府融资平台、如何判断经济实体是否承担政府投资项目融资功能、是部分承担还是全部承担等。如果为多笔信托受益权的基础资产,逐笔的债务人除了需要退出中国银保监会地方政府融资平台名单,还需要满足"单 50"测试,即"债务人涉及土地开发、政府项目代建等相关业务的,其报告期来自所属地方政府的收入和现金流占比均不得超过 50%,但募集资金用于省级保障房的除外"。需要强调的是,根据该条款的规定,并没有限制作为债权人的地方融资平台公司以其持有的基础资产进行资产证券化操作。

3. 矿产资源开采收益权、土地出让收益权等产生现金流的能力具有较大不确定性的资产。

这条主要考虑的是该类基础资产的价格波动较大,未来产生的现金流存在较大不确定性。

4. 有下列情形之一的与不动产相关的基础资产:因空置等原因不能产生稳定现金流的不动产租金债权;待开发或在建占比超过10%的基础设施、商业物业、居民住宅等不动产或相关不动产收益权。当地政府证明已列入国家保障房计划并已开工建设的项目除外。

这条主要考虑的是该类基础资产是否能够产生稳定的现金流。如果不动产项目因出租率较低未来不能够产生稳定的现金流,则不适合实施证券化,同时,限制未开发和在建比例,也是基于未来现金流考虑。但是,如果当地政府证明已列入国家保障房计划并已开工建设的项目,同时满足债务人非政府、地方政府融资平台,则该类项目可证券化。

5. 不能直接产生现金流、仅依托处置资产才能产生现金流的基础资产。如提单、仓单、产权证书等具有物权属性的权利凭证。

6. 法律界定及业务形态属于不同类型且缺乏相关性的资产组合,如基础资产中包含企业应收账款、高速公路收费权等两种或两种以上不同类型资产。

由于不同类型的基础资产法律属性不同、影响现金流的因素不同,所以不同类型的基础资产,放在一起,将加大现金流预测难度,不适合实施证券化。

7. 违反相关法律法规或政策规定的资产。

8. 最终投资标的为上述资产的信托计划受益权等基础资产。

本条指出信托计划受益权作为基础资产的资产证券化模式,须严格穿透审查最终投资标的是否在负面清单之列。

## 二、底层基础资产的多样性

从已发行的信托受益权项目来看,底层资产种类繁多。不同的底层资产和对应的资产证券化项目如表15-1所示。

**表15-1　信托受益权底层资产情况**

| 细分领域 | 底层资产 | 典型案例 |
| --- | --- | --- |
| 教育 | 学费、住宿费 | 阳光学院一期资产支持专项计划 |
| 商业地产 | 商业物业租金收入 | 高和招商—金茂凯晨专项资产管理计划 |

续表

| 细分领域 | 底层资产 | 典型案例 |
| --- | --- | --- |
| 房屋租赁 | 租房市场消费分期 | 中信证券·自如1号房租分期信托受益权资产支持专项计划 |
| 供热供水 | 热力收费权 | 中国中投证券—临汾热力信托受益权资产支持专项计划 |
| 医药 | 应收账款 | 长安资产—外贸信托海发医药信托受益权资产支持专项计划 |
| 收费公路 | 公路收费权 | 畅行资产支持专项计划 |
| 地铁 | 地铁商铺租金收入 | 中国中投证券—武汉地铁信托受益权一期绿色资产支持专项计划 |
| 消费金融 | 汽车租赁分期 | 京东金融·华泰·美利车金融信托受益权资产支持专项计划 |
| 商业银行 | 非标贷款 | 华福证券兴安4号资产支持专项计划 |
| 信托公司 | 信托贷款 | 兴业信托·兴信一期资产支持专项计划 |

可见,穿透审查后,信托项下可以涵盖很多资产形态,在承揽承做项目时,要根据项目的具体情况,探讨是否采用信托受益权的证券化结构。

在基础资产筛选过程中,应严格遵守原则,把控筛选过程。在保证入池笔数的前提下,应当关注入池资产的行业特征和趋势,关注债务人的经营情况,并尽可能地选择不同行业、不同地区的资产入池,保证入池资产的分散性。

## 三、信息披露

信息披露是证券化产品的关键点。完善的产品信息披露是资产证券化产品的基础。信息披露应该贯穿于证券化业务全过程之中,从前期产品说明书中对基础资产、各参与方、产品情况及风险提示,到产品存续期间的托管报告、资产服务报告、收益分配报告等各机构的披露报告,再到底层债务人、原始权益人、资产服务机构的经营情况持续跟踪,直到清算信息等,都应当详尽披露。

2016年5月13日,中国证监会《资产证券化监管问答(一)》规定,单一信托受益权为基础资产的,基础资产除必须满足现金流独立、持续、稳定、可预测的要求之外,还应当依据穿透原则对应和锁定底层资产的现金流来源,同时现金流应当具备风险分散的特征。无底层现金流锁定作为还款来源的单笔或少笔信托受益权不得作为基础资产。

具体到信托受益权资产证券化项目,在很多情景下,信托计划受益人作为专项计划的原始权益人只是过桥资金提供者,在专项计划成立后就实现退出;信托受益权只是表面上的、名义上的基础资产，按照穿透原则，信托计划对应的底层资产才是资产支持证券实际的基础资产。笔者认为，真正的原始权益人应该是项目的发起人，应该重视对真正资金使用人的资信核查。实践中，因为信托结构的分割，加之对信托刚性兑付的信仰，往往信息披露不充分，过分侧重于信托资产的层面，对于底层资产的透视力度不够。实际上，无论是信托真实主导还是充当"通道"，对于底层资产以及结构真实效果的披露都至关重要，在计划说明书中要明确提示真正的融资方，避免投资者源于对原始权益人的习惯性理解而忽略对基础资产及债务人信用的判断。

## 四、单一和集合信托都可以探讨资产证券化

为了操作方便，避免多个原始信托受益权人的协商成本，简化现金流预测，信托受益权资产证券化多选择单一资金信托或者财产权信托形成的信托受益权进行资产证券化。

信托受益权资产证券化也可以选择集合信托的信托受益权。比如"星美国际影院信托受益权资产支持专项计划"就是多个原始权益人的集合资金信托项目。原始权益人与华宝信托签订信托合同，将 13.5 亿元货币资金委托给华宝信托设立华宝星美国际影院集合资金信托计划，并拥有集合资金信托计划的受益权。原始权益人一作为华宝信托有限责任公司月月增利集合资金信托计划的受托人，原始权益人二作为华宝信托有限责任公司现金增利集合资金信托计划的受托人，其中，现金增利集合资金信托计划属于委托人指定用途和管理方式的集合资金信托，月月增利集合资金信托计划属于受托人主动管理的集合资金信托。华宝信托向总计 23 个借款人发放合计 13.5 亿元的贷款。星美影院将未来 5 年的"票房收入应收账款"质押给华宝星美国际影院集合资金信托计划，并以上述质押财产产生的现金收入作为信托贷款的还款来源。安信证券作为计划管理人设立星美国际影院信托受益权资产支持专项计划，投资者认购资产支持证券成为资产支持证券持有人。

## 五、增信措施

增信方式包括内部增信和外部增信。内部增信一般包括建立优次级档、超额抵押等。外部增信主要是担保、保险等。因为很多信托项目在形成信托贷款的过程中已经有较为充分的增信措施，导致信托受益权资产证券化的增信措施略为简单。实操中，设计内部信用增级方式时，应关注规模、分配方式、实际支持强度等；设计外部担保方式时，应关注担保机构的主体评级和偿债能力等。除常规的关注点之外，作者认为应该关注如下几点。

### （一）强主体

实践中，单一信托的现金流波动较大，发起主体的资质需要重点关注。如果有强资质的主体进行担保或提供流动性支持，则项目整体风险会显著下降。

### （二）信托层面和专项计划层面的增信

实操中，需要区分信托层面、专项计划层面的增信措施。有些增信措施同时在信托层面和专项计划层面采用，比如融资性担保公司为了追溯方便，可能同时对信托层面和专项计划层面进行担保。

### （三）保障基金

在信托计划借款人出现任何对信托计划还款义务的违约行为时，受托机构有权将收到的本合同认购的保障基金本金、收益及活期存款利息等全部资金优先用于承担借款人应负的违约责任。比如“星美国际影院信托受益权资产支持专项计划”，若借款人存在对华宝星美国际影院集合资金计划信托合同项下义务有任何违约行为，华宝信托作为受托人，有权将保障基金本金、收益及活期存款利息等全部资金优先用于承担该责任。

## 六、资金信托和财产权信托的设计思路

### （一）资金信托受益权证券化的设计

由原始权益人或过桥资金提供资金设立资金信托，原始权益人或过桥资金提供方作为信托受益人持有信托受益权。原始权益人或过桥资金提供方将其持有的信托受益权作为基础资产转让给专项计划，专项计划享有信托受益权。底层资产作为基础资产信托受益权的还款来源。

比如中融国际信托有限责任公司推出的购房按揭尾款信托受益权资产证券化项目。首先由中融信托作为信托端SPV，向宝龙实业发放信托贷款，再以该信托受益权作为基础资产，由博时资本在上交所发行资产支持证券。再比如魔方公寓信托受益权资产支持专项计划，原始权益人魔方南京委托中航信托设立单一资金信托，向借款人（魔方中国/北京/上海/广州）发放信托贷款，借款人以公寓物业在特定期间的分租租金收入等应收账款质押给中航信托。

### （二）财产权信托资产证券化的主要设计

信托公司以其作为受托人的信托受益权设立财产权信托，由信托计划受托人作为原始权益人，以该财产权信托持有的信托受益权作为基础资产，发起设立资产支持专项计划。如市场上的以信托公司作为发起人，以信托公司持有的多笔信托贷款为基础资产的信托受益权资产证券化项目，构建了“资金信托＋财产权信托”

的双层信托。此外,通过将债权等法定意义上的财产,委托信托公司设立财产权信托,构建“资产支持专项计划＋信托”的双SPV结构,也是一种财产权信托的应用模式。

作者以2015年12月23日在深交所发行的“中信·茂庸投资租金债权信托受益权资产支持专项计划”为例。原始权益人为北京茂庸投资有限公司,将合法持有的物业项下的承租债权交付中信信托,设立租金债权财产权信托,并成为该信托项下受益人。同时与中信信托签署租金债权回购协议,约定在特定条件下回购该笔债权,并以旗下物业为债权回购提供抵押担保。计划管理人设立“中信·茂庸投资租金债权信托受益权资产支持计划”,将专项计划募集的资金用于购买原始权益人持有的财产权信托信托受益权。该资产支持专项计划交易结构如图15－1所示。

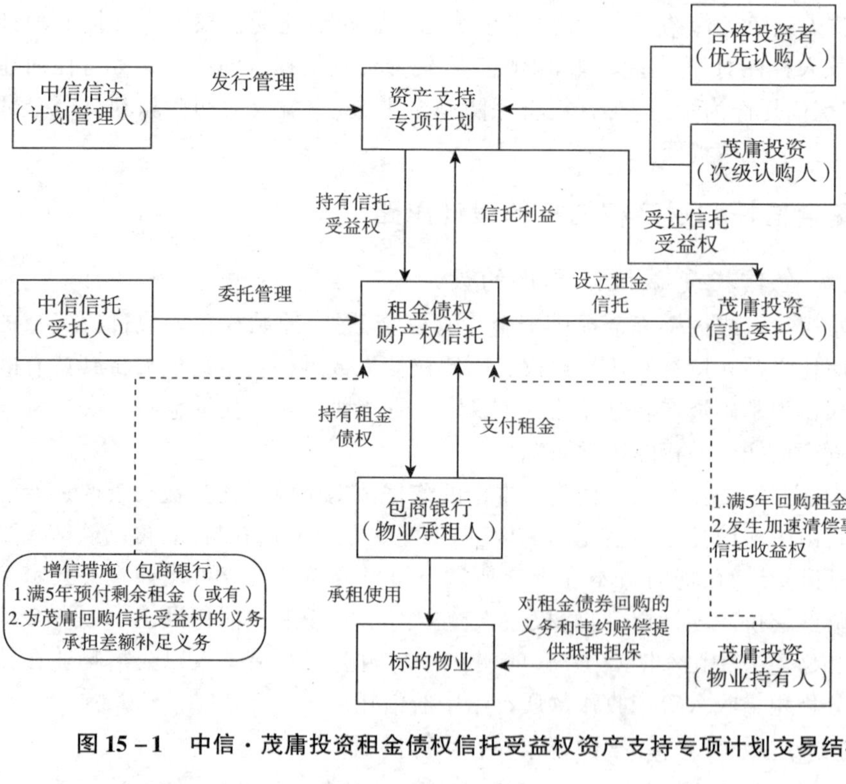


**图15－1　中信·茂庸投资租金债权信托受益权资产支持专项计划交易结构**

## 七、信托受益权质押的探讨

对于担保权人而言,担保措施的合法性将直接决定担保的有效性。信托受益权质押的合法性是首要问题。信托受益权能否质押尚无明确规定。《信托法》第47、48条规定受益权可以用来清偿债务、可以依法转让和继承,但是对于是否可以出质并未涉及。《物权法》明文规定物权法定原则,第223条规定:“债务人或者第三人有权处分的下列权利可以出质:(一)汇票、支票、本票;(二)债券、存款单;(三)仓单、提单;(四)可以转让的基金份额、股权;(五)可以转让的注册商标专用权、专利权、著作权等知识产权中的财产权;(六)应收账款;(七)法律、行政法规规定可以出质的其他财产权利。”《担保法》第75条规定:“下列权利可以质押:(一)汇票、支票、本票、债券、存款单、仓单、提单;(二)依法可以转让的股份、股票;(三)依法可以转让的商标专用权,专利权、著作权中的财产权;(四)依法可以质押的其他权利。”《应收账款质押登记办法》第4条规定:“本办法所称的应收账款是指权利人因提供一定的货物、服务或设施而获得的要求义务人付款的权利,包括现有的和未来的金钱债权及其产生的收益,但不包括因票据或其他有价证券而产生的付款请求权。本办法所称的应收账款包括下列权利:(一)销售产生的债权,包括销售货物,供应水、电、气、暖,知识产权的许可使用等;(二)出租产生的债权,包括出租动产或不动产;(三)提供服务产生的债权;(四)公路、桥梁、隧道、渡口等不动产收费权;(五)提供贷款或其他信用产生的债权。”可见,在我国法律法规框架下,现不存在信托受益权可质押的明确规定,信托受益权质押的效力存在不确定性。

域外来看,很多国家的法律对信托受益权质押持包容态度,具有可转让性的权利皆可质押。如《德国民法典》第1274条规定:“(1)权利质权的设定,依关于权利转让的规定为之。如物的交付对于权利的转让是必要的,则适用第一二零五条、第一二零六条规定。(2)以某项权利是不可转让的为限,不得对之设定质权。”《瑞士民法典》第899条规定:“可让与的债权及其他权利可以出质。前款质权,除另有规定外,适用有关动产质权的规定。”中国澳门地区《民法典》第676条规定:“仅在权利之标的为动产及权利可移转时,方可就有关权利设定质权。”中国台湾地区“民法典”第900条也规定:“可让与之债权及其他权利,均得为质权之标的。即只要是可以转让的权利,如果法律未禁止,则可以质押。”

实践来看,有部分金融机构提供信托受益权质押融资服务,并由信托公司办理相关手续,信托公司在内部系统进行信托受益权质押登记,并按受益人与第三方的信托受益权质押合同进行后续信托资产的处置,如到期分配至指定账户等。司法案例中,也出现了认可信托受益权质押的案例。[①] 另外,《信托登记管理办法》已正

---

① 温州市鹿城区人民法院的(2014)温鹿藤商初字第36号判决和杭州市拱墅区人民法院的(2014)杭拱民初字第2061号判决均认可了信托受益权质押的合法性。

式生效，全国信托登记中心已经设立，这为信托受益权的质押提供了潜在的登记机构和场所。笔者认为，就信托受益权质押而言，需要进一步明确质押部门、流程等操作指引性规范。

## 八、信托受益权登记问题

我国《信托法》第10条规定："设立信托，对于信托财产，有关法律、行政法规规定应当办理登记手续的，应当依法办理信托登记。未依照前款规定办理信托登记的，应当补办登记手续；不补办的，该信托不产生效力。"信托受益权的流转是指在信托合同允许，且不改变信托受益权的性质和内容的情况下，受益人根据自己的意愿，以各种形式将受益权转让给他人或使其在市场中流动的行为。《信托法》规定：受益人不能清偿到期债务的，其信托益权可以用于清偿债务，但法律、行政法规以及信托文件有限制性规定的除外。受益人的信托受益权可以依法转让和继承，但信托文件有限制性规的除外。信托受益权的流转必然涉及信托受益权的登记问题。《信托登记管理办法》规定，信托登记是指中国信托登记有限责任公司对信托机构的信托产品及其受益权信息、国务院银行业监督管理机构规定的其他信息及其变动情况予以记录的行为。

2017年8月25日，中国银监会《关于印发信托登记管理办法的通知》规定三个月过渡期，即2017年9月1日至11月30日。对于该办法施行前已成立或生效的存续信托产品，2018年6月30日（含）前到期的，可不补办信托登记；2018年6月30日后仍存续的，应当于2018年7月1日前按照信托登记管理办法补办信托登记。

根据《信托登记管理办法》的规定，信托登记由信托机构提出申请。信托登记信息包括信托产品名称、信托类别、信托目的、信托期限、信托当事人、信托财产、信托利益分配等信托产品及其受益权信息和变动情况。信托机构应当在集合资金信托计划发行日五个工作日前或者在单一资金信托和财产权信托成立日两个工作日前申请办理信托产品预登记（以下简称信托预登记）。信托机构应当在信托成立或者生效后十个工作日内申请办理信托产品及其受益权初始登记（以下简称信托初始登记）。信托存续期间，信托登记信息发生重大变动的，信托机构应当在相关事项发生变动之日起十个工作日内就变动事项申请办理信托产品及其受益权变更登记（以下简称信托变更登记）。信托终止后，信托机构应当在按照信托合同约定解除受托人责任后十个工作日内申请办理信托产品及其受益权终止登记（以下简称信托终止登记）。信托机构发现信托登记信息错误需要更正的，应当在发现之日起十个工作日内申请办理信托产品及其受益权更正登记（以下简称信托更正登记）。信托受益权账户是信托登记公司为受益人开立的记载其信托受益权及其变动情况的簿记账户。委托人或者受益人根据自愿原则申请开立信托受益权账户。集合资金信托计划的信托登记基本信息应当在信托初始登记后五个工作日内在信托登记公司官方网站公示。信托登记基本信息包括集合资金信托计划名称、登记时间、产品编码、信托类别、受托人名称、预计存续期限、信托财产主要运用领域等内容,国务院银行业监督管理机构另有规定的除外。财产权信托进行受益权拆分转让或者对外发行受益权的,参照集合资金信托计划进行公示。笔者认为,《信托登记管理办法》规定,信托登记信息包括"信托财产",但并非信托财产的登记,而仅为信托财产种类及来源信息的记载,信托登记公司实质上是一个统一的、规范化的信托产品信息披露平台,而并非信托财产的登记机构。

目前,以信托为 SPV 的场内资产证券化项目涉及投资人持有的信托受益权的流转问题,但《信托登记管理办法》中并未明确提及此类项目信托受益权的转让是否需要办理登记。从基本精神来看,笔者认为,以信托为载体的场内资产证券化项目均需遵守此管理办法,有待监管机构和相关部门明确专门的操作指引。需要强调的是,监管机构对于集合资金信托计划与单一资金信托或财产信托的监管要求并不相同。对于涉及较多投资人的集合资金信托,监管机构明确要求其披露信托登记基本信息。《集合资金信托计划管理办法》第 29 条规定:"信托计划存续期间,受益权可以向合格投资者转让其持有的信托单位。信托公司应为受益人办理受益权转让的有关手续。信托受益权进行拆分转让的,受让人不得为自然人。机构所持有的信托受益权,不得向自然人转让或者拆分转让。"第 53 条规定:"动产信托、不动产信托以及其他财产和财产权信托进行受益权拆分转让的,应当遵守本办法的相关规定。"为避免因为信托产品风险的过度传导,在涉及信托受益权流转的产品或交易结构设计中要严格按照转让、拆分等的法律法规、规范性文件的要求,一定要严格把控受让人的合资格投资人身份,以防出现不合格主体持有信托受益权的情况。如果财产权信托进行拆分转让或对外发行,将直接增加财产权信托的投资人数,从保障参与投资人的权益角度出发,其信托登记信息也要参照集合资金信托计划进行公示。

另外,《关于进一步加强信托公司风险监管工作的意见》(银监办发〔2016〕58 号)规定:"各银监局要督促信托公司按'穿透'原则向上识别信托产品最终投资者,不得突破合格投资者各项规定,防止风险蔓延;同时按'穿透'原则向下识别产品底层资产,资金最终投向应符合银、证、保各类监管规定和合同约定,将相关信息向投资者充分披露。"笔者认为,在信托登记的实际操作中,是否要按穿透原则执行"向上"与"向下"披露,有待进一步明确。

## 第四节
# 信托受益权资产证券化案例简介

笔者以比较典型的银行信托受益权资产证券化和信托公司信托受益权资产证券化为例。

## 一、银行信托受益权资产证券化

### (一)结构设计

一般情况下,银行信托受益权资产证券化的交易结构如图 15－2 所示。

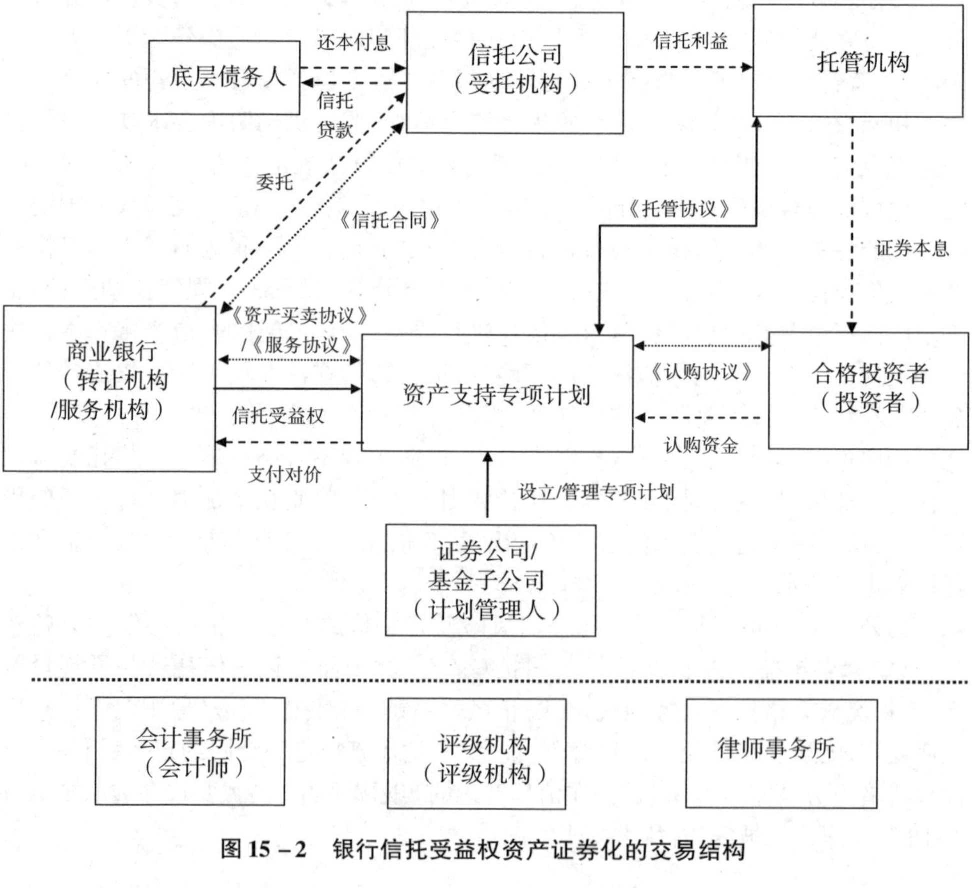


图 15－2　银行信托受益权资产证券化的交易结构

具体流程一般包括：

1. 管理人设立并管理专项计划，资产支持证券投资者与管理人签订《认购协议》，投资者成为资产支持证券持有人。

2. 管理人与托管机构签订《托管协议》，托管机构根据管理人委托在托管人营业机构处开立专项计划账户，托管机构负责管理专项计划账户，并执行管理人的资金拨付指令。在此类资产证券化中，发行人本身具有托管资质，但一般会选择第三方托管机构履行托管职能。

3. 管理人根据与资产支持证券投资者签订的《认购协议》、《标准条款》以及与原始权益人签订的《资产买卖协议》，将专项计划所募集的认购资金用于向原始权益人购买基础资产。

4. 管理人与资产服务机构签订《服务合同》，委托资产服务机构对基础资产进行管理，提供与基础资产及其管理、催收有关的管理服务及其他服务。

5. 评级机构和律师事务所分别对专项计划出具信用评级报告、法律意见书，如果是出表的资产，还需要会计师事务所出具会计意见书。

6. 计划管理人以基础资产形成的属于专项计划的资产和收益，按约定向资产支持证券持有人分配收益与本金。

### （二）项目操作程序

1. 银行内部程序及中介机构的选聘

在前期阶段，商业银行作为发起机构，将作出开展资产证券化的决议并获有权机构通过。商业银行大多实行合作机构的准入制、名单制，在准入名单中选聘资产证券化项目的中介机构，组建项目组。

2. 尽职调查

各中介机构会根据监管要求对原始权益人和基础资产开展尽职调查工作。证券公司或基金子公司作为管理人出具项目时间进度表，牵头开展尽职调查工作，评级机构、律师事务所、会计师事务所（如有）将根据职责工作并出具申报材料，发行人配合尽调。

3. 项目申报及反馈答复

完成尽职调查报告后，管理人汇总各机构材料，执行内核程序，然后将全套材料申报上海证券交易所或深圳证券交易所等挂牌场所，等待挂牌场所反馈。管理人组织各机构回复反馈。

4. 获取无异议函并择机发行

项目材料及反馈答复通过挂牌场所通过后，管理人将组织各机构用印并获取挂牌转让的无异议函，择机发行后完成备案。

从实践经验来看，该类资产证券化项目的周期一般为两个月至四个月，由于该类资产的结构较为成熟，主要的工作量是在尽职调查环节。

### （三）审核要点

鉴于非标资产转为标准化资产的需求，该类产品的主要挂牌场所为上海证券交易所和深圳证券交易所。两个场所对信托受益权为基础资产的证券化项目审核要点相似，原则都是“风险可控、底层穿透、一一对应、充分披露”，不仅关注原始权益人信用和基础资产的质量，还需穿透核查底层资产现金的稳定性、底层债务人的偿债能力和集中度、底层资产的用途等各方面。笔者结合资产证券化相关规章制度、中国证监会2016年5月的《资产证券化监管问答（一）》和深圳证券交易所2017年3月的《深交所资产证券化最新问答》，概括该类项目主要审核要点如下。

1. 对基础资产受托人的关注要点：经营情况、内控制度、行政处罚、资产服务能力，同时，需要与管理人（代表专项计划）签订资产服务协议，明确约定双方的权利义务及工作流程。

2. 对原始权益人的关注要点：对基础资产的合法拥有、完全控制和处置基础资产的能力。如果银行是代表理财发起的证券化项目，不得提供差额补足或承担回购义务。

3. 对基础资产的关注要求：原则上，资产包应包含10笔及以上的资产，入池资产底层法律关系简单明了，信托类型为资金信托或者法律关系清晰明确的财产权信托；各个信托计划可以穿透对应到底层的债务人，债权债务关系明晰，标准化程度高；信托计划不存在现金流重构、结构化分层，不得有再证券化的现象。

4. 对底层资产的关注要点：底层债务人不得是违反负面清单和国家政策及监管的对象，不得是融资平台公司，如为退出类的平台，需要满足公司债指引中的营业收入“单50%”测算，如为过剩产能的，应重点关注，如为房地产企业的，债项评级一般要求AA以上，且行业占比不超过30%。此外，底层资产在地区、行业上具备一定的分散性；单一债务人未偿还本金余额占比超过10%的，应按照证监会《证券公司及基金管理公司子公司资产证券化业务信息披露指引》中重要债务人的标准进行披露。

## 二、信托公司信托受益权资产证券化

### （一）结构设计

一般情况下，该类型资产证券化项目的交易结构如图15－3所示。

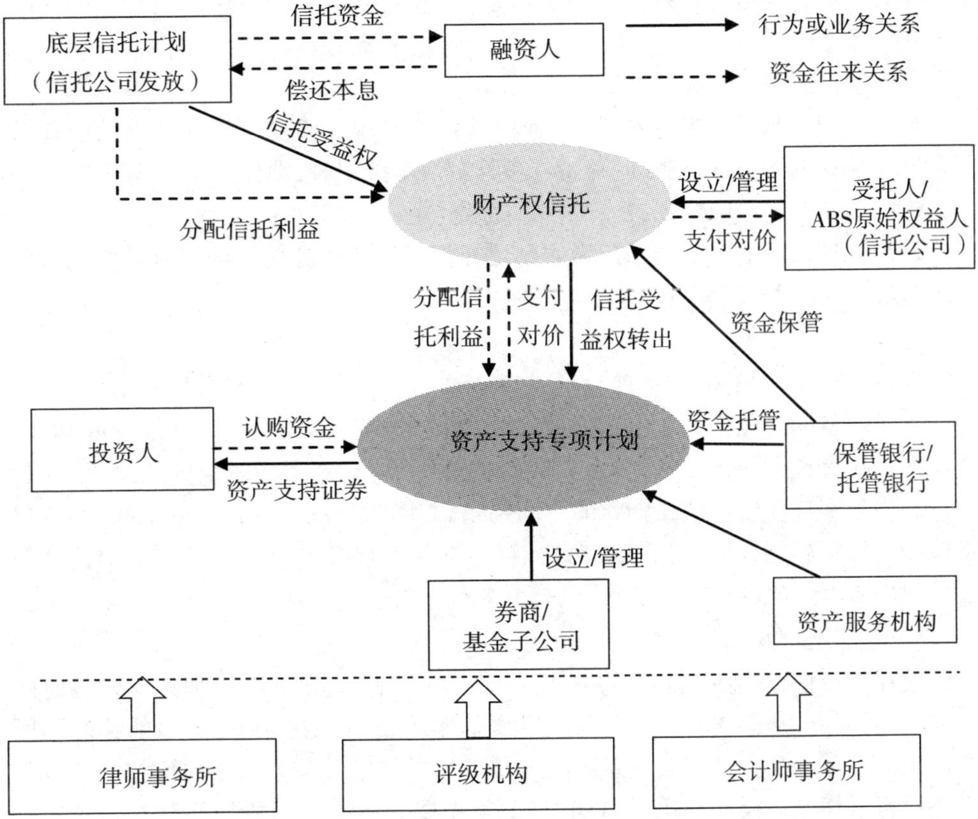


**图 15－3　信托公司信托受益权资产证券化的交易结构**

具体流程如下：

1. 设立财产权信托

原始权益人，即信托公司，作为信托受托人设立财产权信托，基础资产为财产权信托享有的特定信托项目信托受益权。这是以信托公司为发起机构的信托受益权资产证券化的特别之处。

2. 设立专项计划

专项计划认购人通过认购专项计划份额的形式，将认购资金以专项资产管理的方式委托计划管理人管理，计划管理人以此设立专项计划，专项计划认购人取得资产支持证券，成为资产支持证券持有人。

3. 购买基础资产

计划管理人根据其与原始权益人签订的信托受益权转让合同，以专项计划资金向原始权益人购买财产权信托项下特定信托项目信托受益权，成为特定信托项目信托受益人。

4. 专项计划账户的托管

计划管理人与托管银行签署《托管协议》，托管银行接受计划管理人的委托对其开立专项计划账户进行管理，负责专项计划资金的回收、划付等托管职责。

5. 资产支持证券的登记、托管及结算服务

计划管理人聘请监管部门指定的登记托管机构和代理兑付机构对资产支持证券进行登记、托管和结算服务。

### （二）操作流程

通常情况下，此类证券化项目的基础资产分为两类：一类是存量的信托贷款，另一类是增量的信托贷款。信托公司积极寻求流转资产的方式，以获取中间利差。增量的信托贷款证券化是加快资产流转的重要手段。对于增量信托贷款，信托公司一般先与客户商谈好信托贷款的合同要素，并同时开展证券化尽调工作，确认拟投放的信托贷款符合证券化的入池标准后，再与客户签署正式的合同。信托公司还可以引入 Pre-ABS 资金，先形成信托受益权。

### （三）监管审核要点

信托公司信托受益权证券化中，信托公司并没有转标的需求，但是对发行时效性要求高，因此，从信托公司发行信托受益权证券化的情况来看，更多的挂牌场所是机构间私募产品报价与服务系统。上交所和深交所对该类项目的审核关注点与商业银行信托受益权证券化项目相似，此处主要介绍机构间机构间私募产品报价与服务系统的主要审核关注要点。

1. 对原始权益人的审核关注点

标的信托业务是否与公司其他业务有效隔离，发行人的风控体系，发行人的运营及管理记录，原始权益人与其他业务参与人的关联关系是否可能存在严重的利益冲突或信托监管的违规问题，原始权益人是否获得充分授权开展资产证券化业务及基础资产转让行为。

2. 对基础资产的审核关注点

一般来说，对于多笔信托贷款为基础资产的证券化项目，资产包资产笔数要达到挂牌场所的要求，以满足分散性的要求。同时，资产包中的资产也应该具有行业、地区的分散性，另外，信托应已经合法成立并生效，基础资产形成过程合法有效。

对于底层债务人的审核要求与上交所、深交所类似。

# 第十六章
# Pre-ABS

资产证券化的蓬勃发展催生了 Pre-ABS 商业模式。Pre-ABS 是市场内生需求推动的必然产物,促进了资金端和资产端的紧密结合,快速地生成了可证券化的基础资产,极大地推动了资产证券化的发展壮大。本章不就相关资产证券化的实务操作展开探讨,侧重于理论阐述 Pre-ABS 的基本概念、特征、适用场景、参与主体等基本研究范式,以揭示 Pre-ABS 运行的商业逻辑。

## 第一节
## Pre-ABS 的背景及意义

Pre-ABS 是指为资产证券化的原始权益人(资产持有人)形成基础资产提供资金,类似于过桥贷款。后期往往伴随着 ABS 的发行并取得募集资金,用以偿还过桥贷款,业务持续时间较短,Pre-ABS 出资方可以主动参与到资产证券化业务全流程。

"Pre"是"prefix"的缩写,用来表示"在……之前""前置""预先"的含义。比如资本市场常见的"Pre-IPO",就泛指相关投资机构对有上市预期的企业进行的投资,待企业上市后通过股票二级市场实现获利退出。也许是受"Pre-IPO"的启发,在 ABS 领域,"Pre-ABS""Pre-Reits"也被创造出来了,至于其创造者、最早出现的文献等无从查考。在海外资本市场,类似于"Pre-ABS"的业务被称之为"Warehousing"(建仓),已形成一种相对成熟的投行业务模式。

"Pre-ABS"中的"ABS"是指广义的资产证券化,应该涵盖资产证券化产品(标准化)以及类资产证券化产品(非标准化[①]);其中,标准化产品发行场所位于银行间和交易所,非标准化产品发行场所为保险资产登记交易平台、中证机构间私募报价系统、银登中心、地方金融资产交易所、地方股权交易中心、互联网金融交易平台

① 2013 年中国银监会《关于规范商业银行理财业务投资运作有关问题的通知》(银监发〔2018〕8 号)对非标准化产品做出了明确的定义,指未在银行间市场及证券交易所市场交易的债权性资产。

以及无场所。场外发行场所如图 16－1 所示。

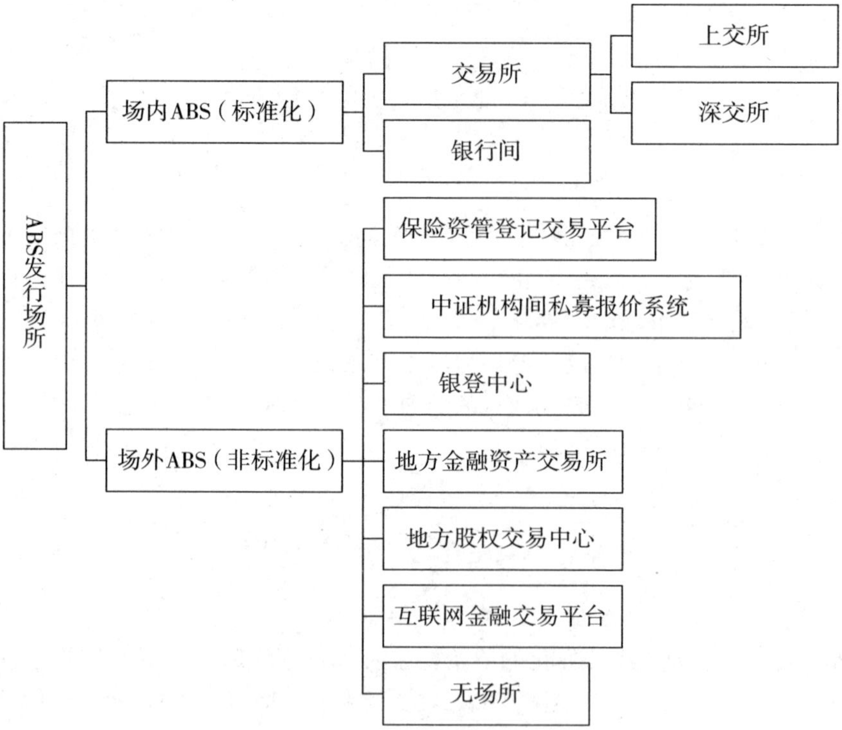


**图 16－1　场外发行场所**

标准化 ABS 在场内流转,而非标 ABS 在场外进行流转。通常来说,场内 ABS 资金成本更低一些,另相比于场内 ABS,场外 ABS 具有基础资产规模小而分散、发行门槛低、流程简化、风控审核较松,发行效率更高、操作更灵活等特点。最近几年,许多涉足消费金融业务的公司,例如乐信集团、米么金服、中腾信及买单侠等,都推出了多期场外 ABS 产品,有些甚至常态化。但《关于对互联网平台与各类交易场所合作从事违法违规业务开展清理整顿的通知》发布,要求对金交所和互金平台违规发行债权拆分产品"严控增量,化解存量",以互金平台和金交所为发行渠道的场外 ABS 模式基本停滞。

"Pre-ABS"和其对应的 ABS 是整个 ABS 业务链条中的两个前后有序的重要环节,是上下游的关系。"Pre-ABS"提供了资金,帮助融资方生成了 ABS 的基础资产,绝大多数情况下还提供诸如风控、购买次级证券等增值服务。而 ABS 的发行实现"Pre-ABS"的获利退出。在这个角度上,笔者认为,Pre-ABS 是指为资产证券化的原始权益人形成基础资产提供资金,以形成的基础资产展开资产证券化操作,以资产证券化的募集资金作为主要回款来源的一种投资方式。Pre-ABS 基金也就是主要从事 Pre-ABS 投资的基金。

对于 Pre-ABS 投资方来说,投资思路由被动接受项目资产转变为以未来能够发行资产证券化为前提的资产选取方式,并保留了对于所形成的基础资产主动发行 ABS 退出的权利。对于 Pre-ABS 融资方来说,融入资金可以帮助扩大业务规模、帮助基础资产的形成、提升资金流转效率。因此,Pre-ABS 通过主动选取优质基础资产并择机主动发起 ABS 退出,促进了资金端和资产端的紧密结合,打通结构化金融闭环,可获取产业链上的超额收益。

举例来说,万向信托发行了"工商企业 44 号中民投租赁 Pre-ABS 项目集合资金信托计划",信托资金用于向中民投健康产业融资租赁有限公司发放信托贷款,用以开展融资租赁业务。未来将以信托资金形成的融资租赁资产作为基础资产,构建 ABS 产品,以 ABS 产品发行募集的资金作为信托项目的还款来源。该案例中的融资模式即为典型的 Pre-ABS 融资,该过程由两部分构成:第一,资金方通过向融资方提供过桥资金,促进融资方基础资产形成并有助于其业务规模扩张;第二,融资方通过资产证券化过程回款,并偿还前期融入资金。

## 第二节
## Pre-ABS 的主要参与方

一个完整的资产证券化操作流程涉及的主体众多,比如券商、基金子公司、律师事务所、会计师事务所、评级机构、投资者、担保机构、原始权益人等。如果从对 Pre-ABS 的介入深度来看,笔者认为,Pre-ABS 的主要参与方包括券商、基金子公司、信托、银行,此外还包括一些掌握和输出风控技术的互联网巨头。

### 一、信托

作为资本市场的重要组成部分之一,信托公司没有忽视 Pre-ABS。目前,很多 Pre-ABS 是以集合资金信托计划形式面市,信托公司募集资金然后以信托贷款形式发放给融资方;或是设立长期的 Pre-ABS 投资基金,通过建立 Pre-ABS 项目池,减少单个项目期限波动带来的冲击。

由于 Pre-ABS 业务与传统固定期限融资不同,是具有过桥性质的融资,资金期限较 ABS 更短、更灵活;如果超过期限仍旧无法顺利从 ABS 筹款,对信托公司而言可能需要先进行垫资或者寻找下一笔资金,因此开展此类业务一定要确保资金方能够接受灵活期限结构和可能的提前还款。

对于信托公司而言,主要有三种参与 Pre-ABS 的业务模式:第一,信托公司发起集合资金信托,进行 Pre-ABS 投资,并且在前期主动选择后期 ABS 业务承做机构,全程参与;第二,帮助企业发起交易商协会 ABN;第三,充当商业银行 Pre-ABS 投资的通道。另外值得特别指出的是,2017 年 9 月 11 日,银行间交易商协会宣布纳入信托公司作为非金融企业债券的承销会员,信托公司有了承销 ABN 的机会,这意味着信托公司终于可以在资产证券化中打通整个上下游闭环,对于信托公司将来在资产证券化中提高话语权,去“通道化”有特殊的意义。

因此,信托公司参与 Pre-ABS 具有天然优势:一方面,由于前端基础资产的收益率与末端 ABS 的成本之间的利差足够大,为融资成本适中的信托融资提供了业务机会;另一方面,信托公司可以直接发起集合资金信托进行 Pre-ABS 投资,并成为后期 ABS 业务承做机构,通过全程参与获取收益,也有助于把控风险,因此 Pre-ABS 业务备受信托公司关注。

举例来说,目前已有中建投信托、兴业信托、浙金信托、万向信托等公司发行了 Pre-ABS 集合资金信托计划。Pre-ABS 业务主要面向前端综合收益率较高、风险较分散的融资租赁、小微信贷、消费金融等领域,如中建投信托已有 6 单 Pre-ABS 集合资金信托计划落地,资金投向主要为租赁类 ABS 项目,如远大租赁、狮桥租赁等。又如中航信托联手中腾信、中证信用成立的“天腾结构化 6 号集合资金信托计划”,资金用于向中腾信推荐的工薪阶层借款人发放小额消费金融借款,形成微型消费金融资产,未来根据实际情况发行标准化的 ABS 产品。

与传统固定期限融资不同,基于其过桥资金性质,实践中 Pre-ABS 运作周期一般在 4 个月到 1 年,均设提前结束条款。同时,由于 Pre-ABS 受基础资产现金流回流、ABS 监管政策、ABS 产品运行状况等多重因素影响,因此 Pre-ABS 产品设计了较完备的还款来源和增信措施以防范风险。在还款来源方面,第一还款来源一般设计为 ABS 回款,现有项目基本都确定了后续 ABS 的运作安排,有的项目如中航信托以 Pre-ABS 基金模式打造的资产证券化产品已有 4 单在交易所或机构间报价系统取得“无异议函”。第二还款来源是债权回款,由于 Pre-ABS 融资额度往往会在基础资产的总估值上打折,个别项目交易对手还针对债权回款不足覆盖本金利息部分执行差额补足义务,确保第二还款来源的稳健性。增信措施,包括母公司担保、结构化安排、债权质押、债权回款监管、ABS 回款监管等手段。

## 二、银行

理论上，交易所ABS参与者以证券公司、基金管理公司为主。银行参与资产证券化的身份除信贷资产的提供方之外，主要就是财务投资人，但是，随着银行对资产证券化的重视，越来越多的银行开始从单纯的ABS投资，过渡到ABS中间业务（托管行、监管行），有些大行直接牵头整个ABS项目，从项目承揽、承销到参与后端投资，形成ABS业务闭环。市场已经出现多单银行主导的资产证券化产品。

近年来商业银行资产利差越来越薄，出于战略转型的需要，商业银行逐步向交易银行转型，轻资产运营的方向使银行把重心从负债端和权益端转到资产负债端。Pre-ABS正是一个很好的契机。

另外，银行在资金规模、资金成本、项目渠道以及综合服务上面相对于其他金融机构具有明显优势。通过投资、设立Pre-ABS，银行可直接或间接为企业发放贷款，并且全程参与ABS的整个流程，承担主导项目发行的安排人和ABS产品投资者，也有利于提升银行的盈利能力和主动管理地位。

举例来说，融资租赁等传统企业的Pre-ABS是银行切入点之一。根据报道①，2017年3月，力帆融资租赁（上海）有限公司与四川首家民营银行新网银行股份有限公司就汽车零售资产信贷业务建立全面合作关系，力帆租赁从新网银行获批额度2亿创新金融结构产品Pre-ABS消费信贷授信。在全新合作模式中，力帆租赁依托新网银行信贷资金形成汽车消费金融资产，再匹配后续资产转出渠道如资产证券化、资产包或应收款转让等渠道将资产转出。可见，银行信贷资金向租赁公司提供资金，通过形成租赁资产并采取证券化等多种方式实现退出。

部分城商行和民营银行也开始参与互联网消费金融Pre-ABS业务。根据报道②，2017年3月16日，江苏银行与德邦证券发起设立“江苏银行—德邦证券消费金融ABS创新投资基金”。该基金为国内首个消费金融ABS创新投资基金，规模200亿元，专注于消费金融领域，以Pre-ABS投资和夹层投资作为主要投资策略。该基金将进行两大类资产的投资：一是在资产形成初期，以Pre-ABS的投资形式参与其中，全程把控基础资产的筛选、风控标准的制定，以及产品结构的搭建，并获取基础资产与ABS标准资产间的利差收益；二是对ABS产品夹层进行直接投资，在风险可控的情况下赚取更高收益，发掘ABS夹层投资价值。德邦证券在消费金融

---

① 佚名：《力帆融资租赁公司获批新网银行2亿Pre-ABS消费信贷授信》，载中国融资租赁资源网，http://www.flleasing.com/onnews.asp?id=16185。

② 浦泓毅：《国内首个消费金融ABS创新投资基金问世》，载《上海证券报》2017年3月17日。

资产证券化领域成绩斐然。创新投资资金通过 Pre-ABS 投资,可以取得基础资产与 ABS 标准资产间的利差收益。江苏银行也与京东金融签署协议,共同推出京东白条 Pre-ABS,以京东白条资产为主要投资标的。

## 三、券商/基金子公司

券商和基金管理子公司可以作为计划管理人。实践中,企业资产证券化中以券商、基金管理子公司主导居多,尤其是券商。可见,券商在资产证券化中处于比较重要的位置,信息获取非常便捷,具有明显的专业优势。目前,为了获取产业链上的利润,券商、基金子公司对于 ABS 的争夺已经前移到 Pre-ABS 阶段,具有强大资源整合能力者才能在 ABS 生态链中获得比较好的竞争力。

对于券商或基金资管而言,可以通过主动发起 Pre-ABS 基金,前期作为 Pre-ABS 的夹层投资人或者优先级投资人参与进来,或者作为 Pre-ABS 基金的合作方,即后端作为 Pre-ABS 发行通道来深度参与此项业务。而对于 Pre-ABS 来说,券商或基金子公司的介入也非常重要,券商或基金子公司不仅仅是后期参与资产支持专项计划的发行,更重要的是在前端提供知识支持,提供基础资产生成标准,在基础资产形成阶段严格监控资金流向,控制基础资产的质量,做好贷前、贷后阶段持续管理。介入 Pre-ABS 对于券商或基金资管来说,具有非常大的意义,它进一步扩展了项目来源,扩充发行总量,增加盈利。也许,在不远的将来,券商、基金子公司等会尝试做投行资管化或资管投行化的业务,实现投融资的联动。

根据网络报道,2016 年 11 月 18 日,中航信托联手中国资产证券化分析网、天风证券股份有限公司、联合信用评级有限公司和天风兰馨投资管理有限公司在北京举办"资产证券化生态圈发布会:金融 + 科技",发布两大前瞻性创新基金——Pre-ABS 基金以及 ABS 夹层基金,规模达百亿级。天风证券资产证券化业务团队可以发挥在 ABS 项目交易结构设计和风险把控等方面的优势,共同培育并筛选市场上各类优质 ABS 产品的基础性资产。

## 四、互联网平台

互联网平台凭借自身的基因和禀赋,较早地参与了 Pre-ABS 的发展过程。它们通过自有资金或者引入优先级等方式,帮助原始权益人获得 Pre-ABS 资金,形成基础资产,成为原始权益人和外部机构合作的桥梁,协助其对接外部资金。ABS 云平台主要针对一些有获客渠道,可以获得优质资产但由于资金规模限制等原因,无法跟传统金融机构对接的原始权益人。

目前,多家互联网巨头已开始对该领域的布局。其中,服务商以厦门国金 ABS

云平台(ABSCloud)、京东ABS云平台(云起)、百度金融ABS平台以及众安保险ABS对接系统(宇宙立方)为主,基本都是2016年下半年开始参与场外ABS服务。互联网平台对场外ABS业务介入程度较高,例如京东金融ABS云平台涉及ABS服务商(基础设施服务)、资产云工厂(资本中介业务)以及Pre-ABS投资基金等板块;百度金融ABS平台包括交易安排人、技术支持平台及资产服务商板块。因此,除提供交易服务外,互联网平台还会提供对基础资产的风控服务,以及夹层投资增信等。

根据报道[①],2016年12月,“京东·中腾信信贷资产证券化产品”通过京东ABS云平台发行,发行规模5.89亿元。“中腾信ABS”的资产包主要为向工薪阶层借款人发放小额消费金融借款。产品形成过程如下:渤海信托设立小微贷款集合资金信托,京东金融出资5亿元认购优先级,中腾信认购劣后级。集合资金信托向中腾信平台推荐的借款人发放贷款,形成基础资产。基础资产形成后,京东金融聘请外部评级机构,将持有的信托份额细分为优先A、优先B、优先C级并进行外部评级,通过信托受益权转让的形式将达到AAA级的信托受益权及部分夹层级信托受益权转让给机构投资人。对于风控措施来说:贷前,由京东金融与中腾信信息系统对接,京东金融对中腾信推荐的借款人进行风控审核;贷中,京东金融为信托计划提供与信托贷款监控有关的管理服务,包括监督中腾信受让逾期贷款债权及涉诉贷款债权、出具《贷款监测服务机构季度报告》等。京东金融ABS云平台作为资产证券化服务商,从Pre-ABS资金放款,到基础资产形成,再到后期发起ABS全部参与。

此外,作者在报道中也看到了保险等“金主”的身影,如阳光保险成立阳光证券化基金进行消费信贷Pre-ABS投资;鹏华资产通过主动管理的固定收益产品投资Pre-ABS资产;2017年,惠金所旗下子公司阳光证券化基金与中信产业基金合资成立青岸投资,专注于Pre-ABS、ABS夹层和劣后级投资。可以预见的是,未来我国资产证券化市场中,资金端会更多元化。

## 第三节
## Pre-ABS的业务模式

Pre-ABS本质上说是一种过桥资金,是投资人基于融资人(原始权益人)主体

---

① 李思:《中腾信ABS通过京东金融ABS云平台发行》,载《上海金融报》2016年12月30日。

信用而发放的一笔信用贷款。原始权益人承诺将其正式发行资产证券化产品募集资金作为主要还款来源。Pre-ABS 的业务模式如图 16－2 所示。

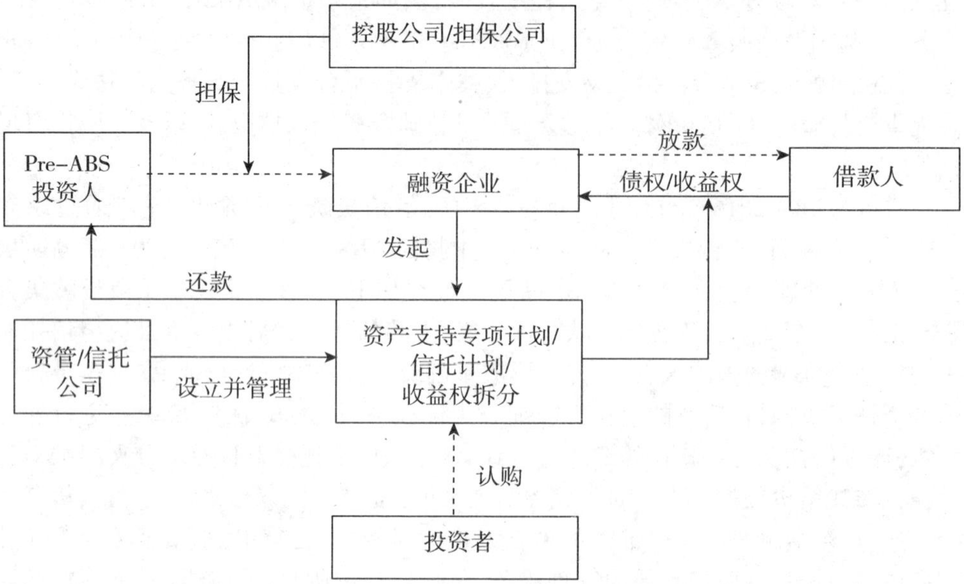


**图 16－2　Pre-ABS 的业务模式**

在 Pre-ABS 的业务流程当中，资管公司/信托公司/银行/券商/Pre-ABS 投资基金等投资人将资金投向原始权益人，原始权益人获得融资后扩大业务，增加基础资产；在基础资产达到一定规模后，由资管公司/信托公司/银行/券商等担任 SPV，通过将基础资产证券化从公开市场或私募市场募集资金，获得资金用于偿还 Pre-ABS 环节融资。

## 第四节
## Pre-ABS 的主要特征

### 一、Pre-ABS 的套利性

套利型资产证券化在美国市场属于主流模式之一，获取的是资产端和资金端的利差，利差主要来源于前端基础资产的收益率与末端 ABS 的成本之间的差额。

Pre-ABS 体现了资本的逐利性,具有明确的套利目的。从 Pre-ABS 业务流程来看,对融资人而言,Pre-ABS 是一笔"过桥资金",在有些 ABS 中,融资方甚至是承担较小风险的收取少量费用的通道。Pre-ABS 相当于是一个在前端加杠杆的过程。例如融资方在业务渠道上有优势,但是资金缺乏,没有能力生成足够规模的资产包,只要业务本身利差为正,引入 Pre-ABS 资金就是一个比较好的符合商业逻辑的操作。融资方通过 Pre-ABS 融资和后续 ABS 发行相结合的方式,获得资金拓展业务,解决了融资难的问题,扩大基础资产规模,并通过证券化操作手段,实现资产的快速循环迭代,也转移了部分业务风险。对投资方而言,无论发起方是融资人,还是投资人,最终目的都是为了尽快生成符合资产证券化的基础资产并通过证券化操作实现获利,此外,Pre-ABS 对 ABS 产品夹层也可进行直接投资,在风险可控的情况下赚取更高收益。

一般来说,Pre-ABS 资金发放效率高,发放规模大,且资金实际占用的时间比较短,前端期限往往在 3 ~ 6 个月,对于融资方而言,在获得低成本 ABS 资金后就可以将原有的融资置换,也更有利于推进业务发展。无论投资方还是融资方,都是具有商业合理性的选择。

## 二、融资方的地位有差异

从 Pre-ABS 业务流程来看,有的融资人处于主导地位,Pre-ABS 是一笔"过桥资金",有的融资人处于辅助地位,相当于 Pre-ABS 生成可证券化基础资产并发行的通道。反过来,笔者认为,也可以说 Pre-ABS 在 ABS 中的地位有所差异,有的 Pre-ABS 类似于过桥资金,仅仅提供资金,通常是在 ABS 正式发行前的几个月介入,资金占用时间比较短;有的 Pre-ABS 占据主导地位,Pre-ABS 方全程参与基础资产生成、风控、中介机构选聘、交易结构设计、证券化产品发行等环节,ABS 方相对处于次要地位,ABS 方类似于 Pre-ABS 方的通道。随着对资产证券化的理解越来越深入,占据主导地位的 Pre-ABS 方会越来越多。比如广发资管发起设立的广发恒进租赁产业投资基金,可以主动收购租赁资产以构建资产池来发行集合 ABS,也可以主动根据投资者需求定制发行 ABS 计划,还可以作为夹层或劣后方主动配置已发行 ABS 产品,具有极强的主动性,也有助于推动租赁 ABS 的批量化发行。只有掌握了资金投入、产品设计、承销发行、运营管理等多环节资源的 Pre-ABS,才能更大限度地保证其利益实现。

## 三、Pre-ABS 注重风控,注重金融科技

实践来看,Pre-ABS 获利退出的理想渠道是借助 ABS。ABS 无疑是比较核心

的环节。当然,如果 ABS 失败,Pre-ABS 也有其他的退出渠道,或者说是第二还款来源、第三还款来源等,比如拟 ABS 的底层资产的回款。但是,无论是第一来源、第二来源,风控永远是王道。

加强风控,利用高科技手段助力证券化是非常重要的环节,或者说 Pre-ABS 应该是金融科技引领的商业模式。Pre-ABS 适用的场景中,从“前端”的资产创设和选择、“中端”的方案设计与发行销售,以及“后端”的持续动态管理 + 信息系统支持全程参与产品设计与管理,均依赖于信息化科技平台的支撑,可以有效降低信息不对称或信息链条缺失带来的投资风险。

比如消费金融领域大数据的应用。随着对大数据理解和运用的深入,越来越多的消费金融机构开始利用大数据与人工智能算法贯穿于从精准获客到新客户准入的审批、存量客户贷后管理、逾期客户的清算催收,乃至形成 ABS 资产等整个闭环,实现自动化识别。以蚂蚁金服、京东金融为代表的大型互联网消费信贷机构,基于其电商平台广泛的客户群体和消费信贷业务实践,积累了较多的客户数据,而对于小型、新兴的消费信贷提供方而言,借助第三方的征信数据是一种比较有效的风控方式。

比如区块链技术的应用。ABS 是区块链的最佳实践场景。区块链技术作为独立的底层数据存储和验证技术,具有去中介信任、防篡改、交易可追溯等特性,能够实现交易过程中,各节点共同维护一套交易账本数据,实时掌握并验证账本内容。区块链技术的运用为其资产运作透明化提供了有力保障,大幅度提升了项目的效率、安全性和可追溯性。根据媒体报道,由百度金融旗下西安百金互联网金融资产交易中心有限公司担任技术服务商和交易安排人,长安新生(深圳)金融投资有限公司作为原始权益人和资产服务机构,天风证券股份有限公司担任计划管理人的“百度—长安新生—天风 2017 年第一期资产支持专项计划”获得上海证券交易所出具的无异议函。基础资产为汽车消费信贷。在本项目中,百度金融作为技术服务商搭建了区块链服务端 BaaS(Blockchain as a Service)并引入了区块链技术,项目中的各参与机构(百度金融、资产生成方、信托、券商、评级、律所等)作为联盟链上的参与节点。运用区块链技术,每一笔基础资产的真实性可被所有参与主体确认并共享,极大地降低了信息不对称。区块链技术实现了底层资产从 Pre-ABS 模式放款,到存续期还款、逾期以及交易等全流程数据的实时上链,对现金流进行实时监控和精准预测,提高了对基础资产全生命周期的管理能力。区块链技术的介入,对于中介机构而言,资产证券化产品尽调环节的尽调置信程度明显提升,尽调效率也得到提高;对于投资者而言,所投资产的透明程度显著增强,同时二级交易的估值和定价也变得有据可依。对于监管机构而言,能够更大程度上满足穿透式审核和监管的要求。除此之外,百度金融利用自身实时、多维、海量数据积累和建模技术,形成黑名单、多头借贷、反欺诈和大数据风控模型评分等模块对基础资产进行分析,以识别逾期/高危风险客户,并将信息记入区块链。百度金融与佰仟租赁、华能信托等在内的合作方也曾联合发行国内首单4.24亿元场外区块链技术支持的个人消费汽车租赁债权私募ABS项目。

## 四、Pre-ABS是一种新型的商业模式

通常情况下,Pre-ABS进行两大类资产的投资:一是在资产形成初期,以Pre-ABS的投资形式参与其中,全程把控基础资产的筛选、风控标准的制定以及产品结构的搭建,并获取基础资产与ABS标准资产间的利差收益;二是对ABS产品夹层进行直接投资,在风险可控的情况下赚取更高收益,发掘ABS夹层投资价值。Pre-ABS全程参与ABS的流程,通过对原始权益人以及其拟证券化的基础资产的审核和尽调,设计分层比例和收益分配方案,具有信用风险识别的信息获取优势和产品设计的主动权,可以定制"相对低风险+高收益"夹层档产品,利用买卖方信息不对称套利。

只要资产证券化的渠道通畅,只要融资方有客观存在的融资需求,Pre-ABS生存、发展的空间就越来越大。从资金和资产结合的角度来看,Pre-ABS是促使资源优化配置的手段。目前,监管已经推出了"一次注册,多次发行"的储架发行制度,原始权益人在已经批准的发行总额度下,可以根据市场情况自主决定发行ABS的时点和规模,这对于Pre-ABS的发展而言是极大利好。可见,Pre-ABS不仅是一种金融产品,更是一种新型商业模式,一种可以"批量化运作"的新型商业模式。

## 五、Pre-ABS可以促进资产证券化的发展

Pre-ABS对于中国资产证券化的发展大有裨益。首先,Pre-ABS有助于生成可证券化的基础资产,增加市场资产证券化的产品,扩大资产证券化规模。目前各类投资机构都面临着优质资产少的痛点。资产证券化的发展必须以大量可证券化的基础资产为前提。Pre-ABS可以主动识别、收购或创设优质基础资产,同时提前锁定优质资产。Pre-ABS会协助资方制定系统的风控标准、放款流程标准、资产筛选标准、资产隔离标准、信息披露标准,资产服务标准等,帮助资方规范化运作,形成标准化的资产包,从而在后端的资产证券化过程中间弱化对发行主体资质的要求。对于互联网消费金融平台,Pre-ABS还可以将更强的风控技术引入了被投平台。其次,Pre-ABS对ABS产品夹层进行直接投资。目前,ABS发行夹层档难度较大,因为优先级是银行、基金等配置,符合夹层档风险偏好属性的投资机构不多。Pre-

ABS 投资叠加 ABS 夹层投资的方式,促进了 ABS 一二级市场的联动。Pre-ABS 定位于一级市场的资产证券化业务,促进资产一级市场的标准化,ABS 夹层投资归属二级市场范畴,从而为资产证券化生态圈注入活力,激活不同风险偏好投资者的多元化配置需求,有助于提高二级市场流动性。

## 六、Pre-ABS 有风险

Pre-ABS 是一种投资行为,投资有风险!实践来看,Pre-ABS 风险包括但是不限于:

### (一)主体风险

融资方的主体信用问题是综合风险,也是重点考虑的风险之一。融资方主体信用有可能在 Pre-ABS 资金退出之前发生变化,变化的原因可能由主体本身、市场行情,甚至是国家监管政策所导致。如果 Pre-ABS 投资之后,整个链条的顺利运转都依赖于融资人信用,当融资方主体出现严重问题,投资方的收益就会受到极大的影响,甚至导致投资失败。比如融资方流动性趋紧叠加主体信用下滑导致后续 ABS 发行失败,则在 Pre-ABS 回购时点可能出现无法提供足够资金,从而导致流动性风险。对于某些主体而言,即使不存在流动性问题,也可能出现还款意愿不足的风险。

### (二)操作风险

Pre-ABS 的整个业务流程复杂,涉及环节较多,操作风险是客观存在的风险。比如在零售信贷领域,如果基础资产回流现金流的闭环设计不合理,基础资产回款可能落空。故 Pre-ABS 方都会谨慎设计交易流程,注重细节,对整个流程做穿行测试,极大限度地避免操作风险的出现。

### (三)市场风险

市场风险中,利率风险是核心。在某些阶段,受到国际国内的影响,极端情况下可能出现利率倒挂的现象,导致投资受损。因此,从 Pre-ABS 发行和退出来看,融资方须对资金成本、融资成本、中介机构的各项费用以及资产证券化回款资金成本进行合理预测,以防止利率倒挂的现象发生。从 ABS 销售回款来看,利率大幅波动也会导致 ABS 产品销售出现时滞,拉长资金占用时间,形成较高的资金成本。

### (四)政策风险

不言而喻,Pre-ABS 领域受监管影响巨大,监管的调整走向和调整频率决定了 Pre-ABS 的生存空间和发展空间。某些类型的资产证券化发行受到国家宏观调整的影响,有的时候会放行,有的时候会适度收紧,有的时候会被终止。比如购房尾款资产证券化产品、小贷资产证券化产品、消费金融类资产证券化产品等受政策影响较大,各方面不确定性增加。Pre-ABS 必须研判资产证券化政策走势,充分考虑产品的审批发行规则、时间及其风险,比如,在专项计划成立时,租赁基础资产应该已经真实存在的,用专项计划募集资金来投资入池租赁项目的模式不能得到监管层和投资者的认可。

(五)期限错配风险

由于 Pre-ABS 资金往往具有借款期限短、难以展期的特点,灵活性相对 ABS 较差,而资产证券化回款的整个周期包括两个重要阶段:资产包的形成以及资产证券化回款。监管政策和市场环境在不断变化,对于能否在短期内拿到无异函,并将该 ABS 产品销售,募集资金到账,这是一个无法锁定答案的问题。如果资产证券化回款周期大于过桥资金的借款周期,则为期限错配,影响 Pre-ABS 的融资模式。

针对上述风险,通常情况下,投资方会采取很多风险控制措施,此处用资金监控方面的措施举例阐述。对于 Pre-ABS 来说,资金监控主要是两个环节,一是投放环节。要确保融资方将资金投资在约定范围内,设立监管户控制投资用途和范围。比如万向信托发行的"工商企业 44 号(中民投租赁 Pre-ABS 项目)集合资金信托计划"要求中民投租赁筛选给受托人的底层资产必须为医院借款,并区分公立医院和民营医院提出不同的条件,承租人如为公立医院,需满足以下条件:由政府主办的医疗公立医院;国有企业或集体所有制企业下属全资医院;承租人存续期限在 3 个经营年度(含)以上。承租人如为民营医院,需满足以下条件:连续经营不低于 3 年;上一年度医疗药品收入≥5000 万元;医院已纳入城镇医保或新农合体系;最近 12 个月内无不良信用记录;承租人的经营场所和主要设备为自有产权,即由实际控制人持有或实际控制人名下公司所拥有;另外,单笔租赁借款金额不低于 1000 万元。二是回款环节。要保证资产证券化募集回款后能够及时偿还投资。具体操作中,为了确保 ABS 募集资金能够偿还 Pre-ABS,投资方通常会采取两方面保障措施:交割确认函和 ABS 计划说明书。交割确认函可以规定,在 Pre-ABS 产品说明书中约定,ABS 募集金额达到一定的额度后,Pre-ABS 资方才签署交割确认函,将 Pre-ABS 的资产转让给 ABS。ABS 计划说明书可以明确规定来自 Pre-ABS 的底层资产,ABS 的资产买卖协议中也会注明 ABS 成立后部分募集资金直接转给 Pre-ABS 账户。此外,为进一步加强回款保障力度,结构化设计也是常用方法。即 Pre-ABS 基金层面,由银行或信托资金等认购优先级,融资方认购劣后级,从而由融资方进行风险兜底。比如 Pre-ABS 由融资租赁公司和 Pre-ABS 按一定的出资比例($1:n$)。此外,Pre-ABS 还会采取首选已成功发行 ABS 的融资人;融资方的实际控制人、母公司或者关联方提供差额补足和连带责任担保;出现权利完善事件后提前还款,产品结束;相关融资债权/收益权的质押;逾期和不合格资产置换;要求融资人做回购承诺;引入具有良好征信背景和征信评级的第三方进行担保及增信。

## 第五节
## Pre-ABS 的主要应用场景

根据 Pre-ABS 的商业逻辑,基础资产的生成是重要环节。适合 Pre-ABS 投资的领域必须是有融资需求且可证券化的基础资产生成比较容易比较快的领域,这样才能进行循环操作。适合 Pre-ABS 投资的行业,一般需要大量资金进行周转;且企业资金实力相对较弱使扩张受限;适合的资产需满足以下几个条件,资产需产生稳定现金流、收益率高且可给予再融资利差空间、风险可识别可管控。

目前,除专业地产基金做物业孵化,最后可能通过类 REITs 退出的 Pre-Reits 之外,从资产类型上来说,主要介入了 Pre-ABS 的资产有两大类,一是融资租赁的资产,二是消费金融类的资产。这些都是退出途径相对比较明确的、有溢价、风险可识别、可管控、投资人群体比较认可的资产领域。

### 一、不动产领域

根据报道①,2015 年 6 月,万达推出的众筹产品"稳赚 1 号"被视为国内首单 Pre-REITs 产品。"稳赚 1 号"产品规模为 50 亿元,其中 5 亿元面向个人投资者发售,45 亿元面向机构投资者,认购起点为 1000 元,其底层项目是万达在郑州、梅州、三门峡、宜春、常德的五个项目。收益率设计上,分为两部分:定投的万达广场租金的 6% 年化收益率,每年收益派发日发放;假如项目成立 3 年后 REITs 上市,预期年后收益率达 14%,收益一次性派发投资者。如果至第 7 年仍未上市,由万达商业地产以约定价格收回自有租赁物业或相应权益。此外,该产品还可以向第三方转让。由于"稳赚 1 号"为众筹形式,因此被认为具有股权属性;同时,由于设置了回购条款,也具有一定的债权属性。万达推出的众筹产品"稳赚 1 号"被视为国内首单 Pre-REITs,其关键特点是设置了第三年派息结束后 REITs 上市,将由此产生的资产升值收益分配给投资者。

当然,未来长租公寓类型的 Pre-ABS 也值得探讨,Pre-ABS 阶段以非标方式介

① 张智伟:《弹尽粮绝? 百亿 Pre-ABS 已入局,消费金融、融资租赁左手融资、右手放贷! 解密 Pre-ABS 如何玩》,载搜狐网,https://www.sohu.com/a/168156966_785549。

入,放款给融资人定向用于建造、收购或者改造集中式的长租公寓,需要提供担保、不动产或土地抵押、应收账款质押和不合格资产替换等担保措施,在此基础上形成的基础资产将用于发行 ABS。

因为不动产领域相对而言,投融管退周期较长,笔者认为,该领域适合资金实力雄厚且专业能力特别强的基金介入。

## 二、融资租赁

融资租赁公司的资金主要来源于股东和银行贷款,融资渠道比较单一,因此资产证券化或类资产证券化成为融资租赁公司重要的融资渠道。目前,交易所和报价系统已经发布了有关融资租赁公司资产证券化的指引和信息披露规则,融资租赁资产证券化已经步入常态发展的阶段,占据了整个证券化市场比较大的份额。有关融资租赁资产证券化的分析请见本书其他章节,不再赘述。

发起资产证券化前的 Pre-ABS 投资资金成为部分融资租赁公司的融资渠道。在传统的租赁资产证券化过程中,主要是由单体租赁公司累积基础资产,基于公司当前的存量债权资产进行证券化。而现在一些租赁公司基于对于规模业务发展的迫切需求,更希望通过投资者进行 Pre-ABS,即基于增量资产进行证券化。

运作模式:对于大型融资租赁公司,由于预投放的基础资产笔数较少,金额较大,一般采用“先投后款”,即融资租赁公司先明确拟投放的基础资产,然后再通过信托计划引入 Pre-ABS 的过桥资金,形成基础资产。

举例来说,“浙金·易鑫租赁 Pre-ABS 集合资金信托计划”主要目的是加快资金周转,增量资产证券化。融资人上海易鑫融资租赁有限公司是国内领先的融合互联网与汽车金融的企业。易鑫租赁有用良好的信用水平及股东背景。该 Pre-ABS 集合资金信托计划基本要素如下:产品规模 8.34 亿元人民币;产品期限 4 个月,满 3 个月后融资方有权选择提前结束;认购起点 100 万人民币,超过部分按 10 万元整数倍增加;信托资金用于向易鑫租赁发放信托贷款,易鑫租赁将该款项用于向消费者/承租人发放借款/租赁款,上述债权形成 ABS 的底层资产;收益分配为到期或提前部分还款时偿还对应本金及相应利息。本项目采取了优先次级安排、股东增信、资金监管、债权质押、入池资产资质审核等风控措施,从发放资金形成贷款到 ABS 回款形成完整闭环。

集合资金信托计划的还款来源中,第一还款来源是 ABS 回款,即易鑫租赁需对公司的租赁款/车贷款进行证券化,使用募集资金偿还信托贷款,支付信托贷款本息,实现信托计划退出。此外,还设置了第二还款来源债权回款,即易鑫租赁将对车贷公司形成的债权的回款偿还信托贷款,实现信托计划退出。

可见,该信托计划通过租赁公司形成车贷类资产,并以证券化等方式实现退出。根据目前的历史数据,从分散度、违约率、损失率、现金流稳定性、汽车追索和处置等多重维度评估,车贷资产安全性高,是消费类贷款中非常优质的资产。

可以乐观地推测,未来,凭借 Pre-ABS 的兴起,融资租赁公司可以实现从"银行融资—发放租赁贷款"这一传统"融资放贷"模式转变为凭借自身信用、承揽资产能力、资产服务能力以及资产处置能力进行类似互联网行业的"轻资产"运营,大大降低了对资金的依赖以及杠杆的限制,大幅提高了盈利水平。

## 三、消费金融

随着城镇化的推进,消费理念的更迭,适度提前消费被广泛接受,消费金融行业已经进入快速发展的通道。随着个人消费的不断增长,消费贷款也逐渐呈现多元化、便捷化,消费者不仅可以通过银行获得贷款,也可以从互联网平台、消费金融公司获得授信和贷款。消费金融类资产不仅包括持牌金融机构的消费金融资产,还包括那些非持牌的但也开展消费金融业务的公司,包括阿里、京东、百度、趣店、乐信等。无论是租赁、信托,还是以小贷公司为载体发放的消费金融的资产,或者称之为零售信贷资产,它们的典型特点就是债务人是自然人,底层合同高度标准化,单笔债权额度小,高度分散,每笔资产差异性大。消费金融的放量发展为个人消费贷款 ABS 提供了大量的基础资产。

消费金融业务的快速发展,也带动消费金融类资产证券化业务的蓬勃发展。银行、电商平台及一些无消费金融牌照的借款平台等都纷纷试水消费金融类 ABS 业务,消费金融证券化产品的发行呈现了前所未有的爆发式增长。根据万德数据,如仅统计银行间及交易所发行的产品,2017 年以来非持牌机构发行量已达 730 亿,占消费信贷 ABS 发行量的 88% 左右。其中,蚂蚁金服发行的花呗、借呗系列发行量占 2017 年消费信贷发行量的一半以上。此外,非持牌机构还大量发行了非交易所 ABS 产品及类 ABS 产品,发行方除主流的蚂蚁金服、京东金融、平安普惠外,还包括了诸多暂时难以进入交易所市场的小型非持牌机构,总发行规模也很大。我国消费信贷 ABS 产品绝对收益率水平较高,期限短,风险占用低。有关消费金融资产证券化的分析请见本书其他章节,不再赘述。

消费金融是非常适合 Pre-ABS 介入的领域。对于非持牌机构而言,由于我国消费金融市场大发展时间不长,非持牌机构往往运营时间短,资本实力较弱,银行助贷授信额度往往有限,也不具备发债资格,但资金需求非常旺盛。但是,对于具有稳定消费场景和较强风控能力的非持牌机构,其资产往往表现出收益率较高、不良率相对收益率较低的特征,属于典型的弱主体强资产类别,因此吸引了很多

Pre-ABS。

运作模式:消费金融 Pre-ABS 项目一般采用“先款后投”的模式,即信托计划先向融资人发放信托贷款,融资人在信托计划层面完成对借款人的筛选并向其发放消费贷款,形成借款债权,然后再将债权质押到 Pre-ABS 的信托计划。

此外,大数据风控可以在消费金融业务领域大显身手,成为消费金融行业的核心基础设施之一。故很多互联网金融平台更倾向于选择京东、百度等技术实力较强的具有数据优势的平台提供资金中介、风控服务、增信服务以及引入投资者等服务。

消费金融 Pre-ABS 非常活跃。比如根据报道①,2017 年 7 月 26 日,“京东金融·华泰·美利车金融信托受益权资产支持专项计划”募集成立,将在上交所正式挂牌交易,总规模 1.89 亿元。交易文件披露显示,该 ABS 项目共有 3056 笔资产入池,基础资产均为美利车金融二手车分期租赁债权。发行主体是京东金融旗下的一家公司——北京正东金控信息服务有限公司。比较特殊的是,京东金融作为原始权益人,以 Pre-ABS 资金参与资产生成,同时,该产品 2% 的次 1 级证券由京东金融认购。

## 第六节 资管新规后的 Pre-ABS 展望

资管新规对非标资产的限制将成为 Pre-ABS 发展契机。《关于规范商业银行理财业务投资运作有关问题的通知》(银监发〔2013〕8 号文)首次提出“非标”概念,对非标准化债权资产作出如下定义:未在银行间市场及证券交易所市场交易的债权性资产,包括但不限于信贷资产、信托贷款、委托债券、承兑汇票、信用证、应收账款、各类受(收)益权、带回购条款的股权型融资等。而后,各项相关监管政策密集出台,其中“非标资产”更多的是指类信贷资产,这类资产的表现形式可以是债性资产、明股实债、明基实债、各类收受益权等。2017 年 11 月,央行发布了《关于规范金融机构资产管理业务的指导意见(征求意见稿)》。在资管新规之后,关于规范资金池、消除多层嵌套、打破刚兑、期限错配等相关要求对资管产品中的非标资产产生了巨大的影响。非标资产证券化的过程中,存量资产正在寻求非标转出,而增量资

① 佚名:《美利金融发行 1.89 亿汽车租赁分期 ABS 京东金融科技助力》,载《凤凰财经》2017 年 7 月 26 日。

产则通过非标介入形成基础资产而后进行非标转标操作(即 Pre-ABS 与 ABS 联动模式)。

未来,Pre-ABS 凭借自身的特性,将成为投资人寻找资金出口和优质资产、提前把控风险、提升投资项目参与度的重要途径。Pre-ABS 在辅助融资方形成增量资产的同时,也为投资方提供更灵活的参与机制,具体如下:

1. Pre-ABS 投资方掌握资产退出的主动权。通过合同条款设计或行使股东权利等方式,投资方可根据自身需求及市场情况,自主地选择资产退出时间。主动性是区别于其他产品的主要特征。

2. 调整资产期限。传统非标资产的到期期限都是确定的,投资方必须承担由于期限带来的再融资风险、利率风险、政策风险等,特别是在资管新规出台后关于禁止期限错配的要求将使资管机构进行长期限资产配置更为困难。而 Pre-ABS 因其能够主动退出的特点,能使资产的投资收回年限得到调整。

3. 完成非标资产的标准化转型。由于 Pre-ABS 在选取资产环节就考虑到了未来资产的退出方式,其资产的创设及项目运作均以未来能够发行 ABS 为前提,所以,Pre-ABS 打通了非标资产向标准化资产转化的通道。

# 第十七章
# 互联网金融与资产证券化

互联网金融是时下的热点，资产证券化也是资本市场的新兴事物，两者的有机融合是不可逆转的趋势。针对这一趋势，业内称谓不一，比如“互联网资产证券化”“互联网＋资产证券化”或“互联网金融资产证券化”。本章拟对互联网金融与资产证券化的关系，尤其是互联网金融的技术对资产证券化的意义，做一个简单的理论探讨。

## 第一节
## 互联网金融的概念及业态

互联网金融是新词汇，涉及互联网、金融和科技等多个领域，且是一个不断发展着的术语，具有很大的延伸性和包容性。对互联网金融的内涵、外延等进行阐述、辨析是探讨互联网金融与资产证券化的前提。

### 一、互联网金融、Fintech 的概念

#### （一）互联网金融

目前，多数业务人士认为，“互联网金融”（Internet Finance，ITFIN）一词是我国首创的词汇，是 2012 年时任中国投资有限责任公司副总经理的谢平教授在“中国金融 40 人论坛”上首次提出来的。谢平教授指出，既不同于商业银行间接融资也不同于资本市场直接融资的第三种网络融资平台为互联网金融。

“互联网金融”一词出现后，很快被许多官方文件直接引用或提及，比如 2015 年，国务院关于印发《推进普惠金融发展规划（2016～2020 年）的通知》（国发〔2015〕74 号）强调，鼓励金融机构运用大数据、云计算等新兴信息技术，打造互联网金融服务平台，为客户提供信息、资金、产品等全方位金融服务。鼓励银行业金融机构成立互联网金融专营事业部或独立法人机构；2015 年 7 月 4 日，国务院发布《关于积极推进“互联网＋”行动的指导意见》，鼓励互联网金融与其他产业的不断

融合，加深互联网金融服务创新的深度和广度；2016 年 10 月 13 日，国务院办公厅发布《互联网金融风险专项整治工作实施方案的通知》等。

从现有的研究文献来看，有关互联网金融的概念，引用比较多的是 2015 年中国人民银行等十部委在《关于促进互联网金融健康发展的指导意见》（银发〔2015〕221 号）中的阐述。该指导意见认为，互联网金融是传统金融机构与互联网企业利用互联网技术和信息通信技术实现资金融通、支付、投资和信息中介服务的新型金融业务模式。笔者认为，可以再做进一步的文本解读。

1. 互联网金融是新型的金融业务模式

“新”体现在两个方面：原有金融机构嫁接互联网，金融机构互联网化；互联网企业向金融领域渗透。其中，互联网企业向金融领域渗透又包含三层含义：互联网企业获得从事金融业务的特许；互联网企业向金融机构输出技术，解决金融机构业务的痛点；互联网企业自己从事金融业务还向外输出技术，比如蚂蚁金服，既直接提供金融服务也为其他金融机构提供征信信息服务。

2. 互联网金融的基础是互联网技术和信息通信技术

互联网技术（internet technology）指在计算机技术的基础上开发建立的一种信息技术，涵盖硬件、软件和具体应用。信息通信技术（information and communications technology，ICT）是由信息、通信和技术组合而成的，是信息技术与通信技术相融合而形成的一个新的概念和新的技术领域，是一个涵盖性术语，常常与特定领域结合使用，如教育领域信息通信技术、互联网金融信息通信技术等。

3. 互联网金融的主体主要是金融机构和互联网企业

细分后主要有三类：互联网化的传统金融机构、从事金融业务的互联网企业和从事技术输出的企业。

2016 年，互联网金融给传统金融人带来了很大刺激。面对形势的改变，不少传统金融机构纷纷抛出转型方案，传统金融机构开始发力互联网金融，拥抱互联网。举例来看，中信银行与百度联手发起设立百信银行，泰康人寿成立互联网保险公司泰康在线财产保险股份有限公司，传统金融机构正在以“王者归来”的态势在互联网金融领域的加速布局。在营销方面尝试转变的还有信托公司。尽管信托公司希望拥抱互联网，作出很多尝试，包括开通微信公众号、推广 APP 等，但是受到严格的客户身份识别监管条件的限制，在互联网线上环节，只能实现信托的预约功能，签约、支付仍在线下。目前，信托公司也在加强与监管部门的沟通，希望能够通过视频身份验证或者远程账户完成线上客户身份识别的要求，这样信托机构才能真正实现“互联网金融”的营销。

4. 互联网金融的目的是实现资金融通、支付、投资和信息中介服务

所谓金融，可以简单理解为资金的流动，理解为投融资。它的核心功能包括支付结算、资金融通（存贷款）、财富管理、风险管理、价格发现等。综合我国现有互联网金融的业务运作和功能表现，科技促使金融发生了巨变。2015年《关于促进互联网金融健康发展的指导意见》（银发〔2015〕221号）认为，互联网与金融深度融合是大势所趋，将对金融产品、业务、组织和服务等方面产生更加深刻的影响。促进互联网金融健康发展，有利于提升金融服务质量和效率，深化金融改革，促进金融创新发展，扩大金融业对内对外开放，构建多层次金融体系。但是，互联网金融并没有改变金融体系的功能属性。根据最高人民检察院《办理涉互联网金融犯罪案件有关问题座谈会纪要》（高检诉〔2017〕14号）的规定，互联网金融的本质仍然是金融。互联网金融要回归到金融的本质。

### （二）Fintech的概念

美国等国家并没有与“互联网金融”直接对应的词汇，比较相近的是“Fintech”（被译为“金融科技”“科技金融”或“新金融”）。Fintech源于美国，目前在美英、日本、中东地区快速发展，被引入中国的时间并不长。有学者认为，“互联网金融”是“Fintech”本土化称谓。目前，“互联网金融”逐渐被“Fintech”所替代。

近年来，中国政府对Fintech也比较重视。2016年11月，中国财政部公布“第八次中英经济财经对话”的政策成果，国务院副总理马凯和英国财政大臣菲利普·哈蒙德主持了对话，针对金融科技领域，双方给予了高度重视，宣布搭建“中英金融科技桥”，鼓励更紧密的监管和政府间的合作，深化两国金融科技企业之间的合作；2017年3月，深圳市福田区政府率先推出促进金融科技发展专项政策《关于促进金融科技快速健康创新发展的若干意见》；2017年5月，中国人民银行成立金融科技委员会，旨在加强金融科技工作的研究规划和统筹协调等。

Fintech是由金融“Finance”与科技“Technology”两个词合成而来，是Financial Technology的缩写。2016年3月，全球金融稳定委员会发布了《金融科技的描述与分析框架报告》，这是第一次从国际组织层面对金融科技作出初步定义，即金融科技是金融与科技相互融合，创造新的业务模式、新的应用、新的流程和新的产品，从而对金融市场、金融机构、金融服务的提供方式形成非常重大影响的业务模式、技术应用以及流程和产品。

笔者认为，Fintech描述的是金融与新兴科技（主要包括大数据分析、云计算、区块链、人工智能等）的融合，这种融合给现有的金融格局，包括金融产品、流程、机构等，带来了巨大的改变。

### （三）互联网金融和 Fintech

互联网金融和 Fintech 两者不完全等同。比如金融科技更偏向于科技，尤其指那些可用于"撕裂"传统金融服务方式的高新技术，而互联网金融更多的是指一种商业模式。笔者认为，在某种意义上，金融科技可以看成是互联网金融的升级，而互联网金融可以看做是金融科技特定阶段的特定概念，是金融科技的初级阶段。"金融科技""互联网金融"均体现了金融与科技的融合，都是对运用各种新技术手段提供、优化、创新金融服务等行为的概括。从术语的使用趋势看，国内研究机构正越来越多地使用"Fintech"取代"互联网金融"。除有特指之外，本章所探讨的金融科技和互联网金融可以等同。也有学者认为，从国内的行业划分与监管来看，互联网金融与 Fintech 存在业务范围的差异，Fintech 不直接从事金融业务，主要是与持牌机构合作。即互联网金融的落脚点是某种具体的金融服务，在国内需要进行牌照式管理，而 Fintech 落脚于技术，更多体现为可应用于金融领域的新兴技术，如不涉及开展具体金融业务的，可不受牌照限制。

## 二、我国互联网金融的发展脉络

20 世纪 70 年代，互联网技术开始兴起。以监管为线索，笔者认为，我国互联网金融的发展经过了如下的过程。

### （一）2013 年之前的互联网金融初步发展阶段

20 世纪 90 年代，互联网技术开始了广泛的商业化应用。传统金融机构互联网化兴起，比如银行推出了网上银行、泰康人寿尝试在互联网上买卖保险等。

2005 年之后，我国网络购物蓬勃发展，支付宝、财付通等第三方支付方式逐渐成为日常生活的一部分。

2007 年，我国首家纯信用、无担保网络借贷平台拍拍贷成立，首家"同城 O2O"的网贷金融企业翼龙贷也成立。

2011 年，众筹平台异军突起。

### （二）2013～2015 年的互联网金融大发展阶段

2013 年 6 月，支付宝联合天弘基金上线"余额宝"，是国内首支互联网货币基金，上线三个月规模即达到 556.53 亿，引起全社会对互联网金融的极大关注，也被认为是互联网金融发展的标志性事件。

2013 年 11 月，十八届三中全会通过了《中共中央关于全面深化改革若干重大问题的决定》，正式提出发展普惠金融，释放支持互联网金融信号。

2013 年 10 月，国内首家互联网保险"众安在线"成立。

2014年2月,国内第一款互联网消费金融产品“京东白条”上线。

2014年,政府年度工作报告提及“互联网金融异军突起”。

2015年,P2P网贷平台增速达到顶峰,风险迅速累积。2015年12月16日,总成交量超过740亿的“e租宝”平台因为涉嫌犯罪被立案调查,成为P2P网贷风险集聚爆发的标志。随后,大大集团、快鹿系、中晋系、望洲财富等一大批较大规模的互联网金融平台暴雷。

2015年,政府工作报告指出要“促进互联网金融健康发展”。

2015年7月18日,人行等十部委联合发布《关于促进互联网金融健康发展的指导意见》,指导意见不仅给给出了互联网金融的定义及其七大业态,而且从金融业健康发展全局出发,提出了健全制度、规范互联网金融市场秩序的具体要求。此后,P2P平台的累计风险集中释放。

### (三)2016年至今的互联网金融整治和规范发展阶段

2016年,政府工作报告强调“要规范发展互联网金融”。

2016年10月,国务院办公厅发布《互联网金融风险专项整治工作实施方案》。与此同时,人行、银监会、证监会、保监会等多部门联合印发了《非银行支付机构风险专项整治实施方案》《通过互联网开展资产管理及跨界从事金融业务风险专项整治工作实施方案要点》《P2P网络借贷风险专项整治工作实施方案》《股权众筹风险专项整治工作实施方案》《互联网保险风险专项整治工作实施方案》。网贷之家数据显示,截至2016年9月底,P2P累计停业及问题平台达2076家,约占总平台数量的50%。

2017年“两会”期间,“高度警惕互联网金融风险”被写入政府工作报告。

2017年4月,《关于开展现金贷业务活动清理整顿工作的通知》发布;2017年7月,《关于对互联网平台与各类交易场所合作从事违法违规业务开展清理整顿的通知》下发;2017年9月,人行等七部委发布《关于防范代币发行融资风险的公告》。

互联网金融本质仍属于金融,没有改变金融风险隐蔽性、传染性、广泛性和突发性的特点。至此,第三方支付、网络借贷、股权众筹、互联网保险、智能投顾、现金贷、虚拟货币、互联网金融交易所等业务模式及平台,都被纳入互联网金融风险专项整治范畴。

十九大以后,互联网金融风险专项整治成效不断显现。当前,互联网金融整体运营平稳,潜在重大风险得到有效遏制。第五次全国金融工作会议指出,设立国务院金融稳定发展委员会,并明确指出,加强互联网金融监管。我国互联网金融逐步进入规范发展的轨道。

## 三、互联网金融的业态

根据中国人民银行、工业和信息化部、公安部、财政部、工商总局、法制办、中国银监会、中国证监会、中国保监会、国家互联网信息办公室《关于促进互联网金融健康发展的指导意见》的规定,互联网金融业态主要有互联网支付、网络借贷、股权众筹融资、互联网基金销售、互联网保险、互联网信托和互联网消费金融等互联网金融主要业态。

### (一)互联网支付

互联网支付是指通过计算机、手机等设备,依托互联网发起支付指令、转移货币资金的服务。我国互联网支付业务由人民银行负责监管。最早出现的第三方支付平台早在1999年已创立,为美国的Paypal,5年之后阿里巴巴的支付宝业务才推出。

业内通常所指的互联网支付是第三方支付(third-party payment),狭义上是指具备一定实力和信誉保障的非银行机构,借助通信、计算机和信息安全技术,采用与各大银行签约的方式,在用户与银行支付结算系统间建立连接的电子支付模式。

第三方支付是第三方支付公司接触用户的一个入口,能积累大量有价值的用户交易数据,有助于向用户提供更多金融服务,发展支付+营销、支付+金融、支付+财务管理等增值服务与个性化服务,比如"存款"、财富管理服务(余额宝)、借贷服务(蚂蚁小额贷款)以及网络银行服务(网商银行)。有些支付公司为客户提供基于云端的SAAS服务。在提供POS支付服务的同时还为商户提供销售数据分析,例如美国的上市公司Square和英国的iZettle。

第三方支付有两大模式:近场支付,典型代表如Apple pay、Samsung pay、huawei pay等;远场支付,典型代表如支付宝、财付通、汇付天下、盛付通、Square等。

借助于信息技术的进步,传统的支付业务越来越多地被新型支付手段替代,产生了短信支付、扫码支付、近场通信(NFC)支付、生物识别技术支付等众多支付手段。新的支付手段为用户带来了更加便捷、快速的体验,也使交易过程变得更加安全。支付业务的核心在于高效率和低成本。大部分支付公司致力于为商户提供界面清晰、流程简便的收款服务,支持线上、移动和线下多种场景的支付,例如瑞典的Klarna和美国的Stripe,类似于中国的支付宝。

截至目前,中国已成为世界上第三方支付市场份额最重的国家,而支付宝的交易金额也远超第三方支付鼻祖Paypal。2010年,中国人民银行发布《非金融机构支付服务管理办法》,宣布所有第三方支付机构必须取得支付许可证,才可合法从事支付业务,禁止支付机构挪用客户的备付金,保证备付金安全。

### (二)网络借贷

网络借贷包括个体网络借贷(即P2P网络借贷)和网络小额贷款。个体网络借贷是指个体和个体之间通过互联网平台实现的直接借贷。网络小额贷款是指互联网企业通过其控制的小额贷款公司,利用互联网向客户提供的小额贷款。中国的网络借贷业务由中国银保监会负责监管。网络小额贷款属于小额贷款公司的业务范畴,是通过互联网和数据分析技术等,为个人或企业提供小额贷款。

P2P网贷平台是中国的新兴事物。所谓P2P网贷,即点对点信贷,是通过第三方互联网平台进行资金借、贷双方的匹配,需要借贷的人群可以通过网站平台寻找到有出借能力并且愿意基于一定条件出借的人群,帮助贷款人通过和其他贷款人一起分担一笔借款额度来分散风险,也帮助借款人在充分比较的信息中选择有吸引力的利率条件。

2016年8月,中国银监会等四部门发布《网络借贷信息中介机构业务活动管理暂行办法》将P2P网络借贷平台界定为专门从事网络借贷信息中介业务活动的金融信息中介企业,主要是以互联网为主要渠道,为借款人与出借人(即贷款人)实现直接借贷提供信息搜集、信息公布、资信评估、信息交互、借贷撮合等服务。监管之前,我国大部分平台并非只是从事线上信息搜集、信息公布、资信评估、信息交互、借贷撮合等信息中介服务,同时也开展了很多融资担保业务、筹集资金和发放贷款的信用中介业务等,但是,没有获取融资担保、小额贷款、商业银行等方面的金融牌照,也不用在资本、流动性等方面接受与上述机构相同程度的监管。

P2P网贷分为三大模式:纯线上模式,如人人贷等;线上线下模式,如翼龙贷等——借款人在线上提交借款申请后,平台通过所在城市的代理商采取入户调查的方式审核借款人的资信、还款能力等情况;债权转让模式,公司作为中间人对借款人进行筛选,以个人名义进行借贷之后再将债权转让给理财投资者。

网络借贷是金融科技公司中占有重要地位的行业。互联网平台帮助金融实现脱媒,释放了过去始终未被满足的中小企业和个人消费者的融资需求。美国的Lending Club成为第一家上市的P2P借贷公司。网络借贷也开始与消费金融相结合,产品覆盖车贷、房贷、助学贷款和其他各类消费贷款,有些平台辅以交叉营销,提供财务管理工具可作为增值服务。

网络借贷公司的核心能力是征信。通过大数据分析和机器学习算法进行信用评级,为客户提供个性化的信贷服务。网络借贷公司的切入点在于细分市场的把握。总体来说,网络借贷的客户群体主要为中小企业和个人消费者。每家公司的业务切入点各有不同,有专门针对零售服务行业小企业的借贷公司,如美国的上市公司On Deck,有专门为潜在成功人士提供助学贷款和消费贷款的P2P借贷平台

SoFi,有为学生和年轻白领提供分期付款的公司,如美国的 Affirm 和中国的趣分期(现在逐步转型)。还有个人网络消费贷,消费者在选购商品后,可选择平台的消费金融产品进行付款。一般该类产品是预授额度的形式。消费者可一次申请获得一定的消费额度,此后在该额度内的消费不必再申请,例如美国的 Pay Pal,Paypal Credit 与 Pay Pal 账户形成融合,嵌入消费者支付场景。消费者购物额超过 99 美元,即可在支付结算将 Paypal Credit 勾选为支付方式,并提供一些基础信息,在短短几秒之内就可以获得 Paypal Credit 的反馈并完成支付,而且获享 6 个月内免息全额付款。通过了信用审核,消费者即可获得不低于 250 美元的信用额度,并可以在之后的消费购物中直接使用,具有循环信贷的特点。Paypal Credit 还可以直接作为现金转给其他 Paypal 账户,具有现金转账的功能。Paypal Credit 的信贷由 Comenity 资本银行(Comenity Capital Bank)所提供,目前已向用户提供了 74 亿美元的信用额度,其中贷款余额为 40 亿元,占当年发放信用总额度的 54.05%。

### (三)股权众筹

根据国内外的主流分类方式,按回报类型将互联网众筹划分为:权益众筹、股权众筹、债权众筹、公益众筹。其中,权益众筹即产品众筹;股权众筹按照募资方式划分为公募股权众筹和私募股权众筹两类;债权众筹按照客户类型划分为 P2P 和 P2B 两类;公益众筹则相对开放,无偿投入资金的众筹都纳入此类。

根据中国证监会 2015 年 8 月发布的《关于对通过互联网开展股权融资活动的机构进行专项检查的通知》,股权众筹融资主要是指创新创业者或小微企业通过股权众筹融资中介机构互联网平台(互联网网站或其他类似的电子媒介)公开募集股本的活动。股权众筹融资业务由证监会负责监管。

创新创业的股权融资需求推动了股权众筹的快速发展。股权众筹通过互联网不仅打开了大量创新企业的股权融资渠道,同时也大大降低了创业企业的股权融资门槛,改善了企业创新创业的金融环境。现知名的众筹平台有:京东众筹、轻松筹、人人天使、创客星球等。

作为众筹平台,可专注于某垂直细分市场。如美国的 Circle Up,针对小规模快消品和零售、服装、餐饮公司的众筹平台。也有平台帮助对接天使投资人和初创公司,让具有丰富行业经验的天使投资人提供创业辅导或参与初创公司的发展规划,例如以色列的 Our Crowd,此外,还有平台为创投公司提供招聘服务,例如美国的 Angel List。

### (四)互联网基金销售

互联网基金销售指基金销售机构与其他机构通过互联网合作销售基金等理财

产品的行为。我国互联网基金销售业务由证监会负责监管。2012 年起,证监会开始对独立基金销售机构发放基金销售牌照。截至 2016 年 9 月,共 101 家独立基金销售机构获得第三方基金销售资格,同比 2015 年 9 月增加了 30 家。

我国互联网基金销售主要可分为以下三类:

1. 传统基金销售机构的互联网化。这是指基金管理公司开展网上直销,或具有基金销售资格的银行、证券和保险机构等传统基金销售机构的网销。

2. 独立基金销售机构的网销平台。这是指具有基金销售资格的独立基金销售机构通过建立网销平台进行基金销售,如天天基金网、爱基金网等。

3. 基于互联网平台的基金销售机构。这是指不具有基金销售资格的电商平台、门户网站、互联网金融平台等与基金公司或独立基金销售机构合作,进行基金销售业务。

从 2015 年开始,这种基于互联网平台的基金销售机构,其发展的主要趋势一是从原来的导流平台转为自己拥有基金销售牌照或控股拥有牌照的公司,如京东金融、苏宁金融等纷纷拥有了自己的牌照,阿里集团也于 2015 年关闭了淘宝基金店,将基金业务转到控股数米基金的蚂蚁聚宝旗下。另一个趋势与独立基金的网销平台相似,即开展创新型投资服务,包括提供基金组合、智能投资与小额定投服务等。

总体看来,基于互联网平台的基金销售机构的整体发展路径是从"宝宝类"货币型基金销售,到与基金销售机构合作、引入更多类型的基金产品,再到如今的掌握牌照自主销售、提供创新型产品与智能服务。互联网理财的渠道支付宝、融 360、铜板街、91 金融、挖财网经过几年的发展,理财销售总额都突破千亿规模。互联网理财渠道正在成为理财的主要渠道,占领着传统金融财富管理的市场。

(五)互联网保险

我国互联网保险始于 1997 年由中国保险学会和北京维信投资顾问有限公司发起成立的第一个面向保险市场和保险公司内部信息化管理需求的中文网站——中国保险信息网(china-insurance. com)。当年该网为新华人寿促成了国内第一份网上保单,标志着我国保险业迈入了电子商务的大门。

2000 年,太保、平安、泰康官方网站相继成立,开始了企业门户的品牌展示及资讯传播。2003 年 3 月,首次实现网上投保功能的电子商务保险网站——"网险网"诞生。2005 年,《电子签名法》颁布,此后,中国人保财险实现了第一张全流程电子保单。2011 年 9 月,中国保监会正式下发《保险代理、经纪公司互联网保险业务监管办法(试行)》,标志着互联网保险业务逐渐走向规范化、专业化。随着电子商务平台的兴起,互联网市场迎来了新一轮的发展热潮。电子商务和互联网金融的飞速发展,使互联网保险作为一种消费和投资渠道进入人们视野。2012 年 12 月,泰康人寿登陆京东商城开通保险频道,在线推出了综合意外险、旅游意外险、交通意外险、母婴险等近 10 款保险产品;同月,国华人寿通过淘宝聚划算网络销售平台推出 3 款万能险产品,仅 3 天便售出 4356 件,销售额达到 1.05 亿元,成为业界利用网络平台团购模式销售保险产品的第一家。根据中国保监会 2015 年 7 月印发的《互联网保险业务监管暂行办法》,互联网保险业务是指保险机构依托互联网和移动通信等技术,通过自营网络平台、第三方网络平台等订立保险合同、提供保险服务的业务。互联网保险业务由中国银保监会负责监管。比较有名的互联网保险如印度的 Policybazaar、Coverfox、瑞士的 Knip、中国的众安保险、泰康在线、安心保险和易安保险、美国的 Oscar 和 Collective Health 等。

(六)互联网信托和互联网消费金融

互联网信托和互联网消费金融是指信托公司、消费金融公司通过互联网开展的业务。互联网信托业务、互联网消费金融业务由中国银保监会负责监管。

消费金融是巨大的市场。具体请见本书消费金融资产证券化之专题研究章节,在此不再展开。

目前,巴塞尔银行监管委员会对将金融科技分为支付结算、存贷款与资本筹集、投资管理、市场设施四类。其中,支付结算、存贷款与资本筹集和上述的第三方支付、众筹、P2P 网贷等相关,下面作者简单介绍一下投资管理和市场设施。

1. 投资管理类

投资管理类主要包括智能投资顾问和电子交易服务。

智能投顾通常指 Robo-Advisor,即根据个人投资者提供的风险承受水平、收益目标以及风格偏好等要求,运用一系列智能算法及投资组合优化等理论模型,为用户提供最终的投资参考,并对市场的动态对资产配置再平衡提供建议。智能投资顾问的功能仍属于为投资者提供投资理财咨询服务,但相对于传统的人的投资顾问服务,其标准化的服务输出有助于缓解投资顾问和投资客户之间的利益冲突,防范道德风险。比较典型的智能投顾平台(自动化投资平台),如 Betterment、Wealthfront 等。

Fintech 在智能投顾方面的应用被部分券商视为其转型财富管理业务的工具之一。比如广发证券推出贝塔牛机器人投顾系统、海通证券通过布局智能化等创新技术,将 e 海通财打造成平台型的金融生态圈、华泰证券收购美国一家金融科技企业为投资者提供资产管理软件服务的 AssetMark100% 股权,介入智能投顾领域。

2. 市场设施类

市场设施类业务科技属性较强,为现有金融业务提供服务,大部分金融机构会选择外包。

既包括客户身份认证、多维数据归集处理等可以跨行业通用的基础技术支持，也包括分布式账户、大数据、云计算等技术基础设施。此类业务的科技属性较为明显，大多属于金融机构的业务外包。因此，监管机构普遍将其纳入金融机构外包风险的监管范畴，适用相应的监管规则，在监管上除关注操作风险、信息安全之外，还关注金融机构外包流程是否科学合规、外包服务商道德风险和操作风险的防控等。

笔者认为，随着大数据、云计算、人工智能、区块链等技术的发展和应用拓展，互联网金融的业态必将越来越丰富。

3. 支付结算类

主要包括面向个人客户的小额零售类支付服务（如 PayPal、支付宝等）和针对机构客户的大额批发类支付服务（如跨境支付、外汇兑换等）。目前，互联网第三方支付业务发展迅速并趋于成熟，但由于其对银行支付系统仍有一定程度的依赖，并未从根本上替代银行的支付功能或对银行体系造成重大冲击，两者更多是实现分工协作，优势互补。金融机构的支付服务主要针对客户在大额、低频次，以及对效率和费用不敏感的支付需求；互联网第三方支付则主要满足客户在互联网环境下对小额、高频、实时、非面对面、低费用的非现金支付需求，更多是发挥对传统金融支付领域的补充作用。从各国实践看，此类业务的监管框架已较为明确，监管机构普遍关注客户备付金管理，以及反洗钱、反恐融资、防范网络欺诈、网络技术安全、客户信息保密和消费者保护等问题。

4. 存贷款与资本筹集类

主要包括 P2P 网络借贷和股权众筹，即融资方通过互联网平台，以债权或股权形式向一定范围内的合格投资者募集小额资金。此类业务主要定位于传统金融服务覆盖不足的个人和小微企业等融资需求，虽然发展较快，参与机构数量众多，但与传统融资业务相比，所占比重仍然较低，更多是对现有金融体系的补充。从各国实践看，此类业务与传统债务或股权融资的风险特征没有本质区别，现行的风险管理、审慎监管和市场监管要求基本适用。监管上普遍关注信用风险管理、信息披露、投资者适当性管理和网络技术安全等问题。

## 第二节
# 互联网金融的底层核心技术

目前，Fintech 的科技驱动力主要是四类，即人工智能（AI）、大数据（big data）、云计算(cloud computing)和区块链(block chain),量子计算(quantum computing)也是互联网金融的科技驱动力之一,是一种新型计算机算法(algorithm),但是目前尚难以实现。

## 一、人工智能

1956年夏季,以麦卡赛、明斯基、罗切斯特和申农等为首的科学家在一起聚会,共同研究和探讨用机器模拟智能的一系列有关问题,并首次提出了"人工智能"这一术语,它标志着"人工智能"这门新兴学科的正式诞生。

人工智能(Artificial Intelligence),英文缩写为AI,是指研究、开发用于模拟、延伸和扩展人的智能的理论、方法、技术及应用系统的一门新的技术科学。人工智能企图了解智能的实质,并生产出一种新的能以人类智能相似的方式做出反应的智能机器,主要目标是使机器能够胜任一些通常需要人类智能才能完成的复杂工作。

人工智能涉及计算机科学、心理学、数学、哲学和语言学等学科。人工智能可以拆分为基础层、技术层和应用层三个层面。基础层为人工智能技术提供基础设施支持,特别是大数据的发展;在技术层面,与FinTech相关的是机器学习、知识图谱、自然语言处理;在应用层主要与计算智能领域相关,应用示例包括神经网络、遗传算法、AlphaGo等。

人工智能已经在金融、教育、医疗等很多领域开始应用,并展现出潜力。在金融领域,人工智能的应用更多地体现为与大数据的结合,包括研究报告自动生成、预测分析、知识图谱、市场研究/市场情绪分析、搜索引擎、定量交易、收账、保险、人工智能助手、欺诈检测、信用评分、个人银行、区块链等。

智能投顾(也叫机器人投顾)是人工智能应用的典型,借助计算机和量化交易技术,为经过问卷评估的客户提供量身定制的资产投资组合建议,提供的服务包括股票配置、债券配置、股票期权操作、房地产资产配置等。理财顾问是计算机,用户则可以是普通投资者。智能投顾的目的在于提供自动化的资产管理服务,为投资者提供符合其风险偏好的投资建议。目前,至少有20多家平台宣称已经推出或正在推出智能投顾服务,包括京东、百度、宜信等。

我国对人工智能非常重视。2017年7月20日,国务院印发了《新一代人工智能发展规划》。《规划》提出了面向2030年我国新一代人工智能发展的指导思想、战略目标、重点任务和保障措施,为我国人工智能的进一步加速发展奠定了重要的基础。人工智能是引领未来的战略性技术,世界主要发达国家把发展人工智能作为提升国家竞争力、维护国家安全的重大战略,加紧出台规划和政策,围绕核心技术、顶尖人才、标准规范等强化部署,力图在新一轮国际科技竞争中掌握主导权。

## 二、大数据

“大数据”(big data)概念最早由维克托·迈尔·舍恩伯格和肯尼斯·库克耶在编写的《大数据时代》中提出,指不用随机分析法(抽样调查)的捷径,而是采用所有数据进行分析处理。根据维基百科的定义,大数据是指无法在可承受的时间范围内用常规软件工具进行捕捉、管理和处理的数据集合。

大数据有四个特点,即 volume(大量)、velocity(高速)、variety(多样)、value(价值),其中,大量(volume)是指数据的体量大;多样(variety)是指数据类型的多样性;高速(velocity)是指获得数据的速度;价值(value)是指处理后的数据对于决策等的意义。

自 2013 年开始,大数据技术已开始和云计算技术紧密结合。从技术上看,大数据无法用单台的计算机进行处理,必须采用分布式架构,对海量数据进行分布式数据挖掘,必须依托云计算。适用于大数据的技术包括大规模并行处理(MPP)数据库、数据挖掘电网、分布式文件系统、分布式数据库、云计算平台、互联网和可扩展的存储系统。

大数据是金融与科技相结合最为广泛、成熟的技术门类。大数据技术的战略意义不在于掌握庞大的数据信息,而在于通过对数据资源的收集、存储、清洗、计算、分析等环节,将有用数据资源的商业价值发挥出来,通过数据发现规律,驱动业务增长。数据是真正有价值的资产。如何盘活这些数据资产,使其为国家治理、企业决策乃至个人生活服务,是大数据的核心议题,也是云计算内在的灵魂和必然的升级方向。

目前,大数据与金融相结合最为突出的领域有大数据风控、大数据征信、大数据消费金融、大数据资产管理、数据量化交易。大数据风控是大数据在金融领域中的典型应用之一,通过运用大数据构建模型的方法对借款人进行风险控制和风险提示。而大数据征信主要来源于企业庞大的消费者数据,从多个维度建立起个人的信用画像,能够更加全面地反映个人信用状况。比如芝麻信用以阿里体系的交易数据以及蚂蚁体系的金融数据为支撑,经过大数据分析和云计算,引入风险分析和资信调查模型,大大降低了客户贷款申请审批的时间,提高了贷款发放的效率。再比如京东白条,形成了由多种大数据机器学习模型构成的弱分类组合预测模型。借助随机森林、lasso 回归等算法,参考数千个预测变量,借此评估用户的还款意愿和还款能力。目前,已经出现了很多大数据应用比较好的公司,比如芝麻征信、鹏元征信、聚信立、同盾、启信宝、易起查、优信网等。

再比如保险定价,大数据可以根据车主的日常行车路线、里程、行车习惯、出险记录以及车主的属性(如年龄、职业、性别等),给出适合于该车主的车险定价。其中,车载智能硬件的发展使得行车数据的的获得变得简单且准确。

另外,大数据其实就是一种信息资产,在金融科技行业当中适合作为一种产品进行输出。

我国各级政府对大数据也非常重视。2015 年 9 月,国务院印发《促进大数据发展行动纲要》,系统部署大数据发展工作。纲要明确指出,推动大数据发展和应用,在未来 5 ~ 10 年打造精准治理、多方协作的社会治理新模式,建立运行平稳、安全高效的经济运行新机制,构建以人为本、惠及全民的民生服务新体系,开启大众创业、万众创新的创新驱动新格局,培育高端智能、新兴繁荣的产业发展新生态。2015 年 9 月 18 日贵州省启动我国首个大数据综合试验区的建设工作,力争通过 3 ~ 5年的努力,将贵州大数据综合试验区建设成为全国数据汇聚应用新高地、综合治理示范区、产业发展聚集区、创业创新首选地、政策创新先行区。2016 年 3 月 17 日,《中华人民共和国国民经济和社会发展第十三个五年规划纲要》第二十七章专门规定了"实施国家大数据战略",明确提出把大数据作为基础性战略资源,全面实施促进大数据发展行动,加快推动数据资源共享开放和开发应用,助力产业转型升级和社会治理创新。

## 三、云计算

2006 年 8 月 9 日,Google 首席执行官埃里克 · 施密特(Eric Schmidt)在搜索引擎大会(SES San Jose 2006)首次提出"云计算"(cloud computing)。

现阶段,广为接受的云计算(cloud computing)的定义是美国国家标准与技术研究院(National Institute of Standards and Technology,NIST)提出来的,即云计算是一种按使用量付费的模式,这种模式提供可用的、便捷的、按需的网络访问,进入可配置的计算资源共享池(资源包括网络、服务器、存储、应用软件、服务等),这些资源能够被快速提供,只需投入很少的管理工作,或与服务供应商进行很少的交互。

云计算(cloud computing)是分布式计算(distributed computing)、并行计算(parallel computing)、效用计算(utility computing)、网络存储(network storage technologies)、虚拟化(virtualization)、负载均衡(load balance)、热备份冗余(high available)等传统计算机和网络技术发展融合的产物。

基本达成共识的云计算特点包括如下几点。超大规模:"云"具有相当的规模,"云"能赋予用户前所未有的计算能力。虚拟化:云计算支持用户在任意位置,使用各种终端获取应用服务。高可靠性:"云"使用了数据多副本容错、计算节点同构、可互换等措施来保障服务的高可靠性。通用性:云计算不针对特定的应用,在"云"

的支撑下可以构造出千变万化的应用,同一个“云”可以同时支撑不同的应用运行。高可扩展性:“云”的规模可以动态伸缩,满足应用和用户规模增长的需要。按需服务:“云”是一个庞大的资源池,按需购买。极其廉价:用户可以充分享受“云”的低成本优势。

云计算包括以下几个层次的服务:基础设施服务(IaaS)、平台服务(PaaS)和软件服务(SaaS)。IaaS(Infrastructure-as-a-Service)是指消费者通过网络从完善的计算机基础设施获得服务。PaaS(Platform-as-a- Service)是指将软件研发的平台作为一种服务提交给用户。SaaS(Software-as-a-Service)是一种通过网络提供软件的模式,用户无需购买软件,而是向提供商租用基于 Web 的软件,来管理企业经营活动。

云计算与金融结合产生了为金融机构提供基于云的基础 IT 构架服务的金融云公司,帮助金融企业将业务迁移到云端,降低 IT 采购成本,实现弹性的、可快速实现和交付的 IT 环境。如阿里金融云、腾讯金融云等,不仅为自身的金融业务提供云服务支持,也已经服务大量传统金融客户,开始构建基于云服务的生态。

## 四、区块链

区块链技术则属于当下最前沿的数字/数据技术,它对于金融以及其他行业的影响,将是颠覆性的。区块链技术将与人工智能、机器人学、云计算等新兴技术共同构成金融行业的基础设施。区块链是金融行业的未来。国务院印发的《十三五”国家信息化规划》也首次纳入了区块链技术。

### (一)区块链的概念

区块链(blockchain)诞生自中本聪的“比特币”(bitcoin)。2008 年,由中本聪第一次提出了区块链的概念。需要注意的是,在中本聪的原始论文中,“区块”和“链”这两个词是被分开使用的,而在 2016 年后,被广泛使用的是被合称为一的区块链。

比特币是一种全球范围内可交易的电子货币,或者称数字货币或者加密数字货币,是目前区块链技术最成功的应用之一。它基于密码学原理而不基于信用,使任何达成一致的双方直接支付,从而不需要第三方中介的参与。比特币的总量、发行方式都是由程序和加密算法预先设定的,在全世界的多个节点上运行,理论上没有任何人和机构可以修改,不受任何单一人或者机构来控制。

从技术角度来看,比特币的系统包括三层:底层技术——区块链,即去中心化、分布式记录的、公开透明的、交易记录总账;中层链接——协议,也就是基于区块链的资金转账系统;上层——货币,即比特币。可见,区块链技术,或者分布式账本技术是比特币的底层技术。火币网联合清华大学五道口金融学院互联网金融实验室、新浪科技发布的《2014—2016全球比特币发展研究报告》认为,区块链是比特币的底层技术和基础架构。

区块链,顾名思义,是由网络上一个个区块组成的一根链条。从核心意义来讲,区块链是一个极其简单、优雅的数据结构。区块是一种记录交易的数据结构,或者叫存储区块,主要作用是储存信息。每次写入数据,就是创建一个区块。任何需要保存的信息,都可以写入区块链,也可以从里面读取,所以它是数据库。数据库也就是俗称的大账本。每个区块中包含了一定时间内网络中全部的信息交流数据。每一个区块都包含有前一个区块。每个区块都连着上一个区块。任何人都可以架设服务器,加入区块链网络,成为一个节点,也就是俗称的全民参与记账。所以区块链的本质是一种特殊的分布式数据库。没有中心节点,没有管理员,每个节点都是平等的,都保存着相同的整个数据库。新的数据或交易由复杂的密码术在区块上进行储存及在不同的区块之间传输,组成一条区块链。随着时间推移,这条链会不断增长,这是一个动态的过程,链是一个不断增长的账本。

可见,区块链是一种分布式共享数据库(数据分布式储存和记录),利用去中心化方式集体维护一本数据簿的可靠性的技术方案。如果用技术语言的定义,可以参照《中国区块链白皮书》的定义,该白皮书将区块链分为广义和狭义两种,认为狭义的区块链是指"按照时间顺序将数据区块以顺序相连的方式组合成的一种链式数据结构,并以密码学方式保证的不可篡改和伪造的分布式账本"。广义的区块链是指"利用块链式数据结构来验证与存储数据、利用分布式节点共识算法来生成和更新数据、利用密码学的方式保证数据传输和访问的安全、利用自动化脚本代码组成的智能合约来编程和操作数据的一种全新的分布式基础架构与计算范式"。区块链的基本单位是不同的电脑,称为"节",由交易的不同参与方来操作。

### (二)特征

1. 去中心化,去信任

区块链由众多节点共同组成一个端到端的网络,不存在中心化的设备和管理机构。任意节点的权利和义务都是均等的。同时,节点之间数据交换通过数字签名技术进行验证,无需互相信任,只要按照系统既定的规则进行,节点之间不能也无法欺骗其他节点。在合同中约定的条件被触发时,合约内容能够自动生效执行。智能合约的原理类似于计算机中的If-Then语句,它能够帮助我们在金融领域建立一种智能管理的体系。当保险合约等自动判断满足赔付条件时,保险费将自动划拨赔付,从而免去了以往的保险理赔中中间一系列的流程。当然,"强制信任"可被用于诸多领域。

2. 开放性

任何人都可以参与到区块链网络,每一台设备都能作为一个节点。每个节点都允许获得一份完整的数据库拷贝。区块链的数据对所有人公开,任何人都可以通过公开的接口查询区块链数据和开发相关应用,整个系统信息高度透明。

3. 自治性

区块链采用基于协商一致的规范和协议(比如一套公开透明的算法),使整个系统中的所有节点能够在去信任的环境自由安全的交换数据,使对"人"的信任改成了对机器的信任,任何人为的干预不起作用。

4. 信息不可篡改,可追溯

一旦信息经过验证并添加至区块链,就会永久的存储起来。单个节点上对数据库的修改几乎是无法做到的,区块链数据稳定性和可靠性极高。区块链技术不可篡改的特性从根本上改变了中心化的信用创建方式。

区块中包含了创始区块以来所有的交易数据。区块链中的每一笔交易都通过密码学方法与相邻两个区块串联,因此,可以追溯到任何一笔交易的前世今生。任何网络中的数据可以追本溯源。中本聪也创造第一个区块,即"创世区块"。

5. 匿名性

由于节点之间的交换遵循固定的算法,运行规则是公开透明的,所有的数据信息也是公开的,其数据交互是无需信任的(区块链中的程序规则会自行判断活动是否有效),因此交易对手无须通过公开身份的方式让对方产生信任,每个参与的节点都是匿名的。

区块链去中心化、不可篡改等特性,构建了信任的基石。需要强调的是,上述特征基本是公有链的特征,私有链、联盟链的特征与此并不完全相同。

### (三)区块链的技术基点

区块链主要解决的交易的信任和安全问题,有四个技术支撑。

1. 分布式储存

区块链中的分布式储存是参与的节点各自都有独立的、完整的数据存储。跟传统的分布式储存有所不同,区块链的分布式储存的独特性主要体现在两个方面:一是区块链每个节点都按照块链式结构存储完整的数据,传统分布式储存一般是将数据按照一定的规则分成多份进行存储。二是区块链每个节点存储都是独立的、地位等同的,依靠共识机制保证存储的一致性,而传统分布式储存一般是通过中心节点往其他备份节点同步数据。数据节点可以是不同的物理机器,也可以是云端不同的实例。交易记账由分布在不同地方的多个节点共同完成,而且每一个节点都记录的是完整的账目,因此都可以参与监督交易合法性,避免了单一记账人被控制的可能性,保证了账目数据的安全性。

2. 非对称加密和授权技术

存储在区块链上的交易信息是公开的,但是账户身份信息是高度加密的,只有在数据拥有者授权的情况下才能访问到,从而保证了数据的安全和个人的隐私。在区块链中,信息的传播按照公钥、私钥这种非对称数字加密技术实现交易双方的互相信任。在具体实现过程中,通过公、私密钥对中的一个密钥对信息加密后,只有用另一个密钥才能解开的过程。并且将其中一个秘钥公开后(即为公开的公钥),根据公开的公钥无法测算出另一个不公开的密钥(即为私钥)。

3. 共识机制

共识机制是指多方参与的节点在预设规则下,通过多个节点交互对某些数据、行为或流程达成一致的过程。共识机制是指定义共识过程的算法、协议和规则。区块链的共识机制具备"少数服从多数"以及"人人平等"的特点,其中"少数服从多数"并不完全指节点个数,也可以是计算能力、股权数或者其他的计算机可以比较的特征量。"人人平等"是当节点满足条件时,所有节点都有权优先提出共识结果、直接被其他节点认同后并最后有可能成为最终共识结果。所有记账节点之间达成共识,认定记录的有效性,防止篡改。共识机制叫工作量证明(proof of work)。工作量证明,也就是俗称的挖矿,通过计算出一个满足规则的随机数,即获得本次记账权,发出本轮需要记录的数据,全网其他节点验证后一起存储。

4. 智能合约

区块链的智能合约是条款以计算机语言而非法律语言记录的智能合同。智能合约基于这些可信的不可篡改的数据,可以自动化的执行一些预先定义好的规则和条款。区块链包括一系列基于信任的应用。智能合约看上去就是一段计算机执行程序,让一个预先编好的条件被触发时,智能合约执行相应的合同条款。以保险为例,如果说每个人的信息(包括医疗信息和风险发生的信息)都是真实可信的,在一些标准化的保险产品中可以进行自动化的理赔。

(四)区块链的进化

区块链的进化过程是数字货币、数字资产与智能合约,再到信任时代。笔者分别用区块链 1.0、区块链 2.0、区块链 3.0 来区分不同的进化阶段。

1. 区块链 1.0——数字货币

区块链 1.0 阶段是区块链最基本的一个阶段,主要是指出现包括比特币、瑞波币等数字货币的阶段。比特币是最早出现也是目前为止规模最大的加密货币。相比较其他数字货币,以太坊在区块链上有更大的优势,以太坊比其他数字货币更安全。以太坊在这个区块链数据库的去中心化做得比数字货币要好。目前,以太坊的交易构想去中心化使得买卖双方不需要第三方平台,不仅使交易更便捷、安全,也不用担心自己的信息泄露问题。这种交易去中心化从长远来看,还能减少维护交易的第三方平台的成本。比特币所代表的,是区块链技术的起源,是一种革新未来的力量。除此之外,以太坊在交易方面的优势、潜力也是比特币不可比拟的。除了提供匿名交易等功能外,以太坊解决了长期困扰比特币市场的交易拥堵情况,将交易时间由比特币的 10~60 分钟降到了以太坊的 1 分钟,其手续费也远低于比特币的手续费。

2. 区块链 2. 0——数字资产与智能合约

区块链 2. 0 定位于应用平台。在这个平台上,可以上传和执行应用程序,即可以发布各种智能合约。平台与其他外部的 IT 系统进行交互和处理,从而实现各行各业的应用。

区块链 2. 0 将引领一个数字资产的时代。数字资产利用了区块链数据的不可更改和可编程性,在区块链上予以登记,并可以依靠智能合约进行点对点的自主交易,自我结算。数字资产是指企业拥有或控制的,以电子数据的形式存在的,在日常活动中持有以备出售或处在生产过程中的非货币性资产。数字资产不止包括数字货币,同样也包括了所有数字化的其他资产,比如专利、版权、创意、信用等资产。

实际上,货币只是一种广泛的价值共识,本身不具有价值沉淀,但是货币描述资产。在区块链的场景下,资产可以数字化,可细分、可交易,价格由供需市场决定,而不是价值中介——货币决定。

3. 区块链 3. 0——信用社会时代

区块链的突破点会在中心化服务做不好的地方。区块链用理性的技术,来解决人性中的不信任,可以击碎所有造成中间成本的私有信用机构,让价值交换双方直接挂钩,它将重构的是整个社会。区块链 3. 0 是一个不再有信任危机的时代,能够形成一个完全去中心化的社会网络,可以以极低的成本形成社会的信任关系,从而使整个社会运行成本大幅下降。

### (五) 区块链的分类

区块链分为公共区块链、联盟区块链、私人区块链。

公有区块链(public block chains)是指世界上任何个体或者团体都可以发送交易,且交易能够获得该区块链的有效确认,任何人都可以参与其共识过程。公有区块链是最早的区块链,也是应用最广泛的区块链。各大 bitcoins 系列的虚拟数字货币均基于公有区块链,比如比特币/以太坊/Hyper Ledger 等公有区块链。

联合(行业)区块链(consortium block chains)是指由某个群体内部指定多个预

选的节点为记账人,每个块的生成由所有的预选节点共同决定(预选节点参与共识过程),其他接入节点可以参与交易,但不过问记账过程,其他任何人可以通过该区块链进行限定查询。在全球范围内,区块链联盟 R3 已经接纳了 40 多家金融机构会员,其中包括中国平安和招商银行。中国市场上正在逐渐形成几个区块链联盟,其中包括由万向主导的中国分布式总账基础协议联盟(China Ledger)和由微众银行主导的金链盟。

私有区块链(private block chains)是指仅仅使用区块链的总账技术进行记账,可以是一个公司,也可以是个人,独享该区块链的写入权限。花旗、UBS、VISA、蚂蚁金服、阳光保险等领先的金融机构都已内部组建区块链技术的团队,更多的机构会采用外包的形式,委托区块链技术服务公司帮助搭建机构内部的私有链应用。在美国有 ripple、Blockstream、Chain,在中国有布比区块链等公司自主搭建私有链系统,服务于他们的客户。

联盟链或私人链是仅有部分人方可进入区块链,存在管理者来审查参与者权限,因此,未能实现完全的去中介化,但仍旧具备区块链的基本原理,即决策程序由所有参与者共同制定,管理者并不具有权威性。这类区块链的好处是能够对外部人实现信息的隔离,避免了泄密。因此,适合需要处理大量数据和同步交易的金融服务行业。

(六)区块链的应用

比特币是区块链发展最初期的产物,是区块链技术在数字货币领域中的一种应用。理论上,区块链可以应用于传统的中心化场景中,替代原本由中介或中心机构处理的交易流程。

目前,区块链可以应用在物联网、艺术、法律、房地产、公共服务、认证公证、公益慈善、供应链、金融领域等。很多领域开始意识到区块链的重要性并尝试将技术与现实社会对接。根据中国区块链技术和产业发展论坛于 2016 年 10 月发布的《中国区块链技术和应用发展白皮书》提供的信息,区块链的应用已发展到金融服务、供应链管理、文化娱乐、智能制造、社会公益、教育就业等经济社会的各个领域。

区块链可自然而广泛地运用于金融领域,重要的、核心的功能在于使复杂的、存在信息不一致问题的金融交易更快、更透明、更安全,从而降低费用和风险、吸引投资者参与、扩大交易体量、增加市场的繁荣,可省去第三方中介环节,实现点对点的对接,从而在大大降低成本的同时,快速完成交易支付。金融的数据安全、信息的隐私,以及网络的安全正适合分布式区域块技术。

仅就金融服务领域而言,区块链技术至少可以用于全球支付、票据与供应链金融、加密数字货币、征信与反欺诈、股权登记、数据记录及自动化合规、发行和承销证券、银团贷款、代理投票、二级市场交易等多个领域。区块链技术对于金融领域的革新是革命性的,去中心化、分布式记账、智能合约等特点都是金融革新的重要方向。据公开信息:瑞士银行和英国巴克莱银行都已经开始试用区块链技术;央行区块链数字票据交易平台;苏宁金融则已经成立区块链实验室,正在积极实践供应链金融业务和票据业务的区块链化。

在(跨境)支付方面,通过区块链技术,实现资金转移,尤其在跨境支付业务上的潜在优势格外突出,在跨国收付款人之间建立直接交互,简化处理流程,实现实时结算,提高交易效率,降低业务成本,由此推动跨境微支付等商业模式的发展。典型的应用案例是 Visa B2B Connect。国际银行卡组织 Visa 与区块链公司 Chain 共同开发的 B2B 跨境支付项目,计划于 2017 年推出服务,目前已经在 10 个国家的 30 家银行中进行了测试。Visa 和 Chain 联合开发的区块链系统可以实现支付交易的实时处理,从而提高效率,降低成本。在保险理赔方面,保险机构是传统保险业务的核心,负责资金归集、投资、理赔,往往管理和运营成本较高。通过智能合约的应用,既无需投保人申请,也无需保险公司批准,只要触发理赔条件,实现保单自动理赔,支付理赔金额。区块链上数据真实、难以篡改的特点,可有效简化保单理赔处理流程,降低处理成本,降低索赔欺诈的概率。此外,通过区块链技术,实现个人数据的数字化管理,简化信息认证,有助于更为清晰地披露历史情况。典型的应用案例是 Lender-Bot,是 2016 年由区块链企业 Stratumn、德勤(Deloitte)与支付服务商 Lemonway 合作推出,它允许人们通过 Facebook Messenger 的聊天功能,注册定制化的微保险产品,为个人之间交换的高价值物品进行投保,而区块链在贷款合同中代替了第三方角色。

在证券交易方面,传统证券业务需中介机构深度参与,才能有效完成股票发行与交易。将股权整合进区块链中,成为数字资产,可实现无需通过中介机构,直接发起交易。资产发行可根据需要,采取保密或公开方式进行。股票资产交易通过区块链代码表达相关各方一致达成的合约,实现合约的自动执行,保证相关合约只在交易对手间可见,而对无关第三方保密。此外,通过相应机制确保证券发行和交易符合监管要求和框架,进一步降低监管合规成本。典型的应用案例是 Linq 平台,由纳斯达克与区块链企业 Chain 合作,于 2016 年 1 月上线的私募股权交易平台,促进私人股权以一种全新的方式进行转让和出售。通过 Linq 平台私募的股票发行者享有数字化所有权,同时 Linq 平台能够极大缩减结算时间,降低资金成本和系统性风险。且传统发行和申购材料所需的审批流程也进一步得到简化,提高交易和管理效率。交易方身份、交易量等信息被实时记录在区块链上,有利于证券发行者提高决策效率;公开透明、可追踪的系统有利于证券发行者和监管部门进行市场维护,减少“暗箱操作”、内幕交易等的发生。

## 第三节
## 互联网金融与资产证券化的相互促进

资产证券化作为一种新型的金融工具,不仅给互联网金融企业提供了新的融资渠道,也提供了技术的应用场景。互联网金融技术可以嫁接资产证券化的整个流程,极大地提高了操作的效率。随着技术的成熟和商业应用的普及,笔者相信,互联网金融与资产证券化的融合会越来越紧密。

### 一、资产证券化对互联网金融的意义

资产证券化(Asset-Backed Securitization,ABS),是指发起人将具有稳定现金流的资产或者权益打包,建立资产池,通过结构化处理等方式进行信用增级,将其转变成可以在金融市场上出售和流通的证券的融资方式。

资产证券化对互联网金融的意义是通过互联网金融企业这个载体实现的,主要体现在两个维度之上,即互联网金融企业作为发行人直接发行资产证券化产品,获得融资;拥有技术优势的互联网金融企业深度参与资产证券化,进行技术输出,逐步改变盈利模式。

#### (一)资产证券化是互联网金融的融资渠道之一,有助于互联网金融企业实现“轻资产”运营模式

资金是企业的命脉所在,是业务扩张的保障。资产证券化融资是基于资产信用的融资方式,是股权融资、债务融资之外的另一种融资方式。资产证券化融资拓宽了互联网金融企业的融资渠道,有利于互联网金融企业调整其资产负债结构,突破净资产的限制,有利于提高资金使用效率,有利于解决期限错配风险,降低融资成本,提高资本报酬率等。

目前,互联网金融的资产证券化已实现质的突破,阿里小贷、京东、分期乐与人人贷等均有案例,阿里、京东甚至进入常态化发行阶段。从现阶段互联网金融公司所推出的 ABS 基础资产来看,个人消费形成的债权和向小微企业发放贷款形成的债权是主流,绝大部分属于消费金融业务。

资产证券化的基础资产,是指符合法律法规规定,权属明确,可以产生独立、可预测的现金流且可特定化的财产权利或者财产。基础资产可以是企业应收款、租

赁债权、信贷资产、信托受益权等财产权利,基础设施、商业物业等不动产财产或不动产收益权,以及中国证监会认可的其他财产或财产权利。如果互联网金融企业有合适的基础资产,就可以作为发行人直接发行资产证券化产品,获得融资。

针对特定的互联网金融机构而言,比如从事金融业务的小额贷款公司、消费金融公司等,通过资产证券化可以打造"形成资产—资产证券化—资产出表"的通道金融盈利模式,盘活资产,循环操作,滚动发展,实现轻资产运营的转型(2017 年 12 月 1 日,互联网金融风险专项整治工作领导小组办公室、P2P 网络借贷风险专项整治工作领导小组办公室发布《关于规范整顿"现金贷"业务的通知》(整治办函〔2017〕141 号),已禁止小贷公司通过资产证券化形式实现出表融资)。

在资产证券化过程中,服务商是指负责基础资产的管理、运作,收取资产在未来形成的现金流收入并支付给证券持有人的市场参与者。在成熟的证券化交易结构中,资产服务商一般是独立的第三方机构,海外发达国家专业的资产证券化服务商,在整个 ABS 生产、定价、交易等环节提供"一站式"服务,帮助整个链条有效运作,达到促进资金端和资产端对接的作用。我国目前处于资产证券化市场发展初期,出于业务连续性的考虑,交易结构暂时性地委任发起机构兼任资产服务商。正因如此,服务商的缺失造成整个 ABS 市场发展出现"瓶颈"。

### (二)资产证券化领域适合互联网金融企业的技术输出

互联网金融具有大数据、云计算、人工智能和区块链等底层核心技术,与资产证券化具有非常高的切合度。掌握了核心技术的互联网金融企业可以技术输出,实现技术产业化,也能够拓展互联网金融服务的广度和深度。

1. 技术输出的必要性

(1)资产证券化本身是一种产业,其中包括学术研究、资产评估、模型研发、信贷分析、产品开发、交易设计、风险定价、增信评级,以及相应的信息咨询、软件开发、系统集成等各种具体的服务,互联网金融企业具有技术优势,可以更加直接和精准地解决这些问题。

(2)我国社会信用体系还处于完善阶段,较难依靠外界第三方力量对交易双方的信用状况进行准确评价。资产证券化的过程仍然离不开信用的保证。拥有强大技术实力的互联网金融企业提供技术支撑,有利于客户提高市场认可度,降低发行难度,降低发行成本。

2. 有关技术输出的案例

有关互联网金融在资产证券化领域的技术输出案例越来越多,笔者略举几例。

(1)百度金融助力瓜子二手车发布首单场外 ABS。

瓜子二手车与百度金融合作,发行了首单场外资产证券化(ABS)产品。百度金融应用大数据风控模型、黑名单等技术等对每笔入池基础资产进行了风险排查和信用评分,进而识别并剔除了一些常规风控手段难以发现的具有潜在风险的资产,结合信用评分结果,与瓜子二手车历史逾期情况进行比对,实现了资产质量的双重核验。

(2)佰仟携手百度、华能信托等联合发行国内首单区块链技术支持的 ABS。

2017 年 5 月 16 日,佰仟携手百度、华能信托等合作方联合发行国内首单区块链技术支持的 ABS,发行规模 4. 24 亿元。此项目为个人消费汽车租赁债权私募 ABS,百度金融作为特定资产服务商提供金融科技支撑。区块链技术的运用为其资产运作透明化提供了有力保障,大幅度提升了项目的效率、安全性和可追溯性。区块链主要使用了去中心化存储、非对称秘钥、共识算法等技术,具有去中介信任、防篡改、交易可追溯等特性。这些技术特性与 ABS 行业相结合,大幅度提升了项目的效率、安全性和可追溯性,解决了交易各方对底层资产质量真实性的信任问题这一行业痛点。

(3)百度—长安新生—天风 2017 年第一期资产支持专项计划。

2017 年 9 月 9 日,"百度—长安新生—天风 2017 年第一期资产支持专项计划"成功发行,发行总规模 4 亿元,基础资产为汽车消费信贷。

该产品由百度金融旗下西安百金互联网金融资产交易中心有限公司担任技术服务商和交易安排人。百度金融作为技术服务商搭建了区块链服务端 BaaS 并引入了区块链技术,项目中的各参与机构(百度金融、资产生成方、信托、券商、评级、律所等)作为联盟链上的参与节点。区块链技术作为独立的底层数据存储和验证技术,具有去中介信任、防篡改、交易可追溯等特性,能够实现交易过程中,各节点共同维护一套交易账本数据,实时掌握并验证账本内容。百度利用区块链"不可篡改"的特性打造了 ABS 平台上的"真资产",基础资产的变更、替换及各参与方的信息都具有不可篡改性,对投资者及各合作方有非常高的信息透明度,从而极大降低企业的融资成本;通过百度极限事务处理系统,可以支持百万 TPS 的交易规模,极大降低交易成本;通过百度千亿级流量清洗系统,可以抵御大规模的网络攻击;通过百度安全实验室的协议攻击算法,可以确保协议、通信安全。

3. 技术输出的主体

目前,有实力进行技术输出的互联网金融企业还不多。技术输出可以帮助完善整个金融市场的生态。笔者以京东为例进行分析。

京东集团累积的大量用户数据、商户数据、物流数据、产品数据等等,规模大、维度广,并且也投资了一些业内顶级的大数据公司,如聚合数据、数库等这些公司支撑了公司整体业务发展对数据的需求,同时,还具备数据开发和应用能力,建立了上百个风控模型,开发了十多套风控系统,在技术优势体现在对机器学习和区块链等技术的掌握,还有资产证券化针对海量资产的洞察、管理、分析和定价能力上。大数据优势让京东金融积累了强大的自我造血能力。

2016 年 9 月 6 日,依托于京东白条资产证券化经验,京东金融集团正式推出京东资产证券化云平台,ABS 云平台,旨在帮助券商、信托、基金子公司、评级、会计师事务所等中介机构,为它们提供更好的工具和服务,来促进 ABS 产品发行效率,提升服务标准和降低服务成本。

ABS 云平台主要提供了两套系统及三大业务功能。两套系统包括本地部署的全流程智能系统和云端服务系统。本地部署的全流程智能系统包括资产池统计、切割、结构化设计、存续期管理等系统功能,为中介机构提供全套的分析管理体系,增强中介机构承接 ABS 新业务以及现有存续 ABS 的管理能力;云端服务系统则帮助中介机构与投资人、评级机构等参与方进行低成本的互动。

三大业务功能分别是资产证券化服务商的基础设施服务业务、资产云工厂的资本中介业务和夹层基金投资业务。夹层基金将投资于 ABS 产品的夹层级,激活交易市场多层次投资需求,增强 ABS 交易市场流动性。

服务商基础设施业务将向金融机构提供承做期、存续期两套本地部署的底层系统,协助资产证券化中介机构进行产品设计和投后管理,全面提升资产证券化中介机构的服务效率和管理效率。基础设施服务可以细分为三大类:第一,证券化产品立项、基础资产收集与筛选、产品设计、产品发行、存续期管理的全生命周期服务;第二,支持分档结构设计、现金流比对与分析、违约指标分析、资产特征分析等各类量化模型;第三,由专业服务商出具的资产筛选封包、产品设计和产品现金流分配方案。总之,就是为了平台上的一切服务商能够更好地进行资产池封装与切割、结构化设计和存续期管理。

资产云工厂是资金端与资产端联结的桥梁,解决传统资金端难以评估资产的问题,降低 ABS 发行门槛。随着技术的发展,京东金融的资产云工厂业务实现了区块链资产管理系统的部署,系统设置了三个验证节点,底层资产池中每笔贷款的申请、审批、放款等资金流转都将通过区块链由各个验证节点共识完成。资产登记系统通过区块链技术,保证底层资产数据真实性,且不可篡改,实现了资产保真,从而增加机构投资者信心,并降低了融资成本。资本中介服务,则主要是在底层功能全在线化运转的基础上,运用大数据等能力让不同的资产证券化项目迅速对接相应资产和资金,并为发行方和服务商降低项目的运作成本。

再比如百度金融 ABS 平台,它包括交易安排人、技术支持平台及资产服务商板块。在资产形成阶段,百度可以提供区块链技术,从资产生成阶段保证资产可追溯不可篡改，在中介机构的尽调环节也可以直接在区块链系统中把所有资产调出来。通过这些手段，在传统尽调手法和大数据风控基础上，筛选出安全级别更高的资产池。

(三)资产证券化有利于互联网金融企业商业模式的转型

对于拥有技术优势的互联网金融公司而言，还可以充分挖掘资产证券化的盈利点，实现综合盈利模式。比如：

1. 利用资产证券化工具实现融资、滚动发展，提高利润；

2. 通过技术输出盈利；

3. 互联网金融企业以技术输出为切入点，逐步渗透至其他环节，比如 Pre-ABS、认购夹层劣后产品等；

4. 作为资产证券化的销售平台，尤其是场外 ABS 产品。

总之，在资产证券化的操作中，拥有强大技术实力和资源整合能力的互联网金融企业，可以同时具有多个身份，比如技术服务商、财务顾问、融资中介、资本中介、私募基金管理人、产品购买者、增信机构、交易安排人等。资产证券化可以是互联网金融企业未来发展的业务方向和主要盈利点，从而实现综合盈利模式的转变。

(四)品牌溢价

在国内，互联网金融平台的竞争已经达到白热化的程度，想要获得关注，品牌是不容忽视的。毫无疑问，成功通过 ABS 融资，从侧面反映了平台在资产开发和风控等方面的优势。发行场内 ABS 对接机构资金，能够一定程度上体现出传统金融机构对该互联网金融平台的认同。因此，对互联网金融平台来说，发行 ABS 能够较好地塑造平台的品牌形象，为互联网金融平台带来一定程度的品牌溢价。

不可否认，成功通过 ABS 融资就意味着互联网金融公司在资产和风控等方面获得了监管和投资者的认可，经受了市场检验，具有一定的优势，有利于互联网金融公司开展业务，通过资产证券化等方式再融资，也有利于降低融资成本和发行难度。

对于参与资产证券化的技术输出类的互联网金融公司而言，客户通过资产证券化融资的成功，也为其带来了品牌溢价，有利于开拓技术输出的市场。

此外，通过发行资产证券化产品，也有改善公司治理结构、提升员工忠诚度、完善 IT 系统功能等价值。

## 二、互联网金融对资产证券化的意义

目前国内 ABS 主要分为债权、物权、股权的证券化，基础资产包括供应链资产、保理资产、消费金融资产、信贷资产等，证券化的规模和形式逐渐丰富和完善。通常情况下,一个完整的资产证券化流程包括如下几个环节:选择资产,构建资产池;设立 SPV,真实出售;信用增级,信用评级;证券销售,向发起人支付价款;存续管理;清算终结。在操作过程中涉及诸多主体,包括发起人、受托人、信用增级机构、资产评估机构、信用评级机构、会计师事务所、律师事务所、证券承销机构、资金托管机构、投资人等。

互联网金融对资产证券化的意义也可以从两个角度阐述:一是互联网金融企业对资产证券化的影响;二是互联网金融的技术,尤其是大数据、区块链技术对资产证券化的影响。笔者认为,后者的影响更大,影响更为深远。互联网金融给资产证券化的发展带来了新的发展机遇,使资产证券化更具有效率、更能充分地发挥其制度功能。资产证券化完全有可能在互联网金融的基础上得到新的乃至突破性的发展。

目前,互联网金融的技术在逐步完善之中,也有技术上的“瓶颈”有待突破,同时,资产证券化相关主体引入互联网金融技也需要成本,在资产证券化的实践应用也不多。需要强调的是,下文所探讨的部分内容是基于互联网金融技术和资产证券化的原理,对未来互联网金融与资产证券化的结合予以展望,未考虑监管政策和经济成本等,也未就技术细节进行展开。

### (一)发行主体

互联网金融扩大资产证券化发行主体范围,可以从两个方面理解。

互联网金融的兴起创造了新的金融业态。比如 P2P 网贷、互联网消费金融公司等,这些新增的主体参与资产证券化发行,扩大了主体范围。互联网金融监管收紧之前,宜人贷、分期乐都曾经发行资产证券化产品。现在阿里小贷、京东、唯品会等都是常态发行资产证券化的主体。需要注意的是,2017 年,互联网金融风险专项整治工作小组下发《关于对互联网平台与各类交易所合作从事违法违规业务开展清理整顿的通知》(整治办函〔2017〕64 号),要求对互联网平台和交易场所合作违法违规业务增量和存量进行清理整顿,金交所挂牌的信托计划和资管计划与互联网金融平台合作受限,P2P 平台不得发行资产证券化产品。

另外,目前,我国资产证券化的门槛比较高,对资产质量和主体信用都有要求。互联网金融渗透资产证券化之后,尤其是利用科技力量对基础资产加工后,有些本来不符合资产证券化要求的主体也具备了操作资产证券化的条件,使 ABS 发行主体得以扩大,比如区块链的应用成功地把 ABS 资信从发行人资信转移到底层资产资信上,使实力较弱的中小机构发行 ABS 产品成为可能。

### (二)基础资产

互联网金融对资产证券化基础资产的影响主要是两个方面。

1. 扩大了基础资产的范围

随着 Fintech 之风的兴起,各类金融科技企业也纷纷崛起,为资产证券化提供了新的基础资产,拓展了基础资产的范围,比如消费债权资产、供应链应收账款资产等。未来,可能会出现更多的线上金融产品、线上与线下结合的金融产品,直接或间接利用互联网金融的比较优势,进一步丰富了资产证券化的基础资产范围。

此外,随着资产证券化的深入,Pre-ABS 模式逐渐发展起来。顾名思义,Pre-ABS 业务模式的核心就是在基础资产形成阶段就开始介入,提供资金以便基础资产逐步形成,一方面可以主动把握基础资产,另一方面可以更早了解基础资产和设计基础资产载体结构,有助于规范融资主体业务运营,保障基础资产真实性及信用质量,这些都能够使得将来顺畅地对基础资产进行证券化操作。而实际上,能够参与或发起 Pre-ABS 的主体,大都是具有技术背景的主体。比如中证信用联手中腾信成立消费金融 Pre-ABS 基金。中证信用云科技(深圳)股份有限公司作为贷款数据监控方,负责产品结构设计、资产监控及发行工作,提供大数据风控等全方位支持。

再者,目前,我国资产证券化实操中,很难实现企业的主体信用与债项信用的分离,根本原因便是底层资产质量有待提高,真实性、透明性不高,难以进行客观公允的债项评级,难以得到投资人的认可。互联网金融与资产证券化结合的模式之一是利用互联网金融的手段形成资产,然后用传统金融资产证券化产品实现债权资产转让。互联网金融技术,尤其是大数据、区块链可以极大地改善基础资产的质量,提高投资人的信心,从而也扩展了基础资产的范围。

2. 基础资产的优化

大数据、区块链技术与资产证券化对基础资产的要求十分吻合,应用前景十分广泛,比如:

(1)区块链具有去中心化的典型特征,这符合底层资产具有分散性的要求。

(2)区块链具有不可更改而可溯源的特征,可以保证基础资产的真实性和可得性。

(3)运用区块链技术,每一笔基础资产的真实性可被所有参与主体确认并共享,极大地降低了信息不对称,增强了透明度。

(4)在循环购买的 ABS 结构中,区块链上的多重签名可极大地提高循环购买的安全性及效率。通过设置多重签名,可约定至少获得两方参与主体(如资产服务机构和管理人)的一致签名同意后才能决定资金流向,实现共同决策。

(5)基础资产的转让环节,资产的每一次转让都完整真实地记录在区块链上,方便追踪资产所有权,有效防止“一笔多卖”现象。

(6)科技的应用提高风控能力,提高基础资产质量。

互联网金融的技术应用,尤其是大数据、云计算等可以解决基础资产的风险发现与控制难题。比如大数据风控在消费金融领域已经逐步得到运用。很多传统银行等信贷管理机构也在逐步学习和实践这种大数据风控技术。蚂蚁金服与京东金融在对借款人信用质量进行评估的方面,打破了传统金融行业的体系和路径,采用数据挖掘建立风控体系。

### (三)互联网金融助力资产证券化产品销售

互联网金融助力资产证券化产品销售,主要体现在场外资产证券化和信息披露充分后对销售的提升。

根据发行市场的不同,我国资产证券化可以分为场内资产证券化和场外资产证券化。通常,一行两会及交易商协会认定的 ABS 产品为场内产品,即在上海证券交易所固定收益证券综合电子平台、深圳证券交易所综合协议交易平台、保险资产登记交易平台和全国银行间债券市场挂牌的产品,即企业 ABS、信贷 ABS 和 ABN。场外资产证券化,一般也称为类资产证券化,即在地方金融资产交易所、地方股权交易中心、互联网金融交易平台,比如 P2P 理财平台、ABS 云平台、铜板街和财猫等。

地方金融资产交易所,简称"金交所",是场外 ABS 的主阵地之一。地方金交所成立的初衷是为盘活银行不良资产和弱流动性的其他金融资产。2011 年 11 月,国务院要求对全国各地交易所进行清理整顿,证监会牵头组建了领导小组,通过领导小组验收、经国家部际联席会备案通过的地方交易所才能存在。北京、大连、浙江、武汉、重庆、深圳等地的金交所予以保留,包括上海陆金所。

地方金交所产品对接互联网平台进行销售是目前场外 ABS 最常见的模式。比如在金交所挂牌后通过互联网平台进行销售;互联网金融平台认购金交所转让的小贷资产、租赁债权、消费贷款收益权,再将其进行评级和结构化分层后向合格投资人继续转让;也有互金平台将大额资产推荐到金交所挂牌,再把挂牌资产放到平台上进行销售。场外 ABS 门槛较低,流程较便捷,受到市场欢迎。在监管风暴之前,包括平安陆金所、京东金融、阿里招财宝在内的多家互联网理财平台对地方交易所资产证券化产品进行代销。互联网平台一般提供三方面的服务:为基金、保险、零售信贷资产、小贷资产等资产转让业务提供信息技术服务;通过平台为非标金融资产证券化产品的交易提供展示和转让平台;撮合交易的同时,提供交易前的基础信息审核、项目甄别、内部评级,交易中的支付活动、资金账户以及交易后的登记、托管、风控和投后管理等配套服务,但不对项目进行担保和增信。

2016 年下半年开始,市场上出现了一些专门为 ABS 服务的平台,主要有京东金融ABS云平台、厦门国金ABS云平台(ABS Cloud,腾讯为股东之一)、众安保险ABS对接系统(宇宙立方)、招银前海ABS交易系统和百度金融场外ABS平台等。深谙资产证券化操作、技术领先、大数据征信发达、人才聚集的互联网金融服务商的参与使得场外ABS发行和销售更具效率。

2017年,互联网金融风险专项整治工作小组下发《关于对互联网平台与各类交易所合作从事违法违规业务开展清理整顿的通知》,要求对互联网平台和交易场所合作违法违规业务增量和存量进行清理整顿,金交所挂牌的信托计划和资管计划与互联网金融平台合作受限,P2P平台不得发行资产证券化产品。因此,以金交所为渠道的互金场外ABS模式基本停滞,而与京东、百度ABS服务平台合作发行场外ABS逐渐增多。目前,场外消费金融ABS监管风险较高,受政策影响大,消费金融的场外ABS之路,或将越走越窄。

场外ABS销售平台的产生有其客观的商业逻辑。目前,国内评级主要看主体,而有些企业,既无大企业控股也无政府政策支持,企业主体评级不高甚至无法实现,很难达到证券化产品交易市场对融资主体的要求。主体比较弱的公司发行场内ABS,投资者存在疑虑,资本市场认可度不高,需要获得实力较强主体的增信或背书。

在很多情况下,作为销售平台的主体也会购买平台销售的产品。比如2016年12月,京东金融与中腾信达成合作,通过京东ABS云平台完成了首期"京东·中腾信微贷资产证券化产品"。在资产证券化产品发行过程中,京东在项目初期对中腾信的资产质量进行了深入调查,确保资产池符合标准;之后,对产品进行结构化设计,并聘请外部评级机构对优先级进行细分和评级;接着由ABS云平台完成产品发行工作;最后京东还在项目中担任贷款检测服务机构和后备资产服务机构,作为服务商参与了资产证券化流程的各个部分。京东金融出资5亿认购优先级产品成为资金方。

再比如2017年3月,专注于国内蓝领消费分期服务的买单侠联合京东金融、弘毅夹层基金完成首笔5亿元场外信托受益权ABS。京东金融、弘毅夹层基金分别投资该产品的优先A级和优先B级。

信息披露充分必然有助于销售。资金方对底层资产有了穿透式了解有助于提高投资的信心。区块链的应用使得证券化产品的发行不再过于依赖发起人的信用。基础资产可获得性及可分析性的全面提高会使证券的分级、定价更精准,投资者面临的信用风险会降低,可靠的高收益证券会出现,从风险和收益角度综合衡量,投资者的回报将提升。投资者可以将自己的现金流瀑布分析软件在区块链上运行,从而真正掌握基础资产的真实收益及回报,大大增加信息透明度。对于投资组合来说,资产支持证券久期和收益都是可以测算并实时更新的了,基金经理和保险公司等机构会更青睐这种资产。证券化产品的投资者群体亦会大幅增加。

### (四)互联网金融可以提高二级市场的流动性、交易稳定性

目前,ABS二级市场流动性不足,投资者持有至到期占比较高。如果采用区块链技术,将ABS持有人记录在区块链上,甚至随着不同区块链之间的联结形成区块链,提高证券登记、交易与结算的效率。在区块链发展伊始就应鼓励可兼容的数据标准。投资者可共享ABS的底层资产状况,并可以在区块链之上运行分析软件,获得对资产支持证券收益率、久期和定价的准确信息,实时知晓基础资产的还款或违约情况,这有利于构建透明、安全、统一的市场交易平台,推动对资产支持证券优先级、夹层级的投资,提高二级市场的流动性。在效率至上时代,缩短交易时间也具有重要意义。区块链能够实现直接交易和迅速结算,减少前台和后台交互,节省大量的人力和物力。

此外,在安全方面,传统证券市场以交易所为中心,一旦交易所系统被攻击或出现故障,就可能导致交易暂停。在区块链技术下,分布式结构的整体运作不会因部分节点出现问题而受影响,从而提高了证券交易的稳定性。

### (五)互联网金融便利中介机构的业务操作

尽职调查是资产证券化各中介机构开展业务的基础。如果采用基于联盟链的区块链技术,记录每笔资产详情的账本并对所有主体开放,为计划管理人对资产的尽调详实性提供了有力支持,评级机构可对每一笔资产的质量进行分析而非由于技术所限采用抽样调查手段,律所能更大程度地把握整个资产池的法律风险,使资产服务机构更便捷地掌握资产的还款和违约状况。区块链的不可篡改和分布式网络特征,可以大大提升中介机构尽调效率。信用评级机构甚至可以将自己的评级及监控软件嵌入区块链之中,生成更精准的评级报告,并可以根据实时获得基础资产变化的信息,及时调整评级结果。

### (六)互联网金融有利于监管机构对资产证券化的监管

区块链具有“去中心化”的特征,但是区块链的分布式结构也可以让每个节点都成为中心。金融监管机构可以成为区块链的一个节点,则金融监管机构同样也可以受益于区块链技术。在区块链分布式账本技术帮助下,整个业务的过程中,监管部门都可以设立区块链节点,随时检查。由于区块链具有不可篡改、可追溯的特性,监管部门的穿透式监管更容易实现,基础资产透明度增加,提高金融机构事中事后风险管理水平,从而可以适当降低资产证券化准入门槛。

### (七)互联网金融有利于资产证券化的信息披露

在实践层面,投资者通常不能直接接触入池资产,对于入池资产的具体运营情

况并不明晰,多数情况下只能依靠计划管理人披露的书面信息了解产品的运营状况。如果引入区块链技术,信息披露问题迎刃而解。通过构建联盟链,将参与方的信息写到区块链实现参与节点独立部署、分布式记账,在此过程中各参与方可以共享信息,共同维护一套交易账本数据,实时掌握并验证账本内容,信息便没法被篡改,维护账本的真实性和完整性,从而实现对底层资产全生命周期的信息监控,最终解决资产证券化过程中信息不透明、披露不充分问题。

(八)互联网金融有助于资产证券化产品存续期管理

运用系统联结、大数据合成、区块链记录的方法进行 ABS 产品的存续期管理,可以减少人为的操作风险和效率低下的问题,更可以大大提高存续期信息交互的频次与质量。

笔者以贷款服务为例,区块链可以依靠智能合约自动化运行,借款人一旦还款,这一信息就将被记入区块链之中,智能合同自动将款项归集,按照预先拟定的分配规则分配给投资者,同时报告给服务商并自动生成给投资者的报告。现金流和信息流同步进行,对投资者分配的时间将大大缩短,保证分配的准确性和及时性,并减少了人工劳动。借助区块链的智能合约和分布式网络,可以大幅缓解各机构间的对账清算问题,大幅提升效率,减少资金混同等风险。

总之,资产证券化的各个环节,包括产品的设计与发行、证券交易、清算结算等都可以通过互联网金融技术被重新设计和简化,带来一系列潜在优势,包括提高效率、缩短处理时间、加大透明度、降低成本和确保安全。可喜的是,2017 年 5 月 15 日,“德邦证券浙商银行池融 2 号资产支持专项计划”成功在深交所发行,本次产品成功应用了区块链技术,也是首单区块链供应链金融 ABS 产品。作者相信,未来,互联网金融和资产证券化的融合会不断加深

## 第四节
## 未来发展趋势

消费金融行业趋势或将呈现定价市场化、监管规范化、模式生态化的发展趋势,具体体现在以下四个方面:

1. 消费金融是长尾市场,是万亿空间的蓝海

现阶段电商和分期购物平台为代表的互联网消费金融为争夺客户资源大力烧钱,纷纷推出利率优惠产品。鉴于金融行业的本质之一是风险定价,消费金融产品服务的定价朝着市场化方向发展是必然趋势。率先掌握风险定价能力和议价实力

的公司将在优胜劣汰中胜出。

2. 行业蓬勃发展,但欣欣向荣下蕴藏着不容小觑的风险

一方面,消费金融面向人群中不乏中低收入阶层,且业务模式多为信用贷款,本身的固有风险较高;另一方面,行业准入门槛较低,征信数据获取和风险监控面临着较大挑战。此外,监管尚不完善,存在借消费金融套取资金做其他投资的市场乱象。从国外消费金融成长路径来看,也都经历过过度发展导致风险聚集爆发倒逼监管加强的历史阶段。可以预见,野蛮生长不可持续,监管正趋于严格,行业竞争分化加剧,逐步走向规范、健康。

3. 目前消费金融的利润主要来源于消费者的利息收入、客户服务费、账户管理费等

鉴于金融体系整体利差收窄,行业利润空间受到挤压,探索和拓展依附于消费金融的其他盈利点是必然趋势。由于消费金融公司是利用合作商家的消费场景进行放贷所以商户也是消费金融公司的潜在顾客,通过与商家的合作,了解商家的基本信息情况,从而给商家提供贷款服务。二次循环贷款或其他金融服务指针对消费金融公司现有存量顾客的一种深入挖掘,例如客户投资咨询服务、理财需求等。基于规模效应的业务可能指客户体量积累到足够体量时,可以探索借贷业务以外的其他类型金融服务,例如资产负债的各种项目运作。

4. 布局商品服务销售、征信、支付、融资、资管各个板块,开拓全面的金融服务生态圈,意义重大

向客户提供多样化的服务,提升商户体验,增强客户黏性;降低成本,提升效率;强化产业链关系,培育新的盈利增长点,增厚利润空间;实现商品流、信息流、资金流的对接,多栖发展,形成协同关系,打造跨界龙头。电商类巨头走在生态圈构建的前列。实力尚不具备的其他主体多采用深度合作的方式共建生态圈。

# 第十八章
# 供应链金融资产证券化

供应链金融是时下热点之一，它是产业资本与金融资本跨界的融合，孕育着全新的商业逻辑和投资机会。供应链金融资产证券化是一个庞大的研究课题。限于篇幅，本章侧重于分析供应链、供应链金融的运行逻辑，继而对供应链金融资产证券化的外延进行理论推理，对于供应链金融资产证券化的具体操作不做深入探讨，详见本书其他章节的相关内容。

## 第一节
## 供应链、供应链金融的解析

有关供应链、供应链金融的研究文献汗牛充栋，不同国界、不同阶段、不同行业的人士从不同角度作出了多维的解读。笔者无意统一对供应链、供应链金融的界定，下面，为了方便读者对供应链金融资产证券化的理解，在学习前人研究成果的基础上，简单介绍一下对供应链、供应链金融的粗浅认知。

### 一、供应链、供应链管理的概念

文言文文献中常见"供应"一词，含义略有区别。宋范镇《东斋记事》卷四："有王有者，州将每令赵昌画，则遣有服事供应之。"《警世通言·金令史美婢酬秀童》："县主急忙忙下船，到府迎接，又要支持船上，往还供应，准准的一夜眼也不合。"《红楼梦》第四四回："平儿并无父母兄弟姊妹，独自一人，供应贾琏夫妇二人。"此处的"供应"表示伺候、服从使唤等含义，词性上为动词。而《秦并六国平话》卷下："今日设宴待臣僚，筵中无乐。臣儿见收得家童上客庸保，善击筑，可以筵间供应。"杨慎《升庵诗话·雍陶哀蜀人为南诏所俘》："至今大理有巧匠三十六行。近嘉靖中取雕漆工廿馀人，挈家北上，供应内府，皆蜀俘人之后也。"此处的"供应"应该表示以某种技能服务、展示的意思，是动词。而冯梦龙的《东周列国志》第五十六回："使臣来到，凡车马仆从，都是主国供应，以暂息客人之劳。"此处的"供应"应该是提供的含义,是动词。韩愈的《论变盐法事宜状》有言:"所有为官所使,到村之后,必索百姓供应。"顾炎武在《中宪大夫山西按察司副使寇公墓志铭》言:"有校尉往浙者,舟至胥门外,索供应,众共击之,火其舟。"笔者理解,此处的"供应"应该是名词,表示有价值的钱财物资等。

在现代日常语境中,"供应"更多地理解为动词词性,可拆分来看,"供"为供给之意,"应"为应答、反馈信息之意。在商品经济市场经济的背景下,笔者认为,可以把供应的客体简单统称为商品,提供商品的主体可以称之为供应商,供应也可以理解成供货,并随之产生信息交流、反馈。

供应链的概念是 20 世纪 80 年代提出的,从 90 年代开始流行,译自英文"supply chain"。笔者认为,供应链的含义是逐步发展逐步丰富的。初始时,站在消费者的角度,供应链更多的是指商品在到达终端消费者之前的有序衔接的各个环节组成的一个结合体,比如从采购原材料开始,制成中间产品以及最终产品,最后由销售网络把产品送到消费者手中,形象化后称之为供应链,类似于销售链。它开始于供应的原点,结束于消费的终点。反过来,如果从生产者的角度,供应链也有对应的一个专业术语,即"需求链"。当然,"供应链"是一个比较广泛的定义,包括"需求链"。为了谋求供应链整体的最佳化,追求供应链各个相关主体的和谐,避免失衡,再加上供应链本身越来越复杂化,核心企业的地位突出,慢慢出现了供应链管理的概念。英国著名供应链专家马丁·克里斯多夫曾经说:市场上只有供应链而没有企业,21 世纪的竞争不是企业和企业之间的竞争,而是供应链和供应链之间的竞争。世界权威的《财富》(*Fortune*)杂志早在 2001 年已将供应链管理列为本世纪最重要的四大战略资源之一;供应链管理是世界 500 强企业保持强势竞争不可或缺的手段。供应链的细分领域越来越多。比如移动供应链,即利用无线网络实现供应链的技术,将原有供应链系统上的管理功能迁移到手机;内部供应链,即供应链仅仅被视为企业内部的一个物流过程,涉及物料采购、库存、生产和分销诸部门的职能协调,目的是优化企业内部的业务流程、降低物流成本;网链供应链,即突破线性的单一供应链的概念,刻画围绕核心企业的网链关系。

目前,主流的有关供应链的概念是,围绕核心企业,通过对商流、信息流、物流、资金流的控制,从采购原材料开始到制成中间产品及最终产品、最后由销售网络把产品送到消费者手中的一个由供应商、制造商、分销商(零售商,批发商等)直到最终用户所连成的整体功能网链结构。另外,供应链已经跨越了传统的销售链,从全局和整体的角度考虑产品经营的竞争力,使供应链从一种运作工具上升为一种管理方法体系,一种运营管理思维和模式。相应地,供应链管理就是以市场和客户需求为导向,在核心企业协调下,本着共赢原则、以提高竞争力、市场占有率、客户满意度、获取最大利润为目标,以协同商务、协同竞争为商业运作模式,通过运用现代企业管理技术、信息技术和集成技术,达到对整个供应链上的信息流、物流、资金流、业务流和价值流的有效规划和控制,从而将客户、供应商、制造商、销售商、服务商等合作伙伴连成一个完整的网状结构,形成一个极具竞争力的战略联盟。

报道中常见的供应链的四"流",主要是物资流、商业流、信息流、资金流。其中,物资流是指物资(商品)的流通过程,也就是一个发送货物的程序。许多物流理论都涉及如何在物资流通过程中在短时间内以低成本将货物送出去;商业流是指买卖的流通过程,就是接受订货、签订合同等的商业流程,既有传统的店铺销售、上门销售、邮购的方式,也有通过互联网等新兴媒体进行购物的电子商务形式;信息流是指商品及交易信息的流程,现在信息流越来越被重视;资金流是指货币的流通,比如资金的回收等。笔者认为,初始时,供应链的"流"主要是物资流,现代供应链是在物流概念上的逻辑延伸。

简单地说,供应链管理就是优化和改进供应链活动,目标是满足客户的需求,最终提高供应链的整体竞争能力,管理对象是供应链组织成员之间的"流",应用的方法是集成和协同。供应链管理的实质是深入供应链的各个增值环节,将顾客所需的正确产品(right product)能够在正确的时间(right time),按照正确的数量(right quantity)、正确的质量(right quality)和正确的状态(right status)送到正确的地点(right place)即"6R",并使总成本最小。

按照美国供应链专业协会的定义:"供应链管理包括规划和管理供应采购、转换(即加工生产)和所有物流活动,尤其是渠道成员的协调和合作,这些成员包括供应商、中间商、第三方提供商、客户。从本质上讲,供应链管理是对企业内外供应和需求的全面整合。"其内容包括所有物流活动、生产运营,以及营销、销售、产品设计、金融、信息技术之间的协调。

香港利丰研究中心认为:"供应链管理就是把供应链最优化,以最小的成本完成从采购到满足最终顾客的所有流程,要求上述工作流程、实物流程、资金流程和信息流程均有效率地运行。"

另外,根据供应链中企业地位不同,可以将供应链分成盟主型供应链和非盟主型供应链。盟主型供应链是指供应链中某一成员的节点企业在整个供应链中占据主导地位,对其他成员具有很强的辐射能力和吸引能力,通常称该企业为核心企业或主导企业,如以零售商为核心的供应链——沃尔玛、家乐福。非盟主型供应链是指供应链中企业的地位彼此差距不大,对供应链的重要程度相同。无论是否有核心企业,供应链运行一定依托于整个供应链参与者之间的协同与合作。核心企业的类型千差万别。不同的供应链由不同的成员企业组成,拥有不同的核心企业,其核心企业的特点也有重大差别。工业企业对行业把控力侧重产业中上游，优势在于对动产融资的把控力；电商平台侧重下游，由于较高的消费频次，覆盖深度最高，如京东、阿里等，在与消费者高频次互动的基础上集聚了大数据，具有大数据下的信用评估优势；物流企业在风险控制方面拥有开展供应链金融业务的先天优势，覆盖领域最为广泛。

## 二、供应链金融的概念

供应链管理是指对整个供应链系统进行计划、协调、操作、控制和优化的各种活动和过程。供应链金融是供应链管理的一个分支。随着供应链管理研究不断深入，如何解决制约供应链企业发展的资金流问题渐渐成为重点，它涉及资金、资本结构、资本成本、资金流转周期等影响供应链绩效的重要因素。如果不能有效地解决资金流与商流、物流和信息流的整合，供应链就会难以为继，这是供应链金融产生的微观基础。

宋华教授在《供应链金融》一书中，系统地介绍了有关供应链金融的现有研究成果。纵观目前国际上有关供应链金融的定义，首次提出该概念的是蒂默（Timme）等学者，他们认为供应链上的参与方与为其提供金融支持的处于供应链外部的金融服务提供者可以建立协作，而这种协作关系旨在实现供应链的目标，同时考虑到物流、信息流和资金流及进程、全部资产和供应链上的参与主体的经营，这一过程就称作为供应链金融。从这个概念界定可以看出，供应链金融非常强调金融主体与供应链参与企业之间协作关系的建立，并且通过这种紧密的关系，可以促进供应链商流、物流、信息流和资金流的结合。

国外学者关于供应链金融（Supply Chain Finance，SCF）的定义，以霍夫曼（Hofmann）在2005年提出的定义为代表。霍夫曼①认为，供应链金融可以理解为供应链中包括外部组织服务者在内的两个以上的组织，通过计划、执行和控制金融资源在组织间的流动，以共同创造价值的一种途径。威廉·阿特金森（William Atkinson，2008）认为②，供应链金融可以定义为一个服务与技术方案的结合体，这种结合体将需求方、供应方和金融服务提供者联系在一起，当供应链建成后，能够优化其透明度、金融成本、可用性和现金交付。阿伯丁（Aberdeen，2007）③认为，供应链金融的核心就是关注嵌入供应链的融资和结算成本，并构造出优化供应链成本

---

① 宋华著：《供应链金融》，中国人民大学出版社2016年版。
② 宋华著：《供应链金融》，中国人民大学出版社2016年版。
③ 宋华著：《供应链金融》，中国人民大学出版社2016年版。

流程的方案。迈克尔·拉莫洛克斯[①](Michael Lamoureux,2008)认为,供应链金融是一种在核心企业主导的企业生态圈中,对资金的可得性和成本进行系统优化的过程。这种优化主要是通过对供应链内的信息流进行归集、整合、打包和利用,是通过嵌入成本分析、成本管理和各类融资手段而实现的。

国内学者也有很多关于供应链金融的解释,比如杨绍辉[②](2005)从商业银行的角度出发,认为供应链金融是为中小型企业量身定做的一种新型融资模式,它将资金流有效地整合到供应链管理中来,既为供应链各个环节的企业提供商业贸易资金服务,又为供应链弱势企业提供新型贷款融资服务。

宋华教授在《供应链金融》一书中认为,供应链金融是一种集物流运作、商业运作和金融管理为一体的管理行为和过程,它将贸易中的买方、卖方、第三方物流以及金融机构紧密联系在一起,实现了用供应链物流盘活资金,同时用资金拉动供应链物流的作用;而在这个过程中,金融机构如何更有效地嵌入供应链网络,与供应链经营企业相结合,实现有效的供应链资金运行,同时又能合理地控制风险,成为供应链金融的关键问题。

也有学者认为,供应链金融是一种独特的商业融资模式,依托于产业供应链核心企业对单个企业或上下游多个企业提供全面金融服务,以促进供应链上核心企业及上下游配套企业"产—供—销"链条的稳固和流转顺畅,降低整个供应链运作成本,并通过金融资本与实业经济的协作,构筑银行、企业和供应链的互利共存、持续发展的产业生态。

目前,国内对供应链金融的主流观点认为,供应链金融是以核心客户为依托,以真实贸易背景为前提,运用自偿性贸易融资的方式,通过应收账款转让登记、第三方监管等专业手段封闭资金流或控制物权,对供应链上下游企业提供的综合性金融产品和服务。目前,大宗商品、ICT、快消、医疗是国内供应链金融应用最广的领域,主要由于:相关行业终端产品需求旺盛,推动供应链管理需求;相关行业供应商/渠道商集中度低(ICT、快消),资源对接效率不够高;相关行业单笔成交大、运输成本高、专业性附加服务要求高,倒逼物流、供应链(金融)服务效率提升。

笔者认为,国内理解的供应链金融大多是金融机构根据产业特点,围绕供应链上核心企业,基于交易过程向核心企业及其上下游相关企业提供的综合金融服务。供应链与金融相结合的方式都是首先从供应链融资开始的。供应链融资是供应链金融最基础的功能。银行等金融机构是供应链的主要资金提供方。纵观国内对于

---

① 宋华著:《供应链金融》,中国人民大学出版社 2016 年版。
② 宋华著:《供应链金融》,中国人民大学出版社 2016 年版。

供应链金融的探索，大多数的定义和理解都是站在金融机构，或者更确切地说，是从商业银行的视角来介绍供应链融资的模式、概念和特征。笔者认为，随着切入供应链金融的机构越来越多，供应链金融的含义应该更广，研究应该囊括商业银行，也应该包括其他非银行金融机构，也包括供应链产业企业的金融性行为。所有的供应链金融不都是由商业银行或金融机构主导的，其中的参与者或推动者也包括生产企业、贸易企业、互联网公司以及物流公司等，它们本身就是产业链中的企业，为其上下游进行综合性的金融服务，实现金融与产业要素的高度结合。

笔者认为，要全面理解供应链金融，应该了解以下几个方面：

### （一）核心企业与中小企业之间有信用差

融资的差异本质上是信用的差异。核心企业与中小企业之间存在信用差。高信用核心企业在资金获取上具备天然优势。供应链金融新模式下，资金方只对核心企业授信，或审核核心企业信用；核心企业再基于实体交易对中下游企业授信，资金风险敞口移至核心企业。

供应链金融围绕核心企业，将其信用注入整个产业链，从而让供应链里的中小企业供应商能够凭借与核心企业在产业链条中货物贸易及工程服务关系产生的应收账款债权，以此为信用依据实现融资。

作为风险承担主体，核心企业也将获得相应风险溢价收益；同时，核心企业基于对行业以及上下游企业的信息优势，通过信用输出实现产业整体资源优化配置。

### （二）供应链金融基于真实贸易背景

中小企业融资难是驱动供应链金融迅速发展的内生动力。供应链金融是解决中小企业融资难的金钥匙。供应链金融着力解决中小企业融资难、融资贵、融资乱、融资险问题是建立在真实的贸易背景之上的。

一般贷款的还款来源是基于借款方整个公司的现金流，或者借款人的再融资能力，而在供应链融资中，则更注重贸易环节所产生的资金回款来作为还款来源。换句话说，资金方为整个供应链的某一个环节提供融资（比如采购端），供应链的下一个环节（比如销售端）所产生的资金回款则用于还款，从而产生融资闭环，无需格外关注融资者的主体信用，即贸易的自偿性。

从实践中看，供应链金融融资有应收账款融资、预付账款融资和存货融资几大类模式，以应收账款融资为主。传统金融机构以不动产抵押为主。供应链金融以贸易应收账款债权的动产转让/质押为主。

### （三）供应链金融具有产业和金融两个属性

在某种意义上，供应链可以等同于产业供应链。供应链金融是产业链或供应链和金融的叠加产物。

供应链金融的基础是产业供应链,没有产业供应链的合理、有效支撑,金融活动就成了无源之水、无本之木。所以,推进供应链金融的发展就需要重视、重构产业链,充分运用互联网、物联网、云计算等新兴技术手段重构产业,将中小企业有机地融入产业网络体系中,形成能够共赢和共同发展的产业生态,确立有效的产业规则和信用,金融才有发展的空间。

供应链金融本质上仍是金融业务,可以理解为供应链融资。资金端、资产端和风控模式是金融业务的关键要素。以金融的视角看供应链金融,必须抓住金融业务的本质。资金的融通是金融业务的核心。在供应链金融框架下,资金端涉及资源规模和价格;资产端关涉行业空间大小、行业格局及核心企业对上下游中小企业的把控力;风控端则要看风控手段、基本模式、产品标准化程度、仓储能力等。

由于对两个属性不同的侧重,市场主体对于供应链金融的定位也不同。产业视角下,金融业务仅作为主业的补充,其主要目的仍在于强化主业,辅之以营利;金融视角下,供应链金融业务定位于传统业务转型的方向。

### (四)科技是供应链金融的催化剂

供应链金融就是瞄准中小企业或小微企业的金融解决方案,发展需要解决风险管控与操作成本问题,但银企信息不对称、企业信息不真实的问题仍然没有完全解决。科技是供应链金融发展催化剂,为供应链金融提供了新的动力源泉。随着金融科技的快速发展,互联网、物联网、大数据、人工智能、区块链等新型技术,以及创新的风控模型、工具,将广泛应用于供应链金融领域,对传统供应链金融模式产生了颠覆性的影响,银企信息不对称有所缓解、金融服务效率大幅提高、业务运作成本显著降低,供应链金融模式的适用性得到了进一步提升。

笔者以区块链为例。传统的供应链金融是一种中心化的模式,基本上都是金融机构、保理公司等依托一家核心企业,为供应链上中小企业提供服务。但是由于供应链运行过程中,物流信息、交易信息、资金信息、信息流信息等分散保留各自企业内部。信息的不透明不仅严重影响整个链条的效率,也不利于构建供应链信用体系,最终导致了中小企业融资难、融资慢等问题。运用区块链技术,可以为应收账款、票据、仓单等资产确权(不可篡改、透明化数据),从而进行保理、贴现、质押等资产交易(减少中间环节、帮助企业融资),并且留下数据存证(电子合同、关键数据、身份信息),防止票据作假、重复质押等风险发生(永久审计追踪)。在区块链系统中,由于没有中心化的机构存在,所有的数据主体都将通过预先设定的程序自动运行。区块链技术可帮助中小企业累计信用数据,贷款方可以通过合同、物流、仓单等不可篡改数据的追溯,能更准确地评价企业的真实经营状况,低成本高效地做出放贷决策。区块链对于供应链金融的价值在于信任传递。基于信任传递，能够很好解决传统融资项下中小企业缺乏信用的问题，让优质企业的信用之水能够灌溉中小企业之田，让整个链条更顺畅。区块链技术未来的发展与应用可能成为金融机构推广供应链金融业务最佳的解决方案。

## 三、供应链金融的发展

供应链金融最早诞生于19世纪末的美国。我国供应链金融发展比较晚，但是发展非常迅速，而且表现出与美国不同的显著特点。

### （一）美国供应链金融的发展

美国供应链金融模式以银行为主导，随后向传统行业渗透，直至核心企业成为主导。受限于美国的行业特点和商业文化，目前，美国供应链金融发展遇到了“瓶颈”。

为发展模式为主线，美国供应链金融发展脉络如下：

1. 以银行为主导的供应链金融模式

在美国金融监管相对宽松的早期，银行为代表的金融企业开始向传统产业进行渗透。供应链融资依赖于已经渗透进来的商业银行等金融机构，但是供应链金融发展不充分，商业银行等金融机构对于产业链上下游客户的把控没有真正建立起来。

2. 以核心企业为主导的供应链金融模式

美国金融监管趋紧后，金融机构向产业的渗透开始受到限制。随着核心企业实力的上升和在供应链中的核心地位确立，以核心企业为主导的供应链金融模式逐步诞生。

在以核心企业为主导的供应链金融模式下，部分核心企业具备了信用优势和业务信息优势，纷纷成立金融部门帮助供应链中的中小企业解决融资问题，如UPS成立UPS Capital、GE成立GE Capital，产融结合真正开始走上前台。

UPS是物流企业开展供应链金融的典范。1998年，UPS成立UPS Capital（UPSC）。2001年，UPS收购美国第一国际银行，将金融服务对象定位为中小企业，为客户提供存货质押、应收账款质押等供应链金融服务。UPS通过金融服务获取货运权，供应链金融与传统主业深度结合。

GE是产业核心企业供应链金融的代表。GE Capital是GE旗下专门从事金融服务的部门，开展诸如型设备融资租赁为基础的供应链金融模式。飞机融资租赁业务是GE供应链金融的主要组成部分。GEC与航空公司签署融资租赁协议，由GEC直接向飞机制造商下订单、付款采购飞机。飞机交由航空公司后，航空公司按期支付本金以及相应利息给GEC。GEC通过融资租赁服务促进厂商飞机设备的销售。

进入21世纪后,美国供应链金融模式日趋式微。供应链金融仅服务于主业的定位成为其发展的障碍。出于资金来源、成本和风险的考虑,核心企业逐渐收缩和自身主业不相关的金融业务,另外,与中国的情况不同,大多数美国供应链金融的核心企业更注重主业,对于金融业务的发展本身并无太多的诉求,供应链金融核心企业模式的发展遇到"天花板"。

### (二)我国供应链金融的发展

我国供应链金融起步较晚。最早的业务模式由深圳发展银行(现平安银行)发起并落地实施。也有文献资料认为,中国的第一笔供应链金融贷款的发放始于2003年的渣打银行。

1998年,深圳发展银行在广东地区首创货物质押业务,开始进入到供应链金融领域,并逐步提出了在自偿性贸易基础上的供应链金融业务概念。

2002年,深圳发展银行提出系统发展供应链金融理念并推广贸易融资产品组合。

2003年,深圳发展银行在业内率先提出"1+N"模式,初步形成供应链金融理念。"1+N"模式中,"1"就是供应链上的核心企业,"N"则是链条上的中小企业,以"1"的信誉和实际交易担保"N"的融资。

2005年,深圳发展银行提出要建设最专业的供应链金融服务商。

2006年,深圳发展银行正式整合推出互联网金融服务。同年,深发展加入到FCI国际商业保理组织,全面启动了供应链金融的线上化和工程化。

2007年之后一直到2012年,深发展被平安集团收购之后,开始提出了供应链金融的转型,借助外部2.0虚拟空间这种互动变革把传统的线下模式搬到线上,供应链金融逐步发展到2.0阶段。

2012年6月,商务部批准在天津滨海、上海浦东新区开展商业保理试点工作,开始有第一批的保理公司陆续出现。

2014年,银监会开始在北汽、上汽、海尔、格力和武钢等企业开始试点。财务公司已经开始逐步的由原来的财务管理,从集团内部的一个资金管理者逐步演变为供应链金融的深度参与者,为整个产业链服务。

2015年、2016年,在商业银行区域,很多银行开始向外资银行学习,由招商银行率先在国内组建交易银行部,给金融业务升级,主要是整合了原有的贸易融资部和供应链金融部门,接下来,后来还包括现金管理、信息管理部门,将财资管理统一升级为交易银行部。民生银行、浦发银行、中信银行纷纷设立相关的部门。

2016年之后,互联网金融、小贷公司、租赁公司开始纷纷转战供应链金融市场。供应链金融加金融科技开始兴起,京东金融、蚂蚁金服等开始纷纷布局,引领了这一波的供应链金融的发展。参与供应链金融业务的公司越来越多,资金渠道越来越多元化。

目前,很多实务界人士和学者用供应链金融1.0、2.0、3.0等来概括供应链金融的发展阶段。供应链金融1.0、2.0、3.0等无明确的定义,作者梳理、总结如下:

1. 供应链金融1.0

这是我国供应链金融的第一阶段,也是传统供应链金融。第一阶段主要是线下模式,主导银行根据核心企业"1"的信用支撑,对产业链上众多的"N"中小企业进行融资授信支持。供应链金融1.0银行采取人工授信,一事一议,所以无法借助科技手段达到批量获客。有人称供应链金融1.0为线下"1+N",也有人因为上下游的企业可以分为"M"和"N",从而称之为"M+1+N"。

2. 供应链金融2.0

这是我国供应链金融的第二阶段,主要特征是线上和银企直联。随着互联网、通信等新兴技术的普及,传统的供应链金融逐渐由线下移至线上。该模式下,银行通过线上对接核心企业"1"的数据,以实时获取整条产业链上的各种真实数据信息,如核心企业和产业链上下游企业的仓储、付款等信息。另外,该阶段突出了产业与产业要素的结合,以核心企业为主导,银行作为流动性提供者,核心企业和银行共同推动产融结合,多方在线协同,提高作业效率。有别于供应链金融"1+N",很多学者也称之为线上"1+N"或线上"M+1+N"。

3. 供应链金融3.0

这是我国供应链金融发展的第三阶段,以信息整合平台为特征。进入21世纪,电子商务在国内蓬勃发展。此时,供应链金融通过电商云服务平台,将中小企业的订单、运单、收单、融资、仓储等经营性数据导入其中,并引入物流、第三方信息等服务体,为企业提供配套服务。核心企业对相关交易数据进行了增信。各交易方之间的真实交易数据成为真正的核心。电商云服务平台的搭建颠覆了过往以融资为核心的供应链模式,转为以企业的交易过程为核心。这种基于数据、大数据、人工智能的3.0供应链,有学者称之为线上"N+N"模式,充分体现了金融生态与产业生态的循环迭代。

中国供应链金融的发展土壤与美国不同。民营企业在发展壮大之后,在不放弃主业的同时,几乎都有切入金融领域的冲动。笔者以京东为例,2012年,京东开始与银行合作试水供应链金融。2013年,京东便放弃了和银行的合作,开始独立做供应链金融。京东供应链金融的首款产品"京保贝"是具有互联网特点的供应链保理融资业务。“京保贝”是业内首个通过数据集成完成线上风控的产品，使京东供应商可以凭借采购、销售等财务数据直接获得融资，放款周期短至3分钟。2014年，京东供应链金融上线了“京小贷”。“京小贷”主要服务于京东开放平台商家，极大地改善了小微商家长期面临的融资难、融资成本高的处境。京东供应链金融可以通过数据和模型化的方式自动评估商品价值，与有“互联网+”特点的仓配企业合作，全面整合了质押商品从生产、运输、存储到销售的全链条数据交叉验证，实现动态质押。

供应链金融可以缓解中小企业融资难的问题。国家对供应链金融十分重视。2013年末，中国人民银行征信中心建立了“中征动产融资服务平台”，包括“应收账款融资服务平台”与“存货融资服务平台”，为资金供需双方提供了迅速、便捷、有效的线上供应链融资信息服务以及应收账款、存货质押登记服务。截至2017年3月末，平台累计促成小微企业融资1.6万亿元。

2014年，国务院印发《物流业发展中长期规划（2014～2020年）》，提出鼓励传统运输、仓储企业向供应链上下游延伸服务，建设第三方供应链管理平台，为制造业企业提供供应链计划、供应链金融以及信息追溯等集成服务。2015年，国务院办公厅印发《关于推进线上线下互动加快商贸流通创新发展转型升级的意见》，提出支持金融机构和互联网企业依法合规创新金融产品和服务，加快发展互联网支付、供应链金融等互联网金融业务。2015年，国务院还印发了《关于大力发展电子商务加快培育经济新动力的意见》，提出鼓励商业银行、商业保理机构、电子商务企业开展供应链金融、商业保理服务，进一步拓展电子商务企业融资渠道。

2016年以来，随着相关供应链金融政策的密集出台，我国的供应链金融也迎来前所未有的发展契机。2016年2月16日，人民银行等八部委印发《关于金融支持工业稳增长调结构增效益若干意见》提到：一是要大力发展应收账款融资，推动更多供应链加入应收账款质押融资服务平台，推动大企业和政府采购主体积极确认应收账款，帮助中小企业供应商融资，支持商业银行进一步扩大应收账款质押融资规模；二是探索推动产融对接融合，探索开展企业集团财务公司延伸产业链金融服务试点，支持大企业设立产业创投基金，为产业链上下游创业者提供资金支持。

2016年10月，国家发改委公布《促进民间投资健康发展若干政策措施》，提出“推动动产质押统一登记立法，建立以互联网为基础、全国集中统一的动产和应收账款等财产权利质押登记系统，实现信息共享，以便于金融机构等相关方面查询和办理质押贷款，改进和完善小微企业金融服务”。

2016 年 11 月，商务部等十部门联合发布《国内贸易流通“十三五”发展规划》，也有提及“鼓励流通企业采用投资基金、动产质押等多种方式融资”，“降低企业融资成本，稳步推广供应链金融”。

2017 年 3 月 28 日，央行再联合工业和信息化部、银监会、证监会、保监会五部门下发《关于金融支持制造强国建设的指导意见》，再次提及，要大力发展产业链金融产品和服务。鼓励金融机构依托制造业产业链核心企业，积极开展仓单质押贷款、应收账款质押贷款、票据贴现、保理、国际国内信用证等各种形式的产业链金融业务，有效满足产业链上下游企业的融资需求。2017 年 8 月，商务部和财政部发布《关于开展供应链体系建设工作的通知》，提及“提高区域供应链标准化、信息化、协同化水平，促进提质增效降本”等内容。

2017 年 8 月 24 日，人民银行第八次行长办公会通过修订后的《应收账款质押登记办法》。该办法辅之以 2007 年的《物权法》（在担保物、动产抵押登记等方面完善了相关规定）为供应链金融的发展扫清了法律与制度障碍，促进了我国供应链金融的发展。

2017 年 8 月，国务院办公厅印发了《关于进一步推进物流降本增效促进实体经济发展的意见》，提出鼓励银行业金融机构开发支持物流业发展的供应链金融产品和融资服务方案，通过完善供应链信息系统研发，实现对供应链上下游客户的内外部信用评级、综合金融服务、系统性风险管理。

2017 年 10 月 13 日国务院办公厅发布《关于积极推进供应链创新与应用的指导意见》（以下简称《意见》），首次将供应链的创新与应用上升为国家战略。该《意见》指出，今后供应链的发展目标，即到 2020 年，形成一批适合中国国情的供应链发展新技术和新模式，基本形成覆盖中国重点产业的智慧供应链体系，培育 100 家左右的全球供应链领先企业，中国成为全球供应链创新与应用的重要中心。与此同时，《意见》还提出了六项重点任务：一是构建农业供应链体系；二是推进供应链协同制造，发展服务型制造，促进制造供应链可视化和智能化；三是应用供应链理念与技术，推进流通与生产深度融合，提升供应链服务水平，提高流通现代化水平；四是推动供应链金融服务实体经济，有效防范供应链金融风险，积极稳妥发展供应链金融；五是大力倡导绿色制造；六是积极融入全球供应链网络。这是我国首次以国务院办公厅名义发布的有关供应链的专题政策，是一个里程碑式的文件，标志着我国进入供应链创新与应用发展的新时代。

# 第二节
# 供应链金融的融资操作

从供应链金融主要融资环节和提供资金主体两个维度，笔者分析一下供应链金融融资的操作模式。

## 一、供应链金融的融资模式

### （一）销售阶段——应收账款类供应链融资模式

简化供应链金融链条，销售环节存在于上游中小企业对核心企业的销售和核心企业对下游中小企业的销售。应收账款类供应链金融产品是国外供应链金融的主要融资模式。

1. 上游中小企业对核心企业的销售

处于供应链中上游的供应商，对核心企业依赖性较强，议价地位较弱，为获取长期业务合作而采赊销交易方式居多。

根据国际信用保险及信用管理服务机构科法斯集团在上海等多地，针对中国内地"企业微观付款行为"发布的《2013中国企业信用风险状况调查报告》，通过赊账销售已经成为企业最广泛的支付方式，其比例已经从2007年的54.1%上升至2012年的89.5%，2013年更是达到90%。2013年，使用赊销的企业中有82%遭受货款拖欠的影响。通过赊销交易，核心企业得以进行应付款的账期管理，缩短现金周期，同时，核心企业又在应付账款结算时多借助信用证、银行承兑汇票或商业承兑汇票延长现金支付周期。可见，供应商形成大量应收账款，存在资产变现需求，但受其自身偿债能力和信用影响，直接融资授信额度有限。

在供应链金融的情境下，上游供应商的融资方案以应收账款为主。应收账款质押融资是指在商品销售阶段，企业与银行等金融机构签订合同，以应收账款作为质押品。在合同规定的期限和信贷限额条件下，企业可以采取随用随支的方式。通常情况下，资金方放款需要融资方发货，即已经实现物权的转移，同时，也需要核心企业的确权。

商业汇票质押融资也是供应链金融的重要形式。实际上，我国商业汇票的发展与我国供应链金融的发展是紧密相关的。在企业商业往来中，企业主体之间会签发商业汇票。商业汇票的签发缓解了买方的资金压力，同时卖方持有商业汇票从而享有了对签发方的汇票金额索取权，也可向商业银行作质押，获得融资。

票据池业务是银行一种常见的供应链金融服务。票据是供应链金融使用最多的支付工具。银行向客户提供的票据托管、委托收款、票据池授信等“一揽子”结算、融资服务。票据池授信是指客户将收到的所有或部分票据做成质押或转让背书后,纳入银行授信的资产支持池,银行以票据池余额为限向客户授信,非常适合于票据流转量大、对财务成本控制严格的生产和流通型企业,也适用于对财务费用、经营绩效评价敏感并追求报表优化的大型企业、国有企业和上市公司。对客户而言,票据池业务将票据保管和票据托收等工作全部外包给银行,减少了客户自己保管和到期托收票据的工作量,而且,票据池融资可以实现票据拆分、票据合并、短票变长票等效果,解决了客户票据收付过程中期限和金额的不匹配问题。对银行而言,通过票据的代保管服务,可以吸引票据到期后衍生的存款沉淀。

保理是以债权人转让其应收账款为前提,集应收账款催收、管理、坏账担保及融资于一体的综合性金融服务。保理是一种债权的转让行为,通常分为有追索权保理和无追索权保理。无追索权保理一般指贸易性应收账款通过无追索权形式出售给保理商,以获得短期融资。保理商需事先对与卖方有业务往来的买方进行资信审核评估,并根据评估情况对买方核定信用额度。有追索权保理指保理商在到期应收账款无法回收时,对卖方企业有追索权。有追索权保理视同以应收账款为担保的短期借款。在供应链领域,银行保理和商业保理都可以参与。有关保理的探讨请见本书其他章节,在此不详述。

目前,反向保理风靡供应链金融领域。反向保理,也被称为逆保理,是指供应链保理商与资信能力较强的下游客户达成反向保理协议,为上游供应商提供“一揽子”融资、结算方案,主要针对下游客户与其上游供应商之间因贸易关系所产生的应收账款。在供应商持有下游客户的应收账款时,得到下游客户的确认后可将应收账款转让给供应链保理商以获得融资。由于具有较好的资信实力,作为债务企业的核心大企业在整个运作中起着反担保作用,一旦融资企业(中小企业)出现信用问题,核心企业将承担弥补金融机构损失的责任。金融机构在同意向融资企业提供贷款前,仍然要对企业进行风险评估,只是把关注重点放在下游企业的还款能力、交易风险以及整个供应链的运作状况上,而不仅仅是对中小企业的本身资信进行评估。反向保理模式帮助中小企业克服了其资产规模和盈利水平难以达到银行贷款标准、财务状况和资信水平达不到银行授信级别的弊端,利用核心大企业的资信实力获得了融资。

2. 核心企业对下游中小企业的销售

核心企业对下游中小企业的销售环节,和上游企业对核心企业的销售环节融资模式基本一样,但是核心企业的角色为债权人。

## (二)采购阶段——预付类供应链融资模式

商业实践中,核心企业对下游分销商的结算一般采用先款后货、部分预付款或一定额度内的赊销。经销商要扩大销售,超出额度的采购部分也要采用现金(含票据)的付款方式。因此,下游经销商的融资方案主要以动产和货权质押授信中的预付款融资为主,配备的产品主要包括短期流动资金贷款、票据、保贴、国内信用证、保函、附保贴函的商业承兑汇票等。

预付账款融资模式,又称保兑仓、未来提货权融资,是指金融机构向处于供应链下游,需要向上游核心企业预付账款才能获得原材料的中小企业所提供的一种融资模式。比如,在核心企业(供应商)承诺回购的前提下(若融资企业未能足额提取货物,核心企业须负责回购剩余货物),金融机构、核心企业、融资企业、第三方物流企业四方共同签订"保兑仓协议书",允许融资企业(购货方)在向金融机构交纳一定数额的保证金后,由融资企业向金融机构申请以供应商在指定仓库的既定仓单为质押,以获得贷款支持,金融机构控制其提货权,第三方物流企业承担既定仓单的评估和监管责任,确保金融机构对提货权的控制。

预付账款融资模式实现了中小企业的杠杆采购和核心大企业的批量销售。中小企业通过预付账款融资业务获得的是分批支付货款并分批提货的权利,其不必一次性支付全额货款,从而为供应链节点上的中小企业提供了融资便利,有效缓解了全额购货带来的短期资金压力。对于金融机构而言,预付账款融资模式以供应链上游核心企业承诺回购为前提条件,由核心企业为中小企业融资承担连带担保责任,并以金融机构指定仓库的既定仓单为质押,从而大大降低了金融机构的信贷风险,给金融机构带来了收益,实现了"多赢"的目的。

根据是否有第三方监管仓储企业参与,预付类产包含两种主要业务模式:

1. 仓储参与模式

金融机构预付采购款项给核心企业,核心企业发货给金融机构指定的仓储监管企业,然后仓储监管企业按照金融机构指令逐步放货给融资方。

2. 仓储不参与模式

核心企业不再发货给金融机构指定的物流监管企业,而是本身承担了监管职能,按照金融机构指令逐步放货给融资方。

预付账款融资模式下,有的卖方就发货不足部分的价值承担向金融机构的退款责任,这被称为"卖方担保买方信贷模式"。该模式的出现有其特殊的背景,比如客户为了取得大批量采购的折扣,采取一次性付款方式,而厂家因为排产问题无法一次性发货;下游企业在淡季向上游核心企业打款,支持上游核心企业生产所需的流动资金,并锁定优惠的价格,然后在旺季分次提货用于销售。

相比于应收类,国内供应链金融业务的主要模式却是预付类,这主要是因为产能过剩的经济结构,下游企业融资是为核心企业的销售渠道融资,核心企业对销售的关心和支持远高于采购,而供应链金融业务的发展又离不开核心企业的支持,因此预付类业务更容易开展。供应链金融模式下的预付类产品一方面改善了核心企业的财务报表,资金回笼也更加迅速。另外,赊销需要做坏账计提。如果下游企业出现信用风险,核心企业催收成本比较高,比如法律诉讼,因此预付类产品将企业间的商业信用转换成了金融机构信用。

### (三)经营阶段——存货类供应链融资模式

在供应链金融的背景下,企业经营阶段的融资模式主要是存货类供应链融资模式。存货即动产。动产质押融资模式是指银行等金融机构接受动产作质押,并借助核心企业的担保和物流企业的监管,向中小企业发放贷款的融资业务模式。商业实践中,金融机构与核心企业签订担保合同或质物回购协议,约定在中小企业违反约定时,由核心企业负责偿还或回购质押动产。具体的运作流程如下:

1. 中小企业向金融机构申请动产质押贷款。
2. 金融机构委托物流企业对中小企业动产进行价值评估。
3. 物流企业进行价值评估,并向金融机构出具评估证明。
4. 动产状况符合质押条件的,金融机构核定贷款额度,与中小企业签订动产质押合同,与核心企业签订回购协议,并与物流企业签订仓储监管协议。
5. 中小企业将动产移交物流企业;物流企业对中小企业移交的动产进行验收,并通知金融机构发放贷款;金融机构向中小企业发放贷款。

实践中,随着参与方的延伸以及服务创新,存货融资表现形式越来越多样化,比如存货类融资出现了现货融资和仓单融资,现货质押又可以分为静态质押和动态质押,而仓单融资里又有普通仓单和标准仓单之分。

静态抵质押授信是指融资方以自有或第三人合法拥有的动产为抵质押,金融机构委托第三方物流公司对融资方提供的抵质押的商品实行监管,抵质押物不允许以货易货,融资方必须打款赎货。此项业务适用于除了存货以外没有其他合适的抵质押物的融资方,而且融资方的购销模式为批量进货、分次销售。利用该产品,融资方得以将原本积压在存货上的资金盘活,扩大经营规模。

动态抵质押授信是静态抵质押授信的延伸产品,它是指融资方以自有或第三人合法拥有的动产为抵质押,金融机构对于抵质押的商品价值设定最低限额,允许在限额以上的商品出库,融资方可以以货易货。该产品适用于库存稳定、货物品类较为一致、抵质押物的价值核定较为容易的融资方。同时,对于存货进出频繁,难以采用静态抵质押授信的融资方,也可运用这类模式。实践中,该模式多用于生产型融资方。对于融资方而言，由于可以以货易货，因此，抵质押设定对于生产经营活动的影响相对较小，特别对于库存稳定的融资方而言，在合理设定抵质押价值底线的前提下，授信期间内几乎无须启动追加保证金赎货的流程，对盘活存货的作用非常明显。

仓单是保管人收到仓储物后给存货人开付的提取仓储物的凭证。仓单除作为已收取仓储物的凭证和提取仓储物的凭证外，还可以通过背书，转让仓单项下货物的所有权，或者用于出质。存货人在仓单上背书并经保管人签字或者盖章，转让仓单始生效力。存货人以仓单出质应当与质权人签订质押合同，在仓单上背书并经保管人签字或者盖章，将仓单交付质权人后，质押权始生效力。

仓单质押是以仓单为标的物而成立的一种质权。标准仓单质押和普通仓单质押区别在于质押物是否为期货交割仓单。标准仓单质押授信是指融资方以自有或第三人合法拥有的标准仓单为质押的授信业务。标准仓单是指符合交易所统一要求的、由指定交割仓库在完成入库商品验收、确认合格后签发给货主用于提取商品的、并经交易所注册生效的标准化提货凭证。该产品适用于通过期货交易市场进行采购或销售的融资方，以及通过期货交易市场套期保值、规避经营风险的融资方。对于融资方而言，相比动产抵质押，标准仓单质押手续简便、成本较低。对银行等金融机构而言，成本和风险也较低。此外，由于标准仓单的流动性很强，也利于金融机构在融资方违约情况下对质押物的处置。普通仓单质押授信是指融资方提供由仓库或其他第三方物流公司提供的非期货交割用仓单作为质押物，并对仓单作出质背书，金融机构提供融资的一种模式。

综上所述，三种比较有代表性的融资模式适用于不同条件下的企业融资需求，且还可以将三种融资模式进行组合后形成一个涉及供应链金融的中小企业综合性融资服务方案。应收账款类、存货融资类以及未来货权类产品均已有相当成熟的产品设计和流程。如顺丰金融在物流基础上衍生出一套供应链金融体系，针对上游供应商，有保理融资与订单融资；而针对企业客户，有融资租赁；针对顺丰仓和监管仓，有存货融资。

## 二、供应链金融的主要资金方

资金是供应链金融的血脉。从资金来源看，供应链金融的资金可以分为外源性资金和内源性资金。供应链企业本身内部资金有限，供应链金融的资金主要是外部资金。当然，商业实践中，有很多供应链核心企业是非金融机构，在获得金融牌照后涉足供应链金融业务，但是依然可以归类为外源性资金主体。

在供应链金融发展初期，商业银行是主角，随着供应链金融的发展，资金方呈现多元化的趋势。各资金提供方都结合自身主营业务进行细化开发,努力紧扣客户需求开发定制化产品。下面,作者主要就供应链金融主要的外部资金方进行简单的探讨。

（一）银行

银行供应链融资产品是供应链金融服务的重要组成部分。银行的资金规模优势使得银行仍然是供应链金融领域不可或缺的主力。商业银行可针对供应链融资需求企业的实际情况,提供多种模式的融资解决方案。理论上,银行供应链金融资产品可以分为存货融资、应收账款类融资、应付账款或称预付款类融资。

商业银行开展供应链金融业务的最明显优势是资金、支付结算手段、客户资源和金融专业性,但也有体制、风控、技术等方面的制约。

供应链金融对于银行的意义主要在于:用可控的成本服务了原来不能服务的客户,用可控的成本控制了原来难以控制的风险。由于中小企业的资信状况较差、财务制度不健全、抗风险能力弱、缺乏足够的抵押担保,商业银行又缺乏有效的风控手段,造成对中小企业惜贷、惧贷。但供应链本身就具有一定的风险控制能力,核心企业想持续经营、稳健发展,必然对供应链上的企业进行初步筛选、优化上下游,实际上客观降低了银行的潜在风险。银行再通过对整个供应链的评估,适当调整中小企业信贷准入标准,实现了在风险可控的前提下对中小企业的贷款。此外,银行通过供应链金融服务可以维护和扩大核心企业和客户集群。银行与核心企业建立合作后,核心企业的上下游客户也相对容易接受银行的服务,成为银行的客户。

近年来,各家商业银行纷纷将供应链服务由“线下”转到“线上”,先后推出了许多在线供应链金融产品。例如,平安银行推出的“橙 e”平台,农业银行推出的“数据网贷”,中国银行推出的“融易达”“销易达”等产品。此外,部分商业银行开始探索自建电子商务平台或者向第三方电子商务平台上的企业提供金融服务。例如,农业银行推出的“农银 e 管家”,建设银行推出的“善融商务”平台,华夏银行推出的“电商贷”等。未来,随着互联网技术的进一步发展,商业银行应进一步强化供应链金融服务与互联网技术的深度融合,通过互联网将核心企业、商业银行、上下游企业及外部机构紧密地连接起来,提供更加优质、高效、便捷的供应链金融服务。

（二）保理公司

从事保理业务的主体主要是银行和数量众多的专业保理公司。保理是供应链金融业务形态的一个重要分支。根据具体形态不同,保理可以进一步分为直接保理/反向保理、明保理/暗保理、有追保理/无追保理等,反向保理最具代表性。有关保理的分析请见本书保理资产证券化之专题研究。

(三)小贷公司

小贷公司也是供应链金融的参与者。小额贷款参与供应链金融,通常基于以往经营数据来决定授信额度,具有额度小、期限短、分散度高的特征。有关小贷公司的分析请见本书小额贷款资产证券化之专题研究。

以阿里小贷为例。阿里小贷是供应链金融服务的排头兵。阿里参与供应链金融的优势之一是大数据。早在 2002 年,阿里就推出诚信通,开始对商户数据进行量化评估并建立信用评核模型。2007 年,阿里开始与建行、工行合作,由银行放贷,阿里提供企业信用数据。2010 年,浙江阿里小贷正式成立。2011 年,阿里成立重庆阿里小贷。阿里小贷向全国各地的商户发放贷款供应链金融产品,比如阿里信用贷款、淘宝(天猫)信用贷款、淘宝(天猫)订单贷款等微贷产品。

此外,从 2010 年起,苏宁、京东也先后获得小贷牌照,成立了重庆苏宁小贷、京汇小贷等小额贷款公司,为电商平台上的企业提供融资服务。

(四)信托公司

2017 年,全国金融工作会议确立了金融"回归本源""服务实体"的总基调。在银行、保险、基金、信托金融租赁公司等金融机构中,信托是唯一可同时参与资本市场、货币市场及产业投资的金融机构,且能通过投资、出售、存放同业、买入返售、租赁、贷款等多种方式进行信托财产的管理。信托具有破产隔离、信托财产独立、信托财产的所有权与受益权分离、权利转换(将各种财产和财产权转换为信托受益权,转化为可在市场上交易的金融产品)等制度功能,产品设计极为灵活,风险控制手段多样,且具备一批高素质的专业人员队伍,从而成为天然的资源整合平台,可有效地与其他各金融子行业机构的金融产品进行融合。同时,信托公司本身融资方式灵活多样,既可以负债融资,也可以股权融资,结构性融资,有较宽的资金来源。信托公司可以充分发挥业务综合性、灵活性、敏锐性的特征,在供应链金融领域发挥重要作用。

信托与供应链金融的结合,一方面通过信息流、商流、物流以及资金流来确定融资方案,能有效地降低融资风险,提高相关产业链竞争力;另一方面,信托公司凭借其制度优势,可以将财产权及受益权相分离,打破了商业银行传统的抵押、信用融资模式。

实践中,已经有部分信托公司自行或与其他机构合作参与到供应链金融服务中。比如信托公司依托信托制度优势与融资租赁公司进行合作,成为融资租赁公司的融资渠道和融资租赁资产的退出渠道。租赁资产收益权受让集合信托模式就是合作方式之一。由融资租赁公司将单一或多个融资租赁项目的租金收入形成融资租赁资产收益权,信托公司发起信托计划受让该融资租赁资产收益权,并以设备融资租赁资产未回收租金的账面余值的折现值作为该次受让融资租赁资产收益权的标的。再比如,中信信托和兰西县从农业生产订单式全程社会化服务入手,开展土地信托改革,合作农民把土地经营权信托给中信信托,由中信信托为农民发放信托凭证,农民凭此获取收益。中信信托构建农业产业链的“一站式”服务体系,从土地种植开始延伸至整个产业链,与供应链金融不谋而合。2017 年 3 月 30 日,云南信托成立“云南信托会泽 32 号农之家集合资金信托计划”,发起农业种植贷款信托项目,以“线上” + “线下”的服务模式,为合作社、合作联社、农场及实业农民等新型农业经营主体提供资金信贷、农资销售、农技指导、农机服务和农产品销售等一系列服务。云南信托在项目的设计中,将供应链的交易逻辑应用到了农业种植的产业链当中,由熟悉当地种植情况的核心企业推荐农户贷款,并利用其信用外溢为农户进行担保。农户从核心企业处购买所用农资,并与核心企业达成粮食采购协议。

### (五)融资租赁公司

有些融资租赁公司的经营范围中包括保理业务,这也意味着融资租赁公司本身即可以从事正向保理和反向保理业务。融资租赁公司的融资租赁业务与供应链金融紧密相连,尤其是厂商系的融资租赁公司。融资租赁公司采购融资标的物,再将标的物租赁给中小企业使用。站在中小企业的角度,融资租赁公司就成为了实际意义上的供应商,而标的物的出售方是实际意义上的融资租赁公司的供应商。这样的关系结构符合传统供应链的组织架构。因此融资租赁公司就成为供应链当中的一环。

近几年来,我国融资租赁业得到了飞速的发展,租赁合同额不断增加。融资租赁的快速发展对于供应链金融的发展同样意义重大。融资租赁公司逐步成为中小企业的综合服务者,给中小企业提供从设备采购、融资、咨询等各种服务,承担起供应链集成服务商的角色。有关融资租赁的分析请见本书融资租赁资产证券化之专题研究。

此外,供应链金融的资金还可以是 P2P 融资平台、担保公司等。

## 第三节
## 供应链金融资产证券化的发行情况、主要类型和操作要点

供应链金融资产证券化的功能之一是融资。下面,笔者就供应链金融资产证券化的发行情况、主要类型和操作要点做一个简单的分析。限于篇幅和本章主旨,对供应链金融资产证券化的具体细节不再赘述,请读者详见本书其他章节的探讨。

### 一、供应链金融资产证券化的发行情况

根据中国资产证券化分析网数据统计,市场上发行的供应链金融资产证券化产品多为以大型房地产企业为核心企业的供应链融资。

笔者仅以2017年的产品标题含“供应链”的为例。供应链金融资产证券化的发行情况如表18－1所示。

**表18－1　2017年供应链金融资产证券化产品**

| 项目名称 | 发行总额（亿元） | 次级占比（%） | 发行公告日 | 流通场所 |
|---|---|---|---|---|
| 长城—世茂—尚隽保理2号资产支持专项计划 | 8 | 1 | 2017年12月29日 | 深圳证券交易所 |
| 融元—方正证券——一方恒融碧桂园25期保理资产支持专项计划 | 7.45 | 0 | 2017年12月22日 | 深圳证券交易所 |
| 融元—方正证券——一方恒融碧桂园24期保理资产支持专项计划 | 9.92 | 0 | 2017年12月18日 | 深圳证券交易所 |
| 平安证券——一方保理万科供应链金融18号资产支持专项计划 | 14.51 | 0 | 2017年12月14日 | 深圳证券交易所 |
| 平安证券——一方保理万科供应链金融19号资产支持专项计划 | 17.48 | 0 | 2017年12月14日 | 深圳证券交易所 |
| 平安证券——一方保理万科供应链金融17号资产支持专项计划 | 19.6 | 0 | 2017年12月7日 | 深圳证券交易所 |
| 招商资管—前海一方恒融第二期(3号)资产支持专项计划 | 10.93 | 0 | 2017年12月7日 | 深圳证券交易所 |

续表

| 项目名称 | 发行总额（亿元） | 次级占比（%） | 发行公告日 | 流通场所 |
| --- | --- | --- | --- | --- |
| 融元—方正证券——一方恒融碧桂园23期保理资产支持专项计划 | 8.67 | 0 | 2017年12月1日 | 深圳证券交易所 |
| 融元—方正证券——一方恒融碧桂园22期保理资产支持专项计划 | 9.07 | 0 | 2017年12月1日 | 深圳证券交易所 |
| 国信证券—逸锟保理供应链金融1号资产支持专项计划 | 6.37 | 5.02 | 2017年11月29日 | 深圳证券交易所 |
| 平安证券——一方保理万科供应链金融16号资产支持专项计划 | 8.54 | 0 | 2017年11月28日 | 深圳证券交易所 |
| 融元—方正证券——一方恒融碧桂园20期保理资产支持专项计划 | 10.04 | 0 | 2017年11月23日 | 深圳证券交易所 |
| 融元—方正证券——一方恒融碧桂园21期保理资产支持专项计划 | 8.8 | 0 | 2017年11月16日 | 深圳证券交易所 |
| 融元—方正证券——一方恒融碧桂园19期保理资产支持专项计划 | 8.8 | 0 | 2017年11月14日 | 深圳证券交易所 |
| 融元—方正证券——一方恒融碧桂园18期保理资产支持专项计划 | 9.74 | 0 | 2017年11月14日 | 深圳证券交易所 |
| 招商资管—前海一方恒融第二期(2号)资产支持专项计划 | 4.51 | 0 | 2017年11月1日 | 深圳证券交易所 |
| 融元—方正证券——一方恒融碧桂园17期保理资产支持专项计划 | 10.1 | 0 | 2017年11月1日 | 深圳证券交易所 |
| 长城—世茂—尚隽保理1号资产支持专项计划 | 6 | 1 | 2017年10月31日 | 深圳证券交易所 |
| 平安证券——一方保理万科供应链金融15号资产支持专项计划 | 10.84 | 0 | 2017年10月16日 | 深圳证券交易所 |

续表

| 项目名称 | 发行总额（亿元） | 次级占比（%） | 发行公告日 | 流通场所 |
|---|---|---|---|---|
| 平安证券——一方保理万科供应链金融14号资产支持专项计划 | 14.9 | 0 | 2017年10月16日 | 深圳证券交易所 |
| 融元—方正证券——一方恒融碧桂园16期保理资产支持专项计划 | 8.95 | 0 | 2017年10月12日 | 深圳证券交易所 |
| 平安证券——一方保理万科供应链金融13号资产支持专项计划 | 14.44 | 0 | 2017年9月28日 | 深圳证券交易所 |
| 平安证券——一方保理万科供应链金融12号资产支持专项计划 | 9.2 | 0 | 2017年9月15日 | 深圳证券交易所 |
| 融元—方正证券——一方恒融碧桂园15期保理资产支持专项计划 | 9.74 | 0 | 2017年9月15日 | 深圳证券交易所 |
| 平安证券——一方保理万科供应链金融11号资产支持专项计划 | 17.65 | 0 | 2017年9月13日 | 深圳证券交易所 |
| 融元—方正证券——一方恒融碧桂园14期保理资产支持专项计划 | 7.85 | 0 | 2017年9月5日 | 深圳证券交易所 |
| 融元—方正证券——一方恒融碧桂园7期保理资产支持专项计划 | 8.88 | 0 | 2017年9月5日 | 深圳证券交易所 |
| 融元—方正证券——一方恒融碧桂园13期保理资产支持专项计划 | 7.62 | 0 | 2017年8月31日 | 深圳证券交易所 |
| 融元—方正证券——一方恒融碧桂园12期保理资产支持专项计划 | 9.88 | 0 | 2017年8月28日 | 深圳证券交易所 |
| 招商资管—前海一方恒融第二期(1号)资产支持专项计划 | 6.49 | 0 | 2017年8月25日 | 深圳证券交易所 |
| 平安证券——一方保理万科供应链金融10号资产支持专项计划 | 9.65 | 0 | 2017年8月21日 | 深圳证券交易所 |
| 平安证券——一方保理万科供应链金融9号资产支持专项计划 | 12.92 | 0 | 2017年8月17日 | 深圳证券交易所 |

续表

| 项目名称 | 发行总额（亿元） | 次级占比（%） | 发行公告日 | 流通场所 |
|---|---|---|---|---|
| 平安—逸锟供应链金融1号资产支持专项计划 | 8.07 | 5.08 | 2017年8月9日 | 深圳证券交易所 |
| 融元—方正证券——一方恒融碧桂园11期保理资产支持专项计划 | 9.86 | 0 | 2017年8月7日 | 深圳证券交易所 |
| 融元—方正证券——一方恒融碧桂园10期保理资产支持专项计划 | 9.91 | 0 | 2017年7月21日 | 深圳证券交易所 |
| 平安证券——一方保理万科供应链金融8号资产支持专项计划 | 12.39 | 0 | 2017年7月17日 | 深圳证券交易所 |
| 平安证券——一方保理万科供应链金融7号资产支持专项计划 | 10.73 | 0 | 2017年6月21日 | 深圳证券交易所 |
| 平安证券——一方保理万科供应链金融6号资产支持专项计划 | 13.9 | 0 | 2017年6月14日 | 深圳证券交易所 |
| 融元—方正证券——一方恒融碧桂园9期保理资产支持专项计划 | 6.4 | 0 | 2017年5月31日 | 深圳证券交易所 |
| 融元—方正证券——一方恒融碧桂园8期保理资产支持专项计划 | 8.92 | 0 | 2017年5月18日 | 深圳证券交易所 |
| 平安证券—万科供应链金融5号资产支持专项计划 | 12.85 | 0 | 2017年5月15日 | 深圳证券交易所 |
| 长城证券—尚隽保理二期资产支持专项计划 | 3.1 | 3.23 | 2017年5月2日 | 深圳证券交易所 |
| 融元—方正证券——一方恒融碧桂园6期保理资产支持专项计划 | 6.37 | 0 | 2017年3月17日 | 深圳证券交易所 |
| 招商资管—前海一方恒融第一期(4号)资产支持专项计划 | 6.35 | 0 | 2017年2月7日 | 深圳证券交易所 |
| 融元—方正证券——一方恒融碧桂园4期保理资产支持专项计划 | 8.5 | 0 | 2017年2月6日 | 深圳证券交易所 |

续表

| 项目名称 | 发行总额（亿元） | 次级占比（%） | 发行公告日 | 流通场所 |
|---|---|---|---|---|
| 融元—方正证券——方恒融碧桂园 5 期保理资产支持专项计划 | 9.23 | 0 | 2017 年 2 月 6 日 | 深圳证券交易所 |
| 长城证券—尚隽保理一期资产支持专项计划 | 5.4 | 5.56 | 2017 年 2 月 4 日 | 深圳证券交易所 |
| 合计 | 459.52 | | | |

数据来源：Wind 资讯、中国资产证券化分析网。

## 二、供应链金融资产证券化的主要类型

笔者认为，供应链金融资产证券化是一个集合概念，有核心企业主导的，也有金融机构主导的。供应链金融资产证券化的外延应该是十分广泛的，不仅仅指反向保理资产证券化。

通过供应链金融的融资模式和主要资金方的分析，笔者认为，结合资产证券化的原理，理论上，可以合乎逻辑地推理出供应链金融资产证券化的如下主要类型：

1. 按照主要资金方的不同，可以将供应链金融资产证券化分为银行供应链金融资产证券化、保理资产证券化、小贷资产证券化等，其中当然包括供应链核心企业的应收账款资产证券化。

2. 根据融资模式，可以将供应链金融资产证券化总体上归为应收账款类资产证券化，再细分为保理资产证券化、小贷资产证券化、应收账款资产证券化、票据资产证券化等。

3. 根据监管不同，我国资产证券化主要分为四大类：信贷资产证券化、企业资产证券化、资产支持票据和保险资产证券化，同理，供应链金融资产证券化也可以以此分为四大类型。

4. 广义狭义之分。狭义的供应链金融资产证券化就是反向保理资产证券化。其余可以归为广义资产证券化范畴。

5. 根据行业的分类。笔者认为，行业不同，供应链金融也不同，即有不同行业的供应链金融之分。相应地，供应链金融资产证券化就有不同行业供应链金融资产证券化。比如，电商行业的供应链金融资产证券化、"三农"的供应链金融资产证券化、房地产行业的供应链金融资产证券化、传媒行业供应链金融资产证券化（平安—四川广电供应链金融 1 号资产支持专项计划）等。

6. 根据核心企业的分类。核心企业不同,供应链金融也不同,即有不同核心企业的供应链金融之分。相应地,也有不同核心企业的供应链金融资产证券化之分。比如,京东供应链金融资产证券化、海尔供应链金融资产证券化、万科供应链金融资产证券化等。

7. 本质上,来自供应链金融的基础资产和非来自供应链金融的基础资产没有区别,但是风控等核心因素方面还是存在比较明显的差异。据此,笔者认为,根据基础资产隶属供应链的数量,供应链金融资产证券化也可以有单一供应链金融资产证券化和多元供应链金融资产证券化之分。

单一供应链金融资产证券化就是基础资产来源于一个核心企业的供应链;反之就是多元供应链金融资产证券化。至于基础资产中既有供应链金融的也有非供应链金融的,则要看资产包的主要部分来定性,如果来自供应链的基础资产占比很小,笔者认为不能纳入供应链金融资产证券化的范畴。

8. 供应链金融资产证券化可以根据是否是核心企业来分类,即分为核心企业供应链资产证券化和非核心企业供应链资产证券化。

9. 根据供应链金融的融资环节来分类,供应链金融资产证券化可以分为经营阶段的供应链金融资产证券化、销售阶段的供应链金融资产证券化和采购阶段的供应链金融资产证券化。

我国资产证券化和供应链金融的发展时间都不长,随着时间的推移,随着区块链和科技金融技术的快速发展,笔者认为,未来,供应链金融资产证券化具有广阔的发展空间。

## 三、供应链金融资产证券化的实操事项

如前所述,供应链金融资产证券化的类型多样,请读者根据分类详见本书其他章节的探讨。笔者仅仅就供应链金融资产证券化的操作强调如下几个方面。

### (一)应收账款挂牌指南

为了指导应收账款资产证券化的操作,交易所和报价系统颁布了各自的应收账款支持支持证券挂牌条件确认指南。供应链金融资产证券化的基础资产属于应收账款,故操作中,应该认真对照应收账款挂牌指南的相关规定。需要注意的是,如上海证券交易所发布的《企业应收账款资产支持证券挂牌条件确认指南》第19条规定:“本指南所称核心企业供应链应付款,是指上游供应商或服务提供方向核心企业或其下属公司销售商品或提供服务等经营活动后产生的、以核心企业或其下属公司为付款方的应付款。”可见,该指南以明确定义的方式限定了“核心企业供应链应付款”。

### （二）核心企业的选择

核心企业在供应链融资中担当了整合供应链信息流、资金流、物流、商流的关键角色，代表了供应链的核心价值。整条供应链上下游的中小企业，实际上是共享了核心企业的信用级别，在核心企业与上下游中小企业之间形成了信用捆绑关系。

目前，供应链金融业务的开展，主要依赖于整条供应链中核心企业的信用级别。实践中，专业评级机构常将核心企业的信用级别看作整条供应链的信用履约级别。因此，核心企业的发展前景与经营状况对上下游企业的生存和发展至关重要。当核心企业信用出现风险时，该风险将随着交易链条迅速传导至整条供应链，最终影响供应链金融的安全性、稳定性。所以，建议承揽供应链金融资产证券化时，优先选择具有如下特征的核心企业：行业展望稳定、不存在产能过剩或行业限制情况；主体信用评级高、市场认可度高、龙头企业为主，主体评级 AA + 及以上；有充足现金流和完善的结算与支付制度，经营情况良好，不存在重大不利或不确定因素。

### （三）供应链金融的行业及稳定性

大行业有大空间。大行业蕴藏巨大融资需求，意味着供应链金融所具有的潜在空间。大行业中核心企业和上下游中小企业之间的关系越为复杂，核心企业通过建立互联网平台所具备的效率提升空间也越大，相比于传统金融机构所具有的优势也越为明显。在供应链金融资产端价值判断中，“大行业”是第一位的，只有大行业才具备供应链金融业务拓展价值。

供应链金融 ABS 基础资产的行业集中度较高，对于那些和经济周期密切相关的行业，特别是宏观经济进入下行周期，基础资产容易受到传导性风险影响。因此在选择产业链时，需挑选一些产业空间大，基础条件较好的产业链，如房地产、建筑、汽车、家电、医药、互联网等。

供应链的稳定性非常重要。实践中，供应链上下游的各企业之间，通常是有着较长时间业务往来的合作伙伴，相比于暂时的经营数据，成员企业之间更侧重于彼此之间商务关系的维系。因此，供应链上下游企业之间合作关系的稳定性，直接影响着整条供应链信用体系的稳定性。

### （四）储架发行和单期申报

目前，深交所、上交所、报价系统都推出储架发行制度。根据实际情况，原始权益人在资产池积蓄到一定规模后，也可以选择“单期申报”模式。

储架发行是指发行人一次注册备案，多次发行的机制。供应链金融资产证券化发起机构的经营和风控能力水平较高，基础资产同质性强、资产储备充沛，有较强的可复制性,加之由于核心企业对整个供应链的增信,供应链金融资产证券化产品可获得较高信用等级,因此这类 ABS 产品适合储架发行。

目前市场上供应链金融 ABS 产品多为储架发行。例如,“招商资管—前海一方恒融第一期资产支持专项计划”以万科供应链上的应收/付账款为基础,由保理公司转化为保理资产,并以此为基础资产向交易所直接申请一次审批同意发行 1 ~ 9 号产品,预计发行总规模为 100 亿元。预计未来这种发行方式将被更多大型核心企业采用。

(五)循环购买

为了解决供应链金融资产证券化的资产端与负债端的期限匹配问题,采用循环购买交易结构较为常见。在循环购买的过程中,若原始权益人经营不善,行业波动,政策变化,供应链金融 ABS 可能面临资产质量下降,甚至新增合格资产不充足等风险。在资产证券化产品设计中,谨慎设置循环期基础资产合格标准,设置加速清偿条款,以缓释循环期风险,保护投资人利益。

(六)真实商业背景的核查

供应链金融 ABS 的基础资产或底层基础资产为应收账款,此类应收账款应是以真实贸易而产生的。供应链金融成立的前提,就是贸易的真实性。因此,核查、确认合同的真实性至关重要,这也是供应链金融 ABS 能否健康运行的关键所在。为防止虚假交易风险,需要严格审查销售合同、订单、发货单、收货单、发票等凭证来核实商业背景,严格审查相关交易资料,确保合同真实、合法有效。

# 第十九章
# 资产证券化资产出表

在资产证券化领域,会计结果是驱动因素之一。实践中,多数发起人关心财务报表的负债水平,希望保持适度的财务杠杆比率,而金融机构为提高资本充足率,更希望减少风险资产的总额。本章重点探讨会计视角下出表与否的判断逻辑。

## 第一节
## 终止确认的国内外标准

根据证券化基础资产和发起人破产隔离的效果,资产转移可被界定为真实出售和担保融资,或者分为表内证券化(on-balance sheet securitization)和表外证券化(off-balance sheet securitization)。资产负债表的右边是负债和所有者权益,如果是债务融资,反映在资产负债表的右上角"负债"一栏中;如果是股权融资,其反映在资产负债表的右下角"所有者权益"栏中。右边事项发生变化,属于表右融资或表外融资。资产负债表的左边是资产,表左融资时,将部分资产移出,代之以现金流入,反映在资产负债表的左边"资产"一栏,右边科目不发生任何变化,是资产和资金之间的转换关系,这就是表内融资或表左融资,也就实现了基础资产从财务报表中的剥离(俗称"出表")。

表外融资的资产证券化方式,盘活存量资产,有效提高资产证券化发起人的资本充足率水平,改善财务报表,实现资产负债表的紧凑。我们通常所说的资产证券化指的是表外模式。从我国现有的证券化实践来看,表外模式更多的是指信贷资产证券化。

### 一、会计确认的国际标准

从国际上看,对资产证券化会计确认标准的认识,经历了传统会计确认模式(以风险和报酬分析法为典型代表)、现代会计确认模式(以金融合成分析法为典型代表)以及 2002 年国际会计准则理事会(International Accounting Standards Board,

IASB)提出的后续涉入法判断模式。

### (一)风险与报酬分析法

1991 年,国际会计准则委员会公布的第 40 号《金融工具会计》(征求意见稿)首次明确提出风险与报酬分析法(Risk and Rewards Approach)。按照风险与报酬分析法,作为资产证券化发起人,如果仍保留证券化资产的风险与报酬,则资产证券化交易应视为有担保的融资,不能终止确认该证券化资产,该项资产仍体现在发起企业资产负债表中的资产方;通过证券化所募集的资金被确认为发起人的负债的,则体现在其资产负债表的负债方。如果发起人转让了证券化资产的风险与报酬,那么应确认为"资产出售",终止确认证券化资产,即该项资产不再属于发起人企业,不体现在其资产负债表上;所募集资金作为一项资产转让收入,体现在利润表上,并同时确认相关损益。

风险与报酬分析法是一种传统会计确认方法,将资产的风险和报酬视为不可分的整体。由于金融合约结构的复杂性,设计者可以设计出复杂的合约,利用法规只重形式不重实质的特点,从而达到表外处理的目的。此外,一些金融工具的风险和报酬也不易分割,若采用这种"非此即彼"的方法将会导致许多金融工具无法确认。

### (二)金融合成分析法

1996 年,美国财务会计准则委员会(Financial Accounting Standards Board, FASB)颁布的《转让、提供金融资产服务及债务清偿会计》提出了金融合成分析法(Financial Component Approach)。根据该方法,资产转移的确认取决于发起人是否放弃证券化资产的控制权而非交易的形式。资产的实际控制权与资产相关的风险和报酬是可以分割的,每一个组成部分都可以作为独立项目进行确认。如果放弃了资产的控制权,则将证券化资产作为销售进行表外处理,同时将交易产生的新增资产和负债看做是转让合约的产物,应按新的工具予以确认,记入发起人的资产负债表中;如果没有放弃资产的控制权,则作为融资处理。

根据美国会计准则委员会(FASB)140 的规定,如果证券资产转让方同时满足了如下三个条件,则视为转让方已放弃了对金融资产的有效控制,可以认定为"真实销售":

1. 被转让的资产与转让方分离,即转让资产已在转让方及其关联企业、债权人的控制范围之外,包括发生破产或其他被接收的情况。

2. 受让方可以无条件地将金融资产用作抵押或再转让,或者受让方是合格特殊目的实体,而且该实体的受益人可以无条件地拥有抵押或转让该项资产的权利。

3.转让方不再通过以下途径保持对转让资产的有效控制:签订合约使得转让方有权同时有义务在转让资产到期前回购转让资产,签订合约使得转让方有权回购目前在同类市场上不能轻易获得的转让资产。

金融合成法偏向于将证券化资产转让作真实销售处理,同时确认新增资产和负债。由于实现了表内处理表外化,资产证券化成为发起人粉饰报表的工具之一。

(三)后续涉入法

2002年,国际会计准则理事会发布IASB39修改意见的征求意见稿提出后续涉入(Continuing Involvement Approach)。根据该方法,如果发起人既没有转让也没有保留基础资产所有权上几乎所有风险和报酬,则再判断其是否保留了被转让基础资产的控制权,如果发起人没有保留控制权,则应终止确认;如果发起人保留控制权,则应根据对其基础资产继续涉入的程度,确认有关资产和负债。后续涉入的方式主要有享有继续服务权、签订回购协议、签发或持有期权以及提供担保等。后续涉入法不考虑所涉入的程度,只要转让者对所转移的资产全部或部分存在任何后续涉入的,其所对应的全部或部分资产的转移业务作为融资处理,不予终止确认;不涉及后续涉入的全部或部分资产则作为销售处理,进行终止确认。可见,一项资产转让可能导致一部分资产被终止确认,而另一部分资产未被终止确认。后续涉入法将是否有涉入作为终止确认的判断标准,不需要解决涉入程度的问题,避免了对涉入程度的判断,应用起来简单清晰,具有很强的可操作性。

后续涉入法采用了"部分销售"的概念,以"没有后续涉入"作为基础资产终止确认的标准,对该部分确认真实出售,核心是对基础资产所有权上几乎所有的风险和报酬的判断要优先于对控制权的判断。其实是对前述两种方法的折中,但解决了两种方法在处理资产证券化业务时存在概念、判断以及潜在不一致等问题。

毫无疑问,先后出现的三种会计确认方法,后一种确认方法都努力克服前一种方法的缺陷,都比前一种方法更为准确地反映交易的实质。可见,资产证券化会计确认方法是针对资产证券化会计发展的不同阶段提出来的,体现了与时俱进、不断完善的特点。

## 二、会计确认的中国标准

中国涉及会计确认标准的规定主要有。

(一)《信贷资产证券化试点会计处理规定》

2005年5月16日,财政部印发了《信贷资产证券化试点会计处理规定》(财会〔2005〕12号)。该规定认为,发起机构已将信贷资产所有权上几乎所有(通常指

95%或者以上的情形)的风险和报酬转移时,应当终止确认该信贷资产。发起机构放弃了对该信贷资产控制的,应当在转让日终止确认该信贷资产。以下条件全部符合时,表明发起机构放弃了对所转让信贷资产的控制:发起机构与该信贷资产实现了破产隔离;特定目的信托受托机构按信托合同约定,能够单独将该信贷资产出售给予其不存在关联方关系的第三方,且没有额外条件对该项出售加以限制。发起机构仍保留对该信贷资产控制的,应当在转让日按其继续涉入该信贷资产的程度确认有关资产,并相应确认有关负债。

### (二)《金融机构信贷资产证券化试点监督管理办法》

《金融机构信贷资产证券化试点监督管理办法》(银监会令 2005 年第 3 号)规定,发起机构对被转让的信贷资产保留实际的或者间接的控制,包括但不限于下列情形:

1. 发起机构为了获利,可以赎回被转让的信贷资产,但发起机构按照《信贷资产证券化试点管理办法》(中国人民银行、银监会公告〔2005〕第 7 号)第 14 条规定,因已转让的信贷资产被发现在入库起算日不符合信托合同约定的范围、种类、标准和状况而被要求赎回或置换的除外。

2. 发起机构有义务承担被转让信贷资产的重大信用风险。

### (三)《企业会计准则第 23 号——金融资产转移》

金融资产转移是指企业将金融资产让与或交付给该金融资产发行方以外的另一方。为了规范金融资产转移的确认和计量,国家制定了《企业会计准则第 23 号——金融资产转移》(财会〔2006〕3 号)。

企业金融资产转移,包括下列两种情形。

1. 将收取金融资产现金流量的权利转移给另一方。

2. 将金融资产转移给另一方,但保留收取金融资产现金流量的权利,并承担将收取的现金流量支付给最终收款方的义务,同时满足下列条件:从该金融资产收到对等的现金流量时,才有义务将其支付给最终收款方。企业发生短期垫付款,但有权全额收回该垫付款并按照市场上同期银行贷款利率计收利息的,视同满足本条件;根据合同约定,不能出售该金融资产或作为担保物,但可以将其作为对最终收款方支付现金流量的保证;有义务将收取的现金流量及时支付给最终收款方。企业无权将该现金流量进行再投资,但按照合同约定在相邻两次支付间隔期内将所收到的现金流量进行现金或现金等价物投资的除外。企业按照合同约定进行再投资的,应当将投资收益按照合同约定支付给最终收款方。

其中,第一项条件确保转出方毋需垫付。一般情况下,在满足以下条件时,转出方提供的短期预付款项满足过手测试条件:短期预付依市场费率进行;并且这些预付款及任何应计利息可通过扣减应付最终收款方款项的方式收回,且在源自资产的现金流不足时,仍可全额收回。第二项条件强调转出方不得控制与被转让现金流量相关未来经济利益的获取权,并因此不能拥有资产。第三项条件确保转出方不得发生“重大拖延”。“无重大拖延”在准则中并无定义。在资产证券化实践中,应该考虑实际操作的可行性。比如要求主体在收到每个单个信用卡账户的相对小额的还款现金时就将其划转出去是不现实的。因而,在某一个合理时段内,比如不超过三个月汇出款项是不影响“过手测试”的。

金融资产部分转移,包括下列三种情形:

1. 将金融资产所产生现金流量中特定、可辨认部分转移,如企业将一组类似贷款的应收利息转移等;

2. 将金融资产所产生全部现金流量的一定比例转移,如企业将一组类似贷款的本金和应收利息合计的一定比例转移等;

3. 将金融资产所产生现金流量中特定、可辨认部分的一定比例转移,如企业将一组类似贷款的应收利息的一定比例转移等。

《企业会计准则第 23 号——金融资产转移》(财会〔2006〕3 号)规定,企业已将金融资产所有权上几乎所有的风险和报酬转移给转入方的,应当终止确认该金融资产;保留了金融资产所有权上几乎所有的风险和报酬的,不应当终止确认该金融资产。

企业在判断是否已将金融资产所有权上几乎所有的风险和报酬转移给了转入方时,应当比较转移前后该金融资产未来现金流量净现值及时间分布的波动使其面临的风险。企业面临的风险因金融资产转移发生实质性改变的,表明该企业已将金融资产所有权上几乎所有的风险和报酬转移给了转入方,如不附任何保证条款的金融资产出售等。企业面临的风险没有因金融资产转移发生实质性改变的,表明该企业仍保留了金融资产所有权上几乎所有的风险和报酬,如将贷款整体转移并对该贷款可能发生的信用损失进行全额补偿等。企业需要通过计算判断是否已将金融资产所有权上几乎所有的风险和报酬转移给了转入方的,在计算金融资产未来现金流量净现值时,应当考虑所有合理、可能的现金流量波动,并采用适当的现行市场利率作为折现率。

企业既没有转移也没有保留金融资产所有权上几乎所有的风险和报酬的,应当分别下列情况处理:

1. 放弃了对该金融资产控制的,应当终止确认该金融资产;

2. 未放弃对该金融资产控制的,应当按照其继续涉入所转移金融资产的程度确认有关金融资产,并相应确认有关负债。

企业在判断是否已放弃对所转移金融资产的控制时,应当注重转入方出售该金融资产的实际能力。转入方能够单独将转入的金融资产整体出售给予其不存在关联方关系的第三方,且没有额外条件对此项出售加以限制的,表明企业已放弃对该金融资产的控制。转入方是否能够将转入的金融资产整体出售给予其不存在关联方关系的第三方,应当关注该金融资产是否存在活跃市场。如果不存在活跃市场,即使合同约定转入方有权处置金融资产,也不表明转入方有"实际能力"。转入方是否能够单独出售所转入的金融资产且没有额外条件对此销售加以限制,主要关注是否存在与出售密切相关的约束性条款。

企业在判断金融资产转移是否满足金融资产终止确认条件时,应当注重金融资产转移的实质:

1. 在附回购协议的金融资产出售中,转出方将予回购的资产与售出的金融资产相同或实质上相同、回购价格固定或是原售价加上合理回报的,不应当终止确认所出售的金融资产,如采用买断式回购、质押式回购交易等;

2. 转出方在金融资产转移后只保留了优先按照公允价值回购该金融资产的权利的(在转入方出售该金融资产的情况下),应当终止确认所转移的金融资产;

3. 在采用保留次级权益或提供信用担保等进行信用增级的金融资产转移中,转出方只保留了所转移金融资产所有权上的部分(非几乎所有)风险和报酬且能控制所转移金融资产的,应当按照其继续涉入所转移金融资产的程度确认相关资产和负债。

准则中并没有提供风险报酬转移的评估方法示例。实务中常使用标准差统计作为确定发起机构已经转让和保留变化程度的基础。在这种方式下,发起机构需要考虑影响被转让资产现金流金额和时间的各种未来情况及发生概率,并计算转让前后此类金额的现值,通过风险报酬转移比例来衡量风险报酬的转移程度。一般情况下,如果通过资产证券化转移了超过90%的风险和报酬则可认为已经转让了几乎所有的风险报酬。

综上,我国充分借鉴了国际上采用的确认方法,集合了风险与报酬分析法、金融合成分析法和后续涉入法三种方法。

需要强调的是,《关于进一步加强信贷资产证券化业务管理工作的通知》规定,要确保"真实出售",控制信贷风险。发起行要切实落实证券化资产的"出表"要求,做到真实出售,降低银行信贷风险。可见,信贷资产证券化明确提出了"真实出售"。从我国资产证券化的实践来看,资产支持票据可以不设立SPV,不涉及基础资产的转移,资产支持专项计划、项目资产支持计划的大部分基础资产无法实现转让，但是，如果规划出表的，对于其他非金融资产而言，尚没有明确的会计标准。在实务操作中，相关机构也是遵循金融资产转移、风险报酬测试准则，遵循相关控制的合并报表准则，参照信贷资产证券化的认定模式。

## 第二节
## 终止确认的判断逻辑

资产证券化交易中对金融资产的终止确认，需严格按照会计准则的特定步骤，逐项判断。根据我国相关规定，笔者绘制了“金融资产终止确认决策图”，如图 19－1 所示。

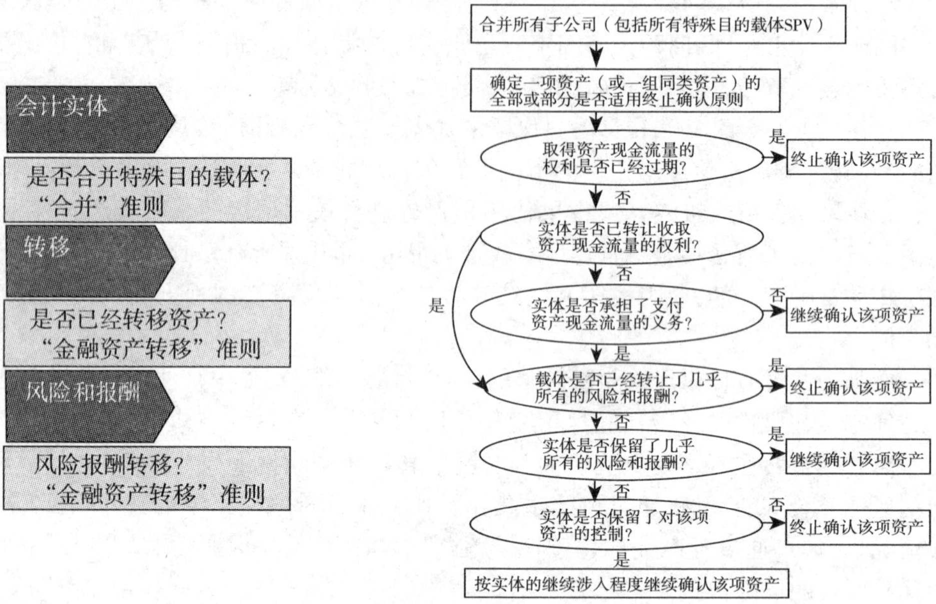


**图 19－1 金融资产终止确认决策**

具体解读如下。

### 一、基础资产是否在表内

判断是否出表的首要前提是资产本在表内。在资产证券化的范畴内，“资产”常被称为“基础资产”。目前，中国法律并没有对“资产”进行严格界定。“资产”和

"财产"之间的界限也不是很清晰,几乎可以通用,比如"财产所有权和与财产所有权有关的财产权","个人合法财产"等。王泽鉴先生认为,在法律上,通常从权利或权利客体的角度来界定财产,即所谓财产或财产权利,是指由具有金钱价值的权利所构成的集合体。所谓具有金钱价值,即指可通过让与获得对价或可以金钱表示。财产权利的构成包括物权、债权以及知识产权、股权等,至于人格权、身份权则不属于财产的内容。① 可见,按照王泽鉴先生的理解,财产必须具有金钱价值,权利范围广泛,包括物权、债权、知识产权、股权等。

从会计学的界定来看,《企业会计准则——基本准则》(财政部令第 76 号)规定,资产是指企业过去的交易或者事项形成的、由企业拥有或者控制的、预期会给企业带来经济利益的资源。其中,"企业过去的交易或者事项"包括购买、生产、建造行为或其他交易或者事项,预期在未来发生的交易或者事项不形成资产;"由企业拥有或者控制"是指企业享有某项资源的所有权,或者虽然不享有某项资源的所有权,但该资源能被企业所控制;"预期会给企业带来经济利益"是指直接或者间接导致现金和现金等价物流入企业的潜力。同时规定,与资源有关的经济利益很可能流入企业且资源的成本或者价值能够可靠地计量的资源,可以确认为资产。符合资产定义和资产确认条件的项目,应当列入资产负债表;符合资产定义、但不符合资产确认条件的项目,不应当列入资产负债表。可见,依据规定,企业未来的交易或者事项、预期不会给企业带来经济利益的资源、不能控制或拥有的资源、成本或者价值不能够可靠地计量的资源、有关的经济利益不可能流入企业的资源都不符合资产的确认条件,不能列入资产负债表,其中,"过去形成"原则在资产的定义中具有举足轻重的地位,这是传统会计学的一个显著特点。

在资产证券化的语境中,可被证券化的"资产"范围有明显的扩展趋势,不仅包含过去事项形成的资产(或"资产负债表上所拥有的现有资产"),还包括未来事项形成的资产(或"资产负债表上没有的未来资产"),如未来收益权等;不仅包括金融机构的贷款资产,如房屋抵押贷款、汽车抵押贷款、信用卡应收款等,还包括非金融机构的资产,比如被意大利纳入证券化"资产"范畴的税收、彩票收入;另外,除实物资产外,还包括"证券类"资产,就是将证券或证券组合作为基础资产,再以其产生的现金流为基础发行证券,即证券资产的再证券化过程,也可以称之为证券资产证券化。

资产证券化基础资产的终止确认针对的是表内已经存在的基础资产。不少常见的证券化对象("基础资产")并不构成"资产"(会计意义上的),也就自然谈不上

① 参见王泽鉴著:《民法总则》(增订版),中国政法大学出版社 2001 年版,第 233 页。

出表,比如未来收费权类资产,包括但不限于高速公路车辆通行费收入、水电站发电收入、主题公园门票收入等。

## 二、是否合并 SPV

从国外资产证券化的发展来看,设立 SPV 的目的就是为了剥离发起人的基础资产,实现法律、会计意义上的“真实销售”。如果是独立第三方设立的 SPV,显然不涉及发起人与 SPV 会计报表合并的问题,但是,发起人设立 SPV 可以带来更多的便利和好处。如果发行人组建子公司,SPV 则被视为发起人的子公司,无论发起人和 SPV 的会计确认是按照销售还是融资对待,两个独立法人实体必须实行实体合并(substantive consolidation)。所以,在资产证券化交易中,如何界定 SPV 是否应该合并入发起人财务报表就成为证券化财务处理必须解决的问题。

会计准则是宏观金融政策的重要组成部分,服务于国家的金融战略。在金融危机爆发前,《美国会计准则第 140 号——金融资产的转让与服务和债务解除》(FAS140)允许合格特殊目的实体(QSPE)免于合并报表,发行人通过合格特殊目的实体(QSPE)可以轻易把资产“出售”给第三方,提前实现利润,同时隐藏风险,这为金融危机埋下了隐患。合格特殊目的实体(QSPE)能够长期存在的原因是满足美国的通道银行资产出表的需要(通道银行不吸收存款,仅仅通过资产证券化进行融资),同时,配合境外美元回流美国,可以把信用风险完全剥离给境外的投资人,降低银行风险。

金融危机后,美国财务会计准则委员会和国际会计准则理事会都开始重新审视资产证券化 SPV 载体的合并问题。2009 年 6 月,美国财务会计准则委员会发布了《财务会计准则第 166 号公告——金融资产的转让》(FAS166)和《财务会计准则第 167 号公告——可变利益实体的合并》(FAS167),对资产证券化中的资产转让和载体的合并提出了新的规则。2011 年 5 月,国际会计准则理事会发布了新的《国际财务报告准则第 10 号——合并财务报表》(IFRS10)和《国际财务报告准则第 12 号——涉入其他主体的披露》(IFRS12),制定了针对所有主体的以控制为基础的单一合并模型和信息披露要求。在关于资产证券化载体的合并方面,国际财务报告准则(IFRS)和美国公认会计原则(USGAAP)在基本原则上更趋一致。

美国财务会计准则委员会(FASB)《财务会计准则公告第 167 号——可变利益实体的合并》(FAS167)取消了合格特殊目的实体(QSPE)免于合并的特权。FASB 引进了一个新的会计学术语——可变利益实体(variable interest entity, VIE),其判断标准是如果发起人持有一个属于 VIE 实体的多数“可变利益”,那么作为“主要收益人”(primary beneficiary)的发起人就应该把 VIE 合并入自己的财务报表。

会计制度的不同设计极大地影响着资产证券化实践。澳大利亚对于合并的规定就非常灵活。澳大利亚资产证券化模式属于准表外模式，由原权益人成立全资或控股子公司作为SPV，子公司通过购买母公司或其他公司资产组建资产池发行证券。子公司不但可以购买母公司资产，还可以购买其他资产。由于子公司利润将上缴母公司，因而其资产仍体现在母公司资产负债表上。国际会计准则委员会解释公告第12号（SIC12）指出，如果发起人对于SPV有实质性的控制，SPV就要合并入发起人的报表。澳大利亚这种模式属于原始权益人主导的资产证券化模式。1999年7月，澳大利亚会计研究基金会（AARF）下属的紧急情况小组（UIG）发布了UIG28公告，缩小了证券化的SPV需要合并报表的条件范围，更有利于实现表外处理，从而促进了澳大利亚资产证券化的发展。

我国《信贷资产证券化试点会计处理规定》（财会〔2005〕12号）第9条规定，发起机构对特定目的的信托具有控制权的，应当将其纳入合并会计报表。

根据2014年修订后的《企业会计准则第33号——合并》（财会〔2014〕10号），财务报表的合并范围应当以控制为基础予以确定。控制是指投资方拥有对被投资方的权力，通过参与被投资方的相关活动而享有可变回报，并且有能力运用对被投资方的权力影响其回报金额。相关活动是指对被投资方的回报产生重大影响的活动。被投资方的相关活动应当根据具体情况进行判断，通常包括商品或劳务的销售和购买、金融资产的管理、资产的购买和处置、研究与开发活动以及融资活动等。通常情况下，主流观点认为控制方是指持股比例需超过51%，或通过协议而获得董事会绝大多数表决权的一方。但是对于信托和资管计划之类的结构，它属于结构化主体，没有股权上的设置。可变回报，就证券化交易的原始权益人而言，包括原始权益人作为SPV投资人所持有份额享有的收益、超额服务费，以及它所承担的差额补足或者其他增信义务等。而权利跟可变回报的对应关系主要看是否显著，如果显著就认为拥有控制权。显著是指原始权益人通过一些行为获得了基础资产30%以上的可变回报，这属于金额的重大性，或者其承担了回报与波动率的绝大多数，综合考虑金额的重大性和波动性两者来决定关系是否显著。当原始权益人具备上述三个条件的时候，通常会被认定其对结构化主体产生了“控制”。根据会计准则的规定，如果控制了结构化主体就需要将其纳入合并范围。

投资方应当在综合考虑所有相关事实和情况的基础上对是否控制被投资方进行判断。一旦相关事实和情况的变化导致对控制定义所涉及的相关要素发生变化的，投资方应当进行重新评估。相关事实和情况主要包括：

1. 被投资方的设立目的；

2. 被投资方的相关活动以及如何对相关活动作出决策；

3. 投资方享有的权利是否使其目前有能力主导被投资方的相关活动；

4. 投资方是否通过参与被投资方的相关活动而享有可变回报；

5. 投资方是否有能力运用对被投资方的权力影响其回报金额；

6. 投资方与其他方的关系。

除非有确凿证据表明其不能主导被投资方相关活动，下列情况，表明投资方对被投资方拥有权力：

1. 投资方持有被投资方半数以上的表决权的；

2. 投资方持有被投资方半数或以下的表决权，但通过与其他表决权持有人之间的协议能够控制半数以上表决权的。

投资方持有被投资方半数或以下的表决权，但综合考虑下列事实和情况后，判断投资方持有的表决权足以使其目前有能力主导被投资方相关活动的，视为投资方对被投资方拥有权力：

1. 投资方持有的表决权相对于其他投资方持有的表决权份额的大小，以及其他投资方持有表决权的分散程度；

2. 投资方和其他投资方持有的被投资方的潜在表决权，如可转换公司债券、可执行认股权证等；

3. 其他合同安排产生的权利；

4. 被投资方以往的表决权行使情况等。

某些情况下，投资方可能难以判断其享有的权利是否足以使其拥有对被投资方的权力。在这种情况下，投资方应当考虑其具有实际能力以单方面主导被投资方相关活动的证据，从而判断其是否拥有对被投资方的权力。投资方应考虑的因素包括但不限于下列事项：

1. 投资方能否任命或批准被投资方的关键管理人员；

2. 投资方能否出于其自身利益决定或否决被投资方的重大交易；

3. 投资方能否掌控被投资方董事会等类似权力机构成员的任命程序，或者从其他表决权持有人手中获得代理权；

4. 投资方与被投资方的关键管理人员或董事会等类似权力机构中的多数成员是否存在关联方关系。

总体而言，现行的合并理论与实务是以母公司对关联公司活动的实际控制程度作为判断合并与否的依据，而不是注重于法定持股比例的多少，凡是对关联公司的经营活动和财务活动有重大控制权的都被列为合并范围之列。

从我国目前资产证券化实践来看，信贷资产证券化中，银行业金融机构还未被允许混业经营。资产支持票据可以不设 SPV。资产支持专项计划和项目资产支持计划的发起人和SPV的关系也不密切。所以,发起人和SPV合并问题还不是一个棘手问题,但是随着资产证券化的发展,合并问题也许会越来越突出。

## 三、过手测试

如果是将金融资产转移给另一方,但保留收取金融资产现金流量的权利,并承担将收取的现金流量支付给最终收款方的义务,同时满足下列条件:

1. 从该金融资产收到对等的现金流量时,才有义务将其支付给最终收款方。企业发生短期垫付款,但有权全额收回该垫付款并按照市场上同期银行贷款利率计收利息的,视同满足本条件。

2. 根据合同约定,不能出售该金融资产或作为担保物,但可以将其作为对最终收款方支付现金流量的保证。

3. 有义务将收取的现金流量及时支付给最终收款方。企业无权将该现金流量进行再投资,但按照合同约定在相邻两次支付间隔期内将所收到的现金流量进行现金或现金等价物投资的除外。企业按照合同约定进行再投资的,应当将投资收益按照合同约定支付给最终收款方。

在资产证券化中,发起人将“基础资产”委托给“受托人/特殊目的实体”后,通常还将担任基础资产的服务机构,负责定期将回收款项转入特殊目的实体账户,然后,特殊目的实体将根据相关交易合同的约定对现金流回收款按照约定偿付顺序支付给各级资产支持证券持有者,所以从管理角度而言,原始权益人必须承担从欠款人处收取现金流并转付给下家的义务,会计上称该动作为“过手”。

从现金流角度来分析,资产证券化的过程是将具有稳定现金流的基础资产包,通过金融工程技术进行现金流分割,以此发行不同信用等级的证券,从而满足不同投资者不同风险偏好的过程。资产证券化产品设计中,现金流重组有两种方式:过手型(pass-throughs)和转付型(pay-throughs)。

过手型模式下,管理人不对资产的现金流进行重新安排和分配,而是直接将现金流转移给不同的投资者。过手型证券不对现金流进行再分割,相应的也不对风险进行分割,只将风险按比例转移到不同的投资者身上,本质上并未区分不同风险偏好的投资需求。图19-2是过手型证券的现金流流转示意图。

为了满足不同投资者的风险偏好和期限偏好等,现金流重组进一步引入了分档设计。通过分档设计发行不同的风险高于或低于基础资产风险的资产支持证券,从而重新安排了期限、利率和风险。这种对基础资产的现金流进行分割,分别进行证券化的产品模式就是转付型证券。目前,国内的主流资产证券化产品都采取这种分档技术。

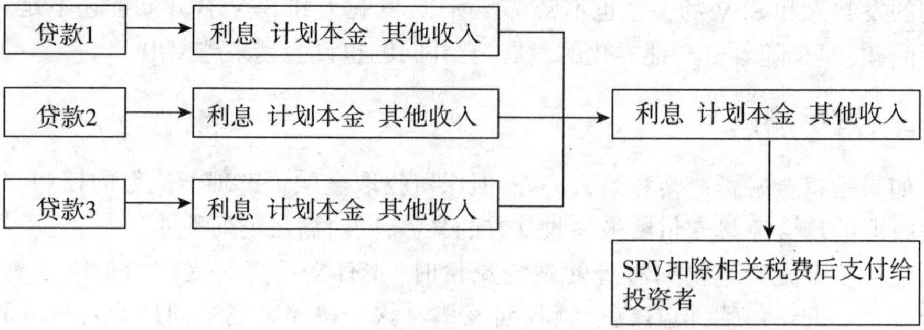


**图 19-2　过手型证券现金流流转示意图**

转付型证券还可进行进一步的细分,即固定摊还型和随付型。资产管理人根据基础资产现金流分布情况,设计固定的兑付日,在每个兑付日根据存续规模和预期收益率分配利息。在固定摊还型模式下,合同中约定明确的本金摊还计划;随付型模式下,不设固定的本金还款计划,根据当期现金流入情况及约定分配顺序,进行本金摊还。图 19-3 是未发生风险事件情况下转付型证券的现金流示意图。

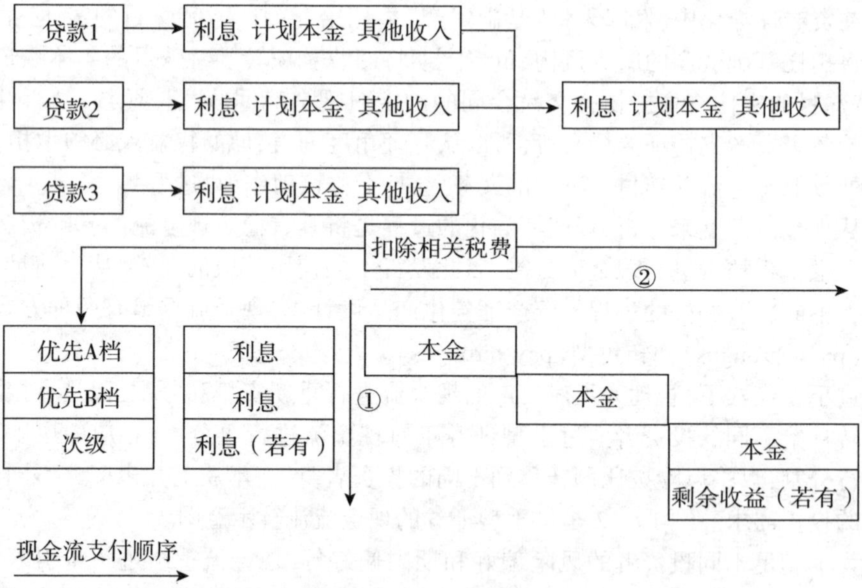


**图 19-3　未发生风险事件情况下转付型证券的现金流示意图**

一旦入池资产发生提前还款的情况,两种修正模式下各档证券持有人所承担的风险会存在差异。固定摊还型对底层基础资产按时还本付息的要求更高。如果基础资产发生大量的提前偿还，可能引发次级证券持有人的风险。过手是出表的前提。证券化的本意是让证券持有人获得基础资产的收益和风险，所以任何过手行为必须做到最安全、最快捷，不能加入原始权益人的操作风险和违约风险。

## 四、风险报酬转移测试

《企业会计准则第23号——金融资产转移》规定，企业已将金融资产所有权上几乎所有的风险和报酬转移给转入方的，应当终止确认该金融资产；保留了金融资产所有权上几乎所有的风险和报酬的，不应当终止确认该金融资产。企业在判断是否已将金融资产所有权上几乎所有的风险和报酬转移给了转入方时，应当比较转移前后该金融资产未来现金流量净现值及时间分布的波动使其面临的风险。

企业既没有转移也没有保留金融资产所有权上几乎所有的风险和报酬的，应当分下列不同情况处理：放弃了对该金融资产控制的，应当终止确认该金融资产；未放弃对该金融资产控制的，应当按照其继续涉入所转移金融资产的程度确认有关金融资产，并相应确认有关负债。

金融资产部分转移，包括下列三种情形：将金融资产所产生现金流量中特定、可辨认部分转移，如企业将一组类似贷款的应收利息转移等；将金融资产所产生全部现金流量的一定比例转移，如企业将一组类似贷款的本金和应收利息合计的一定比例转移等；将金融资产所产生现金流量中特定、可辨认部分的一定比例转移，如企业将一组类似贷款的应收利息的一定比例转移等。可见，“特定”“可辨认”是分析的关键点。将金融资产某一时间段产生的现金流量单独界定在理论上可行，但在实务中，现金流可能发生提前或逾期、坏账、其他（如抵制押物变现）补偿等情景。如何实现将现金流在转让和非转让部分中进行界定，实现“可辨认”，还需要在交易合约文件、资产记录和现金流分配流程中予以充分考虑和严谨安排。

企业在判断是否已放弃对所转移金融资产的控制时，应当注重转入方出售该金融资产的实际能力。转入方能够单独将转入的金融资产整体出售给予其不存在关联方关系的第三方，且没有额外条件对此项出售加以限制的，表明企业已放弃对该金融资产的控制。转入方是否能够将转入的金融资产整体出售给予其不存在关联方关系的第三方，应当关注该金融资产是否存在活跃市场。如果不存在活跃市场，即使合同约定转入方有权处置金融资产，也不表明转入方有“实际能力”。转入方是否能够单独出售所转入的金融资产且没有额外条件对此销售加以限制，主要关注是否存在与出售密切相关的约束性条款。

企业在判断金融资产转移是否满足金融资产终止确认条件时，应当注重金融资产转移的实质：在附回购协议的金融资产出售中，转出方将予回购的资产与售出的金融资产相同或实质上相同、回购价格固定或是原售价加上合理回报的，不应当终止确认所出售的金融资产，如采用买断式回购、质押式回购交易卖出债券等；转出方在金融资产转移后只保留了优先按照公允价值回购该金融资产的权利的（在转入方出售该金融资产的情况下），应当终止确认所转移的金融资产；在采用保留次级权益或提供信用担保等进行信用增级的金融资产转移中，转出方只保留了所转移金融资产所有权上的部分（非几乎所有）风险和报酬且能控制所转移金融资产的，应当按照其继续涉入所转移金融资产的程度确认相关资产和负债。

《企业会计准则第23号——金融资产转移》主要解决发起人向特殊目的实体转移基础资产能否在发起人单体的财务报表上终止确认问题。风险报酬转移测试涉及各种情景假设和风险参数，计算出风险和报酬转让的量化程度，据此进行是否出表或继续涉入的判断。违约概率模型、情景分析和压力测试情况，如图19－4所示。

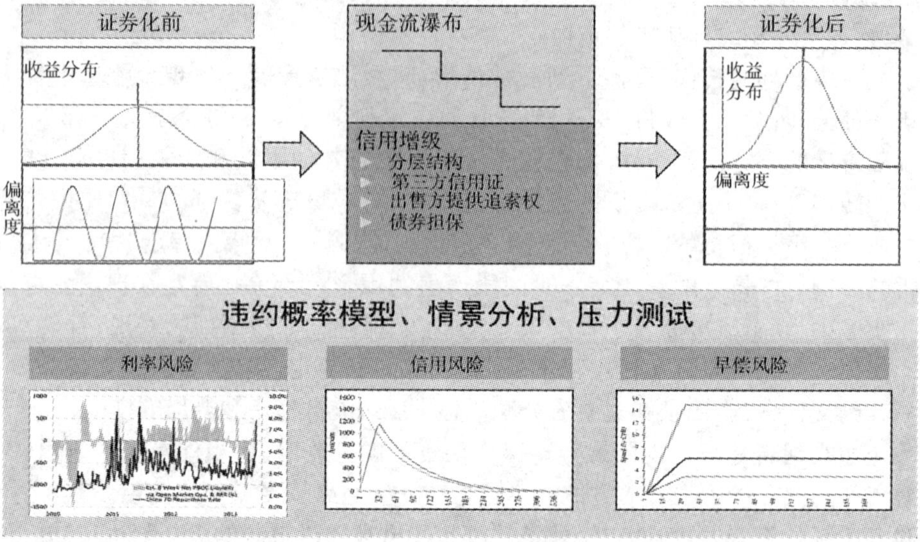


图19－4　违约概率模型、情景分析和压力测试

实务中，判断的难点主要在于，被转移资产的风险和报酬在多大程度上已经转移才能判断终止确认是合理的，以及应如何估计风险和报酬等问题。企业面临的风险因金融资产转移发生实质性改变的，表明该企业已将金融资产所有权上几乎所有的风险和报酬转移给了转入方，如不附任何保证条款的金融资产出售等。企业面临的风险没有因金融资产转移发生实质性改变的，表明该企业仍保留了金融资产所有权

上几乎所有的风险和报酬,如将贷款整体转移并对该贷款可能发生的信用损失进行全额补偿等。企业需要通过计算判断是否已将金融资产所有权上几乎所有的风险和报酬转移给了转入方的,在计算金融资产未来现金流量净现值时,应当考虑所有合理、可能的现金流量波动,并采用适当的现行市场利率作为折现率。

表 19－1 说明,金融资产在风险报酬转移程度不同的判定下,转让方的不同会计处理:

**表 19－1　风险报酬转移程度与会计处理**

转让程度增加 ↓

<table>
<tr><th colspan="2">对风险和报酬转移程度的描述</th><th>转让方/原始权益人的会计处理</th></tr>
<tr><td colspan="2">保留几乎所有的风险和报酬</td><td>继续确认所有资产,收益确认为负债</td></tr>
<tr><td rowspan="2">既没有保留也没有转让几乎所有的风险和报酬</td><td>转让方保留控制</td><td>按继续涉入程度确认资产和负债及任何保留权益</td></tr>
<tr><td>转让方不再保留控制</td><td rowspan="2">终止确认旧资产,确认新资产/负债</td></tr>
<tr><td colspan="2">已转让几乎所有的风险和报酬</td></tr>
</table>

需要注意的是,虽然在准则中对于“几乎所有”没有明确的说法,但是通常大家会认为如果保留的风险报酬超过 10% 以上,则认为风险报酬被转移的结论不够谨慎。对于风险报酬转移的评估或者测算,会计师会利用模型进行测算和估计,给出最终结论。

## 五、出表涉及法律、税务事项

出表是一个复杂而微妙的会计问题,也与法律、税务紧密相关。

会计上的“资产”概念,与法律上对“物权”和“所有权”的概念不属同一个理论体系。法律上的权利尤其是物权,是对世的权利,是排除任何人干扰和侵害的,它所确定的是单个法律主体与其他所有法律主体之间的关系。会计上资产转移是指企业(转出方)将金融资产让与或交付给该金融资产发行方以外的另一方(转入方),资产转移是转出方和转入方两方之间的关系,它类似于法律上的合同关系,并不具有对世性。资产转移的交易发生后,已售出的资产在资产负债表上终止确认,获得的资金被确认为资产转让的收入,同时确认相关的损益,也即从出售人的资产负债表上剥离(出表)。金融资产转移的判断最终标准就是企业已将金融资产所有权上几乎所有的风险和报酬转移给转入方。在法律意义上,“真实出售”指的是发生在两个法律主体(买受人与出售人)之间真实的资产转移(转让)行为,并且该资产转移行为不会因任何理由而被宣布无效或被撤销,从而不受出售人破产债权人的追索,实现风险隔离。

实务中存在对“实质重于形式”原则的过度解读,表现形式之一就是将其片面理解为“只重实质(风险和报酬),不重形式(法律形式)”。事实上,按照金融资产终止确认法则,两者之间相互依赖,缺一不可。尽管转移的形式至关重要,却不一定要求构成“(破产隔离意义上的)真实出售”。简言之,法律上没转移,并不影响会计上的出表。法律上转移了,并不意味着会计上的出表。这两种认定具有很大的关联性,但并不必然一致。比如,一个“售后回购”的交易安排,在法律上确实实现了销售,但在会计上由于该资产相关的风险和报酬并未实际性转移,不能在发起人的资产负债表上进行剥离。再如以较低价格转让资产,会计上可以确认资产的剥离,但法律上可能因破产法或合同法的规定而导致无效或被撤销。

税务上认定的“真实出售”是基于对资产的转移行为是否属于应税行为来判断的。税收直接决定着资产证券化的融资成本和操作可行性。笔者以信贷资产证券化为例。无论是采用真实销售方式融资,还是担保融资,发起人所得都会涉及所得税的缴纳,其差别在于收入确认时间不同导致纳税时点不同。“真实销售”使得发起人的资产负债表上的风险资产减少,无风险资产增加,改善了发起人的财务状况,因此从法律和会计的角度,大多数发起人愿意选择“真实销售”的方式。但是,从税收的角度,发起人又往往愿意选择担保融资。如果企业转移资产被认定为担保融资,企业收取的资金就是贷款,其中的利息支出可以从企业的成本当中扣除;同时发起人也不需在得到资产转移收入时立即确定收益,可以在债务人进行偿付时再确定收益,可以延迟纳税。如果企业转移资产被认定为真实销售,企业就必须把出售的利润计入企业的收入,也必须当期就确定收益进行纳税。可见,担保融资的方式对于发起人更有税收吸引力。从上述分析可以看出,表内处理的税收负担会相对较轻,但会带来不利的财务影响,违背发起人采取资产证券化的初衷。表外处理所带来的更沉重的税收负担抵销了资产证券化相对其他融资方式的成本优势。发行人需要在出表和税收两者之间进行权衡取舍。

## 第三节
## 循环购买和增信措施下的终止确认探讨

根据实操经验,循环购买和增信措施之下的终止确认问题比较复杂,笔者做简单探讨。

## 一、循环购买下的终止确认

2015 年 7 月，宁波银行发行的永盈 2015 年第一期消费信贷资产支持证券首次采用了循环购买的动态资产池，解决了资产证券化产品还款时间不确定、贷款期限差异较大、证券化产品在资产和负债端存在期限错配风险等问题，开启了动态资产池在我国资产证券化产品中的实践探索。

循环购买是指在各方明确入池基础资产的筛选标准以后，在特定期限内基础资产收回款项的现金流不完全用于向投资人进行分配，而是用于持续购买新的满足合格标准的基础资产，从而使基础资产池形成一个动态的循环池，直至特定期间结束。通常情况下，循环购买的产品会分为循环期和摊还期（或分配期）。在循环期内，基础资产生产的现金流只向投资者支付利息不支付本金，多余的现金流用于购买新的满足合格标准的基础资产；在摊还期内，停止购买新的资产，基础资产产生的现金流累积后按照计划向投资者支付本息。

目前，在资产证券化产品的设计中，通常情况下，发起人在基础资产转移后，将与受托机构签署《服务合同》，受托机构委托发起人作为贷款服务机构对资产的日常回收进行管理和服务。此时资产转入方无法在资产出售后立即拥有转入资产未来现金流收取的权利。

针对"过手测试"的三个条件：第一个条件即转出方不必向转入方转让尚未收到的资金，也就是转出方无需垫付；第二个条件则强调转出方不能控制转让现金流相关未来经济利益的权利，因此不能拥有该项资产；第三个条件则需确保转出方无法使用其代替转入方收取的现金或从中获利，并且应及时汇出，不得发生重大延误。仅就资产证券化产品较为关注的会计出表而言，在理论层面，循环结构可能导致不能出表的根本原因在于循环结构对基础资产产生的现金流进行了截流，用回收的现金再次去购买资产，以形成循环资产，这违背了过手测试的要求。此外，根据我国会计准则的要求，在金融资产终止确认的过程中，企业需要判断转出方是否保留了金融资产所有权上几乎所有的风险和报酬，而在循环结构中，由于存在对资产转出方资产的再投资，由此可能存在用于证券化资产与转出方其他资产混同的风险。在这种情况下，可能会被认定为保留了金融资产所有权上几乎所有的风险和报酬，这也构成循环结构下出表的障碍。相对于风险和报酬转移而言，现金流过手的问题是证券化业务中构成出表障碍最多的一个环节。

根据前述的判断逻辑，笔者绘制的循环购买出表决策，如图 19－5 所示。

循环购买出表的关键前提：不合并SPV

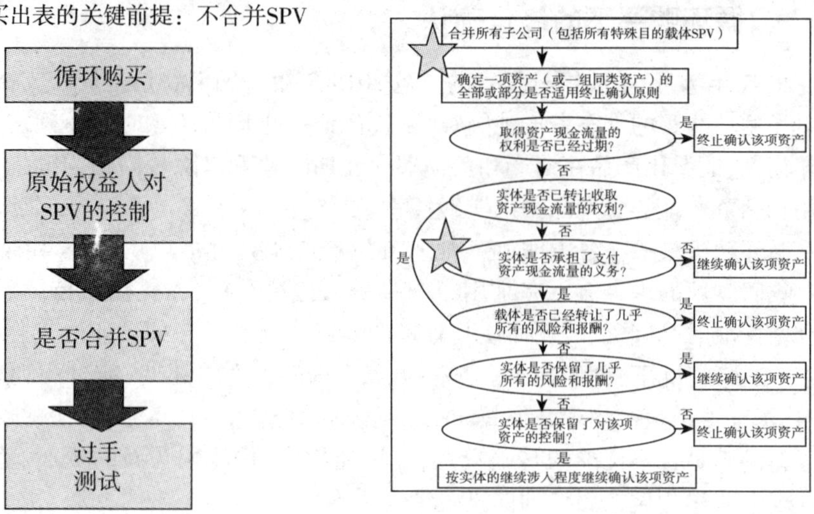


**图19－5　循环购买出表决策示意图**

可见，在循环购买下，出表的技术关键在于：现金流到SPV后，不合并SPV；SPV得经过投资者的认可和授权，方可以用于购买外部新资产。SPV有能力去外部筛选资产，独立决定是否购买，不受发起人控制。所以，原则上，在交易结构设计时规定，SPV有权利选择是否购买发起人的基础资产，有权利购买时，也只是在与现在基础资产池类似的备选资产池里去做筛选。简言之，SPV与发起机构是互相独立的，循环购买是SPV独立地接受投资者委托所做的独立交易事项。

## 二、增信措施下的终止确认

资产证券化实务中，出于销售、追求次级利润等原因，发起人往往通过差额支付承诺、担保或自留次级权益等方式为资产支持证券提供信用增级。过手测试关注过手的不垫付、不挪用和不迟延，风险和报酬分析中，企业应当比较转移前后该金融资产未来现金流量净现值及时间分布的变动使其面临的风险敞口。

### （一）次级自持

在资产证券化过程中，内部增信方式之一是将资产支持证券按照受偿顺序分为不同档次证券。在这一分层结构中，较高档次的证券比较低档次的证券在本息支付上享有优先权，因此，具有较高的信用评级；较低档次的证券先于较高档次的证券承担损失，以此为较高档次的证券提供信用保护。当原始权益人自持次级证券比例越高，说明其保留的风险和报酬越高，则越难以视为“真实出售”。

2012 年，财政部、人民银行、中国银监会联合发布的《关于进一步扩大信贷资产证券化试点有关事项的通知》（银发〔2012〕127 号）中，对发起机构的风险自留作出了“信贷资产证券化各发起机构应持有由其发起的每一单资产证券化中的最低档次资产支持证券的一定比例，该比例原则上不得低于每一单全部资产支持证券发行规模的 5%”的规定，根据当时发行情况，大多数资产支持证券次级档的厚度都不到 10%，扣除 5% 由发起机构风险自留后，对外发行的规模比较小。由于次级档证券通常没有评级，风险权重高，银行通过资产证券化缓释资本占用的空间很小，影响了商业银行进行证券化的动力，投资者对于次级档证券也缺乏关注。

2013 年底，人民银行和中国银监会发布公告（公告〔2013〕第 21 号），对发起机构的风险自留规则进行了调整，在维持发起机构信用风险自留比率不低于 5% 的前提下，规定“持有最低档次资产支持证券的比例不得低于该档次资产支持证券发行规模的 5%”，这个规定大大降低了发起机构持有次级档证券的比例要求，使得通过证券化降低资本占用的效果更为显著。这意味着最多有 95% 的次级档证券可以由外部投资者认购。

2017 年 12 月 15 日，上海证券交易所发布的《企业应收账款资产支持证券挂牌条件确认指南》第 16 条规定，原始权益人及其关联方应当保留一定比例的基础资产信用风险，具体比例按照以下第（1）款或第（2）款要求进行：

（1）持有最低档次资产支持证券，且持有比例不得低于所有档次资产支持证券发行规模的 5%，持有期限不低于资产支持证券存续期限；

（2）若持有除最低档次之外的资产支持证券，各档次证券均应当持有，且应当以占各档次证券发行规模的相同比例持有，总持有比例不得低于所有档次资产支持证券发行规模的 5%，持有期限不低于各档次资产支持证券存续期限。原始权益人及其关联方按照上述要求进行风险自留后，除非根据生效判决或裁定，不得将其持有的资产支持证券进行转让或者以任何形式变相转让。

符合以下两种条件之一的，原始权益人可免于上述风险自留要求：

（1）基础资产涉及核心企业供应链应付款等情况的，基础资产池包含的债权人分散且债务人资信状况良好；

（2）原始权益人资信状况良好，且专项计划设置担保、差额支付等有效增信措施。符合条件并免于上述风险自留要求的，管理人应当在计划说明书中充分披露原始权益人未进行风险自留的原因及合理性，并揭示相关风险。

笔者绘制的次级自持下的出表决策如图 19－6 所示。

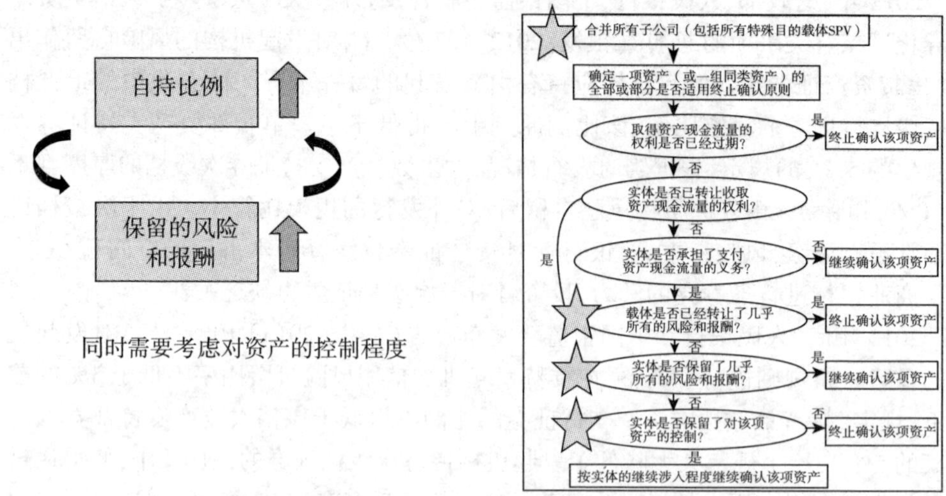


**图 19－6　次级自持下的出表决策示意图**

《企业会计准则第 23 号——金融资产转移》(以下简称《准则》)第 11 条对发行人自留权益的处理作出了规定:“在采用保留次级权益或提供信用担保等进行信用增级的金融资产转移中,转出方只保留了所转移金融资产所有权上的部分(非几乎所有)风险和报酬且能控制所转移金融资产的,应当按照其继续涉入所转移金融资产的程度确认相关资产和负债。”资产出让方持有次级权益比例不可过高,一般在 5% 左右,会计准则中对“绝大部分”有 95% 的说法,因此一些审计机构援引该指标,以资产出售方持有次级的比例不得超过全部发行规模的 5% 作为资产出表(终止确认)的前提条件。但是,实际操作与风险计量模型的算法、核心参数的设定有关,不能仅凭次级持有比例而定。例如,某公司作为原始权益人发起消费金融证券化产品,基础资产加权平均收益率为 15%,拟发行的优先级评级为 AAA,占 80%,预期收益率 5%,夹层级占 15%,预期收益率 10%,次级占 5%,享受剩余收益,且由某公司全部持有。某公司收取服务费 3%,在次级本息分配之前收取。基础资产的历史违约率约 2%。此案例中,次级的 5% 加上服务费已经是非常高的风险覆盖了,基本上没有转移什么风险,如果不调整结构的话,出表难度较大。

另外,转出方持有多少比例的次级权益将对基础资产形成控制,无法量化,但实务中往往以 10% 作为一个临界值。这并不是说次级权益自留 10% 以下则不构成出表障碍,还需要根据现金流测算模式考虑现金流在转移前后所面临的风险敞口变化。如果转出方自留 10% 次级权益,但该笔资产证券化产品 100% 的风险均集中于次级权益部分,则依然会对出表的风险和报酬测试构成实质性障碍。

## （二）差额支付/差额补足

差额支付是一种外部增信方式。在资产证券化过程中，差额支付义务人承诺，如果基础资产实际的现金流回款无法覆盖正常兑付资产支持证券所需现金时，由其负责补齐差额部分；如果不能按时提供，则有可能触发快速清偿、提前清偿或者其他信用事件。因为存在无条件垫款，所以这个条款不满足过手条件。当原始权益人提供差额支付承诺等类似条款提供增信，出于审慎角度，相关部门可能认为该资产的风险收益仍与原始权益人相关联，不能视为“真实出售”而进行出表处理。

笔者绘制的差额支付/差额补足下的出表决策如图 19－7 所示。

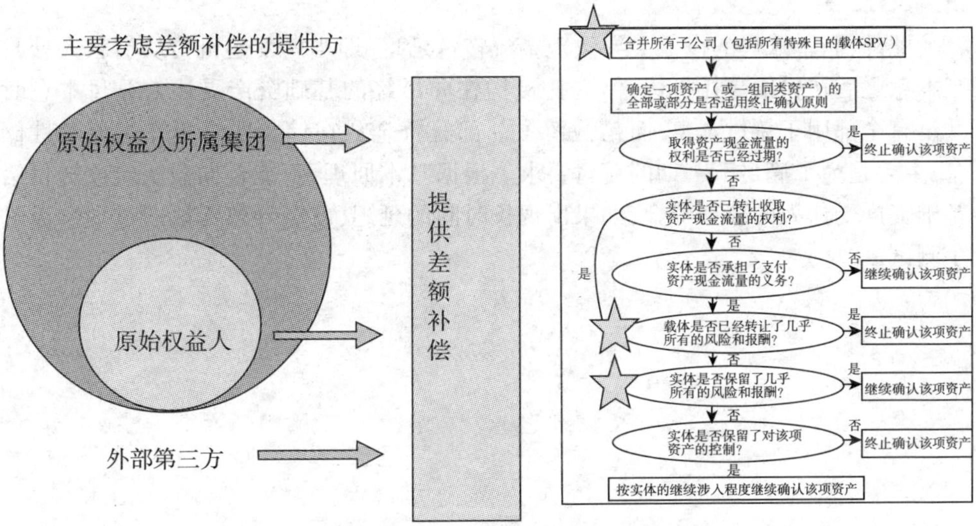


**图 19－7　差额支付/差额补足下的出表决策示意图**

笔者认为，差额支付下的出表关键是明确差额支付的提供方是否为会计实体本身。另外，还应当考虑其他增信措施安排。如果可以推出“差额支付”的概率极低，也存在“出表”的可能性。

从《准则》的角度而言，垫付行为会导致现金流过手测试无法通过。如果现金流过手无法满足，那么整体的资产都不能用转移的方式进行处理，所有的基础资产仍然需要确认在表内。所以，垫付的问题是证券化业务过程中需要特别留意的一个环节。在很多情况下，垫付的存在导致整体的交易无法出表。当然，准则也有一定程度的豁免，即准则允许提供短期的流动性支持，但是，短期的流动性支持一定要按照市场公允的利率进行定价，同时垫付资金未来的本息要从最终的基础资产受让人处收回。在出表型的证券化交易结构设计中，建议尽量避免触碰流动性支持这一环节。如果一定要提供流动性支持,则要特别考虑其对整体交易的影响。在实务操作中,有限额的差额支付、有回报的差额支付、有优先收回的差额支付情况下,通过过手测试的概率会提高很多,比如把以下标准加入到差额支付的条款中去:当债务人未能及时还本付息而导致优先级证券可能发生违约时,发起人可以向SPV垫付当期的本期缺口,但有权从基础资产下一期现金流中优先受偿且按照市场利率收利息。这是循环垫款敞口,不是长期敞口,另外可按银行活期存款收取利息。如果到了最后一期,但垫款敞口还在,且遇到没有真正收回的情况,可以把垫款敞口和承担的其他敞口一起算风险报酬测试,只要达到标准,就不会影响过手和出表。

此外,储备账户的设立会导致现金流转付延迟,即当期发起机构从借款人处收到本息之后转付给受托机构,但受托机构在向最终的基础资产受让人兑付本息时并没有全部用于兑付本息,而是截留了一部分资金放在储备账户里作为流动性储备,主要是为了满足下一期的兑付要求。根据基本原理,不能长期截留应该转付给基础资产受让人的部分资金,如果出现长时间的延迟,就会导致无法通过现金流过手测试。

# 第二十章
# 资产证券化评级

自 2014 年至今,资产证券化信用风险事件时有发生,比如基础资产相关风险:两高一剩行业风险(如某公路通行费产品的现金流因为煤炭行业不景气大幅减少)、集中度风险(如某 ABS 因为主要用热客户搬迁导致供热收入大幅下降)、逾期风险(如某租赁 ABS 部分基础资产逾期削弱信用支撑)和循环购买风险(如某租赁 ABS 可供循环购买资产价值远小于可用循环购买金额)。资产服务机构风险:关联方风险(如某租赁 ABS 资产服务机构/差额支付承诺人资产恶化)、资金混同风险(如某租赁 ABS 重要客户涉及破产重整,履职能力受质疑)、解任风险(如某 ABS 涉及两宗未完诉讼)、减资风险(如某小贷 ABS 变更减资,触发加速清偿)等。计划管理人风险:预测过于乐观(如某 ABS 预计过于乐观,项目提前赎回)、存续期管理有疏忽(如某 ABS 存续期未实时或定期监督现金流)、资金挪用(如某 ABS 存续期间监管账户资金被原始权益人挪用)。随着 ABS 业务的不断扩容,基础资产类型不断丰富,对发行主体以及基础资产质量的风险分析变得越发重要。

信用评级是资产证券化过程中的重要一环。对于投资人而言,因缺乏直接了解风险的资料、信息与专业知识,信用评级通过对资产证券产品的信用风险进行客观评价,充分提示资产证券化中的信用风险;对于发行人而言,尤其是初次资产证券化操作的民营企业,信用评级的评级观点就是资产证券化产品的鉴定书,极大地影响融资成本。

## 第一节
## 资产证券化的评级流程

为得到客观、公平、公正的资产证券化评级结果,评级机构从业人员必须严格遵循信用评级操作流程。信用评级操作流程包括收集受评对象及相关参与方主体的基本资料,对受评对象及相关主体提交的基础资料进行核实和研究分析,评审委员会评定信用级别并发布评级结果,跟踪评级等四个环节、七个步骤,具体操作流程如图 20－1 所示。

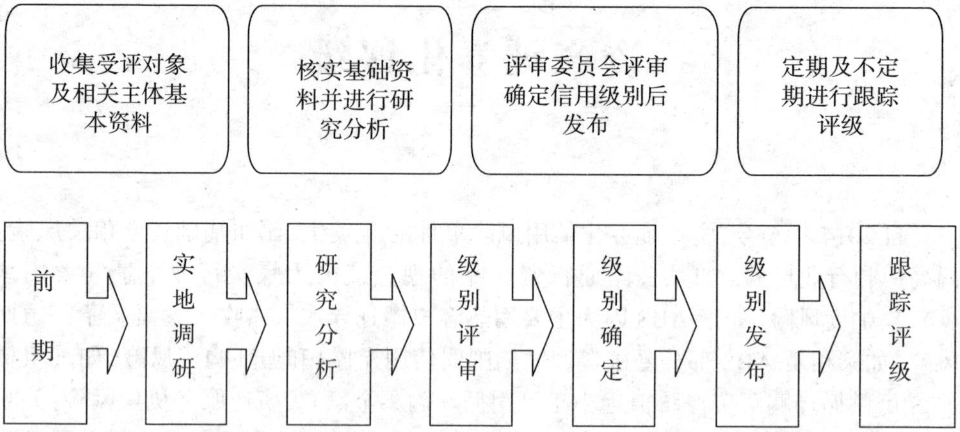


**图 20－1　资产证券化信用评级流程**

## 一、前期准备

资产证券化项目信用评级前期准备阶段主要包括信用评级合同签订、前期资料收集与准备工作。

资产证券化项目的发起人应与被委托的评级机构签订《信用评级合同》，根据监管机构规定，约定工作进度时间与跟踪评级安排等事项，同时向评级机构支付首次评级费用。收到评级费用后，评级公司对委托评级项目立项，并根据项目类型进行人员安排，组建委托评级项目小组，通常项目小组由 3～4 位专业分析师构成，其中 1 人为评级小组负责人。

评级项目小组成立后，应参与项目启动会，了解发行人的基本情况、基础资产类型、产品发行方案并研讨法律文件，对委托评级的资产证券化项目进行前期研究，尽量获取多方面资料和信息。评级项目小组根据前期掌握的资料信息应该制定资产证券化项目的《工作方案及资料清单》。

前期准备阶段是资产证券化评级的重要环节。根据基础资产类型的不同，资产证券化评级可以分为对公债权类资产证券化、个人债权类资产证券化、收费收益权类资产证券化、CMBS/REITs 产品评级。以下以融资租赁类 ABS、消费贷款类 ABS 等项目《工作方案与资料清单》为例，简要列举访谈提纲与资料清单简介。

| 融资租赁类 |
| --- |
| 访谈提纲简介 |
| 1. 公司租赁业务市场近期情况;<br>2. 公司承担的融资租赁项目介绍,公司如何解决项目资金需求问题;<br>3. 公司的融资租赁项目的资产产权如何确定;<br>4. 国内融资租赁相关监管制度的最新动向及公司的应对安排;<br>5. 是否要求支付保证金及其支付比例,能否抵扣租金;<br>6. 本项目基础资产的基本状况,如分散度、历史履约情况等;<br>7. 承租方公司的基本状况、租赁资产介绍、租赁方式、租赁期限、金额和利率等;<br>8. 本项目的外部支持情况,如流动性支持方案等;<br>9. 风险事件发生时公司可能的应对方案和措施;<br>10. 公司租赁项目实施的基本流程,如立项、审核、批准的具体实施流程;租金回收模式及流程;<br>11. 近年来,租赁公司主要投资品种、规模、盈利(损失)、计提减值准备等情况;<br>12. 公司各租赁业务发展情况;目前公司业务产品种类、客户定位、现有客户质量、市场占有率、主要营销手段及盈利情况等;<br>13. 租赁公司业务人员的管理、考核机制及培训情况;<br>14. 租赁公司未来几年业务发展规划及预测;<br>15. 对于历史不良资产的清收处置措施;近年来不良资产处置情况;<br>16. 风险管理的规章制度、监控体系的具体实施方法,是否实现对各类风险的量化管理。 |
| 资料清单简介 |
| 1. 公司成立以来租赁业务各期违约率数据及监控指标;<br>2. 公司风险控制体系相关介绍及制度;<br>3. 基础资产相关现金流历史数据(历月、拆分本金和利息);<br>4. 基础资产租赁合同;<br>5. 现金流预测(拆分本金和利息);<br>6. 承租方近三年财务报表;<br>7. 专项计划相关交易文件;<br>8. 专项计划评估报告(包含现金流与物业估值两部分);<br>9. 原始权益人营业执照、公司章程等基础证照;<br>10. 原始权益人三年一期财报。 |

| 消费贷款类 |
| --- |
| 访谈提纲简介 |
| 1. 目前对消费金融行业影响较大的政策；公司和国内国际其他金融机构的合作情况；<br>2. 消费金融公司未来的发展前景及公司未来需要完善的方面；<br>3. 国内个人消费贷款相关监管制度的最新动向及公司的应对安排；<br>4. 公司产品分类介绍；<br>5. 借款人的主要情况、发放贷款前主要考虑因素；<br>6. 公司的风险价值取向；近年来在风险管理体系建设方面的主要举措及效果；对目前整体风险管理状况的自我评价；当前的宏观经济趋势对公司盈利前景和风险控制的影响及公司采取的对策；<br>7. 贷款审批标准及流程简要介绍；<br>8. 贷款的风险定价模式简要介绍；消费贷款的信用评分系统主要考察因素；<br>9. 市场风险、操作风险和流动性风险的监控体系及其操作流程，具体的实施效果，是否实现对各类风险的量化管理；<br>10. 贷前、贷中、贷后风险管理流程；<br>11. 贷款实行几级分类及其划分标准；不良贷款或者逾期贷款情况，贷款逾期率、违约率、回收率等，逾期贷款处置情况；<br>12. 公司的催收策略和催收方法；<br>13. 未来消费贷款风险管理的工作重点；<br>14. 个人消费贷款历史早偿情况。 |
| 资料清单简介 |
| 1. 基础资产重要指标抽样表；<br>2. 其他与基础资产相关信息，如公司审批的授信业务档案（正常类与不良类）；<br>3. 公司个人消费贷款历史静态池数据（历月）；<br>4. 专项计划交易文件；<br>5. 原始权益人营业执照、公司章程等基础证照；<br>6. 原始权益人三年一期财报；<br>7. 公司相关业务流程及审批授权机制；<br>8. 公司风险控制制度。 |

| 收益权类(电力) |
| --- |
| 访谈提纲简介 |
| 1. 公司主要电力销售区域、电厂调度情况、主供电网、市场占有率情况;公司风电/光伏项目地区分布;<br>2. 用电量增速不断下降、电力需求不景气对公司业务等方面产生的影响;<br>3. 最近一期上网电价调整情况,对公司的影响预测;<br>4. 弃风限电情况,弃风率、弃风量;<br>5. 新增装机情况,计划新增装机量;<br>6. 公司对风电/光伏发电未来发展的看法;<br>7. 电厂主要业务运营区域的电力市场供需情况;<br>8. 电厂目前装机容量及构成情况,在本地区的市场地位;<br>9. 电厂主要电厂、电站的技术水平、营运效率和生产管理情况;<br>10. 电力销售、电价调整、电站建设和市场竞争情况;<br>11. 电厂近三年发电情况(包括发电量、上网电量、上网电价、风机利用率、机组利用小时数、能耗情况、厂用电率、电源结构和装机容量等);<br>12. 发电设备成本(单位造价等)、设备技术指标(单位煤耗、单位水耗、厂用电率等)、设备利用情况(设备利用小时数等)、设备大修情况;<br>13. 电厂技术改造、新技术推广应用情况,对外经济技术交流与合作情况;<br>14. 综合各种情况预计未来几年公司装机规模目标以及每年投资金额;<br>15. 电厂安全生产控制情况,主要安全管理措施;<br>16. 最近几年电厂的重大安全事故情况。 |
| 资料清单简介 |
| 1. 公司作为入池资产的电厂、电站的电源结构、技术水平、营运效率和生产管理情况;<br>2. 公司作为入池资产的电厂的发电设备情况:目前装机容量及构成情况,在各地区的市场地位;<br>3. 公司作为入池资产的电厂主要业务运营区域的电力市场供需情况;<br>4. 未来电力销售、电价调整、电站建设和市场竞争情况;<br>5. 公司作为入池资产的电厂近三年发电情况(包括上网电量、机组利用小时数、能耗情况、厂用电率、电源结构和装机结构等);<br>6. 入池的电厂历史发电明细、购售电合同、电费结算单、增值税发票;<br>7. 应收账款管理机制以及账龄,逾期情况;<br>8. 发电设备成本(单位造价等)、设备技术指标(单位煤耗、单位水耗、厂用电率、非停次数等)、设备利用情况(设备利用小时数等)、设备大修情况;<br>9. 公司作为入池资产的电厂技术改造、新技术推广应用情况,对外经济技术交流与合作情况;<br>10. 公司安全生产控制情况,主要安全管理措施;<br>11. 公司重大安全事故情况;<br>12. 公司非正常停运情况;<br>13. 公司未来财务预测,包括在建发电项目的投融资计划、电价调整的影响、煤价等。 |

| CMBS/REITs |
| --- |
| 访谈提纲简介 |
| 1. 标的资产基本情况介绍:招商情况,主要战略合作伙伴的选择,租户的管理与筛选标准,维护与管理,商户同质化情况;<br>2. 标的资产的运营管理,出租率、平均租金水平,历史租金变动情况及未来租金是否有进一步上调的可能及上调比例等;<br>3. 写字楼是否有免租期,如有,免租期时间多长?租赁是否有保障金/押金等,如有,具体情况是?<br>4. 现有租户的概况,如主力租户运营情况、续租的可能性;租户续租的流程;获取新租户能力;<br>5. 租户租金的缴纳方式及租金归集频率及归集账户;<br>6. 租户的期限;<br>7. 租户价格区间及定价模式;<br>8. 对于租户违约情况的处理措施,例如租户未能及时缴纳租金或要求退租,公司的处置策略,及不同阶段的不同处置,如逾期多少天之内采取催告等手段;<br>9. 租金支付频率;<br>10. 标的资产物业运营成本;<br>11. 公司近期投入的项目情况(包括投入总额、自筹资金、资金来源、项目进展情况);<br>12. 公司未来项目建设计划及拟投资计划及资金来源计划;<br>13. 周边写字楼收入及竞争情况以及未来是否周边有新的写字楼入驻;<br>14. 投资物业增值情况;<br>15. 公司投资商业地产的选择标准;<br>16. 公司对于商业地产的运营管理介绍;<br>17. 负责商业物业的经营主体及其运营情况,近三年经营规模及效益分析;<br>18. 负责酒店的经营主体及其运营情况,近三年经营规模及效益分析;<br>19. 近三年旗下酒店客房分级及数量,入住率,餐厅座位分级及数量,上座率;<br>20. 酒店销售渠道与手段及与主要客户的合作关系等;<br>21. 八项规定以来酒店经营所受影响。 |
| 资料清单简介 |
| 1. 标的资产产权证;<br>2. 土地使用权证;<br>3. 与租户签订的租赁合同;<br>4. 标的物业情况简介;<br>5. 租金收入统计表(包括租户、签约面积、签约金额、支付方式、应缴金额、实际缴纳金额等);<br>6. 专项计划相关交易文件;<br>7. 专项计划评估报告(包含现金流与物业估值两部分);<br>8. 原始权益人营业执照、公司章程等基础证照;<br>9. 原始权益人三年一期财报。 |

## 二、尽职调查

在完成《工作方案与资料清单》之后,为了进一步了解资产证券化项目的信用状况,评级机构项目组将与发行人协商并确定现场尽职调查的具体时间与相关安排。尽职调查工作是资产证券化信用评级的关键环节,是保证评级结果客观公正的重要基础。

### (一)尽职调查的主要工作内容

尽职调查时,评级小组成员会对资产证券化项目所涉及的发行人、差额补足人等主要参与方进行现场考察,对相关人员进行访谈,并形成访谈纪要,最后根据资料清单内容收集相关资料。具体来讲,资产证券化的尽职调查工作至少包括以下两个方面。

1. 现场访谈

现场访谈与考察的时间原则上不少于两个工作日。

访谈对象主要为高层管理人员(民营企业访谈董事长为佳),通过高层管理人员对企业的未来规划判断企业的发展类型是稳健型还是扩张型。针对基础资产类型与其所涉及的业务部门,也需要对主要管理部门负责人、下属重要子公司负责人和高层管理人员等进行访谈。

访谈形式为单个部门单一访谈,不搞圆桌会议形式。评级机构人员会对有疑点的问题反复询问,同一问题咨询不同访谈对象,以求多方验证甄别答案。

另,根据资产证券化业务的需要,评级项目组也会对除发起人以外的机构进行访谈,包括但不限于担保方、基础资产中余额占比超过15%的单一借款人、财政局、国资委等,以确保资产证券化项目的充分尽调。

在访谈之后,评级项目小组应对访谈记录进行整理,并请受访人员确认并签字。

2. 现场考察

现场考察是尽职调查中的重要内容。在尽职调查过程中,应安排适当的时间,对企业的主要生产场地、建设工地、经营场所及重要资产(存货、土地、房产等)进行实地考察。

现场考察主要内容包括现场管理水平、技术装备水平、生产状况、项目进展、现场人员访谈、资料档案抽查等。现场考察的结果应与企业提供的资料、行业信息及现场访谈情况进行对比分析。

### (二)尽职调查的侧重点

不同类型的资产证券化项目,尽职调查的侧重点不同。

1. 债权类资产证券化项目的信用风险主要是相关债务人的违约风险和债务人组合的相关性风险,因此,评级项目组应尽调主要债务人的生产经营场所,考察其管理水平,并对债务人的主管领导进行重点访谈,核实债务人的有关问题。对于占比较大,尤其是入池初始本金余额占比超过15%的单一债务人要进行实地考察,充分揭示因单一债务人风险而带来的项目风险。此外,在债权类资产证券化项目尽职调查中,也应对原始权益人的风险控制流程进行实地考察,并对原始权益人的风险总监等业务领导进行重点访谈,了解原始权益人的风险控制水平。

2. 收益权类资产证券化项目需特别关注基础资产所对应的收费收益权相关影响因素,如对原始权益人的经营场所、管理水平、运营成本、现金流归集途径、收缴情况进行访谈并实地考察,如有必要,评级项目组还会对被评对象的外部主管单位,如财政局、国资委等进行访谈,进一步了解基础资产的现金流情况与原始权益人的稳定运营情况。

## 三、研究分析

### (一)信用分析

基础资产是资产证券化的基础,基础资产的信用质量与资产证券化项目的信用水平密切相关。因此,评级机构需深入分析基础资产的信用风险,判断基础资产池在各种情形或压力下的损失或损失率。根据基础资产的类型不同,基础资产信用分析的方法也不同。

1. 债权类资产证券化项目,评级机构应重点分析基础资产的违约损失,针对违约损失建立风险分析模型。以信贷资产证券化项目为例,资产池通常包括了大量的信贷债权,债务人往往数量众多,涉及不同的行业和地区,因此,在对信贷资产证券化项目进行信用分析时,评级机构不仅应对每笔债权资产的违约损失进行逐一分析,而且应结合债务人的行业分布、地区分布、相关性等统计资料对资产池的违约损失进行综合建模分析。

2. 收益权类资产证券化项目,评级机构需重点分析影响基础资产未来收益的相关风险因素,比如原始权益人的差额补足能力、担保方的担保力度等,针对未来收益建立风险分析模型。

同时,评级小组成员还应该在分析基础资产之外进行多维度分析,从包括原始权益人等主要参与方、交易结构、现金流与压力测试、法律因素等全方位考量,形成

《信用评级报告》初稿。在完成信用分析之后,评级项目组会对被评对象的信用等级进行总体判断。

(二)级别评定流程

评级机构的信用评审委员会以上会投票的方式决定被评对象的级别。基于被评对象的级别,评级项目小组完成《信用评级报告》征求意见稿,并向资产证券化的发行人发送征求意见稿。若发行人在收到征求意见稿对评级结果无异议,评级公司则可出具正式《信用评级报告》;若发行人有充分理由认为评级结果与实际情况存在较大差异,可在规定期限内提出复评申请,并提供相应的补充材料。复评仅能申请一次。评级机构的信用评级专业委员会给出的复评结果为最终的评级结果。

## 四、跟踪评级

评级机构在初次评级之后,通过对被评对象的定期或者不定期调查,收集资料,对影响被评对象信用状况的信息进行分析,及时、有效地提示信用风险的变化情况,并出具定期或者不定期跟踪评级报告。在存续期内,跟踪评级对资产证券化的发行人与相关机构可以起到持续监督的作用。

(一)跟踪评级时间安排

根据不同监管机构的要求,跟踪评级的时间安排有所差异:

1. 根据中国人民银行、中国银保监会的有关规定,在评级对象有效存续期内,评级机构应当于资产支持证券存续期内每年的7月31日前披露上年度的定期跟踪评级报告,并应当及时披露不定期跟踪评级报告;

2. 根据中国证监会2014年11月21日发布的《证券公司及基金管理公司子公司资产证券化业务信息披露指引》的有关规定,评级机构应于资产支持证券存续期内每年的6月30日前向合格投资者披露上年度的定期跟踪评级报告,并应当及时披露不定期跟踪评级报告;

3. 根据中国银行间市场交易商协会2016年12月发布的《非金融企业资产支持票据指引》,发行载体应与信用评级机构就资产支持票据跟踪评级的有关安排做出约定,于资产支持票据存续期内每年的7月31日前向投资者披露上年度的跟踪评级报告,并及时披露不定期跟踪评级报告。

(二)跟踪评级关注点

不同类型的资产证券化项目,跟踪评级的关注点也不同。

1. 债权类资产证券化

债权类资产证券化产品主要以过手或固定摊还本金的方式来偿还。正常情况下,随着现金流的流入,存续期内优先档或者中间档产品本金得以偿付,次级资产支持证券对优先档及中间档的支持力度增大,但同时需要注意的是,随着本金的摊还,入池基础资产的行业集中度、地区集中度,剩余期限的集中度均大幅提高,尤其是单一债务人占剩余本金的比例会有显著提升,若发生负面事件或者违约事件,将影响资产证券化产品剩余本金的摊还。

2. 收费收益权类资产证券化

收费收益权类资产证券化产品具有较强的行业和区域风险。跟踪评级期间,评级机构应关注在宏观经济下行阶段的行业风险传染。如果传统顺周期行业的资产证券化产品因为收到风险传染导致基础资产产生的现金流不足以按时还本付息,或将触发信用等级的下调。另外,年度内基础资产产生的现金流较评估预测数据下降 20% 的,则应为重大风险事件进行披露。

3. 房地产类资产证券化

跟踪评级期间,评级机构应关注租金收入和物业费回收情况,是否发生产品实际租金收入低于预测值的情况;关注资产服务机构是否有延迟转付的事件;关注信用资质较弱的原始权益人或者增信方是否有履约能力;关注物业资产评估价值波动情况等。

## 第二节 资产证券化的评级关注点

不同基础资产的评级方法有所不同,笔者以大公评级方法为例进行介绍。大公资产证券化评级方法充分考虑了我国经济和资本市场特点,主要对资产证券化产品的四个方面进行分析:基础资产池分析、交易结构分析、主要参与方分析、法律分析。

资产证券化基础资产类型极为多样,按特征可分为多种产品类型,每种产品风险特点及表现迥然不同,风险评估方法也有明显差异。笔者就资产证券化的主要类型,择其要者,简述如下:

### 一、债权类资产证券化评级方法

债权类资产证券化项目涉及的基础资产通常是金融机构或者公司债权,可划分为对公贷款类债权和个人消费/抵押贷款类债权。债权类基础资产的债权债务关系较为清晰,名义金额确定,其信用风险主要由基础资产的相关债务人的还款能力与还款意愿决定。

债权类资产证券化产品的基础资产分类、主要发行主体和底层资产类型，如图20－2所示。

**图20－2　债权类资产证券化产品的基础资产分类、主要发行主体和底层资产类型**

债权类资产证券化评级方法主要以信用风险形成的客观规律为依据构建，主要包括四大评级要素：产品环境、基础资产定性分析、偿债来源定量测算和偿债能力分析。方法的构建逻辑如下：

1. 产品环境

资产支持证券完全依赖机制设计及法律文件支撑，主要参与方根据合同规定行使各自职责。产品环境决定了产品能否成功发行及稳定存续。产品环境要素将定性分析影响资产支持证券信用水平的内、外部制度性因素的合理性和有效性。

大公主要从内外部政策与法律要素、交易结构及参与各方的尽职履约能力三个方面考察产品环境。

2. 基础资产定性分析

资产支持证券本息偿付的来源是基础资产产生的现金流。大公主要从资产池中每笔债权对应债务人的偿债能力、资产特征及缓释手段,资产池的单一债务人集中度、行业及地区集中度、账龄、剩余期限、利率等方面考察基础资产池的偿债能力。

3. 偿债来源定量测算

在对基础资产定性分析的基础上,定量测算预期损失和信用增量。评级机构通过组合信用质量测算模型来测算基础资产池因违约而承受的信用损失,以损失分布的形式呈现。根据信用损失计算信用增量。信用增量是为避免证券持有者遭受资产池信用损失而提供的信用保护水平。

4. 偿债能力

偿债能力包括对总量偿付能力和期限偿付能力的定量测算,以及最终的仿真模拟测试。评级机构需结合交易结构设计及各类风险要素构建现金流模型。总量偿付能力是指从总量上测算实际可获得的偿债来源对受评各档证券偿付要求的覆盖能力。总量偿付能力用于评估可获得的信用增量能否满足各目标评级压力情景下的违约损失。期限偿付能力是测算压力情景下资产池各期现金流流入能否覆盖受评证券的各期现金流流出。

债权类项目评级分层的重要参数为:违约概率、回收率和相关性系数。具体而言,债权类项目关注点如下。

### (一)公司贷款类资产关注要点

1. 债务人资信水平。评级公司通过对每笔基础资产的债务人进行影子评级借以反映借款人资信水平。

2. 债务人集中度。债务人分散度越高,分层的效果越好。

3. 债务人所处的地区及行业分散性。

4. 贷款的账龄及剩余账龄。贷款账龄越长,剩余期限越短,债务人违约成本越高。

5. 贷款的增信措施。抵押、质押、保证担保等有利于提升贷款违约后的回收率。

6. 贷款还本方式。

### (二)公司贷款类资产证券化评级方法

1. 模型的基本理论

对于资产组合来说,由于资产组合中的不同资产存续期不同,因此需要产生随机变量,模拟违约时间,且资产池中资产之间的违约存在相关性,需要产生相互关联的随机变量。通过 Copula 函数和资产池中每笔基础资产的边际违约概率并结合蒙特卡罗(Monte Carlo)模拟方法得到资产池的联合违约概率分布。模拟出整个资产池的联合违约概率分布图后,根据目标信用等级的违约概率,确定资产池在每个目标信用等级下的违约比率,即目标评级违约比率,结合资产池的回收率,可以得出在目标信用等级下资产池的预期损失,即各目标信用等级下所需要的信用增量水平。

2. 模型的运算方法

蒙特卡罗模拟的基础资产信用质量测算方法基本过程为:

(1)计算每笔基础资产的条件违约概率

大公根据单笔基础资产在每一年的累积违约率确定其每年的条件违约率,表征了在第 N 年之前尚未违约的资产在第 N 年违约的概率。就第一年而言,条件违约率等于边际违约率,对于此后第 i 年,条件违约率为:

$$P_i^M = \frac{P_i^C - P_{i-1}^C}{1 - P_{i-1}^C}$$

其中:$P_i^C$表征的是第 $i$ 年的累积违约率;$P_i^M$表征的是第 $i$ 年的边际违约率。例如,假设信用级别为 A 的资产其第 4 年和第 5 年的累积违约率分别是 1.98% 和 2.38%,则其第 5 年的条件违约率为 0.41%。

(2)确定每笔基础资产在每个阶段(以产品现金流支付期划分)的违约阈值

大公假设基础资产价值服从正态分布,将每笔资产的条件违约率进行逆正态累积分布变换得到违约阈值,即每笔资产违约与否将由此阈值所决定。延续前一步所举例子,信用级别为 A 的资产在第 5 年的违约阈值是:

$$\phi^{-1}(0.41\%) = -2.644$$

(3)模拟生成关联随机数

假设资产池包含 $N$ 笔资产,利用蒙特卡罗方法生成 $N$ 个独立标准正态分布随机数,将债务人、行业、地区相关性确定的关联矩阵进行 Cholesky 分解,利用此分解矩阵与生成的标准正态随机数,得到关联正态分布随机数,模拟入池资产价值。

(4)确定哪笔资产发生违约

将上述模拟生成的各资产价值(关联正态分布随机数)与相应违约阈值进行比较。如果关联随机数小于阈值,则假定相应资产发生违约,该资产将被记录并于下一阶段移出资产池。

(5)整合模拟结果

整合每阶段模拟结果,确定在 CDO 产品交易期内违约资产情况,包括资产在哪一阶段发生违约,发生违约时资产未偿本金金额情况,确定资产池的违约率、回收率和损失率。

(6)确定资产池违约分布和损失分布

重复步骤1~5若干次(比如100,000次),得到资产池违约分布、损失分布情况和预期违约资产违约时间分布情况。

## (三)个人消费类贷款资产证券化评级方法

评级过程中的定量分析模型主要包括组合信用风险分析模型和现金流分析及压力测试模型,用于考察基础资产组合信用风险和压力情景下基础资产产生的现金流能否足额偿付证券投资者利息和本金,从而通过量化分析方法确定受评证券信用等级。

1. 模型的基本理论

此类基础资产池具有资产同质性强、数量众多、分散度极高等特点,个别资产的违约不会对整个证券化资产池造成实质性影响,其违约及损失分布具有稳定的统计特性。经过对样本数据的分析,验证了资产池累计违约率能够服从对数正态分布。因此,评级过程中不对入池贷款进行逐笔分析,而是通过构建与证券化资产池具有相似特征的静态样本池,以多个静态样本池的历史信用表现为基础,模拟证券化资产池的未来信用表现。与证券化资产池特征相似的静态样本历史数据的充分性,可以确保由其估计得到的违约分布和损失分布参数的稳健性。

2. 模型的运算方法

基于基础资产违约比率和损失比率服从对数正态分布的理论基础,利用静态样本池历史数据估计出其违约分布和损失分布的参数($\mu$和$\sigma$)和基础资产加权平均回收率,并根据资产池信用风险特征、静态样本池和证券化资产池的特征差异、宏观经济变化趋势、行业发展状况、贷款服务机构风控能力等方面的因素对分布的参数$\mu$和$\sigma$进行调整,从而最终确定基础资产的违约分布和损失分布。参照累计违约率表,得到不同信用等级对应的累积违约概率水平下证券所需承受的资产池目标违约比率TDR(Target Default Rating)。

由于组合信用风险分析过程中没有考虑超额利差形成的超额抵押、流动性支持和信用触发事件等交易结构特点,以及压力情景下基础资产产生的现金流在各时点对受评证券本金和利息的覆盖程度,因此需根据交易约定的交易结构和特定压力条件进行现金流分析及压力测试,测算出使受评证券在特定压力条件下本息不违约的最大违约比率,即临界违约率。基于各优先档证券临界违约率大于目标违约比率TDR的评级标准,得到由量化模型决定的指示信用级别。现金流模型的原理和构建与CLO相似。

具体操作方面，对于组合模型，以拖欠30天以上作为判定违约的标准，统计每个静态池在统计期末的累计违约比率。理论上，与证券化资产池特征相似的静态样本池提供了累计违约信用表现，但在实际操作中，静态池历史数据期限可能无法全部跨越整个证券存续期，从而不一定能够真实地反映证券化资产池在未来一段时间内的信用波动状况，因此，需参考行业平均水平，并结合静态池自身违约率增量的变化规律对其进行样本数据的推测，得出每个静态池在存续期末的累计违约比率。通过对静态样本池的历史数据进行分析，得出资产回收率的平均水平。

3. 静态样本数据选取要求

静态样本池数据信息质量会对基础资产信用质量的评估产生重要影响。对静态样本池历史数据质量的考察要素主要包括：完备性、无偏性、分散性、代表性和一致性。

完备性要求静态样本池的历史信用表现应包含各期贷款的拖欠、回收、核销以及提前偿还信息；无偏性要求静态样本池数量应达到30～50个，足够多的静态样本池有利于降低参数估计的相对误差；分散性要求单个静态样本池中平均单笔贷款占比很低；代表性要求静态样本池中资产应为随机抽取，或者包括发起人在某一时间段发放的所有类似的贷款组合，主要用于规避发起机构有倾向性地选择资产，且尽量使所选贷款组合的期限覆盖资产池存续期或完整的经济周期；一致性一般要求静态样本池的资产特征（如贷款价值比、贷款类型等）与证券化资产池尽可能相似，并且贷款的发放标准具有一致性，静态样本池所经历的外部经济环境与证券化资产池所处环境相似。

### （四）现金流压力测试

现金流分析是评级过程中重要的一步。通过现金流测试测算资产池于每个时点产生的现金流能否满足证券按时还本付息的要求，确定各档证券信用增量的水平是否能够支持该档证券的信用等级。

现金流模型需要根据特定的交易结构来构建，需要考虑优先级本息偿付计划、税收和相关费用、超额利差、加速清偿事件触发机制及违约事件触发机制等。现金流压力测试的主要加压因素包括：提升违约率、提高各档证券的预期收益率、降低回收率、调整违约时间分布、调整回收时间分布及早偿率等，以测试在不同压力情境下的临界违约比率。将现金流压力测试下的临界违约比率和经过蒙特卡洛模拟的目标评级违约比率进行对比，若临界违约比率大于或等于目标评级违约比率则可以通过现金流压力测试。

## 二、收费收益权类资产证券化评级方法

目前,市场上的收费收益权类资产证券化产品的基础资产类型、主要发行主体和底层基础资产情况如图 20－3 所示。

**图 20－3　收费收益权类资产证券化产品的基础资产类型、主要发行主体和底层基础资产**

收费收益权类资产往往依附于单一的经营实体或独立的实物资产而获取经济利益,如水电气公用事业、收费路桥、公园景区、物业租金等,未来现金流的多少受到外部诸多因素的影响,其未来现金流的名义金额无法确定。因经营实体或实物资产的运行情况关系到未来现金流是否稳定,与债权类资产证券化项目相比,收费收益权类资产证券化项目须特别关注影响未来收益水平的相关因素。

收益权类资产证券化评级方法主要考虑基础资产未来产生的现金流对产品发行规模的超额覆盖。由于收费收益权类资产证券化现金流尚未明确，基础资产现金流与原始权益人经营管理密切相关，需要依据原始权益人未来经营情况进行分析，因此不可预计的经营风险以及现金流测算风险较债权类资产证券化风险要大。针对基础资产不同类型进行分类，深入研究基础资产所处行业的未来发展前景，针对构成收入的具体指标进行分析，同时考量原始权益人的运营能力、现金流历史记录稳定性进行未来现金流测算，分析产品的偿债能力。

在收益权类资产证券化项目的评级实务中，需要关注很多特殊的分析要素，以下对评级实务中需要关注的主要风险点及缓释措施进行分析。

### （一）现金流不稳定性风险

收费收益权类资产证券化产品还本付息的来源为基础资产产生的现金流，基础资产的稳定性越差，评估预测过程中产生的偏差就越大。

为规避现金流不稳定性，尽量选择稳定性较好的基础资产，从源头上规避上述风险；提高各期现金流入对当期应付本息的覆盖倍数；尽可能多地沉淀部分资金在资产证券化产品托管账户中，缓释当期现金流骤降而本息不能按时足额偿付的风险；针对基础资产类型的差异，适当提高信用增级所需的现金流入对应付本息的覆盖倍数。

### （二）资金归集与资产混同风险

从资金归集频率来讲，收费收益权类资产证券化产品因基础资产现金流入分布时间不同而形成不同的归集频率，如供热收费收入主要集中于每年的 10 月至次年的 3 月。因原始权益人等资产服务机构主体实力不同，为保障现金流的稳定性，主体级别 AA 的资产服务机构的归集频率主要按月或者按季归集，按季还本付息。

从现金流归集形式来讲，不同基础资产资金归集形式不同，如通行费收入、门票收入、公交票务收入等归集形式相对较为简单，而供水费、燃气费、供热费等资金归集却相对多样，主要原因在于其缴费方式的多样性，比如消费者营业厅现金缴纳、银行柜台缴纳、自助缴费系统缴纳、网上银行缴纳、短信缴纳等。资金流入的账户众多，缴费时间又可能提前或延迟，致使资金归集的数据具有一定的不确定性，进而影响了现金流的相关数据。

资金混同风险是指基础资产产生的现金流与原始权益人其他资金产生混同，是收益权类资产证券化中最为常见的风险。为规避资金混同风险，基础资金收入优先划入监管账户，非经计划管理人同意，原始权益人不得使用其他任何银行账户收取基础资产产生的收入，监管账户不得变更、撤销，同时，提高资金归集频率。

（三）抵质押风险

1. 收益权处于抵质押的风险

未来收益权是否处于抵质押状态是该类资产证券化产品评级中的考虑因素之一。因收益权无法分割，不能实现部分收益权的转移，若收益权处于抵质押状态，会给专项计划带来法律风险。如果收益权处于抵质押状态，则专项计划管理人应在相关文件中明确约定，产品成立时须及时解除收益权的抵质押。

2. 产生收益的固定资产被抵质押的风险

若产生收益的固定资产处于抵质押状态，则原始权益人发生风险无法偿还相关债务时，有关权利人可以依据相关合同处置该固定资产，使专项计划面临较大的风险，故专项计划必须通过交易条款的特殊设置缓释该风险。例如，某公园入园凭证资产证券化项目规定，如果土地使用权被处置则专项计划提前终止，这在一定程度上有利于保护投资者，增强资产证券化产品安全性。

（四）基础资产运营成本不足的风险

收费收益权类原始权益人大多为具有公益性质的公用事业类企业，营业成本支出规模较大，若原始权益人的运营成本未在产品的相关文件中做相应安排，有可能影响原始权益人的正常运营，进而影响基础资产未来现金流。目前，计划管理人主要采取三种方式规避该类风险：由原始权益人母公司或是担保公司来承担上述成本；扣除运营成本，采用净收入的方式计算未来现金流；设计储备金账户，来应对未来营运成本的支付。

## 三、不动产类资产证券化评级方法

商业不动产类资产证券化主要为商业房地产抵押贷款支持证券（CMBS）与房地产投资信托基金（REITs）。两种类型的资产证券化产品在物业产权、是否能实现出表等方面存在较大的区别，具体如表 20－1 所示。

**表 20－1　商业房地产抵押贷款支持证券（CMBS）与房地产投资信托基金（REITs）比较**

| CMBS 和过户型 REITs 对比 | | |
|---|---|---|
| 类型 | CMBS | 过户型 REITs |
| 物业产权是否过户 | 否 | 是 |
| 是否出表 | 否 | 是 |
| 是否缴纳土地增值税 | 否 | 是 |
| 破产隔离 | 否 | 是 |

### (一)商业房地产抵押贷款支持证券

CMBS产品多采用信托贷款形式的双SPV结构,并以商业房地产抵押、商业房地产未来收入进行质押等作为信托贷款还款来源,以信托受益权作为基础资产设立资产支持专项计划。

CMBS底层资产是向借款人发放贷款并形成的债权。虽然支撑CMBS的现金流是底层物业资产未来收益产生的现金流,但底层物业的所有权、未来租金受益权等相关权益并不直接作为底层基础资产,而是以附属担保权益方式构成CMBS底层基础资产。房地产商仍然保留对底层物业资产的所有权,因而在考虑CMBS评级时,发行人或其担保方的主体评级较为关键,是CMBS评级的重要基础。评级机构主要考察标的物业产生的净运营收入对于优先级本息的覆盖倍数(DSCR),并在发行人或保证人的主体评级基础上进行增级。

### (二)房地产投资信托基金

过户型REITs的显著特征是标的物业资产所有权的变更,标的物业资产由原物业持有人交易至专项计划的SPV项下,实现资产真实出售。为了规避我国不动产交易环节中高额的土地增值税和契税,类REITs业务在交易结构中通常安排原物业持有人交易标的物业资产所在项目公司股权至SPV,而非直接交易物业资产本身。投资人通过投资REITs产品间接获得标的物业资产的所有权。

类REITs产品中,SPV通过购买项目公司股权和发放委托贷款的形式将募集资金发放给发行人,标的物业同时对委托贷款提供抵押担保。

国内类REITs产品一般都会选择在SPV和项目公司之间增设一层契约型私募基金,其原因如下:第一,为后续通过公募REITs产品退出提前搭建载体;第二,可引入专业地产投资机构作为私募基金管理人,负责标的物业的运营管理。

类REITs产品分为偏股型REITs和偏债型REITs两类。偏股型REITs的证券产品总期限较短,一般控制在10年以内,采取固定存续期+资产处置期的交易安排。产品存续期间,证券只分配收益,到期一次性还本。偏债型REITs证券会设计为优先A级和优先B级两档,其中优先A级证券每年按计划还本付息,优先B级证券期间付息,到期一次性还本。证券期限通常为18年,对于优A先级资产支持证券设置固定期限(一般为3年)开放期;对于优先B级证券则对发行人或其关联方赋予固定期限(一般为3年)按票面价格(或约定价格)优先回购证券的权利,在保障发行人对标的资产具有控制力的同时降低了发行成本。具体如表20-2所示。

**表 20－2　偏股型 REITs 和偏债型 REITs 的区别**

| 偏股型 REITs 和偏债型 REITs 对比 | | |
|---|---|---|
| 项目 | 偏股型 | 偏债型 |
| 本息偿付方式 | 优先级各档证券期间分配收益,本金到期一次性偿还 | 优先 A 级证券每年按计划还本付息,次优级证券期间付息 |
| 净租金收入分配方式 | 用于偿付优先级证券每年预期收益和次级收益 | 用于偿付优先 A 级证券每年应付本金、利息 |
| 优先级发行规模 | 按标的物业公允价值的一定比例发行 | 标的物业公允价值 |
| 期限 | 通常设置在 10 年以内 | 通常为 18 年,固定期限设置开放期 |
| 代表产品 | 首誉光控—光控安石大融城资产支持专项计划、中银招商—北京凯恒大厦资产支持专项计划 | 恒泰浩睿—海航浦发大厦资产支持专项计划、中信华夏苏宁云创资产支持专项计划、中信皖新阅嘉一期资产支持专项计划 |

本金退出方式不同是两种证券设计思路的核心差异。偏股型 REITs 本金的退出方式一般为处置期通过直接或间接处置标的物业或项目公司股权实现证券投资本金的退出,主要处置措施为发行人或指定机构按照届时公允价值回购项目公司股权或基础物业产权或在相关政策出台后,通过发行公募 REITs 产品市场化出售契约基金份额或项目公司股权或基础物业产权等。优先级证券利息均由物业的净运营收入来偿付。对于偏债型 REITs,优先 A 级证券本金及利息都是由物业的净运营收入来偿付的,同时在每个固定期限开放期有权回售证券,引入发行人或高评级关联机构提供流动性支持。对于优先 B 级证券,通常设置优先收购权人支付较高的权利维持费使其具有较强的回购意愿。优先 B 级证券的本金、利息均来自优先收购权人的权利维持费。

由于交易结构设置的差异,针对两种类型的 REITs 产品,评级思路自然也有所不同。对于偏债型 REITs,评级机构需要考察标的物业的净运营收入对于优先 A 级证券本金及利息的保障程度,覆盖倍数(DSCR)越高,未来越能有效抵抗净运营收入出现的波动。优先 B 级证券的本息都是由权利维持费支付,因此,优先 B 档证券级别等同于优先收购权人级别。总体来看,偏债型 REITs 产品更适用于可引入强主体信用的项目。

偏股型 REITs 的评级思路是着重考察标的物业净运营收入对于优先级各档证券的覆盖倍数(Debt Service Coverage Ratio,DSCR)以及优先级各档本金和物业估值的比值(Loan to Value,LTV),以此来确定目标信用等级下各档证券所需要的分层。设置 DSCR 及 LTV 需要关注标的物业的资产类型、物业所在区域、该区域经济发展状况、该区域商业地产的供应量、物业管理人的运营能力等指标,以上指标通过影响标的物业的出租率及单平米物业的租金收入,进而影响标的物业的净营运收入及估值。偏股型 REITs 对发行人主体评级依赖程度相对较小,但是,仍需要考虑开放期是否有评级较高的机构对证券做流动性支持,防止因大规模回售导致的流动性风险。总体来看,偏股型 REITs 产品适用于标的物业资产较好项目,基础物业通常位于核心城市的核心地段,处置能力较强。物业评估值应对优先级各档证券本金形成显著的超额覆盖(1/LTV),且基础物业在产品存续期间具有较好增值预期。

## 第三节
## 资产证券化信用评级案例

限于本书的主旨和篇幅,笔者仅摘取信贷资产证券化、资产支持专项计划中的两个信用评级报告,揭示其评级的脉络,以便读者能够大概了解资产证券化信用评级的评级原理,但不对信用评级的具体方法、评级过程等技术问题、细节问题进行探讨,有兴趣的读者请参阅其他书籍。

### 一、信贷资产证券化信用评级案例

以个人消费贷款证券化为例。《捷赢 2017 年第一期个人消费贷款信贷资产支持证券优先档资产支持证券信用评级报告》(大公报 CYD【2017】656 号)的出具机构为大公国际资信评估有限公司,其主要内容如下:

#### (一)结构摘要

优先级资产支持证券:种类、信用级别、总额、预期到期日、票面利率、付息方式、本金偿还方式、基础资产等(略)。

#### (二)主要参与方介绍(略)

#### (三)评级意见

以捷信消费金融有限公司发放的符合入池资产合格标准、自初始起算日 2016 年 11 月 18 日未偿本金余额为 1,282,977,397.70 元的 428,463 笔个人消费贷款为基础资产,大公对本项目进行了信用评级,确定优先档资产支持证券中优先 A 档资产支持证券和优先 B 档资产支持证券信用等级分别为 $AAA_{sf}$ 和 $AA+_{sf}$。

大公上述信用等级的评定是建立在对基础资产信用质量、交易结构稳健性、信用增信措施和主要参与方能力的综合分析评价后，对优先A档资产支持证券和优先B档资产支持证券预期收益获得按期足额支付和本金于法定到期日或之前获得足额偿付的可靠性的判断。

1. 正面

基础资产借款人数量很多，单个借款人单笔贷款余额占比极低，均不超过0.004%，贷款余额分散度很高；

基础资产贷款加权平均利率较高，存在较高的超额利差，同时本项目存在较高的贷款管理费，为优先档资产支持证券本息偿付提供一定的信用支持；

本项目采用优先/次级结构的内部增信措施，优先A档资产支持证券获得优先B档资产支持证券和次级资产支持证券24.94%的信用支撑，优先B档资产支持证券获得次级资产支持证券13.25%的信用支撑；

贷款管理费作为基础资产入池，能够为本项目优先档资产支持证券的本息偿付提供额外的信用支撑，考虑贷款管理费后，优先A档资产支持证券获得优先B档资产支持证券、次级资产支持证券和贷款管理费39.80%的信用支撑，优先B档资产支持证券获得次级资产支持证券和贷款管理费29.59%的信用支撑；

本项目基准日与信托预计设立日之间沉淀部分贷款本息，能够为本项目优先档资产支持证券的本息偿付提供一定的信用支持；

本项目设置流动性储备账户，同时信托账户中本金分账户和收入分账户设置交叉互补交易机制，能够缓释本项目的流动性风险。

2. 关注

基础资产借款人对应的贷款未偿本金余额所属地区较为集中，本项目存在一定的地区集中度风险；

基础资产加权平均账龄较短，加权平均剩余期限较长，风险暴露期相对较长；

本项目执行过程中面临一定的资金混同风险、流动性风险，为本项目存续期内带来一定的不确定因素；

国内消费贷款违约率、回收率等相关数据积累有限，资产池现金流预测的准确性受到一定影响。

### (四)交易基本结构

本项目资产支持证券的发行是基于如下结构性融资安排：发起机构捷信金融发放的、符合交易文件入池资产合格标准规定、自初始起算日2016年11月18日未偿本金余额为1,282,977,397.70元的428,463笔个人消费贷款资产(以下简称“基础资产”)作为信托财产，委托给受托机构华润深国投，由其根据双方达成的《捷赢

2017年第一期个人消费贷款信贷资产证券化信托之信托合同》（以下简称《信托合同》）规定，设立捷赢2017年第一期个人消费贷款信贷资产证券化信托。华润深国投作为发行人以上述信托财产为支撑，在全国银行间债券市场公开发行优先A档和优先B档资产支持证券。

### （五）资产支持证券

本项目发行总额为1,282,977,397.70元，分为优先A档资产支持证券、优先B档资产支持证券和次级资产支持证券。优先A档资产支持证券、优先B档资产支持证券票面利率均为固定利率，通过簿记建档方式予以确定。优先档资产支持证券本金的偿付方式为按月过手摊还，在优先档资产支持证券的预期收益和本金清偿完毕之前，次级资产支持证券的本金不参与分配。

### （六）交易结构分析

1. 现金流支付机制

信托设立后，受托机构根据《信托合同》以其名义在资金保管机构开立独立的信托账户。信托账户根据资金不同用途分别下设信托付款账户、信托收款账户、信托（流动性）储备账户、信托（混同和抵销）储备账户、信托（服务转移和通知）储备账户和信托（税收）储备账户。

2. 现金支付顺序

在未发生违约事件时，分布于收入分账户和本金分账户的回收款将按照现金支付顺序进行分配。

在发生加速清偿事件后，现金流将开始加速分配，所有余额转入本金分账户用于偿付资产支持证券本金。在发生违约事件后，回收款将全部被集中，在支付完毕信托税收、中介机构的报酬和费用后，按照A档资产支持证券、B档资产支持证券和次级资产支持证券的顺序依次进行偿付。

违约事件与加速清偿事件针对个别触发条件进行了互补设计，即有控制权的资产支持证券持有人大会决定不宣布发生违约事件时启动现金流加速分配，否则按照违约事件的现金流支付顺序分配。

上述现金流支付机制的设置明确了资产池现金流在各种情形下信托账户各下设账户间的分配以及税费和资产支持证券的偿付顺序，保障了现金流的有序管理和结构安排。

3. 交易结构风险

（1）资金混同风险

资金混同风险产生于贷款服务机构，贷款服务机构财务状况或信用状况恶化甚至破产时，信托财产与贷款服务机构自有财产混同，而给信托资产造成损失。大公认为本项目的资金混同风险较小，在证券存续期内发生贷款服务机构解任的可能性很小。

(2)流动性风险

流动性风险是指基础资产当期现金流入不足以支付优先档各档资产支持证券的应付利息而使优先档各档资产支持证券利息偿付违约的风险。本项目的流动性风险主要来自于基础资产逾期导致无法及时支付优先档资产支持证券利息。

本项目通过设置信托(流动性)储备账户，同时在信托账户设置了本金分账户和收入分账户交叉互补的交易机制，能够在一定程度上缓释流动性风险。同时，大公在现金流分析中模拟了基础资产违约及回收后置等情景，进而综合考察基础资产拖欠偿付对优先档资产支持证券利息及时偿付的影响。

(3)早偿风险

本项目用于分配的现金流来自于基础资产贷款本金、利息和贷款管理费的偿还。早偿虽然会增加当期的现金流入，但会减少后期的利息流入，削弱利差支持，影响产品现金流量的稳定。根据捷信金融与贷款借款人签订的《贷款合同》，借款人有权提前偿还贷款，但捷信金融将收取一定比例的罚金，这将在一定程度上降低早偿率。同时，大公在现金流模型分析及压力测试情景下，综合考虑了早偿对产品现金流的影响并在基准情景下进行加大幅度的压力测试，缓释了早偿对本项目带来的风险。

(4)贷款服务机构变更风险

贷款服务机构变更风险产生于贷款服务机构辞任、解任事件，可能造成本项目资产损失。基于对本项目贷款服务机构捷信金融的评价，大公认为发生贷款服务机构变更的可能性较小，即使出现变更，根据《服务合同》的约定，将由有控制权的资产支持证券持有人大会立即任命符合贷款服务机构合格标准并愿意担任贷款服务机构的后备贷款服务机构，捷信金融也会尽职履行相应的机构转换、交接工作以及协助责任，并承担相关全部费用和支出，大公认为本项目贷款服务机构变更风险较小。

(5)受托机构变更风险

受托机构变更风险产生于受托人辞任、解任事件，可能造成信托资产损失，基于对本项目受托机构华润深国投的评价，大公认为发生受托机构变更的可能性很小。即使出现变更，根据《信托合同》的约定，将由有控制权的资产支持证券持有人大会立即任命符合受托机构合格标准并愿意担任受托机构的继任受托机构，华润深国投也会尽职履行相应的机构转换、交接工作以及协助责任，并承担相关全部费用和支出。大公认为本项目受托人变更风险很小。

### （七）信用增级措施

1. 优先级/次级结构分层

优先A档资产支持证券获得优先B档资产支持证券和次级资产支持证券共计24.94%的信用支撑，优先B档资产支持证券获得次级资产支持证券13.25%的信用支撑，具有一定的内部增信作用。

2. 超额利差及管理费

基础资产存在较高的超额利差及贷款管理费为优先档资产支持证券的本息支付提供了一定的信用支持。

3. 资金沉淀

本项目初始起算日为2016年11月18日，信托预计设立日为2017年3月23日，期间会有部分贷款到期，同时基础资产的还款方式为等额本息，信托设立日能够沉淀部分贷款本息，扣除相关税费后能够为优先档资产支持证券的本息偿付提供一定的信用支持。

### （八）资产池信用质量分析

本项目交易文件针对基础资产中的每一笔贷款在初始起算日和信托财产交付日（以下各项对时间另有说明的除外）应符合合格标准。

资产池特征分布：截至初始起算日2016年11月18日，基础资产均为捷信金融发放的个人消费贷款，共计428,463笔，其中有部分借款人与捷信金融签订多份借款合同，因此实际借款人数量为426,739户，基础资产未偿本金余额共计1,282,977,397.70元。基础资产概况如表20－3所示。

**表20－3　基础资产概况**

| 基础资产概况 | |
|---|---|
| 基础资产笔数 | 428,463笔 |
| 借款人数量 | 426,739户 |
| 基础资产未偿本金余额 | 1,282,977,397.70元 |
| 单笔贷款最高未偿本金余额 | 50,000元 |
| 贷款平均未偿本金余额 | 2994.37元 |
| 贷款本息偿付方式 | 等额本息 |
| 贷款加权平均账龄 | 5.67个月 |

续表

| 基础资产概况 | |
|---|---|
| 贷款加权平均剩余期限 | 20.41 个月 |
| 贷款最短/最长剩余期限 | 3.35/59.84 个月 |
| 贷款现行加权平均利率 | 20.95% |
| 加权平均贷款年管理费率 | 9.19% |
| 贷款地区分布 | 26 个省(直辖市或自治区) |
| 借款人加权平均年龄 | 29.45 岁 |

### (九)资产池现金流预测

1.信用质量测算

大公关于本项目资产池信用质量的测算工作是基于入池资产信用分值、违约率、违约后的回收率、提前偿付率等。违约率、回收率和提前偿付率的确定主要是根据原始权益人同类贷款历史数据、入池资产特征、国际评级机构相关指标、宏观经济整体情况等。

本项目基础资产池具有笔数多、分散性较好、同质性强等特点,其累计违约率分布满足服从对数正态分布的前提假设条件。根据捷信金融提供的静态样本池,大公抽取范围为捷信金融2010年10月~2016年7月当月发放的新增贷款为样本。

2.压力测试

本项目中影响基础资产未来现金流的因素主要包括:基础资产违约率、早偿率以及违约后回收率等。针对上述影响因素和前述资产池信用质量测算,大公主要采用的压力测试手段包括:降低回收率、违约分布前置/中置/后置、提高早偿率、利差变窄等因素。

### (十)主要参与方

1.发起机构/委托人/贷款服务机构:捷信金融

捷信金融是经中国银监会批准设立的非银行金融机构,为首批设立的4家试点消费金融公司之一,也是我国目前唯一一家外商独资的消费金融公司。公司成立于2010年11月,由PPF Group N. V.(以下简称派富集团)发起设立,初始注册资本为3.00亿元。2014年,派富集团将其持有的捷信金融全部股权转让给其子公司Home Credit B. V.(以下简称捷信集团)。2014~2016年,捷信集团持续对捷信金融进行增资。截至2016年9月末,捷信金融注册资本为33.00亿元,实收资本33.00亿元,捷信集团为其唯一股东,派富集团为其实际控制人。

捷信金融的经营范围包括：

(1)发放个人消费贷款；

(2)接受股东境内子公司及境内股东的存款；

(3)向境内金融机构借款；

(4)经批准发行金融债券；

(5)境内同业拆借；

(6)与消费金融相关的咨询、代理业务；

(7)代理销售与消费贷款相关的保险产品；

(8)固定收益类证券投资业务；

(9)经中国银保监会批准的其他业务(依法须经批准的项目,经相关部门批准后方可开展经营活动)。

截至2016年9月末,捷信金融资产总额为357.57亿元,所有者权益为36.09亿元;贷款余额为295.22亿元;不良贷款率为4.49%;资产损失准备充足率为321.60%;资本充足率为14.73%。2015年,捷信金融实现营业收入26.69亿元,净利润0.33亿元;2016年1～9月,捷信金融实现营业收入48.38亿元,净利润2.89亿元。

2.受托机构/发行人:华润深国投

华润深国投资产总额、净资产及信托业务稳步增长。华润深国投信息披露相对充分,风险管理体系和内部控制机制较完善,整体风险控制能力较高,其作为发行人和受托机构,有助于降低本项目的风险。

3.资金保管机构:兴业银行

兴业银行市场地位保持稳固,业务经验丰富,其为本项目提供资金保管服务,有利于本项目的顺利实施。

## 二、资产支持专项计划信用评级案例

以收费权资产证券化项目为例。《华能澜沧江第二期水电上网收费权专项资产管理计划受益凭证信用评级报告》[大公报D【2011】657(债)]的出具方为大公国际资信评估有限公司。其主要内容如下。

### (一)评级意见

大公国际资信评估有限公司于2012年11月对华能澜沧江第二期水电上网收费权专项资产管理计划(以下简称本计划或专项计划)优先级收益凭证进行了信用评级,确定其信用级别均为AAA。

大公对专项计划AAA级别的确定是建立在对专项计划基础资产质量、交易结构稳健性、信用增级措施和交易各参与方等综合评价基础上，对优先级各类别受益凭证本金和预期收益之和（以下简称本益和）按期、足额获得偿付可靠性的判断。

1. 有利因素

华能澜沧江水电有限公司所属漫湾水电厂良好的水电销售收入前景为本计划优先级受益凭证预定金额现金收益的实现提供了有力支持。

公司小湾电站建成投产对澜沧江全流域发电效益和综合效益提升显著，有利于漫湾水电厂发电量的大幅提升。

云南省所在的南方电网电力需求旺盛，云电外送广东保证了公司电力生产得到有效消纳；公司作为澜沧江水电开发主体企业和云南最大发电企业，资源优势很强。

华能澜沧江提供的补足义务对优先级受益凭证具有一定的增信作用。

本计划受益凭证分为优先级和次级，次级受益凭证占有的现金流对优先级受益凭证本金和预期收益提供了5.16%支撑，具有一定的信用增信作用。

中国华能集团公司（以下简称华能集团）通过中国华能财务有限责任公司（以下简称华能财务）为本计划提供无条件的不可撤销的可循环使用的最高额3亿元流动性资金支持，具有一定的信用支持作用。

2. 不利因素

水电行业投资成本较大，随着公司不断投资新项目，未来几年资金需求较大。

若有不可控因素发生，可能导致基础资产经营产生的现金流与评估预测存在一定的偏差；大公通过对关键因子进行加压测试，重新模拟以缓解预测偏差。

超过特定比例的现金流未划入专项计划账户，一定程度上降低了次级受益凭证对优先级受益凭证的保障；通过设置补足义务、优先级次级分层设计以及流动性支持等信用支持措施保障了本计划按时、足额偿付。

### （二）基础资产

华能澜沧江第二期水电上网收费权专项资产管理计划购买的基础资产为华能澜沧江合法拥有的自专项计划成立之日上月起五年内从云南电网公司收取上网电费的漫湾水电上网收费权。

根据电力法的相关规定，电力为我国法律所设定的一种法定权益，电力销售所产生的收益，为电力收益权，其具体表现形态称为“电力上网收费权”。

### （三）受益凭证

计划受益凭证的本金总规模为33亿元，其中优先级受益凭证本金规模为31.5亿元，分为澜电01、澜电02、澜电03、澜电04、澜电05五个品种；次级受益凭证规模为1.5亿元，由华能澜沧江全部认购。

### （四）交易结构

依据《合同法》等有关法律法规，原始权益人华能澜沧江与招商证券签订《华能澜沧江第二期水电上网收费权专项资产管理计划基础资产买卖合同》（以下简称《基础资产买卖合同》），将“华能澜沧江合法拥有的自专项计划成立之日起五年内从云南电网公司收取上网电费的漫湾水电上网收费权”作为基础资产转让给专项计划，招商证券作为专项计划管理人以该基础资产设立专项计划，向合格投资者发售受益凭证（以下简称受益凭证），募集资金用于向原始权益人购买上述基础资产。

### （五）原始权益人主体信用分析

2011 年以来我国经济增速放缓，用电量仍保持较快增长但增速明显下降；云南省作为西电东送的重要电源区，电力大量外送广东等地，多项重大输电工程陆续建成或开工为云电外送提供了有力保障。

原始权益人是云南省最大的发电企业和华能集团最大的水电企业，主要从事水电开发和经营，电力销售是原始权益人主要的收入和利润来源，随着多个电站的建成投产，原始权益人售电收入和利润持续增加，2011 年以来澜沧江来水偏枯对原始权益人经营造成了一定影响。

原始权益人作为澜沧江水电开发的主体企业，澜沧江干流上除大朝山电站由原始权益人参股外，其余全部水电站均由原始权益人开发、经营，原始权益人在澜沧江开发过程中具有很强的资源优势。

原始权益人电力销售能够得到可靠的保证，南方电网直调机组装机容量占比超过一半；原始权益人新建水电站上网电价逐渐调高，有利于公司盈利水平的提高。

小湾水电站自身发电能力很强，同时其建成投产改善了整个流域的水量调节能力和电网调峰能力，对原始权益人的综合效益提升显著。

总之，原始权益人作为澜沧江流域水电开发主体具有很强的资源优势、原始权益人电力生产能够得到有效消纳、下属水电站经济效益较好、小湾电站对原始权益人整体效益提升显著、股东对原始权益人提供有力支持等优势，综合分析，原始权益人不能偿还到期债务的风险极小。大公认为，原始权益人主体华能澜沧江偿还债务的能力极强，到期不能偿付的风险极小，大公对华能澜沧江的主体评级为 AAA，评级展望稳定。

### （六）基础资产质量分析

华能澜沧江在本专项计划期限内生产能力将保持稳定，且近年来南方电网区域电力需求持续增长，有利于专项计划预期水电收益的实现。

小湾水电站建成投产后，通过小湾水库的补偿调节作用，可使得下游全年径流量分配更均匀，漫湾发电量有望大幅提升。

### （七）交易结构分析

1. 现金流入情况

华能澜沧江、招商证券、建设银行签署《监管协议》，就华能澜沧江收款账户向专项计划账户划款作出严格的规定。

2. 现金流出

在分配指令发出日，计划管理人根据《计划说明书》及相关文件的约定，向托管人发出分配指令。交易结构的安排，保障了专项计划资产的安全，增强了本计划交易的稳定性。

### （八）增级措施分析

若有不可控因素发生变化，可能导致基础资产经营产生的现金流与评估预测存在一定偏差，大公通过对关键因子进行加压测试，重新模拟以缓解预测偏差。

超过特定比例的多余现金流未划入专项计划账户归原始权益人所有，降低了次级受益凭证对优先级收益凭证保障，但补足义务、优先级/次级分层设计以及流动性支持等信用支持措施保障了本计划按期、足额偿付。

华能澜沧江承担补足义务，对优先级受益凭证具有一定的增信作用。

专项计划分层结构中次级受益凭证占有的现金流对优先级受益凭证本益和提供了5.16%支撑，具有信用增信作用。

华能集团通过华能财务无条件给予专项计划不可撤销的可循环使用的最高额为人民币3亿元的流动性资金支持，很好地保障了专项计划优先级受益凭证本益和的实现，具有一定的信用支持作用。

综合分析，补足义务、优先/次级分层以及流动性支持等多个信用支持措施，对本专项计划优先级受益凭证实现本益和提供了很强的保障，具有很强的增信作用。

### （九）重要交易参与方

1. 计划管理人/推广机构：招商证券

综合分析，招商证券具有较为完善的公司治理结构、健全有效的风险控制体系和丰富的资产管理经验，为专项计划受益凭证持有人获取稳定的投资收益提供了较好的保证。

2. 托管银行/监管银行：中国建设银行股份有限公司

建设银行经营状况较好，有较强的盈利能力。在托管业务上有较丰富的工作经验，具有一定的竞争能力。

3. 流动性资金支持机构:华能集团

综合分析,华能集团为专项计划受益凭证提供的流动性资金支持,具一定的增信作用。

4. 付款方:云南电网

总体来看,云南电网负债水平较高,但其较强的盈利能力和稳定的资本结构带来较强的现金流获取能力。综合来看,云南电网信用状况良好,现金流充足,违约风险较低。

(十)结论

综上所述,原始权益人拥有澜沧江丰富的水能资源、电源结构良好、水电站造价较低,市场竞争力较强。原始权益人所属漫湾水电厂装机规模较大,年均发电量和水电销售收入较稳定;特别是小湾蓄水完成后,漫湾发电量有望大幅提升。原始权益人作为云南省最大的发电企业,主要业务为水电站的建设和经营,是我国重要水电基地——澜沧江干流的水电开发主体。近年来随着一批水电站的陆续建成投产,原始权益人售电量和售电收入大幅增长,盈利能力不断增强,小湾电站的建成对于全流域的发电效益和综合效益提升显著。原始权益人目前仍然保持较大规模的新项目建设投资,保证了未来的持续发展,预计随着未来更多新建电站的投产,原始权益人收入和经营性净现金流将得到进一步改善。若有不可控因素发生变化,可能导致基础资产经营产生的现金流与评估预测存在一定偏差;超过特定比例的现金流未划入专项计划账户,一定程度上降低了次级受益凭证对优先级受益凭证的保障。

计划管理人招商证券对专项资产管理计划有较丰富的管理经验;托管人建设银行在托管业务上有较丰富的工作经验和较强的竞争能力;华能澜沧江通过履行补足义务对本计划优先受益凭证具有一定的信用支持;次级受益凭证占有的现金流对优先级受益凭证本益和提供了 5.16% 的信用支撑;华能集团为本计划提供最高额人民币 3 亿元流动性资金支持,具有一定的增信作用。大公认为,本计划受益凭证能够按时得到足额偿付,大公对本计划优先 01 ~ 05 级受益凭证的信用评级均为 AAA。

# 第二十一章
# 房地产投资信托基金物业评估

房地产评估机构在 REITs 中发挥着重要的作用。物业价值评估贯穿于房地产投资信托基金产品运营的始末。REITs 产品发行阶段,物业评估为产品提供定价参考,满足监管部门对物业的披露要求;产品运营中,每年需至少评估一次,定期披露物业信息;再到产品退出、市场形势发生重大变化、并购及其他必要之时,也需对物业价值进行评估。物业评估是保护投资者合法权益,做好风险防范的重要手段。本章重点探讨房地产投资信托基金项目中的物业评估,但是对于其他不动产类资产证券化项目也有一定的参考价值。

## 第一节
## 物业评估的尽职调查

根据房地产投资信托基金发行上市、运营管理、退出及相关信息披露等要求,房地产投资信托基金物业尽职调查工作由物业市场调研、物业状况评价、物业价值评估三部分组成。这三部分工作内容在《房地产投资信托基金物业评估指引(试行)》(中房学〔2015〕4 号)中有明确的规定。

### 一、物业市场调研

物业市场调研包括所在地区经济社会发展状况、房地产市场总体状况、该区域同类物业市场状况及自身有关市场状况,目的是为明确项目的核心竞争力,判断市场未来发展趋势,以项目获取收益的稳定性来判断项目未来是否具有可提升的潜力。

#### (一)宏观层面

根据物业类型(用途、档次等),物业所在地区房地产市场总体状况调研有针对性地对物业所在地区的自然环境、经济环境、社会环境、政策环境、相关规划、计划和其他可能影响该地区经济社会发展的主要因素及其变化趋势等进行调查和分析。具体如下:

自然环境包括地理位置、气候条件、地形地貌、地质条件等;

经济环境包括 GDP 增长，人均 GDP 及其增长，固定资产投资及其增长，产业结构、布局和规划，基础设施状况（包括基础设施现状和建设规划），居民收入水平，物价水平，利率等；

社会环境包括人口规模和结构，城镇化水平和人口增长，家庭规模和构成等；

政策环境包括与房地产行业相关的财政政策、货币政策、金融政策（特别是房地产信贷政策）、税收政策（特别是房地产税收政策）、房地产政策（包括土地供应和房地产投资、开发、交易等相关法规政策）等；

规划和计划包括国民经济和社会发展规划、城乡规划（包括城市总体规划）、土地利用总体规划、住房建设规划等。

### （二）房地产市场层面

房地产市场层面调研包括物业所在地房地产市场总体状况和物业所在地区同类物业市场状况调研两个方面。

1. 物业所在地区房地产市场总体状况调研

对类似房地产市场的土地供应量、土地市场成交量、新开发量、物业供给量、存量市场的成交量等数据做出调查，判断当期土地及房地产的市场状况。

通过对土地成交价、新建物业的成交价及存量物业的价格水平、租金水平的调查，判断当期房地产的价值。结合当地土地、房地产的相关产业政策及历史数据，对物业市场未来的发展趋势做出合理的判断。

2. 物业所在地区同类物业市场状况调研

通过对同类物业的存量、新增供应量、价格水平、租金水平或者经营收入水平、客户构成等进行调查。分析供给和需求影响因素，其中供给影响因素包括过去 5 ~ 10 年的存量、供应量、目前在建规模的分析，需求影响因素包括过去 5 ~ 10 年的吸纳量、空置状况分析。从而对未来的供给、需求、价格、租金或者经营收入、空置率等变化趋势进行预测。若物业为出租型物业的，应当重点进行房地产租赁市场状况调研。

### （三）微观层面

物业自身有关市场状况调研包括物业商圈调研、竞争性物业对比分析和租赁状况调研。

1. 商圈调研

包括商圈范围、商圈发展历程、业态构成、消费者特征、交通情况、道路设施情况、商圈内同类物业供求与租售概况、在建和拟建的同类物业项目等，并判断商圈发展趋势。

2. 竞争性物业对比分析

应当对竞争物业的名称、位置、规模（建筑面积、土地面积、可出租面积等）、用途、建成年份、市场定位、物业特征、配套设施、承租人构成、价格、租金(或者经营收入)、出租率、物业服务费、运营管理服务机构等进行调查,并与物业的相应状况进行比较分析,包括物业的优势、劣势、机遇和挑战分析,说明物业的市场竞争力等。

3. 物业租赁状况调研

应当对物业的租户信息、租赁条款、空置率、免租期协定、营运成本等等进行仔细独立审查,并在此基础上进行分析及预测,如表21-1所示。

**表21-1　物业租赁状况调研、分析及预测**

| 调查 | 分析 | 预测 |
|---|---|---|
| · 近3年的承租人基本情况 | · 至少近3年的承租人构成 | · 未来10年出租率预测 |
| · 租赁面积 | · 出租率 | · 未来10年租金水平预测 |
| · 免租期 | · 前10大承租人(按照租赁面积) | |
| · 租赁期限及起止日期 | · 前10大承租人(按照租金额) | |
| · 租金水平及递增机制 | · 前10大承租人背景分析 | |
| · 续租条款 | | |
| · 换租期 | | |

## 二、物业状况评价

物业状况评价包括物业的实物状况评价、权益状况评价、区位状况评价,以及物业运营费用的分析与预测,目的是审核并确认物业的楼宇质量,量化风险所在,减少不确定性因素。

### (一)物业实物状况

1. 物业实物状况调查

物业实物状况是指房地产中有形、易于观察的部分,例如土地形状、地形、地势、地基、平整程度及建筑物的外观、建筑结构、装饰装修、设备设施等。

就现场查勘而言,估价师主要查勘其所属项目的地块是否规整、地势是否平坦,以及地质条件是否有利于工程建设等;建筑物的整体建筑装饰风格、各楼栋的入户门、首层大堂的装修状况、大堂公共空间层有无挑高设计、挑高的高度、首层及各层电梯间的装修状况、客用及货用电梯的数量、内部装修风格以及内部通讯、节能、消防等设备设施的配备及维护状况。估价师需要详尽记录相关信息并对该物业进行拍照或拍摄工作。

2. 物业实物状况评价

物业实物状况评价包括物业性能评定、物业完损状况评定和物业新旧程度评定三个方面。

(1)物业性能评定包括物业适用性能评定、环境性能评定、经济性能评定、安全性能评定及耐久性能评定。具体如下。

物业适用性能评定是指对物业的平面布置、空间布局、内部交通、保温、隔热、隔声、设备设施配置、建筑装饰装修、利用率等满足目标客户需要的程度作出评定。

物业环境性能评定是指对物业的用地与规划、建筑造型、绿地与活动场地、环境污染、公共服务设施、智能化系统等作出评定。

物业经济性能评定是指对物业的节能、节水等作出评定。随着人们环保意识的提高,"绿色建筑"概念越来越多地被引入建筑设计理念中。目前新建物业更多采用中空 LOW - E(低辐射)玻璃幕墙,在减少空调使用的同时,达到冬暖夏凉,室内恒温,起到了节能环保作用。

物业安全性能评定是指对物业的场地安全、建筑结构安全、建筑防火安全、建筑设备安全、日常安全防范措施等作出评定。

物业耐久性能评定是指对物业的结构、装修、设备等组成部分保证正常使用的年限分别作出评定。

目前国内政府或国际部门颁发有关建筑物的奖项有:鲁班奖(国内建筑行业工程质量最高荣誉奖),绿色建筑创新奖及 LEED(全称:Leadership in Energy and Environmental Design)认证的绿色能源与环境设计先锋奖(该奖项共分为 4 个等级,由低至高依次为认证级、银级、金级和铂金级)。

(2)物业完损状况评定主要根据物业的结构、装修、设备等组成部分的完好、损坏程度。

(3)物业新旧程度评定主要采用年限法(也称年龄—寿命法),根据物业的年龄与预期寿命的比值。

剩余经济寿命 = 经济寿命 - 有效年龄。物业的年龄宜采用有效年龄。有效年龄根据建筑物的施工、使用、维护和更新改造等状况,在建筑物实际年龄的基础上进行适当加减调整得出。难以得出有效年龄的,可以采用实际年龄。

物业的预期寿命宜采用预期经济寿命。预期经济寿命自建筑物竣工时起计算,可在建筑物设计使用年限的基础上,根据建筑物的施工、使用、维护和更新改造等状况,以及周围环境、房地产市场状况等进行综合分析判断后确定。难以确定预期经济寿命的,可以采用设计使用年限。

在实际操作中,评估机构将从外墙、屋面、公共区域、机电设备设施、建筑结构、建筑设计等方面进行实地查勘。通过查阅和收集物业有关文件、图纸(如机电设备图、建筑结构竣工图)、设备购置合同等信息,审核过往的大厦维修记录,从而对大厦作出整体判断,并提供物业未来10年在重新装饰装修、大修、更新改造等方面的开支预算,如图21－1所示。

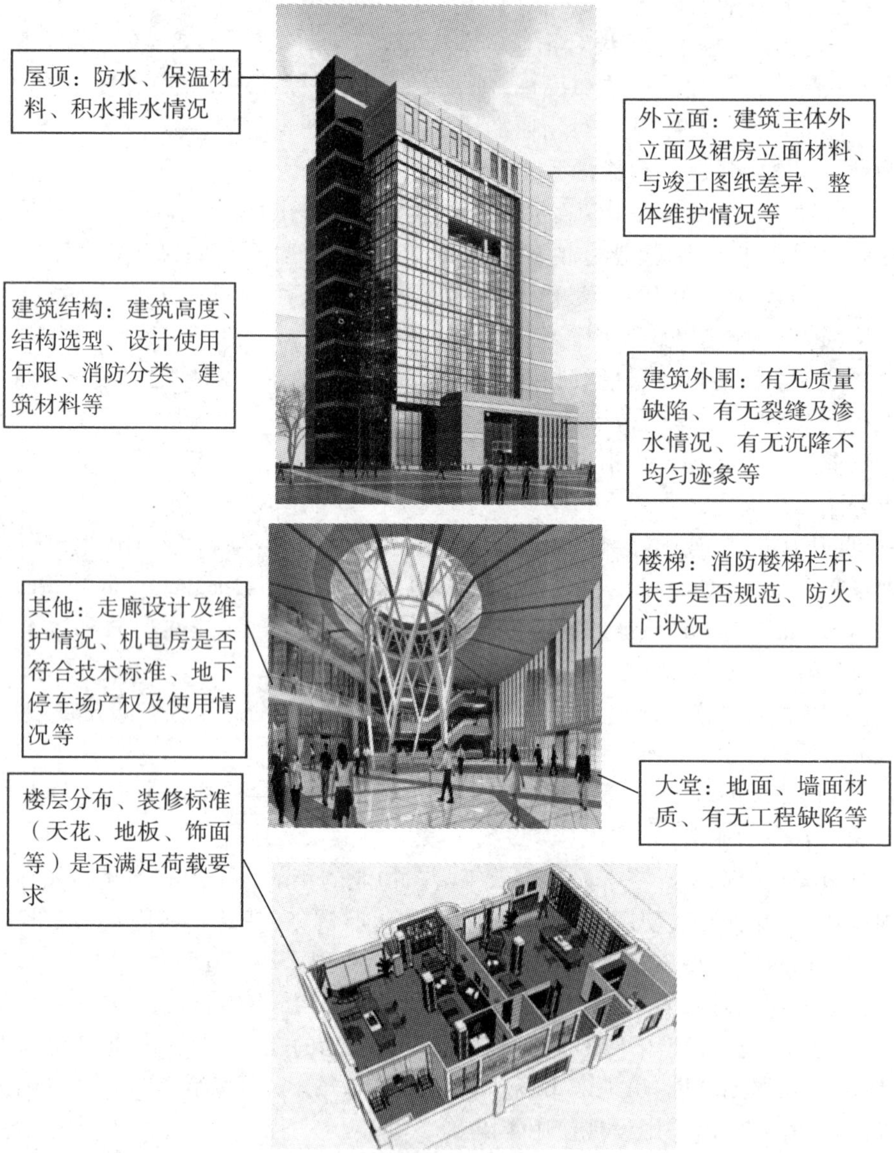


**图21－1　物业实地查勘示意图**

具体到物业内部的设备设施方面,需要考虑的要素详见表21-2。

**表21-2 物业设备设施考察要素**

| 序号 | 项目 | 具体信息 |
| --- | --- | --- |
| 1 | 垂直运输设施 | 电梯数量、载重量、速度,自动扶梯洞口尺寸、启用情况、每台电梯服务地点等 |
| 2 | 电气设施 | 电源系统、写字楼楼低压配电系统、机房接地和防静电等 |
| 3 | 消防设施 | 消防通风系统、消防给水系统、气体灭火系统、火灾报警系统等 |
| 4 | 给排水设施 | 给水系统、排水系统、中水系统等 |
| 5 | 弱电设施 | 楼宇设备自动控制系统、安防监控系统、门禁和报警管理系统、有线电视系统、数据中心等 |
| 6 | 通风空调设施 | 空调及通风系统、空调冷热源及空调水系统、空调冷冻水和采暖水系统等 |
| 7 | 其他设施 | 安保系统、应急发电系统及建筑管理系统等 |

## (二)物业权益状况

1.物业权益状况

物业权益状况是指房地产中无形、不易于观察的部分,是基于实物衍生出来的权利、利益等。对于物业权益状况的调查主要是通过审阅物业的出让合同、购房合同、相关票据及不动产权证书等相关业权文件进行的。估价师应查看物业的权属证明原件,并将复印件与原件核对,不得仅凭复印件判断或假定其权属状况。

物业权益状况包括土地部分、建筑部分以及相关他项权利部分。具体如下。

(1)物业所分摊建设用地的获取方式、相关出让金(转让费用)及契税票等相关信息可以根据《国有建设用地出让合同》/《转让合同》及相关票据获取;土地使用权人、土地用途、土地使用权终止年限、是否涉及查封等相关信息都可以在物业所属项目的《不动产权登记证》/《国有土地使用证》获取。

(2)物业建筑部分的房屋使用权状况、是否涉及查封等相关信息都可以在物业所属项目的《不动产权登记证》/《房屋所有权证》等相关资料上获取。其中,如果物业所属项目办理竣工备案手续未满六个月,还需要估价师额外调查物业是否存在应付未付的工程款等法定优先受偿款。

(3)建筑物的他项权利设定一般会涉及地役权、抵押权、租赁权等他项权利。估价师及相关法务人员应对相关业权文件、租赁合同、相关票据进行现场核对。如有必要则要到物业所在的土地、房产登记部门进行调档查询,以求如实、客观地在报告中披露物业的权益状况。

2. 物业权益状况评价

物业权益状况评价关注物业产权的合法性、瑕疵和交易受限情况。具体如下。

土地所有权状况包括土地所有权性质(国有土地或者集体土地)、集体土地所有权行使人。

土地使用权状况包括土地使用权类型(一般分为:建设用地使用权或者宅基地使用权、土地承包经营权等)、取得方式(如若为建设用地使用权,则需判断取得方式是出让、划拨、租赁、作价出资或是授权经营)、权利人、土地使用期限(如为出让方式取得的建设用地使用权,则要披露包括土地使用期限及其起止日期、剩余使用期限、续期的有关规定或约定等信息)。

房屋所有权状况和抵押权、地役权等他项权利设立情况。

其他特殊情况主要包括:土地使用权、房屋所有权是否明确,其归属有否存有争议;土地取得、房屋开发建设等手续是否齐全;是否为临时用地、临时建筑,或者违法占地、违法建筑;是否存在依法查封、采取财产保全措施或者以其他形式限制;是否达到法律法规规定的转让条件;是否属于法律法规规定不得抵押或者不得作为出资的财产;是否已依法公告列入征收或者征用范围。

(三)物业区位状况

1. 物业区位状况调查

物业区位状况调查是指因为物业的不可移动性,使一些外部因素转而体现为内在因素,从而对物业的价值产生了影响。一般包括物业所处位置、交通、周围环境和景观、外部配套设施等因素。

(1)物业位置情况

物业位置情况一般考察距离和楼层。

一般需要描述物业距离周边标示性较明显的建筑物或公共设施的远近。不同用途的物业,描述的重点会有所变化。例如,商业用途物业会着重描述其与周边较大规模居住区及客运交通枢纽等设施的距离,写字楼用途物业则会着重描述其与城市内金融中心及轨道交通、公共交通等设施的距离,工业用途物业则会着重描述其与火车货运站、主要城市快速路、城际高速公路的距离。

楼层即物业所属项目的楼层总数。当物业为所属项目部分时,需要对楼层进行描述。楼层这一因素对于商业类物业的影响尤为明显。同时,在一些城市还需要对项目所在的物理楼层及实际楼层进行详尽的描述,如重庆等一些地势起伏比较明显的城市。

(2)交通情况

交通指出入物业所属项目的方便程度,即交通便捷度。主要是指物业所属项目距离主干道的距离、出行的便捷度、停车的便捷程度等。不同类型的物业对交通便捷度的着重点是不同的,例如,工业类物业相较于其他类型物业,其距城际高速公路、火车货运中转站及机场货运站的远近及便利程度是要在报告中着重提示的。

(3)周围环境和景观情况

物业周围环境和景观主要包括自然环境、人文环境和景观。物业所属项目周边是否有较大规模绿化设施、知名景区或是公园,周边有无知名学校等。另外,博物馆、运动场所等人文景观都会对物业的价值有所影响,尤其是居住型物业。

(4)外部配套设施情况

物业所处的外部配套设施一般分为市政基础设施和公共配套设施两部分。市政基础设施包括道路、供水、排水、供电、供气、供热、通信等市政管线的铺设工程。公共配套设施包括金融、邮电、商场、餐饮、医疗卫生、教育等市政配套用房。

2. 物业区位状况评价

对物业的位置、交通、外部配套设施(基础设施和公共服务设施)、周围环境(自然环境、人文环境和景观)以及未来规划等进行调查、分析和评价。物业状况评价应当以照片或者文字方式记录发现的物业实物状况、权益状况和区位状况缺陷或者瑕疵。对于存在严重缺陷和瑕疵,应当在评估报告中特别说明。

### (四)物业运营费用分析与预测

应当列明物业运营费用的构成,说明至少近 3 年实际发生的各年运营费用,预测未来 10 年以上的各年运营费用。特别要关注未来弥补物业实物状况、权益状况和区位状况缺陷或者瑕疵,以及重新装饰装修、大修、更新改造等所需要的费用。

## 三、物业价值评估

物业价值评估是指通过对物业的房地产市场状况、物理状况、财务状况、法律状况等详实地尽职调查,遵循行业相关准则及法律法规,采用科学合理的估价方法,评定物业的整体估值。物业价值评估亦包含前述两大方面(如实物、权益、市场状况等)的部分内容,不再赘述,此处主要说明物业价值评估准则。

### (一)价值类型的确定

价值类型是指所评估的估价对象的某种特定价值或价格,包括价值或价格的名称、定义或内涵。根据价值的前提或内涵等实质内容来划分,分为市场价值和非市场价值两大类,其中非市场价值包括投资价值、谨慎价值、快速变现价值、现状价值和残余价值。

市场价值是指估价对象经适当营销后，由熟悉情况、谨慎行事且不受强迫的交易双方，以公平交易方式在价值时点自愿进行交易的金额。投资价值是从某个特定投资者的角度来衡量的价值，是基于主观的、个人因素上的。市场价值来源于市场参与者的共同价值判断，是客观的、非个人的价值。在某一时点，市场价值是唯一的，而投资价值会因投资者的不同而不同。

谨慎价值是指存在不确定因素的情况下，遵循谨慎原则所评估的价值。谨慎价值通常低于市场价值。如为了防范房地产信贷风险，要求评估的房地产抵押价值即为谨慎价值。

快速变现价值是指估价对象在没有充足时间进行营销情况下的价值，即在不符合市场价值形成条件中“适当营销”下的价值。快速变现价值通常低于市场价值。

现状价值是指估价对象在某一特定时间的实际状况下的价值。实际状况包括当前的用途、规模和档次等，它可能是最高最佳利用，也可能不是最高最佳利用；它可能是合法利用，也可能不是合法利用。如果现状使用是最高最佳使用的，则价值等于市场价值。

残余价值是指估价对象在非继续利用情况下的价值，一般低于市场价值。

物业价值评估应当评估市场价值，为房地产信托投资基金财务报告服务的价值评估。市场价值一般可以等同于会计准则的公允价值。

（二）估价原则的依据

房地产估价原则主要分为三个层次，即基本原则、一般原则和特殊原则。

1. 基本原则

基本原则主要包括独立原则、客观原则和公正原则。

独立原则就是要求估价师和评估机构与估价委托人及估价利害关系人没有利害关系，在估价中不受包括估价委托人在内的任何单位和个人的影响。

客观原则就是要求估价师和估价机构在估价中不带着自己的情感、好恶和偏见，应按照实物的本来面目，实事求是地进行估价。

公正原则就是要求估价师和估价机构在估价中不偏袒估价利害关系人中的任何一方，应坚持原则、公平正直地进行估价。

2. 一般原则

一般原则主要包含合法原则、最高最佳利用原则、价值时点原则和替代原则。

房地产估价遵循合法原则，应当以估价对象的合法产权、合法使用、合法交易为前提。

最高最佳利用是指法律上允许、技术上可能、财务上可行并使价值最大的合理、可能的利用。除现状价值评估外,房地产估价之所以要遵循最高最佳利用原则,是因为在现实的房地产利用中,每个房地产拥有者都试图采取最高最佳利用方式充分发挥其房地产的潜力,以获取最大的经济利益。这一原则也是房地产利用竞争与优选的结果。

价值时点原则要求估价结果是根据估价目的确定的某一特定时间的价值或价格。

替代原则的理论依据是同一市场上相同物品具有相同市场价值的经济学原理。替代原则是保证房地产估价能够通过运用市场资料进行和完成的重要理论前提:只有承认同一市场上相同物品具有相同的市场价值,才有可能根据市场资料对估价对象进行估价。替代原则也反映了房地产估价的基本原理和最一般的估价过程,房地产估价所要确定的估价结论是估价对象的客观合理价格或价值。对于房地产交易目的而言,该客观合理价格或价值应当是在公开市场上最可能形成或者成立的价格。房地产估价就是参照公开市场上足够数量的类似房地产的近期成交价格来确定估价对象的客观合理价格或者价值的。

3. 特殊原则

特殊原则主要是某些特定估价目的的房地产评估需遵循的原则,主要包括谨慎性原则、一致性原则和一贯性原则。

谨慎原则是房地产抵押价值和抵押净值评估应遵循的一项原则。该原则要求在影响估价对象价值或价格的因素存在不确定性的情况下,对其作出判断时应充分考虑其导致估价对象价值或价格偏低的一面,慎重考虑其导致估价对象价值或价格偏高的一面。

一致性原则是指在选用估价方法时,应根据估价对象及其所在地的房地产市场状况等客观条件进行适用性分析,选取适用的一种或多种评估方法进行估价。因此当为同一估价目的对同一房地产投资信托基金的同类物业在同一价值时点的价值或价格进行评估时,应采用相同的评估方法。

一贯性原则是指当为同一估价目的对同一房地产投资信托基金的同一物业在不同价值时点的价值或价格进行评估时,应采用相同的估价方法。

房地产投资信托基金在设立时会设定一个合理的时间周期,通常为一年。对标的物业进行复估,其目的在于判断随着时间的变化房地产价值或价格的变化。因此,在对同一房地产投资信托基金的同一物业在不同价值时点的价值或价格进行评估时,应避免改变评估方法对房地产价值或价格的影响。当未遵循一致性原则或一贯性原则而采用不同的估价方法时,应在估价报告中说明并陈述理由。

### (三)估价方法的选取

房地产估价方法主要有比较法、收益法、成本法及假设开发法。在选用估价方法时,应根据估价对象及其所在地的房地产市场状况等客观条件,对比较法、收益法、成本法、假设开发法等进行适用性分析。

1. 比较法

比较法是将估价对象房地产价格与在价值时点近期已经发生了交易的类似房地产进行比较,对这些类似房地产的已知价格作适当修正,以此估算出估价对象的客观合理价格的一种估价方法。此方法适用的估价对象是同种类型的数量较多且经常发生交易的房地产,是评估中最常采用的评估方法。

2. 收益法

收益法是指预测估价对象的未来收益,利用报酬率、资本化率或收益乘数,将未来收益转化为价值,得到估价对象价值或价格的方法。根据将未来收益转化为价值的方式不同,收益法分为报酬资本化法和直接资本化法。报酬资本化法是一种折现现金流量分析,即房地产的价值等于其未来各年的净收益的现值之和。收益法适用的估价对象是有经济收益或有潜在经济收益的房地产,例如写字楼、旅馆、商店、餐馆、游乐场、影剧院、停车场、汽车加油站、标准厂房(用于出租的)、仓库(用于出租的)等,它不限于估价对象本身现在是否有收益,只要估价对象所属的这类房地产有获取收益的能力即可。此方法常用于对提供收入的物业进行估值。

其公式为:

$$\mathrm{V} = \sum_{i=1}^{t} \frac{A_i}{(1+Y_i)^i} + \frac{V_t}{(1+Y_t)^t}$$

式中:$V$——收益价值(元或元/平方米);

$A_i$——期间收益(元或元/平方米);

$V_t$——期末转售收益(元或元/平方米);

$Y_i$——未来第 $i$ 年的报酬率(%);

$Y_t$——期末报酬率(%);

$t$——持有期(年)。

3. 成本法

成本法是测算估价对象在价值时点的重置成本或重建成本和折旧,将重置成本或重建成本减去折旧得到估价对象价值或价格的方法。其本质是以房地产的重新开发建设成本为导向来求取房地产的价值。通常把成本法测算出的价值简称为积算价格。此方法适用于计划开发的房地产、正在开发的房地产,以及很少发生交易而无法选取市场比较法，同时又没有经济效益或没有潜在经济收益而不能使用收益法的房地产。

其公式为：

房地产价格＝土地取得成本＋开发成本＋管理费用＋销售费用＋投资利息＋销售税费＋开发利润

$$=\frac{\text{土地取得成本}+\text{开发成本}+\text{管理费用}+\text{销售费用}+\text{投资利息}}{(1-\text{销售税费率}-\text{销售利润率})}$$

其中，土地取得成本指取得房地产开发用地的必要支出。在目前情况下，土地取得成本的构成因取得房地产开发用地的途径不同而不同。按取得途径可归纳为以下通过市场购置取得、通过征收集体土地取得、通过征收国有土地上房屋取得三种方式。

开发成本指在取得的房地产开发用地上进行基础设施建设、房屋建设所必要的直接费用、税金等，包括勘察设计和前期工程费、建筑安装工程费、基础设施建设费、公共配套设施建设费、其他工程费、开发期间税费等。

管理费用指房地产开发商为组织和管理房地产开发经营活动的必要支出，包括房地产开发商的人员工资及福利费、写字楼费、差旅费等。测算中通常按照土地取得成本与开发成本之和的一定比例来求取。

销售费用指预售或者销售已经开发完成的房地产的必要支出，包括广告费、销售资料制作费、样板房或样板间建设费、售楼处建设费、销售人员费用或者销售代理费等。测算中通常按照售价的一定比例来求取。

投资利息指在房地产开发完成或者实现销售之前发生的所有必要费用应计算的利息，而不仅是借款的利息和手续费。

销售税费指预售或销售未来开发完成的房地产应由开发商（卖方）缴纳的税费，应依据《增值税暂行条例》《中华人民共和国城市维护建设税暂行条例》《征收教育费附加的暂行规定》等相关法规进行确定。

开发利润指同类房地产开发项目在正常条件下所能获得的平均利润。

根据房地产投资信托基金的特点及国内相关要求，目前国内入池资产的要求为：取得《不动产权证》且具有可持续性经济收入的完工物业，因此决定物业通常为收益型物业。

根据《房地产估价规范》（GB/T 50291—2015）及《房地产投资信托基金物业评估指引（试行）》的规定，对于市场交易活跃且具有可持续性经济收入的完工物业，通常采用比较法及收益法进行估价。在采用收益法评估物业价值时，应当优先选用报酬资本化法进行估价。

下面详细介绍一下报酬资本化法。报酬资本化法又称现金流量折现法,主要是先预测估价对象日后产生的定期现金流量,再就该预测现金流量采用适当折现率,以确定该物业收入现值的指标。对于经营性物业而言,定期现金流量一般指收入总额减空置、经营开支及其他支销。该定期经营收入净额、连同预计于预测期终时之终值估计金额,按折现率贴现至现值,该折现率为资本成本或用以转换日后应付或应收货币金额的回报率,如图 21-2 所示。

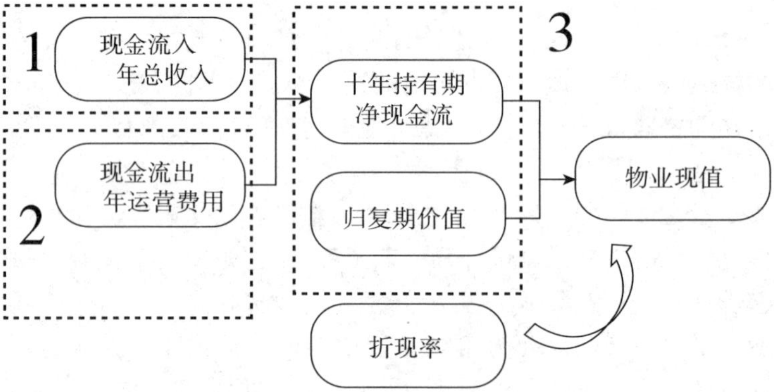


图 21-2　报酬资本化法

主要参数解读。

(1)现金流入及现金流出

经营性房地产获取收益的方式,分为租赁型和营业型两大类。评估在测算净收益时,会按照获取途径分为两种:一是基于租赁收入测算净收益,例如存在大量租赁实例的高档公寓、写字楼、商铺、停车场、标准厂房、仓库等房地产;二是基于营业收入测算净收益,例如酒店、影剧院、娱乐中心、汽车加油站等房地产。对于既会产生大量租赁收入又会产生营业收入的房地产来说,如百货商场、餐馆等,在实际操作中,凡是可以通过租赁收入求取净收益的,宜通过租赁收入求取净收益来进行评估。作者对以上两种收益方式的现金流分别予以介绍。

租赁型为主的房地产,如写字楼、商业等,在运用现金流折现法测算时,其每年总收入及总运营费用明细如表 21-3 所示。

表 21－3　租赁型为主的房地产总收入及总运营费用明细

| | |
|---|---|
| 现金流入<br>－年总收入<br>1 | • 租赁收入(固定租金或营业额扣点租金)<br>• 物业管理费收入(如有)<br>• 保证金利息收入<br>• 车位收入<br>• 多种经营收入<br>• 广告收入<br>• 其他收入 |
| 现金流出<br>－年总运营费用<br>2 | • 税金(包含增值税及附加、印花税、房产税、城镇土地使用税)<br>• 费用[包括租赁代理费用、行政人员管理费用、设备设施维护及保养费用、能源费用、保险费用、物业管理费用(如有)] |
| 净现金流<br>3 | 1－2＝3 |

营业型为主的房地产,比如酒店等,在运用现金流折现法测算时,其每年总收入及总运营费用明细如表 21－4 所示。

表 21－4　营业型为主的房地产总收入及总运营费用明细

| | |
|---|---|
| 现金流入<br>－年总收入<br>1 | • 客房收入<br>• 餐饮收入<br>• 会议收入<br>• 娱乐设施、商务中心收入<br>• 其他收入 |
| 现金流出<br>－年总运营费用<br>2 | • 各部门费用(客房部门成本、餐饮部门成本、其他部门成本等)<br>• 未分配经营开支(行政级一般开支、市场推广费、能源成本、物业营运及保养费)<br>• 固定费用(基本管理费、奖励管理费、保险费、房产税、城镇土地使用税、增值税及附加、资本重置费) |
| 净现金流<br>3 | 1－2＝3 |

(2)租金的确定依据

在运用现金流折现法测算确定租金时,对于已出租的物业,物业收入主要是来自于租赁合同约定的水平。按照市场惯例来看,业主和租户的诉求是不同的。业主希望大面积或者租金总价高的租户接受长期限的合同条款,并约定合同期内的租金涨幅。同时租户会要求增加免租期或者装修期,更希望签订短期合同,以减少每期支付的租金或者可以灵活地选择写字楼地址。

一般租赁合同就收入相关的事项会约定租期、租金、押金、支付方式、违约责任及续租事项等。对于非写字楼租户来说可能还会涉及推广费、POS 机使用费等。

对于空置部分或租赁期满后的房地产,会按照当时的市场租金水平租赁。在设定市场租金时,评估机构通常会设定一个一定长度的租赁期,并假设在每个租赁期可享有一个免租期。同时,仍要关注空置部分的情况,是否存在瑕疵,是否正在换租,是否已经签订意向。如果由于存在使用上的瑕疵,如长期空置或者低价出租,需要在租金预期或者空置时间上不做过高的预期。如果不是这种情况,那就需要考虑正常的换租或者续租可能造成的损失。

对于市场租金的确定,主要采用比较法,即通过可替代区域可替代物业的租金水平来确定,当然也要考虑名义租金和实际租金的差异,并按照市场惯例计算合同的租赁期、免租期、租金递增比例等。

此外,还需要关注租赁合同中对其服务条款的约定,如物业管理、能源消耗、地下车库使用等,并分析这些条款会对物业产权人带来的责任和支持。

(3)物业管理费收入的处理

如果产权方的营业范围包括物业管理服务且具备经营牌照,通常产权方会采取自行提供物业管理服务的形式,向租户收取一定金额的物业管理费用。在评估时,需根据双方签署的合同内容据实评测。

目前来看,大多数物业管理服务的方式是聘请第三方物业公司,租户按照主合同约定的物业管理费标准支付到物业公司账户,并从物业公司取得发票。此情况下,物业公司和租户签订物业管理合同,同时也需要关注业主是否和物业公司签订了物业合同,对业主占用部分、公共部门、设备设施或者空置部门的处理是否进行了约定。

(4)维护及保养费用的确定依据

维护及保养费的确定需要通过详细的尽职调查,根据现有的设备设施维护保养计划及未来更新方案,预测其需承担的费用开支。在评估时,可以根据预测结果按照收入的一定比例计提,以减少对净收益波动的影响。

(5)增长率的确定依据

物业未来十年的市场租金的预测年度增长率,乃以前述市场调研团队提供的《市场调研报告》为依据。

(6)增值税的规定

自 2016 年 5 月 1 日起,全国各行业全面实行营改增。根据财政部及国家税务总局《关于全面推开营业税改增值税试点的通知》(财税〔2016〕36 号),房地产行业一般纳税适用税率为11%。同时,规定2016年5月1日之后取得的房地产适用一般征收税率,即11%;2016年5月1日之前取得的房地产适用简易征收税率,即5%。

(7)房产税计税依据的规定

按照财政部和国家税务总局颁布的《关于营改增后契税房产税土地增值税个人所得税计税依据问题的通知》(财税〔2016〕43号)规定执行。

(8)折现率的求取

折现率是用以转换日后应付或应收货币金额至现值之回报率,理论上反映资本之机会成本。其理论上与净报酬率的关系为折现率等于净报酬率与稳定期增长率之和。

报酬率也称为回报率、收益率,求取报酬率通常有三种方法,分别是市场提取法、累加法和投资报酬率排序倒插法。

①市场提取法是利用与估价对象具有相同或相似收益特征的可比实例的价格、净收益、收益期或持有期等数据,选用相应的报酬资本化公式,计算出报酬率。通常为避免偶然性,应尽量搜集较多的可比实例,求其净收益与价格之比的平均数。

②累加法是以安全利率加风险调整值作为报酬率,即将报酬率视为包含无风险报酬率和风险报酬率两大部分,然后分别求出每一部分,再将他们相加得到的报酬率。

累加法的一个细化公式为:

报酬率=无风险报酬率+投资风险补偿率+管理负担补偿率+缺乏流动性补偿率-投资带来的优惠率

其中,投资风险补偿率是指当投资者投资于收益不确定、具有一定风险性的房地产时,对所承担的额外风险要求的补偿;管理负担补偿率是指一项投资所要求的操劳越多,其吸引力就会越小,从而投资者必然会要求对所承担的额外管理有所补偿。房地产要求的管理工作一般超过存款、证券;缺乏流动性补偿率是指投资者对所投入的资金由于缺乏流动性所要求的补偿。房地产与存款、股票、债券、黄金相比,买卖要困难,变现能力弱;投资带来的优惠率是指由于投资房地产可能获得某些额外的好处,例如,易于获得融资(如可以抵押贷款),从而投资者会降低所要求的报酬率。

③投资报酬率排序倒插法是由于具有同等风险的任何投资的报酬率应是相近的,所以可通过与获取估价对象净收益具有同等风险的投资的报酬率来求取估价对象的报酬率。

## 四、评估注意事项

1. 物业仅适用一种估价方法进行估价的，可只选用一种估价方法进行估价。物业适用两种以上估价方法进行估价的，宜同时选用所有适用的估价方法进行估价，并对各种估价方法的测算结果进行校核和比较分析后，合理确定评估价值。

2. 采用比较法评估物业价值，应当选取不少于 3 个可比实例，并且在评估报告中说明可比实例的名称、位置及附位置图和外观照片。

3. 采用收益法评估物业价值，需说明物业至少近 3 年的各年收入和运营费用，对其过往租赁情况进行适当披露，包括但不限于租赁合同约定事项（物业当期租金及未来租金调整幅度、免租期或装修期、保证金水平）、租户情况分析、租赁期限等。

4. 在选用收益法进行评估时，宜优先选用报酬资本化法。报酬率或者资本化率的求取方法和有关计算过程应当在评估报告中说明。报酬率或者资本化率采用市场提取法求取的，应当选取不少于 3 个可比实例。

5. 对于已出租的物业应当进行租赁状况调查和分析，必须查看物业的租赁合同原件，并与执行财务、法律尽职调查的专业人员进行沟通，从不同的信息来源交叉检查委托人提供的租赁信息的真实性和客观性。

# 第二节
# 不同类型物业的评估关注点及国内外评估方法对比

根据房地产投资信托基金的特点，目前市场上适宜作为底层资产的物业类型主要涉及商业、办公、酒店及物流地产，因其经营模式、实体状况及客户（消费）群体均存在差异。

## 一、商业物业评估关注点

### （一）物业分类

购物中心是多种零售店铺、服务设施集中在由企业有计划地开发、管理、运营的一个建筑物内或区域内，向消费者提供综合性服务的商业集合体。根据商务部主导、中国连锁经营协会受委托组织起草的《购物中心等级划分规范》，我国购物中心分为“四型二级”，其中的“四型”是指都市型、地区型、社区型和奥特莱斯型，然后在此分类基础上，评定“二级”，即是“宝鼎级”和“金鼎级”，其中宝鼎级为达标级，是购物中心合格的起步级，金鼎级购物中心在宝鼎级的基础上产生。

1. 都市型购物中心

(1)功能定位。以满足中高收入人群的高端和时尚购物需求为主,配套餐饮服务的时尚休闲特色较为突出。

(2)选址。位于城市的核心商圈或中心商务区。

(3)规模体量。不包括停车场的建筑面积在50,000平方米以上。

(4)商圈辐射范围。可以覆盖甚至超出所在城市。

(5)建筑形态。街区型或封闭型。

2. 地区型购物中心

(1)功能定位。购物、餐饮、休闲和服务功能齐备,所提供的产品和服务种类丰富,可满足不同收入水平顾客的一站式消费需求。

(2)选址。位于城市新区或城乡结合部的商业中心或社区聚集区,紧邻交通主干道或城市交通节点。

(3)规模体量。不包含停车场的建筑面积在50,000平方米以上。

(4)辐射范围。在人口密集的大中城市,辐射半径大约在5公里以上。

(5)建筑及形态。以封闭的独立建筑体为主。

3. 社区型购物中心

(1)功能定位。配备必要的餐饮和休闲娱乐设施,服务功能齐全,以满足周边居民日常生活所需为主。

(2)选址。位于居民聚居区的中心或周边,交通便利。

(3)规模体量。不包含停车场的建筑面积为10,000~50,000平方米。

辐射范围:在人口密集的大中城市,辐射半径大约3公里以内。

(4)建筑形态。以封闭的独立建筑体为主。

4. 奥特莱斯

(1)功能定位。以品牌生产商或经销商开设的零售商店为主体,以销售打折商品为特色。

(2)选址。在交通便利或远离市中心的交通主干道旁,或开设在旅游风景区附近。

规模体量:不包含停车场的建筑面约在50,000平方米以上。

(3)辐射范围。辐射所在城市或周边城市群。

(4)建筑形态。街区型或封闭型,以街区型为主。

### (二)购物中心等级划分

购物中心可划分为宝鼎级和金鼎级,金鼎级高于宝鼎级。都市型、地区性和社区型三类购物中心属于金鼎级,其划分依据为业态与品牌、经营与管理、服务与设施、诚信与和谐、安全及保障、环保与节能、信息与智能。表 21－5 为金鼎级购物中心和宝鼎级购物中心的评分标准。

表 21－5　金鼎级购物中心和宝鼎级购物中心的评分标准

| 评定项目 | 金鼎级购物中心（都市型、地区型、社区型）（%） | 宝鼎级购物中心（%） |
| --- | --- | --- |
| 业态与品牌 | 15 | 20 |
| 经营与管理 | 25 | 20 |
| 服务与设施 | 20 | 20 |
| 诚信与和谐 | 10 | 10 |
| 安全及保障 | 10 | 10 |
| 环保与节能 | 10 | 10 |
| 信息与智能 | 10 | 10 |
| 合计 | 100 | 100 |

（三）物业关注点

1. 宏观层面

对于商业物业来说，其商业繁华度主要取决于该物业所处地区的人流量及购买力的大小。

（1）应关注估价对象所处城市经济发展状况，比较典型的对商业具有一定影响力的因素包括社会零售消费品总额、人均可支配收入及城市未来发展规划等经济指标。

（2）应关注区域商业氛围，成熟商圈内往往有数家大、中型购物中心，聚集效应可以使消费者通过不同渠道获取更多的购物信息，使消费者的购物风险和找寻成本得到降低，从而增加客流量及营业额。但该点并非无限制地扩大，区域的购买力是有限的，当一个商圈内积聚的购物中心面积超过一个数量后，非但不能带来更多的客流量和销售额，反而使购物中心之间形成了彼此竞争的关系。

（3）需关注该区域的市政基础设施，即道路、供水、排水、供电、供气、供热、通信等市政管线铺设工程以及公共配套设施是否完善。

2. 微观层面

微观层面主要关注交通可达性、建筑物自身状况两个方面。

（1）交通可达性

此为购物中心是否可获得大量、持续客流的保证。评估过程中应关注物业距离主干道的距离出行的便捷度、停车的便捷程度、是否与高速公路、地铁、轻轨直接接驳。

(2)建筑物自身状况

该点又可细分为建筑类型、外立面与昭示性、项目体量、室内设计及内部环境、内部垂直交通体系、泊车体系等。具体如下。

①建筑类型。通常大型购物中心或北方购物中心多采用封闭式设计;奥特莱斯会采用街区型设计。

②建筑物的外立面与昭示性。优质的购物中心外观形象鲜明突出,具有显著标识,外立面一般采用高档次的外墙装修,采用大理石、铝板、玻璃幕墙等材料,并且在夜间具备醒目的楼宇外立面 LED 屏幕,能够满足消费者的视觉享受,达到吸引人流的效果。

③项目体量与楼层分布。通常购物中心的总面积会随着所处商圈的档次由高到低地减少。总面积及单层面积均需要达到一定的体量才能够容纳主力店和次主力店租户的布局,并有足够的空间留给非主力店租户来取得租金的溢价。但由于低楼层对于消费者而言具有最便捷的通达度,不需要借助垂直方面的交通工具,这导致了非常明显的垂直高度上的租金衰减。因此,购物中心的规模及楼层是在一定程度上符合边际效益递减规律的,并非越大越好。

④室内设计及内部环境。一般 MALL 都设有中庭、大堂和应急出口等,通过楼层间开的视线、充足和暖的照明、淡和的室内基本用色等营造舒适的购物环境。

⑤内部垂直交通体系。设计优秀的购物中心,往往会通过大跨度的电梯、位于地下和轨道交通衔接的通道,或者将次主力店放到地下或者高层区域拉动客流等方式,使得购物中心的租金不再受沿垂直高度变化而变化。因此,评估实操中不应教条地仅遵照楼层对租金进行修正,而应同时考虑店铺距主要人流动线出入口(商场入口、电梯入口、主力店)之间的距离。同时应查勘是否配备足够的手扶电梯、观光电梯、客梯、货梯使人流、物流纵向通畅、便捷,形成立体人流循环体系。

⑥泊车体系。私家车的普及使停车体系在购物中心运营中越发重要。评估实操中应关注车库总车位数,并对产权车位及人防车位进行区分,单个车位的面积、普通车位或机械车位,以及是否具备智能引导系统等。

3. 财务层面

商业物业涉及的运营收入和运营费用。

运营收入包括租金收入、物业管理收入、多种经营及广告收入、车位收入、保证金利息收入、其他收入。其中,租金收入应关注:业主与租户订立合同的标准条款主要包括一般租期、免租期、装修期、物业费、是否价税分离、租金支付方式、租金计租内涵

(建筑面积或使用面积)、计租方式(固定租金、营业额租金、固定加营业额租金、固定和营业额租金两者取高等)、营业额租金的抽成方式及比例、分层租金情况。物业管理收入应关注其内容及各项收入明细(能源、日常维保、清洁、保安等)。多种经营及广告收入应关注广告位的数量及收费标准、场地租赁及其他多经活动的频率数量以及收费标准。车位收入应关注其收费标准(固定月租及按小时收费)。

运营费用包括物业管理费用、租赁代理费用、行政人员管理费用、设备设施维护及保养费用、能源费用、保险费用及税金。税金涵盖房产税(按租金缴纳或按原值缴纳)、增值税(简易征收或按一般计税方式)、城镇土地使用税、印花税等,其中特别关注各类赋税的计税基础及税率。

此外,还应该关注:

(1)物业管理的方式。一般包括第三方物业管理公司,直接收取物业管理费;采用业主收取物业费,再与第三方物业管理公司进行实际物业费的结算;业主自行管理。

(2)招商及租赁。正常寻租时间、招商方式(机构代理或自主招商)。

(3)租户类型。一般购物中心包括主力店、次主力店、非主力店三种类型。其中主力店拥有良好的形象及强大的号召力、拥有稳定的客源、租赁面积通常在2000平方米以上、租期在10年以上,其主要涉及百货店、超市、电器专营店、KTV、电影院、健身房新型的各类体验式业态。次主力店涉及大型连锁服饰专卖店、大型餐饮、娱乐类业态。非主力店即主力店及次主力店以外的所有租户。一般来讲,主力店租赁面积大、租金单价很低,而非主力店单体租赁面积小、租金很高。购物中心的主要租金收入来自各种中小型店铺,其平均租金水平远远高于主力店。但是主力店的存在必不可少,其形象对于顾客选择某一购物中心时很重要,可以将顾客从一个较远的地方吸引到这一特定的购物中心进行消费。正是这种主力店能够带来正向客流的特性,使得非主力店获得更多的客流和销售额。因此,评估操作中应与业主方财务及运营团队保持沟通,充分参考财务及运营情况及预测,准确体现租赁面积与租金体系的平衡问题。

(4)业态配比。购物中心需要各种业态的租户来提供"一站式"消费的模式吸引客流。通常来讲,各类业态能够承受的租金水平是不一样的,能够承受最高租金水平的是黄金首饰、服装、化妆品。评估时应关注零售、娱乐、餐饮各业态的配比。特别注意儿童业态、体验式购物等新兴业态。

(5)商铺平面分布。即商铺在购物中心每层分布位置。包括商铺的楼层、距离购物中心主出入口的位置、距离主力店主出人口的位置、距离电梯等人流主要动线点的位置等。但对于不同类型的商铺来说,其影响程度是不同的。主力店的租金对位置不敏感,这就是为什么大部分主力店租户位于地下室一层和二层的原因,主要原因是主力店作为消费者前往购物中心的主要目的,出行距离略微增加并不会影响消费。但是,次主力店对楼层的影响因素较为敏感,楼层越高租金越低。对于非主力店,位于一层临街、主步行街两侧、主力店主要出入口、电梯出口等有利位置均需支付溢价租金。

## 二、写字楼物业评估关注点

### (一)物业分类

写字楼是商务写字楼的简称,是指在统一的物业管理下,以商务为主,由一种或数种单元写字楼平面组成的租赁写字楼建筑。目前,市场上通用的写字楼分类标准为两大类:从注重建筑结构和建筑本体的角度出发,分为甲级(超甲级)、乙级和丙级写字楼;从办公智能化的角度出发,分为5A、4A、3A写字楼。但这两种分类均未将商务写字楼的软硬件等各方面结合起来综合评价。

由中国房地产业协会商业地产专业委员会等单位编制的《商务写字楼等级评价标准》,正式将商务写字楼的软硬件等各方面性能结合起来进行综合评价。《标准》中规定商务写字楼在完成竣工验收并投入使用满一年后方可申报等级评价,在完成建筑设计、竣工验收阶段可先申请阶段性预评。该《标准》通过对区位与城市设施、场地规划与室外环境、工作场所质量、室内环境与设备设施、运营与服务五个分项进行打分的方式来评价,满分为1000分,根据最终得分情况来确定商务写字楼的等级,其中总分高于950分(含)为白金五星级、总分不低于850分为五星级、总分不低于700分为四星级、总分不低于600分为三星级,如表21-6所示。

**表21-6　商务写字楼等级评价标准**

| 评定项目 | 分项 | 分值 | 权重 |
|---|---|---|---|
| 区位与城市设施 | 所在城市功能区域 | 80分 | 8% |
| | 区域内(街区)功能特点 | | |
| | 城市道路设施 | | |
| | 城市公共交通 | | |
| | 城际交通 | | |
| | 城市设施环境 | | |
| | 环境质量改善 | | |

续表

| 评定项目 | 分项 | 分值 | 权重 |
|---|---|---|---|
| 场地规划与室外环境 | 商务写字楼规模 | 120 分 | 12% |
| | 场地交通规划 | | |
| | 停车与车库(场) | | |
| | 绿地与景观 | | |
| | 场地无障碍通行 | | |
| | 外观品质 | | |
| | 减少建筑环境负荷设施应用 | | |
| 工作场所质量 | 入口大堂与公共空间 | 200 分 | 20% |
| | 楼梯与客梯厅 | | |
| | 电梯配置 | | |
| | 走廊及开敞空间 | | |
| | 公共辅助空间 | | |
| | 工作场所 | | |
| | 管理用房 | | |
| | 绿色工作场所技术应用 | | |
| 室内环境与设备设施 | 空调及新风系统 | 300 分 | 30% |
| | 电梯系统 | | |
| | 送、排风系统 | | |
| | 给水排水 | | |
| | 电力及照明系统 | | |
| | 智能化系统 | | |
| | 能源及能源利用 | | |
| 运营与服务 | 总体要求 | 300 分 | 30% |
| | 用地内室外环境管理 | | |
| | 门厅与大堂管理 | | |
| | 写字间、配套商业及公共区域管理 | | |
| | 保安与地下停车场管理 | | |
| | 设备设施管理 | | |
| | 绿色节能环保行动 | | |

资料来源:《商务写字楼等级评价标准》(CECS368:2014)。

## (二)物业关注点

1. 宏观层面

(1)应关注估价对象所处城市经济发展状况,比较典型的对写字楼物业具有一定影响力的因素包括城市第三产业占 GDP 的比重、城市未来发展规划等经济指标。纵观中国现在的经济发展形势,我国经济正逐步向第三产业转型,特别是在"互联网+"的背景下,金融、通信、科技、服务类企业的数量迅猛增长,越来越多的劳动人口从第一、第二产业快速向第三产业流动。对商务办公的需求不断增加,从而对写字楼物业的需求不断增加。

(2)应关注估价对象所在的区域功能定位,可从区域分布等级及区域功能特点两方面分析。区域分布等级分为城市中央商务区(指在大、中城市中集金融、贸易、服务、信息等多种功能为一体的城市经济功能区)、城市核心商业区(指大、中城市以商业及服务业为主要业态的集聚区)、城市科研信息产业集聚区(以信息技术产业为主的新兴城市经济功能区)及城市交通便捷、商业业态相对完善且形成规模的商业区。区域功能特点分为金融、高端服务业聚集区、商务写字楼聚集区、大型综合零售商业聚集区、一般性商业服务聚集区。不同功能区域对于租金的承受能力亦不相同。

2. 微观层面

微观层面主要关注交通的便捷程度和建筑物的自身状况两个方面。

(1)估价对象所在区域的交通便捷程度,主要可以从道路设施条件以及周边公共交通状况两方面来考量。道路设施条件主要是判断其区域内所通城市道路设施的类型(车速为 90 ~ 120 公里/小时的城市高速路、车速为 80 公里/小时快速路及快速环路,或是车速为 50 ~ 60 公里/小时城市主干道、车速为 40 公里/小时城市次干道)及数量;区内周边公共交通状况的衡量标准通常是写字楼物业所在区域 1 公里范围内公交线路站点的数量、轨道交通站点的步行距离,以及与该城市铁路交通、航空交通的实际车行距离。

(2)建筑物自身状况,该点又可细分为建筑物外立面与昭示性、室外环境、车库设计、楼层及楼宇硬件设施及功能配套设施等,具体如下:

①建筑物外立面与昭示性。楼宇外观的建筑装修用料,建筑高度、大堂及公共空间的装修状况,尤其是大堂的挑高设计是否合理、是否具有很高的辨识度(如地标性建筑物)。

②室外环境。衡量标准通常是写字楼项目的绿化环境,是否有水系、公共绿地等景观设计。

③车库设计。衡量标准通常是估价对象的车位配比、地下停车场出入口的数

量、出入口标识是否清晰,车道设计是否宽敞、是否设计防滑及减速带以及出入停车场的便捷程度。

④所处楼层。一般来说写字楼物业所在楼层越高,视野、景观、空气质量越好,同时受外界干扰的机会也就越小,其价值也就越高,租金/销售单价也会越高。

⑤楼宇硬件设施及功能配套设施。主要包括电梯系统(直梯、扶梯等)、空调及新风系统、系统化通讯、电力及照明系统、楼宇自控系统、能源系统回收利用及新能源技术的运用、安保系统、功能性配套设施的齐备程度(如会议室、多功能厅、咖啡厅、餐厅、超市、银行等),以及获取的相关证书(如 LEED 认证)。

3. 财务层面

写字楼涉及运营收入和运营费用。

运营收入包括租金收入、物业管理收入、车位收入、广告收入、保证金利息收入、其他收入。

运营费用包括物业管理费用、租赁代理费用、行政人员管理费用、设备设施维护及保养费用、能源费用、保险费用及税金,税金涵盖房产税(按租金缴纳或按原值缴纳)、增值税(简易征收或按一般计税方式)、城镇土地使用税、印花税等,其中特别关注各类赋税的计税基础及税率。

此外,还应该关注:

(1)专业的物业管理公司。业主通常会聘请专业的物业服务企业对写字楼日常运营、维护及物业招租进行管理。物业公司的知名度及服务水平往往会关系到能否吸引国内外知名企业及国内外高级办事机构的入驻,这将直接影响到写字楼租金水平及出租率。评估时通常会对产权方及物业管理公司的资信进行查看。

(2)主力租户。大厦主力租户通常决定了一幢写字楼的租户类型,当主要租户为知名企业或龙头企业,就会吸引同类或相关企业进驻,从而提高大厦的知名度,其租金价格也会迅速得到提升。

(3)租户行业。因行业特点不同,对办公环境的要求也不同,从而决定了其可承受租金能力亦不相同。如表 21 - 7 所示,笔者从租赁建筑面积、租金支付能力、楼宇形象和硬件四个方面对行业的差别进行总结。

**表 21 - 7 租赁建筑面积、租金支付能力、楼宇形象和硬件的行业差别**

| 从事行业 | 承租面积 | 租金承受能力 | 楼宇形象 | 楼宇硬件设施 |
|---|---|---|---|---|
| 制造业 | 大 | 弱 | 高 | 中 |
| 能源 | 大 | 中 | 中 | 中 |

续表

| 从事行业 | 承租面积 | 租金承受能力 | 楼宇形象 | 楼宇硬件设施 |
|---|---|---|---|---|
| 大型金融机构 | 大 | 强 | 高 | 高 |
| 专业服务 | 中 | 中 | 中 | 中 |
| 高科技 | 大 | 中 | 中 | 高 |
| 律师 | 中 | 强 | 高 | 中 |
| 零售 | 小 | 弱 | 中 | 低 |

## 三、仓储物流地产评估关注点

### (一)物业分类

仓储物流通常是按建筑面积以及建造规格这两种标准来进行分类,如表 21－8 所示。

**表 21－8　仓储物流分类**

| |
|---|
| 仓储物流地产 |
| ◆按建筑面积分类 |
| 物业总建筑面积小于 10,000 平方米,即为小型仓库;物业总建筑面积在 10,000～50,000 平方米,即为中型仓库;物业总建筑面积大于 50,000 平方米,即为大型仓库。 |
| ◆按建造规格分类 |
| 分为标准型产品库及非标准型产品库:<br>➢标准型产品库按不同的物流操作类型又可分为甩挂运输中心(省际甩挂中心、省内甩挂中心)、城市集运中心以及现代仓储中心三种。<br>特点:标准型产品库的工程造价相对比较固定,多处于新型工业园区、出口加工区等地。<br>➢非标准型仓储用房则会根据使用者的实际用途,而对仓储物业进行特殊的设计,以满足其独特的需求。如立体仓库、高标仓储物流、冷链仓库、危险品仓库等。<br>特点:因为其具有特殊性,故非标准型产品库的工程造价相差较大。 |

### (二)物业关注点

1. 宏观层面

(1)应关注估价对象所处城市经济发展状况、社会零售消费品总额、人均可支配收入等。比较典型的对物流地产具有一定影响力的因素为城市物流业发展,重点对所在城市的物流业总体发展规模和运行效率、物流业各分支的发展状况、物流基础设施和装备水平、企业物流经营状况（企业物流运营情况及效率、物流主营业务收入、物流主营业务成本和企业拥有的物流设施）等四个方面进行细致考察。

（2）应关注城市物流地产发展，主要包括分析该城市物流地产的土地供应、开发投资、开发建设、租赁市场等四个方面。

（3）应关注估价对象所处工业园区的配套设施是否完善、工业集聚度、物业管理情况等情况。

2. 微观层面

物流中心的主要功能是承载着物资的集散和进出，该类物业微观层面主要关注两大方面：项目地块条件，包括地理位置和地块现状；地块经济技术指标及项目交通条件。其中，重中之重当属项目的地理位置。

（1）地理位置和地块现状。评估时需要着重对项目的地理位置与城市重要地点，包括港口、铁路编组站、公路货运枢纽、枢纽机场、主要口岸、城市大型商圈、批发市场、专业市场、工业园区、产业集聚区、特大型制造企业等的空间位置关系进行分析。同时更要看地块周边环境条件，即相邻的道路交通、站点设置、港口和机场的位置等因素，与物流中心内的道路、物流路线相衔接，是否能形成内外一体、便利通畅的物流通道。

（2）地块经济技术指标。物流仓储用地、工业用地和商业服务业设施用地可以用来开发建设物流地产项目。评估时需要对不同性质的建设用地对物业建筑面积、业态比例、其他限制条件等规划限制条件进行考虑。

（3）项目交通条件。应该着重分析估价对象周边道路现状以及估价对象到机场、港口、口岸、铁路编组站、公路货运枢纽、工业园区、产业集聚区、特大型制造企业、大型商圈、批发市场、专业市场等城市重要地点的行车距离和行车时间。

3. 财务层面

物流地产涉及运营收入和运营费用。

运营收入包括租金收入、物业管理收入、保证金利息收入、其他收入。

运营费用包括物业管理费用、租赁代理费用、行政人员管理费用、设备设施维护及保养费用、保险费用及税金，税金涵盖房产税（按租金缴纳或按原值缴纳）、增值税（简易征收或按一般计税方式）、城镇土地使用税、印花税等，其中特别关注各类赋税的计税基础及税率。

此外，由于仓储物流的特殊功能，不同的仓储物业产品的建造成本是不一样的。在评估中需重点关注其建筑面积、开间与进深比例、防火分区要求、楼地面的耐磨性、防尘性及承载力、卸货平台及雨棚的规格及月台高度等经济指标。

## 四、酒店物业评估关注点

### (一)酒店的等级划分

酒店物业是通过某一地区的贸易、商业和旅游的出现、发展而随之出现、发展起来的物业类型。由于国际资本的进入、商贸的快速发展和国民收入和生活水平的不断提高等种种利好因素的影响,中国的现代酒店业发展非常迅速。

酒店的等级划分可以借鉴《星级酒店评定标准》(以下简称《标准》)。基于《标准》的具体描述,估价师在考察酒店物业的物理条件与设施服务的主要关注点有:酒店布局合理性、提供服务的语言多样性、暖通制冷设施、前厅服务与设施、酒店配套餐饮条件,以及酒店物业最为重要的客房服务与设施。除此之外,《标准》还提供了数十项选择性设施及服务,随着酒店星级的升高,该《标准》要求酒店在常规范围内应提供的设施及服务以外,还需要有能力提供符合相应星级数量的选择性设施及服务。估价师在实地考察时,不仅需要关注酒店是否达到相应星级所要求的物理条件和服务设施,更需要关注的是所有设施的使用情况、折损程度和速度等,以期对未来的酒店运营成本有更合理的预测。星级酒店评定标准如表 21－9 所示。

**表 21－9　星级酒店评定标准**

| 酒店分类 |
|---|
| 按酒店星级分类 |
| 依据《星级酒店评定标准》中的评判内容,通过对饭店布局、设施设备维护、前厅服务内容、客房服务内容、餐饮条件、公共区域、额外选择性项目等十余个评判点中所包含的数十个方面进行评价,从而将中国地区的酒店分为一星级至白金五星级,详情请借鉴《星级酒店评定标准》 |
| 按酒店规模分类 |
| 此项分类应注意的是酒店的规模不仅仅需要参照其建筑面积,更主要的是需要按照客房数量进行划分。一般情况下,客房数在 300 间以下的酒店为小型酒店、客房数在 300～600 间之间为中型酒店、客房数在 600 间以上的为大型酒店 |
| 按接待对象分类 |
| 按照酒店的主要接待对象,可以将酒店分为一下几类:商务型酒店、度假型酒店、公寓式酒店、会议型酒店和观光型酒店。不同类型的酒店依据其接待客户的类别有相应侧重的配套设施和区位要求。例如,度假型酒店多在海滨、温泉、国家级风景区周边,因为主要接待独家旅客,因此运营有较强的季节性特征。而商务型酒店主要接待的是有商务需求的客户,因此对交通便捷度有较大要求,所以商务型酒店多兴建在配套成熟、基建发达的商业中心区或主城区 |

资料来源:《星级酒店评定标准》。

### （二）物业关注点

1. 宏观层面

（1）应关注估价对象所在区域的市场定位或政府的区域发展规划。如各大城市的 CBD 及其边缘区域的酒店所对接的主要是国内外商务旅客，因此该区域便不适合运营诸如度假村性质的度假式酒店。相反地，在一些沿海城市的海滨旅游区域或者热门景区周边就会聚集着不同类型的度假式酒店。因此，估价师在对酒店物业进行评估时，应注意到业主或酒店运营方对其酒店的定位是否符合该区域的市场需求，并依据估价对象和市场需求的契合度对酒店的未来运营发展方向和经济效益作出公允的判断。

（2）应关注城市经济发展状况。比较典型的对酒店经营有一定影响力的经济因素包括基础设施建设、城市旅游业发展状况、经济结构及体量以及人口情况（即人均收入水平、零售销售额、人口年龄与分布等）。过去 5～10 年的相关数据将可以提供很好的基准，但是，最重要的还是估价师应基于过去数据的基准和对未来区域的发展趋势作出相应的预测判断。

（3）需要关注该区域内的酒店物业市场供需关系，包括区域市场的竞争酒店的未来供给量、整体入住量和人流量、目标客户的流入、客户群体的构成结构变化等，对未来区域市场内的酒店行业的供需状况进行预判。

通过宏观层面的分析虽然很难直接对酒店未来的运营收入进行准确的定量分析，但是这些分析可以很大程度上帮助估价师对酒店的未来运营趋势和物业的经济效益作出一个符合市场规律且具有经济意义的趋势性预测。

2. 微观层面

微观层面主要包括两个方面。

（1）分析酒店所在区位条件，包括交通便捷度，如酒店周边的道路设施条件和公共交通成熟度等；酒店周边的基础设施建设和生活配套布局；酒店周边的人文与景观条件和周边竞争酒店的聚集程度。这些因素会对酒店的运营情况带来直接影响。

（2）对于酒店所处区域内的竞争环境进行分析，因为单纯依靠酒店的历史经营数据并不能充分反映未来酒店的运营发展状况。因此，估价师需要对已经完工运营的以及在建的竞争性酒店进行定量与定性分析。比如，通过分析竞争性酒店的物理条件以及经营数据，以此为基准判定该酒店的运营现状，确定估价对象在区域酒店房地产市场的定位，以期能对酒店的未来运营状况得出一个更为公允的判断。

微观层面的分析更关注于对估价对象自身所在位置的区位条件进行分析，能更加清晰地为估价师对估价对象酒店的价值体现提供可靠依据。

3. 财务层面

随着中国酒店的星级评判标准的出台与不断更新，以及大量西方顶尖的酒店行业资本的加入，外加如锦江国际、如家酒店集团、华住酒店集团等本土酒店品牌集团的蓬勃发展，近年来中国酒店物业的供给量出现了较为严重的过剩情况。据《2015 中国饭店业务统计》的统计数据，中国酒店市场的平均每房收益和经营毛利水平都面临着较大的下行压力，而这也预示着全国各地的酒店市场也已经逐渐进入了紧缩、调整与创新的时期。

对酒店在财务方面的分析在整个估值测算中是非常关键的一个环节。该分析工作的理论依据就是通过深入分析酒店的过往经营数据，从数字上挖掘出酒店在历史层面上的运营趋势，并以此为基础对酒店的未来经营趋势进行测算。因此，在财务分析工作中，估价师尤其需要关注的数据资料是由业主或酒店管理方提供的历史运营损益表，也称为 P/L 表。该表格能从数字上详细地体现酒店过往 3 ~ 5 年的运营情况、包括酒店的各部门收益、各部门成本支出、运营费用、管理费用支出、固定支出等。透过这些基础数据，估价师可以挖掘出所评估的酒店物业的运营效率、运营成本和利润率等多项数据指标。与此同时，利用这些财务指标，估价师可以通过与酒店业主或酒馆管理运营方的沟通，了解各方对于这些指标的期望和为了达到期望而采取的相应管理措施，这些细节均可以成为估价师对估价对象的价值进行测算的合理依据。此外，酒店管理方还应依据自身对该酒店的运营经验，提供对未来一到两年的经营预测，该预测可以充分反映出酒店管理方对于酒店未来运营状况的态度，对于估价师对酒店的未来现金流进行评估有很大帮助。

酒店涉及运营收入和运营费用。运营收入包括客房部营业收入、餐饮部营业收入、会议部营业收入、商业对外出租及其他营业收入。

运营总费用包括酒店各部门运营成本、未分配经营开支及固定费用，其中未分配经营开支具体包括行政级一般开支、市场推广费、能源成本、物业营运及保养费。此四项中每一项均可视为一单项。行政一般开支包括现金超额或缺额、信用卡佣金、追收费、行政办事处开支、一般保险费、邮费、法律开支、行业工会费、交通费、会计师费及顾问费；市场推广费包括广告、降价销售、推广活动、推广用品、公共关系及研究等开支，并加上有关的交通、应酬开支及用品费；能源成本包括电力、燃料、蒸汽、用水等费用；物业营运及保养包括维修建筑物、机电设本机装置、地板铺设、家具、地面及园艺设施等的费用，并加上电灯泡、机械品费用和排污费；固定费用包括管理费、房产税、城镇土地使用税、保险费及资本重置费用；固定费用前的收益指的是客房部营业收入、餐饮部营业收入、会议部营业收入、商业对外出租及其他营业收入的总额，减去所有未分配经营开支。一般来说，一线城市国际化管理的五星级酒店的固定费用前收益占总收入的百分比为30%～35%。

此外,除关注酒店历史运营数据外,还需要关注业主和酒店管理方未来的运营规划方向。例如,由于酒店需要不断地花费成本去进行维护以保证物业的质量,而酒店运营的决策层也需要对酒店自身的定位和区域市场的需求进行相应的更新,这些行为就导致了酒店运营的决策层需要在逐年增加的维护成本和对酒店进行大规模更新升级之间进行权衡。估价师需要关注到这些未来可能发生的事件及其可能性,以便作出更为准确的未来经营现金流预测。

综上,对购物中心、写字楼、物流地产及酒店从宏观、微观及财务运营层面进行了分析,不难看出,购物中心在运营管理能力方面的要求最高、在收入构成层面及租赁模式方面最复杂,酒店在建造成本及运营成本方面付出最高,写字楼在未来收入的预测及稳定性方面最好,物流工业在成本构成方面信息最透明、在投资回报方面表现最好。根据房地产投资信托基金的特点,该类业务的投资者会考虑物业增值潜力,但更注重考虑物业未来能产生的可预测、可持续的经营收益为多少,故在评估信托物业价值时,应首选收益法作为主要估价方法,根据不同物业类型的特点进行评估。

## 五、内地及香港房地产基金信托产品评估方法对比

对于经营性物业,香港采用的评估方法为现金流量折现法及直接资本化法,从物业收益的不同角度进行评估测算。内地采用的评估方法多为比较法和现金流量折现法。内地已挂牌类REITs产品与香港已发行REITs产品的评估方法如表21－10所示。

**表21－10　内地已挂牌类REITs产品与香港已发行REITs产品的评估方法一览**

| 基金名称 | 物业类型 | 评估方法 | | |
|---|---|---|---|---|
| | | 比较法 | 现金流折现法 | 直接资本化法 |
| 香港上市REITs | | | | |
| 开元产业投资信托基金 | 酒店 | | √ | |
| 春泉产业信托 | 办公 | | √ | √ |
| 领展房地产投资信托基金 | 零售 | | √ | √ |
| | 办公 | | √ | √ |
| 汇贤产业信托 | 酒店 | | √ | |
| | 商业综合体 | | √ | √ |

续表

| 基金名称 | 物业类型 | 评估方法 | | |
|---|---|---|---|---|
| | | 比较法 | 现金流折现法 | 直接资本化法 |
| 越秀房地产投资信托基金 | 零售 | | √ | √ |
| | 办公 | | √ | √ |
| | 商业综合体 | | √ | √ |
| 内地在交易所已挂牌类 REITs | | | | |
| 中信启航专项资产管理计划 | 办公 | √ | √ | |
| 中信华夏苏宁云创资产支持专项计划一期 | 商业 | √ | √ | |
| 中信华夏苏宁云创资产支持专项计划二期 | 商业 | √ | √ | |
| 恒泰浩睿－海航浦发大厦资产支持专项计划 | 办公 | √ | √ | |
| 恒泰浩睿－彩云之南酒店资产支持专项计划 | 酒店 | | √ | √ |
| 招商创融－天虹商场(一期)资产支持专项计划 | 零售 | √ | √ | |
| 中信华夏苏宁云享资产支持专项计划 | 工业物流 | | √ | √ |
| 东证资管－青浦吾悦广场资产支持专项计划 | 零售 | √ | √ | |
| 首誉光控－光控安石大融城资产支持专项计划 | 零售 | √ | √ | |
| 天风－中航红星爱琴海商业物业信托受益权资产支持专项计划 | 零售 | √ | √ | |
| 北京银泰中心资产支持专项计划 | 综合体 | √ | √ | |
| 高和招商－金茂凯晨资产支持专项计划 | 办公 | √ | √ | |

## 第三节
## 一线城市核心商圈综合体的物业估值案例分析

笔者以在某交易所成功挂牌的资产支持专项计划产品中涉及的物业作为案例

进行分析。该物业为位于一线城市核心商圈的城市综合体,项目总规模约为36万平方米,项目涵盖5星级酒店、高端公寓、智能化写字楼及众多顶级奢侈品牌购物中心,本次入池的基础资产总规模约为17万平方米。房地产市场调研及房地产市场价值评估历时6个月。

## 一、房地产市场调研

房地产市场调研是指对物业所在地区的城市经济社会发展状况、房地产市场状况以及物业所在区域及本体进行调查、分析,判断其所在城市未来经济发展方向、房地产市场变化趋势,确定物业的市场核心竞争力、预测未来经营收入走势及未来升值潜力,为投资者提供具有参考性的市场专业意见的活动。房地产市场调研报告主要从宏观层面、房地产市场层面及微观层面进行分析,其报告结构请如图21－3所示。

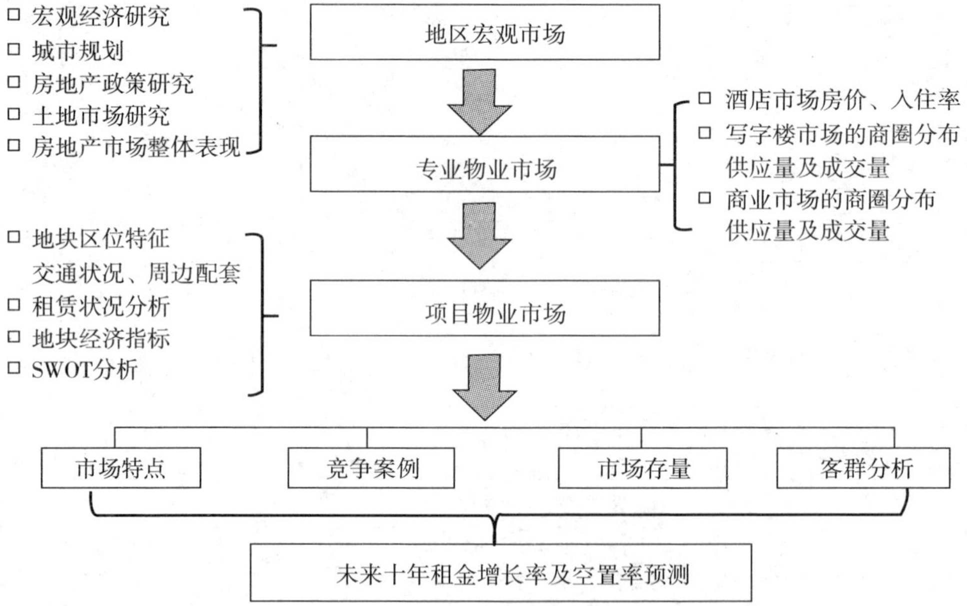


**图21－3 房地产市场调研报告结构**

## 二、房地产市场价值评估

### (一)实物概况

物业位于某一线城市核心商圈的金十字街角,扼守城市交通枢纽位置,项目总体量约17万平方米。该项目属于市属60项重大工程之一,并以249.9米的高度成为该城市的新地标。具体情况如图21-4所示。

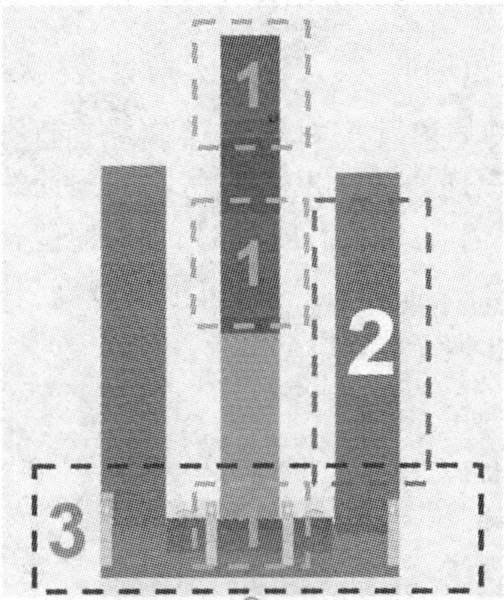


| | |
|---|---|
| 项目概况 | 该项目是由五星级酒店、高端公寓、写字楼及众多顶级奢侈品牌购物中心组成的城市综合体 |
| 商圈级别 | 一线城市核心商圈 |
| 整体定位 | 城市新地标、市属重点工程 |
| 项目总建筑面积(平方米) | 约36万平方米 |
| 建筑层数、高度 | 中央主楼66层,249.9米;东、西两翼写字楼52层,186米 |
| 竣工年份 | 2007年 |
| 评估建筑面积(平方米) | 约17万平方米 |
| 评估业态分布 | 酒店、办公、商业及车位 |
| 设备设施 | ·楼宇配备宽带、有线电视、空调和取暖系统、保安系统、消防系统、楼宇自控系统等 |
| 出租率(%) | 办公95%、商业97% |
| 主力租户 | 金融、科技、航空等世界领军企业 |
| 物业管理公司 | ·国际知名物业管理服务公司 |

**图21-4 物业具体情况**

## (二)权益状况

经现场核实,评估范围内该物业已全部取得产权文件,产权状况清晰。需要说明的是,产权面积中部分物业属于楼宇不可拆分的配套,不单独具有物业价值。评估不包含该部分建筑面积。

评估范围中抵押登记在提供予评估机构的文件复印件中未显示已注销,经与产权人核实,物业抵押情况与权证摘录结果保持一致。

为了确定评估范围中租赁及经营状况,对写字楼、奢饰品购物中心、独立外租商户3个组成部分的业主自用及对外出租面积占比进行了统计;对酒店的运营管理品牌、客房数量、单间面积、酒店配套设施及地下车辆的平面分布进行了实地调查及分析。

## (三)经营收入状况

在现场尽职调查过程中,评估机构与产权方、酒店管理方、商管运营方及财务等多方团队进行了深入访谈,全面了解业主的运营模式,并对其经营状况进行了整理、分析。

1. 现状经营收入分析

该项目的总收入主要包括酒店委托经营收入、写字楼租赁及商业租赁收入，其中：酒店收入占总收入25%，写字楼收入占总收入48%，商业收入占总收入27%。其各部分收入明细如下。

(1)酒店收入

酒店部分的收入包含客房、餐饮、其他及对外出租收入。其中，客房年收入 = 平均客房单价 × 客房数量 × 入住率 × 天数；根据酒店过往经营数据以及参考酒店管理公司编制的未来经营预测，餐饮收入预计约占总收入的48%；客房收入预计约占总收入的47%；其他收入包括康体设施、spa水疗中心等，预计该部分收入约占到总收入的2%；对外出租收入预计约占总收入的3%。通常来说，酒店星级越高，其餐饮占收入的比重越大。酒店收入构成如图21－5所示。

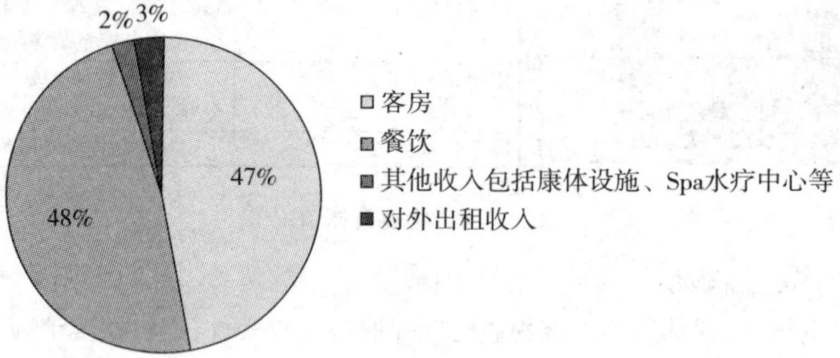


**图21－5　酒店收入构成**

(2)写字楼收入

写字楼部分的收入模式较为简单，仅为对外出租的租赁收入。本次考虑租约对其价值的影响，对于已出租部分，租赁期限内的租金采用租赁合同中约定(租约限制)的租金(即实际租金)，租赁期满后，假设该部分物业会按照当时的市场租金租赁。

(3)商业收入

商业部分的收入以租赁收入为主，同时还包含商户推广费、POS机服务费、广告牌租金、代销服务费、代客泊车服务、临时花车、仓库租金等其他收入，参考业主提供的过往经营数据，该部分收入占商业总收入的10%。对于已出租部分，租赁期限内的租金采用租赁合同中约定(租约限制)的租金(实际租金)，租赁期满后，假设该部分物业会按照当时的市场租金租赁；对于未出租部分房地产，假设该部分物业会按照目前市场租金水平租赁。商业收入构成如图21－6所示。

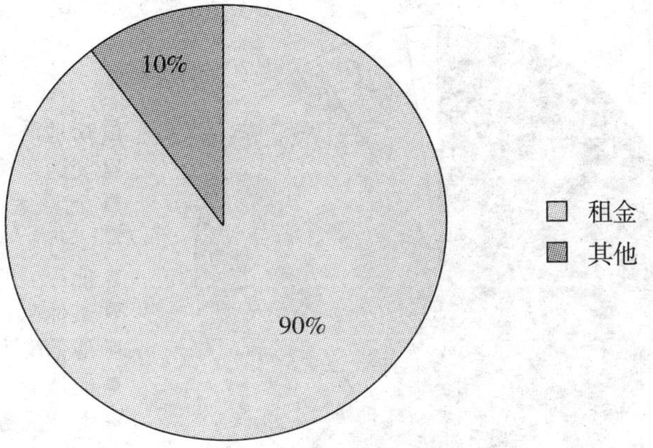


**图 21－6　商业收入构成**

从图 21－6 可以看出，该项目的主要收入来源于对外出租的租赁收入，故本次评估机构就产生租赁收入的两大业态（写字楼及商业）的租赁收入做进一步分析。

首先，写字楼租赁成交分析。

截至价值时点，根据业主提供之资料，写字楼部分租与 80 余名租户，租户客群多元化，评估机构根据租户的产业类型，从各租户承租建筑面积及承受月租金收入两个维度进行了分析，具体如图 21－7、图 21－8 所示。

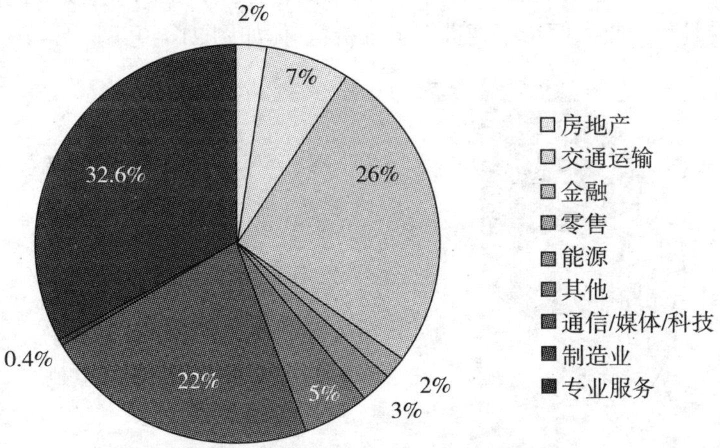


**图 21－7　租户承租建筑面积及承受月租金收入**

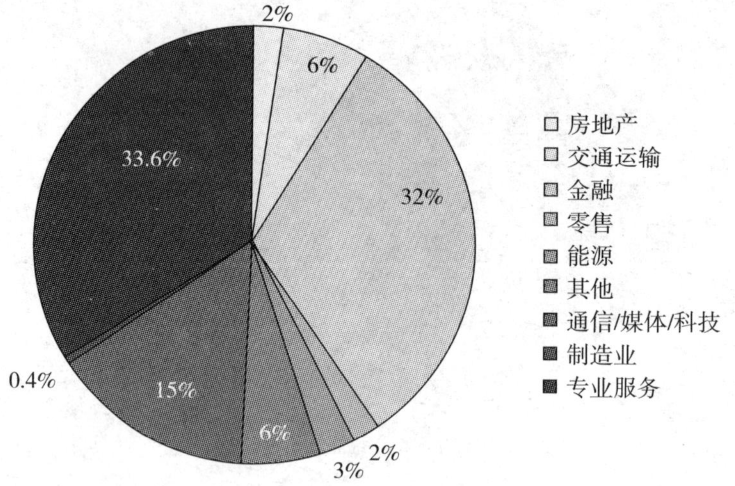


**图 21－8　产业类型及月租金收入比**

从图 21－7、图 21－8 中可以看出，金融及专业服务行业不论从承租面积及租金承受能力方面都高于其他产业租户。

其次，商业租赁成交分析。

截至价值时点，根据业主提供之资料，商业—购物中心区域及独立出租区域租予 80 余名租户，租户客群亦多元化，评估机构根据租户经营的行业，以从租户承租建筑面积及承受月租金收入两个维度进行了分析，具体如图 21－9、图 21－10 所示。

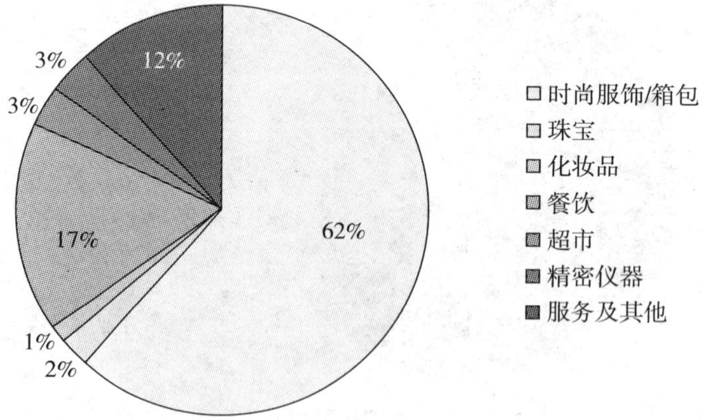


**图 21－9　不同服务行业建筑面积占比**

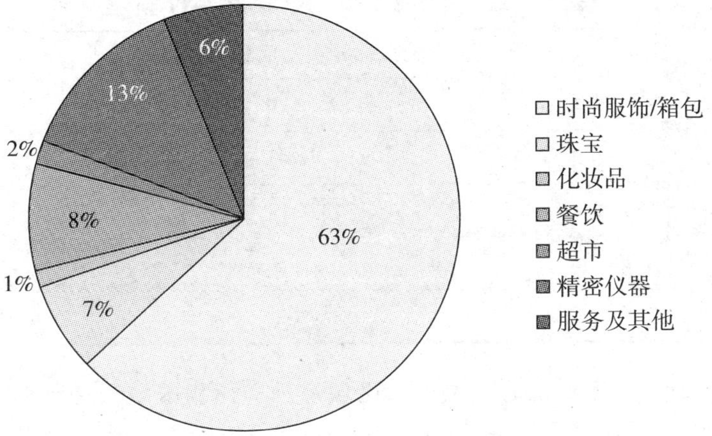


**图 21－10　不同服务行业月租金收入比**

从图 21－9 和图 21－10 中可以看出，服装行业不论从承租面积及租金承受能力方面都高于其他产业租户。

再次，写字楼及商业按建筑面积排名前五的租户租赁收入占比分析。

截至价值时点，按写字楼建筑面积统计，前五大租户（由于承租面积相同实为七名租户）占写字楼部分总可出租面积的 35%，收入贡献为 29%。

截至价值时点，按购物中心区域及独立出租区域商业建筑面积统计，前五大租户占商业部分总可出租面积的 34%，收入贡献为 23%。

最后，写字楼及商业租赁到期面积分析。

根据客户提供的资料，写字楼部分租赁协议的租赁年期一般为 3 年，商业部分租赁协议的租赁年期一般为 3～5 年，与当地市场的写字楼及商业租赁惯例相符。租户一般拥有重续权利延长租赁年期，并会选择于现有租约到期前至少 6 个月向物业管理人发出表明有意行使该重续权的书面通知，而新租约会于现有租约到期前 3 个月订立。倘租户并未于规定的时间内向物业管理人发出通知或订立新租约，则一般会被视为放弃选择重续。额外租赁年期的租金乃经租户与物业管理人根据当前市场标准磋商确定。

截至价值时点，写字楼部分未来到期的租约详情如表 21－11 所示。

表 21－11　写字楼部分未来到期的租约详情

| 年份 | 到期部分租赁面积占比(%) |
| --- | --- |
| 2016 | 29 |
| 2017 | 48 |
| 2018 | 13 |
| 2019 | 8 |
| 2020 | 2 |

截至价值时点,商业部分购物中心区域及独立出租区域未来到期的租约详情如表 21－12 所示。

表 21－12　购物中心区域及独立出租区域未来到期的租约详情

| 年份 | 到期部分租赁面积占比(%) |
| --- | --- |
| 2016 | 43 |
| 2017 | 42 |
| 2018 | 4 |
| 2019 | 8 |
| 2020 | 2 |

2. 现状经营成本分析

对应其收入来源,该项目的经营成本主要包括酒店运营费用、写字楼运营费用及商业运营费用,其各部分运营费用明细如下。

(1)酒店运营费用

酒店部分的运营费用包括三大项目:部门成本、未分配经营开支及固定费用。由于酒店的经营模式为自营型,通过为客人提供服务获取收入,其各项支出费用的计取方式如下。

部门成本:与各部门收入直接对应的是各部门成本,通过分析业主提供的过往数据及参照酒店行业对外公布的统计数据,各部门成本一般按照各部门的营业收入一定比例计算,具体如图 21－11 所示。

从图 21－11 中可以看出,餐饮部分在总运营费用中占比最高。通常,星级越高的酒店,其餐饮部分占比往往最高。

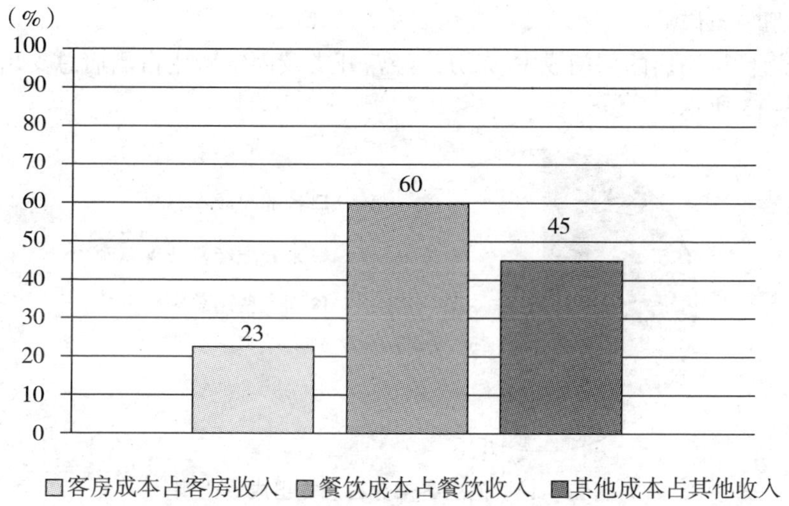


**图 21－11　各部门成本占相应部门收入比例**

未分配经营开支包括行政及一般开支、市场推广及营销、物业营运及保养及能源。其核心是为提高运营能力而服务于整个酒店，该部分费用一般按照酒店的总营业收入一定比例计算，如图 21－12 所示。

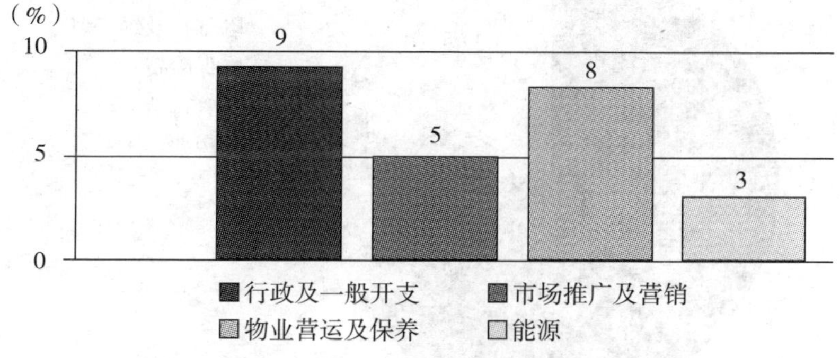


**图 21－12　各项未分配经营开支占总收入比例**

固定费用一般包括基本管理费、奖励管理费、房产税、城镇土地使用税、保险费及资本重置费用。管理费用(基本管理费用及奖励管理费用)应以酒店管理合同为依据，一般基本管理费用以酒店总收入的一定比例计取，奖励管理费用以酒店毛利润的一定比例计取；房产税根据业主提供的入账原值，参考计价方式计算；保险费用及城镇土地使用税根据业主提供的过往数据，据实计算；资本重置费用用以日后进行楼宇设备设施保养及大型维修使用，根据业主提供的过往数据及专业公司出具的意见进行计算。

经统计,该酒店的部门成本、未分配经营开支及固定费用占酒店总支出的比例如图 21 – 13 所示。

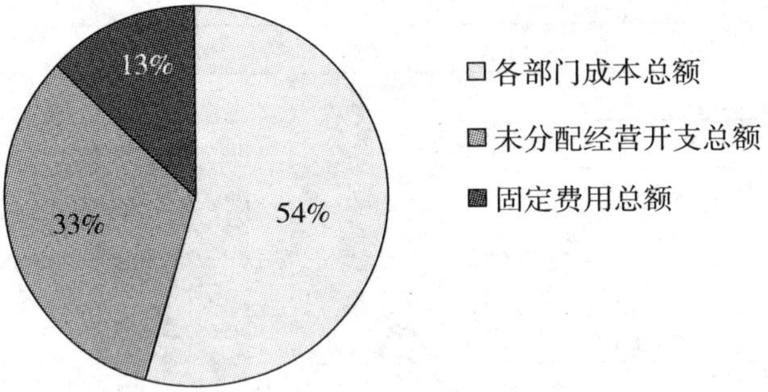


**图 21 – 13　酒店各部分占总支出成本比例**

(2)写字楼运营费用

写字楼部分的运营费用包括租赁及营销费用、设备设施维护及维修费用、保险费用、管理费用及相关税费。各部分占比如图 21 – 14 所示。

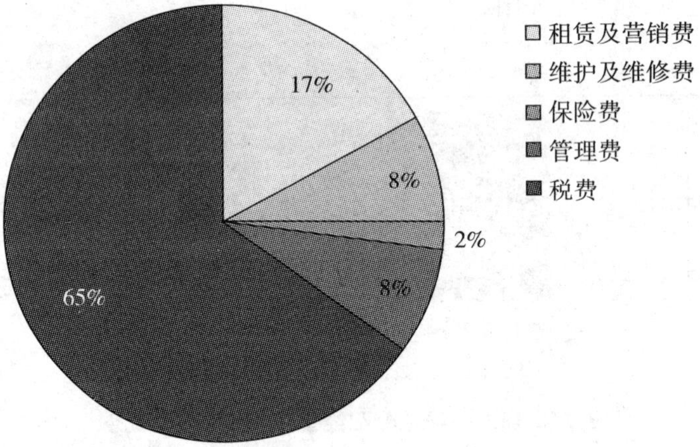


**图 21 – 14　办公部分运营费用及支出占比**

(3)商业运营费用

商业部分的的运营费用包括租赁及营销费用、设备设施维护及维修费用、保险费用、管理费用及相关税费。各部分占比如图 21 – 15 所示。

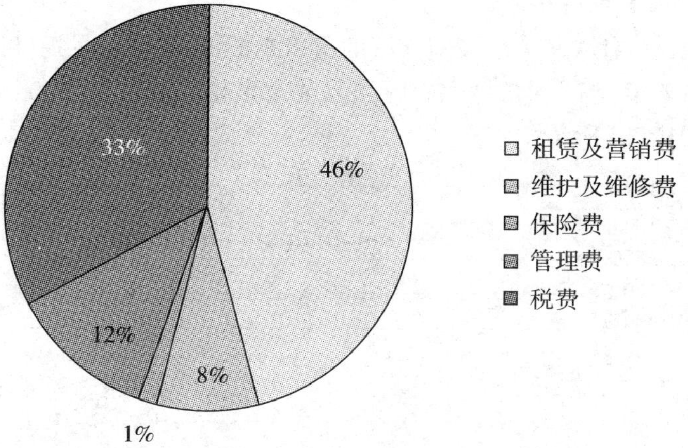


**图 21－15　商业部分运营费用及支出占比**

3. 现状经营成果占比分析

经分析，该项目商业、写字楼及酒店三大主要业态从建筑面积、经营收入及净收入的各自占比统计如图 21－16 所示。

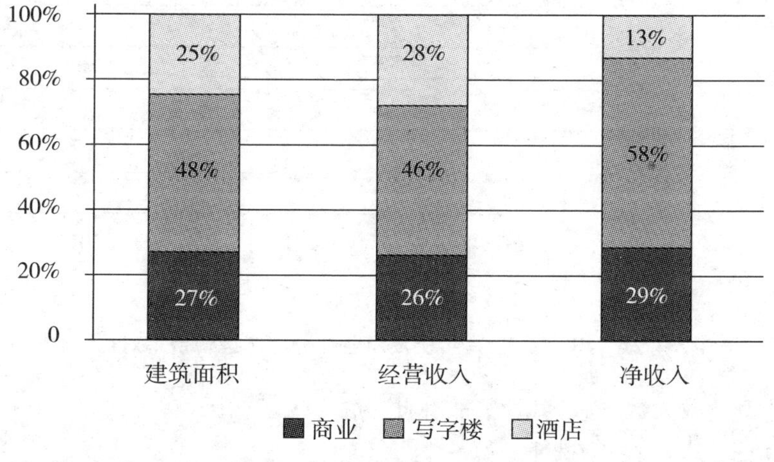


**图 21－16　主要业态经营成果占比统计**

从图 21－16 中可以看出，写字楼的建筑面积占比最高，年经营收入贡献最大。从净收入角度看，酒店在净收入中占比较经营收入占比有所减少，说明酒店的运营费率高于商业及写字楼。

4. 历史经营数据分析

(1)该项目过往3年商业及写字楼的出租率走势:根据业主提供的过往3年数据得出,写字楼、商业部分购物中心区域及独立出租区域及酒店各年出租率/入住率水平如图21－17所示。

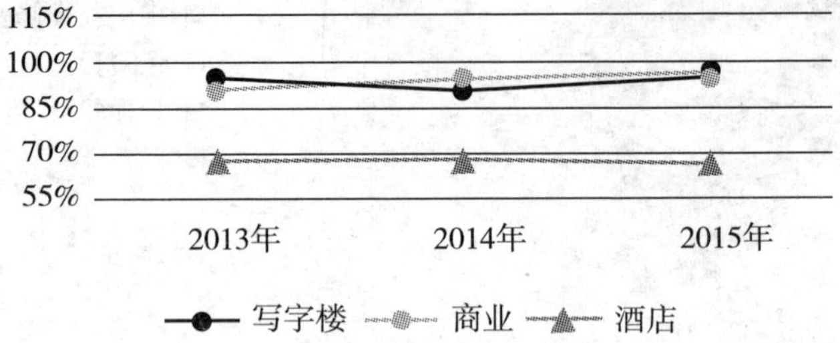


**图21－17　写字楼、商业及酒店历年出租率、入住率变化**

(2)该项目过往3年酒店、写字楼及商业的运营费率走势:根据业主提供之过往3年数据得出,酒店、写字楼及商业部分购物中心区域及独立出租区域的各年运营费率水平如图21－18所示。

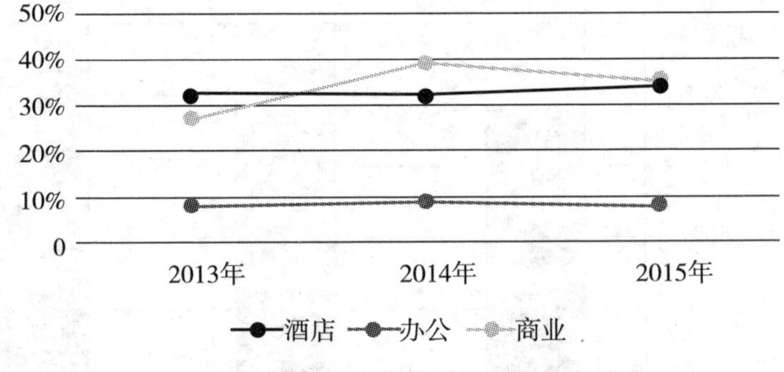


**图21－18　酒店、写字楼及商业部分历年运营费率对比**

由于营业收入数据较为敏感,故在此不做分析。

(四)评估方法的选取

根据该项目的运营特点和实际状况,本次评估采用比较法和现金流量折现法作为本次估价的基本方法。商业及写字楼物业采用比较法及现金流量折现法进行测算,主要是考虑一线城市类似写字楼及商业房地产交易市场活跃,有充足的成交案例,符合比较法的应用条件及适用范围。同时写字楼及商业均属于收益型物业,其收益情况及相关费用均具有可预测性和持续性,符合现金流量折现法的应用条件及适用范围。

酒店物业仅采用现金流量折现法进行测算,未采用比较法、成本法进行测算,主要出于以下考虑:酒店整栋交易市场不活跃,市场交易信息透明度较低,且近期项目周边没有可比案例,故不适宜选用比较法;成本法是以房地产价格各个组成部分之和为基础来求取房地产价值的方法。此方法适用于计划开发或正在开发的房地产,以及很少发生交易而无法选取比较法,同时又没有经济效益或没有潜在经济收益而不能采用收益法的房地产。酒店属于经营性物业,其未来经营状况及相关成本费用具有可预测性和持续性,且由于酒店的特殊功能,很大程度是作为大型项目综合体的高端配套物业,主要目的是为了提升项目的整体形象,其重置成本的大小并不能真实反映出其市场价值,故不适宜选用成本法。

## 三、项目评估小结

综合如上分析,在评估过程中需重点注意如下几点:

### (一)评估范围确认

通常情况下,估价师需要与委托方、产权人沟通评估的具体范围,针对每一种业态确认具体的建筑面积,其重要依据为《国有土地使用证》和《房屋所有权证》,其分层分户建筑面积还可以参考测绘报告。产权证中未包含的其他部分不纳入评估范围。

### (二)各业态的技术路线

评估范围内的各业态通常以产权文件的规划用途为准,当使用状况不完全一致时,需要估价师分析、确认并在评估报告中明确技术路线及计算过程。在本次评估中,商业部分地上3层及4层局部规划用途为商业,实际使用为酒店宴会厅、会议室配套,考虑其价值最大化原则,且对比该部分实际收入与商业物业市场租金水平的差异甚微,评估机构将其按商业物业计算给予市场价值。

### (三)价值判断

在评估过程中,各参数的使用直接影响物业的最终估值,然而每一个参数又依附于各业态过往的实际表现水平、未来的趋势走向,同时,还需要考虑相同商圈或相似物业的平均显示结果。因此,需要逐年分析项目的历年数据,从市场竞品项目中提取支持性信息,对于未来的预测,不仅需要从业主方获取乐观预期,也需要从第三方运营商、主力承租方等不同视角综合判断,客观地给予合理的价值参考。

# 第二十二章 融资担保公司资产证券化担保增信

资产证券化是结构化金融工具。证券化过程中的信用增级需求为信用担保公司提供了巨大的发展机遇。融资担保公司提供的是信用,经营的是风险。目前,市场上已经出现了不少融资担保公司对资产支持证券提供担保增信的案例。本章现就我国融资担保公司的现状、发行人选择融资担保公司的关注点及融资担保公司资产证券化担保增信的业务流程等作简要分析。

## 第一节 融资担保公司的概况

担保是社会经济发展到一定阶段的必然产物,是社会信用链条中不可或缺的重要环节。根据《担保法》等法律法规及政策的规定,除国家机关等特殊主体之外,具有代为清偿债务能力的法人、其他组织或者公民都可以作为担保人为其他企业和个人提供担保,如出具保函的银行、出具履约保证保险的保险公司等。在国内现行法律和监管环境下,融资担保公司是在信贷市场和资本市场主要的融资担保提供者。本章所探讨的担保机构是持牌从事融资性担保业务的融资担保公司。

### 一、中国担保业的发展脉络

限于篇幅和本章主旨,笔者仅介绍中国担保公司发展史上的标志性事件,以呈现担保业发展的大致历程。

1993 年,在政府停止为企事业单位担保的背景下,中国经济技术投资担保公司(中国投融资担保股份有限公司的前身)由原国家经贸委发起并经国务院批准成立,以代替政府为企事业单位担保,这是我国第一家专业信用担保公司,标志着中国担保业的开始。

1994 年 12 月,深圳高新技术投资担保有限公司成立,标志着我国地方政府设立担保公司的开始。

自1998年开始,人民银行将担保公司的审批、监管权下放至地方政府。为解决中小企业融资难问题,政府鼓励民营资本成立担保公司。

1999年,原国家经贸委发布《关于建立中小企业信用担保体系试点的指导意见》,明确规定了各类中小企业信用担保机构的业务范围和业务模式,设计了中小企业信用担保体系的架构。中小企业信用担保的操作主体是政府及政府下属的企事业单位,资金主要来源于财政预算编列的资金、土地使用权和其他经营性及非经营性国有不动产。

2001年,原国家经贸委发布《关于建立全国中小企业信用担保体系有关问题的通知》,将试点范围扩大至全国。信用担保机构的数量和资本规模不断增长。

2007年10月,中国银监会发布了《关于有效防范企业债担保风险的意见》(银监发〔2007〕75号),禁止商业银行为企业债券担保。自此,中国投融资担保股份有限公司等逐步进入了金融产品担保领域。

2009年,国家明确融资担保公司监管体制,设置了"融资担保业务监管部际联席会议办公室"。

2011年下半年以后,宏观经济增速下行,企业经营环境恶化,信用担保行业整体风险提升,代偿规模持续上升,部分担保公司运营不规范,甚至挪用客户保证金,风险逐渐爆发。

2012年,中担投资信用担保有限公司实际控制人跑路并涉及骗贷。

2013年,政府部门开始清理整顿融资担保公司,提升和规范融资担保行业的准入门槛,一定程度上净化了行业环境。相对较为规范的融资担保公司取得经营许可证。

2017年,《融资担保公司监督管理条例》(以下简称《条例》)发布,就融资担保公司的设立条件、运行规则等作了明确的规定。

经过20余年的发展,在政府的推动和引导下,以政策性担保机构为主导,以商业性、互助性担保机构为补充的中小企业信用担保体系迅速发展,担保机构数量及担保余额显著提高,其业务范围已经延伸到经济和社会生活的方方面面,对于促进资金融通,支持实体经济发展,发挥了积极作用。

## 二、融资担保公司的设立条件和运行规则

根据担保公司的业务范围,我国担保公司可以分为许可从事融资担保业务的融资担保公司和未获从事融资担保业务许可的非融资担保公司。2017年10月,《条例》施行。该《条例》第2条规定,融资担保公司是指依法设立、经营融资担保业务的有限责任公司或者股份有限公司。我国对融资担保公司的监管相对严格,制定了严格的行业准入制度,而且有专门法律保障,规范其各项行为。

实践中,为了有别于被担保方的股东、关联企业等担保方,融资担保公司也被称为专业第三方担保公司、专业第三方担保、专业第三方担保机构。

(一)融资担保公司的设立条件

根据《条例》第6条的规定,设立融资担保公司,应当经监督管理部门批准。监督管理部门审批同意后颁发《融资担保公司经营许可证》。融资担保公司的名称中应当标明融资担保字样。未经监督管理部门批准,任何单位和个人不得经营融资担保业务,任何单位不得在名称中使用融资担保字样。可见,融资担保公司是持牌机构。

第7条规定,设立融资担保公司,应当符合《公司法》的规定,并具备下列条件:

(1)股东信誉良好,最近3年无重大违法违规记录;

(2)注册资本不低于人民币2000万元,且为实缴货币资本;

(3)拟任董事、监事、高级管理人员熟悉与融资担保业务相关的法律法规,具有履行职责所需的从业经验和管理能力;

(4)有健全的业务规范和风险控制等内部管理制度。

省、自治区、直辖市根据本地区经济发展水平和融资担保行业发展的实际情况,可以提高前款规定的注册资本最低限额。

第10条第1款规定,融资担保公司跨省、自治区、直辖市设立分支机构,应当具备下列条件,并经拟设分支机构所在地监督管理部门批准:

(1)注册资本不低于人民币10亿元;

(2)经营融资担保业务3年以上,且最近2个会计年度连续盈利;

(3)最近2年无重大违法违规记录。

(二)融资担保公司的业务范围

根据《条例》第12条的相关规定,除经营借款担保、发行债券担保等融资担保业务外,经营稳健、财务状况良好的融资担保公司还可以经营投标担保、工程履约担保、诉讼保全担保等非融资担保业务以及与担保业务有关的咨询等服务业务。融资担保公司不得从事下列活动:

(1)吸收存款或者变相吸收存款;

(2)自营贷款或者受托贷款;

(3)受托投资。

可见,担保机构的业务分为融资担保业务和非融资担保业务。从事融资担保业务的机构称为融资担保公司,非融资担保公司只能从事非融资担保业务,不能称为融资担保公司。

融资担保业务的范围十分广泛,包括但不限于企业债担保、资产证券化产品担保、企业短期融资券担保、中期票据融资担保、公司债发行担保等。有些文献也将上述短融、中票、公司债、企业债、资产证券化产品的融资担保统称为金融担保,区别于传统的银行贷款担保。金融担保总结概括了国外大部分商业性融资担保公司经营的主要业务,主要包括债券担保(bond insurance)和结构化融资(structured finance)担保等,实质就是为资本市场的直接融资提供担保。

美国的金融担保业务起源于市政债。美国法律允许地方政府破产,地方政府主体信用达不到AAA甚至投资级评级,而很多机构投资者对于债券投资都有硬性的评级要求,所以,很多市政债的发行都需要高信用等级的第三方担保增信。2000年以来,标普等机构根据美国市政债过去几十年的表现,认为其评级是被低估的,从事市政债担保的机构逐渐退出了市政债担保。随着资本市场的发展,美国几大金融担保公司纷纷尝试一些结构化融资的担保,包括资产证券化担保。

在中国,资产证券化是新型的金融工具,市场刚刚起步,对专业担保增信机构需求空间不断加大。对于融资担保公司而言,资产证券化增信担保业务是新的领域。

(三)融资担保公司的业务规则

为了防范金融风险,监管部门对融资担保业务的业务规则也作了相关规定。《条例》指出,稳健发展融资担保业务,要按照代偿能力和业务发展相匹配的原则,指导融资担保公司开展业务。

1. 杠杠倍数

《条例》明确界定融资担保公司担保余额和净资产比例上限,防止违规放大杠杆倍数。融资担保公司的担保责任余额不得超过其净资产的10倍。对主要为小微企业和农业、农村、农民服务的融资担保公司,倍数上限可以提高至15倍。目前,世界各国信用担保的放大倍数约在10倍左右,最高的是日本(60倍)和美国(50倍),韩国放大倍数是20倍(当然,各国对于担保责任余额的计算口径存在一定差异)。显然,在其他条件相同的情况下,放大倍数越高,担保责任越大,融资担保公司给中小企业发展的支撑力越大,同时,风险也越高。

2. 担保责任余额

《条例》第14条规定,“融资担保公司应当按照国家规定的风险权重,计量担保责任余额”。相关计算细则预计在2018年发布,目前,仍在执行地方政府出台的相关规定。以北京为例,2015年,北京市金融工作局印发了《北京市融资担保公司担保业务风险分级指引(试行)》(京金融〔2015〕91号),文件要求通过担保业务品种风险系数和客户风险系数计算风险调整担保责任余额。其中,担保业务品种风险系数是根据业务产品的种类、外部级别、交易结构等划分至ABC三类,客户风险系数是根据被担保人履约能力及反担保措施等划分至正常、关注、次级、损失四类,从而映射各自的系数计算风险调整担保责任余额。

同时,《条例》第16条规定,融资担保公司对同一被担保人的担保责任余额与融资担保公司净资产的比例不得超过10%,对同一被担保人及其关联方的担保责任余额与融资担保公司净资产的比例不得超过15%。

3. 关联方担保

《条例》第17条规定,融资担保公司不得为其控股股东、实际控制人提供融资担保,为其他关联方提供融资担保的条件不得优于为非关联方提供同类担保的条件。融资担保公司为关联方提供融资担保的,应当自提供担保之日起30日内向监督管理部门报告,并在会计报表附注中予以披露。

4. 准备金

《条例》第18条规定,融资担保公司应当按照国家有关规定提取相应的准备金。

5. 融资担保费率

《条例》第19条第1款规定,融资担保费率由融资担保公司与被担保人协商确定。

6. 反担保

《条例》第20条规定,被担保人或者第三人以抵押、质押方式向融资担保公司提供反担保,依法需要办理登记的,有关登记机关应当依法予以办理。

7. 跨区域展业

《条例》第31条第2款规定,融资担保公司跨省、自治区、直辖市开展业务的,应当按季度向住所地监督管理部门和业务发生地监督管理部门报告业务开展情况。

其他的业务规则包括,融资担保公司有权要求被担保人提供与融资担保有关的业务活动和财务状况等信息;融资担保公司应当向被担保人的债权人提供与融资担保有关的业务活动和财务状况等信息;监督管理部门应当建立健全融资担保公司信用记录制度。融资担保公司信用记录纳入全国信用信息共享平台。

## 第二节
## 融资担保公司的资产证券化担保增信

资产证券化产品与中票、短融、公司债、企业债等金融产品有本质区别。投资者持有的资产支持证券本息来自于基础资产池(pool of underlying assets)产生的现金流。证券化中的各种不确定因素都可能给各交易主体带来损失,比如交易结构风险、信用风险、提前偿还风险、利率风险等。目前,资产证券化市场已经出现了不少融资担保公司提供担保增信的案例。比如"嘉实资本—分期乐1号资产支持专项计划资产支持证券”,中合中小企业融资担保股份有限公司为优先级提供增信。通常而言,资产证券化证券端都采用结构化分层,分为优先级和次级证券。次级一般由原始权益人或者关联方购买,自发自买,风险自担。本章所探讨的担保增信主要针对优先级证券。

## 一、资产证券化的增信原理

### (一)我国资产证券化产品的种类

目前,根据监管的不同,我国资产证券化产品分为四类。

1. 信贷资产证券化

《信贷资产证券化试点管理办法》(中国人民银行、中国银行业监督管理委员会公告〔2005〕第7号)规定,信贷资产证券化是指在中国境内,银行业金融机构作为发起机构,将信贷资产信托给受托机构,由受托机构以资产支持证券的形式向投资机构发行受益证券,以该财产所产生的现金支付资产支持证券收益的结构性融资活动。

2. 资产支持专项计划

《证券公司及基金管理公司子公司资产证券化业务管理规定》(中国证券监督管理委员会公告〔2014〕49号)及所附指引规定,资产证券化业务是指以基础资产所产生的现金流为偿付支持,通过结构化等方式进行信用增级,在此基础上发行资产支持证券的业务活动。

3. 资产支持票据

根据《银行间债券市场非金融企业资产支持票据指引》(中国银行间市场交易商协会公告〔2012〕14号)规定,资产支持票据(Asset-Backed Notes,ABN)是指非金融企业在银行间债券市场发行的,由基础资产所产生的现金流作为还款支持的,约定在一定期限内还本付息的债务融资工具。

4. 项目资产支持计划

《资产支持计划业务管理暂行办法》(保监发〔2015〕85号)规定,资产支持计划业务是指保险资产管理公司等专业管理机构作为受托人设立支持计划,以基础资产产生的现金流为偿付支持,面向保险机构等合格投资者发行受益凭证的业务活动。

可见,资产证券化的本息偿付主要依据基础资产的现金流。具有稳定、可预测的现金流是资产证券化的根本特点。资产证券化是以特定的基础资产信用为基础的融资方式,不是对某一经营实体的利益要求权,是一种资产收入导向型融资方式。换言之,理论上,资产支持证券主要侧重于资产信用,而公司债、企业债、中票等侧重于主体信用。

### （二）资产证券化的增信

资产证券化作为一种金融创新产品，其结构中嵌入了金融技术手段。在基础资产现金流不是特别理想等情况下，发行信用级别比资产本身信用级别高的证券就需要运用增级措施来提高证券的信用级别。本质上，资产支持证券本息的偿付主要取决于基础资产的现金流和增信措施的保障力度。增信是对金融产品的原始信用进行辨析、分离、重组和提升的过程，可以在一定程度上降低证券违约概率或减少违约损失率，从而降低证券持有人承担的违约风险和损失，提高证券信用等级，吸引市场投资者，降低证券融资成本。

根据信用增级的来源，资产证券化的信用增级主要分为内部信用增级和外部信用增级两大部分。内部增信是在基础资产池构建过程中提高原始资产自身的质量水平，主要包括优先级和次级的结构安排，利差支付制度、超额抵押设置、保证金和现金储备账户等。外部增信则是在 SPV 之外，由第三方机构对证券进行信用增级。一般在原始权益人自身信用水平不足，或是基础资产在内部增信后依然达不到相应评级时，会采取外部增信措施。目前，我国资产证券化市场常见的增信措施包括第三方担保、差额支付承诺、回购承诺、收益权质押等。

第三方担保是主要的外部增信措施之一，可以根据担保主体不同，第三方担保可以分为关联方担保、独立第三方担保，其中关联方又包括母子公司、兄弟公司、同一实际控制人下的关联方或者实际控制人、第三方（非关联方，主要为业务及债务往来方）、专业担保机构等。外部担保增信效果差异主要受关联度、代偿意愿及代偿实力影响。

实操中，信贷资产证券化发起人主要是中国银保监会管辖的银行及其他金融机构，基础资产为机构持有的债权，无论是基础资产现金流的稳定性还是发起机构的信用级别都有较好的保证，且产品类型成熟，因此几乎不使用外部增信。企业资产证券化实施负面清单管理，可证券化的基础资产范围较广，发起人主体信用资质差别较大，因此会较多地使用外部增信手段。可见，一般情况下，外部增信的效果比内部增信效果要强。本章主要探讨外部增信中的融资担保公司的担保增信。

## 二、融资担保公司对资产证券化产品增信担保的方式

法理上，担保法律关系的主体是被担保人、债权人和融资担保公司。《担保法》是担保业务开展的常用法律依据之一，《合同法》是担保公司与债务、债权人签署合同的法律依据。在实务操作中，融资担保公司对于资产证券化产品的担保增信，有如下几个细节需要关注。

### (一)担保方式

《担保法》第2条第2款规定,担保的方式主要包括保证、抵押、质押、留置和定金。融资担保公司对于资产证券化产品的增信主要是保证。根据《担保法》第6条的规定,保证是指保证人和债权人约定,当债务人不履行债务时,保证人按照约定履行债务或者承担责任的行为。

同时,保证的方式分为一般保证和连带责任保证。当事人在保证合同中约定,债务人不能履行债务时,由保证人承担保证责任的,为一般保证。一般保证的保证人在主合同纠纷未经审判或者仲裁,并就债务人财产依法强制执行仍不能履行债务前,对债权人可以拒绝承担保证责任。当事人在保证合同中约定保证人与债务人对债务承担连带责任的,为连带责任保证。连带责任保证的债务人在主合同规定的债务履行期届满没有履行债务的,债权人可以要求债务人履行债务,也可以要求保证人在其保证范围内承担保证责任。当事人对保证方式没有约定或者约定不明确的,按照连带责任保证承担保证责任。

根据评级和增信原理,连带责任保证担保的担保效力较高。在实务操作中,融资担保公司对于资产证券化产品的增信担保主要是连带责任保证。

### (二)保证担保的范围

《担保法》第21条规定,保证担保的范围包括主债权及利息、违约金、损害赔偿金和实现债权的费用。保证合同另有约定的,按照约定。当事人对保证担保的范围没有约定或者约定不明确的,保证人应当对全部债务承担责任。

### (三)保证担保的期限

《担保法》第25条、第26条规定,一般保证的保证人与债权人未约定保证期间的,保证期间为主债务履行期届满之日起6个月。在合同约定的保证期间和前款规定的保证期间,债权人未对债务人提起诉讼或者申请仲裁的,保证人免除保证责任;债权人已提起诉讼或者申请仲裁的,保证期间适用诉讼时效中断的规定。连带责任保证的保证人与债权人未约定保证期间的,债权人有权自主债务履行期届满之日起6个月内要求保证人承担保证责任。在合同约定的保证期间和前款规定的保证期间,债权人未要求保证人承担保证责任的,保证人免除保证责任。

### (四)追索权

《担保法》第31、32条规定,保证人承担保证责任后,有权向债务人追偿。人民法院受理债务人破产案件后,债权人未申报债权的,保证人可以参加破产财产分配,预先行使追偿权。

### (五)物保抗辩权

《担保法》第28条规定,同一债权既有保证又有物的担保的,保证人对物的担保以外的债权承担保证责任。债权人放弃物的担保的,保证人在债权人放弃权利的范围内免除保证责任。

（六）担保环节

理论上,可以在基础资产端和资产证券化证券端提供担保,也可以同时在两个环节提供担保。

（七）担保证券的范围

目前,交易所允许采用部分担保的方式进行增信。通常情况下,融资担保的担保对象主要是优先级证券。

（八）保证合同的内容

对于专业担保机构,其代偿意愿往往与担保条款设定存在较大关系,担保执行受担保条款影响明显。《担保法》第15条规定,保证合同应当包括以下内容:

(1)被保证的主债权种类、数额;

(2)债务人履行债务的期限;

(3)保证的方式;

(4)保证担保的范围;

(5)保证的期间;

(6)双方认为需要约定的其他事项。

保证合同不完全具备前款规定内容的,可以补正。

（九）差额补足承诺

差额支付承诺又称差额补足承诺,是指为了保障主权利人和主义务人之间的权利义务关系,当主义务人未按约定履行义务时,由第三人按照约定履行差额补足义务的行为。实务操作中,也有部分融资担保公司以差额补足承诺的方式为资产证券化产品提供增信。

差额补足承诺的法律效力要根据《差额支付承诺函》的具体内容具体分析。如果其内容与保证担保的内容基本相同,为差额支付义务提供全额无条件不可撤销的连带责任保证担保,效力与保证担保无异,但是,如果该承诺可以随时撤销,或者附加很多严格条件,则差额补足承诺的担保效力会降低。

常用的差额补足承诺的关键条款如下:

为确保【　　】资产支持专项计划(以下简称专项计划)项下优先级资产支持证券持有人按照《【　　】资产支持专项计划资产支持证券认购协议》(以下简称《认购协议》)、《【　　】资产支持专项计划标准条款》(以下简称《标准条款》)、《【　　】资产支持专项计划计划说明书》(以下简称《计划说明书》)等专项计划文件的规定，实现其收取优先级资产支持证券的各期预期收益和/或本金的权利，依据《中华人民共和国民法总则》《中华人民共和国合同法》《中华人民共和国证券法》《证券公司及基金管理公司子公司资产证券化业务管理规定》等法律、行政法规和部门规章的规定，【　　】融资担保股份有限公司（以下简称差额补足承诺人或本公司）自愿按照本承诺函的条款和条件，对专项计划资金不足以支付优先级资产支持证券的各期预期收益和/或本金的差额部分，在不超过差额补足上限的范围内承担补足义务。

本承诺函对本公司和资产支持证券持有人双方均具有法律约束力。一旦资产支持证券认购人签署了《认购协议》即视为对本承诺函的接受。资产支持证券转让流通后，本承诺函对于以受让或其他合法方式取得资产支持证券的资产支持证券持有人同样具有法律约束力。计划管理人代表资产支持证券持有人接受差额补足承诺人做出的本承诺函下所有承诺事项。

本承诺函中定义的词语或简称与《标准条款》或其他专项计划文件中相关词语或简称具有相同含义。

本公司承诺如下：

一、差额补足启动事件

差额补足启动事件，系指以下任一事件：

（一）在专项计划任何一个初始核算日，专项计划账户内可供分配的资金余额不足以支付优先级资产支持证券当期的预期收益；

（二）在专项计划终止日对应的初始核算日，专项计划账户内可供分配的资金余额不足以支付优先级资产支持证券的剩余未付预期收益和本金。

二、差额补足承诺

（一）在专项计划存续期间，如果发生差额补足启动事件，则本公司应在收到计划管理人发出的《差额支付通知书》后，对专项计划账户进行差额补足。本公司承诺于差额补足支付日（R+4工作日）下午16:00前将计划管理人所要求支付的差额中不超过差额补足上限的部分附言汇付至专项计划账户。差额补足金额计算方式为：

在专项计划存续期间内任何一个初始核算日，差额补足金额=优先级资产支持证券当期预期收益-专项计划账户资金余额

在专项计划终止对应的初始核算日，差额补足金额=优先级资产支持证券剩余未付预期收益和本金-专项计划账户资金余额

本公司承诺，本公司对差额补足启动事件所承担的差额补足义务不因计划管理人未在差额补足启动日（R+3工作日）向本公司发出《差额支付通知书》而免除，但对于由此造成的、本公司在合理期限内迟延履行差额补足义务所带来的损失，本

公司不承担赔偿责任。

（二）本公司承担的差额补足义务的累计额度上限为优先级资产支持证券本金（人民币【0,000,000.00】元）及预期收益之和。

（三）本公司承诺，本公司承担的差额补足义务不因计划管理人发生解任事件、或计划管理人发生更换而免除。

三、承诺期间

本公司承诺，自本承诺函生效之日起（含该日）至专项计划终止后根据清算方案分配完毕专项计划资产之日止，本公司按照专项计划文件及本承诺函的规定承担差额补足义务。

四、差额补足义务的承担

（一）除本承诺函另有约定外，本公司对本承诺函项下的应付款项不得以任何理由作抗辩、抵销或扣减请求。

（二）优先级资产支持证券持有人和计划管理人协议变更《标准条款》及《认购协议》的内容，除可能加重本公司差额补足义务（包括但不限于延长履行期限、扩大差额支付上限等）的变更以外，无需征得本公司同意。未经本公司的书面同意而加重差额补足义务的，本公司仍在本承诺函约定的范围内承担差额补足义务。

## 第三节
## 遴选融资担保公司的考察因素

融资担保公司担保增信可以改变资产证券化的风险源，补充了本息偿还能力，实现投资人利益双重保护，实现部分管理职能的转移，而且其与基础资产、原始权益人等无关联，本身评级较高，所以增信效果明显。融资担保公司是解决外部增信问题的理想选择之一。通过融资担保公司的担保增信，可以提高证券端的评级，可以降低发行成本，降低发行难度，使证券具备销售的条件（部分机构投资者在投资时只能投资一定信用评级级别以上的金融产品，比如不低于AA+，不同评级的投资产品具有不同的坏账准备计提和资本金占用标准等）；增加资产支持证券流动性。

担保公司作为独立于原始权益人的专业增信机构，其担保业务受各法律法规约束，受监管机构监管，且目前债券担保均为连带责任担保，其增信作用为市场所接受。但是，自2014年以来，债券违约风险事件频发，市场已经出现个别担保公司拒绝为违约债券代偿的案例，市场刚性兑付预期被打破，投资人对风险意识提高，对担保的认识提高，对担保增信措施的认识不断深化。投资人在决策是否投资某资产证券化产品时,不再仅仅考虑基础资产的现金流,对于融资担保公司的资质越来越重视。

实操中,笔者认为,发行人遴选融资担保公司时应该关注如下几个方面。

## 一、主体评级

融资担保公司担保增信对于资产证券化产品的增信程度取决于评级机构的价值判断,增信效果取决于投资人的认可程度。从信用增进的理论上说,要对证券的信用级别进行增进,担保主体必须要比发行主体的信用级别高。担保方的抗风险能力要强于发行主体。资产证券化产品端的评级结果,实际上是评级机构在原有主体评级或者基础资产影子评级的基础上加上增信担保机构的额外增级量。所以,担保人和发行人等具有信用等级差异,增信才有意义。按照常理,如果证券端评级高于发行人评级时,担保有效,否则无效;如果有担保和无担保的证券端销售价格无利差,无效,有利差时,有效。所以,应该首选评级高的担保机构。

出于增信的需要,融资担保公司需具备较高的评级。担保公司信用评级越高,增信效果越佳。实践中,为公募产品提供增信的融资担保公司一般为AAA,至少为AA+,且该评级须由在相应公募产品主管机构认可的评级机构出具。有必要强调的是,融资担保公司主体评级不是固定的。

此外,融资担保公司的主体评级报告是重要的信息来源。通过分析主体评级报告,捕捉融资担保公司披露不充分的有价值的信息,如担保结构、在保余额、担保客户集中度、行业集中度、在保客户群体信用状况、内控管理能力,以及反担保安排等信息。

## 二、融资担保费率

一旦发行人发生偿债困难,融资担保公司有义务根据约定偿还债务。根据权利和义务对等原则,发行人须支付一定比例的担保费,作为其承担风险的报酬。

融资担保费包含在总发行费用之中。在其他条件几乎相同的情况下,原始权益人首选融资担保费率比较低的融资担保公司。在实务操作中,原始权益人和相关主导方应该从发行时点的市场行情等各个方面进行综合测算。通常情况下,同评级的有融资担保公司担保增信的产品相比无融资担保公司担保的产品而言,发行价格有一定的优势。因为担保增信导致评级上升,发行价格会有一定幅度的下降。换言之,虽然发行人承担了担保费,但在证券端发行时价格下降了。融资担保公司在为融资担保费定价时也会考虑将降低的发行成本共享,促使交易方更有动力地选择使用其增信服务。降低融资总成本是融资担保公司与发行人的共同目标。

## 三、企业性质和级别

目前,担保公司有国有、民营和中外合资,此外,还有全国性、省级、市级之分,相对而言,级别越高的融资担保公司越容易得到投资者的认可。

## 四、担保增信能力

随着近年来担保债券数量及承保债券金额的不断增长,代偿风险也在不断积聚。担保代偿事件的陆续发生,使债券市场的各个利益相关方不得不对债市有更深层次的思考和作为。

原始权益人、投资者应该努力获取融资担保公司代偿风险和代偿能力的信息。目前,市场对于担保行业的安全性越来越关注。综合来看,笔者认为,考察融资担保公司的担保增信能力,主要从以下几个方面入手:

### (一)风险代偿率

风险代偿率反映了融资担保公司的风控水平。担保代偿率是对公司风险防控能力的重要考量指标。

### (二)在保余额

一旦发生集中代偿事件可能会对担保公司的经营形成巨大的挑战。

### (三)担保放大倍数

放大倍数是在保余额与净资产之比。放大倍数是衡量担保机构承担风险压力的重要指标。放大倍数过高通常意味着担保企业面临巨大的代偿风险。

### (四)资本实力

融资担保公司对资本高度依赖,其抗风险能力主要取决于资本实力。担保业务往往盈利有限,有可能不足以完全解决代偿,需要用资本金抵补代偿。极端情况下,当总体不良率、坏账率超过总体担保费率,再加上担保责任的杠杆因素,融资担保公司还可能面临资金链断裂的风险。

融资担保公司的股东支持和净资产也被称为安全垫。单纯从净资产来看,净资产的大小反映了融资担保公司的实力,也决定了其信用扩张的天花板。规模小则承保能力更弱。此外,强大的股东背景是自身发展和持续经营的重要保障。股东的持续注资,提高注册资本和净资产,可以有效地降低放大倍数,同时增强抗风险能力,也大大提高了承保能力。

### (五)盈利稳定性

盈利稳定性主要考察营业收入、净利润、净资产收益率、担保收入占比和投资收入稳定性等。

（六）业务结构

在关注在保余额和担保放大倍数的同时，还应进一步分析其业务结构，单一被担保人（及其关联方）担保余额越集中、在个别强周期性、高风险行业的集中度越高，则进一步减弱融资担保公司的抗风险能力。此外，还应该考虑融资担保业务与其他业务的关联性，业务关联性高的，极易发生风险连锁反应。再者，还应关注融资担保公司与股东等关联方的关联交易情况。

另外，投资人对于担保机构的代偿能力需要综合各种因素来判断，需要对融资担保公司的代偿风险进行量化预测，以充分体现预警风险的作用。比如，评级往往通过敏感性分析，假设融资担保公司的担保对象中出现实质性违约，对其代偿能力有多大影响；多家可能违约的被担保人集中出现实质性违约，其是否能承受该代偿负担，对其经营和财务将产生多大影响。对于融资担保公司来说，集中代偿将导致短期内现金支出大量增加，以及净资产被侵蚀而导致代偿能力下降的风险。

## 五、反担保的条件

为了规避风险，融资担保公司通常会设置反担保。融资担保公司在证券违约代偿后，再通过追偿担保人、处置抵质押品等方式来获得补偿。发行人在选择融资担保公司时，应该格外重视其反担保要求，否则可能增加融资的综合成本，延长了融资时间，耽搁项目进程，甚至会导致融资失败。根据实践经验，笔者认为，反担保涉及的主要有如下几个问题。

（一）发行人是否具有反担保的标的物

融资担保公司现有的反担保模式基本上是以物化资产或有价证券或有关使用权证作抵押。

（二）抵押折扣率

和银行相比，融资担保公司的抵押折扣率具有优势。

（三）反担保的手续

除了签署反担保相关书面协议之外，还要考虑到反担保带来的一系列手续和审批程序的便捷性，如物化资产的价值确认（资产评估）、权证的确认、有关部门的抵质押手续等。

## 六、融资担保公司的内部决策流程

通常情况下，发行人对资产证券化融资都有时间要求，故必须考虑融资担保公司的内容决策流程的复杂程度和时间长短。

总之，发行人可根据自身资产构成、外部渠道支持力度、融资成本、时间要求等因素综合考量,选择最合适的融资担保公司。

目前,资本市场的融资担保业务越来越集中到为数不多的融资担保公司。比如中国投融资担保股份有限公司、中合中小企业融资担保股份有限公司、中债信用增进投资股份有限公司、中证信用增进股份有限公司等。

## 第四节 融资担保公司资产证券化担保增信的风险管理

融资担保公司本质上是经营风险的企业。防范违约风险、避免代偿损失是资产证券化担保增信风险管理的最终目标。中国引入资产证券化金融工具时间比较短,融资担保公司向结构化融资担保渗透时间也比较短,资产证券化担保增信是创新业务,而资产证券化产品与市政债等具有不同风险特征,这对担保公司风险管理能力和担保实力提出了更高的要求。担保增信机构要增强甄别资产证券化产品风险的能力。通常情况下,如果民营企业是资产证券化原始权益人,很难提供足额的反担保,如提供土地、房产、股票债券等,这更需要融资担保公司根据基础资产特征及其他因素综合判断。对于融资担保公司来说,能否把握资产证券化市场发展和创新的走向、找到业务切入点,直接关系其在资产证券化领域的占有率。

风险管理是对“未来之不确定性”的识别、计量、管理和监控。现代风险管理强调管理上的及时性、系统性与数量化。笔者认为,融资担保公司资产证券化担保增信的风险管理主要包括。

### 一、组织架构

融资担保公司应形成完善的内控机制以及业务制衡的机制,通过集体的智慧来防止风险。实践中,虽然融资担保公司不是金融机构,但是与很多金融机构一样,在内部组织架构设计中有前、中、后台的划分。各个部门的权责应该明确具体,互相制衡。前台部门作为窗口部门,负责接洽业务。中台审核部门负责具体业务审核和组织业务决策。后台主要负责公司整体风险管理和支持保障。

### 二、业务流程

根据《融资担保公司监督管理条例》第 13 条第 1 款规定,融资担保公司应当按照审慎经营原则,建立健全融资担保项目评审、担保后管理、代偿、追偿等方面的业务规范,以及风险管理等内部控制制度。

在资产证券化信用增级业务中，融资担保公司遵循规范的业务流程。同时，业务流程不能形式化，风险管理文化、风险理念应该根植于全体员工意识中，并切实体现在整个流程中。通常情况下，融资担保公司资产证券化的完整业务流程包括立项、尽职调查、商业谈判、风险评估、业务审批、签署合同、业务承做、资料存档、保后管理等。一般来说，从现场尽调开始到完成内部审批，融资担保公司所需时间大约为一至两个月。

现场尽职调查是融资担保公司不可缺少的一个环节。通常情况下，融资担保公司工作人员与原始权益人就推进项目达成一致意见后，尽快向原始权益人发送尽职调查清单和保密协议。尽职调查清单根据各个项目的特点，会有所不同，但是，一般来说包括原始权益人/资产服务机构的主体信息：

(1)基本概况、证照资质、股权结构、财务报表、外部融资、对外担保等；

(2)业务信息，尤其是拟证券化资产相关的业务信息，如业务数据、业务相关制度、业务合同文本；

(3)征信报告或征信查询授权书；

(4)反担保相关抵质押物的权属证书、评估报告等。

现场尽职调查的内容一般包括现场访谈和现场核实两方面。访谈对象一般为企业的高管及关键部门负责人，有时会明确要求访谈企业实际控制人。现场核实重点核实是拟证券化资产及反担保标的物的相关信息，包括能证明拟证券化资产法律权属的相关合同文件、证明资产价值的数据、业务流程的穿行测试等。

现场尽调的同时，融资担保公司会与原始权益人进一步商谈交易条件，尤其是商务核心条款，比如反担保措施、担保费率等。针对资产证券化类项目的特点，还需就在担保责任期间内对拟证券化资产的监控机制进行洽谈，比如拟证券化资产的相关数据的系统对接、查询权限等。

在现场尽调完成、商务条件基本确定以后，融资担保公司内部将进行正式的风险评估，并起草评估报告，报内部决策层审批。在前述过程中，应内部审核和决策部门的要求，融资担保公司可能会要求补充资料甚至进行补充尽职调查。实践中，对于资产证券化类项目，融资担保公司往往是在律师事务所完成法律意见书(初稿)、评级机构完成资产评级报告(至少初评报告初稿)后进行内部审批。

如果融资担保公司相关决策同意担保的，则进入合同商谈、签署阶段。对于公开发行的资产证券化产品，在合同初步定稿后，券商等主导方将封卷文件报相关部门(如证券交易所)，此后可能要根据相关部门的要求进行修改。在相关部门出具无异议函后，融资担保公司内部走正式的合同审批，相关方签字盖章后，此后出具担保函，完成后续发行程序。同时，如果与发行人签署反担保协议的，融资担保公司还需要办理反担保协议签署、资产抵押及登记等法律手续,正式确立担保关系。

保后管理阶段,融资担保公司主要是跟踪企业和资产证券化的运营情况,根据委托保证等合同的约定,纠正企业经营和资产管理过程中的突出问题及所有影响担保安全性的不利因素,督促企业改进。资产支持证券本息兑付完毕后,即解除反担保措施,担保关系结束。

项目资料归档是融资担保公司规范化管理的一部分。项目完结后,融资担保公司应将与企业签订的各种协议以及凭证等整理归档、封存。

## 三、评估体系

对风险的识别与控制取决于担保专业人员业务经验的积累。同时,融资担保公司也会建立一套资产证券化产品担保的评估方法、IT 系统、监控和处置机制,运用现代金融工程等技术度量风险,提高风险管理水平。

资产证券化产品非常丰富,大类基础资产类型多样。每一个类别产品、基础资产的风险点各不同。融资担保公司会针对每个单项做有针对性的研究,建立科学的风险评估体系,将风险点充分揭示出来,设置量化指标,减少人为的误差,并贯穿到项目执行过程中。这和监管部门从保护投资利益宗旨出发的关注点是基本一致的。限于篇幅和主旨,本章不展开论述各个基础资产类型的风险关注点,请读者参阅本书其他章节和监管部门发布的资产证券化规则。

## 四、反担保

《担保法》第 4 条第 1 款规定,第三人为债务人向债权人提供担保时,可以要求债务人提供反担保。反担保人可以是债务人,也可以是债务人之外的其他人。可见,所谓反担保,是指第三人为债务人向债权人提供担保时,由债务人或债务人之外的其他人向第三人提供的确保第三人对债务人的追偿权得以实现的一种担保制度。通常情况下,融资担保公司对反担保的标的物价值评估低于发行人,有利于防止违约,提高违约成本。

反担保方式可以是债务人提供的抵押或者质押,也可以是其他人提供的保证、抵押或者质押。根据我国《担保法》的规定和最高人民法院《关于〈中华人民共和国担保法〉若干问题的解释》的规定,反担保的成立应具备以下几个条件:

(1)第三人已经向债权人提供了担保。

(2)债务人或债务人之外的第三人向第三人提供担保。

(3)只有在第三人为债务人提供保证担保、抵押担保和质押担保时,第三人才能要求债务人向其提供反担保。

此外，反担保须符合法定的形式。反担保应当以书面的形式订立。反担保的范围与担保人对债务人的追偿权的范围相同，具体包括：担保人于担保范围内代债务人向债权人清偿债务的支出及其他必要费用（如运费、汇费等）；上述支出款项的利息；实现追偿权的费用（含质押物的保管费用）。

2007 年 10 月 1 日正式生效实施的《物权法》规定，不仅不动产可以用于抵押，而且动产也可以用作抵押担保品。同日生效实施的中国人民银行《应收账款质押登记办法》与《物权法》第 228 条"质权自信贷征信机构办理出质登记时设立"相呼应，明确和规范了应收账款质押登记的范围、机构、程序。这个规定和办法的出台，拓宽了抵押担保品的范围，是融资担保公司实施反担保的重要规则依据。在操作中，理论上可以成为反担保标的物的范围很广，如土地、房产、收益权、车辆、商标权、专利权、股权、应收账款质押、股票、出口退税款、设备、存货、仓单、存单、汇票、支票、债券等。但是，在传统做法中，只有土地和房地产等不动产和选择性的优质动产，担保机构才会将其列入反担保的范围，而这些反担保物很可能是资产证券化项目中不具备的。要解开担保和反担保的困境，还需要各方不断地探索、创新。

展望未来，笔者认为，从我国目前金融机构的特征看，融资担保公司在风险防范、分散、化解以及项目评审、监督控制方面具有独特的专业优势。融资担保公司的经营机制较为灵活、治理结构较为合理，更能适应金融市场对担保业务不断追求新突破的要求。融资担保公司应该有更多的机会在未来我国资产证券化浪潮中成为重要的参与主体和推动者。

## 第五节
## 融资担保公司资产证券化担保增信的案例

笔者以案例的形式，揭示融资担保公司在有关项目上的评估重点。

### 一、某农业分期信贷资产支持专项计划

特某金融咨询限公司（简称特某公司）是一家 2014 年成立、仍处在创业成长阶段的民营企业。该公司将互联网金融与农业规模化生产相结合，从农机分期业务切入，逐步扩展到为国内种植大户、农机手以及家庭农场、农村合作社等新型经营群体，为其购买农机、农资和支付土地租金提供分期偿还的贷款服务。该公司从主体信用的角度，很难获得大额外部融资，但该公司的农业分期金融服务业务，具备一定规模且非常稳定的现金流。

## (一)交易结构

1. 某信托公司设立单一资金信托计划,金额2亿元,期限2年,资金用于向特某公司审核通过的借款农户发放信托贷款,以购买农机、农资等。

2. 某证券公司设立资产支持专项计划,募集资金2亿元,优先级1.6亿元,特某公司认购次级4000万元,所有募集资金用于购买前述信托受益权。

3. 某主体评级AAA的融资担保公司承诺对专项计划资金不足以支付优先级投资人的各期预期收益和全部未偿本金余额的差额部分承担补足义务。

4. 融资担保公司的主要反担保条件包括:特某公司核心成员的个人连带责任保证、特某公司所在集团的核心成员公司的连带责任保证等。此外,融资担保公司还要求在代偿后,继承担保受益人在本项目项下所有权益(主要针对基础资产),在保后阶段持续获得基础资产的相关数据信息。

详细交易结构如图22-1所示。

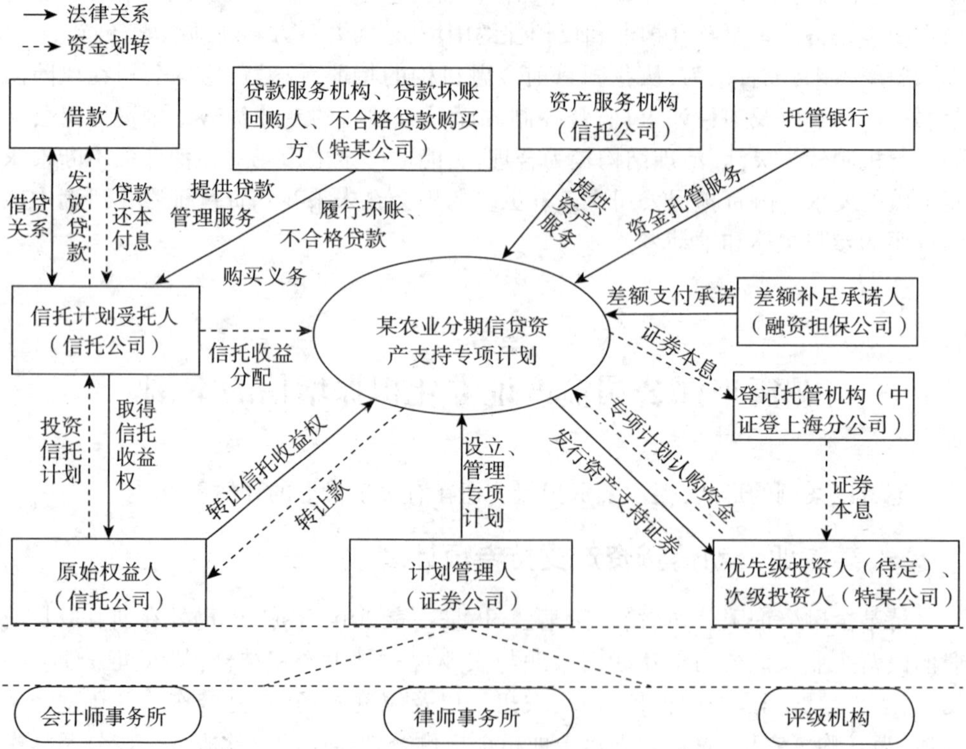


图22-1 交易结构

### (二)评估重点

融资担保公司对该项目的评估重点包括:

1. 基础资产的风险隔离

基础资产是信托公司在信托计划项下向借款人发放的信托贷款。信托贷款在融资担保公司承做前已经形成,并且回收资金不可循环发放。该信托贷款的债权,不受特某公司主体是否存续的影响。融资担保公司在代偿后,可获得优先级相应的信托受益权。因此,基础资产的风险隔离效果较好。

2. 信托资产未来还款结果的预测和实际表现的监控

信托贷款在融资担保公司承做前已经有一定的还款表现。根据这部分资产及特某公司此类业务整体的历史还款表现,预计信托计划未来还款可以覆盖融资担保公司所担保的优先级本息。同时,融资担保公司可以监控基础资产的实际表现,有助于及时发现风险,从而采取风险处置措施。

3. 特某公司的信贷风控能力和股权融资能力

特某公司的信贷风控能力,从其业务数据上已有一定表现。内部业务流程、系统建设、团队专业性等方面也体现出一定的优越性。但特某公司因仍处于扩张期,可能因现金流断裂而失去持续经营能力,对本项目仍会造成不利影响。考虑到特某公司已完成B轮融资,并得到国际知名投资人认可,商业模式已经相对成型,预计具备一定的持续股权融资能力。

## 二、某长租公寓信托受益权资产支持专项计划

### (一)交易结构

1. 某信托公司设立单一资金信托计划,原始权益人为某长租公寓管理公司集团母公司,信托计划资金用于向该集团的子公司(借款人)发放信托贷款,金额3.5亿元,期限3年(每季度为一期,共12期);借款人以其已经运营一段时长的公寓在未来一定时间的租金收入(预估金额为融资额的一定倍数,倍数超过1)作质押,并办理质押登记;该长租公寓管理提供差额补足义务。

2. 某主体评级AAA的融资担保公司为信托贷款的借款人提供连带责任保证,担保保证最高额为本金3.15亿元(信托贷款前11期,占比90%)。

3. 某证券公司设立信托受益权专项资产管理计划,规模3.5亿元,优先级比例约90%,劣后级由该长租公寓管理公司认购,募集资金用于购买前述信托受益权。

4. 融资担保公司的主要反担保条件包括:该长租公寓集团核心成员公司的反担保,以及部分成员公司的股权质押。

详细交易结构如图22－2所示。

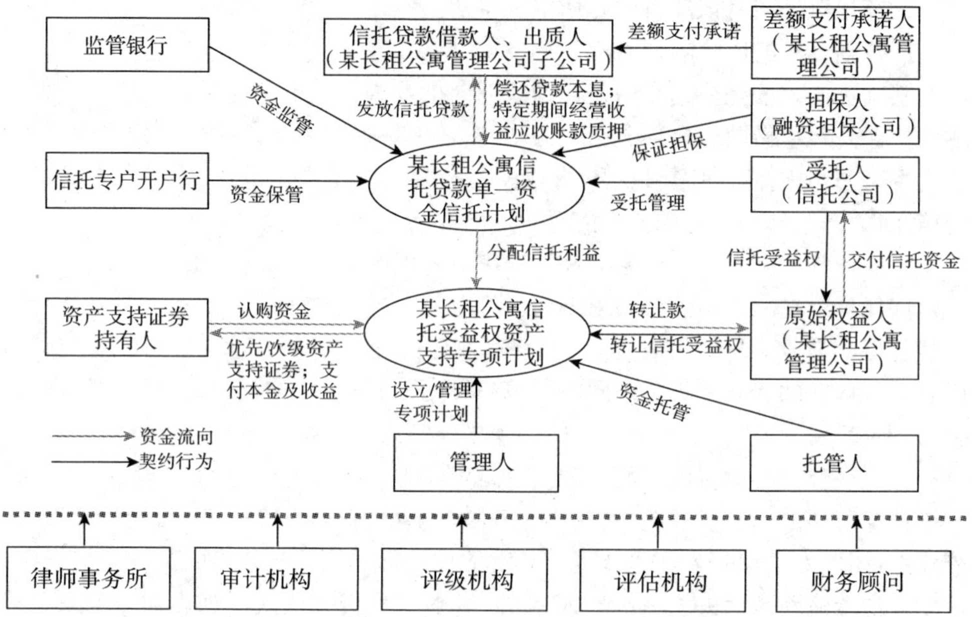


**图22－2　交易结构**

## （二）评估重点

1. 证券化资产的风险隔离

证券化资产为向单一企业主体发放的信托贷款的受益权，因此，尽管形式上属于资产证券化，实质上等同于给单一企业的债权融资。该长租公寓管理公司购买了资产管理计划的劣后级，但该劣后级持有人本质上同时是实际的债务人，因此该优先劣后的安排并未起到实际的增信/风险缓释作用。该证券化资产未实现与企业主体经营的有效风险隔离。

2. 还款来源可控性和充足性

还款来源是该长租公寓管理公司整体经营收入。尽管以已经运营一段时长的公寓在未来一定时间的租金收入作质押，但该租金的实现高度依赖于该长租公寓管理公司未来持续经营，因此，该项目风险实质上等同于主体信用风险。质押的收入按月归集到指定监管账户，能一定程度发挥资金及时归集的作用，但并不能改变对资产风险隔离效果的基本判断。当然，所质押的集团部分成员公司股权的未来价值，并非和集团整体经营情况完全相关，能起到一定的风险缓释作用。总体上，该项目还款来源不可控，而充足性则和长租公寓行业整体的发展环境及该长租公寓管理公司的经营能力有关。

3. 长租公寓的行业发展环境

长租公寓是国内新兴行业,专业公寓管理企业不断涌现。尽管经营的法律环境仍存在不完善的地方,政府总体上持积极支持态度。从国内经济和社会发展阶段来看,长租公寓市场面临强劲的市场需求,具有巨大的成长空间。

4. 融资主体的公寓管理能力、行业地位和股东背景

融资主体是长租公寓行业的龙头企业,具有较强的公寓管理能力;已完成C轮融资,主要股东具有房地产行业丰富投资经验,深入参与并支持日常经营。

长租公寓业务具备盈利性,但其仍处于扩张期,新承租的公寓需要一定的初始投入,因此仍处于亏损状态。如长租公寓市场环境无重大不利变化,其债务安排合理,则具备一定还款能力。

## 三、某民办学校学费信托受益权资产支持专项计划

### (一)交易结构

1. 某信托公司设立特定学校学费、住宿费信托贷款单一资金信托计划,原始权益人(过桥资金方)委托信托公司向某民办教育集团旗下特定学校(作为借款人)发放信托贷款并拥有信托受益权,贷款额度为6.3亿元,贷款期限5年期,学校以其未来5年内对在校学生拥有的学费、住宿费等收费权质押给信托计划。

2. 某主体评级AAA的融资担保公司为借款人信托贷款到期还款责任提供担保责任,担保本金6亿元。

3. 某证券公司设立信托受益权专项资产支持专项计划,计划规模6.3亿元,优先级约为95%,所募集资金购买原始权益人持有的信托受益权。

4. 融资担保公司的主要反担保条件是该民办教育集团实际控制人的连带责任保证,集团内主要学校的举办方的股权质押等。

详细交易结构图如图22-3所示。

### (二)评估重点

1. 证券化资产的风险隔离

证券化资产为向单一主体(某民办教育集团旗下特定学校)发放的信托贷款的受益权,因此,实质上等同于对单一主体的一笔债权融资。资产支持专项计划层面优先劣后的安排并未对优先级起到实际的增信/风险缓释作用。该证券化资产的实现与学校的还款能力基本上完全相关。

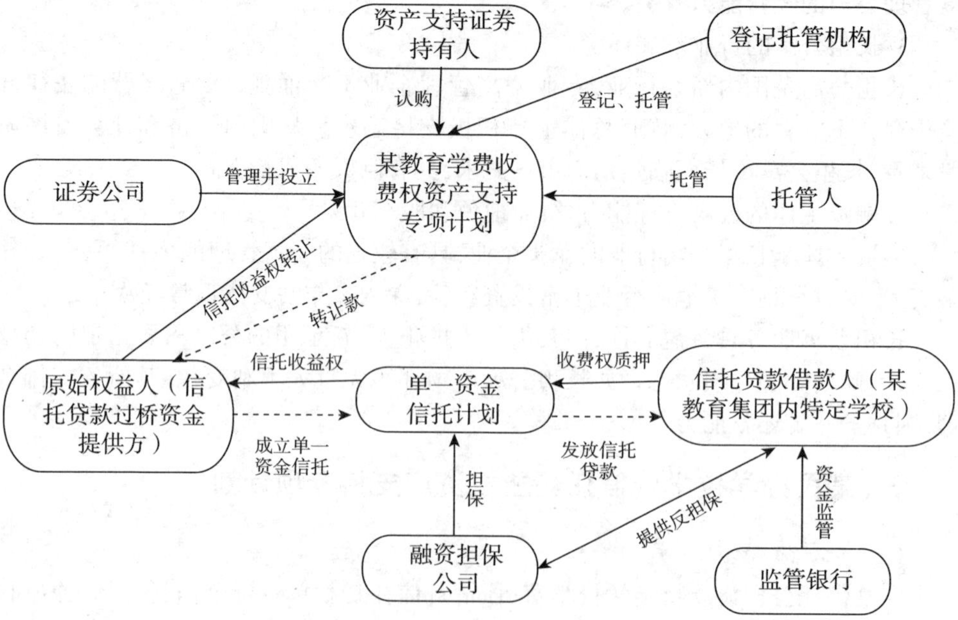


图 22－3　交易结构

2. 还款来源可控性和充足性

还款来源名义上是特定学校的学费、住宿费等收入，但是学校持续经营离不开一些刚性成本的支出，而这些支出中一部分流向了集团内部的教育支持保障板块。因此上述学校准确的偿债能力很难评估。同时考虑到该教育集团的核心主体向融资担保公司提供了连带责任保证，而融资资金的使用和归还在集团内部很可能灵活调配，因此，该项目实际还款来源是该教育集团整体偿还能力。当然，所质押的部分学校举办方股权的未来价值，并非和集团整体经营情况完全相关，能起到一定的风险缓释作用。

3. 民办学校的市场环境

政府支持民办学校的发展。民办学校可以从事从幼儿园到高中的教育。随着国内家庭生活水平的提高和对子女教育的日益重视，中小学及幼儿教育是一个广阔的市场。公立教育缺口日益显著，尤其在人口净流入的一二线城市表现尤为突出。再者，公立教育难以兼顾个性化教育需求，这为民办学校快速增长提供了契机。

4. 该民办教育集团的学校管理能力和行业地位

该民办教育集团有近 20 年经营历史，在全国 10 多个城市举办了若干中小学及幼儿园,建立了一套标准化的管理方法。学校具有较好的口碑。该教育集团从收入规模和跨区域经营方面,较同行具有一定的优势,在融资期限内如没有超出其偿还能力的进一步举债,则具备一定的偿债能力。

# 第二十三章
# 资产证券化产品销售与投资

中国资产证券化的承揽、承做、承销是一个前后衔接的有机整体，承销是项目实操中非常关键的环节。熟练掌握投资者范畴、投资机构内部决策流程、投资评估体系等是做好资产证券化产品承销工作的前提。

## 第一节
## 资产证券化产品的投资价值和投资者范围

随着低利率时代的到来，高回报的固定收益类产品越来越少，资产证券化产品在市场上的竞争力逐渐增强，投资价值凸显，逐渐成为市场上各类投资者的重要投资品种。经过几年的投资者培育，投资者对资产证券化产品也从陌生、了解发展到比较熟悉的阶段，对资产证券化产品的接受度也逐渐提高。

### 一、资产证券化产品的投资价值

笔者认为，资产证券化产品的投资价值主要体现在以下几个方面。

#### (一)对商业银行来说，具有风险权重方面的优势

商业银行积极参与资产证券化产品投资，其中一个重要的原因是资产证券化风险暴露权重的规则。根据《商业银行资产证券化风险加权资产计量规则》的规定，长期信用评级与风险权重对应如表 23－1 所示。

**表 23－1　长期信用评级与风险权重对应**

| 长期信用评级 | AAA 到 AA－ | A＋到 A－ | BBB＋到 BBB－ | BB＋到 BB－ | B＋及以下或无评级 |
|---|---|---|---|---|---|
| 资产证券化风险暴露(％) | 20 | 50 | 100 | 350 | 1250 |

近年来商业银行盈利增速低于规模增速，银行资本内源补充能力弱化，叠加资本充足性监管升级以及表外回归压力，导致商业银行外部资本补充途径依赖度上

升。自2016年以来,商业银行的核心一级资本出现下降,资本充足率和一级资本充足率的增幅明显收窄。资产证券化市场的发展恰逢其时。商业银行自营资金投资AA-以上的资产支持证券具有较高的风险资本调整后收益,对具有资本充足率压力的商业银行有较强的吸引力。

## (二)拓宽了投资者的投资资产范围

从投资角度看,资产证券化拓宽了投资者的投资资产范围。一方面,之前无法介入的领域可以介入了,比如住房抵押贷款、企业贷款、汽车贷款、工程机械贷款、信用卡贷款等一类高度专业化的投资领域。在资产证券证券化之前,只有商业银行、汽车金融公司、消费金融公司、金融租赁公司等金融机构是这些贷款的主要投资者,具有极高的行业壁垒。在资产证券化出现以后,其他无法介入该投资领域的投资者可以投资以这些贷款为基础资产的资产支持证券。另一方面,之前不愿意介入且风险较高的领域可以介入了,比如商业银行风控严格,对融资人要求比较高,很难投资楼宇物业、低评级个人贷款、低评级企业,但是通过对这些资产的证券化,商业银行可以通过投资优先级资产支持证券的形式,获取安全边际,进入以前不愿意进入的投资领域。

## (三)实现投资者分散化投资策略

资产证券化可以根据投资者的需求"定制"多样化的投资品种,设计出具有不同期限、风险和利率的证券,丰富了投资品类。资产证券化多元化的基础资产为投资者提供进行分散化投资于另类资产的工具。再如结构化分层结构是资产证券化的特点之一,通过期限分割和信用分级可以创造出各种各样的资产支持证券,能够适应各类固定收益投资者的需求。投资者可以根据投资策略选择合适的资产支持证券进行投资,构建或者调整资产组合,可以分散风险敞口。

## (四)资产证券化产品可能具有一定的溢价

在资产证券化发展初期,投资者不了解该品种的特征、风险,新生事物往往有一定的利差,以求在短期内快速发展。利差不仅仅包括信用利差、流动性利差、税收利差等,还包括"陌生利差"。"陌生利差"的产生是由于市场发展初期,投资者需要时间对市场和品种进行了解,内部没有形成资产支持证券的风控体系和投资体系,而参与市场的投资者较少,发起机构会有意识地向投资者让渡部分收益,以促进资产支持证券的发行以及市场的成长,这部分超额收益就形成了"陌生利差"。较高的利差是促进资产证券化市场快速扩容的重要因素,也是投资者逐渐增多的支撑之一。随着证券化市场的不断发展,参与机构不断增多,基础资产不断丰富,产品数量规模扩容,资产支持证券的发行利差不断下行,发行利率逐渐趋向同期限同等级信用债。

## 二、资产证券化产品的投资者范围

资产证券化产品的发行对象就是潜在的投资者。没有投资者就没有市场。总体而言，商业银行目前依然为资产证券化的最主要投资者。从长期来看，我国还需要不断扩大投资者范围，加大投资者培育力度，正确处理好资产证券化的复杂性与投资者适当性的关系。

### (一)资产支持票据和信贷资产证券化的发行对象

资产支持票据和信贷资产证券化都在银行间市场发行和交易，投资者是一致的。根据 2012 年 9 月 17 日中国债券信息网披露的信息，我国债券市场的投资者主要分类如下：

(1)特殊结算成员：包括人民银行、财政部、政策性银行等机构。

(2)商业银行：包括四大国有及国有控股商业银行、股份制商业银行及其他商业银行。

(3)信用社：包括城市信用社和农村信用社。

(4)非银行金融机构：包括信托投资公司、财务公司、租赁公司和汽车金融公司等金融机构。

(5)证券公司。

(6)保险机构。

(7)基金。

(8)非金融机构。

(9)非法人机构投资者。

(10)个人投资者。

根据银行间交易商协会 2016 年 2 月的统计数据，银行间市场的投资者数量合计为 10,428 个，其中特殊结算成员 20 个，商业银行 789 个(全国性商业银行 70 个；外资银行 59 个；城市商业银行 138 个；农村商业银行 465 个；农村合作银行 33 个；村镇银行 23 个；其他 1 个)，信用社 564 个，非银行金融机构 205 个，证券公司 130 个，保险机构 152 个，基金类 7980 个(其中商业银行理财产品 327 个)，非金融机构 275 个，个人投资者 0 个，境外机构 313 个。

### (二)资产支持专项计划的发行对象

《机构间私募产品报价与服务系统资产证券化业务指引(试行)》(中证协发〔2015〕132 号)规定，资产支持证券应当向合格投资者发行或转让，单支资产支持证券的实际持有人数量合计不得超过200人。参与资产支持证券认购和转让的合格投资者应当符合《证券公司及基金管理公司子公司资产证券化业务管理规定》(中国证券监督管理委员会公告〔2014〕49号)规定的条件。资产支持专项计划主要在交易所市场发行。交易所市场的投资人和机构间私募产品报价与服务系统的投资人范围几乎是一致的。

《证券公司及基金管理公司子公司资产证券化业务管理规定》(中国证券监督管理委员会公告〔2014〕49号)第29条规定,资产支持证券应当面向合格投资者发行,发行对象不得超过200人,单笔认购不少于100万元人民币发行面值或等值份额。合格投资者应当符合《私募投资基金监督管理暂行办法》(中国证监会令〔105〕号)规定的条件,依法设立并受国务院金融监督管理机构监管,并由相关金融机构实施主动管理的投资计划不再穿透核查最终投资者是否为合格投资者和合并计算投资者人数。证券交易所、全国中小企业股份转让系统、中国证券业协会可以根据市场情况对投资者适当性管理制定更为严格的标准。

2014年8月21日,《私募投资基金监督管理暂行办法》(中国证监会令〔105〕号)规定,私募基金应当向合格投资者募集。私募基金的合格投资者是指具备相应风险识别能力和风险承担能力,投资于单只私募基金的金额不低于100万元且符合下列相关标准的单位和个人:

(1)净资产不低于1000万元的单位。

(2)金融资产不低于300万元或者最近三年个人年均收入不低于50万元的个人。

前款所称金融资产包括银行存款、股票、债券、基金份额、资产管理计划、银行理财产品、信托计划、保险产品、期货权益等。下列投资者视为合格投资者:

(1)社会保障基金、企业年金等养老基金,慈善基金等社会公益基金。

(2)依法设立并在基金业协会备案的投资计划。

(3)投资于所管理私募基金的私募基金管理人及其从业人员。

(4)中国证监会规定的其他投资者。

深圳证券交易所《资产证券化业务指引(2014年修订)》(深证会〔2014〕130号)规定,参与资产支持证券认购、转让的合格投资者,应当符合下列条件之一:

(1)经有关金融监管部门批准或者备案设立的金融机构,包括但不限于银行、证券公司、基金管理公司、信托公司和保险公司等;

(2)前项规定的金融机构面向投资者发行的金融产品,包括但不限于银行理财产品、信托产品、保险产品、基金产品、证券公司资产管理产品等;

(3)经有关金融监管部门认可的境外金融机构及其发行的金融产品,包括但不限于合格境外机构投资者、人民币合格境外机构投资者；

（4）社会保障基金、企业年金等养老基金，慈善基金等社会公益基金；

（5）在行业自律组织备案或者登记的私募基金及私募基金管理人；

（6）净资产不低于1000万元的非金融机构；

（7）符合中国证监会《私募投资基金监督管理暂行办法》（中国证监会令〔105〕号）及相关规定的其他合格投资者。

《上海证券交易所资产证券化业务指引》（上证发〔2014〕80号）、《上海证券交易所债券市场投资者适当性管理办法》（上证发〔2015〕51号）也有类似的规定。

（三）项目资产支持计划的发行对象

2013年2月4日，中国保监会《关于保险资产管理公司开展资产管理产品业务试点有关问题的通知》（保监资金〔2013〕124号）规定，产品限于向境内保险集团（控股）公司、保险公司、保险资产管理公司等具有风险识别和承受能力的合格投资人发行，包括向单一投资人发行的定向产品和向多个投资人发行的集合产品。向单一投资人发行的定向产品，投资人初始认购资金不得低于3000万元人民币；向多个投资人发行的集合产品，投资人总数不得超过200人，单一投资人初始认购资金不得低于100万。

2015年8月25日，中国保监会《资产支持计划业务管理暂行办法》（保监发〔2015〕85号）规定，资产支持计划业务，是指保险资产管理公司等专业管理机构作为受托人设立支持计划，以基础资产产生的现金流为偿付支持，面向保险机构等合格投资者发行受益凭证的业务活动。受益凭证限于向保险机构以及其他具有风险识别和承受能力的合格投资者发行，并在合格投资者范围内转让。中国保监会根据市场情况制定投资者适当性管理标准。可见，项目资产支持计划除了明确规定保险集团（控股）公司、保险公司、保险资产管理公司为合格投资人之外，没有明确例举其他符合投资者适当性管理标准的合格投资人。

## 第二节
## 投资者的类型和内部决策机制

目前，资产证券化市场处于“去杠杆”的大背景下。“去杠杆”是一个大的概念，也被市场确认将成为今后较长时期内的一个主题。“杠杆”有“规模杠杆”、“久期杠杆”和“信用杠杆”等。债券市场“去杠杆”就是降“规模杠杆”、降“久期杠杆”和降“风险杠杆”。笔者认为，2016年第四季度至2017年第一季度，监管机构侧重降低"规模杠杆"。进入2017年第二季度,降"规模杠杆"初见成效。在"市场债券收益率将持续上行"这一共识下,各金融机构开始降"久期杠杆"。降"信用杠杆"是2018年债券市场的主题。

## 一、投资者的类型

投资机构需要深入透彻地理解市场背景,分析所处的市场环境,以便准确地制定符合自身需求的资产证券化产品投资策略。一般情况下,投资者通过宏观经济、提前偿还率、基础资产及所在行业景气变化等因素的研究,选择合适的基础资产类别。同时,根据资金来源、投资偏好等要求,投资者:或是执行买入持有策略,购入高收益个券,构建资产组合的底仓;或是通过交易获取资本利得,购入流动性较好的短久期品种;或是进行品种套利、期限套利、跨市场套利;或是购买夹层档/次级档获取超额收益。受限于流动性不足、估值难度大等原因,大部分投资者依然选择持有到期策略。

笔者认为,根据国内证券化市场不同投资者的投资视角、偏好、策略,可以将投资者分为如下几个类型。

### (一)保守型投资者

目前,保守型投资者在证券市场上占据较大比例,包括商业银行自营资金及理财资金、公募基金、公募专户、证券公司自营资金、保险资管产品、外资金融机构等。

保守型机构投资者一般投资于较高信用评级的资产支持证券,一般要求信用评级在AA+以上,主要投资标的为优先级资产支持证券(优先级资产支持证券抵御信用风险的能力更强),难以投资高风险高收益的低评级夹层部分或无评级次级证券,更偏好信贷类资产、类信贷资产(租赁资产、应收账款等)。另外,投资者关注资产支持证券的风险能否符合金融机构内部的准入标准、产品的投资规定等要求。

### (二)激进型投资者

激进型投资者主要为券商自营、银行理财(高净值客户产品)、私募基金等风险偏好高、追逐高收益的投资者。

在资产证券化市场发展成熟以后,投资者已经对资产支持证券非常熟悉,培养了自己的投资经理,聚集了优秀的金融人才,建立了一套行之有效且与自身风险承受能力相匹配的风控及投资体系。激进型投资者风险偏好较高、资金来源成本较高、激励机制较为灵活,更关注收益高低,要求较高的利差,善于捕捉市场产品的超额收益,更多的投资资产支持证券的夹层和次级证券部分,更偏好高收益的未来收费权等资产。

### (三)其他类型投资者

例如,基金专户受限于委托机构对专户投资类型、风险的要求,只能投资于某一类基础资产的资产支持证券;货币市场投资基金或短期限的理财产品等需求者只能购买1年以内短期限资产支持证券(收益率较高,流动性较差);债券基金可能购买中短期限资产支持证券;保险资产产品可能更需要长期限产品,可以通过持有到期策略以底仓的形式获取较高的收益。

总体而言,商业银行是优先级资产支持证券最主要的需求者以及最积极的投资者。商业银行理财资金、券商资管、城商行资金是中间级资产支持证券的主要参与者。而作为激进型投资者,私募基金、券商自营、私人银行产品是目前主要的次级投资者。

## 二、投资者内部决策机制

目前,国内资产证券化投资者的内部决策机制主要有三类。

### (一)单笔单议形式

商业银行为单笔单议模式的代表。

一般建立内部的业务审查体系,对每一个资产支持证券都进行精细化的分析,涉及前台业务、风险管理、法律合规等多个部门,审核审批链条长、投资效率相对较低。

### (二)准入机制与单券分析相结合

这类投资者通常内部风险控制部门建立资产支持证券的基本准入标准,由专门的信评人员通过不同类型资产支持证券的风险评估模型进行评估,纳入可投名单,然后投资经理根据个人的投资分析及资产组合管理需要进行投资。

### (三)委托管理模式

受限于内部投资专业能力,这类投资者一般会委托投管机构进行投资管理。投资者会在委托合同中对发起机构、基础资产类别、外部评级、增信措施、安全厚度等进行详细的规范,然后依托于投管机构的专业能力进行投资。

笔者认为,目前国内市场比较适合资产支持证券投资的是准入机制与单券分析结合。国内资产证券化市场呈现割裂特征,但是不同的市场及品种依然具有非常强的相似性。准入机制主要包括以下几个方面。

1. 交易场所准入

目前国内资产证券化市场交易场所主要为沪深证券交易所、银行间交易商协会,也包括机构间报价系统、银登中心、柜台市场等发行量较小的交易场所。

投资者通常对不同交易场所的资产支持证券的认定不同。由于各类投资者的监管机构不同，相应的投资政策也不同，投资者可以根据法律法规、内部认定、风险控制等方面的因素，确定自己的投资交易场所。根据 2018 年 4 月 28 日，中国人民银行保险监督管理委员会、中国证券监督管理委员会、国家外汇管理局发布的《关于规范金融机构资产管理业务的指导意见》规定，标准化债权类资产应当同时符合：

（1）等分化，可交易；

（2）信息披露充分；

（3）集中登记，独立托管；

（4）公允定价，流动性机制完善；

（5）在银行间市场、证券交易所市场等经国务院同意设立的交易市场交易。

一般情况下，大多数投资者仅能参与标准化债权资产的投资，也较为认可沪深交易所、银行间交易商协会两个交易场所的产品品种。

2. 产品要素准入

产品要素准入主要指资产支持证券评级、产品结构设计等要素准入。其中，投资者往往会根据自身的风险承受能力规定资产支持证券的评级。如评级包含内部评级与外部评级，投资者通常实施孰高原则。

3. 发起机构准入

发起机构（交易所一般称为“原始权益人”，银行间市场一般称为“发起人”）作为融资机构，是投资者非常关注的重要一环，也是准入条件最为严格的一环。

投资者对于信贷资产支持证券的发起人以及企业资产支持证券的原始权益人通常设置不同的准入机制。信贷资产支持证券的发起人为中国银保监会监管的持牌金融机构，包括不限于商业银行、汽车金融公司、金融租赁公司、消费金融公司等。投资者对信贷支持证券发起人的准入，通常会考量发起人的内部评级、外部评级、资产/净资产规模等指标。其中，内部评级为投资者的首选准入指标。企业资产支持的原始权益人多为非金融机构，涉及各种行业的企业。投资者对企业资产支持证券原始权益人的要求更为严格，甚至对某些行业或企业严格禁入。一般情况下，投资者根据原始权益人的内部评级、外部评级以及产品的增信情况等进行考量。同时，投资者根据宏观经济情况、政府政策、行业及地区发展情况等，对部分行业及主体禁入。例如，目前国内投资者一般都会慎重考虑两高一剩行业、房地产行业、存量违约产品所在地区及行业等。

4. 基础资产准入

信贷资产支持证券的基础资产主要为贷款类资产，包括不限于住房抵押贷款、企业贷款、信用卡贷款、汽车贷款等,投资者更关注资产池中贷款的五级分类、影子评级、分散度、历史不良率以及其他统计指标。金融机构具有较强的风险管理体系,资产质量较高,不良率相对较低,投资者一般对信贷资产支持证券的基础资产类型全部准入。

企业资产支持证券的基础资产包括租赁租金、应收账款、小额贷款、基础设施收费权、PPP 项目、不动产等类型。投资者基于现金流的稳定性为出发点,更关注底层资产债务人的资信情况、历史违约情况、还款能力等。很多投资者不是对所有企业资产支持证券的基础资产类型全部准入,会根据自身的风险偏好来确定准入资产,有的禁入收费权性质基础资产,有的禁入互联网金融性质基础资产,有的禁入小微企业基础资产。需要强调的是,商业银行一般需要将未实现"真实出售、风险隔离"的资产支持证券纳入统一授信管理,占用发起机构的授信额度。

5. 中介机构准入

受托机构/计划管理人、投资银行、评级机构、律师事务所、会计事务所等中介机构在资产支持证券交易机构中承担着重要作用。目前,市场上中介机构专业能力、尽职能力参差不齐,需要投资者进行认真分辨。投资者一般根据中介机构的行业排名、专业能力、市场认可度、历史案例等设定详细的准入标准。

## 第三节
## 投资分析框架体系

投资者确定自身的内部决策机制以后,都会根据实际情况建立一套与自身情况相符合的投资分析框架体系。无论投资者是根据大类资产类别构建大致相同的投资分析模型,还是根据更加细分的资产类别搭建更加精细化的投资分析模型,国内投资者对资产支持证券的投资分析框架具有相对一致性。投资者的投资分析框架一般包括:

### 一、法律风险分析

法律风险是投资者首先关注和了解的问题,是一切分析的基础,包括基础资产合法性、转让过程的合法性、转让的完整性等部分。

基础资产的合法性是指发起机构必须真实、合法、有效地拥有基础资产,且不能存在抵质押等权利瑕疵。如抵质押情况确实存在,要么原始权益人在资产入池前解除该资产的抵质押,要么就要在资产支持证券设计当中做出相应的解除安排。

基础资产的转让过程是否是合法有效的。在实际操作中,对于绝大多数的基础资产类型而言,履行逐一通知所有债务人的义务是几乎不可能完成的。市场上目前通行的做法是当发生了某些可能会影响证券端兑付的负面事件后,再由相关机构履行通知义务,即“权利完善事件”。资产转让对价是否合理可能也会影响到资产转让的合法性。资产转让时的完整性是极易被投资者忽视的一个“合规风险”。2010 年,中国银监会发布《关于进一步规范银行业金融机构信贷资产转让业务的通知》(银监发〔2010〕102 号),明确规定信贷资产转让不能存在“部分债权”转让的情况。

## 二、交易结构分析

资产证券化产品是结构化融资产品。交易结构是资产支持证券设计过程当中最关键、最精彩也是最具魅力的核心步骤。交易结构分析是投资者投资资产支持证券的重要工作。概括来讲,投资者主要从以下几个方面来考察资产支持证券的交易结构:交易机构合法合规性、破产隔离、结构化分层、增信、信用触发机制/加速清偿、现金流归集与分配机制等。

### (一)SPV 的类型

由于我国目前属于分业监管体制,发行场所不一样,监管机构就不一样,SPV 的性质也不一样,比如在上交所和深交所发行、挂牌的企业资产支持证券受证监会监管,SPV 为证券公司或基金子公司的资产管理计划;在银行间发行、挂牌的信贷资产支持证券及资产支持票据,受央行/中国银保监会的监管,SPV 为信托公司设立的信托计划。此外,根据基础资产在特点上、性质上以及法律上的不同,会设计出不同的交易结构来满足需求,比如对于未来现资金流类的基础资产,会涉及双 SPV 的交易结构等。

### (二)破产隔离的有效性

真实出售与风险隔离是交易结构设计的重点。真实出售有助于保证基础资产产生的现金流都能够按照交易结构的现金流归集与支付机制运行,最大限度保护投资者。目前,真实出售和破产隔离尚有很多法律问题需要进一步探讨。信贷资产证券化可以实现真实出售,而企业资产证券化,尤其是未来收益权的项目很难实现真实出售。

### (三)增信措施的效果

投资者格外关注信用增级。信用增级可以起到降低金融产品信用风险,提升信用等级的重要作用,可以帮助低评级的融资人获取高评级信用资质的融资利率。

对于资产支持证券来说，根据信用增级服务提供方式的不同，信用增级措施一般可分为内部信用增级和外部信用增级两种类别。内部增信措施并没有减少基础资产池的实质风险，而是信用风险在原始权益人与投资者之间、不同等级的资产支持证券之间进行了再分配，通过基础资产池自身为信用风险的防范提供保证。内部增信措施主要有优先/次级结构化方式、超额抵押、超额利差、保证金/现金储备账户、基础资产回购条款等表现形式。外部信用增级措施则是通过第三方信用担保、保证保险、信用违约互换等提供防范信用损失的保证，以提高债券信用等级。

增信措施方面关注点比较多。比如结构化增信方式即为优先级/次级分层。不同档次证券在偿付顺序、权利义务等方面具有不同的安排，次级、次优级较低级别的证券还本付息的权利在优先级高级证券持有者的权利之后，较低等级证券为较高等级证券提供安全厚度。安全厚度的高低是投资者关心的问题之一。根据基础资产形成过程、资产集中度及分散性、底层债务人质量（影子评级）等因素，投资者对不同基础资产的资产支持证券安全厚度有不同要求。增级厚度或者增级量决定于次级证券占比的高低，次级证券占比越高，厚度或者量越大。一般而言，既有债权类基础资产（企业贷款、应收账款、企业租赁资产等）分散度一般，往往存在集中度较高的情况，底层债务人具有一定的违约率，安全厚度一般要求较高，而对于消费金融类资产，比如车贷、住房抵押贷款、消费贷款等，资产池往往包含上万笔资产，资产充分分散，单笔额度较小，底层债务人多为个人，安全厚度一般较小。优先和次级占比的平衡是原始权益人/发起人与市场的博弈结果。企业资产证券化中，由于底层资产质量远低于商业银行的信贷资产，次级资产支持证券难以卖出，一般全部由原始权人/发起人自持。

未来现金流类基础资产主要特征是未实现与原始权益人的风险隔离，需要原始权益人的正常运营，以保证资产支持证券进行偿付。次级证券为优先级证券提供的信用增级非常有限。安全厚度的概念体现为超额现金流的覆盖。一般情况下，投资者对该类基础资产的现金流年均增长率不超过5%，优先级证券的现金流覆盖率不低于1.2倍。不动产证券化产品主要是通过租金形式不断产生稳定、可预测的现金流。这类资产支持证券的结构化分层取决于房产的估值与证券发行数量之间的比例，优先级证券既可以获得中间级以及劣后级的信用增级，也可以获得房产估值大于证券发行量部分的增信。投资者在测算中间级以及劣后级对优先级部分的信用支撑时，需要综合考量房产的现金流情况、未来处置措施、处置难度、原始权益人担保或者回购等各种因素。一般情况下，资产支持证券的发行量只有房产估值的60%左右，即折扣率60%左右，可以提供较为有效的信用增级。

超额利差多用于信贷资产、租赁资产、券商融出资金债权等，该类资产都带有一定的贷款性质。超额利差是指基础资产的利息收入减去资产支持证券的利息支付和各种交易费用(如服务费、管理费、托管费等)之后的净收入。每个月的超额利差均用于支付费用和弥补损失。如果还有剩余,就存储在一个准备金账户中,该账户内的资金作为弥补资产证券化业务过程中可能产生的损失的准备金,从而实现产品的内部信用增级。超额利差来源具有不确定性,随着资产池的变动而变动。一般情况下超额利差随着时间积累留存,可以用来弥补未来时段可能产生的损失,但是,由于超额利差的产品依托于底层债务人的信用风险,底层资产违约时超额利差也不复存在,因此,投资者不能乐观地认为超额利差越厚,信用增级越强。

差额支付承诺一般由原始权益人/发起人或其关联方出具《差额支付承诺函》,承诺若是发现专项账户中资金余额不足以支付优先级资产支持证券的利息和本金,则由其按照要求将资金差额补齐,实质上是原始权益人的一种保证形式。投资者在评估资产支持证券的时候,更应该关注基础资产本身,而非差额支付承诺方。

超额抵押是指资产证券化交易将资产池价值超过资产支持证券票面价值的差额作为信用保护的一种内部信用增级方式。超额抵押会形成基础池资产对资产支持证券的超额覆盖。超额覆盖率是资产池本金余额超额覆盖资产支持证券票面金额的倍数。

保证金/现金储备账户内的现金资产由发起机构提供,用于弥补资产证券化业务活动中可能产生的损失。从资金提供者的角度讲,现金储备账户里的现金资产可以看做是被抵押给了证券投资人,也可以称为现金抵押账户。保证金/现金储备账户增信效果与金额大小有关。投资者在评估保证金/现金储备账户的增信效果时,一般会考虑账户金额对优先级资产支持证券最大一期本息覆盖的倍数。

在外部增信中,外部机构实际上承担了最坏情况下的极端风险,为最终风险的承担者。第三方增信能够更加有效地提高证券化产品的信用等级,更好地吸引投资者。笔者认为,具有第三方增信的资产支持证券,投资者需要加强对第三方的信用分析。

(四)现金流分配机制

现金流分配机制除了需考察其是否合规之外,也要根据其具体设置找寻投资机会。比如,假设某个“既有债权”类的资产支持证券产品分为优先 A－1、优先 A－2、优先 B 档和次级档。在任何情况下,优先档的本金是被最先偿还完毕的必要条件是优先档证券的三个平层档中至少有一档的本金偿还方式是“过手型”,一般根据证券久期来讲,会是优先 A－2 档。“过手还本型”的优先 A－2 档可以有效地吸收基础资产产生的超额现金流,避免超额现金流在优先档本金未得到完全对付之前就流向次优档证券、优先 B 档。2016 年在交易所发行的某单融资租赁类的企业资产支持证券将优先 A－1 档和优先 A－2 档都设计成了“固定还本型”，将优先 B 档设计成了“过手还本型”。后续的收益分配报告显示基础资产产生了超额现金流，使得优先 B 档的本金在优先 A 档证券本金尚未全部兑付完成之前就获得了分配。

## 三、基础资产分析

国内资产支持证券的基础资产主要涉及债权类、未来收益权类、不动产类三大类，而细分的基础资产类别更多。基础资产风险点多，分析难度最大，分析结果对投资者的投资决策具有决定性作用。不同基础资产关注的信用风险特征不同。

基础资产信用风险分析大致分为定性分析和定量分析两种。定性分析主要的目标是分析出资产池性质上的特征，包括但不限于资产池入池标准、区域分布、行业分布等。定量分析大致可以分为基础资产风险建模（信用风险模型）和返回检验压力测试（现金流模型）两个阶段。一般情况下，投资者通过定性分析与定量分析相结合方式对基础资产信用风险进行分析，以得到更为严谨的分析结果。

信贷资产支持证券的基础资产以贷款为主，因此，投资者更关注发起人不良率及风控体系、借款人的违约风险等内容。比如对于企业贷款及金融租赁资产，一般情况下投资者都会要求得到底层借款人的基本信息，然后穿透底层对借款人的区域行业、经营、财务等进行更进一步的详细分析；对于住房抵押贷款、汽车抵押贷款、信用卡贷款等资产，借款人为个人，笔数较多，分散度较好，所以投资者更加关注基础资产的历史不良率、期限分布、提前还款率、基础资产利率以及借款人统计指标，借款人统计指标包括不限于借款人的年龄、职业、征信、区域等分布情况。

企业资产支持证券的发行主体以非金融企业为主。对于既有债权类资产，企业资产支持证券分析方法与信贷资产持证券的分析方法相类似。不过，原始权益人多为非金融企业，企业资质与金融机构相差甚远，因此，投资者会更关注原始权益人的股东背景、成立时间、行业景气、经营模式、财务指标、负面新闻等内容。收益权类资产种类非常多，严重依赖于原始权益人资信情况。投资者更为关注原始权益人的持续经营能力、现金流预测的合理性和外部增信措施。国内投资者往往认为此类资产支持证券等同于信用债，对原始权益人运用信用债分析的模型。

目前，更多的投资者将不动产类的资产支持证券视作带有物业抵押的信用债品种，更加关注商业物业的相关特征，对物业位置、权属情况、经营情况、出租情况、资产估值、资产变现能力等提出一系列的要求，其中，资产估值的合理性、准确性是投资者非常关注的风险点。一般情况下，投资者要求物业稳定经营 2 年以上、出租率高于 80%、抵押率小于 60%、偿债覆盖倍数大于 1.5 倍，物业运营商运营经验丰富。

定量分析方面,基础资产风险建模的主要目的是通过利用合理的信用风险模型定量分析资产池的信用风险,即违约损失。信用风险模型的输出结果既可以作为产品分层的重要依据,也可以为后续的返回检验压力测试提供参考和依据。返回检验压力测试主要是在风险模型的基础上结合产品交易结构设计,在各项关键指标必要的加压情景下,验证产品分层是否仍然可以达到目标。评级机构一般会采用定性分析与定量分析相结合的方式给出资产支持证券的评级,投资者可以适当选取评级机构的定量分析方法,对基础资产信用风险进行风险建模。

对于"未来现金流类"资产证券化产品而言,其基础资产风险建模逻辑相对简单,主要分为以下两个步骤,即融资主体自身的信用风险和未来现金流的预测。对融资主体信用风险的判断过程与普通信用债的分析逻辑基本一致,投资者因此可以用分析普通信用债的逻辑和方法去做建模分析。在对未来现金流进行建模预测时,投资者可以参考会计师事务所或资产评估机构的预测逻辑,根据自己对市场或行业的看法,结合自身对融资主体运营情况的判断,适当调整现金流预测模型中的关键假设参数对未来现金流作出最终的判断。

对于基础资产池资产笔数极少,分散度较差的产品,典型代表是市场上发行的多数融资租赁类资产证券化产品,投资者可以抛开复杂的数量模拟模型,按照资产权重排序,直接逐一对每笔入池资产进行分析即可。对于基础资产池笔数不多,分散度尚可的资产证券化产品,典型代表是在银行间市场发行的信贷资产证券化产品,对于投资者来讲,逐笔查看底层资产是不太可能的,此类证券化产品的风险建模逻辑是"影子评级"和"蒙特卡洛模拟"。对于基础资产池笔数较多,分散度较好的产品,典型代表是消费信贷类资产证券化产品,历史数据的数据质量以及对历史数据的分析能力对于投资者来讲就显得至关重要了。

影子评级的评级逻辑与一般信用债的评级逻辑类似。与正式的评级不同的是,影子评级不是公开的评级,仅是评级机构就每笔资产的具体情况对该资产质量给出参考。评级机构所依据的是可以在公开市场上收集到的或是由发起人提供的债务人和担保人(若有)的信息。由于没有经过尽职调查和访谈环节,这些信息可能会与真实信息有出入,从而一定程度上影响到影子评级的准确性。考虑到这一因素,在给出基础资产池内某笔资产的最终评级结果时,评级机构还会根据自己的经验,丰富的行业数据以及宏观经济数据等对资产的影子评级作出调整。

消费信贷类资产最大的特点是资产包内的资产数量至少达到上千笔,单笔贷款本金余额较小,符合历史数据的特征。在做基础资产信用风险的定量分析时,市场上存在着两种比较常见的逻辑:"压力乘数法"和"解析法"。

“压力乘数法”大概思路如下:首先,通过分析原始权益人资产池历史数据总结归纳出动态池(managed pool)违约情况和静态池(vintage)违约情况,从而得出静态池违约率、动态池违约率、新增违约率、违约回收率、提前偿还率等重要参数。这些参数和产品交易结构是构建现金流模型的重要依据。“压力乘数法”的实质就是找出在对各种能够影响基础资产池现金流入和流出的关键参数同时施加一定压力的情况下,仍能保持基础资产池现金流入与基础资产池现金流出相匹配所需要的最“薄”增信厚度。

“解析法”又被称为“对数正态分布法”或“静态样本池法”。“对数正态分布法”是假设基础资产累计违约率和基础资产累计损失率服从对数正态分布,然后从历史数据中提取若干个静态样本池,逐一计算这些静态样本池的统计特征数据,如均值和方差,再根据历史数据、证券化基础资产池的特征、宏观经济环境以及行业和公司状况等因素的影响,对均值和方差作调整,从而最终确定基础资产的违约概率密度函数,参照累计违约率表提供的信用级别与违约概率关系,得到不同信用等级下证券所需要承受的资产池目标违约比率(Target Default Rate,TDR)。

对比这两种方法,“解析法”称得上是一种精算方法,是基于历史数据得出基础资产池的累计违约率概率密度函数,其优势在于历史数据运用充分、分布特征精确、逻辑性强等。但“解析法”也存在着一定的局限性。若是基础资产没有经历过一个完整的经济周期,则由历史数据得来的违约率分布可能不能准确描述基础资产的违约规律;若发起机构从自身的利益出发而提供给评级机构“粉饰”过以后的数据,从而致使历史数据“失真”;若是行业数据严重缺失,则无法给由历史数据推导出来的统计特征数据(均值,方差)提供可靠的“修正”。

不论基础资产池中的资产属于何种类型,现金流模型都是资产支持证券结构设计和评级的核心。本质上讲,资产支持证券的现金流模型由“现金流流入”和“现金流流出”两个部分组成。对于债权类资产来说,“现金流流入”部分确定的基础就是基础资产池。“现金流流出”部分确定的基础主要是产品结构设计中的还本付息频率、资金归集频率、现金流偿付顺序,以及最终簿记发行的票面利率等。

对于债权类资产来说,违约时间的分布、违约回收率、提前还款等会对基础资产池现金流的流入产生重大影响,从而有可能影响资产证券化的本息兑付。对于未来现金流类资产来说,“现金流流入”部分的确定主要依赖于原始权益人在未来特定一段时间内运营产生的现金流预测。这类资产的现金流一般须由专业的资产评估公司出具的现金流报告。“现金流流出”部分主要与税费、中介机构费用(如跟踪评级费,律师费)、产品的结构设计(如资金归集的频率、加速清偿事件的条款设置或违约事件发生后的条件设置)以及产品发行的利率等因素关系密切。

对于底层资产笔数较少的信贷资产证券化和融资租赁类企业资产证券化等分散性比较差,存在集中违约风险的产品,一旦资产池中少数几笔大额资产表现恶化就会对整个资产池产生较大的负面影响。投资者应该建立自己的"大额违约压力测试",再次验证现有的信用增级是否能够覆盖大额资产违约所带来的损失。

## 四、中介机构履职能力分析

资产支持证券的发行涉及更多的中介机构,包括不限于受托人/计划管理人、投资银行、托管机构、评级机构、律师事务所、会计事务所、现金流测算机构、资产评估机构、第三方担保机构、私募基金、财务顾问等。资产支持证券的设计、发行、存续管理等环节都依赖于中介机构的履职能力,投资者需要进行严格的准入管理,关注这些机构的专业能力、履职能力、市场认可度、业务成熟度等。

## 五、发起机构分析

原始权益人作为融资人,自身的资信情况与资产支持证券的风险息息相关。原始权益人的信用分析与传统的债券发行主体信用风险分析相类似,不同是因为基础资产的不同,投资者对原始权益人信用风险的关注程度也不同。收益权类基础资产一般情况下未实现与原始权益人的风险隔离,投资者需要严格按照传统债券的信用分析方法对原始权益人进行分析。

## 六、投资定价、投资价值分析

投资者是否投资资产支持证券,是否投资夹层档或者次级档,不仅仅考虑资产支持证券的信用风险、利率风险等风险,更加考虑自身管理的资产组合对期限、收益率、流动性等因素的要求。只有对投资者具有投资价值的资产支持证券,投资者机构才会考虑对基础资产、交易机构进行进一步的分析。

资产支持证券的定价相关研究非常多,包括现金流模型、利差定价模型、蒙特卡洛模拟等方法。但是,在实际市场中,资产支持证券的定价很难依靠以上模型方法,模型定价在实际应用中具有一定的局限性。我国资产证券的定价很大程度上基于发行询价模式,而投资者根据发起人资信、基础资产池状况、交易结构安排、增信措施、流动性情况等因素,参考同期限同评级同市场的信用债、资产支持证券的收益水平,给予资产支持证券一个较为合理的定价区间。

在目前的市场条件下,交易活跃的资产支持证券的特点是产品发行量足够大、交易结构简单、本息支付频率不宜过高、收益高及久期短。高收益的资产支持证券对于投资者来讲会更具吸引力。过高的本息支付频率会使证券化产品的面值迅速变小,这不仅直接减少了证券的交易价值,而且还会使投资者面临较大的再投资风险。特别是对于过手还本型的优先档证券"再投资风险"尤甚。此外,由于本金偿还的不确定性,投资者也很难做出合理的资金安排。具有此类特征的产品二级市场流动性较强。投资者对资产支持证券久期的偏好是随着市场条件的变化而变化的。资产支持证券二级市场的交易主力是基金公司与证券公司。迫于估值的压力,此类投资者的特点是普遍要求信用资质较好、流动性较高。因此,AAA 评级,1年以内期限的资产支持证券就成为相对比较理想的交易标的。如果投资者希望在今后通过二级交易获取所持资产支持证券的资本利得收益,就应该尽量选择前述特征的证券化产品。

### 七、其他分析

资产支持证券尚有其他的风险需要投资者进行审慎评估,比如资金混同风险、流动性风险、操作风险等。投资者应该秉承审慎态度,仔细分析每一个风险点。

## 第四节
## 资产证券化产品投资的特殊事项

笔者认为,除前述事项之外,还应该注意资产证券化产品投资的如下事项。

### 一、违约率的计算

一般来讲,对于债权类资产来说,违约率是衡量基础资产质量最重要的指标。原始权益人或者发起人原始资产池的历史违约率数据是投资机构最关心的指标之一。从原始资产池的历史违约数据中,投资机构不仅可以观察产品基础资产池在存续期内可能的表现,也可以评估企业实际经营风险的能力、运营管理能力。

计算违约率的方法有很多种。对于同样的一个资产池违约事实,不同的违约率计算方法描述出的违约率数字可能会相差数倍甚至数十倍。从严格意义上来讲,债务人只要晚于"还款截止日"一天还款就应该算作是违约,该定义下的违约率显然过于严格,不能客观地描述资产池的信用质量。

合理客观的违约定义应该是根据资产的存续期限来制定的。目前,市场上通常惯用的两个违约概念是:逾期 30 天的违约率和逾期 90 天的违约率。对于债权期限在 2 年以内的资产来说,用逾期 30 天的违约率来判断资产池质量比较合适;对于债权期限在 2 年或 3 年以上的资产,用逾期 90 天的违约率数据来衡量资产池信用水平更为合理;对于某些有抵押物的债权资产来说,市场上还有用 45 天逾期违约率作为参考来描述基础资产池信用状况的,这也是可以接受的,比如像分散性较好的购车贷款债权。违约率这个数据是一定要结合基础资产池债权的性质、期限和特点来看的,只有这样,投资者才能捕捉到最确切的评价基础资产池信用资质的信息。

单从数学计算上来讲,违约率的计算是一个简单的除法运算,涉及两个计算因子,即分子和分母。市场上,分子一般有两种统计口径:未偿余额和当期应还未还。未偿余额是指某笔债权资产产生违约时所有未偿本金的总和。因为一旦某笔资产发生违约,那么该笔资产其未来剩余本金的偿还可能都会出现问题。如果用当期应还未还来计算违约率,分子的取值就仅仅是当期违约未还金额。显而易见,用未偿余额的概念计算出来的违约率更有效,更接近实际情况。

违约率的分母也有两种常见的口径:初始合同本金和本金余额。初始合同本金是指体现在合同上的本金全额,这个数字是不会随着时间的推移而改变的。本金余额是指初始合同本金减去已经偿还本金剩下的本金部分,这个数字会随着时间的推移逐渐减小。

在市场上,最常见的两种计算方式是:未尝余额/初始合同本金和当期应还未还/初始合同本金。建议投资者选用与参考未尝余额/初始合同本金这一方法计算出来的违约率来衡量和判断资产池的信用质量。

核销和代偿也对违约率的计算结果有一定的影响,应该引起投资人的足够重视。核销和代偿是原始权益人(发起人)在经营过程当中为加快运营资金周转、提高还款保障率经常使用的经营策略。如果投资人想把握最真实的资产池信用质量,那么应该考虑把这两部分金额也加入到分子当中来计算违约率。

另外,依据不同的数据样本计算出来的违约率差别可以非常大。评级报告和推介材料中经常出现的两个违约率:动态池违约率和静态池违约率。动态池违约率描述的是在每个考察时点整个资产池的违约情况。这一指标并不能有效描述资产池的真实违约情况,因为随着时间的推移,原始权益人会在资产池中加入大量的新生成的资产,这会将违约率的分母部分扩大,从而有低估违约率的风险。但动态池的其他数特征仍然有非常重要的意义,特别是对于当证券化产品的基础资产池需要进行循环购买时,动态池可以较好体现各时间段内新增贷款的情况和新增违约率的情况,对于判断在循环购买期内原始权益人是否能够提供充足的可供循环购买的资产和循环购买后新增违约率的预估有着重要的参考作用。

静态池违约率的测量方法是在选定的各个时间节点上选取资产包,然后考察这个资产包在今后的违约表现。在整个考察过程当中,用于计算违约率的数据样本一旦被确定下来，就不会再有任何变化，因此可以客观反映出资产池的信用表现。静态池违约率是投资者在衡量和评价基础资产池信用资质和考察原始权益人（发起人）经营能力时应该首要关注的指标。

## 二、未来收益权类资产支持证券的投资要点

从本质上讲，未来收益权类资产证券化是一种企业的融资行为。投资机构应该从以下几个方面来对未来现金流类资产证券化产品进行分析。

### （一）现金流的合法性

投资者需要分析未来现金流与原始权益人在法律上的权属关系是否清晰。原始权益人应该取得与基础资产相关的经营许可，比如基础设施类收费权一般都需要相关政府部门出具的特许运营许可，投资者应该对该许可的真实性、时效性（特许经营期限是否覆盖了整个产品的存续期）进行核查。

### （二）现金流的稳定性

投资者应该关注现金流的稳定性，进行原始权益人的持续运营能力分析和运营水平分析、现金流的量价分析，以及已证券化现金流对原始权益人正常经营产生的影响分析等。原始权益人的持续运营能力和运营水平直接会对现金流的稳定性产生重大影响，是现金流产生的根本。投资者可以通过对财务报表进行分析来获得这些信息，其分析逻辑与信用债的分析逻辑比较类似。现金流无非是“量”与“价”的乘积。“量”是指原始权益人（发起人）销售或是提供了多少单位的商品或者服务，而“价”指的就是每单位产品或者服务的出售价格。任何影响现金流“量”和“价”的因素都会对现金流的稳定性产生直接的影响。一般来说，投资者可以从宏观环境、区域经济和行业政策、市场供需及竞争状况、新进入者壁垒等几个维度分析影响量价的重要因素。

### （三）现金流的可预测性

一般来说，投资者可以借助资产评估机构或会计师事务所提供的现金流预测报告和评级机构出具的评级报告，来分析和预测未来现金流可能的表现。

一般情况下，资产评估机构主要是以企业的历史经营数据为基础，结合宏观经济形势、行业发展和竞争等因素对未来现金流进行预测。评级机构会以上述预测结果为参考，依靠历史数据，首先运用计量经济学中的线性回归模型确定影响现金流的重要因素以及这些因素可能对现金流造成的影响程度，然后根据这些因素的历史数据表现分别确定出每个因素可能变动的范围，并以此作为对预测现金流进行压力测试的依据，得出压力情境下现金流对证券端本息兑付的覆盖程度。

不言而喻，整个的对现金流预测的过程充斥着假设和猜想，应该极力避免对现金流估计过于乐观。

(四)增信措施的有效性

由于此类基础资产特殊性，投资者需要注意其结构设计中的增新措施是否能够有效地为优先级投资者提供实际意义上的保护。“未来现金流”形成高度依赖原始权益人的持续运营，因此，没有办法实现真正意义上的破产隔离，使“内部增信措施”一定程度上失去了实际上的意义。结构化分层设计对未来现金流类资产证券化几乎起不到任何增信的效果。超额抵押对投资者形成一定的保护，但从实际效果上来讲，现金流的产生还是要依赖原始权益人的经营。留存收益增信的效果也相当有限。偿债储备金账户可能是比较有效的。如果额外资金的来源与基础资产池的相关性不大，比如来自原始权益人其他业务收入或者其他的子公司，可以起到较好的增信作用。

外部增信的增信效果要明显好于内部增信，可以为投资者资金提供实际意义上的保护。差额支付承诺一般由原始权益人自身提供，其实际增信效果取决于原始权益人差额支付的意愿和能力。如果原始权益人已将其大部分未来现金流出售给资产支持计划，企业很可能没有充足的现金流来提供差额支付，那么差额支付承诺提供的增信效果基本上也可以忽略不计。外部担保措施才是未来现金流类证券化产品最有效的增信手段。

(五)资金混同风险缓释措施的有效性

理论上，资金混同风险是客观存在的，比如资产支持证券存续期间，因为计划管理人/受托人管理不善，原始权益人将基础资产现金收入与其他资金收入混同使用，再比如基础资产所依附的运营主体信用状况恶化甚至破产时，基础资产现金收入与原始权益人/发起人的其他资金混同。

一般情况下，投资者需要分析资产支持证券交易结构设计中的账户安排、现金流归集与转付频率等。资产支持证券交易结构设计中必须专门设置信托计划账户/专项计划账户，用于关于信托计划/专项计划的一切现金收付活动。同时，管理人需要设立监管账户，并且经管理人、资产服务机构、监管机构共同签署《资金监管协议》，设定明确的现金流归集与转付机制与信用触发机制。但是，这种机制只能在资产支持证券存续期具有良好的监控作用，当基础资产依附的运营机构发生违约或破产时，该措施的资金混同风险缓释措施难以发挥实质作用。

(六)双 SPV 交易结构分析

未来现金流类资产支持证券多使用双 SPV 交易结构，使得难以特定化的“未来现金流”资产转变为权属清晰,可以产生独立、稳定现金流的特定化财产。双结构掩盖了底层资产的多样性,加大了投资分析的难度。在投资分析时,应该坚持穿透原则,把握风险的关键还是底层资产的状况。投资者还需要关注每一笔现金流的具体流向,关注各个重要参与者的履约能力。此外,双 SPV 项目的现金流天然波动较大,如果有完善的信用触发机制、强资质的主体进行担保或提供流动性支持,那么项目整体风险会显著下降。

(七)现金流的分配机制

尽管内部增信措施对未来现金流类资产证券化产品的实际增信效果极为有限,但投资者仍然要留意产品结构中现金流的分配机制对资金安全的影响。一般来讲,未来现金流类证券化产品没有次优级证券档的设计,且优先档证券都会被设计为固定还本型。除非在计划说明书中特别约定,否则基础资产产生的现金流在完成当期本息兑付后,超额部分有可能将全部作为收益分配给次级档证券持有者,即原始权益人。在极端情况下,次级档证券持有者有可能在优先档证券本金尚未全部完成兑付之前就已经以获取收益的形式实质上收到了全部的本金,道德风险因此大增。计划说明书中的现金流的分配机制应该有相关措施避免此种情况的发生,为优先档证券持有人提供实质性的保护。

## 三、次级档资产支持证券的投资价值分析

资产证券化次级档产品有高风险高收益的特征,对风险偏好高、专业分析能力强的激进型投资者来讲,具有较高的投资价值。但并不是所有资产支持证券的次级档都具有可投资性。一般来讲,以融资为主要目的的“企业资产支持证券”次级档的投资价值就不高,或者根本没有供给。

目前,具备下列条件的次级资产支持证券具有一定可投性:信息披露机制相对完善,基础资产为既有债权,发起人以出表为主要目的,基础资产池具有较好的分散性,基础资产具有相关抵押物。市场上比较理想的投资标的为企业类贷款资产支持证券(对公贷款、金融租赁资产)、个人消费类资产支持证券(信用卡类贷款、消费贷款、汽车抵押贷款)、住房抵押贷款类资产支持证券,以及部分融资租赁类企业资产支持证券、应收账款类资产支持证券、互联网消费金融类资产支持证券等。

除前面所述之外,投资者可以具体从以下几个方面对次级档资产支持证券的风险和收益进行投资分析:

(一)利差因素

利差指的是基础资产池加权平均收益率与优先级证券发行成本(包括票面利

率、各项费用等)之间的差额。差额越大,基础资产池加权平均收益率越高,次级档资产支持证券本金损失概率越小,预期收益率也就越高。资产池收到的利息在支付完证券端所需支付的各类费用及优先档证券利息之后,如有剩余,则会沉淀在次级档资产支持证券的收益之中。

一般,行业中用“利差”乘以杠杆倍数(次级金额占比/发行规模)就可以大致估算出次级档资产支持证券的“最高收益率”。当然这个收益率过于理想,基础资产的违约、市场利率的变化、偿付机制的设计等因素都有可能使次级的实际收益率大大低于这个“最高收益率”。

(二)超额抵押

资产支持证券“超额抵押”的超额部分主要是由封包期期间利息的流入和超额基础资产或现金抵押形成的。封包期内基础资产产生的利息相当于给资产池提供了一定的超额抵押。封包期越长,次级档预期收益率就越高。另外一种超额抵押的方法更为直接,其直接将超过发行规模的基础资产或者现金放入基础资产池为资产支持证券提供增信,并提高次级档资产支持证券预期收益率。超额抵押是对次级档投资者的本金提供保护,也可以增厚次级的收益。

(三)偿付顺序

交易结构中的“偿付顺序”设计,也是影响次级档资产支持证券预期收益率的一个重要因素。

在证券相关费用支付完成之后,资产池剩余现金先用来支付优先档证券当期应付的利息和本金;如果仍有剩余,则支付次级档资产支持证券的期间收益;其余次级档资产支持证券收益则是在本金账项下,支付完所有优先级证券本金后支付。本金账项下,支付完优先级证券本金后,支付次级档资产支持证券收益有两种方式:第一种方式是直接同顺序按比例将资金分配给所有次级档资产支持证券持有人;第二种方式在现实中更为常见。为了给资产服务机构提供更多的正向激励,更为有效地避免道德风险,往往在交易结构中设置“梯度分配机制”,即先支付给次级档投资人一定的“预期收益”,剩余收益部分则在资产服务机构(发起人)和次级投资人之间按比例进行分配。

另外的一种支付分配方式是资产池本金账户的回收资金,在优先级投资者本金得到一定数量的支付之后,剩余部分资金就开始分配给次级档资产支持证券持有人。这种交易机构虽然可以迅速缩短次级档资产支持证券的久期,提高次级档资产支持证券的实际收益率,但是会削弱对优先级证券的保护程度。目前,采取这种支付分配方式的资产支持证券非常少。

### (四)清仓回购

为节约发行成本,提高发起人资产的利用效率,发起人可以在一定的条件下行使清仓回购条款,提前将证券结束。一般来讲,清仓回购需要基础资产池的未偿本金余额低于一定的比例值(通常在10%左右)。

清仓回购时间的设定对次级档资产支持证券投资者的收益率会产生比较大影响。如果清仓回购早一些执行可以有效缩短次级档资产支持证券的久期,对次级档投资者的实际收益率有正面影响,但是,过早的执行清仓回购会缩短基础资产池剩余资产的生息时间,从而可能对次级档投资者的实际收益率有负面影响。因此,投资者在做投资决策时需要仔细地对清仓回购条款进行分析,衡量其对实际收益率的影响。实践经验来看,在目前的清仓回购比例设计下(8% ~10%),清仓回购后,期限缩短一般对次级档资产支持证券的预期收益率影响更大,更有利于次级档预期收益率的提升。

### (五)资产服务机构服务费率设置

对于几乎所有的既有债权类资产支持证券来说,资产服务机构都扮演着非常重要的角色。资产服务机构会向SPV收取一定的报酬作为提供服务的对价。收取费用的高低自然也会成为影响次级档资产支持证券收益的重要因素。

一般来讲,资产服务机构收取服务费的方式有两种,即前端服务费和后端服务费。前端费用会在支付优先档证券本息之前就收取。为了避免道德风险并且给优先档投资者提供足够的保护,前端服务费一般设置得比较低。后端服务费是在优先级本息兑付之后,次级档收益分配之前收取的。根据超额利差的高低,后端服务费可能设置得比较高。事实上,对于次级档资产支持证券投资者来讲,后端服务费实际上可以看做是原始权益人(发起人)吸收超额收益的一种方式,因此需要在认购前就确定后端服务费是如何收取的。

### (六)市场因素

市场情况的变化当然也会对次级档资产支持证券的收益率有很大的影响。由于市场和产业政策的变化,无风险利率、贷款利率、市场预期等都会随之变化。作者仅从早偿率和利率错配两个主要方面来分析市场因素对次级档资产支持证券预期收益率的影响。

1. 早偿率的影响

早偿是影响次级收益率的重要因素。当基础资产池的加权平均利率高于证券发行成本时,早偿率与上述提到的清仓回购有些类似。基础资产池的早偿一方面会减少资产池利息的流入,另一方面会缩短各档证券的存续期限。因此,早偿对于次级收益率的影响存在一定不确定性。

2. 利率错配的影响

从目前市场上发行的资产支持证券来看,利率错配主要包括资产端和证券端付息类型不一致和资产端与证券端利率调息方式不一致。

资产端和证券端付息类型不一致是指资产端和证券端利息支付方式不一致。比如住房抵押贷款资产支持证券,资产端一般是浮动利率而证券端则可能以固定利率的方式给投资者进行分配。目前,我国的房贷政策是以 5 年期的贷款利息作为基准,一旦央行调整基准利息,那么基础资产池的利息收入就会随之变化,这种变化就可能使“超额利差”或“负利差”发生变化,从而影响次级档资产支持证券的实际收益率。

资产端与证券端利率调息方式不一致是指入池资产和证券调息方式不一致。仍以住房抵押贷款资产支持证券为例,其入池资产的调息方式有每年一月一日调整、发放日满年/满季调整的等类型,但证券端利率的调息方式只是确定的一种。

(七)供需的影响

从供给的角度上来看,原始权益人(发起人),尤其是银行、金融租赁公司、融资租赁公司等机构,迫于出表压力,有迫切的愿望出售次级资产。从需求的角度上来看,相较于其他投资品种,资产支持证券实际上是一种非常有吸引力的高收益债券品种。

不同于普通的高风险信用债券,即使是次级档资产支持证券,也大多有较高质量的基础资产产生的现金流为兑付提供实际支撑。但我国资产证券化市场仍然处于发展的初期阶段,仅有非常少的投资者开始认真审视次级档资产支持证券的投资价值,这就造成了供给大于需求的情况,因此,次级档产品在发行定价上是存在溢价的。

总结来说,投资者可以通过建立相应的数量模型来分析次级档资产支持证券的预期收益率。投资者首先需要根据基础资产的特点了解流入现金流分布情况,然后再根据市场情况,对发行成本作出合理的假设,确定现金流流出情况,最后,在结合交易结构设计中对流入现金流和流出现金流可能产生影响的因素和参数模拟次级档资产支持证券收益率的波动,分析次级档资产支持证券的投资价值。

## 四、不良资产证券化产品的投资分析

不良资产证券化发行主体基本上为大型国有银行和股份制银行。对于优先档证券来说,投资者集中于国有大型银行、股份制银行、体量较大的城商农商行,投资目的主要为维护同业关系。信用风险方面,投资者更看重的是发起人的信用背书。

不良资产通常是在银行资产五级分类中被列为次级、可疑、损失类的资产。由于贷款服务机构在发放贷款初期往往要求足额抵押，因此，即便成为不良，贷款机构仍拥有足额的抵押物来保证贷款的足额回收。从本质来讲，资产进入不良后，投资者需要重点关注的是其回收率或回收水平。大量抵质押物的变现和催收回款形成的未来现金流不仅极有可能保证所有优先档证券本息的对付，而且还有可能给次级档资产支持证券带来丰厚的报酬，因此，不良资产支持证券并非劣质资产的组合。

基础资产由以下两种信贷资产构成：有抵押信贷资产和无抵押信贷资产。两种资产的估值和回收的方式不同，风险点也不同。投资者不能仅仅凭借不良资产回收率的高低，来判断不良资产支持证券的实际风险和潜在的投资价值。只要预计回收的现金流能对证券本息形成足够的超额覆盖，不管有没有抵押物，不良资产支持证券都是具有投资价值的。

有抵押物的信贷资产主要包括对公贷款、住房抵押贷款、汽车贷款等。抵押物可以是房产、厂房、设备、土地、汽车以及有价证券等。对于厂房、土地、生产设备或大型商业物业这类资产来说，市场上众多专业评估机构均可以对这些抵押物的价值作出评估，其常用估值逻辑和方法主要有：成本法、现金流折现法以及可比法。一般来说，现金流折现法的评估结果最为保守谨慎，且运用了相对较多的数量分析方法。可比法的估值逻辑简单但是很实用，也是很多资产评估机构采用的办法。

至于现金流的回收问题，投资者应该确保 SPV 已经在法律上处于实际上的第一顺位。同时，投资者要关注不良资产是否已经进入了司法处置阶段。进入司法处置阶段意味着代表投资者的资产服务机构正在或者已经获取了法院的判决，在法律上拥有了对抵押物的处置权，甚至已经开始实际的处置行动。基础资产所在地区的法律执行效率也是影响投资者本金和利息能否得到证券兑付的关键因素。

无抵押物的信贷资产主要包括消费类贷款、信用卡贷款等。该类资产为纯信用贷款，无抵押和担保，且呈现出期限短、单笔规模小的特点。无抵押物的信贷资产的回收和估值更多地依赖于放款机构的历史回收数据。投资者应该重点通过对放款机构历史数据的研究，来预判此类不良资产证券化项目未来产生的现金流。纯信用的资产回收率一般比较低，因此需要更大倍数的超额抵押。

不良资产支持证券基础资产的特殊性决定了其现金流回收在时间上的分布可能非常的不均匀。在产品存续期的第一年，甚至是前两年，基础资产产生的现金流可能非常少，甚至是零，但随着资产处置工作的完成，在存续期后期的某一时段，突然有大量的现金流涌入。对于证券端来说，需要按年，甚至是按季度、按月向投资者及中介机构支付本息和费用，这就形成了流入现金流和流出现金流在时间上的错配,也就是流动性风险。产品结构设计中设置的流动性储备账户和流动性支持机构正是用来解决这一问题的,投资者应该重点关注。

通常,发起机构作为项目的资产服务机构,如果不能尽职履责地开展清收工作则会对现金流的稳定性造成较大影响。主承销商可以在交易结构中设置相应的内部惩罚和外部激励机制来保证资产服务机构在清收工作中勤勉尽责。如农盈2016年不良资证券化项目,农行对保全人员无法及时清收入池资产的情形实行比表内不良清收更加严格的惩罚措施,以此促使保全人员能够优先对入池资产进行清收保全。另外,由于估值过程已经对入池资产进行了较大折扣的处理,而发行证券的规模又低于资产估值总额,由此产生的差额除了支付证券的利息和费用外将作为超额收益分配。在这部分超额收益中,其中较小比例作为次级投资者的超额收益,往往较大的份额作为资产服务机构的奖励(部分项目将其作为浮动资产服务机构服务费),该部分超额收益促使资产服务机构去积极清收。此外,投资者还应该重视资产服务机构(发起人)实际的资产处置能力,包括与司法机关沟通是否顺畅、是否具有足够的专业人员和团队参与处置等。

## 五、重视存续期管理报告

资产支持证券在簿记发行之后,相关中介机构会依据监管规定和服务合同,在指定的网站上以指定的方式定期地披露重要的报告或信息,包括了很多对投资者有价值的信息。通过认真地解读存续期管理报告,投资者可以完成如下事情。

### (一)跟踪基础资产的质量

一般来说,在每期的受托机构报告或者资产服务报告里中,资产服务机构都会披露基础资产池的累计违约率数据。投资者可以整理和分析得出基础资产在存续期的累计违约率表现,进而跟踪基础资产的质量变化情况。

### (二)发现和预判潜在的风险事件

从受托机构报告、资产管理报告和资产服务报告中,投资者可以比较全面地了解到对证券化产品产生重大影响的事项,包括各种触发事件、解任事件以及其他影响证券本息兑付或投资者利息的事项等。如果在存续期内发生了信用触发事件,那么投资者也可从存续期报告中第一时间了解到最准确具体的信息。

### (三)监测循环购买结构基础资产池的信用质量变化

循环购买会使资产证券化产品基础资产池的特征较一级发行时披露的资产池特征发生变化。通过对受托机构报告或资产服务报告中有关循环购买情况的描述,投资者可以定期监测基础资产池的信用质量变化。

### (四)跟踪评级报告

跟踪评级报告也是存续期内非常重要的中介报告。投资者至少应该重视跟踪评级报告中以下两部分内容:存续各档证券评级的变动以及信贷资产证券化跟踪评级报告中的影子评级变化。

## 六、二级市场投资交易分析

### (一)净价的计算

公允的净价是达成二级交易的重要基础。资产支持证券净价的计算逻辑与普通固定收益类产品没有差别,其计算过程中需要用到的两个关键数据,即"证券端还本付息计划"和"到期收益率"。

1. 证券端还本付息计划

资产支持证券是依靠基础资产产生的现金流来完成证券端的本息兑付的,而真实的证券端现金流流入分布存在不确定性,因此,在进行二级交易的时候,即使交易双方已经约定好"到期收益率",交易标的的净价依然可能难以确定。在实际的交易过程当中,"固定还本模式"可以依据到期收益率直接计算净价,这与普通信用债的净价计算方法没有本质上的区别;"本金过手摊"型由于未来流入的现金流存在一定的不确定性,投资者根据共识的逻辑简单建模计算证券化产品的交易净值。

2. 到期收益率

到期收益率一般有以下三种渠道可以获取:中债/中证估值、参考其他一级发行的证券化产品的发行利率、参考其他相关金融产品的估值或发行利率。

理论上讲,作为债券市场最权威的估值机构,中债/中证提供的估值可以直接作为"到期收益率"用来计算资产支持证券的净价,但市场上的机构出于各种因素的考虑,使用并不是很多。因此,参考其他一级发行的证券化产品的发行利率、参考其他相关金融产品的估值或发行利率具有更多的参考价值。

### (二)资产支持证券的二级市场投资机会

市场化的二级交易是交易双方交换不同"看法"的结果。相比普通的信用债券,资产支持证券具有更为复杂的交易结构,更容易使交易双方产生不同的"看法",从而催生更多的市场化二级交易。如果投资者希望在交易中获得盈利,就必须准确的挖掘可以影响资产支持证券内在价值的信息,笔者认为:

1. 基础资产现金流流入的不确定性带来的二级交易机会

由于"早偿""违约"等因素的影响,基础资产实际产生现金流的分布可能会与一级发行时预测的现金流分布存在差异。这种差异与“过手型”的交易结构设计结合在一起就很有可能“孕育”出投资者获利的交易机会，比如基础资产流入现金流分布的变化会直接改变资产证券化产品的久期，从而使证券化产品的内在价值发生变化。

2. 资产证券化产品特有的结构化增信方式带来的二级交易机会

依照结构设计中的现金流分配机制，随着基础资产现金流的回流，优先档证券将逐步得到优先偿付，存续规模将逐减少，使暂时仍未被兑付的优先档证券得到了劣后级证券更强的信用支持，债项评级因此存在被上调的可能。由于绝大多数资产证券化产品的优先档证券在发行时就已经获得了 AAA 评级，在信用风险可控的情况下，证券化产品的夹层档可能更具交易价值。

# 参考文献


1. 陈文达等著:《资产证券化理论与实务》,中国人民大学出版社 2004 年版。

2. 高圣平、钱晓晨编著:《中国融资租赁现状与发展战略》,中信出版社 2012 年版。

3. 胡喆、陈府申主编:《图解资产证券化法律实务操作要点与难点》,法律出版社 2017 年版。

4. [美]扈企平著:《资产证券化:理论与实务》,郑磊译,机械工业出版社 2014 年版。

5. 霍学文著:《新金融新生态》,中信出版社 2015 年版。

6. 姜仲勤编著:《融资租赁在中国:问题与解答》,当代中国出版社 2008 年版。

7. 梁慧星、陈华彬著:《物权法》,法律出版社 2010 年版。

8. 史树林、乐沸涛著:《融资租赁制度概论》,中信出版社 2012 年版。

9. 史燕平著:《融资租赁原理与实务》,对外经济贸易大学出版社 2005 年版。

10. 王雁晖、宫丹丹等著:《商业地产证券化及投资分析》,北京希望电子出版社 2016 年版。

11. 王利明著:《物权法论》,中国政法大学出版社 1998 年版。

12. 王闯著:《让与担保法律制度研究》,法律出版社

2000 年版。

13. 中国银行间市场交易商协会编写组编:《资产支持票据理论与实务》,中国金融出版社 2015 年版。

14. 郑磊、杨珺皓编著:《资产证券化评级国际模型与中国实践》,中信出版集团 2016 年版。

15. 巴曙松:《中国科技金融发展的现状与趋势》,载《21 世纪经济报道》2017 年 1 月 20 日。

16. 巴曙松:《金融科技公司的探索与思考》,载《中国时报》2016 年 11 月 7 日。

17. 巴曙松、白海峰:《金融科技的发展历程与核心技术应用场景探索》,载《清华金融评论》2016 年第 11 期。

18. 陈本寒:《新类型担保的法律定位》,载《清华法学》2014 年第 2 期。

19. 陈湛匀:《美国资产证券化的启示》,载《上海经济》2005 年第 6 期。

20. 曹凤岐:《建立和健全中小企业信用担保体系》,载《金融研究》2001 年第 5 期。

21. 郭杰群:《我国 CMBS 发展思考(节选)》,载《中国金融》2016 年第 3 期。

22. 管同伟:《美国资产证券化的最新进展及其演变趋势》,载《国际金融研究》2007 年第 10 期。

23. 黄小强:《我国互联网消费金融的界定、发展现状及建议》,载《武汉金融》2015 年第 10 期。

24. 贺锐骁:《租赁资产证券化融资政策与发展趋势》,载《中国征信》2016 年第 5 期。

25. 洪艳蓉:《国内资产证券化实践述评与未来发展》,载《证券市场导报》2004 年第 9 期。

26. 黄斌:《首单双 SPV 教育类 ABS 将落地　双 SPV 结构为收费确权》,载《21 世纪经济报道》2016 年 6 月 16 日。

27. 黄斌:《集合信托产品融资担保法律问题研究》,载《河南财经政法大学学报》2014 年第 1 期。

28. 黄斌:《理财产品质押效力的司法认定及立法建议》,载《人民法院报》2013 年 2 月 27 日。

29. 康莉莹、马宇红:《中小企业信用担保立法的比较考察》,载《财经论丛》2006 年第 5 期。

30. 刘进、吴东作:《日本中小企业信用担保体系经验及启示》,载《金融理论与实践》2007 年第 1 期。

31. 李健男:《中国资产证券化的法律环境分析及立法选择》,载《河北法学》2004 年第 10 期。

32. 梁慧星:《物权法草案第六次审议稿的若干问题》,载《比较法研究》2007 年第 1 期。

33. 梁上上:《物权法定主义:在自由与强制之间》,载《法学研究》2003 年第 3 期。

34. 潘修平、王卫国:《商业银行理财产品若干法律问题探讨》,载《现代法学》2009 年第 4 期。

35. 宋丽丽:《中国融资租赁法律问题研究》,载《大连海事大学学报》(社会科学版)2008 年第 2 期。

36. 苏永钦:《可登记财产利益的交易自由——从两岸民事法制的观点看物权法定原则松绑的界线》,载张仁善主编:《南京大学法律评论》(2010 年秋季卷),法律出版社 2010 年版。

37. 谭中明、梅强:《国外中小企业信用担保制度管见》,载《经济纵横》1999 年第 7 期。

38. 文宗川等:《助学贷款证券化探析》,载《内蒙古工业大学学报》2004 年第 2 期。

39. 许余洁、曹枞:《美国 CMBS 市场发展启示》,载《中国金融》2016 年第 22 期。

40. 许轶峰:《关于资产证券化的信用增级分析》,载《科技广场》2008 年第 2 期。

41. 尹一军:《互联网消费金融的创新发展研究》,载《技术经济与管理研究》2016 年第 6 期。

42. 杨开拓:《理财产品质押的效力认定》,载《人民司法》2011 年第 8 期。

43. 俞娜、张莉:《我国资产证券化业务税收政策漫谈》,载洪艳蓉主编:《金融法苑》(第 95 辑),中国金融出版社 2017 年版。

44. 郑锦荣:《浅析资产证券化在高校融资中的应用》,载《科学学与科学技术管理》2004 年第 5 期。

45. 张淳:《关于信托受益权的性质——对有关国家法学界的有关研究的审视与检讨》,载《湖南大学学报》(社会科学版)2010 年第 9 期。

46. 朱岩:《物权法草案中“权利质权”规定内容评析》,载《中外法学》2006 年第 2 期。

47. 张鹏:《物债二分体系下的物权法定》,载《中外法学》2013 年第 6 期。

48. 邹丽敏:《中小企业信用担保体系的制度安排与政策支持》,载《现代经济探讨》2003 年第 3 期。

49. 郭杰群:《主信托模式:资产证券化交易创新》,载《金融市场研究》2017 年第 6 期。

50. 侯静:《资产证券化信托模式的"拿来主义"》,载《银行家》2015 年第 7 期。

51. 刘新宇、彭凯:《浅议上海市小额贷款公司监管路径之演变》,载《互联网金融法律评论》总第 8 辑。

52. 刘光祥:《论信托受益权质押的法律问题及出路》,载《金融法苑》总第 91 辑。

53. 刘光祥:《收益权作为信托财产的有效性辨析》,载《判解研究》2015 年第 3 辑。

54. 吕鹏博:《问路资产证券化:表内模式 vs 表外模式》,载《金融市场研究》2013 年第 5 期。

55. 吕琰、张烽:《当互联网金融遭遇资产证券化》,载《当代金融家》2015 年第 12 期。

56. 潘玉蓉:《上海保交所试运行　首批 ABS 总规模近 80 亿》,载《证券时报》2016 年 11 月 18 日。

57. 任黄燕:《资产证券化产品循环购买结构下的会计出表问题研究》,载《中国资本联盟》2016 年 7 月 20 日。

58. 王秀丽:《融资租赁公司资产证券化产品设计思路》,载《财会学习》2017 年第 12 期。

59. 许栋、段琼、张子彪:《繁荣下的理性——消费金融 ABS 深度解析》,载《债券》杂志,2017 年第 8 期。

60. 许余洁、邓博文:《我国企业资产证券化市场的风险分析与信用评级关注》,载洪艳蓉主编:《金融法苑》(总第 95 辑),中国金融出版社 2017 年版。

61. 许余洁、邓博文:《美国 CMBS 的产品特征、交易结构与风险管理》,载《金融市场研究》2017 年第 9 期(总第 64 期)。

62. 许余洁:《CMBS 和 REITs 的产品特征和市场发展概述》,载《CSF 中国资产证券化论坛》2017 年 6 月 12 日。

63. 许彦生:《收益权的创设及风险解析》,载《贸易金融》2017 年 11 月 2 日。

64. 辛继召:《"现金贷"新规禁止资产转让,小贷 ABS"无限循环"模式或终结》,载《21 世纪经济报道》2017 年 12 月 5 日。

65. 杨望、郭晓涛:《看 ABS + 金融科技如何抓住消费金融痛点》,载《当代金融家》2017 年第 12 期。

66. 杨婷、崔莹、张蔚:《2017 年中国高速公路行业研究报告》,载联合信用评级有限公司:《行业研究报告》2017 年 12 月 14 日。

67. 易雯萱:《消费金融资产证券化概况及业务操作要点全面解读》,载《CSF 中国资产证券化论坛》2016 年 11 月 28 日。

68. 叶晓明、钱梦佳:《大成西黄河大桥　ABS 违约本质为何?》,载《21 世纪经济报道》2016 年 8 月 26 日。

69. 周冠南、柏禹含:《汽车贷款证券化:安全度高,久期短,适合短期资金——华创债券资产证券化系列专题》,载《屈庆债券论坛》2017 年 8 月 24 日。

70. 周冠南:《商业银行如何投资消费金融 ABS?》,载《屈庆债券论坛》2017 年 9 月 30 日。

71. 周天林:《11 单消费金融 ABS 案例全面解析》,文章原标题为《消费金融 ABS 的政策前景、核心价值与交易结构综述》,载《金融资管法律通讯》2017 年第 7 期。

72. 周邯:《融资租赁资产证券化法律问题探析》,载《北方金融》2016 年第 4 期。

73. 张文玲:《收益权类资产证券化产品发行情况》,载《债券》2015 年第 12 期。

74. 郑智、王文韬:《信托核心概念之三:资金信托与财产权信托》,载《解码信托》,中信出版社 2014 年版。

75. 郑智、王文韬:《解码资金信托与财产权信托》,载郑智、王文韬著:《解码信托》,中信出版社 2014 年版。

76. 赵征焰、马晓信:《从互联网 + 到资产证券　建业物业棋局再升级》,载《城市开发》2016 年第 7 期。

77. 柏文喜:《商用物业资产证券化的价值、问题与中国市场现实下的解决之道》,载中购联网,http://m. sohu. com/a/165064813_184436? _f = m - article_43_feeds_9。

78. 曹岩:《融资租赁资产证券化法律分析》,载搜狐财经网,http://www. sohu. com/a/190557004_618580。

79. 程雪军:《全面解读消费金融资产证券化》,载未央网,http://p2p. daokoudai. com/2016036969. html。

80. 陈贵:《未来收益权的资产证券化模式选择与操作流程》,载金融法视界公众号,https://wx. paiguzx. cn/a/1046512/49951693. html。

81. 陈思杰、李忆敏:《不动产证券化的会计出表和税务处理》,载 360 个人图书馆，http://www.360doc.com/content/16/0727/18/8045366_578807766.shtml。

82. 陈徽：《商业地产资产证券化法律实践》，载搜狐财经网，http://www.sohu.com/a/197763378_787033。

83. 陈若男：《第1车贷联合京东金融发行6亿二手车金融场外ABS》，载亿欧网，https://www.iyiou.com/p/45252。

84. 陈雷：《消费金融资产证券化的发展痛点及解决方案》，载搜狐财经网，https://www.sohu.com/a/156143133_770145。

85. 陈玉：《物业费资产证券化业务实务操作解析》，载360个人图书馆，http://www.360doc.com/document/16/1104/15/247109_603911653.shtml。

86. 成沂、王剑龙：《物业费资产证券化法律实操解析之三——基础资产关注要点》，载建纬律师微信公众号，https://mp.weixin.qq.com/s/HnuxyeylMvnPBqpGlMdtCg。

87. 成沂、王剑龙：《物业费资产证券化法律实操解析之四——交易结构及主要交易文件》，载建纬律师微信公众号，https://mp.weixin.qq.com/s/HnuxyeylMvnPBqpGlMdtCg。

88. 成沂、王剑龙：《物业费资产证券化法律实操解析之二——基本操作流程》，载建纬律师微信公众号，https://mp.weixin.qq.com/s/sxEwpwGVkgFGjrHruP8QvQ。

89. 杜文曲：《如何界定企业资产证券化收益权的法律"适格性"?》，载无讼阅读，http://victory.itslaw.cn/victory/api/v1/articles/article/b18303b7-a837-423f-b014-dbec69586411。

90. 董航：《交易所市场：CMBS实操与案例分析》，载搜狐财经网，https://www.sohu.com/a/144940622_481882。

91. 邓晰尹：《如何开展信托受益权资产证券化》（精华收藏版），载360个人图书馆，http://www.360doc.com/content/16/0311/07/27225178_541214160.shtml。

92. 付碧莲：《互联网车金融ABS可与区块链技术珠联璧合》，载亿欧网，https://www.iyiou.com/p/52072。

93. 方艳、曾诗琴：《购房尾款ABS项目中商品房销售之法律尽职调查难点解析》，载慢钱头条网，http://toutiao.manqian.cn/wz_1a61qXv8BWL.html。

94. 房玲、柳启慧：《首单购房尾款资产证券化重磅来袭!》，载中国房地产业协会网，http://www.fangchan.com/data/133/2015-11-20/6073319985818964669.html。

95. 高金平：《双SPV结构资产证券化的会计与税务处理》，载中国会计视野网，http：//shuo. news. esnai. com/article/201702/151522. shtml。

96. 郭大刚：《切莫望文生意：小额贷款和网络小额贷款（互联网小额贷款）》，载360个人图书馆，http：//www. 360doc. com/content/16/1122/22/28706673_608654621. shtml。

97. 郭杰群：《国内不动产CMBS、（类）REIT的运作模式、交易结构设计、风险控制》，载搜狐财经网，http：//www. sohu. com/a/200438708_756396。

98. 郭永刚、熊晓梦依：《回顾2017：小贷ABS呈较大幅度增长》，载搜狐财经网，http：//www. sohu. com/a/214920823_780319。

99. 郭永刚、熊晓梦依：《“现金贷”新规出台，未来消费金融ABS发行规模或仍不低》，载搜狐财经网，http：//www. sohu. com/a/212683696_780319。

100. 洪浩：《交易所市场：消费金融证券化实操与案例分析》，载搜狐财经网，http：//www. sohu. com/a/142873947_481882。

101. 洪锐明：《消费金融资产证券化会计税务处理关注要点》，载搜狐财经网，http：//www. sohu. com/a/118149911_481882。

102. 黄长清：《黄长清ABS短评：REITs和CMBS的遐想和扩展》，载CNABS公众号，https：//mp. weixin. qq. com/s/RRgX42wCH_8SySexVWCFHw。

103. 黄长清、彭超：《ABS专题解读——消费金融与资产证券化》，载搜狐财经网，http：//www. sohu. com/a/129457640_481618。

104. 黄抒侣：《车贷资产的生成要件及风控抓手——新兴汽车金融机构的运营模式分析》，载网易网，http：//dy. 163. com/v2/article/detail/DF7K94C60527GOQ8. html。

105. 黄斌：《首单“国有保理ABS”出场　示范效应能否推动产品发行？》，载搜狐财经网，http：//www. sohu. com/a/206167515_778083。

106. 黄斌：《招行发行105亿信用卡分期车贷ABS》，载21财经网，http：//m. 21jingji. com/article/20150610/herald/96ff82de55fe73c945f177d962bf6c99. html。

107. 何植松、李虎桓：《保单质押贷款资产证券化项目相关问题初探》，载中伦视界微信公众号，https：//mp. weixin. qq. com/s/37icjMkEidhWZJYxDEEu0A。

108. 何雯雯：《论SPV在资产证券化中的作用及其三大法律障碍》，载搜狐财经网，http：//www. sohu. com/a/151008478_804438。

109. 宏皓：《协会时评：传统金融机构互联网化是大趋势》，载百度文库，https：//wenku. baidu. com/view/3d02ef851eb91a37f0115c2f. html。

110. 胡萍：《ABS：互金行业资金端新渠道》，载搜狐财经网，http：//www. sohu. com/a/194431521_115239。

111. 胡琛:《漫谈:互联网金融与资产证券化》,载融汇岛网,http://www.rhd361.com/special/news?id=ada9797c529d400a9c86e89a9a81de62。

112. 胡思雨:《国内融资租赁模式分析——融资租赁ABS》,载搜狐财经网,http://www.sohu.com/a/219828254_100012443。

113. 胡喆、陈府申:《购房尾款证券化交易结构及实操要点解析》,载金杜研究所博客,http://blog.sina.com.cn/s/blog_8f30351d0102woqv.html。

114. 蒋果:《交易所市场:收费收益权证券化实操与案例分析》,载搜狐财经网,http://www.sohu.com/a/154750447_481882。

115. 纪少锋、王谦、刘兰香:《基于产业方、投行和投资视角的CMBS市场剖析》,载资管云百家号,http://baijiahao.baidu.com/s?id=1556042257865658&wfr=spider&for=pc。

116. 李燕:《不良资产证券化如何"出表"》,载新浪财经网,http://finance.sina.com.cn/meeting/2016-06-15/doc-ifxtfrrc3651032.shtml。

117. 李燕:《汽车金融资产证券化的评级思路与风险控制》,载中国资产证券化论坛网,http://www.securitization.com.cn/868。

118. 李冰:《房地产资产证券化系列(二)——购房尾款ABS》,载360个人图书馆网,http://www.360doc.com/content/17/0323/08/27460138_639359736.shtml。

119. 李冰:《房企融资新渠道,物业管理费ABS全解析》,载西政资本微信公众号,https://mp.weixin.qq.com/s/4_aRdSpv76Th0U1y8bkVGw。

120. 李楠玥、刘媛媛:《民办教育崛起,学费也能证券化?》,载搜狐财经网,http://www.sohu.com/a/197539411_692840。

121. 李楠玥、刘媛媛:《厦门英才学校资产证券化案例解析》,载领带金融微信公众号,https://mp.weixin.qq.com/s/BB8pFh4gwbtK7neIUfZvwQ。

122. 李木子、李欣:《中债资信:风险事件频发 租赁资产证券化违约渐近》,载和讯网,http://bond.hexun.com/2016-10-25/186578210.html。

123. 李文华:《莞深高速公路收费收益权专项资产管理计划简析》,载百度文库,https://wenku.baidu.com/view/10ebf2d4360cba1aa811da99.html。

124. 李会广:《特定资产收益权的法律性质及相关实务问题分析》,载排骨网,http://www.paiguzx.cn/a/698426/32211577.html。

125. 刘兰香:《房企创新融资方式:互联网金融+类资产证券化》,载搜狐网,http://www.sohu.com/a/30826820_223086。

126. 刘睿、谢冰姝:《评级机构是如何看待消费金融公司的?》,文章原题《消费金融公司2017年行业展望》,载微信公众号:联合资信,2017年11月22日。

127. 刘军:《消费金融公司资产证券化实操攻略》,载搜狐科技网,http://www.sohu.com/a/70334513_355147。

128. 刘德辉、卞晓宁:《消费金融市场资产证券化探析与展望》,载微信公众号:民生银行金融同业,2017 年 11 月 22 日。

129. 刘焕礼:《租赁资产证券化现状与问题》,载搜狐网,http://www.sohu.com/a/208167155_99901684。

130. 刘汗青、刘治凯:《学费收费权类资产证券化产品分析——以阳光学院 ABS 为例》,载微信公众号:ABS 市场研究分析,2017 年 10 月 20 日。

131. 吕琰、张伟:《商业房地产抵押贷款证券化(CMBS)法律研究》,载微信公众号:资产证券化百人会,2016 年 10 月 26 日。

132. 梁璐璐:《消费信贷 ABS——蚂蚁、京东的金融游戏》,载微信公众号:图解金融,2017 年 11 月 14 日。

133. 梁俊丽:《消费金融资产证券化产品设计及合规风险把控》,载微信公众号:西政资本,2017 年 8 月 28 日。

134. 林思明、项鑫:《保理资产证券化应以"保理合同债权"还是"应收账款债权"入池?》,载微信公众号:深圳市商业保理协会,2017 年 3 月 3 日。

135. 林秋杏、陈洪杰:《租赁 ABS"五宗最"——2016 租赁资产证券化年度报告》,载微信公众号:融资租赁 30 人论坛,2017 年 1 月 11 日。

136. 林秋杏、陈洪杰:《2016 租赁资产证券化年度报告》,载微信公众号:融资租赁 30 人论坛,2017 年 1 月 11 日。

137. 钱欣、张宇轩:《Pre – ABS 业务模式债权质押的风险与防控》,载微信公众号:读懂 ABS,2017 年 9 月 2 日。

138. 孙鑫:《资产证券化产品的另一种分类想法系列连载文章　全文总结》(上),载微信公众号:狐狸的 ABS 江湖,2017 年 10 月 11 日。

139. 孙鑫:《我也来叨叨几篇 Pre – ABS(其一)——先来讲讲概念》,载微信公众号:一段棉线的思考和观察,2017 年 11 月 2 日。

140. 孙鑫:《我也来叨叨几句 Pre – ABS(其二)——风险是什么,溢价哪里来》,载微信公众号:一段棉线的思考和观察,2017 年 11 月 3 日。

141. 孙鑫:《我也来叨叨几句 Pre – ABS(其四)——租赁、消金 Pre – ABS 实例讨论》,载微信公众号:一段棉线的思考和观察,2017 年 11 月 5 日。

142. 孙鑫:《我也来叨叨几句 Pre – ABS(其五)——Pre – ABS 业务参与方特点》,载微信公众号:一段棉线的思考和观察,2017 年 11 月 6 日。

143. 孙彬彬、周岳、高志刚:《信托受益权资产证券化分析》,载微信公众号:泛固收研究,2016 年 7 月 17 日。

144. 孙嘉:《国外机构 CMBS 评级思路研究》,载中债资信评估有限公司官网,https://www.chinaratings.com.cn/News/Hottopic/topic001/84427.html。

145. 宋丽娜:《保理资产证券化过程中的关键点及未来方向》,载微信公众号:商业保理专委会,2016 年 12 月 7 日。

146. 邵敏洁:《收费收益权资产证券化项目审核关注点总结与持续督导技巧》,载微信公众号:CNABS,2017 年 11 月 4 日。

147. 田浩为:《有关国内保理适用法律的思维方法》,载商业保理专业委员会网,http://www.cfec.org.cn/view.php? aid = 1468。

148. 唐杰:《区块链:资产证券化新脚本》,载新浪财经网,http://finance.sina.com.cn/roll/2017 - 12 - 07/doc - ifypnyqi1417869.shtml。

149. 童颖曼:《阿里京东等互联网金融巨头抢滩的 ABS 到底是什么?》,载微信公众号:盈灿咨询,2016 年 8 月 16 日。

150. 童颖曼:《互联网金融平台如何涉足资产证券化》,载网贷之家网,https://www.wdzj.com/news/yanjiu/79840.html。

151. 王蕊:《商业不动产证券化有哪些关注要点?》,载微信公众号:大公,2017 年 9 月 28 日。

152. 王东:《汽车贷款资产证券化实务操作解析》,载微信公众号:小兵研究

153. 王和俊:《Fintech 背景下资产证券化如何发展》,载财新网,http://opinion.caixin.com/2017 - 07 - 03/101109329.html。

154. 王磊:《消费金融模式下信贷资产证券化的机遇及挑战》,载微信公众号:腾讯研究院,2016 年 10 月 31 日。

155. 王谦、刘兰香:《租赁资产证券化实务操作要点》(原文标题《租赁资产交易及证券化实务》),载微信公众号:智信网,2016 年 7 月 21 日。

156. 王小菠:《证券化技术在收费收益权融资中的创新运用》,载微信公众号:DM 同业平台,2016 年 4 月 13 日。

157. 王涵:《多家房企入局购房尾款 ABS,提前“套现”风潮再现》,载微信公众号:财鲸点金,2017 年 10 月 17 日。

158. 温胜辉:《详解供应链金融 ABS》,载微信公众号:大公,2017 年 5 月 23 日。

159. 魏星:《理想与现实:资管新规背后的行业痛点与政策选择》,载微信公众号:成于微言,2017 年 11 月 27 日。

160. 吴国基:《不动产收益权作为资产证券化基础资产的法律分析》,载《信托周刊》,2015 年 6 月 5 日。

161. 吴杰江:《融资租赁公司租赁债权资产证券化法律简析》,载微信公众号:北京市竞天公诚律师事务所,2015 年 1 月 4 日。

162. 吴冠雄:《民办学校分类管理政策对教育资产证券化的影响》,载微信公众号:IEDU 投资人俱乐部,2017 年 1 月 24 日。

163. 吴斯伦:《民办学校资产证券化注意事项》,载微信公众号:投行极客,2017 年 9 月 19 日。

164. 薛洪言:《从消费金融 ABS 看区块链的商用化:这是一个崭新的金融世界》,载公众号"洪言微语",2017 年 8 月 29 日。

165. 薛小飞:《互联网金融 + 资产证券化:出路在哪里?》,载未央网(www.weiyangx.com),2017 年 2 月 10 日。

166. 姚博:《互联网供应链金融与制造业结合趋势》,载中国社会科学院财经战略研究院网(naes.org.cn),2017 年 8 月 25 日。

167. 颜颖、杨才梁:《如今怎么玩杠杆? Pre – ABS 帮你轻资产!》,载公众号"金融监管研究院",2017 年 10 月 26 日。

168. 颜颖:《关于消费金融 ABS 的六个经典案例总结》,载公众号"金融监管研究院",2017 年 9 月 24 日。

169. 俞飞:《财产权信托法律问题分析》,载用益信托网,http://last.yanglee.com/research/newsdetail.aspx? id = 100065218351788&NodeCode = 105023001。

170. 俞敏:《教育领域运用资产证券化剖析》,载公众号"乔乔金融圈儿"之"资产证券化 124 讲",2016 年 10 月 20 日。

171. 闫明健、臧运慧:《我国汽车贷款 ABS 解析》,载公众号"兴业研究",2017 年 2 月 25 日。

172. 闫鹏和、冉焜:《反向保理 ABS 与模式创新(二)》,载公众号"中银律师事务所",2017 年 9 月 19 日。

173. 闫明健、臧运慧:《保监会监管 ABS 初探》,载公众号"兴业研究",2016 年 12 月 24 日。

174. 严云路:《汽车金融和车贷资产证券化实务经验分享》,载《CSF 中国资产证券化论坛》,2016 年 11 月 21 日。

175. 杨伟彤:《物业管理费资产证券化产品专题研究报告》,载公众号"大公",2017 年 12 月 19 日。

176. 于丹、吴頔:《ABS:消费金融助推器——消费金融资产证券化法律实务分析》,载公众号"锦天城律师事务所",2016 年 9 月 30 日。

177. 余云波:《融资租赁资产证券化中基础资产的法律核查要点》,载搜狐财经网,http://www.sohu.com/a/131265079_618580。

178. 叶家平、肖宇:《新民促法落地后,民办教育如何资产证券化?》,载搜狐号"IEDU 投资人俱乐部",2017 年 8 月 3 日。

179. 周冠南、柏禹含:《基本功车贷 ABS,投资分析和操作要点都学会了吗?》,载搜狐号"图解金融",2017 年 9 月 1 日。

180. 周冠南:《租赁资产证券化:快速发展的主流产品——华创债券资产证券化系列专题十》,载屈庆债券论坛网,http://chuansong.me/n/402127251409。

181. 周天林:《刍议强监管环境下消费金融 ABS 风险及防范》,载搜狐号"大成上海办公室",2017 年 11 月 9 日。

182. 周天林:《强监管下的消费金融 ABS,风险与对策最全梳理》,载搜狐号"结构金融研究",2017 年 9 月 5 日。

183. 周岳、钱重华:《信用科技在消费金融 ABS 评级及风险计量中的价值》,载公众号"中诚信征信",2017 年 9 月 27 日。

184. 周岳、谈圣婴:《房地产物业费类 ABS 主流交易结构设计及信评要点》,载公众号"读懂 ABS",2018 年 2 月 3 日。

185. 周炎炎:《互联网金融机构瞄准资产证券化　短期存在合规性等多重考验》,载澎湃新闻网,www.thepaper.cn。

186. 张继强、程昱:《"现金贷"监管落锤,存量消费金融 ABS 影响有限》,载微信号"中金固定收益研究",2017 年 12 月 3 日。

187. 张继强、程昱:《一文读懂消费金融!》,载公众号"园园 ABS 研究",2017 年 12 月 13 日。

188. 张继强、程昱:《关注消费金融 ABS 新发展》,载微信号"中金固定收益研究",2017 年 6 月 13 日。

189. 张继强、程昱、房铎:《消费金融热点问题讨论》,载搜狐财经网,http://www.sohu.com/a/201426001_481793。

190. 张继强、程昱:《寻宝购房尾款 ABS》,载公众号"中金固定收益研究"之【中金固收·资产证券化】资产证券化分析周报,2016 年 4 月 26 日。

191. 张要伟:《收费公路收费权质押问题浅谈》,载法律图书馆,http://www.law-lib.com/lw/lw_view.asp? no=5001。

192. 张琦:《房地产 ABS 融资现状与交易结构解析》,载公众号"资管君",2017 年 10 月 12 日。

193. 张烽:《试析互联网金融对资产证券化的影响》,载未央网,http://www.weiyangx.com/149651.html。

194. 臧运慧:《ABS 视角下的个人消费信贷扫描—个人消费贷款 ABS 系列报告之一》,载搜狐财经网,http://www.sohu.com/a/168534861_820796。

195. 宗承渊:《融资租赁资产证券化 2017 年市场回顾及相关主体尽调关注要点》,载中国融资租赁网,http://www.rongzizulin.com/Infor/Detail/189923。

196. 宗承渊:《不动产资产证券化:国内 CMBS 与类 REITS 对比分析》,载公众号"金融监管研究院",2017 年 6 月 22 日。

197. 宗承渊:《公交收费收益权资产证券化　案例回顾与实务要点分析》,载 360 个人图书馆,http://www.360doc7.net/wxarticlenew/759966929.html。

198. 宗承渊:《保理 ABS 增信措施的特殊性及案例分析》,载搜狐财经网,http://www.sohu.com/a/153568733_611449。

199. 钟鑫、胡喆、陈府申:《一文读懂融资租赁资产证券化》,载公众号"金杜说法"(现更名为"金杜研究院"),2016 年 10 月 16 日。

200. 赵廉慧:《信托的财产权结构》,载公众号"中国民商法律网",2016 年 12 月 8 日。

201. 邹菁:《小额贷款公司融资创新的三条路径》,载公众号"Learn 基金|邹菁律师",2015 年 1 月 5 日。

202. 邹菁、许晨艳、王锦昌:《小额贷款公司资产证券化模式大盘点》,载新浪博客网,http://blog.sina.com.cn/s/blog_6848907b0102vcw5.html。

**图书在版编目(CIP)数据**

中国资产证券化项目剖析与实操指南 / 邹健等主编. -- 北京:法律出版社, 2018(2019.7 重印)
ISBN 978-7-5197-2646-1

Ⅰ. ①中… Ⅱ. ①邹… Ⅲ. ①资产证券化-研究-中国 Ⅳ. ①F832.51

中国版本图书馆 CIP 数据核字(2018)第 203085 号

**中国资产证券化项目剖析与实操指南**
**ZHONGGUO ZICHAN ZHENGQUANHUA XIANGMU POUXI YU SHICAO ZHINAN**

邹 健 王少剑 中 挚 盖书文 主编

策划编辑 郑 导
责任编辑 郑 导
装帧设计 马 帅

**出版** 法律出版社
**总发行** 中国法律图书有限公司
**经销** 新华书店
**印刷** 天津嘉恒印务有限公司
**责任校对** 杨锦华
**责任印制** 张建伟

**编辑统筹** 独立项目策划部
**开本** 710 毫米×1000 毫米 1/16
**印张** 42.75
**字数** 705 千
**版本** 2018 年 9 月第 1 版
**印次** 2019 年 7 月第 2 次印刷

法律出版社/北京市丰台区莲花池西里 7 号(100073)
网址/www.lawpress.com.cn
投稿邮箱/info@lawpress.com.cn
举报维权邮箱/jbwq@lawpress.com.cn
销售热线/010-83938336
咨询电话/010-63939796

中国法律图书有限公司/北京市丰台区莲花池西里 7 号(100073)
全国各地中法图分、子公司销售电话:
统一销售客服/400-660-6393
第一法律书店/010-83938334/8335　西安分公司/029-85330678　重庆分公司/023-67453036
上海分公司/021-62071639/1636　深圳分公司/0755-83072995

**书号**:ISBN 978-7-5197-2646-1　**定价**:136.00 元